JN416520

제9판

신인사관리

노동과 자본의 통합이론

박경규

HUMAN RESOURCE
MANAGEMENT

弘文社

제9판 머리말

이 책은 기업에서 발생하는 인사관리에 관한 제문제를 분석하고 해결방안을 강구하기 위한 기본서이다. 이 책에서 제시하는 이론과 실무적 방안들은 기업에 종사하는 관련 종업원뿐만 아니라 대학에서 경영학을 공부하는 학생들에게 이론적 체계와 실무적인 지식을 제공할 것이다.

이번 개정판은 과거의 개정판들에서 견지해 왔던 본질적 이슈를 유지하고 있다. 즉, 내용과 분량은 기초서적으로서 대학에서 한 학기에 다룰 수 있도록 하였다. 이러한 제한 속에서 본 개정판에서는 아래와 같은 몇 가지 이슈를 보완하였다.

첫째, 인사관리에 대한 도전적 환경에서 그동안 다루어왔던 "글로벌 인재의 수요증대"를 삭제하고 제4차 산업혁명에 대한 이슈를 보완하였다. 기업의 글로벌화는 이미 오래 전부터 진행되어 왔고 이에 대한 기업의 인사관리적 대처는 현재 상당한 수준을 유지하고 있기 때문이다.

둘째, 인력선발 도구인 바이오 데이터 분석 기법에 제4차 산업혁명의 주요기술인 AI기법의 도입을 제시하였다. 또한 선발면접의 방법에서 무자료 면접과 동료면접을 추가로 소개하였다.

셋째, 인사평가 중 다면평가 기법에서 평가자별 장단점을 보완하였다.

끝으로 인사관리와 관련되는 각종 중요한 통계자료를 최신 것으로 보완하였다.

본 개정판을 내는 데 기업의 최신 트랜드에 대해 의견을 제시해 준 CJ그룹 백종욱 상무와 각종 통계자료를 수집해 준 한국노동연구원 박의경 전문위원에게 이 자리를 빌려 감사드린다. 그리고 개정판을 내도록 독려하고 지원해 주신 홍문사 임직원 여러분들에게 감사드린다.

2023년 여름

저 자 씀

제8판 머리말

이 책은 기업에서 발생하는 인사관리에 관한 제문제를 분석하고 그 해결책을 강구하기 위한 기본서이다. 그동안 필자는 인사관리와 관련되는 내외적 환경 변화에 따른 문제를 분석하고 이를 극복하기 위한 방안을 제시하기 위해 개정판을 거듭 출간해 왔다.

이 책에서 제시하는 이론과 실무적 방안들은 기업에 종사하는 관련 종업원뿐만 아니라 대학에서 경영학을 공부하는 학생들에게 이론적 체계와 실무적 지식을 제공하는 데 도움을 줄 것이다.

이번 개정판 역시 기본적으로 초판의 근간을 유지하지 않을 수 없었다. 왜냐하면 이 책은 기초서적으로서 대학에서 한 학기에 공부할 수 있는 분량으로 제한되어 있어 양적으로 페이지를 늘리는 데 제약이 있기 때문이다. 그럼에도 불구하고 그동안 기초서적이라는 테두리를 벗어나지 않으면서 기업실무에 주요 이슈가 되는 것들을 추가해왔다. 이번 개정판에도 이러한 취지를 유지하였다.

이번에 개정한 내용은 아래의 몇 가지로 요약된다.

첫째, 요즈음 기업생존의 핫이슈가 되고 있는 인공지능(AI)과 인사관리 분야를 보완하였다.

둘째, 기업경영의 주체인 인재를 확보하는 방법으로써 모집방법을 보완하였다. 예를 들면 기업의 모집활동이 그동안 우리나라에서는 정시 공개모집이었으나 인력확보의 민첩성을 제고시키는 방법으로써 수시모집 방법을 논의하였다.

셋째, 우수한 인재가 회사를 떠나는 자발적 이직에 관해 최근의 경향을 제시하고, 이에 대한 해결책을 제시하였다.

끝으로 인사관리와 관련되는 각종 중요한 통계자료를 최신 것으로 보완하였다.

본 개정판을 내는 데 유익한 의견과 각종 통계자료를 수집해 준 한국노동연구원 박의경 자문위원에게 이 자리를 빌려 감사드린다. 그리고 개정판을 내도록 독려하고 지원해 주신 홍문사 임직원 여러분들에게 감사드린다.

2021년 여름

저 자 씀

제7판 머리말

이 책이 독자들의 사랑을 받아온 지 이미 20년을 넘어섰다. 그동안 독자들의 의견과 인사관리분야의 환경변화 그리고 이에 대처하기 위한 제도의 혁신을 위해 개정판을 거듭해 왔다.

독자들의 다양한 요구와 관련하여 기본입장을 밝히자면, 이 책은 기업을 대상으로 하는 인사관리에 대한 기본서이다. 물론 제시되는 이론들은 기업 외에 다른 조직들에 원용할 수 있다. 따라서 경영학을 처음 공부하는 학생뿐만 아니라 대학원 학생에게 인사관리의 학문적 체계와 지식을 제공하는 데 공헌해 왔다. 뿐만 아니라 기업실무에 계시는 분들에게도 인사관리의 기본이론과 실무에서 발생하는 여러 가지 문제를 해결하는 데 도움이 되어왔다. 몇몇 그룹사에서는 계열사 인사담당자들이 모여 정기적으로 이 책으로 독서회를 개최하고 있기도 하다.

인사관리와 관련되는 문제는 끊임없이 발생하고 있다. 최근 주52시간 근무제, 최저임금제 등 노동정책이라는 거시적인 문제들이 기업의 경쟁력에 결정적인 이슈가 되고 있다. 국가가 발전하고 국민들에게 행복을 주기 위해 근로시간을 줄이고 임금을 많이 주는 것은 당연하다. 문제는 이것을 제공하는 주체는 정부가 아니고 기업이라는 것이다. 기업이 부가가치를 더 많이 창출하여 근로자에게 더 많은 보상(경제적 및 비경제적)을 제공할 수 있어야 한다.

인사관리는 경영전략의 한 분야이기 때문에 전략적인 관점에서 인사관리를 설계해야 할 때 기업의 경쟁력제고에 공헌할 것이다.

본 개정판에서는 기존의 개정판 중 본질적이고 기본적이 것은 그대로 유지하면서 아래의 몇 가지를 보완하였다.

첫째, 인사관리의 환경과 관련하여 중요한 이슈가 되고 있는 4차 산업혁명의 내용을 제시하였고, 둘째, 인사관리의 양대 축을 이루고 있는 직무에 대해 최근 관심을 끌고 있는 행동중심 직무설계 접근법을 논의하였다. 셋째, 기업 경쟁력의 주체인 우수한 인재를 획득하기 위한 추가 전략을 제시하였다. 끝으로 인사관리와 관련되는 각종 통계자료를 보완하였다.

본 개정판은 책의 특성상 기초서적이라는 테두리를 벗어나지 않으려는 취지를 유지하였다. 독자들의 많은 관심과 의견을 부탁드린다.

본 개정판을 내는 데 유익한 의견과 각종 통계자료를 수집해 준 한국노동연구원 박의경 전문위원에게 이 자리를 빌어 감사드린다. 그리고 개정판을 내도록 독려하고 지원해 주신 홍문사 임직원 여러분들에게 감사드린다.

2019년 여름
저 자 씀

제6판 머리말

지난 20여 년 간 이 책은 독자들의 사랑을 많이 받아 왔다. 이 책은 기업 인사관리에 대한 기본서이다. 따라서 경영학을 처음 공부하는 학생뿐만 아니라 대학원 학생들에게 인사관리의 학문적 체계를 제공하는 데 공헌해 왔다. 뿐만 아니라 기업실무에 계시는 종업원들에게도 인사관리에 대한 기본이론의 제공 및 실무에서 발생하는 여러 가지 문제를 해결하는 데 도움이 되어 왔다.

그러나 기업의 인사관리를 둘러싼 환경은 계속 변하고 있으며 이에 적응하기 위해서는 인사관리의 구성요소인 사람과 직무를 동시에 변화시켜야 할 것이다.

본 개정판에서는 기존의 개정판 내용 중 본질적이고 기본적인 것은 그대로 유지하면서 몇 가지 새로운 이슈를 보완하였다.

본 개정판에서 새로 제시된 내용은 다음과 같다.

첫째, 직무설계에 대한 또 다른 접근법을 논의하였고.

둘째, 기업의 채용활동에 있어서 모집활동의 기능과 평가에 대해 몇 가지 추가적인 시각을 제시하였다.

셋째, 인력선발의 도구에 대한 보완을 하였다. 기업실무에서는 서로 다투어 창의적인 선발도구를 도입하고 있지만 대부분 그 타당성 측면에 대한 검증을 거치지 않아 유행으로 그칠 수 있을 소지가 많다. 이러한 이유로 본 개정판에서는 검증된 선발도구 몇 개를 보완하였다.

넷째, 인사평가에 있어서 새로운 평가오류를 제시하였으며, 특히 목표관리법에 대해 실무에서 일어나는 문제점을 제시하였다.

이 책은 20년 전 초판이 나온 후 그 동안 5차례에 걸쳐 개정판을 내었다. 책의 특징상 기초서적이라는 테두리를 벗어나지 않으려는 취지를 유지하였다. 많은 독자들의 관심과 의견을 부탁드린다.

본 개정판을 내도록 격려해 주신 홍문사 임권규 사장님과 임직원 여러분께 감사드린다.

2016년 새해를 맞이하며

저 자 씀

제5판 머리말

이 책이 처음 출간된 지 벌써 15년이 되었다. 이 책의 목적은 경영학 인적자원관리를 처음 공부하는 학생 그리고 기업의 인사관리 분야에 종사하는 종업원들에게 인적자원관리의 기초지식을 제공하고 이를 실무에 원용할 수 있도록 하는 데 도움이 되도록 하는 데 있다. 이 책은 출간된 이후 독자들의 사랑을 꾸준히 많이 받아 왔다. 저자에게는 영광이자 과분하여 항상 감사하는 마음을 가지고 있다.

그동안 4차례에 걸쳐 개정판을 내었으나 기본적으로는 초판의 근간을 유지하고 있다. 왜냐하면 이 책은 기초서적일 뿐만 아니라 대학에서 한 학기에 공부할 수 있는 분량 또한 제한되어 있어 양적으로 페이지를 늘리는 데에 제약이 있었다. 그럼에도 불구하고 그동안 기초서적이라는 테두리를 벗어나지 않으면서 기업실무에서 주요 이슈가 되는 것들을 조금씩 추가해 왔다. 이번 개정판에도 이러한 취지를 벗어나지 못했다.

이번에 개정한 내용은 아래의 몇 가지로 요약된다.

첫째, 기업의 인사관리를 둘러싸고 있는 환경을 새로 제시하였다. 기업이라는 조직은 살아있는 유기체이기 때문에 환경적응이 생존에 필수적이다. 오늘날 인사관리에 있어서 주요한 도전적 환경들을 몇 가지 새로 제시하였다.

둘째, 최근 우리나라에서 비정규직 문제는 기업의 차원을 벗어나 정치 · 사회적 문제로 거론되고 있다. 이러한 비정규직을 기업의 인력운용 측면에서 언급하면서 비정규직, 즉 임시직의 운용 근거를 직무분석 결과의 활용이라는 측면에서 제시하였다.

셋째, 연봉제는 이제 우리나라 기업에서 일반적으로 확산되고 있다. 성공적인 연봉제운영을 위해 필수적인 것이 바로 평가이다. 따라서 본 개정판에는 인사평가에 대한 보완을 통해 기업의 평가관리의 효율성을 높이는 데 도움이 되고자 하였다.

그동안 많은 독자들이 이메일 등을 통해 이 책에 대한 격려와 내용에 대한 개선점 등을 제시해 주었다. 이번 기회를 통해 이분들께 다시 한 번 감사드린다.

본 개정판을 내는 데 몇 가지 의견을 준 서강대 박사과정 용현주 선생과 오탈자, 통계표 보완 등 수고를 해준 신이현 조교에게 고마운 마음을 전한다. 또한 제5판이 나올 수 있도록 격려해 주신 홍문사 임권규 사장님과 편집 및 제작에 수고해 주신 홍문사 임직원 여러분께 감사드린다.

2013년 새해를 맞이하며
신촌 연구실에서
저 자 씀

제4판 머리말

지난 몇 년간 우리나라는 제2차 금융위기를 경험하고 있다. 십여 년 전에도 우리는 비슷한 경험을 하였고 이를 성공적으로 극복한 바 있다. 이번에도 국민 모두가 합심하여 극복해 가고 있는 중이라고 판단된다. 이를 위한 결정적인 역할을 기업이 한다는 것은 주지의 사실이다. 기업의 경영활동의 주체는 바로 사람이고 이들이 얼마나 양질의 의사결정을 하고 이것을 실천에 옮기느냐에 따라 그 결과가 나타난다.

본서는 바로 기업의 인적자원에 관한 것이다. 본서의 목적이 경영학 인적자원관리를 공부하는 학생 그리고 기업의 인사분야에서 일하는 사람들에게 인적자원관리의 기초지식을 제공하고 이를 실무에 원용할 수 있도록 하는 것이다.

지난 1997년 이 책의 초판이 발간된 후 많은 독자들로부터 사랑을 받아온 데 대해 저자로서 과분한 영광이고 매우 고맙게 생각하고 있다. 그동안 몇 차례에 걸쳐 개정을 하면서 인적자원관리 분야의 기초서적이라는 테두리를 벗어나지 않으면서 주요한 주제들을 추가한 바 있다. 이번 개정판에는 아래의 몇 가지를 추가하였다.

첫째, 직무관리 편에서 인사부서의 역할을 유형별로 제시하였으며,

둘째, 인력확보 편에서는 과거 신입사원의 선발에 대한 논의만 하였으나 노동시장의 변화에 따른 경력직의 채용에 대한 것을 보충하였으며,

셋째, 인사고과 편에서 발생하는 전형적인 오류를 일부 보완하였다.

끝으로 각종 통계표들을 최신 것으로 보완하였다.

새로운 개정판에 들어가야 할 것이 많지만 이것이 기본서이며 전체 페이지가 제한되어 있어 개정의 내용이 많지 않을 수밖에 없음을 유감스럽게 생각한다.

본 개정판을 위해 오탈자, 통계표 작성 등 수고를 해준 박사과정 신이현 양의 노고에 감사한다. 또한 제4판이 나올 수 있도록 격려와 압력을 동시에 행사해 주신 홍문사 임권규 사장님과 편집 및 제작에 수고하신 홍문사 임직원 여러분께 감사드린다.

2010년 8월
신촌연구실에서
저 자 씀

제3판 머리말

지난 2001년 제2판이 출간된 후 우리나라 기업의 인적자원관리는 많은 변화와 발전을 해 왔다. 첫째, 성과주의 인사관리가 대기업을 중심으로 점차 뿌리를 내려가고 있다. 특히 보상분야에서 연봉제 도입이 매우 빠른 속도로 확산되고 있다. 둘째, 기업의 경쟁력의 주요 원천을 인적자원관리에서 찾으려는 노력이 증대되고 있다. 2000년대에 들어 새로운 화두가 된 것이 바로 역량(competency)으로서 타 기업이 모방할 수 없는 고유한 역량을 구축하려고 많은 기업들이 노력하고 있다. 이와 관련하여 역량중심의 인적자원관리시스템의 구축을 서두르고 있다. 셋째, 종업원 개인의 가치존중 나아가 삶의 질 향상에 기업은 많은 관심과 투자를 하고 있다.

이상의 몇 가지 변화를 본서의 제3판에서 반영하여 보완하였다.

본서는 경영학 인적자원관리 분야 기초 이론서이다. 그러나 기업실무의 상황을 주어진 분량 내에서 최대한 반영하려고 노력했다. 제3판에서 보완된 주요 이슈는 근무시간관리와 관련되는 근무시간계정제, 인력개발 및 보상 분야에서의 역량의 제 문제, 팀 고과, 그리고 인력구조조정에 따르는 전직지원제도 등이다. 뿐만 아니라 해당 장별로 기업의 사례를 소개하였다. 특히 경영학을 공부하는 학생들이 인적자원관리는 주로 인사제도에 초점을 맞추어 전개되기 때문에 기업실무를 경험하지 못한 상태에서 관련이론을 이해하는 데 어려움이 존재하기 때문이다. 이 분야를 연구하시는 분이나 기업실무에 종사하시는 전문가들께서 본서에 대해 많은 지적과 조언을 해주시기를 부탁드린다.

제3판이 나오는 데에는 서강대 경영연구소 최재승 조교가 자료수집 및 원고작성에 많은 도움을 주었다. 또한 서강대 경영학과 학생인 박혜상 양은 본서를 처음부터 끝까지 꼼꼼하게 읽어 오타·탈자 등을 점검하였다. 두 학생들의 노고에 진심으로 감사드린다.

끝으로 제3판이 나올 수 있도록 격려해 주신 홍문사 임권규 사장님과 편집 및 제작에 수고를 아끼지 않으셨던 여러 홍문사 임직원 여러분께 거듭 감사드린다.

2006년 여름

신촌 연구실에서

저 자 씀

제2판 머리말

제1판이 출간된 지 벌써 4년째 접어들었다. 그동안 우리나라 기업은 엄청난 변화를 겪었다. IMF 구제금융의 한파로 많은 기업들은 생존을 위해 구조조정을 단행하였고 이에 따라 많은 근로자들이 직장을 떠나야만 했다. 정말 가슴 아픈 일이다. 기업의 생존과 관련하여 인사관리 분야에서의 패러다임 변화가 가속화되고 있다. 연공주의라는 전통적 패러다임에서 연봉제로 대표되는 능력주의 인사관리로의 전환이 특히 주목할 만하다.

신인사관리가 출간된 후 많은 분들이 책의 내용에 대해 도움말을 주셨다. 그분들께 이 자리를 빌어 진심으로 감사드린다. 너무 많은 분들이라 일일이 열거하지 못함을 용서해 주기 바란다.

본 개정판의 특징은 첫째, 사례연구를 새로 추가하였다. 경영학이란 이론 및 실무를 병행하여야만 됨에도 불구하고 제1판에서는 실무와 관련되는 내용이 미흡했었다. 개정판에서는 실제 우리나라 기업에서 일어나고 있는 인사관리의 실무를 소개하였다. 사례개발을 위한 자료 수집은 서강대 인사관리 과목 수강학생들이 맡았다. 이 자리를 빌어 감사드린다.

둘째, 연봉제에 대한 개략적인 내용을 추가하였다. 특히 기업에서 초미의 관심사가 되었기 때문에 이를 반영하였다.

셋째, 초판의 본문 중 다소 중복 설명된 부분 및 표현이 어색한 부분 등을 개선하였고 제시된 인사관리 관련 제 통계치를 최신 것으로 고쳤다.

개정판이 나오도록 독려해 주신 홍문사 임직원들께 진심으로 감사드린다.

2001년 1월

신촌 연구실에서

저 자 씀

제1판 머리말

산업혁명 이후 한 국가의 부(富)를 결정짓는 주체자로서 기업이 등장했다. 기업은 왕성한 활동을 통해 인류에게 물질적인 풍요를 가져다주었으며 국력(國力)의 원동력이 되었다.

우리나라도 예외가 아니었다. 1960년대부터 산업화가 시작된 지 벌써 30여 년이 흘러갔다. 초기에는 정치적인 힘에 의해 산업평화가 유지되었으나, 1980년대 말부터 노동운동이 자유화됨에 따라 기업의 가장 큰 현안이 바로 노사관계로 부각되었다. 그간 많은 학자 및 실무가들이 산업평화를 위한 모델을 제시해 왔었지만, 대부분이 당위적이고 거시적인 것이어서 실제 노사관계가 나타나는 기업현장과는 많은 괴리가 있었다.

필자는 노사관계의 현장인 기업과 종업원들 간의 관계에서 논리를 찾으려고 노력해 왔다. 사실 노사관계란 자본이 추구하는 논리와 노동이 추구하는 논리가 서로 다르기 때문에 갈등이 생기는 것이다. 이 책은 바로 자본의 논리와 노동의 논리를 통합할 수 있는 길이 없는가에 대한 탐색적인 작업이다.

기업은 이제까지 '자본'이 추구하는 목적을 달성하기 위해 '경제적 효율성' 추구에만 급급하여 노동으로부터 많은 저항을 감수하지 않으면 안 되었다. 이 책은 기업이 과연 노동이 추구하는 '사회적 효율성'을 수용할 수 없는가 라는 질문에서 출발한다. 결론부터 말하면 가능하다는 것이다. 즉 노사관계 현장을 다루는 기업의 인사관리가 자본의 논리인 '경제적 효율성'과 노동의 논리인 '사회적 효율성'을 통합할 수 있기 때문이다. 이 책의 목적은 바로 기업이 보유하고 있는 인적자원을 경제적 효율성뿐만 아니라 사회적 효율성 측면에서 통합하고 극대화시키는 이론을 제시하는 데 있다. 기존의 인사관리이론이 대부분 기업 측 논리만 충족시키는 데 그 목적을 두고 있으나, 이 책은 기업과 종업원 모두의 목적을 달성할 수 있는 이론을 구축하자는 데 그 목적을 두고 있다. 이 책의 제목을 「신인사관리－노동과 자본의 통합이론」이라고 붙인 것은 바로 그러한 연유에서였다.

이 책은 기업의 인적자원 관리 및 노사관계에 관심을 가지고 있는 모든 사람을 위해 쓰여졌다. 대학에서 공부하는 경영학도, 기업에서 이 분야에 종사하고 있는 실무 담당자, 관리자 그리고 경영자에게 인사관리의 과학화뿐만 아니라 새로운 시각을 제시하고자 한다.

이 책을 전개하는 데 있어서 필자는 다음의 몇 가지 노력을 하였다. 첫째, 인사관리의 목표시스템 구축에 있어서 노동과 자본을 동시에 대변해 줄 수 있는 경제적 효율성과 사회적 효율성을 통합하고자 시도하였다. 둘째, 인사부문의 활동을 기능적으로 접근하여 인력확보, 인력개발, 인력보상, 인력유지 그리고 인력방출 활동으로 구분하고 이들을 상호 영향을 주고받는 관계로 보았다. 셋째, 인사부문 활동의 효율성을 극대화시킬 수 있는 관리기법으로 관리적 접근을 시도하였다. 즉 인사활동을 계획활동, 실천활동 그리고 통제활동으로 구분하여 이를 과정적으로 보았다.

필자는 이상의 이론적 틀을 가지고 이 책을 집필하였으나, 완성된 책을 보니 필자의 능력부족으로 용두사미(龍頭蛇尾)격이 되었음을 고백하지 않을 수 없다. 이 분야를 연구하고 계시는 선배 · 동료 교수님들과 실무에 계시는 전문가들께서 본서에 대하여 많은 지적과 충고를 해주시기를 부탁드린다.

이 책을 저술함에 있어 많은 분들의 도움이 있었다. 서강대 이인석 교수, 광주대 이상갑 교수 그리고 조선대 윤종록 교수께서는 처음부터 끝까지 이 책의 내용에 대해 좋은 의견을 내어 주셨으며, 많은 격려를 해주셨다. 이 분들께 깊은 감사를 드리며 가시는 학문세계에 더욱 많은 결실이 있기를 기원한다. 서강대 경영학과 박사과정에 재직중인 이규만, 이기은 및 임효창 제군들은 원고내용을 보다 알기 쉽고 유익하게 정리해 주었고, 석사과정 박의경, 최한철 그리고 학부과정에 있는 서현교, 송지호, 김우진 제군도 이 책의 문체를 보다 알기 쉽고 신세대에 맞게 고쳐주었다. 총명함과 성실함을 겸비한 이 학생들의 노고에 진심으로 감사드린다.

끝으로 이 책을 집필하도록 자극을 주시고 오랫동안 인내를 가지고 기다리셨던 홍문사 임권규 사장님과 편집과 제작에 수고가 많으셨던 홍문사 임직원들께 진심으로 감사드린다.

1997년 7월
신촌 연구실에서
저 자 씀

차 례

제1부 인사관리의 이론적 기초

제1장 인사관리의 형성배경

제2장 인사관리의 학문적 체계

제2부 직무관리

제3장 직무설계

제4장 직무분석 및 직무평가

제3부 인력확보

제5장 인력수요 및 공급예측

제6장 모집과 선발

제4부　인력개발

제7장 인사평가

제8장 교육훈련

제9장 경력개발

제5부 인력보상

제10장 임 금

제11장 복리후생

제6부 인력유지

제12장 모티베이션과 산업안전

제13장 노사관계

제7부 인력방출

제14장 이 직

제 1 부

인사관리의 이론적 기초

제1부는 본서(本書)의 서론에 해당되는 부분으로서 인사관리 연구의 이론적인 틀을 제공하는 데 그 목적을 두고 있다. 보다 과학적이고 의미 있는 연구를 위해서는 우선 과거 학자들이 개발해 왔던 연구의 틀을 이해해야 한다. 뿐만 아니라 인사관리 연구에 대한 뿌리를 살펴봄으로써 인사관리가 형성되는 과정과 그 논리를 학습하는 데 도움을 얻을 수 있다.

제1장에서는 인사관리의 중요성을 하나의 문제제기 형식으로 제시하고 이어서 인사관리가 경영학의 한 분과로서 어떠한 위치를 차지하는가를 살펴본다. 또한 인사관리의 형성배경을 관리사(管理史)와 이론사(理論史) 시각에서 각각 살펴본다.

제2장에서는 인사관리의 학문적 체계를 다룬다. 인사관리의 연구대상, 목표 그리고 인사관리라는 학문적 '건물'을 구성하고 있는 구조물들을 다각적으로 제시함으로써 인사관리의 학문적 체계를 이해하는 데 도움이 되도록 한다.

인사관리의 형성배경

chapter 01

[1] 인사관리의 중요성

인간은 자신의 생활을 유지하기 위해서 자원을 필요로 한다. 어떤 자원이 과거 인간을 지배해 왔는가를 살펴보면 인류의 역사발전에 따라 그 내용이 상이함을 알 수 있다. 원시시대에 인간을 지배했던 자원은 바로 자연(自然)이었다. 당시 인간은 자연조건에 절대적으로 의지하며 살았다. 비가 오면 동굴 속에서 비를 피하고, 배가 고프면 산에서 열매를 따서 먹거나 냇가에 가서 물고기를 잡아서 식생활을 유지했던 것이다. 이 시대에 자연은 인간에게 절대적인 지배자로서의 역할을 하였다. 그러나 인간의 지혜가 점점 발달하면서 정착생활을 하게 되었고, 농경문화가 시작되었다. 이 시대에는 토지라는 자원이 인간의 생활을 지배했다고 말할 수 있다. 어느 정도의 토지를 소유하고 있느냐에 따라서 인간생활의 질이 결정되었으며, '토지'라는 자원을 더 많이 갖기 위해 인간은 역사적으로 엄청난 갈등을 겪게 되었다.

이후 인간이 생활하는 데 필요한 물자를 제공하는 주체로서 기업이 본격적으로 등장하기에 이르렀다. 한 국가의 기업활동이 왕성해짐에 따라 국가의 부(富)가 축적되었고, 이것은 국민 개개인의 생활의 질을 결정하기에 이르렀다. 산업화가 시작되자 봉건시대 유럽의 귀족들은 유산으로 받은 토지를 팔아 공장을 짓고 상품을 대량으로 생산하여 시장에 내다 팔았다. 이 시대에 기업의 사활(死活)을 좌우한 결정적인 요인은 생산설비를 확보하는 데 필요한 자금력이었다. 당시에는 양질의 상품을 만들기만 하면 시장에서 파는 데 전혀 문제가 없던 시기였다. 따라서 기업활동은 재무적 자원인 자금 동원과 물적 자원인 제품 생산에 초점이 맞추어졌다. 기업의 등장

산업화가 진행됨에 따라 시장(市場)에서의 경쟁이 치열해졌고 이러한 경쟁은 오늘날 점차 가속화되고 있는 실정이다. 이러한 경쟁상황은 기업으로 하여금 과거 "상품을 어떻게 해서든지 만들기만 하면 된다"는 인식에서 "시장에서 판매

될 수 있는 상품을 만들어야 살아남을 수 있다"라고 하는 생존원리의 인식전환을 요구하고 있다. 이는 바로 기업의 마케팅 활동의 중요성을 강조하는 것이다.

최근 기업활동에 대한 많은 연구가 이루어지면서 이러한 활동의 효율성에 대한 논의가 활발하게 전개되고 있다. 사이몬(Simon)은 기업의 경영활동은 '의사결정(decision making)'의 연속이며, 경영활동의 효율성은 바로 의사결정의 질(quality)에 달려 있다고 주장한 바 있다(Simon, 1976). 이러한 의사결정의 주체자는 바로 인적자원이며, 이들의 능력이 바로 의사결정의 질을 결정한다.

의사결정의 주체자는 인적 자원

이상에서 논의한 기업의 경영활동은 과연 누구에 의해서 이루어지는가? 바로 사람에 의해서 주도된다. 오늘날 기업의 경쟁력을 판가름하는 요소로서 가장 중요한 자원은 기업이 보유하고 있는 인적자원이며, 이를 부정할 사람은 아마도 없을 것이다.

[2] 경영학과 인사관리

경제활동이란 재화와 용역의 흐름이 이루어지는 제현상

경영학의 연구대상은 기본적으로 '경제활동'에서 출발한다. 경제활동이란 재화와 용역의 흐름이 이루어지는 제 현상을 말한다. 예를 들면 원시시대에 인간이 배고픔을 극복하기 위해 냇가에서 물고기를 잡거나, 산에서 과일을 따는 행위로부터 오늘날 기업이 고도의 기술을 이용하여 복잡한 컴퓨터를 만들어 시장에 내다가 파는 것까지 모두 경제활동에 해당된다. 사실 경제활동이란 인류의 역사가 시작되면서부터 나타난 현상이라 할 수 있다.

그러나 경영학은 모든 경제활동을 그 대상으로 하지는 않는다. 경제활동의 단위는 국가전체 수준과 개별경제단위 수준으로 구분될 수 있다. 국가전체 수준의 경제활동은 한 국가 내에서 일어나는 모든 재화와 용역의 흐름을 포함한다. 예를 들면 경제성장, 국가 내부의 분배, 화폐의 흐름 등이 이에 해당된다.

개별경제단위 수준에는 정부의 경제활동, 군대의 경제활동, 교회의 경제활동, 기업의 경제활동, 친목단체의 경제활동 그리고 가정의 경제활동 등이 있다. 정부의 경제활동이란 국민으로부터 세금을 거두어 국가살림을 유지하기 위해 물자를 구매하고 혹은 생산한 물자를 국민들에게 판매하는 것을 말한다. 군대의 경제활동에는 무기의 구입, 군인들에게 지급되는 급여 등이 해당되며, 종교단체

그림 1-1 국가경제단위와 경영

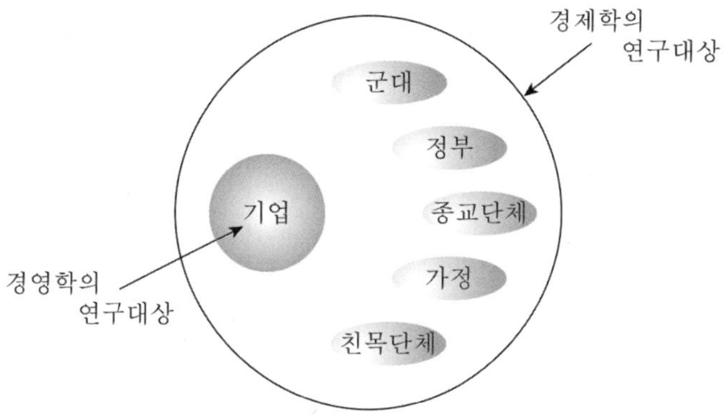

의 경제활동의 예로는 사찰이나 교회에서 신자들로부터 헌금을 받아 사찰 내지 교회의 살림을 꾸려 나가는 것이 해당된다. 서양의 수도원은 기본적으로 자급자족을 원칙으로 하는데, 대개 토지를 보유하고 있어 여기에서 곡식을 재배하고 소, 양을 길러 필요한 식료품을 조달하고 있다. 친목단체의 경제활동에는 회원이 회비를 내는 행위, 친목을 위하여 경비를 지출하는 행위 등이 포함된다. 가정의 경제활동이란 가족 구성원이 벌어온 돈(월급 등)으로 가정의 살림살이를 꾸려나가는 것을 말한다.

그런데 현내사회에서 가장 왕성한 경제활동을 보여주고 있는 경제단위가 바로 기업이다. 기업은 기본적으로 원자재를 구매하여 이것으로 제품이나 서비스를 생산하며 이를 다시 시장에 내다 파는 활동을 하는 경제주체이다.

국가전체 수준의 경제현상을 국민경제라고 하는데, 이를 연구하는 학문이 국민경제학(=경제학)이며, 개별경제단위에서 일어나는 경제현상을 연구하는 학문을 개별경제학(=경영학)이라고 한다. 이중 기업이라는 개별경제단위에서 일어나는 경제활동을 연구하는 학문이 바로 경영학이다(<그림 1-1> 참조).

국민경제학

개별경제학

산업혁명 이후 생산기술의 발전에 힘입어 기업의 활동은 급속하게 팽창되었고 이에 비례하여 그 내용도 매우 복잡하게 되었다. 따라서 기업의 경제활동에 나타나는 제 문제를 해결하기 위한 과학적인 접근의 필요성이 증대되었다. 그 결과 기업의 경제활동을 체계적으로 연구하는 학문의 한 분야인 경영학이 형성 · 발전되었다.

기업의 경제활동 중 기업의 목표달성과 직접적 혹은 간접적으로 의미 있는

그림 1-2 기업의 경영활동 분류

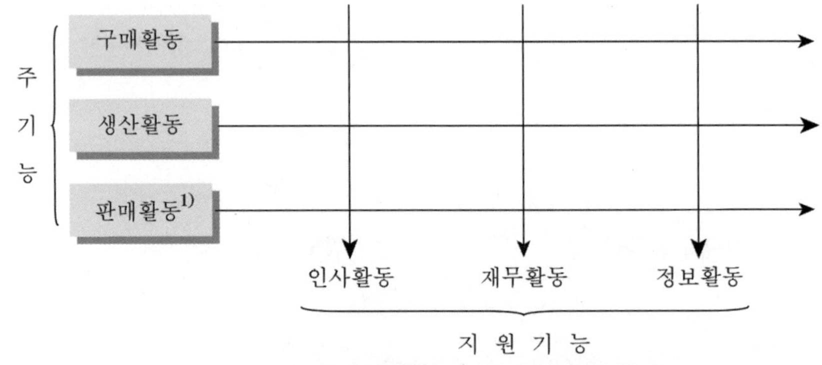

관계가 있는 활동을 경영활동이라고 한다. 기업의 경영활동에 대한 체계적인 접근노력은 일시에 이루어진 것이 아니라 많은 학자들과 실무자들에 의해 시행착오를 거치면서 과학적으로 발전된 것이다.[1)]

기업의 경영활동

기업의 경영활동은 아래와 같이 분류할 수 있다.

<그림 1-2>에서 볼 수 있듯이 경영활동의 주 기능은 원자재를 구매하고 이를 생산활동을 통해 제품(서비스)으로 변화시켜서 시장에 내다 파는 활동이다. 그리고 이러한 활동을 지원하기 위해서는 인사활동, 재무활동 그리고 정보활동 등이 필요하다.

인사활동은 구매담당 인력을 확보해 줌으로써 구매활동을 지원하며, 직접 생산활동을 담당하는 기술자(기능인)를 확보하여 생산부서에 보냄으로써 생산활동을 지원할 뿐만 아니라 기업이 생산한 상품을 시장에 내다팔 수 있는 인력을 공급해 줌으로써 판매활동을 지원한다. 재무활동은 기업이 원자재 구매, 상품생산 그리고 이를 판매하는 데 필요한 자금을 확보하여 공급하는 지원활동이다. 또한 기업의 지원기능으로서의 정보활동이란 구매 · 생산 · 판매에 필요한 자료를 획득 · 분석하여 유용한 정보로 변환시켜 주는 활동을 하는 것을 말한다.

기업의 경제활동의 규모가 점차 커지고 기업 간 경쟁이 치열해짐에 따라 기업의 생존 및 성장을 위해 무엇보다 중요시되는 것이 경영활동의 효율성이다. 기업의 경영활동을 효율적으로 수행하는 기업은 살아남고 그렇지 못한 기업은

---

1) 판매활동: 현대경영학은 기업의 판매기능을 생산활동에까지 확정할 것을 강조하면서 마케팅 개념을 발전시켰다.

도태되어 왔다. 기업의 경영활동의 효율적 수행과 관련하여 새로운 이론을 제시한 사람이 바로 화이욜(Fayol)[2]이다. 그는 우선 기업의 경영활동을 아래의 6가지로 분류했다.

화이욜의 기업의 경영활동

① 기술활동(생산, 제조, 가공)

② 상업활동(구매, 판매, 교환)

③ 재무활동(자본의 조달과 운용)

④ 보전활동(기업재산 및 종업원 보호)

⑤ 회계활동(재고조사, 대차대조표, 원가계산, 통계 등)

⑥ 관리활동(계획, 조직, 지휘, 조정, 통제)

화이욜은 기업활동의 복잡성이나 규모의 크고 작음에 관계없이 위의 6가지 경영활동이 어떤 기업에서도 그 경영활동의 효율성을 위해 반드시 수행해야 하는 본질적 활동이라고 보았다. 특히 화이욜은 6가지 경영활동 중 '관리활동'을 강조하여 이를 체계적인 이론으로 정립하였다. 오늘날 우리가 기업경영을 논할 때 항상 거론하는 '관리(management)'라는 용어는 흔히 "무엇을 잘하기 위한 행동"이라는 막연한 의미보다 "경영활동을 효율적으로 수행하기 위한 하나의 기법(technique)"으로 이해하여야 한다.

'관리'란 조직의 목적달성을 위해 필요한 것을 계획하고, 조직하고, 지휘하고, 조정하고, 통제하는 행동을 말한다. 이러한 제 활동들은 서로 연속적으로 일어나는데, 이것을 관리과정이라고 한다. 여기서 '계획(planning)'은 기업의 미래에 일어날 것을 예측하고 어떻게 대처할 것인가를 사전에 결정하는 것을 말하며, '조직화(organizing)'는 수립된 계획을 실행에 옮기는 데 필요한 모든 자원을 동원하여 투입하는 일을 말한다. 즉 기업이 목적달성을 위해 해야만 하는 활동(일, 업무)에 물적 · 인적자원을 배치하는 것이다. '지휘(commanding)'는 상사가 부하에게 어떤 구체적인 업무를 수행하도록 지시하고 진행시키는 것을 말하며, '조정(coordinating)'은 기업 내에서 수행되고 있는 여러 세부적인 일(업무)들이 기업의 목표달성과 관련하여 중복되거나 적합하지 않을 때 이러한 업무들을 기업목표에 부합하도록 보완 내지 재설계하는 활동을 말한다. 끝으로 '통제(controlling)'는 수행된 일(업적, 실적)을 평가하고, 이것을 계획과 비교하여 그 오차를 발견하고 이를 수정하는 활동을 말한다. 통제활동이 끝나면 그 결과를 '계획활동'에 피드백(feedback)시킴으로써 계획활동의 질(質)을 높일 수 있다.

2) 화이욜(1916)은 관리과정을 계획, 조직, 지휘, 조정, 통제라는 5단계로 제시했지만, 그 후 다른 많은 학자들은 이 관리과정을 구성하는 요소에 대해 다른 의견을 제시하고 있다.

그림 1-3 경영활동의 구조

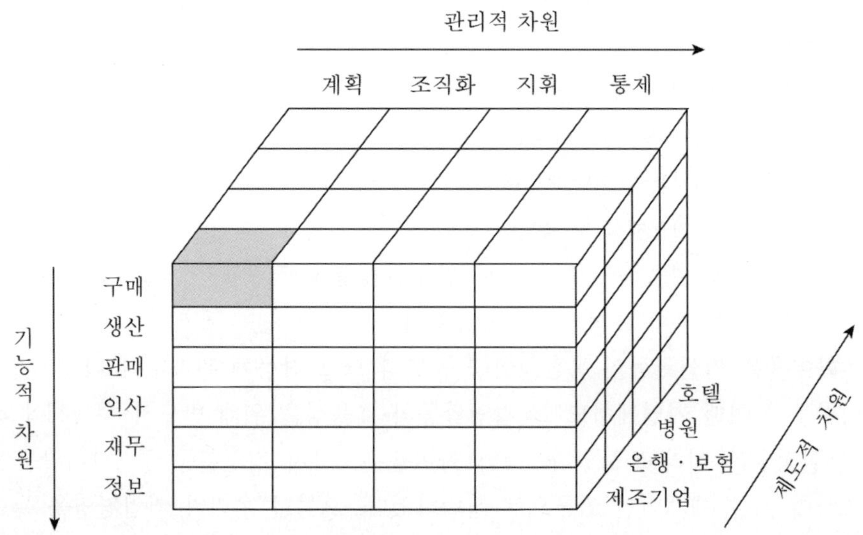

기업경영의 효율성을 높이기 위한 하나의 기법으로서의 '관리(management)'는 현대 기업경영에 새로운 장을 열어주었다. 우리는 이러한 '관리활동'을 포함시켜 경영활동의 구조를 <그림 1−3>과 같이 구축할 수 있다.

<그림 1−3>은 기업의 경영활동을 기능적 차원, 관리적 차원 그리고 제도적 차원이라는 3차원의 주사위 모형으로 파악하고 있다. 경영활동의 기능적 차원이란 앞에서 분류했던 구매활동, 생산활동, 판매활동, 인사활동, 재무활동 그리고 정보활동 등을 말하며, 관리적 차원은 관리과정인 계획활동, 조직화활동, 지휘활동 그리고 통제활동 등을 포함한다.

제도적 차원은 경영활동을 기업의 형태별로 분류한 것이다. 기업의 형태는 크게 제조기업과 서비스 기업(은행, 보험회사, 병원, 호텔 등)으로 분류할 수 있으며, 규모별로는 대기업, 중견기업, 중소기업 등으로 분류할 수 있다.

또한 기업활동을 지역별로 나누어 보면 국내기업, 다국적 기업 등으로 분류한다.

<그림 1−3>에서 빗금 친 부분은 "제조기업의 원자재 구매를 위한 계획활동"을 표시한 것이다. 기업의 경영활동을 연구대상으로 하는 경영학은 <그림 1−3>의 주사위 모형에 따라 세부 학문의 분야로 분류할 수 있다. 예를 들면 최근 많이 거론되고 있는 '경영전략' 분야는 바로 관리과정에서 첫 번째로

나타나는 '계획활동'을 말하는 것으로서 경영활동 전체에 대한 계획, 경영활동의 제 기능에 대한 계획, 특정 기업형태에 대한 계획 등을 포함한다. 회계이론은 본질적으로 관리과정 중 마지막에 나타나는 '통제활동'에 해당되는데, 이것은 기업의 경영활동을 화폐적 측면에서 통제하는 활동이라고 할 수 있다.

이와 같은 주사위 모형의 3차원 모델에서 경영학의 연구대상 및 범위가 자연스럽게 밝혀진다. 즉 경영학이란 모든 종류의 기업의 구매, 생산, 판매, 인사, 재무, 정보활동을 계획, 조직화, 통제하는 데 존재하는 제 현상을 체계적으로 연구하는 것이다. 여기서 체계적인 연구란 바로 학문활동(學問活動)을 말하며 그 내용은 현상을 기술(description)하고, 설명(explanation)하고, 예측(prediction)하고 그리고 변화(control)시키는 데 필요한 지식을 획득하는 활동을 말한다. 여기서 현상을 '기술'한다는 것은 주어진 현상을 정확하게 인식하는 것을 말한다. 예를 들면 해당 기업의 시장점유율, 종업원의 사기(士氣)의 정도 등을 파악하는 활동이다. 여기서 현상을 '설명'한다는 것은 현상 속에 존재하는 어떤 법칙성을 찾아내는 것을 의미한다. 즉 종업원의 사기와 생산성과의 관계에서 "종업원의 사기가 높을수록 생산성이 높다"는 것은 사기와 생산성간의 인과관계(因果關係)를 밝히는 것을 말한다. '예측'은 현재의 어떤 상태를 보고 미래에 일어날 수 있는 현상을 사전에 파악하는 것이며 이를 위해서는 현상에 내재(內在)하는 법칙성을 알아야 한다. '변화'는 어떤 현상을 예측한 결과, 바람직하지 못한 현상이 예측될 때 사전에 행동을 취해 '바람직하지 못한 현상'을 '바람직한 현상'으로 변화시키는 것을 말한다. 예를 들면 미래에 시장점유율이 떨어질 것으로 예측되었을 때 그 원인(품질, 가격, 유통형태 등)을 찾아 이를 변화시키는 것을 말한다.

경영학이란 모든 종류의 기업의 구매, 생산, 판매, 인사, 재무, 정보활동을 계획, 조직화, 통제하는 데 존재하는 제 현상을 체계적으로 연구

이 책에서 다룰 경영학에서 차지하는 인사관리의 위치는 <그림 1-3>에 제시된 주사위 모형에서 나타난 경영활동의 구조-이것이 곧 경영학의 학문적 구조임-를 통해 파악될 수 있다.

첫째, 인사관리는 기업의 주기능인 구매활동, 생산활동 그리고 판매활동에 인적자원(人的資源)을 지원하는 활동을 그 연구대상으로 한다. 뿐만 아니라 기업경영에 대한 지원적 기능인 재무활동, 정보활동에 대한 인적자원의 지원도 포함한다.

둘째, 인사관리는 위의 활동을 관리적으로 접근하여 계획하고, 조직화하고, 통제하는 활동을 다룬다.

셋째, 인사관리는 모든 종류의 기업을 그 대상으로 한다. 제조기업, 서비스기업(은행, 보험회사, 병원, 호텔 등)뿐만 아니라 대기업, 중견기업, 중소기업, 국내

기업, 다국적 기업까지 포괄하여 이들 기업에서 나타나는 인사활동을 체계적으로 연구하는 것이다.

[3] 인사관리의 발전

독일의 대문호(大文豪) 괴테(Goethe)는 일찍이 "하나의 과학의 역사는 과학 그 자체이다"라고 말한 바 있다. 현대 인사관리의 이론과 실제를 이해하는 데 있어 이 분야의 역사적인 흔적을 살펴보는 것은 아래와 같은 측면에서 그 의미를 찾아볼 수 있다.

첫째, 인사관리는 기업경영에 있어서 '인간'의 행동에 관한 것이기 때문에 본질상 변화를 전제로 하고 있다. 따라서 과거 변화 · 발전되어온 것을 살펴봄으로써 현재의 것에 대해 정확한 의미를 부여하고 나아가 미래에 일어날 변화를 추정해 볼 수 있다.

둘째, 인사관리와 관련되는 기업경영의 복잡한 현상이 과거 어떻게 체계화되어 왔으며, 그 논리는 무엇이었는지를 살펴봄으로써 현상인식에 대한 방법을 터득할 수 있다.

셋째, 과거 인사관리에 관한 문제를 해결하기 위해 어떤 아이디어가 동원되었으며 또한 그 해결과정이 어떠했는지를 파악함으로써 오늘날 인사관리의 문제를 해결하는 데 필요한 사고(思考)의 다양성과 보다 넓은 사고의 폭을 제공해 줄 수 있다.

인사관리의 역사

인사관리의 역사는 두 가지 측면에서 접근할 수 있다. 첫째는 관리사(管理史)로서 과거 기업에서의 인사관리 활동이 어떤 모습을 보여주었는지, 즉 과거 활동내용에 대해 의미 있는 분류와 해석을 하는 것이다. 둘째는 이론사(理論史)로서 인사관리 현상에 대해 과거 과학적으로 접근한 내용들을 체계적으로 분류 · 해석하고 비판하는 것이다.

이러한 인사관리에 대한 역사적 접근을 통해 우리는 현대 인사관리 연구의 뿌리를 살펴보고 과거의 제 학설이나 시대적인 특징을 비판적으로 음미해 봄으로써 오늘날 인사관리와 관련된 제 현상을 파악하고 그 발전을 모색하는 데 그 의의가 있다.

3.1 관 리 사

인사관리의 역사를 엄격히 따져 본다면 인류 역사의 초기에 까지 거슬러 올라간다. 그 이유는 인사관리가 경영학의 한 분과이고, 경영학이 본질적으로 인간의 경제활동에서 출발한다는 논리를 동원한다면, 인류 역사의 초기부터 재화의 생산활동을 위한 인간의 역할이 존재하였기 때문이다.

고대 이집트에서 건설되었던 한 피라미드는 직육면체로 깎은 평균 무게 1.5t의 돌을 약 250만 개 사용하였다. 현대 과학자들은 이러한 규모의 피라미드를 한 개 건설하는 데 연 인원 10만 명의 인부가 20년 동안 일을 하였을 때 가능하다고 한다. 이러한 커다란 공사는 기하학에 바탕을 둔 설계도 중요하겠지만 대규모 노동자 관리가 무엇보다도 성공의 열쇠들이었던 것이다. 고대 바빌론의 왕 함무라비가 기원전 1700년경에 제정해서 바위에 새겨놓은 소위 함무라비법전에는 오늘날 인적자원관리와 관련되는 사항이 여러 곳에서 발견된다. 예를 들면 노동생산성이 낮은 부녀자들에게도 최소한 8gus의 곡물을 하루 일당으로 지급하라는 최저임금법이 명시되어 있다.

문헌에 의하면 기원전 12세기 고대 이집트의 사원(寺院)에서는 한때 일하던 벽돌공들이 파업(strike)을 한 적이 있었으며, 기원전 7세기 로마에서는 이미 8종류의 숙련공조합(craft guild)이 조직되어 있었다고 한다(French, W., 1987).[3)]

고대 서양에서뿐만 아니라 우리나라에서도 인사관리와 관련된 실례를 많이 찾아볼 수 있다. 예를 들면 과거 조선시대에 존재했던 농가에서의 머슴제도는 오늘날 우리나라 인사관리에서 볼 수 있는 보상제도의 한 원형(原型)으로 볼 수 있다. 농가에서의 주인과 머슴의 관계는 거의 가족관계와 같아서 같은 집에 기거하면서 주인이 혼인과 같은 머슴의 개인생활에까지 관여함으로써 상호 긴밀한 관계를 맺고 있었다. 머슴의 노동에 대한 보상은 두 가지 측면으로 나누어져 있었다. 즉 머슴이 결혼하여 분가(分家)를 하기 전까지 주인은 머슴의 식생활과 약간의 용돈을 제공하였고(급여), 그 이후에는 머슴이 부인과 최소한의 생활을 유지할 수 있도록 농지(農地)의 일부를 보상으로 주었던 것이다(퇴직금).

인사관리 현상은 역사적으로 많은 변화를 거쳐 오늘에 이르고 있다. 인사관리는 왜 역사적으로 변화할 수밖에 없었는가? 변화된 외양(外樣)만을 가지고 기술(記述)하는 것은 별 의미가 없다. 미래를 예측하기 위해서는 변화의 원인이 무

3) Ward, 1899, p. 82: Louis, 1927, p. 48을 인용한 French, W., 1987, p. 16에서 재인용. 8종류의 숙련공조합은 금세공쟁이, 대장쟁이, 염색공, 구두공, 제혁공, 놋쇠제작공 그리고 도예공 등을 말함.

그림 1-4 인사관리의 구성인자

엇인가를 밝히는 것이 중요하다. 변화의 원인을 밝히기 위해서는 일종의 분자(分子)들로 구성된 인사관리 구조를 살펴보아야 한다. 인사관리는 본질적으로 수행되어야 하는 '일(직무)'과 '사람' 간의 관계를 관리하는 것이라고 볼 수 있다(<그림 1-4> 참조).

인사관리는 일단 기업경영을 위해 수행해야 하는 '일(직무)'이 존재할 때 이를 수행할 '사람(노동)'을 고용함으로써 이루어진다. 직무를 수행할 수 있는 것이 사람이 아니고 기계만으로 가능할 때(자동화된 무인공장), 이 곳에서는 인사관리의 현상이 나타나지 않는다.

인사관리 현상의 변화는 바로 인사관리의 구성인자인 '직무'가 변화될 때 혹은 '사람(노동)'이 변화될 때 일어남

인사관리 현상의 변화는 바로 인사관리의 구성인자인 '직무'가 변화될 때 혹은 '사람(노동)'이 변화될 때 일어난다. 즉 직무내용이 변한다는 것은 우선 생산기술의 발전으로 인해 직무구조가 변화되고 이에 따라 직무를 수행해야 하는 사람(노동자)의 기능 내지 능력(직능)의 변화가 요구됨을 의미한다.

인사관리 현상의 변화는 기술발전을 통한 직무구조의 변화뿐만 아니라 직무를 수행하는 사람이 변화될 경우에도 일어난다. 즉 노동자를 관리하는 관리자(manager)의 의식변화, 노동자의 기업 및 직무에 대한 기대의 변화(근무시간에 대한 기대, 급여수준에 대한 기대 등) 역시 인사관리 현상의 변화 내지 발전을 가져오게 된다.

이러한 시각에서 출발하여 인사관리 현상을 변화시키는 몇 가지 중요한 요인을 제시하면 아래와 같다.

- 생산기술의 변화
- 교육기회의 변화
- 관리자 교육의 증가
- 사용자(관리자)의 가치관 변화
- 종업원의 기대수준 변화
- 기타 사회적 · 경제적 · 법률적 환경 변화 등

표 1-1 사용자－종업원 관계의 발전

가내수공업	산업혁명 초기시대	산업화 진행시대	후기 산업화시대
가부장적 인사관리	착취적 · 전제적 인사관리	협의적 인사관리	민주적 인사관리

인사관리 현상의 변화는 여러 관점에서 파악할 수 있겠지만 아래에서는 사용자(관리자)와 종업원의 관계에 초점을 맞추어 그 형태가 어떻게 형성되어 변화되어 왔는지를 살펴보고자 한다.

인사관리 현상에 결정적인 변화를 야기했던 가장 중요한 사건은 산업혁명이다. 영국에서 18세기 후반에 시작되었던 산업혁명은 그 후 산업화 운동으로 프랑스, 미국, 독일, 일본 등에 파급되어 그들 국가가 오늘날의 선진국이 되는 원인을 제공했다. 산업혁명은 생산기술의 엄청난 변화를 가져왔고, 기업의 직무구조, 사용자－종업원 관계, 노동시장의 구조 등 많은 분야에서 변화를 야기했다. 위의 <표 1－1>은 산업혁명 이전과 이후 전개되어온 사용자－종업원 관계의 변화를 제시한 것이다.

인사관리 현상에 결정적인 변화를 야기했던 가장 중요한 사건은 산업혁명

산업혁명 이전의 기업에서 나타난 인사관리의 특징은 가부장적(家父長的) 인사관리이다. 이 시대의 기업활동은 5~20명 정도의 종업원을 보유한 가내공업(家內工業)의 형태를 띠고 있었으며 기업 내 사용자와 종업원과의 관계는 가부장제의 가족세도에서 나타나는 가장(家長)과 가족구성원과의 관계와 유사한 것이었다. 가부장적 가족제도 하에서의 가장의 역할에는 두 가지 득징이 있다. 첫째, 가족구성원을 이끌어 나가는 데 가장은 절대적인 권력을 행사하며 가족구성원에 대해 전제적인 지배형태를 보여주었다. 둘째, 이러한 가장의 전제적인 지배 뒤에는 가족구성원의 생계유지 및 보호라는 의무와 관련되는 기능이 항상 존재했다(Gaugler, 1969).

이러한 가장의 가족구성원에 대한 양면적(兩面的) 지배형태가 그대로 가내공업의 공장에 이전되어 나타났다. 당시 공장종업원이 갖추고 있었던 기술수준은 매우 낮아 노동시장에서의 경쟁력이 매우 낮았으며, 급여도 겨우 생계를 유지하는 데 급급할 정도로 열악하였다. 공장주는 종업원에 대해 거의 절대적인 권한행사를 통해 권위주의적이고 전제적인 지배를 할 수 있었으며, 반면에 종업원이 질병 등 개인적으로 불행을 당했을 때는 급여와 관계없이 도움을 주기도 했던 것이다. 이러한 사장의 종업원에 대한 개인적인 도움은 오늘날 복리후생의 시작이 되었고 그 당시의 복리후생 형태를 일종의 '부권적 은혜(父權的 恩惠)'로

분류하기도 한다.

산업혁명이 일어나자 공장의 상황은 완전히 바뀌게 되었다. 새로 발명된 생산기계는 과거 수작업(手作業)을 통해 만들었던 제품과는 비교할 수 없을 정도로 높은 품질수준의 제품을 생산하였고, 기계를 통한 대량생산체제가 가능해졌다. 당시 유럽에서는 많은 귀족들이 봉건주의의 유산인 토지를 매각하여 일확천금을 노리기 위해 공장경영에 투자하였다. 공장의 규모는 확장되어 과거 가내공업 시대 5~20명의 종업원 수에서 이제는 100~200명 이상으로 증가하게 되었다. 당시 유럽의 제품시장 상황은 급격히 변화하고 있었다. 산업혁명이 시작된 처음 몇 년 동안에는 제품을 만들기만 하면 팔 수 있는 시대였으나 점차 시장에서 제품경쟁이 불붙게 되었고 공장주들은 하루빨리 더 좋은 기계를 구입하여 좋은 제품을 만들기 위해 공장을 확장시킴으로써 자금압박에 시달리게 되었다. 대개의 공장주들은 외부에서의 자금조달이 한계에 부딪치자 자금조달의 원천을 기업내부에서 찾기 시작하였다. 즉 종업원에게 지급되는 인건비를 줄여서 자금조달을 했던 것이다. 이 시대의 공장사용자와 종업원과의 관계는 점차 착취적이고 전제적인 지배형태를 띠게 되었다. 즉 과거 가부장적 인사관리 시대에 발휘했던 공장주의 종업원에 대한 절대적 권력행사를 통한 전제적 지배형태는 변함없이 그대로 유지되었으나 종업원에 대한 보호기능은 급격히 약화되어 갔다. 종업원 숫자가 100여 명 이상이 되자 공장주는 더 이상 종업원과의 개인적인 긴밀한 관계를 유지할 수 없었고 종업원에게 지급하는 임금 자체도 가능한 한 삭감하려고 하였다. 이러한 상황에서 종업원의 개인적인 불행에 대해 도움을 주는 것 등과 같은 복리후생은 거의 생각할 수도 없게 되었다. 당시의 종업원은 하루에 15시간 이상 일을 하면서도 생활의 질(質)은커녕 생계를 꾸려가는 것도 매우 힘이 들었다. 이렇게 공장주의 횡포가 가능했던 주요한 이유는 당시 종업원의 노동시장에서의 경쟁력이 급격히 떨어졌기 때문이다. 예를 들면 과거 50명이 일했던 공장에 새로운 기계가 도입되자 이 기계의 생산성은 노동자 몇 십 명에 해당되었기 때문에 현재의 종업원의 일감을 빼앗는 결과를 초래했다. 물론 공장도 확장되었지만 전체적으로 볼 때 수작업을 통해 제품을 생산할 때보다 기계를 통해 생산함으로써 필요인력이 훨씬 줄어들 수밖에 없었던 것이다.

이러한 산업화 초기의 착취적 · 전제적 인사관리는 산업화가 진행됨에 따라 그 양상이 변화되기 시작하였다. 그 이유는 기업경영의 경쟁력이 공장확장 및 새로운 기계도입만으로 확보되기가 점차 어려워졌기 때문이다. 소비자의 제품에 대한 욕구가 매우 다양해졌고 이를 충족시키기 위해 기업들은 항상 혁신적인 아이디어를 창출하지 않으면 안 되었다. 제품, 유통경로, 서비스 등에 대한 소비자 욕구를 따라갈 수 있는 아이디어 창조 및 이의 실행을 기계에만 의존할 수는 없었던 것이다. 즉 과거에는 기업경쟁력의 주체가 새로운 기계도입 및 자금 확보였으나, 이제는 점차 그 주체가 종업원으로 바뀌어 가게 되었다. 종업원의 직능수준도 점차 향상되었으며 의식수준도 높아져 이제는 더 이상 공장주가 종업원에게 착취적 · 전제적 인사관리를 행사할 수 없게 되었다. 종업원이 기업경쟁력의 주체로서의 역할이 커지자 이에 비례해서 그들의 노동시장에서의 경쟁력도 증가되었다. 공장주의 종업원에 대한 일방적인 지시나 권위주의적 태도는 얻는 것보다 잃는 것이 더 많게 되었다. 이러한 공장주의 종업원에 대한 인사관리 형태의 변화에는 노동조합의 역할도 매우 컸다. 공장주는 이제 종업원과 공장의 일상업무를 대함에 있어 전제적에서 협의적(協議的)으로 변화하게 되었고, 과거거의 무시했던 종업원에 대한 복리후생도 그 폭이 점차 확대되기 시작했다.

전제적에서 협의적(協議的)으로 변화

이러한 협의적 인사관리는 후기 산업화 시대에 들어오면서 그 형태가 변화되고 있다. 종업원의 목소리가 점차 커지고 기업도 이러한 종업원의 목소리를 기업경쟁력 확보 내지 유지를 위해 무시할 수 없기 때문에 점차 받아들일 수밖에 없게 된 것이다.

협의적 인사관리와 유사한 것으로 민주적 인사관리가 있다. 협의적 인사관리에서는 기업의 일상업무에 대해 기업주가 종업원과 협의는 하지만 최종의사결정은 기업주 스스로 내리는 데 비해, 민주적 인사관리 형태의 기업에서는 기업경영의 크고 작은 일에 대해 기업주와 종업원이 동수(同數)의 대표로 구성된 위원회에서 민주적으로 의사결정을 행하는 것이다. '민주적'이라 함은 여러 의미로 생각해 볼 수 있겠지만, 여기서는 어떤 사안(事案)에 대해 참석인원이 투표를 통해 의사결정에 도달함을 의미한다.

이러한 민주적 인사관리를 시행하고 있는 대표적인 기업으로 독일기업을 들 수 있다. 독일은 제2차 세계대전 후 1951년 경영조직법,[4] 1952년 공동의사결정법[5]을 제정하여 일부 기업에 대해 민주적 인사관리를 법적으로 보장하였다. 독일기업에서는 기업의 일상생활에서 일어나는 특정한 사항뿐만 아니라 심지어 전략적인 사안에 이르기까지 기업 측 대표와 종업원 측 대표가 모여 공동으로

4) 경영조직법(Betriebsverfassungsgesetz)은 기업의 일상 활동에서 종업원의 인사적 측면(인력선발, 승진, 이동, 퇴직)과 사회적 측면(상사와의 관계 등)에 대해 기업 측과 종업원 대표 측이 공동으로 의사결정도록 하는 것을 주요 내용으로 하고 있다.

5) 공동의사결정법(Mitbestimmungsesetz)에서는 감사회 설치를 규정하고 있으며 여기서 기업의 주요 의사결정을 한다. 이 감사회에는 기업 측 대표와 종업원 대표가 동수(同數)로 참여한다.

의사결정을 하고 있다. 사유재산권을 보장하고 있는 자유경제체제 하에서 기업의 경영활동에 대한 의사결정은 본질적으로 자본가인 주주(사용자)의 몫인 것만은 주지의 사실이다. 그럼에도 불구하고 독일의 일부기업에서 나타나고 있는 민주적 인사관리는 독일의 과거 어두운 역사에 대한 반발과 종업원의 협동이 국가경제의 사활과 직결되어 있었던 시대적 배경에서 잉태되었다. 독일은 제2차 세계대전 종료 전까지 히틀러라는 독재자에 의해 정치가 전체주의로 유지되었는데, 이러한 히틀러 권력의 주요원천은 당시 독일 기업가들의 지원에서 나온 것이었다. 패전 후 독일은 전쟁의 유산으로 '독재'와 '잿더미'밖에 남은 것이 없었다. 이때 정치계에서는 의회민주주의를 구축하였고, 산업계에서는 국가 경제 발전의 원동력이 바로 근로자인 인적자원임을 인식하게 되었다. 이러한 시대적 상황 하에서 독일은 과거 독재자의 앞잡이가 되었던 기업가의 권력을 약화시키고 근로자의 협동을 극대화시킬 수 있는 방안으로 기업에서의 '공동의사결정제도'를 구상하였던 것이다.

이상에서 인사관리의 역사를 산업혁명이라는 사건을 중심으로 사용자와 종업원과의 관계변화라는 측면에서 살펴보았는데, 여기서 전개한 인사관리 형태의 역사적 발전은 거의 모든 국가에 일반화시킬 수 있다. 현재 미국 · 일본 · 영국 기업에서의 인사관리는 이미 오래 전에 협의적 인사관리 시대에 진입했다고 볼 수 있으며, 우리나라의 경우는 1960년 중반부터 산업화를 시작한 이래 1990년대에 이르러 착취적 · 전제적 인사관리의 틀을 이제 겨우 벗어나고 있으며 많은 기업에서는 형식적으로나마 '협의적 인사관리'로 이행(移行)하고 있다고 볼 수 있다. 과거 1960년대와 1970년대 우리나라에서는 '선 성장(先 成長), 후 분배(後 分配)'라는 정부의 슬로건에 힘입어 착취적 · 전제적 인사관리가 많은 기업에 확산되어 있었던 것이 사실이다.

3.2 이 론 사

기업의 인사관리에 대한 연구는 20세기에 들어와 그 학문적 모습을 갖추기 시작했다. 인사관리 연구의 이론적인 틀은 인사관리의 기본 구성요소인 '일(직무)'과 '사람(노동)'의 관계를 어떻게 설정할 것이며, 작업장에서의 생산성 향상을 위한 직무－사람 간의 이상적(理想的)인 관계를 어떻게 설정할 것인가에서 출발했다. 20세기 전반기에 형성되었던 '기계적 접근(the mechanical approach)'과 '인간관계적 접근(the human relations approach)'은 생산성 향상이라는 인사관리의 목적에 도달하기 위한 서로 다른 길을 각각 제시해 주었다.

새로운 현상은 새로운 이론을 잉태하듯 기업의 치열한 경쟁상황은 기업이 가지고 있는 제 자원을 최대한 목적지향적으로 동원 · 활용하도록 요구하게 되었다. 이러한 시각에 입각하여 인적자원관리에 대한 '전략적 접근(the strategic human resource management)'이라는 새로운 이론이 형성되었다. 1970년대 초에는 독일의 노총(勞總)에서 기업이 그 동안 추구해 왔던 인사관리의 목적에 대해 강력한 이의를 제기했고, 그 결과 인사관리에 대한 '노동지향적 접근(die arbeitsorientierte Einzelwirtschaftslehre)'이라는 일종의 규범적인 접근이 나타난 바 있다. 아래에서는 이상에서 언급한 인사관리에 대한 제 접근들의 형성과정과 내용을 분석해 본다.

3.2.1 기계적 접근

1) 형성배경

인사관리에 대한 기계적 접근은 테일러(Taylor)의 과학적 관리법(the principle of scientific management)을 출발점으로 형성되었다. 테일러가 활동했던 19세기 말과 20세기 초 미국의 공장관리는 아래의 몇 가지로 특징지을 수 있다(Taylor, 1911).

① 공장 내 작업(job) 성과에 대하여 사전에 제시된 표준(standard)이 없었기 때문에 상사가 작업자에게 하는 지시는 상사의 경험과 주관에 의한 것이었다.

② 작업들 간의 유기적인 조정이 불가능했다.

③ 하루의 목표생산량에 대한 계획이 없어서 작업자들의 조직적 태업(systematic soldiering)이 용이하게 이루어질 수 있었다.

④ 능률향상을 위한 자극방법으로 임금형태를 일급제(日給制)에서 성과급제로 전환시켰으나 작업자의 성과급제에 대한 불신으로 능률향상이 이루어지지 못했다.

테일러는 당시의 미국 공장에 확산되어 있었던 이와 같은 경영에 대한 비과학적 접근을 극복하기 위해 다년간의 공장기사(工場技士)로서의 경험을 바탕으로 '과학적 관리'의 이론을 정립하였다. 테일러의 과학적 관리법의 핵심은 '과업관리(task management)'에서 찾을 수 있다.

과업관리는 조직적 태업의 원인을 규명하고 이를 개선하기 위해 테일러가 정립한 이론이다. 테일러는 작업자들의 조직적 태업이 기업이 도입한 성과급에 대한 불신으로부터 시작된 것이라고 파악했다. 즉 성과급은 작업자의 성과 크기에 임률(賃率)을 곱하여 산정되는데, 임금의 크기가 성과뿐만 아니라 임률에 의해 결정되기 때문에 기업 측이 임률을 낮추게 되면 작업자는 아무리 성과를 높여도 임금의 크기는 증가하지 않게 된다. 작업자는 책정된 임률이 계속 유지된다는 보장이 없는 상황에서 무작정 성과를 높이려 하지 않기 때문에 작업장에서의 성과증가가 쉽게 이루어지지 않는다. 테일러는 노동의 내용과 양을 노사 쌍방의 주관적 생각으로부터 분리시켜 객관적인 방법으로 결정하면 성과급에 대한 불신이 사라지고 성과가 증가될 것이라고 판단했다. 이러한 문제를 해결하기 위해 테일러는 아래와 같은 4가지 원칙을 고안하였다.

테일러의 4가지 원칙

① 적정한 하루의 성과수준(a large daily task)

② 표준적인 작업조건(a standard work conditions)

③ 성공에 대한 높은 보수(high pay for success)

④ 실패에 대한 손실(loss in case of failure)

'적정한 하루의 성과수준'이란 비교적 우수한 작업자가 달성할 수 있는 하루의 작업량을 말하는데, 이에 대한 객관성을 확보하기 위하여 작업자에 대한 '시간 및 동작연구(time and motion study)'를 실시하였다. 즉 작업자가 근무시간 측면이나 작업동작 측면에서 합리적으로 작업을 수행했을 때 도달할 수 있는 표준적인 성과의 크기를 계산하는 것이다. '표준적인 작업조건'이란 작업자가 일을 하는 데 필요한 제 조건(기계, 공구, 원재료, 작업장 상태 등)을 최적(最適)으로 유지하는 것을 말한다. '성공에 대한 높은 보수'란 하루의 과업량을 작업자가 성공적으로 수행했을 때 높은 임금을 준다는 것을 의미하며, 반면에 '실패에 대한 손실'은 제시된 1일 목표량에 작업자가 도달하지 못했을 때 임금 면에서 손실이 따르게 함을 말한다. 위에서 제시한 원칙을 실천에 옮기기 위해 테일러는 '시간 및 동작연구'와 아울러 차등별 성과급제도를 도입했다. 차등별 성과급 제도란 하루의 작업목표량을 달성한 작업자에 대해서는 보다 높은 임률을 적용하고, 이에 실패한 자에 대해서는 보다 낮은 임률을 적용하게 하는 제도를 말한다.

테일러가 제시한 이러한 과업관리 원칙은 노사 쌍방에 만족을 가져다주었다. 즉 사용자의 입장에서 보면 작업자가 성과급에 대한 불신을 없애고 보다 높은 성과를 달성하기 위해 노력할 것이라고 기대하게 되었고, 작업자의 입장에서는 명확한 표준 노동량을 제시받음으로써 하루를 통해 자신의 업무진척 상황을 측정할 수 있으며, 열심히 일을 하면 더 높은 임금을 받을 수 있으리라 생각하게 된 것이다. 실제로 이러한 과업관리의 원칙이 도입된 작업장에서는 당시 매우 높은 생산성 향상이 나타났다.

여기서 주목해야 할 것은 테일러의 시간 및 동작연구의 결과와 표준적인 작업조건의 제시 노력이 가져다준 결과이다. 시간 및 동작연구에서 테일러는 작업자 한 명이 여러 가지 상이한 작은 일들을 동시에 수행할 경우, 유사한 내지 동일한 작은 일들을 수행하는 경우보다 작업시간이 더 많이 걸린다는 것을 확인하였고, 그 결과 아담 스미스(Adam Smith)가 주장했던 '분업(分業)의 원리'의 효용성을 재확인한 것이다. 또한 그는 표준적인 작업조건의 제공을 위해 공작기계의 개량에 힘썼다. 즉 테일러는 작업자가 수행하는 일은 가능한 한 분업화시키는 것이 효과적이며, 작업장에 기계를 동원할 경우 그 성과가 당연히 높아짐을 다년간의 연구와 경험을 통해 터득했던 것이다.[6)]

분업(分業)의 원리

2) 기계적 접근의 내용

기계적 접근의 형성배경에서 제시한 몇 가지 사실을 인사관리의 기본적 구성요소인 '직무－인간(노동)' 관점에서 해석하면 다음과 같다.

첫째, 기계적 접근에 의하면 '직무'는 가능한 한 전문화(분업)되어야 한다. 즉 한 작업자가 해야 하는 일의 종류를 가능한 한 줄여서 작업자가 작업 도중 다른 일을 수행하기 위하여 옮겨가는 데 발생하는 시간적 손실을 막아야 한다는 것이다. 뿐만 아니라 작업이 분할되면 그 작업에 필요한 기술을 습득하는 데 소요되는 기간이 과거 전문화되지 않은 경우보다 훨씬 단축된다. 이러한 작업(직무)의 전문화는 작업자의 대체성(interchangeability)을 높이는 결과를 가져온다. 예를 들면, 과거 전문화되지 않았을 때는 직무 A를 수행할 작업자를 노동시장에서 구할 때 직무 A의 세부 과업 a, b, c, d[7)]를 모두 수행할 수 있는 기술능력을 가진 사람을 구해야 했다. 그러나 직무가 전문화되면 직무 A(과업 a, b, c, d) 전체의 수행능력이 아니고 과업 a, 과업 b 등 개별 과업별 수행능력을 갖춘 사람을 찾으면 되기 때문에 노동시장에서 적절한 인력을 구하기도 용이할 뿐만 아니라 특정 작업자에 대한 대체성이 높아지는 것이다.

그리고 '직무' 수행을 과거 인간(작업자)에게 주로 의존했지만, 이제는 기계

6) 과업관리를 통한 과학적 관리법을 더욱 보완 발전시킨 연구자로서 Gilbreth와 Gantt를 들 수 있다. Gilbreth는 특히 동작연구를 통해 능률적 동작법칙(laws of efficient motion)을 제시했고, Taylor의 조수였던 Gantt는 새로운 보너스제도(a task and bonus wage system)를 고안했다.

7) 과업(tasks)은 직무의 한 부분을 이루는 일들을 말함.

의 역할을 가능한 한 높여 생산의 효율성을 추구하는 방향으로 인사관리가 추진되기에 이르렀다. 바로 이러한 이유 때문에 테일러식 인사관리 접근은 '기계적'이라고 이름 붙여진 것이다. 또한 직무수행과 관련되는 제반 작업조건이 양질의 표준화된 수준만 유지되어야 함을 강조했다. 둘째, '기계적 접근'에 의한 작업장에서의 인간은 '생산의 한 요소(a factor of production)'로 간주되었고 심지어 인간 노동을 다른 원자재와 같이 시장에서 가능한 한 싼 값으로 구입하고, 구입한 원자재가 남았거나 필요가 없으면 다시 시장에 반품하는 것처럼 노동을 원자재로 취급하였다는 점에서 이 시대의 접근방법을 원자재 내지 상품적 접근(the commodity approach)이라고도 한다.

또한 기계적 접근은 인간(노동)의 행동을 '경제적 동물(homo economicus)'이라는 관점에서 이해했다. 즉 인간은 본능적으로 경제적 이득이 극대화되는 방향으로 행동한다는 것이다. 이것을 작업장에서의 인간에게 적용하면, "작업자는 돈을 많이 주면 줄수록 더 열심히 일할 것이다"라는 논리이다. 이러한 논리를 적용시킨 예가 바로 테일러가 도입한 차등별 성과급제도(differential piece-of-rate plan)였다.

이상에서 기술한 인사관리의 기계적 접근의 내용은 위의 <표 1-2>에 요약된다.

테일러의 과학적 관리법에서 출발한 인사관리의 기계적 접근은 20세기 초 미국과 유럽에 급속히 확산되었으며 한동안 공장에서 높은 생산성을 보장하기에 이르렀다. 그러나 이러한 접근은 아래와 같은 문제점을 가지고 있다.

기계적 접근의 문제점

첫째, 직무에 대한 전문화 추구로 작업자들의 일에 대한 자긍심이 상실되어 갔다. 과거 직무가 비전문화되었을 때에는 한 사람의 작업자가 여러 가지 일(task)을 하며 일의 결과에 대한 기쁨을 어느 정도 맛볼 수 있었으나, 이제는 아주 작고 부분적인 일만 하여 어떤 제품이 만들어졌을 때 "이것을 내가 만들었다"라는 생각을 할 수 없게 된 것이다. 왜냐하면 그 작업자는 제품(예: 기계, 라디오 등) 중 아주 작은 기능의 부품만 조립했기 때문에 자기가 한 일과 제품과의

표 1-2 기계적 접근의 특징

직 무	인간(작업자)
▶ 전문화 ▶ 기계화 ▶ 표준화된 작업조건	▶ 생산의 한 요소개념(기계의 한 부품) ▶ 노동시장에서의 높은 대체성 ▶ 경제적 동물

일체감(identity)이 생기지 않기 때문이다. 이러한 생각이 누적되면 '노동소외', 나아가 '노동에서의 인간성 상실'로까지 발전되고 심지어는 노동의 인간화(人間化)가 기업의 생산극대화 목표에 가려져 계급 간 갈등의 원인으로까지 확대될 수 있다.

둘째, 기계적 접근은 작업장에서의 인간행동에 대한 설명이 부족하다. 이 접근은 인간을 '경제적 동물'로 간주하고 금전(차등별 성과급)을 동기부여의 주요 도구로만 보았다. 사실 작업장에서의 인간의 작업행동을 금전적 보상과 손해만으로 조종할 수 있다는 논리에는 상당한 무리가 뒤따른다. 작업성과에 미치는 인간행동의 원인은 위의 경우 외에도 많이 있기 때문이다.

3.2.2 인간관계적 접근

1) 형성배경

인사관리에 있어서 기계적 접근의 주요 도구가 되었던 테일러의 과학적 관리법은 당시 미국뿐만 아니라 유럽의 공장에서도 광범위하게 도입되고 있었다. 특히 제1차 세계대전 기간 동안에 영국을 중심으로 군수산업에서 노동능률을 높이기 위한 노동의학이나 인간의 피로도(疲勞度)에 관한 연구가 활발히 진행되었다. 당시 "노동자란 임금(금전)만으로 움직이는 기계가 아니라 피로도에 의해서 능률의 저하가 나타나는 육체를 가진 하나의 인간"이라는 논리가 대두된 바 있었다(한희영, 경영학원론).

인사관리에 있어서 인간관계적 접근은 1920년대 미국의 시카고 근처의 한 전화기 제조회사(the Western Electric company)인 호손공장(Hawthorne factory)에서 실시된 일련의 연구결과를 기초로 하여 형성되었다(Mayo, 1945). 호손공장 연구

당시 호손공장에서는 테일러의 과학적 관리법에 입각한 성과급제도를 도입하고 있었으나 생산성 측면에서 만족스럽지 못했다. 호손실험은 작업환경의 물리적 변화나 작업시간, 임률(賃率)의 변화 등이 종업원의 작업능률에 어떠한 변화를 미치는가를 연구하기 위해 1924년부터 1932년까지 진행된 대규모 연구 프로젝트였다. 아래에서는 호손실험의 주요 내용을 살펴본다.

(1) **조명실험**(illumination experiment, 1924~1927)

조명실험의 목적은 작업장에서의 조명이 작업자의 피로도 나아가 생산성에 미치는 영향을 밝히려는 데 있었으며 부시(Vannever Bush)와 바커(Joseph Barker)가 연구를 담당하였다. 연구는 실험집단(experiment group)과 통제집단(control group)

실험집단과 통제집단으로 나누어 조명도와 작업능률의 관계를 관찰하기 위해 진행

으로 나누어 조명도와 작업능률의 관계를 관찰하기 위해 진행되었다. 실험결과 실험집단은 조명도의 상승과 비례하여 작업능률이 상승했고, 조명도를 변화시키지 않았던 통제집단의 작업능률 역시 상승했다. 또한 실험집단을 대상으로 조명도를 반대로 낮추어 갔을 때도 역시 높은 작업능률이 그대로 지속되었다. 이에 대해 부시와 바커는 ① 조명이란 작업능률에 영향을 미치는 작은 요인에 불과하며, ② 인간에 관한 한 다른 여러 가지 요인을 변화시킴이 없이 단지 한 가지 요인(조명)의 변화로 작업능률의 원인을 규명한다는 것은 불가능하다고 결론지었다. 따라서 작업장에서의 조명과는 별도로 작업능률에 영향을 미치는 요인을 밝히기 위한 추가 연구가 진행되었다.

(2) 계전기 조립작업[8] 실험(relay room experiment, 1927~1929)

종래 직업능률의 상상을 가져온다고 생각되었던 모든 조건을 변화시키면서 작업능률의 변화를 관찰

이 실험은 메이요(Mayo)가 주도하였는데 실험의 대상은 전화기의 한 부품인 계전기를 조립하는 여성 작업자 6명이었다. 이 실험에서는 종래 작업능률의 상승을 가져온다고 생각되었던 모든 조건(예: 작업시간의 단축, 휴식시간의 증가, 간식의 제공, 작업환경의 개선 등)을 변화시키면서 작업능률의 변화를 관찰했다. 그 결과 보통의 일상 작업조건에서 주당(週當) 2,400대의 계전기를 조립하던 것이 작업조건의 개선에 따라 생산성이 증가되었다. 그러나 얼마 후에 작업조건을 원래의 상태로 환원시켰을 때에도 작업능률은 여전히 높은 상태로 유지되었으며, 오히려 주당 3,000대의 계전기 생산이란 최고기록까지 보였다.

이러한 실험결과가 나오게 된 원인에 대해 메이요는 아래와 같이 분석했다.

① 실험실 내에서 우호적인 분위기가 조성되었다. 원래 메이요는 실험을 시작할 때 회사 측으로부터 작업자 2명을 추천받았다. 그리고 이들이 각각 실험에 참가할 작업자를 2명씩 추천하여 실험집단이 6명으로 구성되었던 것이다. 따라서 이들 작업자 간의 분위기는 자연스럽게 우호적이 되었던 것이다.

② 실험참가자들은 회사의 부장으로부터 이 실험에 대해 회사가 큰 기대를 갖고 있다는 사실을 알게 되었고 작업자들은 자기 일을 자랑스럽게 여기게 되었다.

③ 실험실 내에서는 작업 감독자가 없었으며, 작업자 자신이 스스로 작업에 대해 책임감을 가지게 되었다.

④ 6명의 작업자 간에는 공동의식과 협력적인 태도가 형성되었으며, 특히

8) 작업내용은 코일, 遺傳子 및 절연체 등을 하나의 기구로 조립하는 것으로, 하나의 조립에 대개 1분이 걸리고 작업은 반복적인 것이다.

그 중 1명이 비공식적인 리더가 되어 동료 간의 연대감을 높이게 했다.

이상의 분석결과 메이요는 실험집단의 작업능률 향상은 작업장에서의 물리적인 작업조건의 변화보다 작업자들의 심리적인 변화가 보다 더 중요하다고 결론지었다. 즉 실험 대상자인 여성 작업자 6명은 이 실험이 갖는 중요성을 인식함으로써 일종의 긴장감과 여러 사람들이 자신들을 주목하고 있다는 의식 그리고 작업조건의 개선에 있어서 자기들의 의견이 존중되고 있다는 일련의 사실에서 만족감과 긴장감을 가지게 되었던 것이다.

(3) 면접조사(interviewing program, 1928~1930)

면접조사에서 종업원의 감정이 작업에 어떻게 작용하는가를 파악

메이요는 계전기 조립작업장의 실험 결과 나타난 작업능률 향상의 원인인 작업자의 심리적 측면을 중점적으로 조사하기 위해 약 20,000여 명의 종업원을 대상으로 3년간 면접을 실시하였다. 면접내용은 상사의 감독방법, 지도방법, 작업환경, 작업 그 자체에 대해 일상 작업생활 속에서 느끼고 있는 것을 묻는 것이었으며, 작업자들은 면접에서 주로 이에 대한 불만과 의견을 제시하였다. 메이요는 이와 같은 면접조사에서 종업원의 감정이 작업에 어떻게 작용하는가를 파악할 수 있었다. 그는 작업자의 감정에는 개인적인 측면과 사회적 집단으로서 공통적으로 갖는 측면이 있음을 파악하였다. 이리하여 작업자의 성별, 경력, 종교, 취미 등과 작업장의 물리적 조건과는 다른 기타 사회적 조건들이 작업자의 태도에 영향을 미친다는 사실을 확인하였다. 특히 작업자의 작업의욕은 개인적 감정에 의해서도 영향을 받지만, 그가 속한 집단의 사회적 조건에 따라서 더 크게 좌우된다는 것이 밝혀졌다.

(4) 배전기 전선작업실의 관찰(bank wiring room study, 1931~1932)

작업자를 둘러싸고 있는 사회적 제 조건이 작업능률에 미치는 영향을 파악

메이요는 앞서 조사한 연구결과 중 작업자를 둘러싸고 있는 사회적 제 조건이 작업능률에 미치는 영향을 파악하기 위해 배전기 전선작업실을 대상으로 관찰연구를 실시하였다. 이곳에서는 14명의 남자 작업자가 자동전화 교환기의 부품을 생산하고 있었다.

조사결과에 따르면 작업장에는 회사의 공식조직과는 별도로 자주적인 비공식 조직(informal organization)이 존재한다는 것이 확인되었다. 또한 작업능률은 그와 같은 비공식 조직과 밀접한 관계가 있다는 것을 발견하였다. 그리고 이 비공식 조직에는 무언의 집단규범이 있는 동시에 이것은 해당 조직 내에서 공통의 이익을 추구하는 특징을 갖고 있었다. 이들 전선 작업실의 작업자들 간에는 아래와 같은 일종의 도덕률이 형성되어 있었다.

① 너무 열심히 일해서는 안 된다.

② 너무 일에 태만해서도 안 된다.

③ 동료에게 해로운 말을 상급자에게 고자질해서는 안 된다.

④ 너무 잘난 체해서는 안 된다.

이상의 제반 도덕률은 너무 열심히 일했을 때 발생하는 임률(賃率)의 삭감에 대한 공포, 성과가 낮은 작업자에 대한 보호와 일을 태만이 했을 때의 해고에 대한 공포 등 때문에 형성된 것이다. 이러한 작업자 집단의 행동을 규제하고 있었던 것은 공식조직의 논리보다도 작업, 관심사, 주거, 고향, 학교, 취미 등을 중심으로 자연적으로 형성된 비공식 조직(집단)의 논리 때문이었다. 개인이나 집단으로부터 영향을 받는다는 것은 인간에게는 사회적 요인이 작용하는 것을 의미하는 것이다.

이상에서 기술한 8년간에 걸친 호손연구에서 발견된 사실을 요약하면 아래와 같다.

호손공장 연구의 결과

① 한 사람의 작업자에게 나타나는 작업능률은 그의 육체적 능력에 의해서라기보다 사회적 능력(social capacity)에 의해서 결정된다.

② 비경제적 보수(noneconomic reward)가 작업자의 작업동기와 만족을 결정하는 데 중심적인 역할을 한다.

③ 최고도의 직무전문화(분업)는 결코 가장 능률적인 직무형태가 아니다.

④ 작업자는 기업경영방침과 보상에 대해 개인으로서가 아니라 집단성원으로서 반응한다.

2) 내 용

테일러의 과학적 관리방법에 입각해서 보다 합리적인 직무환경을 구축하기 위해 실시되었던 호손실험은 과학적 관리법에서 지향했던 것과 거의 반대방향의 결과를 얻었다. 이러한 연구결과는 당시 기업의 인사관리에 새로운 방향을 제시했으며 후에 이 시대의 인사관리에 대한 접근방법을 '인간관계적 접근'이라고 칭하게 되었다.

인간관계적 접근의 특징

'인간관계적 접근'은 인사관리의 기본요소인 직무와 인간에 대해 '기계적 접근'과는 다른 관점을 보이고 있다. '기계적 접근'에서 이상적으로 간주되었던 직무전문화는 그 가치가 평가절하되었다. 왜냐하면 최고도의 직무전문화는 작업자로 하여금 일에 대한 흥미를 상실하게 할 뿐만 아니라 작업자의 작업의욕을 감소시킨다고 보기 때문이다. 또한 '기계적 접근'에서 중요하게 강조되었던 표준화된 작업조건의 작업능률에 대한 역할에 있어서 인간관계적 접근에서는 다른 입장을 취했다. 즉 작업장에서의 물리적인 작업조건을 작업자의 심리적 · 사회적 조건보다 덜 중요하게 간주한 것이다.

'인간관계적 접근'의 특징은 작업장에서의 인간에 대한 관점에서 더욱 두드러진다. 이 접근에서는 인간을 '사회적 동물(homo sociologicus)'[9]로 보았으며 작업장에서의 작업능률이 작업자들 간의 사회적 제 관계에 의해서 대부분 결정된다고 보았다. 작업장에서의 사회적 제 관계는 바로 작업집단에서 형성된다. 작업자의 개별 행동은 이 작업집단의 규범에 의해 상당히 영향을 받으며 작업집단 내에는 종종 비공식 집단이 자연발생적으로 형성되기도 한다. 또한 작업능률은 작업에 대한 작업자의 태도에 의해 결정되며, 이 태도는 작업자를 둘러싸고 있는 사회적 조건에 의해서 결정적으로 영향을 받는다. 사회적 조건에는 작업자가 속한 작업집단의 분위기, 비공식 집단의 규범, 개별 작업자의 집단에서의 위치 등이 포함된다. 또한 작업자의 태도란 구체적으로 직무상황(job situation)에 대해 갖고 있는 작업자의 심리적 측면인 감정을 말하는데, 작업자의 만족(satisfaction)이 그 핵심적 내용이 된다.

'기계적 접근'에서 작업능률 향상을 위한 주요한 수단이었던 경제적 보상(차등별 성과급)은 인간관계적 접근에서는 그 의미가 감소되었다. 즉 경제적 보상 그 자체를 부정하지는 않았지만 그것보다 더 비경제적인 보상(인정감 부여, 일에 대한 흥미 등)을 강조하게 된 것이다. 이상에서 제시한 인간관계적 접근의 특징은 다음의 <표 1-3>에서 요약된다.

작업능률의 극대화를 위해 인간관계적 접근에서 추구하는 방향은 아래와 같이 요약할 수 있다.

① 직무는 너무 전문화되어서는 안 된다. 왜냐하면, 직무가 너무 전문화될 경우 작업자가 일에 대한 흥미를 잃게 된다.

② 직무를 둘러싸고 있는 사회적 제 조건에 대한 관리가 강조된다. 작업자가 속한 작업집단 내 비공식적인 조직의 존재를 인식하고 작업에 대한 우호적이고 협동적인 분위기가 창출될 수 있도록 관리해야 한다.

③ 작업자가 개인의 작업에 대해 호의적인 태도를 갖게 하기 위해서는 비경제적인 보수의 중요성을 인식하여야 한다.

이상에서 기술한 인사관리의 인간관계적 접근은 당시 기계적 접근 일변도

9) 여기서 '사회적'이란 여러 사람들 간의 상호작용을 주요 내용으로 하는 여러 사람들 간의 인간관계를 말한다. 즉 인간은 다른 사람들과의 관계에서 만족을 획득하고, 이러한 관계 속에서 생의 가치를 추구한다는 입장이다.

표 1-3 인간관계적 접근의 특징

직 무	인간(작업자)
▶ 비전문화 ▶ 물리적 작업조건에 대한 낮은 평가	▶ 심리적 측면의 강조 ▶ 사회적 동물 ▶ 비공식 집단

의 산업계에 센세이션을 불러일으켰고 작업능률에 결정적 영향을 주는 새로운 요인이 있음을 인식시켰다. 그러나 학계나 실무계로부터 비판도 뒤따랐다. 첫째, 기업경영조직에 과연 비공식 조직이 존재하느냐에 대한 의문이 제기되었다. 둘째, 특히 노동조합의 반발은 매우 거세었다. 왜냐하면 이 접근방법은 비경제적 보상을 너무 강조한 나머지 정작 종업원과 노조의 주 관심사인 급여와 같은 경제적인 보상을 등한시하는 듯한 인상을 주었기 때문이다. 이러한 이유 때문에 노조는 이러한 접근방법에 대해 사용자가 실질적인 임금과 복리후생에 대해서는 관심을 갖지 않고 작업능률 향상을 위해 종업원에게 등이나 두드리고 입에 발린 칭찬만 하는 사탕발림 인사관리(sugar management)라고 혹평하였던 것이다.

이상에서 논의한 인사관리에 대한 기계적 접근과 인간관계적 접근은 그 이론의 형성과정에서 나타났듯이 "어떻게 하면 작업장에서 작업능률을 극대화시킬 수 있는가?" 하는 물음에 해답을 찾기 위한 노력의 결과로 정립된 것이었다. 똑같은 목적을 향해 길을 찾았는데 정작 찾은 길은 전혀 다른 것이었다.

3.2.3 전략적 접근

1) 발생배경

인사관리를 인적자원 관점에서 전개하자고 제안한 데서 출발

인사관리에 대한 전략적 접근(Strategic Approach to Human Resource Management)은 1960년대 마일즈(Miles, 1965)가 인사관리를 인적자원 관점에서 전개하자고 제안한 데서 출발한다. 인사관리에 대한 전통적 모델은 상사의 부하에 대한 엄격한 감독을 강조하는 반면 인적자원적 모델은 상사가 부하가 가지고 있는 모든 재능과 능력을 계발하고 끌어낼 뿐만 아니라 부하로 하여금 작업장에서 스스로 작업사항에 대해 결정하고 관리할 수 있는 능력을 개발해야 한다고 강조한다. 1980년대에 들어와 기업이 보유하고 있는 인적자원이 기업성과에 결정적인 요인이 되고 경쟁력의 원천이 된다는 인식이 확산되었다. 이러한 인식은 자원기반이론(resource-based theory)이 정립되면서 오늘날 인사관리에 있어서 전략적 접근

의 가능성을 보다 구체화시켰다.

자원기반 이론에 의하면 특정 기업이 경쟁력우위를 확보하기 위해서는 경쟁사가 가지지 못한 자원을 보유해야 하는데, 즉 자원 이질성(resource heterogeneity)이 있어야 한다는 것이다. 또한 경쟁사가 자사의 경쟁우위를 모방하지 못해야 한다는 자원의 비이동성(resource immobility)도 경쟁우위를 가능케 하는 주요 요인이 된다.

자원 이질성

자원 비이동성

기업이 보유한 자원을 통하여 지속적인 경쟁우위를 누리기 위해서는 첫째 해당기업에 가치 있는 자원이 있어야 하며, 둘째 경쟁사들이 독특하거나 희소하다고 여기는 자원이 있어야 하고, 셋째 완벽하게는 모방할 수 없는 자원, 넷째 경쟁사가 다른 자원으로 대체할 수 없는 자원이 있어야 한다는 것이다(Barney, 1997).

라이트와 맥메헨(Wright & McMahan, 1992)은 인적자원과 특정 인사제도가 지속적인 경쟁우위의 원천이 될 수 있는 네 가지 상황을 제시하였다. 첫째 특정한 인적자원이 기업에 가치를 제공하고 기업마다 그 수요가 다르면 이것은 지속적 경쟁우위의 원천이 될 수 있다. 둘째 우수한 능력을 갖춘 인재는 희소성을 가지고 있기 때문에 기업이 그러한 인적자원을 채용하고 유지시키기 위해서는 타당한 채용제도와 유연한 보상제도가 필요하다. 셋째 경쟁기업이 모방할 수 없는 인적자원과 인사제도라야 경쟁우위의 원천이 된다. 인적자원은 기업의 정책이나 관행, 문화를 형성하는 특수한 관계 속에서 활동하며, 경쟁우위의 원인으로 쉽게 모방될 수 없기 때문이다. 넷째 인적자원이 지속적인 경쟁우위의 원천이 되기 위해서는 대체 불가능해야 하는데, 우수한 종업원을 보유한 기업이 경쟁우위를 확보하면 다른 기업이 인적자원을 우수한 인적자원으로 대체하여도 이러한 우위를 확보한 기업이 새로운 기술 등을 통해 그 우위를 지속하게 된다.

자원기반이론은 기업의 내부자원과 전략과의 연계를 강조하는데, 인적자원을 경쟁우위의 원천으로 간주할 뿐만 아니라 인적자원의 능력에 맞게 전략의 방향을 정하여야 경쟁우위를 확보할 수 있다는 논리를 제시하기도 한다. 따라서 기업이 경쟁우위를 달성하기 위해서는 우수한 인적자원을 확보하고 이들을 잘 개발하며 동기부여할 수 있는 인사관리방식이 요구된다는 것이다.

2) 내 용

인사관리에 대한 전략적 접근은 한마디로 기존의 전통적 인사관리에서 취

그림 1-5 전략, 조직구조, 인적자원의 통합

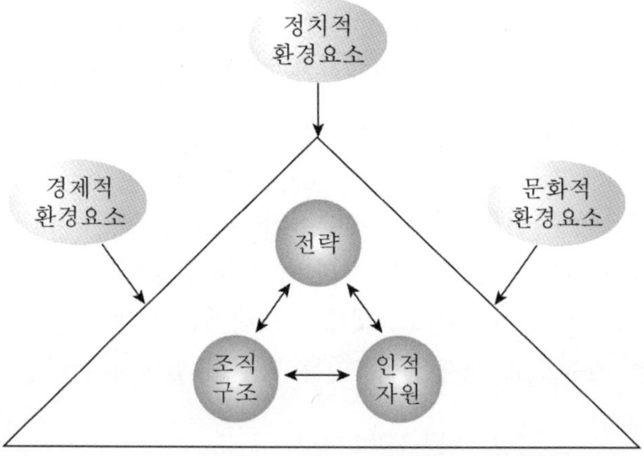

급한 기능차원을 뛰어넘어 인간, 즉 인적자원을 기업경쟁력의 주요한 요소로 인식하고, 이들을 동기부여하고 개발해야 하는 것으로 보는 것이다. 이러한 관점은 종업원을 '수많은 잠재력을 지닌 자원'으로 보며, 기업경쟁력 확보에 있어서 가장 중요한 요소로 인식한다. 종업원이 기업경쟁력 향상을 위한 중요한 요소가 되기 위해서는 그들을 교육훈련을 통해 개발시켜야 한다.

이러한 접근은 기업의 인사부서의 역할을 보다 적극적으로 전환시키는 인사정책의 패러다임 변화를 의미한다. 이러한 상황변화의 인식 하에 드바나(Devanna) 등은 기업의 전략적 경영이 전략, 조직구조 및 인적자원이라는 3가지 핵심요소로 구성되어 있으며 이러한 요소들은 다시 기업을 둘러싼 경제적 · 정치적 그리고 문화적 환경요소에 의해 영향을 받는 것으로 인식했다. 드바나 등이 제시한 모델은 <그림 1-5>와 같다.

<그림 1-5>에 나타난 전략, 조직구조, 인적자원의 통합 모델의 핵심은 인적자원이 전통적 기능을 수행하는 자원이라는 관점이 아니라 기업을 둘러싸고 있는 환경을 고려한 경영전략과 조직구조와 인적자원 간의 관계를 통합적으로 파악하며, 이들 간에 최대의 적합성(best fit)이 유지될 때 기업경쟁력이 확보된다는 것이다. 즉 과거 인적자원관리를 전략 수행의 한 도구로 보았던 관점에서 탈피하여 인적자원과 전략 및 조직구조가 서로 영향을 주고받는 관계로 보는 것이다.

기업의 전략경영을 수립하고 성공적으로 집행하는 데 필요한 전략적 인사

관리를 설계하는 데에는 아래의 몇 가지 요소를 우선 고려해야 한다.

전략적 인사관리 설계 요소

첫째, 기업은 외부환경의 영향요인을 파악해야 한다. 외부환경이란 법률적, 경제적 조건, 사회 및 인구통계적 변화, 국내외 정세, 기술 등을 말하는 것으로서 이것은 조직에 기회요인이 되기도 하고 위협요인이 되기도 한다. 전략적 인사관리는 기회요인과 위협요인을 보다 명확히 인식하여, 기회요인은 최대한 활용하고 위협요인은 최소화시키고자 노력하는 것이다. 최고경영진은 인적자원 전문가들과 공동으로 잠재적인 외부 위협요인을 상쇄시킬 수 있는 기업의 내부 능력, 즉 유능한 인력을 어떻게 확보하고 교육시키며, 배치 전환시킬 것인가를 결정해야만 한다. 또한 이러한 상황에서 의사결정자는 향후 몇 년간에 걸친 노동력의 활용가능성에 대한 문제에도 직면하게 된다.

둘째, 경쟁기업 및 노동시장의 변화에 따른 영향요인을 파악해야 한다. 기업은 고객확보를 위해 경쟁을 하듯 유능한 종업원 확보를 위해 경쟁을 하게 된다. 종업원을 유인하고, 보상하고, 활용하는 데 있어서의 경쟁력은 기업의 인사관리 전략에 상당한 영향을 미친다.

셋째, 기업이 선택한 인사관리전략은 그 기업의 경영전략(기업 전체수준)에 통합되어야 한다. 다시 말하면 기업수준전략은 인사관리전략을 통제할 수 있어야 한다. 예를 들면, 기업의 경영전략이 시장지배나 성장을 목적으로 한다면 인사관리전략은 종업원의 신속한 확보 및 배치에 중점을 두어야 하며, 또한 인력감축전략이 목적이라면 무고용 및 종업원 삭감에 전략의 중점을 두어야 한다. 전략경영의 핵심개념은 조직목표를 효과적으로 달성하기 위해 동원되는 이용가능한 모든 자원을 어떻게 계획하고, 조직하고, 지휘하고, 통제하고, 조정할 것인가 하는 것이 주된 관심사인 것이다. 따라서 모든 자원이 기업차원의 전략으로 통합된다면 통합된 자원이 적절하게 조화되어 결국에는 기업의 부가가치를 창출하게 된다. 또한 전략적 사업단위의 하위기능인 인사, 제조, 판매 등의 제기능들이 조화를 이루면서 진행된다면 전체는 부분의 합 이상이라는 시너지 효과(synergy effect)를 가져오게 될 것이다.

인사관리에 대한 전략적 접근은 아래와 같이 요약할 수 있다.

첫째, 기업의 인적자원이 주어진 직무만을 수행하는 존재가 아닌 기업경쟁력 확보의 핵심요소로서 경영환경에 바탕을 둔 경영전략 및 조직구조와 연계되어 상호 영향을 주고받으며, 기업경쟁력의 극대화를 위해 이들 요소들 간에 최대의 적합성이 있어야 한다는 이론이다.

둘째, 경제적 측면에서 人力을 더 이상 비용요소(a cost factor)로 보지 않고

그림 1-6 기업수준전략과 인사관리전략의 상호의존성

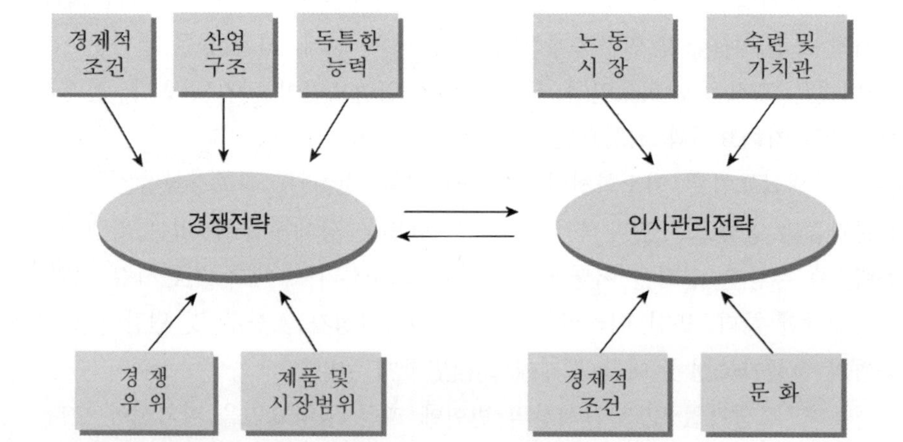

자료: Lengnick–Hall/Lengnick–Hall, 1988.

투자요소로 간주해야 함을 주장하는 이론이다.

전략적 접근의 비판 측면

그러나 이러한 인적자원관리에 대한 전략적 접근은 아래와 같은 몇 가지 측면에서 비판된다.

첫째, 전략적 접근의 핵심내용인 기업의 경영전략은 인적자원관리전략과의 적합성(fitness)의 극대화인데 여기서 적합성의 정도에 대한 측정에 용이하지 않다. 기업은 일반적으로 여러 종류의 환경 속에 경영활동을 하게 되고 하나의 전략만 있는 것이 아니기 때문에 환경의 덩어리(bundle)와 전략들 간의 최적 적합성을 찾는 일이 현실적으로 그리고 방법론상으로 용이하지 않는 것이다.

둘째, 전략적 접근은 기본적으로 환경 – 경영전략 – 인적자원관리전략 간의 연결을 그 내용으로 하는데, 이러한 논리의 기본가정은 인적자원관리의 관념 및 제도가 기업이 추구하는 목표나 경쟁전략에 적합할 때가 그렇지 못할 때보다 조직의 유효성이 더 높다는 것이다. 이러한 상황적 접근에 Pfeffer(1994)는 효과적인 인적자원관리(예: 우수한 인재확보, 고성과주의 시스템)는 어떤 환경이나 경영전략에서도 그 유효성이 나타날 수 있다고 주장한 바 있다.

3.2.4 노동지향적 접근

1) 생성배경

인사관리에 대한 노동지향적 접근의 이론적 뿌리는 독일 경영학의 규범주의에서 찾을 수 있다. 이는 19세기 말 전개되었던 사회과학에서의 가치판단 논쟁을 시작으로 지금까지 100여 년간 지속되어 오고 있으며 20세기에 들어와 독일 경영학계에서는 이와 관련하여 경영학 연구방법에 대해 4차에 걸쳐 논쟁이 있었다. 경영학에서 규범주의란 경영학에 대한 도덕적 · 윤리적 · 사회적 가치판단이 필요함을 주장한다. 즉 경영학에 대한 규범을 미리 정립하고 이로부터 필연적인 당위성(Sollen)을 가정하는 것이다. 다시 말하면 규범주의의 인식목표는 어떤 현상에 있어서 규범(가치)을 찾는 것이다. 이것은 현상 속에 존재하는 내적 법칙성만으로 규명할 수 없으며 현상(여기서는 기업의 경영활동)의 존재의미인 당위성(Sollen)을 발견함으로써 가능한 것이다.

경영학에서의 규범주의는 경영활동이라는 현상(Sein)이 요구되는 것(Sollen)과의 관계에서 어떤 의미를 갖게 되느냐를 밝히는 것이다. 나아가 규범적 현상과 현재적 현상과의 차이를 설명하고 이 차이를 극복하기 위한 방향을 제시하는 것이 규범주의의 기본과제가 된다.

경영학에서 이러한 규범주의적 접근은 인사관리에 있어서 '노동지향적 접근'이라는 규범적 접근이 생성되기 이전에 여러 다른 경영학 분야에서 시도된 바 있다.

독일 경영학이 정립되기 이전 단계인 상업학 시대에 이미 규범적 접근이 발견된다. 과거 철학자 및 교회로부터 많은 비판을 받아 왔던 '상인'이라는 직업의 도덕성에 대해 몇몇 학자들이 규범주의적 시각을 제시한 바 있다. 그 한 예로 '완전한 상인'의 저자인 사바리(Savary, 1675)가 상행위에 있어 어떻게 하면 공정한 방법으로 최대의 이윤을 계속 획득할 수 있을까에 관해 논의한 것을 시작으로 세어(Schär, 1911)는 상업학의 목표를 전체 국민의 복지를 증진시키는 데 두었고, 상인을 더 이상 자유기업가로 취급하지 않았으며 사회적 책임을 수행하는 자로 보았다. 또한 상인이 갖추어야 할 요건으로 이윤극대화의 추구 대신 사회에 대한 의무감, 도덕성, 근검절약 그리고 청결성을 제시했다.

이러한 경영학에서의 규범적 접근은 또한 인사관리에 있어서 노동지향적 접근으로 구체화되어 나타난다. 독일의 노총 산하 경제사회연구소는 1973년 "자본지향 對 노동지향적 개별경제학"[10]이라는 심포지움을 개최하였고, 여기서 제기되었던 노동지향적 개별경제학은 기업 내 자본과 노동과의 관계에 대한 규범적 접근을 시도한 이론이다.

이 심포지움에서 독일 노총은 자본지향적 경영학에 대해 강하게 비판하며 노동지향적 인사관리를 주장하게 된다. 즉 지금까지의 경영학 이론이 '자본가'의 입장에서 정립되었다는 것이다. 이러한 맥락에서 독일 노총은 그간 발전되어온 경영이론이 자본가의 이익에만 집착한 나머지 노동의 입장을 고려하지 않았기 때문에 앞으로의 경영학은 노동의 입장에서 그 이론이 정립되어야 한다고 주장한 것이다.

2) 내 용

인사관리에 있어서 '노동지향적 접근(Arbeitsorientierte Einzelwirtschaftslehre: AOEWL)'은 한마디로 기업 내 여러 분야에 있어서 종속적 관계에 있는 근로자의 이익을 관철시키기 위한 이론적인 틀을 제공하는 데 그 목적을 두고 있다. 이러한 접근은 자본과 노동을 대립적인 갈등관계로 보고 노동을 자본보다 우선시하려는 일종의 이데올로기적인 규범적 속성을 갖고 있는 것이다.

기존의 인사관리가 자본지향적이라고 지적하고 그 방향을 노동지향적으로 전환할 것을 주장

이 접근법은 결국 기존의 인사관리가 자본지향적이라고 지적하고 그 방향을 노동지향적으로 전환할 것을 주장한다. 이 접근법에서 제시한 '자본지향적인 인사관리'는 그간의 인사관리가 주로 자본가의 이윤증식을 위해 전개되어 왔으며, 노동에 대해 배려했다고 하는 복리후생제도와 기업 내 인간관계 개선을 위한 지원책 등도 사실은 자본가의 영리추구에 대한 부정적인 사회적 반응을 약화시키고 노조의 영향을 줄이려는 데 그 목적을 둔 관점이었다(Koubek, 1973).

둘째, 경영인사관리는 생산성 문제, 경제활동에 대한 합법성 문제, 소득분배에 대해서도 노동의 이해보다 자본의 이해를 대변해 왔으며, 특히 노동의 투입과 관련하여 추구하는 '합리성'은 극히 자본지향적이라는 점이다. 즉 노동 및 생산과정을 계층화하여, 노동의 형태와 관계없이 단위제품을 생산하는 데 드는 비용을 최소화하며 조직형태를 수익성 극대화의 방향으로 설계하는 것 등이 그것이다. 여기서의 핵심은 노동을 단순한 원자재로 간주한다는 것이다. 이와 같은 자본지향적인 '합리성 추구'만이 계속될 때, 근로자의 건강을 해칠 수 있을 뿐만 아니라 생산된 재화의 훼손 및 효용가능성을 제한하는 환경이 기업 내에서 형

10) 개별경제학은 전체경제학과 구별되는 개념으로서 전체경제학이 국가전체의 경제현상을 그 연구대상으로 하는 반면 개별경제학을 한 국가 속에 존재하는 개별적 경제단위(기업)의 경제현상을 연구하는 학문이다. 전체경제학은 오늘날 경제학으로 칭하며 개별경제학은 경영학에 해당되는 학문분야이다.

성될 수 있다. 노동지향적 인사관리는 결국 자본지향적 인사관리의 합리성 원칙이 인사분야를 지배해왔고, 이러한 원칙이 개별경제의 소유질서에 정당성을 그동안 부여해 왔다는 점을 비판하고 있다.

노동지향적 인사관리의 출발점은 아래와 같다.

① 인간은 경제적 욕구만 갖고 있는 것이 아니다.

② 노동관계는 사회적으로 종속적인 관계를 나타내고 있다.

③ 대다수의 사람들이 소유재산면에서 '부르주아'와 같은 위치에 도달할 수는 없다. 또한 재산이 형성된다 하더라도 종속적 노동의 제 문제는 해결되지 않는다.

④ 인간이 누리는 자유의 향유는 노동조건과 직접적으로 연관되어 있다.

⑤ 경제적 · 사회적 특권을 많이 갖고 있는 집단(자본가, 부르주아)의 특권화는 정당화될 수 없다.

이상의 제 제약을 극복하기 위해서 노동지향적 접근에서는 기업 내 종업원이 경영활동의 의사결정에 참여하고 노동의 목표와 방법 그리고 자원의 배분 및 관리에 대해서도 공평한 기회가 부여될 수 있도록 해야 한다고 주장한다.

노동지향적 인사관리에서 주장하는 핵심내용을 두 가지로 압축할 수 있다.

노동이야말로 죽어 있는 자본에 생명을 불어넣는 요소

첫째, 이제까지 자본에 종속되어 있는 것으로만 간주해 오던 노동을 자본과 최소한 대등한 위치로 자리매김해야 한다는 것이다. 그 논리는 다음과 같다. 경영활동을 위한 자본은 본질적으로 '죽어 있는' 것이다. 다시 말해서 자본으로 구입한 공장기계, 원자재 등이 저절로 생산활동을 할 수 있는 것은 아니다. 이러한 것들은 사실 '죽어 있는' 것이며 여기에 노동의 손길이 닿았을 때 이 죽어 있는 자본은 생기를 얻고 활동에 들어 갈 수 있다. 따라서 '노동'이야말로 죽어 있는 자본에 생명을 불어넣는 요소라는 것이다.

둘째, 자본지향적인 인사관리에서의 지도원리인 합리성, 즉 생산성, 경제성 추구, 이윤극대화 등에 대한 비판이다. 노동지향적 인사관리에서는 자본이 추구하는 합리성의 원칙에서 해방되어야 한다는 '해방적 합리성(emanzipatorische Rationalität)'을 추구하고 있다. 즉 종속적인 근로자의 욕구를 충족시키기 위해서는 자본의 논리인 기존의 합리성에서 탈피하여 해방적 합리성을 추구해야 하며 근로자가 노동에서 자기실현을 할 수 있도록 배려해야 한다는 것이다. 이러한 해방적 합리성은 종업원의 이익을 대변하는 종업원의 만족극대화라고 해석할 수 있겠다.

이러한 해방적 합리성이 기업에서 구현되기 위해서는 아래의 세 가지 정책

그림 1-7 자본지향적 對 노동지향적 인사관리 접근

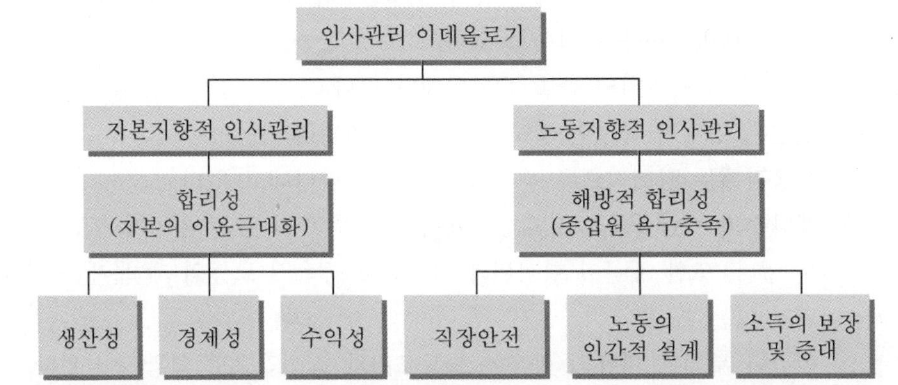

적 분야가 보완되어야 한다.

첫째, 노동이동을 부정하지 않는 상대적인 직장안전(job security),

둘째, 노동의 인간적 설계: 생산성 제고 일변도가 아닌 근로자의 직업적 · 사회적 욕구를 충족시킬 수 있는 대책이 마련되어야 한다.

셋째, 소득의 보상 및 증대: 기업에서 창출된 가치는 보다 적극적인 교섭정책을 통해 공정하게 배분되어야 한다.

이상에서 제시한 노동지향적 인사관리의 전개방향을 자본지향적인 것과 대비시켜 <그림 1-7>에 제시된다.

이상에서 제시한 인사관리 중 '노동지향적 접근'은 그간 기업에서 노동과 자본을 둘러싼 이해갈등에 정면으로 문제를 제기하며 이에 대한 해결의 중요성을 강조했고 아울러 오늘날 노사관계(勞使關係)의 발전방향을 구체적으로 제시 · 제안하였다는 측면에서 그 가치가 인정된다.

또한 기업조직에서 그간 점차 그 중요성이 증대되어온 노동, 즉 인적자원에 대한 가치인식 나아가 그러한 인적자원의 유지와 계발을 위한 기본 방향을 제시해 주었다는 점에서 인사관리의 새로운 접근으로서 그 가치를 인정할 수 있겠다.

그러나 노동지향적 접근에는 아래의 몇 가지 비판이 제기된다.

노동지향적 접근의 비판

첫째, 현실의 과학은 진리를 추구하는 것이지, 특정 집단의 이익추구를 위한 도구로 사용되어져서는 안 된다고 하는 경영학에 대한 규범주의 방법론 자체에 대한 비판인데, 이러한 비판은 벌써 100여 년 전부터 내려오는 전통적인 비판에 불과하다.

둘째, 독일 노총의 자본지향적 인사관리 접근에 대한 비판 중 과장된 것이 많이 있다는 것이다. 예를 들면 "노동을 생산의 한 도구로 본다"는 문제제기는 이미 20세기 초에 제기되었고 그간 이 문제는 기업에서 극복이 되었다.

셋째, 기업이 자본지향 인사관리를 포기하고 노동지향 인사관리만을 추구했을 때 과연 시장경쟁에서 살아남을 수가 있겠는가에 대한 해답을 노동지향 인사관리 이론은 구체적으로 제시해 주지 못하고 있다.

[4] 본서의 구성

본서는 전부 7개의 부(部)로 구성되어 있다. 제1부에서는 인사관리의 이론적 기초를 다루는데, 이를 통해 인사관리의 학문적 뿌리와 그 구조를 이해하는 데 도움을 얻고자 한다. 어떤 학문을 하는 데 그 학문의 생성배경과 체계를 모르고서는 학문적 깊이와 발전을 기대하기가 사실상 어렵다. 학문이란 흩어져 있는 지식의 파편덩어리들을 단순히 모아서 쌓기만 하면 되는 것이 아니다. 이를 분석하고 그 속에 존재하는 법칙성을 찾아내고 나아가 문제해결을 위한 대안을 제시해야 한다. 이러한 의미에서 제1부는 인사관리를 연구하는 데 필요한 연장이며 이론적 갑옷이라고 할 수 있다.

제2부에서는 인사관리의 양대 연구대상인 인간과 직무 중 그 하나인 직무에 대해 논의한다. 기업에 '일(직무)'이 존재하지 않는다면 인사관리 자체도 필요없다. 직무는 인사관리의 시작이며 이를 기준으로 인력관리가 시작된다고 해도 과언이 아니다. 기업은 어떤 직무를 가지고 있는가, 이러한 직무는 어떻게 설계될 때 생산성이 높아지는가, 또한 직무와 인간과의 가장 적합한 관계(fitness)를 유지하기 위해 어떤 조치가 필요한가 등이 다루어진다.

제3부에서는 인력확보에 대해서 논의되는데, 이 부분은 기업 인력관리의 기능적 과정에서 첫 활동에 해당되며 필요한 인력에 대한 예측과 이를 충원하기 위해 모집 및 선발활동에 대해 분석한다.

제4부에서는 인력개발에 대한 이론을 소개하는데, 인력개발을 위해 우선 파악해야 하는 종업원의 능력평가를 인사평가라는 차원에서 다루고 인력개발의

직접적인 도구인 교육훈련과 간접적인 도구인 배치, 이동 및 승진에 대해서 살펴본다.

제5부에서는 종업원이 일을 하는 가장 중요한 원인이 되는 인력보상에 대해 분석한다. 인력보상에는 종업원이 노동에 대한 보상으로 받는 임금이 있으며 노동과 관계없이 받는 복리후생이 있다.

제6부에서는 종업원의 성과창출능력의 유지에 대해 살펴본다. 종업원의 성과창출능력은 신체적인 측면과 정신적인 측면 그리고 제도적인 측면으로 나눌 수 있다. 신체적인 측면은 산업안전이라는 제목으로, 정신적인 측면은 모티베이션(motivation)이라는 주제로 살펴본다. 또한 제도적인 측면은 종업원의 이익을 대변하는 노동조합과 기업과의 관계에서 다룰 수 있는데 본서에서는 노사관계라는 제목으로 다룬다.

마지막 제7부에서는 인력방출에 대해 분석한다. 인력방출은 종업원이 자의(自意)든 타의(他意)든 기업조직을 떠나는 현상을 말한다.

요약

기업의 경쟁력을 유지 · 제고시키는 데 필요불가결한 것이 바로 인적자원이다. 인사관리는 경영학의 한 분과로서 다른 분과인 구매, 생산, 판매, 재무 그리고 정보활동에 인적자원을 지원하는 역할을 한다. 이러한 인적자원의 효율성을 높이기 위해서는 바로 관리적 접근이 요청된다. 관리적 접근이란 기업의 인사활동을 계획하고 실천(조직화, 지휘)하고 통제하는 것을 말한다.

인사관리의 형성배경은 크게 관리사와 이론사로 구분하여 접근할 수 있다. 관리사란 인사관리가 기업실무에서 어떻게 변화 발전되어 왔느냐를 말하며 이론사는 이러한 인사관리의 현상에 대해 정립되었던 이론을 분석하는 것이다.

관리사로서의 인사관리는 산업혁명을 기준으로 커다란 변화를 보였는데 산업혁명 이전에 나타난 인사관리를 가부장적 인사관리라고 하며 그 이후 착취적 · 전제적 인사관리, 협의적 인사관리 그리고 민주적 인사관리 등의 형태를 보여주었다.

인사관리에 대한 이론은 우선 생산성 향성을 위한 것으로서 기계적 접근과 인간관계적 접근이 있다. 기계적 접근은 직무를 가능한 한 전문화시키고, 작업장에 기계를 많이 도입하고 종업원의 모티베이션을 금전(차등별 성과급)을 통해 할 때 생산성이 극대화된다는 이론이다. 반면에 인간관계적 접근은 생산성 향상을 위해 종업원의 심리적 측면을 잘 관리해야 한다고 주장했다.

전략적 접근은 기업의 환경과 관련하여 인사관리를 경영전략과 연계해야 함을 주장하였고 노동지향적 접근은 인사관리의 목표시스템으로서 종업원의 욕구충족의 중요성을 강조한 이론이다.

참고문헌

박기찬, 과학적관리와 한국적 인사관리, 한국인사 · 조직학회 발표논문집, 1992.

이도화, 인사관리의 발전과 과제; Human Relations 측면, 한국인사 · 조직학회 발표논문집, 1992.

한희영, 신고 경영학원론, 법문사, 1987.

Anthony, W. P./ Kacmar, K. M./ Perrewe, P. L., Human Resource Management, Strategic Approach South−Western, 2002.

Barney, J. B., Gaining and Sustaining Competitive Advantage, Addison−Wesley, 1997.

Devanna, M. A./Fombrun. C. J./ Tichy. N. M., "A Framework for Strategic Human Resource Management," in: Fombrun, C. J./ Tichy. N. M./ Devanna. M. A., Strategic Human Resource Management, John Wiley & Sons, 1984, pp. 33~51.

Fayol, H., L'Administration Industrialle et Generale, Dunod, Paris, 1916.

French, W., The Personnel Management Process, 6th ed., Houghton Mittlin Co., 1987.

Gaugler, E., Elemente des Kooperativen Fμhrung, Stuttgart, 1969, pp. 114~128.

Koubek, N., Arbeitsorientierte Einzelwirtschaftslehre, Mitbestimmung und Gewerkschaftspolitik, in: Gewerkschaftliche Monatshefte, 1973, pp. 87~697.

Langnick−Hall, C. A./ Langnick−Hall, M. L., "Strategic Human Resource Management: A Review of the Literature and a Proposed Typology," in: Academy of Management Review, Vol. 13, 1988, pp. 454~470.

Likert, R., Human Organization: Its Management and Value, New York, 1967.

Louis, P., Ancient Rome at Work, Knopf, 1927.

Mayo, E., The Social Problems of an Industrial Civilization, Harvard Uni. Press, 1945.

Miles, R. E., "Human Relations or Human Resources?" in: Harvard Business Review, 4, 1965, pp. 148~163.

Miles, R. E., Theories of Management, New York, 1975.

Noe, R./ Hollenbeck, J./ Wright, P., Human Resource Management, MaGraw−Hill, 2006, 5th ed.

Pfeffer, J., Competitive Advantage Through People, Boston, MA: Harvard Business School Press, 1994.

Projectfruppe im WSI, Grundelemente einer Arbeitsorientierten Einzelwirtschaftslehre, Bund−Verlay, 1974.

Wright, P. M./ McMahan, G. C., Theoretical Perspective on Strategic Human Resource Management, in: Journal of Management, Vol. 18, 1992, pp. 295~320.

Schär, J. F., Allegemeine Handelsbetriebslehre, Berlin, 1911.

Simon, H., Administrative Behavior, 3th ed., MacMillan, 1976.

Taylor, F. W., The Principles of Scientific Management, Harper and Row, 1911.

Tichy, N. M./ Fombrun. C. J./ Devanna. M. A., Strategic Human Resource Management, in: Sloan Management Review, Winter, 1982, pp. 47~60.

Walsh, I./ Papmehl. A., Personalentwicklung: Strategischer Erfolgsfaktor fμr die wettbewerbsfähigkeit der Unternehmung, in: Papmehl. A./ Walsh I.(Hrsg.), Personalentwicklung im Wandel, 1991, pp. 13~17.

Ward, O., The Ancient Lowly, Ⅱ, Lowdermilk, 1899.

인사관리의 학문적 체계

chapter 02

인사관리를 연구하는 데 있어서 무엇보다 중요한 것은 연구대상에 대한 정확한 인식이다. 즉 '무엇'을 연구할 것인가에 대한 질문으로서 '인사관리'라는 용어는 단지 학명[1]에 불과하며 중요한 것은 이러한 '무엇'에 대한 해명이다. 인사관리의 연구대상이 확정되면 인사관리의 목표에 대한 논의가 이루어져야 할 것이다. 여기서 목표란 기업의 인사활동이 왜 존재해야 하는가와 관련한 당위성에 대한 물음이다. 인사관리의 목표가 파악되면 이러한 목표를 달성하기 위해 어떤 활동이 이루어져야 하며, 어떻게 하면 이러한 활동이 효율적이 될 수 있을 것인가에 대한 논의가 있어야 한다.

인사관리란 결국 경영활동의 일부분으로서 앞에서 논의했던 경영학 전체의 학문적 구조와 관련하여 접근하는 것이 바람직하다. 즉 인사관리는 기능적 차원, 관리적 차원 그리고 제도적 차원으로 구분하여 분석할 수 있으며, 이러한 활동들은 인사관리를 둘러싸고 있는 환경에 의해 영향을 받는다. 이상의 논의를 요약하면 <그림 2-1>과 같다.

그림 2-1 인사관리의 학문적 체계

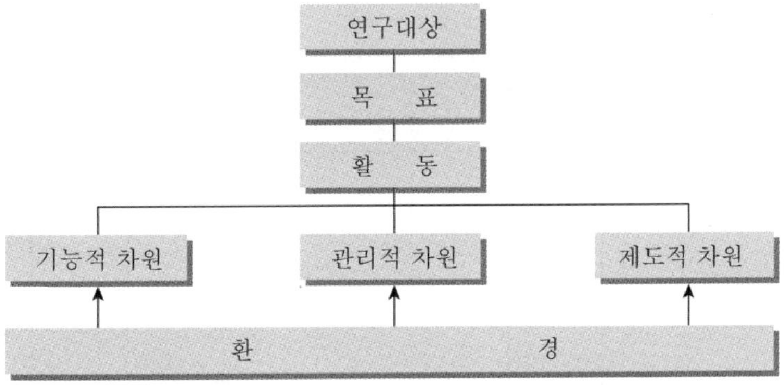

1) 인사관리에 대한 학명은 국가에 따라 여러 명칭이 사용되고 있다. 미국의 경우 Personnel Management, Personnel Administration, Human Resource Management, 영국의 경우 Labor Management, 독일의 경우 Personalwesen, Personalwirtschaft 등 매우 다양한 용어가 사용되고 있다.

[1] 인사관리의 연구대상

인사관리는 기본적으로 모든 조직에 존재한다. 정부조직, 군대조직, 교회조직 그리고 대학의 학생회 조직 등 모든 조직에서 인사관리는 그들이 추구하는 목표를 달성하기 위해 필수적이다. 왜냐하면 조직의 목표를 달성하기 위해서는 자원을 동원하여 어떤 활동을 해야만 하는데 이러한 활동의 주체가 바로 사람이기 때문이다.

기업조직의 인사관리는 다른 조직의 그것과 구별하기 위해서 '경영인사관리'라고 구분하여 부르는 것이 더 정확한 표현이라고 할 수 있다(<그림 2-2> 참조).

경영활동이란 결국 주어진 일(직무)을 보다 효율적으로 수행하는 것이기 때문에 직무와 이를 수행하는 인간(노동)이 바로 인사관리의 연구대상

기업의 인적자원에 관한 것을 다루는 인사관리는 경영활동인 구매활동, 생산활동, 마케팅(판매)활동, 재무활동 그리고 정보활동 등에 필요한 인적자원을 지원하는 것을 주요 내용으로 하고 있다. 경영활동이란 결국 주어진 일(직무)을 보다 효율적으로 수행하는 것이기 때문에 직무와 이를 수행하는 인간(노동)이 바로 인사관리의 연구대상이 된다.

그러면 직무의 어떤 측면이 인사관리의 연구대상이며 또한 인간(노동)의 어떤 측면이 연구대상이 되는가?

그림 2-2 인사관리의 존재영역

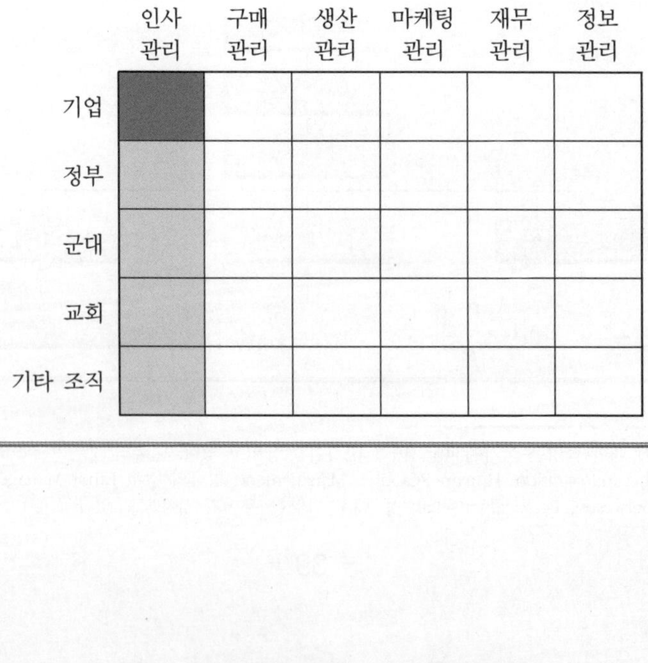

직무의 경우 공간적 측면인 직무구조와 시간적 측면인 직무수행과정이 주요 연구대상이다. 다시 말하면 직무의 구조적 측면이란 특정 직무가 존재하는 이유, 다른 직무들과의 관계, 이를 수행하기 위한 방법, 필요한 도구 등에 관련된 것을 말하며, 직무의 시간적 측면이란 직무를 성공적으로 수행하기 위한 일의 순서, 직무 진행과정에 있어서의 타 직무와의 연결 등을 말한다.

다음으로 인간(노동)의 어떤 측면이 인사관리의 연구대상이 되는지를 아래에서 살펴보기로 한다. 기업의 경영활동을 위해 존재하는 직무는 저절로 수행되는 것이 아니고 인간의 손길이 닿아야 비로소 그 기능을 발휘한다. 주어진 직무를 수행하는 인간(노동)이 과연 이 일을 수행할 능력(직능)을 갖추고 있는지, 수행능력이 없을 경우, 능력을 갖춘 인력(人力)을 새로 구할 것인지 혹은 기업에서 교육훈련을 통해 능력을 갖추도록 할 것인지, 그리고 직무를 수행하는 사람이 이 일에 대해 만족하고 계속 기업에 남아서 일을 할 것인지 등이 주요 관심사이다. 즉 인간은 왜 일을 하는가? 돈을 벌기 위해서인가, 또는 돈뿐만 아니라 자기만족 때문인가 등 인간의 직무 내지 노동과 관련되는 제 측면이 인사관리의 연구대상이다.

[2] 인사관리의 목표

인사관리의 목표는 기업에서 인사관리에 관한 의사결정을 하는 데 그 기준이 되는 것으로서, 인사관리 활동이 얼마나 효율적인가를 판단하는 기준이 된다.

인사관리는 경영활동 중의 한 기능분야로서 경영활동의 목표, 즉 기업조직의 목표를 달성하기 위한 수단이다. 따라서 인사관리의 목표 또한 기업조직의 목표달성에 공헌해야 하는 본질적 특성을 갖게 된다. 인사관리의 목표는 크게 경제적 효율성 추구와 사회적 효율성 추구로 구분될 수 있다.

인사관리는 기업조직의 목표를 달성하기 위한 수단

<그림 2-3>에서는 조직목표와 인사관리의 목표 간의 관계가 제시된다.

기업조직의 목표는 기업의 유지와 성장으로 볼 수 있으며 이러한 목표를 달성하기 위해서는 조직의 경제적 효율성인 수익성, 환경변화에 대처할 수 있는 유연성 그리고 조직의 실체를 유지할 수 있는 안정성이 있어야 한다. 조직의 사회적 효율성은 조식과 조직의 이해관계자들과의 원만한 관계유지를 말한다. 즉

그림 2-3 조직목표와 인사관리목표와의 관계

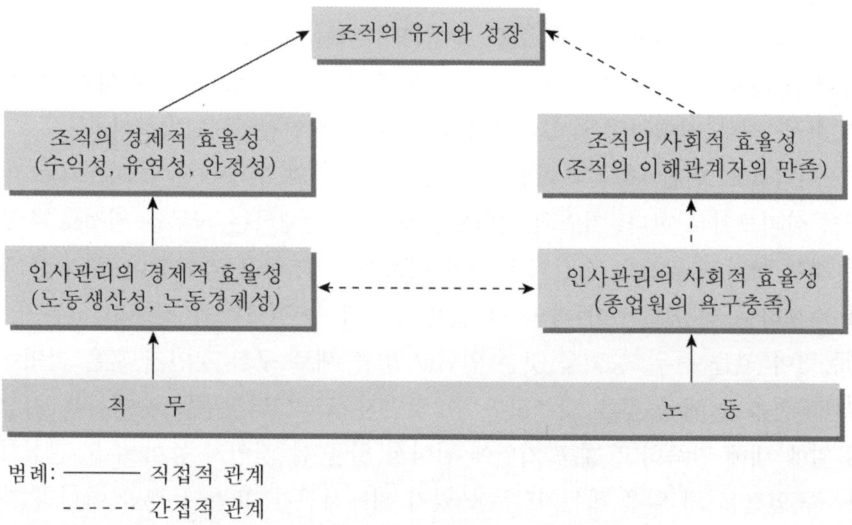

자료: Marr/Stitzel, 1979.

조직의 이해관계자란 주주, 정부, 금융기관(채권자), 노조, 원재료 공급자, 지역사회 등을 들 수 있다. 결국 조직의 사회적 효율성이란 조직의 이해관계자들의 만족의 합이 극대화되는 것을 의미한다.

인사관리에 있어서 경제적 효율성 추구의 목표는 기업을 경제 · 기술 시스템으로 보고 수립된 것이다. 인사관리는 노동성과를 극대화시킴으로써 경제적 효율성을 추구한다. 인사관리는 기업의 경영활동에 필요한 제 직무에 대해 양적 · 질적 · 시간적 그리고 공간적 요구에 따라 인력을 제공함으로써 노동성과의 극대화를 추구한다.

노동성과는 노동생산성, 노동경제성, 시간당 성과로 구분

노동성과는 크게 노동생산성, 노동경제성 그리고 시간당 성과로 구분하여 인식된다. 노동생산성[2]이란 투입된 노동량과 산출량(성과) 간의 관계를 말하는데 여기서 산출량은 양적 · 질적 측면을 모두 포함하고 있다. 노동경제성[3]이란 산출한 가치(성과)와 투입된 비용과의 관계로 계산되는데 이러한 지표는 기업의 경제적 효율성을 측정하며, 노동생산성 지표보다 더 의미 있게 활용된다. 즉 노

2) $\text{노동생산성} = \dfrac{\text{산출량}}{\text{투입된 노동량}}$

3) $\text{노동경제성} = \dfrac{\text{산출한 가치}}{\text{지출한 비용}}$

동경제성 지표는 노동성과를 측정하는 데 화폐개념을 포함하기 때문에 기업의 수익성과 보다 직접적인 관계를 갖기 때문이다. 끝으로 시간당 성과[4]는 작업량과 작업시간과의 관계를 가지고 측정하는데, 이 지표에서는 작업량의 질적 측면도 물론 고려될 뿐만 아니라 이러한 시간당 성과가 얼마나 오래 지속될 수 있느냐, 즉 계속적으로 성과를 올릴 수 있는 작업시간도 아울러 측정되어져야 한다.

인사관리의 사회적 효율성 추구라는 목표는 기업조직을 여러 사람이 모여 협동함으로써 유지 · 성장되는 것으로 파악하는 사회시스템으로 보는 데에서 출발한다. 사회적 효율성이란 한마디로 종업원의 욕구충족을 통한 만족극대화를 추구하는 것을 말한다.

인사관리의 사회적 효율성 추구라는 목표는 기업조직을 여러 사람이 모여 협동함으로써 유지 · 성장되는 것으로 파악하는 사회시스템으로 보는 데에서 출발

종업원이 갖고 있는 욕구들의 예를 아래와 같이 제시할 수 있다(Marr/Stitzel, 1979).

① 회피하고자 하는 사항;
- 작업장에서의 불이익(작업조건의 저하)
- 신체적인 상해
- 정신적 피해 등

② 실현하고자 하는 사항;
- 문화적인 생활수준 유지
- 개인의 능력발휘 및 개발
- 직장안전
- 적성한 임금수준
- 의사결정에의 참여폭 확대
- 조직으로부터의 인정, 업무성취, 영향력 증대
- 긍정적 인간관계 유지 등

인사관리의 목표로서 사회적 효율성을 추구하는 데에는 여러 가지 어려움이 존재한다.

첫째, 위에서 제시한 종업원들의 욕구들은 특정 기간에 같은 수준으로 나타나는 것이 아니다. 위의 욕구들은 조직생활의 기간에 따라 종업원 각자에게 매우 다르게 나타난다.

둘째, 종업원들에 따라 위의 욕구들은 그 구조가 매우 다양하다. 예를 들어 어떤 종업원은 적정한 임금수준에 대한 욕구가 많은 반면, 다른 어떤 종업원은

4) $\text{시간당 성과} = \dfrac{\text{작업량}}{\text{작업시간}}$

임금에 대한 관심보다도 조직에서 자신의 영향력을 증대시키려는 데 더 가치를 두는 경우이다. 또한 위에서 열거한 욕구들 간에는 서로 상치(trade-off)되는 것들도 있기 때문에 사회적 효율성 목표를 달성하기 위한 기업의 인사정책도 그렇게 간단하게 수립되지 않는다.

보다 본질적인 문제는 인사관리의 목표인 경제적 효율성과 사회적 효율성 간의 관계에서 제기된다. 이것은 기업의 목표로서 경제적 효율성과 종업원(개인) 목표로서 사회적 효율성이라는 관점에서 보아지기 때문이다. 이러한 두 목표 간에는 상호보완적 관계뿐만 아니라 상호경쟁적 관계(갈등관계)가 존재한다. 즉 기업이 경제적 효율성을 극대화시키기 위해서 종업원의 적극적인 노력 내지 협동을 끌어내는 것이 필수적인데 이를 위해서는 '사회적 효율성'이라는 목표달성 없이는 어렵기 때문이다. 즉 경제적 효율성은 조직 내 종업원에 대한 사회적 효율성이 어느 정도 달성되었을 때 가능하게 되는 것이다. 그러나 인사관리의 사회적 효율성을 높이기 위해서는 '비용'이 수반되기 때문에 경제적 효율성과의 관계에 경쟁적 관계가 존재하게 된다.

경제적 효율성은 조직 내 종업원에 대한 사회적 효율성이 어느 정도 달성되었을 때 가능

<그림 2-4>에서는 인사관리의 목표달성별 기업의 유형이 제시된다. 기업유형 Ⅰ의 경우 경제적 효율성과 사회적 효율성 모두 낮은 기업으로서 수익성이 낮을 뿐만 아니라, 종업원의 협동 내지 성과창출 의욕도 낮아 기업의 미래가 부정적이다. 기업유형 Ⅱ의 경우 사회적 효율성을 등한시하고 경제적 효율성(수익성)만 추구하는 기업으로서 단기적으로는 성공적일지 모르겠지만, 종업원의 불만족이 증대되어 장기적으로 경제적 효율성마저 감소할 가능성이 높다. 기업유형 Ⅲ의 경우 경제적 효율성이 낮음에도 불구하고 사회적 효율성이 높은 기

그림 2-4 인사관리의 목표

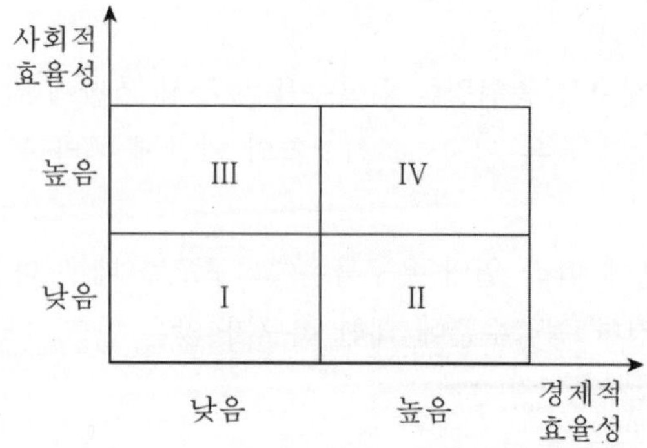

업으로서 사회적 효율성 유지를 위해 지불되는 비용 때문에 당장 기업의 재무제표에 문제를 야기하게 된다. 가장 이상적인 기업은 바로 Ⅳ유형이다. 즉 경제적 효율성도 높고 사회적 효율성도 높은 기업이다. 이러한 기업군(企業群)에서는 경제적 효율성과 사회적 효율성이 상호경쟁적이 아니라 상호보완적이 되며 기업의 성장을 장기적으로 보장해 줄 수 있게 된다. 따라서 인사관리 목표 추구의 이상적인 유형은 경제적 효율성과 사회적 효율성을 동시에 극대화시켜야 할 것이다. 이를 위해서 기업은 조직과 종업원 간의 고도의 협동시스템을 구축하기 위해 노력해야 할 것이다. 예로서 인사정책의 수립과정에 종업원 대표를 참가시켜 기업의 경제적 효율성 추구에 대한 이해증대와 사회적 효율성이 반영될 수 있는 제도를 구축함이 바람직하다.

인사관리의 목표 추구의 이상적인 유형은 경제적 효율성과 사회적 효율성을 동시에 극대화시켜야 할 것

이상에서 논의한 인사관리의 목표를 요약하면 아래와 같다.

첫째, 인사관리의 목표는 상위목표인 기업조직의 목표에서 도출되어야 하며 기업조직의 목표달성에 기여해야 한다.

둘째, 인사관리의 목표는 경제적 효율성 추구와 사회적 효율성 추구로 구분된다.

셋째, 이러한 인사관리의 목표들 간에는 상호보완관계와 상호경쟁관계가 동시에 존재하며 이러한 두 목표를 균형적으로 추구하기 위한 조정시스템이 구축되어야 한다.

[3] 인사관리의 기능적 차원

인사관리의 기능에 대한 분류는 여러 시각에서 이루어질 수 있겠으나 本書에서는 자연인인 인간이 조직에 들어와 조직인으로서 인사관리와 관련해서 경험하는 사건들을 시간적 측면에서 고찰하여 분류하기로 한다. 특정 기업에 근무할 의사를 가진 사람은 기업의 채용공고에 응모하게 되고 선발과정을 거쳐 채용된다. 대부분의 경우 채용된 종업원은 바로 특정 직무를 수행하기에 여러 가지 부족한 점들이 많다. 즉 직무가 요구하는 자격요건과 신입사원이 보유하고 있는 능력이 꼭 맞아 떨어지는 경우는 드물다. 왜냐하면 우리나라의 경우 학교기관에서 배우는 지식과 개별기업에서 필요로 하는 지식 내지 능력 간에는 많

은 차이가 있기 때문이다. 대졸 혹은 고졸이라는 극히 일반적인 능력수준만 믿고 특정 직무를 부여하여 시행착오를 거치면서 직무를 수행케 하는 경우도 있다. 이럴 경우 직무수행의 효율성이 떨어져 기업이 해당 신입사원을 교육훈련을 시키는 것이 비용 면에서 유리한 경우가 대부분이다. 이러한 교육훈련 활동은 기술변화를 포함한 환경변화로 인한 직무내용이 계속 변화되기 때문에 신입사원에게만 국한되는 것이 아니라 기존사원 및 관리자에게도 폭넓게 요구된다.

소정의 교육훈련을 받은 신입사원은 특정 직무에 배치되어 직무를 수행하게 된다. 즉 인사관리의 목표 중의 하나인 경제적 효율성에 공헌하게 된다. 이렇게 조직목표 내지 인사관리의 목표달성을 위해 노동력을 제공한 종업원에 대해서 기업은 보상을 하게 된다. 즉 종업원이 창출한 가치에 대해 분배과정이 뒤따르게 된다. 종업원에 대한 보상은 임금이라는 금전으로 뿐만 아니라 비금전적인 것으로도 보상이 가능하다.

종업원은 노동을 보상과 교환하며 기업조직에 계속 머무르면서 근무하게 되는데, 기업의 입장에서 보면 종업원이 보유하고 있는 성과창출능력(정신적 측면, 육체적 측면)이 계속 유지되도록 지원해야만 종업원으로부터 노동력을 장기간 제공 받을 수 있게 된다.

종업원이 제공하는 노동력과 기업이 제공하는 보상 간의 교환관계는 영원히 지속될 수는 없다. 종업원이 노령이 되어 더 이상 만족할 만한 노동력 제공이 불가능하다든지 혹은 위의 교환관계에 대해 종업원이 만족하지 못할 경우, 종업원은 기업을 떠나게 된다.

이상에서 제시한 제 활동들을 기업조직의 입장에서 표현하면 인력확보, 인력개발, 인력보상, 인력유지 그리고 인력방출로 개념화할 수 있다. 인력확보란 조직의 목표달성에 적절한 인력의 수(數)와 질(質)을 획득하는 활동을 말한다. 인력확보와 관련되는 의사결정은 아래와 같이 매우 복잡한 과정을 거쳐 이루어진다.

- 환경변화－기업전략－인사전략이라는 맥락에서 경쟁력 확보를 위한 전략적 인력계획이 수립되어 있는가?
- 현재 기업이 보유하고 있는 인력이 적절한가를 어떻게 판단할 것인가?
- 필요한 인력을 어떤 방법으로 산출할 것인가?
- 필요한 인력을 확보하기 위해 노동시장을 어떤 관점에서 분석할 것인가?
- 우수한 인력을 획득하기 위한 전략은 어떻게 수립할 것인가?

인력확보

인력확보 활동의 효율성을 높이기 위한 도구개발 및 이에 대한 운영은 기업의 입장에서 보면 인사관리의 출발점으로서 이것이 잘못되면 인사관리의 다음에 오는 제 기능에 결정적으로 부정적인 영향을 미치기 때문에 매우 중요한 활동이다.

인력개발

기업의 인력개발 활동이란 확보된 인력의 능력을 최대한 개발함으로써 조직의 목표달성의 정도인 유효성을 높이는 과정이다. 이러한 활동은 환경 및 기술변화로 인해 개별 직무가 요구하는 자격요건이 수시로 바뀌고 있으며, 종업원 내지 관리자의 욕구변화에 따른 작업방식의 변경으로 인해 종업원이 가지고 있는 자격요건의 계속적인 수정 · 보완이 요구되기 때문에 중요하다. 그러나 확보된 인력을 교육훈련 시킨다고 모두 만족할 만한 수준의 능력에 도달하지는 않는다. 확보된 인력이 미래에 필요한 능력을 담을 수 있는 충분한 그릇을 가지고 있는가, 즉 잠재능력이 있어야 인력개발의 효과가 극대화될 것이다. 인력개발 활동 역시 다음과 같은 어렵고 복잡한 문제들을 극복해야 그 효율성이 극대화된다.

- 기업의 인력개발비는 어느 정도가 적정한가?
- 무엇을 가르칠 것인가? 당장 필요한 것인가? 미래에 필요할 지도 모르는 것을 미리 교육훈련시킬 것인가?
- 교육훈련 실시 후, 그 효과를 어떤 기준으로 얼마나 정확하게 측정할 수 있는가? 등

인력보상

인력보상 활동이란 종업원이 제공한 노동을 기업 목표달성에의 공헌 정도로 평가하여 보상을 제공하는 것이다. 인력보상 활동은 인사관리에 있어서 종업원과 갈등이 야기될 수 있는 가장 민감한 분야이다. 왜냐하면 여기에는 아래와 같은 어려운 문제들이 도사리고 있기 때문이다.

- 적정한 보상수준을 결정하기 위한 기준은 무엇인가? 이에 대해 기업과 종업원이 갈등 없이 합의할 수 있는가?
- 종업원의 성과를 측정할 수 있는 객관적인 기준이 있는가?
- 금전적 보상(임금)이 아닌 비금전적 보상은 보상으로서 과연 어느 정도 의미가 있는가? 등

인력유지

인력유지 활동은 종업원의 성과창출 의지 및 능력을 계속 유지하도록 관리하는 과정이다. 성과창출 의지는 다른 말로 모티베이션(motivation)이라고도 하며 성과창출 능력은 종업원이 가지고 있는 지식, 기술뿐만 아니라, 신체적 건강함도 포함된다. 종업원의 성과창출 의지는 개인적으로는 직무의 내용, 상사의 리더십, 조직목표에의 동의 그리고 보상에 대한 만족 등에 의해 결정된다. 반면 종업원 집단수준에서는 기업과 노조와의 관계에 의해 결정적인 영향을 받게 된

다. 인력유지 활동 또한 아래와 같은 어려운 문제들이 기다리고 있다.

- 종업원마다 매우 다양한 욕구들을 가지고 있는데, 기업조직이 다양한 욕구를 어떻게 충족시켜 만족을 끌어낼 수 있는가?
- 항상 더 높은 수준의 근로조건을 요구하는 노조에 대한 대책은 무엇인가? 등

인력방출

인력방출 활동은 기업과 종업원 간의 고용관계가 끝나는 경우를 말한다. 즉 기존 종업원이 타의든 자의든 조직을 떠나는 현상을 말하는 것이다. 이러한 인력방출 활동 또한 아래와 같은 어려운 문제를 안고 있다.

- 기업 경쟁력의 핵심이 되는 인력이 조직을 떠남으로써 경쟁력이 훼손되는 경우, 대처방안은 무엇인가?
- 조직을 떠나 주었으면 하는 무능한 종업원이 끝까지 자리를 버티고 있을 때 해고가 가능한가?
- 하이테크 도입(예: 로봇 등)으로 인해 기존 인력 중 많은 부분이 더 이상 일자리가 없을 때 어떻게 할 것인가? 등

이상에서 기술한 인사관리의 기능적 차원을 구성하는 제 활동들은 '직무(일)'를 중심으로 서로 톱니바퀴처럼 밀접한 관계를 갖고 있다(<그림 2-5> 참조).

<그림 2-5>에 나타난 바와 같이 인력확보 활동은 직무(일)가 그 전제가 된다. 현재 혹은 미래에 존재하지도 않는 직무를 위해 기업은 사람을 고용하지 않는다. 인력확보와 인력개발간의 관계는 전자가 투입(input)이고 후자가 산출(output)이다. 인력개발 활동은 투입을 고려해서 설계된 것이다. 즉 교육훈련 프

그림 2-5 인사관리의 기능적 제 요소 간 관계

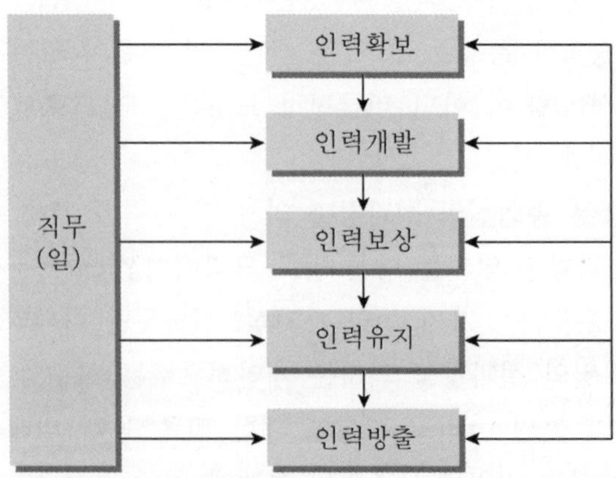

로그램의 경우, 종업원으로 하여금 미래의 직무가 요구하는 자격요건 수준을 충족시키는 데 일차적 목적이 있으며 신규로 채용된 인력의 자격요건 수준이 상당히 높으면 상대적으로 교육훈련 기간 및 비용이 감소되며 그 내용도 달라질 것이다. 인력개발과 인력보상과의 관계도 마찬가지다. 인력개발의 결과 종업원의 능력이 향상되어 성과가 높아지게 되면 보상수준이 자연히 높아진다. 인력보상은 또한 인력유지에 대한 중요한 투입이 되기도 한다. 즉 보상이 공정할 경우, 종업원의 성과창출 의지(motivation)가 높아진다. 인력유지 또한 인력방출의 투입(input) 요소가 되는데 종업원의 불만족, 기업과 노조 간의 적대적 관계 등은 종업원의 이직에 영향을 미치게 된다.

이상에서 살펴본 인사관리의 제 기능요소들 간의 관계는 서로 투입(input)과 산출(output)의 관계를 갖고 있을 뿐만 아니라 개별 기능요소들이 다른 기능요소들에 피드백되어 영향을 미친다. 예로서 인력방출 활동의 일환으로서 기존 종업원이 기업을 떠나게 되면 —떠난 자리가 꼭 채워져야 하는 경우— 그 자리를 메우기 위해 인력확보 활동이 일어나게 되는 것이다. 특히 유능한 인재의 이직현상은 기업의 인력개발 활동, 인력보상 활동, 그리고 인력유지 활동에 영향을 주어 이들 제 기능요소들의 개선을 강구함으로써 유능한 인재의 유실(流失)을 막을 수 있다.

[4] 인사관리의 관리적 차원

4.1 인력계획

인사부문의 기능별 계획활동

앞서 제시한 인사관리의 제 기능인 인력확보, 인력개발, 인력보상, 인력유지 그리고 인력방출 활동을 보다 효율적으로 수행하기 위해 관리활동(management)이 하나의 기법으로서 사용될 수 있다. '관리'란 제1장에서 간단히 언급한 바와 같이 화이욜(Fayol)이 정립한 기법으로서 어떤 활동을 보다 효과적으로 하기 위해서 활동을 계획하고, 조직화하고, 지휘하고, 조정하고, 통제하는 것이다. 인사관리의 제 기능을 효율적으로 수행하기 위해서는 이러한 기능을 계획하고, 실천하고(Gaugler, 1974),[5] 통제하는 보다 체계적인 접근이 요청된다.

인사부문에 대한 계획활동은 구체적으로 개별 기능분야에 모두 적용된다. 즉 인력확보 계획, 인력개발 계획, 인력보상 계획, 인력유지 계획 그리고 인력방출계획이 그 내용이 된다.

인력확보를 위한 계획활동은 확보해야 할 인력을 사전에 정확히 파악하는 일이 그 핵심이 된다. 즉 인력의 수요 및 공급에 대한 예측활동이 그것이다. 이러한 활동을 등한시하거나 정확한 예측을 하지 못했을 경우에는 당연히 비용이 발생한다. 예를 들면 어떤 기업이 3년 후 2,000명의 인력이 필요하다고 예측하여 이를 위해 만반의 준비를 해왔는데, 실제 3년이 지나고 보니 2,500명의 인력이 필요할 경우, 추가 500명에 대한 인력확보에 문제가 발생하게 된다. 다행히 노동시장에 실업자가 많을 경우, 문제가 없겠으나, 노동시장에서 사람을 구할 수 없을 경우, 현재 인력을 초과근무 시키든지 혹은 다른 기업에 근무하고 있는 종업원을 높은 비용을 들여서 스카우트해야만 한다. 반대의 경우 역시 기업에 어려움을 가져다준다. 즉 2,000명이 필요할 것이라고 하여 2,000명을 확보했는데 정작 필요한 인력이 1,500명이라고 했을 때 초과된 500명의 종업원을 어떻게 할 것인가?인력개발을 위한 계획활동 역시 인력개발의 효율성을 극대화시키는 데 필요불가결하다. 인력개발이란 한마디로 종업원의 능력(직무수행능력)을 향상시키는 것으로 볼 수 있는데 종업원의 능력신장이 해당 기업에 현재 내지 미래를 위해 구체적으로 어떤 면에서 필요한가? 종업원의 욕구충족의 일환으로 인력개발을 볼 때 종업원은 어떤 방향으로 개발되고 싶은지에 대한 정보가 있어야 한다. 뿐만 아니라 인력개발을 위해서는 현재 종업원이 보유하고 있는 능력에 대한 측정도 필요하다. 따라서 인력개발에 대한 계획활동은 종업원의 현재 및 잠재능력 측정을 하는 인사평가(employee rating), 종업원의 개발욕구분석(development needs analysis) 그리고 종업원의 경력욕구분석(career needs analysis) 등을 포함한다.

인력개발에 대한 계획활동은 종업원의 현재 및 잠재능력 측정을 하는 인사고과, 종업원의 개발욕구분석, 종업원의 경력욕구분석 등을 포함

인력보상을 위한 계획활동 중 가장 중요한 것이 기업의 인건비 지불능력에 대한 예측이다. 기업이 종업원에 대한 감사의 표시로 높은 보상을 하고 싶어도 돈이 없으면 할 수 없다. 뿐만 아니라 어떤 종류의 보상이 종업원의 만족을 극대화시킬 수 있는지를 사전에 조사하여 이에 대한 계획을 수립해야 한다. 사실 종업원의 보상에 대한 만족이 '임금수준' 하나만으로 해결되지 않기 때문에 보상만족을 극대화시키기 위해서는 사전에 많은 조사가 요청된다.[6]

5) 여기서 '실천(realization, implementation)'은 관리과정에 해당되는 조직화, 지휘 그리고 조정활동을 포괄하는 것으로 사용한다.

표 2-1 인사부문의 기능별 계획활동

	인력확보	인력개발	인력보상	인력유지	인력방출
계획 활동	• 인력수요/공급 예측	• 종업원의 능력 평가 • 교육훈련 필요성 분석 • 경력욕구 분석	• 보상에 대한 욕구구조 분석	• 종업원의 개인 목표 및 욕구 구조 분석 • 노사관계 시스템 분석	• 인력수요/공급 예측 • 이직원인 분석

인력유지를 위한 계획활동은 종업원의 성과창출능력을 정신적으로나 육체적으로 유지시키기 위해 수립되는 계획을 말한다. 이를 위해서는 우선 종업원의 일할 의사(motivation)의 원인이 무엇인지를 파악해야 하는데, 이를 위해서는 종업원의 욕구분석 내지 종업원이 기업조직에서 원하는 것이 무엇인지를 파악해야 한다. 또한 종업원의 육체적인 건강을 유지시키고, 직장에서의 안전사고로부터 해방되기 위한 예방적 활동이 필요하다.

기업의 인력방출 활동은 크게 두 가지로 구분되는데, 기업이 원해서 인력을 방출하는 인력감축과 종업원이 원해서 기업을 떠나는 이직으로 나눌 수 있겠다. 전자를 위한 계획활동은 미래에 대한 인력수요 및 공급예측 활동이 되겠고 후자를 위해서는 이직원인에 대한 분석활동이 되겠다.

이상에서 논의한 인사부문의 계획활동을 인사기능별로 분류한 것이 위의 <표 2-1>에서 요약된다.

4.2 인력실천

인사부분의 기능별 실천활동

기업 인사부문의 실천활동은 수립한 인력계획을 요구시점(t)에서 현실에 옮기는, 즉 집행하는 활동을 말한다.

인력확보를 하기 위해 수립한 인력수요 및 공급예측의 결과 어느 시점(t_1)에서 해당 기업이 2,000명의 인력이 필요한데 그 시점에 기업에 존재하는 인력(공급인력)이 1,800명밖에 되지 않을 때 부족분 200명을 새로 획득해야 한다. 이러한 인력을 획득하는 활동이 바로 인력확보에 대한 실천활동으로서 이는 모집활동 및 선발활동을 통해 이루어진다.

6) 인력보상의 내용은 임금뿐만 아니라 복리후생, 비금전적인 보상 등 여러 종류가 있다.

인력개발에 대한 실천활동 역시 인력개발 계획을 실행에 옮기는 것을 말한다. 즉 종업원의 현재능력 및 잠재능력을 조사하여 미래에 요구되는 자격요건(자질)에 부족분이 발생할 경우 이를 메우기 위한 구체적인 활동이 이루어져야 한다. 직접적인 활동방법으로 기업은 종업원을 대상으로 한 교육훈련 프로그램을 도입 · 실시하여 능력을 신장시킬 수 있으며, 간접적인 방법으로 종업원에게 여러 종류의 일을 부여함으로써 일을 하면서 스스로 혹은 상사 및 동료로부터 일을 배워 능력을 신장시킬 수 있다. 이러한 활동을 인사이동(transfer) 혹은 순환보직(job rotation)이라고도 한다.

인력보상에 대한 실천활동은 기업이 제공하는 보상에 대한 종업원의 만족을 극대화시키기 위한 준비작업으로 종업원의 보상에 대한 욕구구조 내지 선호도를 분석한 결과에 따라 종업원에게 보상을 제공하는 활동이다. 이러한 보상의 종류로서 임금, 복리후생, 비금전적 보상 등이 있는데 이에 대한 구체적인 프로그램을 기업이 도입하는 것이 바로 인력보상에 대한 실천활동이다. 즉 임금수준 결정, 임금체계 결정 그리고 복리후생 프로그램의 결정 및 집행하는 활동이다.

인력유지에 대한 실천활동 역시 종업원의 성과창출 능력과 관련되는 정신적 및 육체적 제 조건들에 대한 조사결과를 가지고 이를 실천에 옮기는 활동이다. 예로서 종업원의 노동의욕을 극대화시키기 위해 모티베이션 전략을 수립하여 이를 관리자가 리더십을 발휘하여 집행한다든지, 종업원의 직장에서의 산업안전(재해방지)을 보장하기 위한 안전조치를 취하는 활동 등이 여기에 해당한다.

인력방출에 대한 실천활동은 기업이 인력을 감축하는 조치와 유능한 종업원이 조직을 자발적으로 떠나는 행동에 대해 기업이 이를 줄이기 위한 대책을 강구하는 활동이다. 예를 들면 직무불만족으로 인해 조직을 떠나려는 종업원에 대해서 새로운 직무를 부여한다든지, 승진탈락으로 인해 이직의도를 가진 종업원에 대해서 경력개발 프로그램을 적극적으로 도입하는 등 여러 가지 실천활동

표 2-2 인사부문의 기능별 실천활동

	인력확보	인력개발	인력보상	인력유지	인력방출
실천활동	• 모집 • 선발	• 교육훈련 • 배치, 이동, 승진	• 임금수준 • 임금체계 • 복리후생	• 모티베이션 전략 • 산업안전 • 단체교섭	• 인력감축 • 이직대책

을 구사할 수 있다.

이상에서 논의한 인사부문의 기능별 실천활동이 <표 2-2>에 제시되어 있다.

4.3 인력통제

인사부분의 기능별 통제활동

관리활동의 마지막 과정인 통제활동이란 수행된 일(성과)을 평가하고 이것을 계획된 것과 비교하여 그 차이를 발견하고 이를 수정하는 활동을 말한다. 인사부문에서의 통제활동은 우선적으로 이 부문의 실천활동에 대한 평가에서 출발한다.

인력확보에 대한 통제활동은 모집 및 선발활동이 어느 정도 효율적이었는가를 먼저 평가해야 한다. 성공적인 인력확보란 기업의 입장뿐만 아니라 확보된 인력의 입장에서도 평가되어져야 한다. 아래에서는 인력확보에 대한 몇 가지 평가 포인트가 예로서 제시된다.

- 모집활동과 관련해서 얼마나 많은 우수한 인재가 우리 기업에 지원했으며, 모집활동에 투입된 비용은 어느 정도였는가?
- 인력선발과정에서 우수한 지원자가 탈락하고 그렇지 못한 지원자가 합격되지는 않았는지?
- 새로 들어온 종업원이 기업 내지 직무에 만족하지 못하고 곧 조직을 떠나는 경우가 얼마나 빈번한가? 등

여러 가지 체크리스트를 가지고 인력확보 활동에 대한 평가를 할 수 있다. 이렇게 평가가 실시된 다음에는 이에 대한 후속조치가 반드시 뒤따라야 한다. 즉 잘못된 모집활동 및 선발활동에 대한 개선책 강구를 통해 인력모집 및 선발의 질(質)을 높여야 한다.

인력개발에 대한 통제활동 역시 인력개발의 실천활동의 질(質)을 평가하는 것으로 시작되는데 예를 들면 다음과 같다.

- 기업이 실시한 교육훈련의 효과가 어느 정도 나타났는지? 교육훈련이 생산성 향상에 기여했는지 또한 종업원의 능력을 구체적으로 어느 정도 신장시켰는지?
- 인력개발의 일환으로 종업원을 순환보직시켰을 때 이에 대한 종업원의 만족이 어느 정도인지?

– 교육훈련 비용이 교육훈련의 효과에 비해 과도하게 지출되지 않았는지?

인력개발에 대한 평가는 속성상 인력개발의 효과가 대개 중·장기적으로 나타나는 경우가 많기 때문에 매우 어렵다.

인력보상에 대한 통제활동은 보상에 대한 효과측정이 핵심이다. 아래에서 몇 가지 통제 포인트가 예로 제시된다.

– 기업에서 제공하고 있는 임금수준이 타 기업과 비교하여 어느 정도 적정한가?

– 임금책정 과정에 대해 종업원이 공정하다고 받아들이는가?

– 기업이 제공하고 있는 복리후생 시설 및 제도가 종업원의 욕구를 잘 반영하고 있는가?

특히 인력보상에 대해 종업원과 기업 간 첨예한 대립과 갈등이 자주 야기되는바 이에 대한 기업의 정확한 평가활동이 매우 중요하다.

인력유지에 대한 통제활동은 인력유지 프로그램(모티베이션 전략, 산업안전 대책 등)이 어느 정도 효과를 나타내고 있는지를 평가해야 한다. 예를 들면,

– 종업원의 사기(士氣) 수준이 타 기업에 비해 어느 정도인가?

– 종업원은 관리자에 대해 만족하고 있는가?

– 결근율, 지각률, 이직률 등 종업원의 불만족지표는 개선되고 있는가?

– 직장에서의 안전사고의 발생빈도와 그 피해는 어느 정도인가? 등

인력방출에 대한 통제활동은 기업이 주도한 인력감축 프로그램의 효과와 종업원의 자발적 이직방지에 대한 대책의 효과에 대한 측정으로 나누어 실시해야 하는데 예를 들면 다음과 같다.

– 기업이 실시한 인력감축 프로그램이 과연 기업의 인건비 절약에 실질적으로 공헌하고 있는가? 즉 1,000명을 고용하고 있는 기업에서 10명을 감축하기 위해 정당하지 못한 방법을 동원했을 때 10명의 종업원에 대한

표 2-3 인사부분의 기능별 통제활동

	인력확보	인력개발	인력보상	인력유지	인력방출
통제활동	• 모집활동의 효과 분석 • 선발활동의 타당성 분석	• 교육훈련의 효과분석 • 배치/이동 및 승진에 대한 공정성, 만족도 분석	• 보상수준의 적정성 분석 • 임금체계의 공정성 분석 • 복리후생 프로그램 효과분석	• 종업원의 사기 수준 분석 • 산업재해 빈도 및 피해분석 • 단체교섭 결과 분석	• 인력감축 프로그램의 효과분석 • 이직감소 프로그램의 효과분석

그림 2-6 인사부문의 관리활동 요소간의 관계

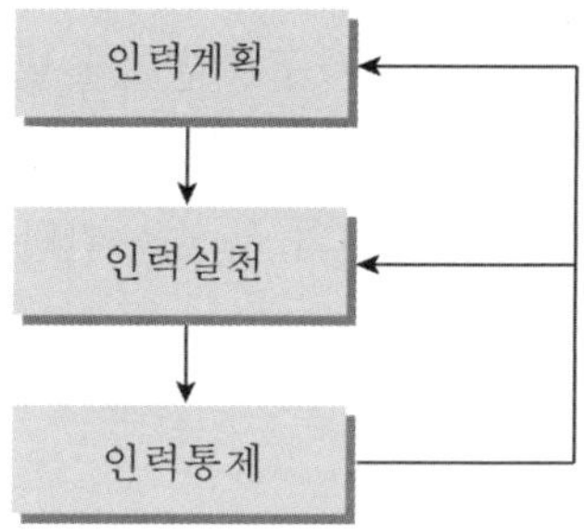

인건비를 절약할 수 있을지는 모르지만 나머지 종업원 990명의 반발을 불러일으켜 이들의 사기저하를 통한 생산성 감소가 오히려 감축인력 10명에 대한 인건비 절약분을 훨씬 상회할 수도 있기 때문이다.

– 유능한 인재의 이직을 막기 위해 도입한 이직방지 프로그램이 과연 이직률을 어느 정도 줄였는지, 혹은 이러한 프로그램을 위해 투입한 비용이 과연 적정한지 등이 인력방출에 대한 통제활동의 핵심적 내용이 된다.

이상에서 제시한 인사부문의 제 기능에 대한 통제활동은 <표 2-3>에서 요약된다.

지금까지 논의한 인사부문에 대한 계획활동, 실천활동 그리고 통제활동들 간의 관계는 하나의 관리과성으로서의 관계를 갖추고 있으며 이들 제 활동들은 서로 영향을 주고받는다(<그림 2-6> 참조).

[5] 인사관리의 제도적 차원

인사관리에 있어서 제도적 차원이란 인사관리가 적용되는 기업형태(조직특성)에 따라 그 내용과 효율성이 달라질 수 있다는 것을 전제로 하고 있다. 즉 제조기업과 서비스 기업의 경우 그 특성상 인사관리의 내용이 달라질 수 있으며, 서비스 기업군 속에서도 은행 · 보험회사, 병원 그리고 호텔의 인사관리가 같다고 볼 수는 없을 것이다. 뿐만 아니라 기업의 형태는 그 규모면에서 대기업, 중

기업형태별 인사관리

소기업으로도 구분할 수 있으며 사업의 공간적 범위를 기준으로 할 때 국내기업과 다국적 기업 등으로도 나눌 수 있다. 이렇게 기업의 형태가 다른 경우, 인사관리의 기본이론을 적용하는 데에는 공통분모가 많긴 하겠지만 해당 기업에서 일어나는 개별적 인사관리 문제를 해결하는 데에는 그 접근법이 다를 수 있다. 아래에서는 기업형태별7) 인사관리의 특징을 간단히 살펴본다.

5.1 제조기업의 인사관리

제조기업의 인사관리는 기업인사관리 연구의 가장 기초를 이루고 있으며 대부분의 인사관리 문제는 제조기업에서의 생산성 향상과 이와 관련되는 제 문제에 초점을 맞추어왔다.

전통적으로 제조기업은 기업형태의 주류를 이루고 있었으나 오늘날 선진국에서는 정보산업이 발달함에 따라 제조기업에 종사하고 있는 인력의 수가 감소되고 있는 추세이다. 그러나 한 국가의 경쟁력의 주요 산업분야인 것만은 변하지 않고 있다.

경영 인사관리는 사실 역사적으로 제조기업을 대상으로 연구되어 왔고 발전되어 왔다. 제조기업의 직무특성은 제품을 생산하기 위해 구체적인 기술을 투입시키는 것이다. 이러한 기술의 주체는 산업사회의 초기에는 작업자 일변도였으나 점차 기술이 발전됨에 따라 기계로 넘어가게 되었다. 즉 가내공업시대의 수작업(手作業)에서 점차 생산도구를 사용하게 되었고 산업혁명이 일어나자 생산기계가 많이 보급되었고, 오늘날 마이크로일렉트로닉스(micro electronics) 시대에는 컴퓨터를 지원받은 자동화생산시스템(Computer Aided Manufacturing: CAM)으로 발전하고 있다.

이러한 제조기업에서의 인사관리는 다른 서비스 기업조직에 비해 그 활동의 보다 구체적인 파악이 가능하다. 인력확보를 위한 인력선발시 공석(空席)의 직무가 요구하는 직무수행 자격요건은 비교적 구체적으로 인식가능하다. 또한 이러한 직무에 대한 지원자의 자격평가도 서비스기업보다 용이하다. 그러나 필요한 기능을 갖춘 기술인력을 확보하는 데에는 많은 어려움이 존재한다. 즉 구체적인 기술(기능)을 교육시키는 교육기관이 충분하지 않을 뿐더러 급격한 제조기술의 변화로 종업원이 보유하고 있는 기술(기능)이 비교적 빠른 속도로 노후화되기 때문이다. 제조기업에서의 인력개발 활동은 역시 종업원이 갖추어야 하는 기술(기능)이 서비스기업보다 구체적이기 때문에 인력개발의 목표(교육훈련의

---

7) 기업형태에 따른 분류는 여러 가지로 할 수 있겠으나, 여기서는 크게 제조 기업과 서비스 기업으로 크게 나누고 서비스 기업 중 특히 은행 · 보험업종, 병원 그리고 호텔 기업조직을 대표적으로 살펴본다.

목표) 설정에 커다란 어려움이 없으며 교육훈련의 효과측정 또한 비교적 용이하다. 인력보상 활동을 위해서는 기본적으로 종업원의 성과를 측정하고 이에 따른 보상이 주어져야 공정한 보상이 되는데 제조기업에서의 제품의 생산결과(업적)의 평가에는 커다란 어려움이 존재하지 않는다. 그러나 종업원의 생산활동의 결과인 가치창출에 대한 측정의 용이함으로 인해 창출된 가치의 분배(임금, 복리후생 등)에 대한 기준설정에 있어서 노사간 합의점을 찾는 데 항상 어려움이 도사리고 있다. 인력유지 활동의 경우, 특히 생산작업장에서의 산업재해 문제는 제조기업의 핫-이슈 중의 하나이다. 인력방출 활동 또한 제조기업에서는 매우 어려운 분야로 간주된다. 인력방출은 바로 인력확보와 직접적으로 연결되어 있으며, 특히 제조기술의 발달로 인한 유휴인력이 발생했을 때 기업 측이나 종업원 측 모두 어려운 문제에 봉착하게 된다. 즉 기업이 경쟁력을 확보하기 위해 생산라인에 로봇을 도입했을 때 10명이 일하던 작업장은 이제 종업원 1~2명이면 충분하기 때문이다. 다행히 기업이 계속 성장하여 공장이 확장된다면 이러한 유휴인력을 다른 작업조직에 흡수할 수 있겠지만 그렇지 못할 경우 이러한 인력의 방출문제는 그리 간단하지 않다.

이상에서 살펴본 바와 같이 제조기업의 인사관리는 기업인사관리 연구의 가장 기초를 이루고 있으며 역사적으로 거론되었던 대부분의 인사관리 문제는 제조기업에서의 생산성 향상과 이와 관련되는 제 문제에 초점을 맞추어 왔다.

5.2 은행 · 보험기업의 인사관리

은행 · 보험회사에서는 인력을 선발할 때 직무가 요구하는 일반적인 자격요건과 지원자가 갖고 있는 '일반적인 능력'을 비교하여 적립성 여부를 판단

은행 · 보험업종의 기업은 전형적인 서비스산업에 속한다. 은행 · 보험업종의 직무는 대부분 화이트칼라, 즉 사무직에 속하기 때문에 제조업종의 기업직무인 블루칼라(생산직)와 많은 차이가 있다. 일반적으로 화이트칼라 직종은 블루칼라 직종에 비해 투입되는 기술(기능)이 덜 구체적이다. 은행 및 보험회사는 금융상품(장기저축예금, 교육보험 등)을 개발(생산)하여 이를 고객에게 판매함으로써 조직의 목표를 달성한다.

이러한 조직에서 나타나는 주요 특징은 아래와 같이 요약할 수 있겠다(이순룡, 1989).

첫째, 고객과 생산자의 직접 접촉이 일어난다. 대부분의 은행 · 보험회사에서의 서비스 활동은 고객과 서비스 제공자 간의 접촉으로 이루어지므로 서비스

활동의 효율성은 서비스 활동에 종사하는 구성원들의 능력, 자세, 행동에 따라 달라진다.

둘째, 서비스 산출물의 무형성(無形性)이다. 서비스는 형태가 보이거나 만져지지가 않기 때문에 서비스 활동을 측정하기가 용이하지 않다. 물론 은행의 예금고나 보험회사의 보험계약고는 숫자화할 수 있겠지만 이러한 양적(量的)인 성과에 따른 질적 측면의 서비스 질을 평가하기가 간단하지 않다.

이상과 같은 은행 · 보험업종의 특성 때문에 인사관리 활동도 제조기업의 그것과 다른 측면이 많이 발견된다. 인력선발의 경우, 제조기업에서는 직무가 요구하고 있는 자격요건도 구체적으로 인식되고 지원자가 갖추고 있는 자격도 명확하게 평가할 수 있기 때문에 직무와 사람(노동) 간의 적합성(fitness)을 상당히 확보할 수 있겠지만 은행 · 보험업종에서는 그렇지 못하다. 그렇기 때문에 은행 · 보험회사에서는 인력을 선발할 때 직무가 요구하는 자격요건과 지원자가 갖고 있는 '일반적인 능력'(예: 대졸 상경계, 상고졸 등)을 비교하여 적합성 여부를 판단하게 된다.

인력개발 활동 역시 제조기업과 다른 측면이 발견된다. 제조기업의 경우 생산기술의 변화속도가 비교적 빠르기 때문에 기술(기능)의 노후화 현상이 많이 나타나 인력개발의 적시성과 구체성이 많이 요구되지만, 은행 · 보험업종의 경우 교육훈련의 내용이 구체적인 제품의 생산기술보다 비구체적인 것이 많다. 예를 들면 리더십, 동기부여, 고객설득방법 등이 그것이다. 물론 외환거래와 관련되는 법적 조항에 대한 교육과 같은 구체적인 것이 없는 것은 아니다. 또한 종업원에 대한 능력평가, 업적평가 자체가 덜 구체적이기 때문에 이 업종에서의 승진 및 인사이동의 기준이 대개 구체적인 업적보다도 연공을 많이 반영하는 경향이 있다.

인력보상의 경우, 은행 및 보험회사의 경우 몇몇 부문을 제외한 대부분의 부문에서는 업적평가의 어려움 때문에 보상에 대한 공정성 확보가 쉽지 않다. 따라서 종업원의 불평을 최소화하기 위해 연공을 기준으로 임금을 책정하는 경향이 확산되어 있어 조직이 정체될 가능성이 존재한다. 유지활동은 한편으로는 제조기업이 안고 있는 산업재해에 대한 두려움이 거의 없기 때문에 용이하지만, 다른 한편으로는 사무직(화이트칼라)에 대한 리더십 발휘, 동기부여 등이 용이한 것만은 아니다. 은행 및 보험업종 기업에서의 인력방출 활동은 긴박하거나 도전적 상황이 제조기업에 비해 상대적으로 매우 낮다. 은행 및 보험업종 정규직의 이직률은 다른 업종에 비해 매우 낮으며, 기술변화의 속도가 제조기업보다 느리기 때문에 기계화 · 자동화를 통한 인력감축에 대한 이슈의 강도도 별로 높지 않다.

5.3 병원조직의 인사관리

병원조직은 의료서비스를 제공하는 조직으로서 아래의 몇 가지 서비스 특성을 갖고 있다(봉경종, 1996).

첫째, 의료서비스의 제공에 긴급성을 띠는 경우가 많다. 또한 서비스 수요의 탄력도가 매우 낮아 대체하여 제공할 수 있는 서비스가 거의 존재하지 않는다.

둘째, 의료서비스는 높은 공공성(公共性)과 윤리성(倫理性)을 갖고 있다.

셋째, 의료서비스 선택에 대한 합리적인 의사결정을 고객인 환자가 하기가 어렵다. 왜냐하면 의료서비스 자체가 고도의 전문성을 띠고 있기 때문에 고객이 이에 대한 정보도 부족할 뿐만 아니라 설사 정보가 주어진다 해도 이를 올바르게 평가하기가 어렵기 때문이다.

이러한 의료서비스를 제공하는 병원조직의 인사관리는 앞에서 기술한 제조기업과 은행 · 보험회사의 경우와 달리 많은 또 다른 특성을 지니고 있다.

우선 병원조직에서는 개별업무의 표준화가 상당히 어렵다. 직무군(職務群)으로서 의사직, 간호사직, 의료기사직과 사무직 등으로의 구분은 용이하지만 환자들에 제공되는 의료서비스의 형태 및 질에 대한 표준하는 개별 환자가 처한 상황이 매우 다양하기 때문에 이들에 대한 의료서비스 업무를 표준화시키는 것이 매우 어렵다.

인력확보면에서 볼 때 의료서비스의 주체자라고 할 수 있는 의사에 대한 수요와 공급예측이 매우 어렵다. 우리나라의 경우 의료서비스의 공공성 때문에 일정수준 이상의 서비스 질(質)을 유지하기 위해 정부가 강력한 공급통제를 하고 있는 실정이다. 또한 의사의 경우, 자격을 획득하는 데 오랜 기간이 걸리기 때문에 의료인력의 수요변동에 따라 단시간 내에 확보하기가 매우 어렵다. 따라서 병원조직은 특히 의사에 대한 수요 및 공급예측을 장기적으로 수립하는 데 많은 투자가 요청된다.

인력개발의 경우, 병원조직에 종사하는 대부분의 인력은 해당 직무에 맞는 구체적인 자격을 획득한 후 의료서비스에 종사하기 때문에 교육훈련의 내용은 새로운 자격획득이 그 목적이 되기보다 주로 서비스의 질 향상과 관련된다.

인력개발의 경우, 병원조직에 종사하는 대부분의 인력은 해당 직무에 맞는 구체적인 자격을 획득한 후 의료서비스에 종사하기 때문에 교육훈련의 내용은 새로운 자격획득이 그 목적이 되기보다 주로 서비스의 질향상과 관련된다.

또한 병원조직 및 개별 의료종사자의 성과평가에 많은 어려움이 존재한다. 병원조직에서는 그 투입물이자 산출물이 되는 인간의 생명을 다루기 때문에 소요되는 비용이나 수익을 경제적 가치로 전환하여 평가한다는 데에는 많은 무리가 따른다. 즉 병원조직의 목표로서 공익성과 수익성 간의 딜레마가 존재한다.

병원조직의 구성원에 대한 보상관리에는 일반 제조업체보다 훨씬 복잡하고 어려운 문제가 존재한다. 예를 들어 의사의 성과를 무엇으로 평가할 것인가? 완치된 환자의 수, 진료한 환자의 수 등을 지표로 개발할 수 있겠으나 그 자체에 어려움이 많다. '완치된 환자의 수(數)'를 성과기준으로 할 때, 치료받기 전 환자의 질병 정도를 누가 판단할 것인가? 그것은 평가를 받는 의사 자신이 아니고는 다른 누구도 평가할 수 없는 것이다.

인력유지 활동의 일반 제조기업에서 생각할 수 있는 산업재해는 별로 문제가 안 되겠지만 의료서비스를 제공하는 조직구성원의 환자에 대한 태도, 병을 고쳐야 하겠다는 사명감 그리고 이것이 인간의 생명을 다루고 있다는 도덕심 등에 대한 마음자세, 즉 정신적인 측면의 성과창출 의지를 확립 · 유지 · 고양시키는 문제가 매우 중요하게 부각된다.

인력방출의 경우, 이 활동이 바로 인력확보 활동과 직결되기 때문에 특히 의료 서비스 종사자들의 이직은 일반 제조기업에서의 이직비용과 또 다른 개념의 비용을 가져다준다. 즉 이 비용은 바로 인간의 생명과 관련되는 비용이다. 따라서 의료서비스를 제공하는 데 필요한 자격을 갖춘 인력의 이직에 대한 예방대책이 인력방출 활동의 핵심 내용이 되겠다.

5.4 호텔조직의 인사관리

호텔조직에서의 인적 서비스는 다른 어떤 서비스 조직보다 가장 고객과 밀착되어 있으며 아주 조그마한 분야에까지 서비스가 스며들어야 한다.

호텔이란 원래 여행자에게 숙박과 음식 그리고 휴식, 오락공간을 제공하는 것을 주업(主業)으로 하는 기업조직이다. 이를 위해서는 인적(人的) 서비스와 물적(物的) 서비스로 구분된다. 호텔경영의 성공요소는 바로 시설의 수준, 고객의 수준 그리고 서비스의 수준으로 요약할 수 있으며 이러한 요소가 서로 균형을 이루어야 하는데 어느 한 가지라도 문제가 되면 전체 경영이 흔들리게 된다. 호텔조직에서의 인적 서비스는 다른 어떤 서비스 조직보다 가장 고객과 밀착되어 있으며 아주 조그마한 분야에까지 서비스가 스며들어야 한다.

호텔 인사관리의 출발점은 바로 객실 수와 부대 영업시설의 규모에서 찾을

그림 2-7 인사관리의 기능적 · 관리적 · 제도적 차원 간의 관계

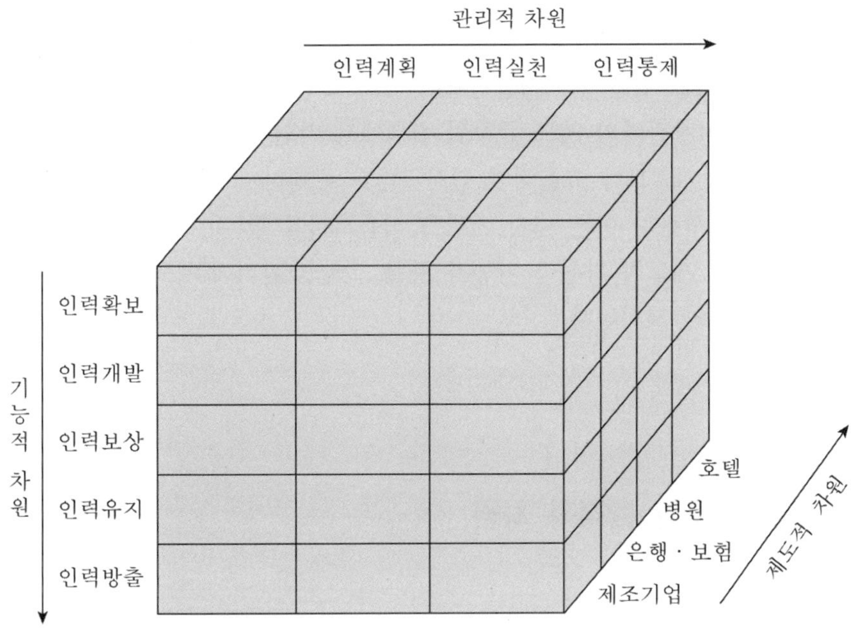

수 있다. 또한 서비스의 질도 호텔의 시설수준 그리고 해당 호텔을 이용하는 고객에 맞게 설계되어야 할 것이다. 호텔조직의 직무는 비교적 완만한 기술변화 패턴을 보여 주기 때문에 서비스에 대한 노하우(know-how)의 축적이 용이하다고 말할 수 있다.

인력확보 활동의 경우 특히 인력 선발시 유능한 인재를 판별하는 데 큰 어려움이 존재한다. 왜냐하면 인적 서비스를 고객에게 제공하는 종업원의 경우 친절성, 고객의 욕구를 꿰뚫을 수 있는 판단력 그리고 예절 등이 직무수행요건의 핵심이 되는데 이러한 것은 필기시험이나 종이에 나타난 자격증으로 판단하는 데에는 많은 무리가 따른다. 따라서 인력선발시 서비스 제공과 관련되는 행동을 직접 수행케 한다든지, 양질(良質)의 인성테스트가 동원되어야 하는 측면이 있다.

인력개발의 경우 초점은 인적 서비스의 질(質)을 극대화시키는 데에 있으며, 이는 강의나 이론점수만으로 높은 효과를 기대하기가 어렵다. 호텔조직에서 특히 강조되는 교육훈련 기법이 바로 직장 내 훈련(on the job training)이다.

호텔조직에서의 인력보상은 다른 기업과 마찬가지로 그 골격은 유사하지만 호텔의 영업이 대개 24시간 이루어지기 때문에 교대조 편성 및 특정 교대조(야

간)에 대한 수당과 봉사료 관리문제 등이 다른 일반 기업과 다른 문제영역이다.

인력유지 및 방출 활동은 이 업종의 이직률이 특히 우리나라의 경우 매우 높기 때문에 종업원의 만족도 극대화를 위한 양질의 리더십, 모티베이션 전략 그리고 이직방지를 위한 경력개발전략이 특히 요청된다.

이상에서 인사관리의 제도적 차원 관점에서 기업형태별 인사관리의 기본특징을 살펴보았는데, 보다 효율적인 인사관리를 수행하기 위해서는 해당 기업형태에 적합한 인사관리 이론 내지 기법을 적용시켜야 할 것이다.

인사관리의 제도적 차원과 기능적 차원 그리고 관리적 차원의 관계가 <그림 2－7>에 요약 제시된다.

[6] 인사관리의 환경적 차원

기업을 둘러싸고 있는 도전적 환경도 기업의 인사관리에 많은 영향을 미친다.

인사관리 활동은 앞에서 기술하였듯이 기본적으로 기업의 형태에 따라 달라지게 될 뿐만 아니라 기업을 둘러싸고 있는 도전적 환경(challenging environment)도 기업의 인사관리에 많은 영향을 미친다. 이러한 환경에 적응하기 위한 노력은 기업이 생존하기 위해서 필요불가결하다.

오늘날 기업이 직면해 있는 주요 환경적 요소로서 첫째, 인력구성의 다양화 및 구성원의 고령화가 가속되고 있으며, 둘째, 조직구성원의 근로에 대한 가치관으로써 삶의 질을 중시하는 경향이 강해질 것이다. 셋째, 글로벌화의 가속화로 인한 글로벌 인재의 수요가 증대할 것이며, 넷째, 스마트워크의 확산으로 일하는 방식이 변화될 것이다. 끝으로 윤리경영에 대한 요구가 더욱 강해질 것이다. 아래에서는 이러한 요소들에 대해 구체적인 논의를 하고자 한다.

6.1 인력구성의 변화

21세기 기업인력의 트렌드는 무엇보다도 다양성(diversity)이다. 글로벌 기업의 CEO 479명을 대상으로 한 설문조사에 따르면 향후 기업의 인력구성이 다양해질 것인가 라는 질문에 48%가 국적 다양성을 그리고 44%가 인종다양성을 들

그림 2-8 고령화율 추이 국제 비교

(단위: %)

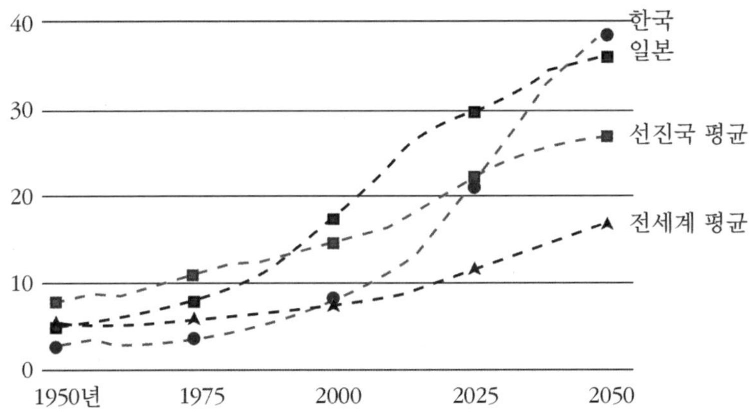

자료: 통계청, UN.

고 있다(EIU, 2010).

국내체류 외국인의 경우, 2022년 현재 215만 명을 넘었다(출입국 외국인정책 통계연보, 2022). 기업 구성원이 국적, 인종, 성별 그리고 세대별 다양성의 증가는 조직에 아이디어와 창의성을 가져다주지만, 이를 잘못 관리하게 되면 인사관리에 어려움을 증가시킨다. 즉 구성원의 다양성으로 인해 그들이 가지고 있는 가치관 내지 경험의 차이로 인해 나타나는 커뮤니케이션 실패는 오해 및 갈등을 증가시킬 수 있다. 또한 다양한 구성원에 대한 편견 내지 차별은 조직구성원의 불만족을 크게 높일 소지가 있다.

'MZ세대'라고 칭하는 젊은 근로자들의 가치관은 기존 종업원들의 그것과 상당한 차이를 보여준다. 예를 들면 '탈권위주의', '개성존중주의'에서부터 기존 기성세대보다 인내심, 절제력이 부족하며 일상생활에서의 의무보다 권리를 더 중요시 여기는 반면, MZ세대는 신분이나 지위에 덜 집착하며 오히려 일에 대한 자부심과 성취욕이 강한 특징을 보여준다.

인종 내지 국적 그리고 직종관련 차별대우로 법적 분쟁으로까지 번지는 사례가 종종 발견된다. 예를 들면 미국기업 코카콜라에서는 흑인직원 4명이 인종차별에 의한 임금차별을 이유로 집단소송을 제소한 것을 시작으로 2000년 기업이 결국 1억 9,200만 달러를 배상하였으며(매일경제, 2000. 11. 17.), 외식업체인 아웃백 스테이크하우스는 2009년 여성 승진이 제한되는 소위 "유리천장" 소송과

인종 내지 국적 그리고 직종관련 차별대우로 법적 분쟁으로까지 번지는 사례가 종종 발견

관련하여 1,900만 달러 합의금을 지출한 바 있다(한국경제, 2009. 12. 30.).

인력구성의 변화 트렌드 중 또 다른 중요한 현상은 고령화가 급속히 진행된다는 것이다. 우리나라의 경우, 세계최저 출산율(0.78 : 2022년)과 맞물려 고령화가 가속되고 있다.

우리나라 인구의 고령화 추세는 그대로 기업에 반영되어 인건비 부담이 가중

우리나라 인구의 고령화 추세는 그대로 기업에 반영되고 있다. 우리나라 기업의 임금형태가 아직도 연공급(특히 생산직의 경우)이 주류를 이루고 있음을 고려해 볼 때, 기업의 인건비 부담이 가중되고 있다. 왜냐하면 연령이 높아짐에 따라 성과수준이 더 높아진다면 문제가 되지 않겠지만 그렇지 않기 때문이다. 우리나라 기업의 경우, 35~54세 근로자의 임금은 34세 이하 근로자의 1.73배 수준으로 차이가 많이 나는 반면 생산성은 1.05배로 거의 차이가 나지 않는다. 특히 55세 이상의 근로자의 경우, 임금이 34세 이하 근로자의 3.04배에 달하지만, 생산성은 이들의 60%에 불과한 것으로 추정되고 있다(조선일보, 2005. 2. 17.). 뿐만 아니라 인구의 고령화 추세는 종업원의 정년연장 요구로 이어지고 있다. 현재 기업의 정년은 대개 55~60세이지만 정년이 연장될 경우, 임금에 대한 부담뿐만 아니라 청년실업률 증가로 이어지게 된다. 사실 국가의 입장에서 보면 일할 수 있는 능력을 갖춘 젊은 인재가 일할 기회를 가지지 못함으로써 나타나는 국가전체의 인적자원 활용도가 낮아지는 측면과 또한 능력에 비해 조기정년이 가져다주는 사회적 문제라는 딜레마에 빠지게 된다.

기업 내 인력구성과 관련하여 또 다른 주요 이슈는 바로 비정규직 문제이다. 우리나라 기업은 1990년대 말 금융위기 이후 비정규직의 확대가 본격적으로 진행되었는데, 당시 기업이 노동시장 유연화를 통한 인건비 절감이 기업이 살아남는 데 결정적 요인이 되었던 것이다. 정부도 당시 비정규직 문제에 소극적이었던 것만은 사실이다. 왜냐하면 실업률이라는 국가의 거시적 지표관리에 더 관심을 가진 나머지 고용의 질에 대해서는 소홀히 하였던 것이다. 원래 비정규직은 언제든지 고용계약(대개 1~2년)이 만료되면 기업은 계약연장을 하지 않을 수 있다. 임시직을 둘 것인가 정규직을 둘 것인가에 대한 판단은 인력운용 측면에서 기업이 해당직무의 존재의 계속성을 가지고 판단하게 된다. 즉 계절적으로 존재하는 직무, 예를 들면 스키장 리조트의 경우, 대부분의 인력이 겨울에만 필요로 하기 때문에 스키시즌에 임시직을 고용하지 않을 수가 없게 된다. 이러한 인력을 아무 일도 없는 여름철에도 계속 고용하게 된다면 기업은 인건부담을 감수하기가 어려워진다.

그러나 오늘날 우리나라에서 문제가 되는 비정규직 이슈는 첫째, 계절성과

표 2-4 우리나라 비정규직 규모

(단위: 천명, %)

	임금근로자	정규직	비정규직
2010. 8	17,189	11,475(66.8)	5,715(33.2)
2011. 8	17,715	11,662(65.8)	6,053(34.2)
2012. 8	17,941	11,987(66.8)	5,954(33.2)
2013. 8	18,403	12,426(67.5)	5,977(32.5)
2014. 8	18,992	12,869(67.8)	6,123(32.2)
2015. 8	19,474	13,166(67.6)	6,308(32.4)
2016. 8	19,743	13,262(67.2)	6,481(32.8)
2017. 8	20,006	13,428(67.1)	6,578(32.9)
2018. 8	20,045	13,431(67.0)	6,614(33.0)
2019. 8	20,559	13,078(63.6)	7,481(36.4)
2020. 8	20,446	13,020(63.7)	7,426(36.3)
2021. 8	20,992	12,927(61.6)	8,066(38.4)
2022. 8	21,724	13,568(62.5)	8,156(37.5)

주: 1) 괄호는 임금근로자 중 각 근로형태별 근로자의 비중임(임금근로자=100). 예를 들어 2022년 8월 기준 임금근로자 중 비정규직 근로자가 37.5%를 차지함을 의미.
2) 임금근로자 전체 규모는 정규직 근로자와 비정규직 근로자의 합임. 비정규직 각 유형(한시적, 비전형, 시간제)은 중복집계되므로, 비정규직 근로자 전체 규모 및 비중과 일치하지 않음. 비정규직 전체수는 이와 같은 중복을 제거하고 집계한 것임.

자료: 통계청, 「경제활동인구조사 근로형태별 부가조사」, 각 연도 8월.

관계없이 직무가 계속 존재하는 직무에도 임시직인 비정규직을 고용하며, 둘째, 동일한 직무를 정규직뿐만 아니라 비정규직 근로자가 동시에 수행한다는 것이다. 이러한 현실에서 나타나는 인사관리상의 문제는 비정규직에 대한 임금차별로 인한 정규직과의 갈등 또한 회사에 대해 불만이 증가하며 그리고 일에 대한 몰입의 저하 등 부정적 측면이 많이 나타나게 된다.

6.2 근로가치관의 변화

종업원의 근로행동에 영향을 미치는 노동가치관은 해당 종업원이 속한 국가의 문화에 깔려 있는 사회적 가치관에 많이 영향을 받아 형성된다. 일찍이 독일의 사회경제학자 막스 베버(Max Weber)는 서양자본주의가 성공하는 데 결정적인 원동력을 '기독교 노동윤리'에서 찾은 바 있다. 기독교 노동윤리는 인간과 신과 이 세계와의 관계를 새롭게 정립한 것으로부터 형성되었다. 그 내용은 신이 인간을 선택하여 세상에 나오게 했고, 인간이 그 대가로 신으로부터 받은 소명은 이 세상을 풍요롭게 만드는 것이었다. 그 결과 풍요로워진 세상은 신의 소유라는 것이다. 이러한 논리에 입각하여 인간은 열심히 일하여 세상을 풍요롭게 만들어야 하며, 풍요로운 세상은 인간의 쾌락 추구의 도구가 아니라 신의 소유이며 신에게 영광을 돌려야 한다는 것이다. 그러나 이러한 기독교 노동윤리는 오늘날 서양 기독교국가에서 많이 사라지고 있는 실정이다.

우리나라의 경우 1970년대에 시작한 고도 경제성장의 원동력을 근로자의 '잘 살아보자'라는 의식과 정부의 경제발전계획을 통한 경제성장 활성화 정책에서 그 원인을 찾을 수 있겠다. 그러나 당시 정부나 기업은 가치창출에 역점을 둔 성장에 급급한 나머지 창출된 가치에 대한 분배에 대해서는 상대적으로 노력이 미흡했다고 볼 수 있다. 그러나 2000년대에 들어와 우리나라의 경제규모는 세계 10위권에 진입하게 되고, 근로자의 소득수준도 괄목할 만큼 높아졌다. 이러한 추세에 따라 근로자들은 과거 초과근무를 해서라도 한푼이라도 더 벌어서 가계의 경제적 생활에 도움을 주려는 기본자세에서 이제는 근로생활의 질을 중시하는 가치관으로 변화되고 있다. 우리나라뿐만 아니라 선진국가 기업 종업원들 역시 근로생활의 질을 강조하고 있는 실정이다. 예를 들면 독일에서는 종업원들이 관리자로의 승진을 꺼려하는 경향이 나타나고 있다. 왜냐하면 관리자가 되면 초과근무 수당을 받지 못하게 되고 업무량이 퇴근시간 후에도 일을 해야 하고, 뿐만 아니라 휴가 등이 제한되어 그 결과 가족들에 대한 시간할애를 충분히 할 수 없기 때문이다.

근로생활의 질에 대한 이슈는 오늘날 일과 삶의 균형(Work-Life-Balance)으로 전개되고 있다. 이것은 과거 직장생활로 인한 가정생활의 희생이 직업에서의 성공을 위해 감수해야 한다는 입장에서 가족 구성원에 대한 배려와 봉사가 직장생활 못지않게 중요하다는 인식으로 바뀌어진 것이다. 예를 들면, 40개 국가를 대상으로 한 조사에서 보면, "현재의 시간사용 방식을 바꾼다면 어떤 일에 시간을 더 많이 쓰겠습니까?"라는 질문에 미국에서는 응답자의 83%가, "가족과 함께 및 여가활동"이라고 대답했으며, 우리나라 응답자의 59%가 같은 대답을 하였다(ISSP, 2005).

이러한 가치관 변화는 향후 근로자의 애사심이 약해질 것이며(EIU, 2010), 우리나라의 경우도 비슷한 경향을 보일 것이다. 이러한 일과 삶의 균형을 중시하는 경향은 취업매력도에도 큰 영향을 미칠 것이다. 우리나라에서 실시한 한 조사(다항목 선택방식)에서는 신세대의 직장선택의 기준으로 1위가 일에 대한 흥미(56.7%), 2위가 일과 생활의 균형(45.2%) 그리고 3위가 발전가능성(41.4%)으로 나타난 바 있다(삼성경제연구소, 2009).

이러한 근로가치관의 변화는 기업 인사관리에 어려움을 가져다준다. 예를 들면, 신세대 우수인력의 직무몰입도가 떨어질 뿐 아니라 업무강도가 높다든지 근무환경이 좋지 않을 경우, 이러한 직무를 기피하는 현상이 나타난다. 또한 근로생활의 질을 높이기 위해서는 직무재설계 등 비경제적 복지프로그램을 우선 도입할 수 있겠지만, 그 효과는 제한적일 수밖에 없다. 따라서 기업 내 근본적으로 근무환경을 개선할 수 있는 경제적 복지프로그램을 도입하지 않을 수 없게 된다. 만일 특정 기업이 이러한 근로생활의 질을 지원하지 않는 인사관리를 할 경우, 기업이미지가 나빠져 우수인재의 확보에 어려움이 나타날 뿐만 아니라, 소비자들에게 나쁜 이미지를 주어 제품판매에 부정적인 영향이 나타날 것이다.

6.3 스마트워크의 확산

정보통신 기술발전에 따른 일하는 방식의 혁기적인 변화가 예상된다. 미국의 한 연구에 의하면 최근 5년간 온라인 업무처리량이 8배 증가되었으며, 본사 이외의 지역에서 근무하는 직원의 90%가 이를 이용하고 있고 또한 상사와 다른 지역에 근무하는 직원의 경우 60~70%를 온라인으로 업무를 수행하고 있는 실정이다(미 네메르테스 리서치, 2009). 우리나라 정부는 2015년까지 "공무원 중 30%, 노동인구의 30%"가 스마트워크를 할 수 있도록 추진하고 있다. 기업의 경우 스마트워크 확산에 정부보다 더 적극적이다.

스마트워크는 고정된 근무장소, 정해진 근무시간에 따라 일하는 방식 대신 정보기술(IT) 기기 등을 활용해 장소나 시간에 구애받지 않고 일하는 방식을 말한다. 이동/현장근무(모바일 오피스), 재택근무, 원격 사무실근무(스마트워크 센터) 등이 스마트워크의 대표적 유형이라 할 수 있다(조범상, 2012).

> 스마트워크는 고정된 근무장소, 정해진 근무시간에 따라 일하는 방식 대신 정보기술(IT) 기기 등을 활용해 장소나 시간에 구애받지 않고 일하는 방식

스마트워크의 도입으로 나타나는 효과는 우선 사무공간이나 운영비용 절감을 들 수 있다. AT & T와 Cisco는 스마트워크의 도입으로 사무 공간을 20~30% 정도 줄일 수 있었고, IBM도 스마트워크 대상자들을 위한 사무공간 및 관련된 비용으로 40~60% 절감한 것으로 알려지고 있다(조범상, 2012). 뿐만 아니라 스마트워크

표 2-5 사무실 근로자와 재택 근로자의 감정비교

	사무실 근로자(%)	재택 근로자(%)
스트레스(Stress)	83	67
외로움(Loneliness)	0	67
기쁨(Enjoyment)	100	100
짜증(Irritability)	83	100
근심(Worry)	17	100
분노(Resentment)	67	67
죄책감(Guilt)	50	67
좌절감(Frustration)	100	100

자료: 서기만 · 장재현, 2011.

는 근무시간 및 장소의 자유적 선택으로 인해 근로생활의 질을 높일 수 있다.

그러나 스마트워크는 첫째, 조직에 대한 몰입도가 줄어들 수 있으며 상사 및 동료직원들과의 면 대 면 접촉이 낮아 소속감 저하가 나타날 수 있다. 뿐만 아니라 구성원들의 접촉이 낮아져 기업이 원하는 생산적인 기업문화의 형성에 문제가 생길 수 있다. 둘째, 역량개발 프로그램에 대한 참여 기회가 줄어들 수 있다. 왜냐하면 역량개발에 대한 의사결정을 하는 상사의 입장에서 보면 이들에 대한 관찰기회가 적어 직원의 강점 약점에 대한 평가가 어려워 스마트워크를 하지 않는 직원들에게 이러한 역량개발의 기회가 더 많이 돌아갈 가능성이 크다. 끝으로 기업의 보안문제의 취약성이 대두되어 핵심기술 등 정보가 유출될 수 있다.

스마트워크는 장점도 많지만 단점도 있다는 것을 감안해 볼 때, 스마트워크의 효과를 극대화시키기 위해서는 우선 효과가 많이 나타날 수 있는 직무들을 찾아야 하겠다. 예를 들면 면 대 면 커뮤니케이션의 필요성이 상대적으로 낮고, 업무의 내용이 비교적 명확하여 독립적으로 일할 수 있으며, 업무성과에 대한 평가가 정량적이며 객관적으로 할 수 있는 직무가 이에 해당되겠다.

6.4 윤리경영에 대한 요구증대

우리나라뿐만 아니라 선진 외국기업에서도 윤리경영은 기업이 자신의 주된

활동인 이익극대화 과정에 추가로 할 수 있는 선택의 문제가 아니라 오늘날 경쟁력을 확보할 수 있는 생존의 문제로 인식되고 있다. 윤리경영이 기업을 성공으로 이끌 수 있다는 논리는 이미 수많은 학자들에 의해 검증된 바 있다. 간단한 예를 들면 윤리경영은 고객에 대한 긍정적 이미지를 제고시켜 이것이 구매선택으로 연결된다. 특정제품에 대한 속성적 정보가 부족할 경우, 평소에 느끼고 있는 해당기업의 이미지(윤리경영, 조직문화 등)를 떠올리고 이것이 바탕이 되어 그 기업에 대한 신뢰의 정도가 형성된다. 바로 이것이 구매선택으로 연결될 수 있는 것이다. 윤리경영은 기업의 종업원에게도 중요한 역할을 한다. 오늘날 기업경쟁력의 원천을 기업이 보유하고 있는 자원으로 보고 있는데 이러한 자원은 우선 종업원이 보유하고 있는 역량이며 더 중요한 것은 이러한 역량이 에너지화되어 기업경영에 투입되어야 한다. 얼마나 적극적으로 투입되느냐는 바로 종업원 자신이 결정하는 것이다. 해당기업이 윤리경영을 실천할 경우 조직구성원은 기업에 대해 자부심을 가지고 신뢰할 것이며 그 결과 더 많은 에너지를 조직의 성공을 위해 투입할 것이다.

윤리경영은 고객에 대한 긍정적 이미지를 제고시켜 이것이 구매선택으로 연결

윤리경영은 또한 기업의 사회적 책임과 같은 맥락으로 사용되고 있다. 기업의 사회적 책임에 대해 부정론과 긍정론이 있다. 부정론의 논리는 기업이 이윤을 내고 고용을 확대시키는 것으로도 사회적 책임을 완수한다는 것이다. 즉 기업이 이윤을 낼 수 있다는 것은 사회구성원인 고객으로부터 사랑을 받기 때문이라는 것이다. 뿐만 아니라 기업은 이해당사자들인 주주, 금융회사, 원자재 공급회사 그리고 종업원 등 이해관계자의 만족을 극대화시켜 기업을 존속(going concern) 내지 지속적으로 성장하는 것으로 충분하다는 것이다. 반면에 기업의 사회적 책임에 대한 긍정론자들은 아래의 몇 가지를 그 논리로 제시하고 있다. 첫째, 기업의 제품을 고객이 구입한다고 하더라도 이 제품생산으로 인해 제품을 구입하지 않는 다수에 피해를 주는 경우이다. 예를 들면 환경오염 등을 들 수 있다. 둘째, 기업이 경영을 하기 위해 도덕적 해이(moral hazard)에 빠지는 경우도 있다. 독일의 한 기업은 몇 년 전 비자금을 조성해 개발도상국 업체나 공공기관, 정치인에게 뇌물을 뿌린 사실이 적발되어 약 1조 5,000억 원의 벌금을 물은 적이 있다. 이러한 사례는 사회(고객)로부터 신뢰를 잃어 경영위기로 까지 이어지게 된다(MK 뉴스, 2012). 셋째, 기업을 개방시스템(open system)으로 볼 때 기업은 창출한 가치를 외부(사회)로 내보내고, 또한 외부로부터 에너지(자원)를 받아들여야 하는 것이다. 즉, 기업의 외부세계는 바로 고객(잠재고객 포함) 등 기업의 이해관계자들인 것이다. 이러한 기업의 외부세계는 기업경영에 있어 자원을

획득하는 원천이 되는 것이다.

글로벌 기업의 CEO들을 대상(479명)으로 실시한 조사에서 응답자의 66%가 향후 10년간 윤리경영 내지 준법경영의 요구가 증대할 것이라고 예상하고 있다(EIU, 2010). 이러한 윤리경영에 대한 요구에 대해 개별기업은 주어진 법을 지키는 준법경영과 이러한 법의 범위를 뛰어넘어 사회에 기업의 성과의 일부를 환원하는 범위로 확대하여 볼 수 있다. 전자를 소극적인 윤리경영이라고 한다면 후자는 적극적인 윤리경영의 실천이 되겠다. 우리나라 기업의 경우 준법경영의 수준에서 머물지 않고, 적극적인 사회적 책임을 수행할 때 보다 더 높은 경쟁력을 확보할 것이다. 이러한 윤리경영의 실천에 기업의 인사관리 부문의 역할이 결정적이 되겠다.

6.5 4차 산업혁명의 도래

기술변화는 기본적으로 인사관리의 중심이 되는 직무의 내용을 변화시킨다. 이러한 변화는 바로 직무를 수행하는 작업자에게 요구되는 역량을 변화시켜 이것이 인사관리 전반에 영향을 미친다.

산업혁명은 기술의 급격하고도 광범위한 발전을 말한다. 세계 산업혁명의 주요 흐름은 <표 2-6>에서 제시된다.

1차 산업혁명은 영국에서 증기기관을 처음 발명함으로써 시작되었는데, 증기기관차는 새로운 운송수단으로 장거리 여행과 효율적인 운송을 가능하게 하

표 2-6 세계 산업혁명의 주요 흐름

구 분	기술변화	공 장	주도국(시기)
1차 산업혁명	증기기관	방적공장	영구(18세기 후반)
2차 산업혁명	전력, 콘베이어 벨트	육류가공, 포드자동차 (Cincinati)	미국(20세기 초반)
3차 산업혁명	컴퓨터, 자동화(로봇)	도요타자동차	일본, 독일 (1970년대)
4차 산업혁명	사물 인터넷, 인공지능, 빅데이터, 사이버-물리 시스템	스마트 팩토리 (2005)	독일, 미국, 일본, 한국, 중국, 인도 (2015~)

자료: Plattform Industrie 4.0, 김인숙, 남유선, 2016에서 재인용.

였다. 뿐만 아니라 방적기도 발명되어 그 동안 수작업으로 해왔던 옷감 생산이 기계로 대체되어 상상할 수 없는 생산성 증가를 가져다주었다. 산업의 다른 분야에서도 생산활동에 기계를 활용하여 영국은 국제적으로 산업경쟁력을 획득할 수 있게 되었다.

2차 산업혁명은 전기에너지를 이용한 콘베이어 벨트 생산방식으로 대량생산을 가능하게 하였다. 대표적으로 20세기 초 미국의 포드자동차 공장 그리고 육류가공 분야에 이러한 기술이 도입되었다.

3차 산업혁명은 생산공정의 자동화를 가져다주었다. 1970년대 전기전자와 정보통신 기술을 이용하여 이전에 사람이 담당해왔던 작업을 로봇이 담당하게 되었다. 공장에서 로봇은 사람이 하기 힘든 작업을 수행하고 작업오류를 최소화하여 제품의 품질뿐만 아니라 인건비의 혁신을 가져다주었다.

4차 산업혁명은 사물 인터넷(IoT: Internet of Things), 빅데이터(Big Data), 인공지능(AI: Artificial Intelligence) 그리고 사이버-물리 시스템(CPS: Cyber-Physical System)을 활용하여 생산활동 및 인간의 생활에 서비스를 제공하는 것으로 요약할 수 있다. 즉 사물 인터넷을 통해 얻은 정보를 클라우드(Cloud)에 저장하고, 이를 빅데이터 기법으로 분석해 모바일(Mobile)을 통해 확산시키는 것이다. 여기에 인공지능이 판단과 추론을 더해 새로운 부가가치를 창출하는 것이다(신동엽 외, 2018).

이중 특히 인공지능은 기업의 인사관리에 매우 커다란 영향을 미치고 있다.

예를 들면 골드만삭스 뉴욕 본사에서 도입하고 있는 켄쇼테크놀로지는 가장 연봉을 많이 받던 600명의 트레이더가 한 달 가까이 처리할 수 있는 일을 단 3시간여만에 처리할 수 있었다. 인공지능에 의해 대체될 수 있는 직업들로써 의사, 약사, 판검사, 변호사 및 교사 등이 제시된다(이지성, 2019).

4차 산업혁명이 인사관리에 미치는 영향을 아래에서 간단히 살펴본다.

첫째, 4차 산업혁명은 기업의 인력수요를 감소시킬 것이다. 즉, 일자리의 감소를 초래하여 국가의 고용정책에 매우 도전적 이슈로 작용할 것이다(<그림 2-9> 참조).

둘째, 작업자의 근무방식에 커다란 변화가 예상된다. 시존 정규직보다 일정 계약관계에서 일하거나 플랫폼에 접속해서 일하는 플랫폼 근로자 형태가 나타나게 된다. 즉 임시직 고용관계 중심의 기그 경제(gig economy)가 확대될 것이다.

셋째, 인력확보의 경우, 근로자에게 요구되는 역량이 기존과 달리 복잡한 문제해결 능력, 사회적 기술, 시스템 기술 그리고 비주얼 능력 등이 포함된다.

넷째, 인력개발의 경우, 교육훈련의 질적 변화가 예상된다. 근로자에게 특정

그림 2-9 4차 산업혁명으로 인한 직종별 업무 대체 비율

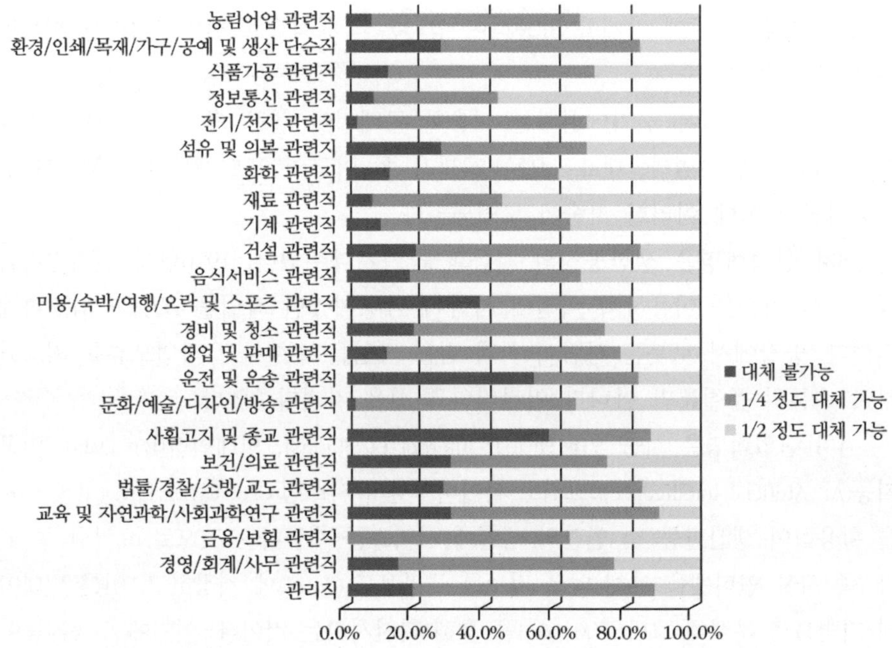

자료: 김한준, 2016.

분야의 전문적 지식보다 공통적이고 범용적인 능력이 요구되기 때문에 이를 개발하는 교육훈련 시스템이 요구된다.

다섯째, 인사평가의 틀도 많은 변화가 예상된다. 4차 산업혁명시대에서는 근로자들은 복수의 조직에서 다수의 프로젝트에 참여하는 방식이 많이 등장하게 된다. 또한 근로자의 업무수행결과를 실시간으로 알게 되고 이는 근로자에게 그대로 피드백될 수 있다. 즉 주기적이고 정기적인 평가가 사라지고 수시평가가 이루어지게 된다.

여섯째, 인력보상의 경우, 개인의 역량과 역할에 따라 개별적으로 보상이 결정되는 형태로 변화될 것이다. 지금까지는 개인 근로자는 직업집단에 소속되어 집단의 성과 속에서 개별근로자의 직급위치, 상대적인 역할 등이 고려되어 보상이 결정되지만 4차 산업혁명시대에는 빅데이터와 인공지능을 활용하여 집단 내 개인의 성과평가가 훨씬 용이해질 것이다. 따라서 개인별로 이루어지는 보상이 가능해질 것이다.

요약

인사관리의 연구대상은 직무와 인간(노동)이다. 직무는 구조적 측면과 과정적 측면이 있으며 노동은 직무를 수행하는 것과 관련되는 능력 및 성과 등이 되겠다. 인사관리의 목표는 자본인 기업이 추구하는 경제적 효율성과 노동인 종업원이 추구하는 사회적 효율성이 동시에 추구되어야 한다. 경제적 효율성의 지표는 바로 노동생산성, 노동경제성이 되며 사회적 효율성의 지표는 종업원의 욕구충족이 된다. 이러한 두 목표 간에는 갈등관계가 형성될 수 있으나, 기업은 이를 극복하여야 하겠다.

인사관리란 이러한 목표를 달성하기 위해 활동을 하는데 이러한 활동은 다시 기능적 차원, 관리적 차원, 제도적 차원으로 구분된다.

인사관리의 기능적 차원은 인력확보, 인력개발, 인력보상, 인력유지 그리고 인력방출로 구분되는데 이들 제 기능들은 서로 영향을 주고 밀접한 관계를 갖고 있다. 인사관리의 효율성을 높이기 위해서는 관리활동을 도입할 수 있는데 이것은 계획활동, 실천활동 그리고 통제활동으로 구성되어 있다.

또한 이사관리의 제도적 차원은 기업의 형태에 따라 인사관리의 특징이 다를 수 있음을 보여준다. 예를 들면 제조기업, 은행 & 보험기업, 병원조직 그리고 호텔조직 등에서의 인사관리는 각각 그 조직적 특성에 맞게 적용되어야 한다.

끝으로 기업 인사관리에 영향을 미치는 환경의 중요성이다. 오늘날 우리나라 기업의 인사관리를 둘러싼 환경은 인력구성의 변화, 근로가치관의 변화, 글로벌 인재의 수요증대, 스마트워크의 확산, 윤리경영에 대한 요구증대 그리고 4차 산업혁명의 도래에 따르는 인사관리의 변화에 대한 대응 등이 있다.

참고문헌

김한준, 4차 산업혁명이 직업세계에 미치는 영향, 한국고용정보원, 2016.

김해천, 경영윤리 기본, 박영사, 2003.

고용노동부, 임금구조 기본통계조사, 각년도.

김인숙/남유선, 4차 산업혁명, 새로운 미래의 물결, 호이테북스, 2016.

매일경제신문, 2000. 11. 17.

박경규, 세계화와 인적자원 관리전략, 서강대 경영대학원, 2002.

박경규, 윤리경영에 대한 철학적, 역사적 접근, 윤리경영연구, 2010. 2. pp. 1~15.

봉경종, 의료서비스 조직의 직무특성과 조직몰입에 관한 연구, 서강대 경영대학원 석사 학위 논문, 1996.

서기만/ 장재현, 스마트 워크, 외부효과에 주목해야, LG Business Insight, 2011. 5. 4.

신동엽 외 6인, 4차 산업혁명, 일과 경영을 바꾸다, 삼성경제연구소, 2018.
이순룡, 생산관리, 법문사, 1989.
이지성, 에이트, 차이정원, 2019.
조범상, 스마트워크, HR 변화 수반되어야, LG Business Insight, 2012. 6. 13.
조선일보, 2005. 2. 17.
통계청, 경제활동인구조사 부가조사, 2010, 2012, 2015.
한국경제신문, 2009. 12. 30.
한국일보사 편, 신세대 그들은 누구인가, 1990.
해외경제연구소, 연도별 해외투자현황
Anthony, W. P./ Kacmar, K. M./ Perrewè, P.L., Human Resource Management, A Strategic Approach, 4th ed., Thomson Learning, 2002.
Black, J. S., Work Role Transitions: A Study of American Expatriate Managers in Japan, in: Journal of International Business Studies, Summer, 1988, pp. 277~294.
EIU(Economist Intelligence Unit), CEO Survey, 2010.
Flippo, E., Personnel Management, 6th ed., McGraw-Hill, 1984.
Gaugler, E., Betriebliche Personalplanung-eine Literaturanalyse, Göttingen, 1974.
Gaugler, E., Gegenstandsbereich und Erkenntnisstand des Personal-Management, in: BFuP, 4/82, pp. 285~301.
GM Korea, 내부자료, 2012.
ISSP(International Social Survey Program), 2005.
Marr R./ Stitzel, M., Personalwirtschaft-ein Konfliktorientierter Ansatz, Verlag Moderne Industrie, 1979.
Nemertes Research, 2009.
Noe, R. A/ Hollenbeck, J. R/ Gehardt, B./ Wright, P. M., Human Resource Management, eleMcGraw-Hill, 2003.
Naisbitt, J., Mega trend, 1990.
OECD, 통계자료, 2010.
OECD Family Database, 2012.
PWC, Talent Mobility 2020.
Remer A./ Wunderer. R., Entwicklungspektiven im Betrieblichen Personalwesen, in: Zeitschrift F hrung, 1977, Heft 11, pp. 742~762.
Samsung Electronics Sustainability Report, 2012
Savary, J., Le perfait Negociant, 1675.
Schuler, R. S./ Jackson, S. E., Human Resource Management, Thomson, 2006.
Wächter, H., Einf hrung in das Personalwesen, NWB, 1979.

제 2 부

직무관리

앞의 제2장에서 살펴본 바와 같이 인사관리의 연구대상은 직무(일)와 사람(노동)이다. 경영활동은 결국 노동력을 제공하는 조직구성원이 직무를 수행함으로써 이루어진다. 본장에서는 인사관리의 양대 연구대상 중 직무에 대해 살펴본다.

직무란 인사관리의 출발점이자 노동력을 필요로 하는 원인이 되기 때문에 주어진 직무에 대한 정확한 이해, 나아가 노동력의 효율성을 극대화시키기 위한 직무의 합리적인 설계 등은 인사관리에 있어서 핵심적인 분야가 되겠다. 직무와 인사관리의 개별 기능분야와의 관계는 〈그림 II-1〉과 같이 나타낼 수 있다.

〈그림 II-1〉에 나타난 바와 같이 직무는 인사관리의 개별 기능분야에 영향을 미친다. 기업이 미래에 필요로 하는 인력을 예측하는 문제, 인력을 모집 · 선발하는 문제 등 모든 활동의 전제는 직무이다. 즉 미래에 필요한 인력을 예측한다는 것은 해당 기업에 미래()에 어떤 종류의 그리고 어느 정도의 일거리(직무)가 있을 것인가 에서부터 출발하며, 인력채용과정에서 해당인원을 선발할 때에도 기준은 공석이 된 직무(the vacant job)가 요구하는 자격요건이 된다.

인력개발 활동이란 종업원의 능력을 향상시키는 것이 핵심이며, 실천하기 위해서는 직접 교육훈련을 실시한다든지, 순환보직(이동)을 통해 새로운 직무를 수행케 함으로써 능력을 향상시켜야 되는데, 이러한 인력개발 활동의 기준 또한 '직무가 요구하는 자격요건'이 된다.

인력보상 활동 중 특히 임금결정에 있어서 직무는 중요한 기준이 된다. 연공을 기준으로 임금을 결정하는 기업의 경우, 임금결정에 있어서 직무의 역할은 상대적으로 낮겠지만 −그러나 학력수준에 따라 수행하는 직무들은 구분되어 있음− 직무의 가치를 기준으로 임금수준을 결정하는 소위 직무급 제도 하에서는 직무에 대한 정확한 가치 파악이 임금의 공정성 확보에 매우 중요하다.

그림 II-1 직무와 인사관리의 기능분야와의 관계

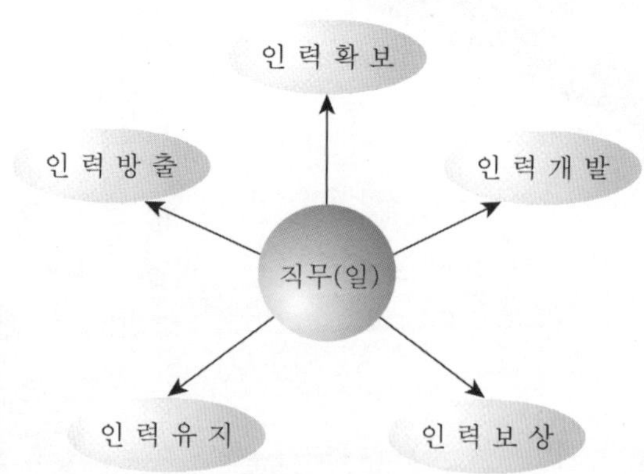

인력유지 활동의 핵심인 종업원의 직무만족 향상을 통한 근로의욕 향상 그리고 산업재해 또한 직무에 대한 연구 없이는 추구하는 목표를 달성하기가 어렵다. 즉 종업원이 만족할 수 있는 직무, 만족하지 못하는 직무에 대한 파악, 나아가 종업원에게 좌절과 불만족을 가져다주는 직무를 재설계하는 문제 그리고 작업장에서 사고가 빈번하게 발생하는 직무들에 대해 직무내용 및 직무들 간의 연결과정을 조사하여 재설계함으로써 산업재해를 줄일 수 있다.

인력방출 활동 역시 '직무'가 그 출발점이 된다. 즉 "일거리가 줄어서 사람이 더 이상 필요하지 않다"라는 말은 결국 기업에 직무의 수가 줄었다는 것을 의미하며, 유능한 인재가 현재 수행하고 있는 직무에 대해 만족하지 못하고 기업을 떠나는 문제도 역시 '직무'와 관련되는 것이다.

제2부에서는 인사관리 활동의 출발점이 되는 '직무'에 대해서 '직무설계', '직무분석' 그리고 '직무평가' 순으로 논의한다.

직무설계

chapter 03

직무설계는 여러 시각에서 접근할 수 있다. 우선 기업에서 수행되는 일(직무)의 내용과 수행방법 등을 설계하는 직무구조설계 분야가 있으며, 또한 이러한 직무들이 다른 직무들과 어떻게 연결될 때 성과창출에 보다 효율적인지를 설계하는 작업과정(workflow)의 설계분야, 즉 직무과정설계 분야가 있다. 오늘날 거론되고 있는 비즈니스 리엔지니어링(business reengineering)은 바로 기존의 작업흐름을 과정적 측면에서 혁신적으로 바꾸어야 한다는 이론으로 이것이 바로 직무설계 분야 중 직무과정설계에 해당된다.

또한 근무시간을 어떻게 설계하면 인사관리의 목표인 경제적 효율성과 사회적 효율성을 극대화시킬 것인가에 대한 논의 또한 직무설계의 한 분야에 속한다. 즉 직무를 수행하는 시작시간, 근무시간의 길이 그리고 근무시간의 제 조건(휴식시간 등) 등이 근무시간설계의 주요 내용이다.

본 장에서는 직무설계분야를 직무구조설계, 직무과정설계 그리고 근무시간설계의 순으로 살펴본다. 끝으로 직무설계이론을 인사부문에 적용시켜 인사부문에서 수행해야 할 인사관리 활동을 어떻게 설계하는 것이 효과적인지를 분석한다.

[1] 직무구조설계

조직설계의 주체를 개인에 초점을 맞추는 잡크래프팅(job crafting)

직구구조설계 이론은 기본적으로 설계의 주체를 기업 내지 관리자로 보고 있다. 그러나 최근에는 조직설계의 주체를 개인에 초점을 맞추는 소위 잡크래프팅(job crafting)이 관심을 끌고 있다. 잡크래프팅은 조직구성원이 조직이 제공하는 직무를 그대로 수행하기보다 자신이 직무를 직접설계하여 자신이 추구하는 만족을 높이자는 데에서 출발한다. 개인이 주체가 되어 하는 직무설계는 여러 가지 방법이 있다. 예를 들어 직무범위를 조정하여 자신에게 부여된 권한범위 내에서 보다 새로운 영역에 도전하는 것이다. 새로운 아이디어를 내어 자신의 직무에 혁신을 가한다든지 다른 직무의 혁신에 기여하는 등이 이에 해당된다. 또한 자신의 일 자체를 보다 긍정적으로 재정의하는 것이다. 예를 들면 장의사의 경우 시체관련 일을 처리한다는 기존의 직무정의에서 자신이 하는 일이 슬픔에 빠진 고인의 가족이나 친지를 돕는다고 재정의하는 것이다. 이렇게 함으로써 개인은 자신이 하는 직무에 대해 보다 긍정적인 의미를 부여하게 되고 이것이 직무만족을 높이게 되는 것이다(임명기, 2014). 이러한 접근은 직무설계에 있어서 개인의 적극적인 역할을 강조한다.

대부분의 경우 직무구조설계의 주체자는 조직 내지 관리자가 되는 것이 현실이다. 아래에서는 이에 대한 기존 이론을 소개한다.

아담 스미스(Adam Smith)는 한 국가가 부자가 되는 길을 「국부론」에서 제시한 바 있다. 그의 이론 중의 하나가 바로 분업(division of labor)의 원리이다. 그는 핀 제조공장의 예를 들었는데 여기서는 노동자가 철사를 가지고 하루에 평균 20개 정도의 핀을 생산하고 있었다. 핀이 만들어지는 공정은 철사를 펴고, 끊고 하는 등 18가지의 일로 구성되어 있었다. 아담 스미스는 18개의 공정을 한 사람의 노동자가 전부 할 것이 아니라 10개의 공정으로 나누어 한 사람이 한 공정의 일만 하도록 제안했다. 즉 과거에 한 사람이 핀 제조의 전 공정을 수행하던 것을 10명이 전 공정을 나누어 각각 1~2가지의 일만 하도록 한 것이다. 10명이 하루에 생산한 핀은 무려 48,000개나 되었으며 1인당으로는 4,800개이다. 즉 생산성이 240배 증가했던 것이다. 아담 스미스는 바로 분업을 통한 생산성 향상이 국가를 부자로 이끈다고 결론을 맺고 있다(Smith, 1776).

직무설계에 대한 논의의 시작은 바로 아담 스미스로부터 시작되어 바베지(Babbage)를 거쳐 20세기에 들어와 테일러에 의해 공장의 과업관리에서 보다 적극적으로 적용되었다. 직무설계는 한마디로 기업에서 수행되는 일(직무)의 내용과 수행방법을 정하는 것으로서 '직무구조'를 설계한다고 표현되기도 한다.

직무를 어떻게 설계하느냐에 따라서 인사관리의 개별기능 부문은 영향을 받게 된다.

직무를 어떻게 설계하느냐에 따라서 인사관리의 개별기능 부문은 영향을 받게 된다. 개별기업에서 필요로 하는 인력의 양과 질이 달라져 인력수요 및 공급예측에 결정적인 영향을 끼치며 또한 직무설계의 내용에 따라 교육훈련의 필요성이 달라진다. 뿐만 아니라 직무설계에 따라 특정 직무의 난이도가 달라져 인력보상(임금) 결정에 영향을 미친다. 인력유지의 경우 역시 직무설계의 영향을 벗어날 수 없다. 직무설계 여하에 따라 직무에 대한 작업자의 만족도가 달라지며 인력방출 활동의 경우 직무전문화 방향으로의 직무설계가 되면 많은 경우에 인력감축 요인이 발생하며 뿐만 아니라 직무전문화에 불만족한 종업원의 이직도 배제할 수가 없는 것이다.

직무구조설계에 대한 접근은 기본적으로 직무전문화와 직무확대화로 구분될 수 있다. 아래에서는 이러한 제 접근의 내용과 생산성 및 작업자의 심리에 미치는 영향에 대해서 살펴본다.

1.1 직무전문화

직무전문화는 한마디로 한 작업자가 하는 여러 종류의 일(task)을 그 숫자 면에서 줄이는 것

직무전문화(job specialization)는 한 작업자가 하는 여러 종류의 일(task)을 그 숫자 면에서 줄이는 것이다. 예를 들면 탁자를 만들어 시장에 파는 사업을 하는 공장을 가정해 보자. 탁자를 만드는 것과 관련되는 일은 아래와 같이 구분될 수 있다.

① 만들 탁자의 숫자를 결정한다.
② 원재료를 구입한다.
③ 나무를 톱질하여 자른다.
④ 대패질한다.
⑤ 조립하며 못질한다.
⑥ 니스칠한다.
⑦ 마무리 작업을 한다.
⑧ 품질검사를 한다.

이상의 8가지 일을 모두 한 사람이 하는 경우 직무가 비전문화되어 있다고 하며 위의 공정들이 여러 사람에 의해 나뉘어져 한 사람이 2개 공정 혹은 3개 공정을 수행하는 경우를 직무전문화라고 한다.

<그림 3-1>에서 제시한 탁자제조 공장의 공정을 자세히 살펴보면, 여기에는 중요한 의사결정을 해야 하는 책임이 많이 따르는 공정들과 단순 반복적이고 비교적 책임이 적은 공정들로 아래와 같이 구분할 수 있다.

A) 책임이 큰 작업공정
① 만들 탁자의 숫자를 결정한다.
② 원재료를 구입한다.
⑧ 품질검사를 한다(시장에 내다 팔 것인가에 대한 의사결정).

그림 3-1 직무전문화(예)

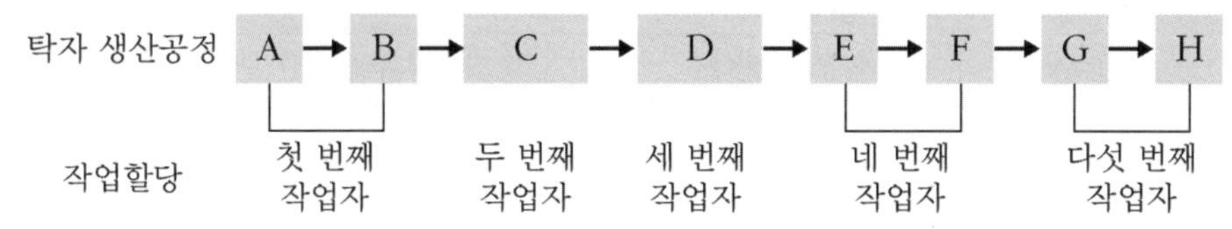

B) 책임이 적은 작업공정

③ 톱질한다.

④ 대패질한다.

⑤ 조립 · 못질한다.

⑥ 니스칠한다.

⑦ 마무리 작업을 한다.

직무전문화는 직무를 전문화시키는 방법에 따라 수평적 직무전문화(혹은 양적 전문화)와 수직적 직무전문화(혹은 질적 전문화)로 구분된다(<그림 3-2> 참조).

위의 예에서 탁자 생산의 공정 중 책임이 적은 단순반복적인 작업공정을 여러 일로 분업화(전문화)시키는 것을 수평적 전문화라고 하며, 책임이 큰 공정들을 쪼개어 하위자에게 일을 맡김으로써 분업화(전문화)하는 것을 수직적 전문화라고 한다. 위의 8가지 공정을 8명이 각각 한 공정만을 맡아서 할 경우, 이 작업장에서는 수평적 · 수직적 전문화가 동시에 일어났다고 한다. 직무전문화가 가져다주는 강점과 약점은 <표 3-1>에 요약되어 있다.

그림 3-2 직무전문화의 방향

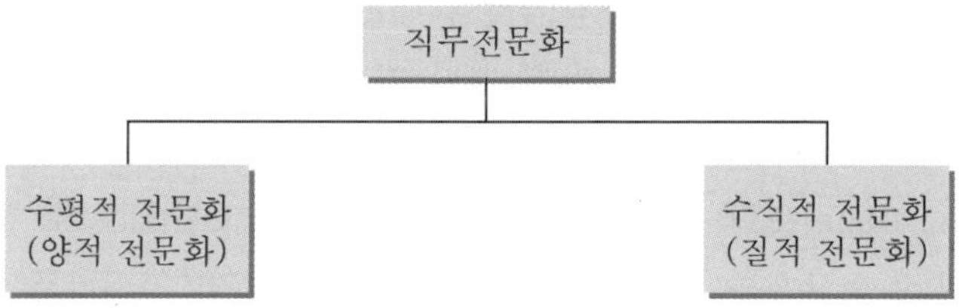

표 3-1 직무전문화의 장점과 단점

	기업 측	근로자 측
장점	① 작업자의 선발과 훈련 용이 ② 단순, 반복작업으로 대량생산 가능 ③ 높은 생산성 ④ 숙련공이 필요없어 노무비 저렴 ⑤ 작업의 관리가 용이	① 작업결과에 대한 책임부담이 적음 ② 정신적 부담이 적음 ③ 특별한 직무교육을 받을 필요없음 ④ 미숙련공의 취업 용이
단점	① 제품 전체에 대한 책임규명이 어려워 품질관리에 어려움 ② 작업자의 불만으로 아래의 코스트 발생 i) 이직 ii) 지각 및 결근 iii) 생산공정의 고의적인 지체 iv) 고충건수의 증가	① 직업의 반복으로 권태감이 생김 ② 세분화된 작업으로 작업에 대한 만족을 느끼기 힘들며, 보다 좋은 직무를 수행할 기회가 적음 ③ 작업방법이나 수단을 개선하여 능력을 발휘할 기회가 적음 ④ 혹사하여 피로감 가중 ⑤ 동료작업자 간의 인간관계 형성기회가 줄어듦

자료: 이순룡, 1998.

1.2 직무확대화

인사관리의 생성배경을 이루는 기계적 접근의 핵심은 제1장에서 살펴보았듯이 '직무전문화'를 통한 것이었다. 이러한 접근은 20세기 초 테일러(Taylor), 길브레스(Gilbreth) 등에 의해 생산성 향상에 결정적으로 공헌하였다 그러나 산업사회가 발전함에 따라 인간의 작업장에서의 '소외문제(alienation)'가 점차 심각하게 거론되기 시작했다. 이러한 소외문제는 산업사회학 분야에서 본격적으로 연구되기 시작했는데, 예를 들면 프랑스 사회학자인 듀르껭(Durkheim)은 '분업'과 '기계화'가 주류를 이루는 산업조직에서의 인간은 점차 기계의 한 부품으로 전락하고, 작업장에서의 권태로움, 일에 대한 가치상실 등으로 사회가 '기계적 연대' 현상으로 발전하고 아노미 현상이 사회에 팽배하게 될 것이라고 주장한 바 있다(Durkheim, 1892). 또한 독일의 산업사회학자인 브리프(Briefs)도 산업조직에서의 여러 가지 소외문제를 거론하면서 극단적인 '분업'이 가져다주는 폐해를 지적한 바 있다(Briefs, 1918).

소외문제(alienation)

사실 당시 작업장에서는 위의 학자들이 우려했던 현상들이 나타나고 있었다. 즉 고도의 직무전문화로 인해 작업자는 단순하고 반복적인 일을 하루에 몇

천 번이나 반복해야 하는 경우도 흔히 발견되었다.

1950년대 허즈버그(Herzberg)는 기업 종업원들의 직무태도를 조사하던 중 종업원에게 '만족'을 가져다주는 사건들[1]과 '불만족'을 가져다주는 사건들[2]을 발견하게 되었다. 여기서 '불만족'의 주요 원인이 되는 사건들은 이상하게도 작업성과와 특별한 인과관계(因果關係)를 보이지 않았으나 '만족'의 주요 원인이 되는 사건들은 작업성과와 직접적인 인과관계가 있음을 발견했던 것이다. 허즈버그는 작업장에서의 만족요인 중 '직무'와 관련되는 사건에 더욱 관심을 갖게 되었다. 과거 전문화 일변도의 직무를 작업자에게 흥미 있고, 책임감을 느끼게 하고, 도전감을 가져다 줄 수 있는 방향으로 변화시켜야 작업장에서 작업자의 근무의욕(모티베이션)을 높이고 이것이 생산성을 향상시킨다고 결론짓게 된 것이다. 즉 직무전문화 정도가 지나치게 높을 때 이것은 생산성을 향상시키기보다 작업자에게 권태감, 좌절감, 스트레스를 가져다주어 오히려 생산성을 감소시킨다는 것이다.

'만족', '불만족'

그러면 아담 스미스 이후 20세기 초 테일러를 거쳐 거의 150여 년 동안 직무전문화(분업의 원리)가 1950년대 들어와 갑자기 효력을 상실했단 말인가? 대답은 그렇지 않다는 것이다. 직무전문화가 작업장에서의 생산성과 관련하여 문제가 된 이유는 아래의 두 가지로 추정할 수 있다.

첫째, 고도로 전문화된 일을 장기간 계속했을 때가 문제가 되는 것이다. 한 사람의 작업자가 똑같은 일을 하루에 약 100번 정도 반복하는 것과 몇 천 번 반복하는 것이 작업자의 심리에 미치는 영향은 엄청나게 다른 것이다. 또한 고도로 전문화된 직무를 몇 개월, 심지어 몇 년을 계속했을 때 작업자의 심리상태는 극도로 피폐해지게 되고 근로의욕 또한 현저히 저하되는 것이다.

직무전문화와 생산성

둘째, 산업사회가 진전됨에 따라 작업자의 가치관도 점차 바뀌었다. 산업화 초기 작업자들은 열악한 노동조건(특히 낮은 임금)으로 생계를 꾸려 나가기가 매우 어려워 임금을 많이 받을 수 있는 길이라면 닥치는 대로 택했으나 산업이 발달되자 근로자들의 생활수준도 점차 높아지게 되었고 또한 작업장에서의 작업조건에 대한 기대수준도 높아지게 되었다. 이동식 조립작업시스템(conveyer system)과 같은 고도로 전문화된 작업장에서 근무하는 작업자의 경우 작업장에서 타인과의 대화 기회, 인간관계 형성 기회 등이 차단된 채 일하게 되는데 이러한 작

1) 예를 들면 작업장에서 일을 성공적으로 수행했을 때의 성취감, 자기가 맡고 있는 직무에 대한 책임의 증가, 승진, 맡고 있는 직무가 재미가 있고 도전감을 주는 경우.
2) 임금이 기대치에 못 미칠 때, 작업환경이 좋지 못할 때, 상사와의 인간관계가 좋지 못할 때 등(Herzberg, et al., 1959).

그림 3-3 직무전문화와 생산성 간의 관계

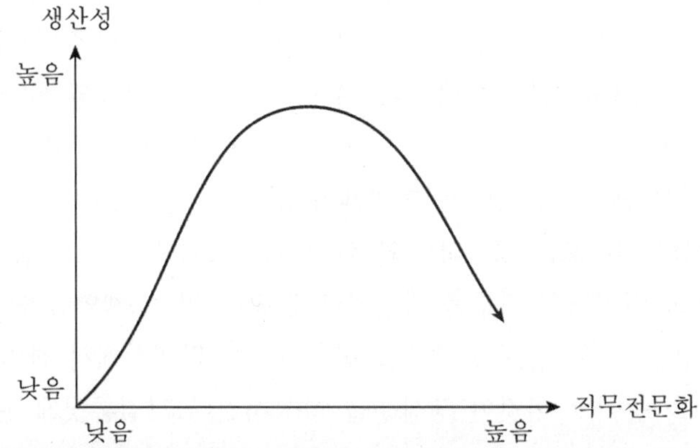

업환경에 대해 그들의 인내심은 더 이상 힘을 발휘하지 못하게 된 것이다. 그들은 타인과의 교류를 통한 '인간적인 작업생활'이라는 '사회적 욕구'가 이미 심리 속에 강하게 뿌리를 내린 것이다.

직무전문화에서 직무확대화로의 변화

이제 시대적 요청은 '직무전문화'에서 '직무확대화(job enlargement)'로 변화되고 있었다. 즉 근로자는 이제까지 고도로 전문화된 작업장에서 숨도 제대로 쉴 틈 없이 기계의 한 부품처럼 일하면서 일에 대한 가치관 상실, 즉 노동에서의 인간성 상실이라는 산업사회의 전형적인 역기능이 나타나게 되었고 이를 극복하기 위해 직무확대화의 길을 택하지 않을 수 없었던 것이다. 이러한 인간성 상실의 측면을 도외시한다고 하더라도 현실적으로 고도로 전문화된 직무들에서 생산성이 낮게 나타남으로써 기업 측이 직무확대화에 대한 관심을 가지지 않을 수 없게 되었다. 직무전문화와 생산성과의 관계는 <그림 3-3>에서 나타난 바와 같이 직무전문화가 아주 낮을 경우 생산성이 낮으며, 직무전문화가 점차 높아지면 생산성도 높아진다. 그러나 직무전문화 정도가 과도하게 높아지게 되면 이것이 작업자의 심리상태에 영향을 끼쳐 근로의욕을 훼손시키므로 생산성은 낮아진다는 것이다.

직무확대화는 전문화된 직무의 내용 및 범위를 넓히는 것이다. 직무확대화는 직무를 확대시키는 방법에 따라 수평적 직무확대화와 수직적 직무확대화로 구분된다. 혹은 전자를 양적 직무확대화, 후자를 질적 직무확대화라고도 한다.

<그림 3-4>에서 구분된 수평적 직무확대화는 직무전문화된 작업상황에서 한 사람의 작업자가 한 가지 혹은 소수의 일을 수행하던 것을 일의 종류를

그림 3-4 직무확대화의 방향

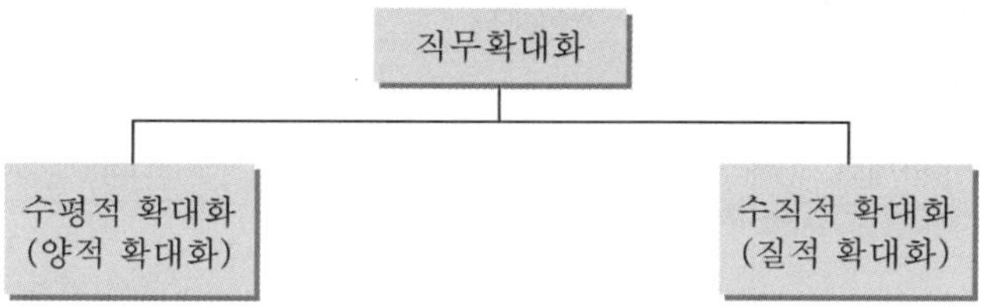

늘려서 수행하는 경우이다. 여기에는 일의 숫자가 늘어났다 해도 본질적으로 권한 내지 책임의 변화가 별로 따르지 않는다.

그러나 수직적 직무확대화는 한 사람의 작업자가 수행해 왔던 일의 종류가 과거보다 늘어나서 의사결정권한(자유재량권) 및 책임의 크기도 증가되는 경우를 말한다. 이러한 개념구분은 <그림 3-5>에서 더욱 명확해진다.

직무확대화를 설계하는 데에는 개인 작업자를 대상으로 할 것인가, 집단을 대상으로 할 것인가에 따라 여러 설계 모델이 있다. 위 <표 3-2>에서는 이를 체계화하여 보여준다.

<표 3-2>에서 보는 바와 같이 직무확대화 모델은 대상을 개인이냐, 집단이냐에 따라서 그리고 방법을 수평적 직무확대화냐 수직적 직무확대화냐에 따라 직무확대, 직무충실, 직무교차, 직무순환 그리고 준자율적 작업집단 모델로 구뷴할 수 있다.

그림 3-5 수평적 및 수직적 직무확대화

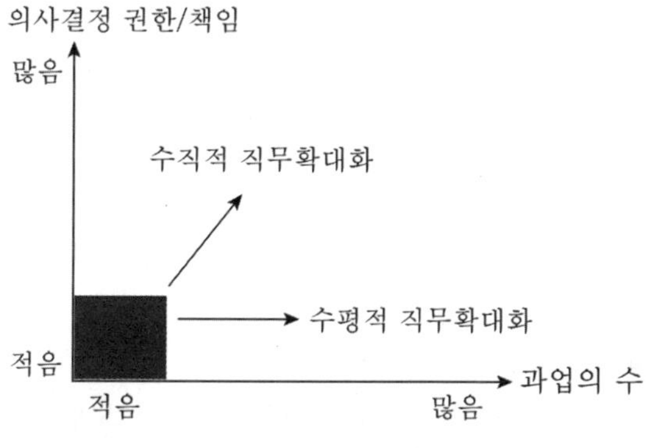

표 3-2 개인 및 집단별 직무확대화 모델

<table>
<tr><th>대상 / 확대화 방법</th><th>개인대상</th><th>집단대상</th></tr>
<tr><td rowspan="2">수평적 직무확대화</td><td rowspan="2">직무확대
(job enlargement)</td><td>직무교차
(overlapped workplace)</td></tr>
<tr><td rowspan="2">직무순환
(job rotation)</td></tr>
<tr><td rowspan="2">수직적 직무확대화</td><td rowspan="2">직무충실
(job enrichment)</td></tr>
<tr><td>준자율적 작업집단
(semi-autonomous workgroup)</td></tr>
</table>

1.2.1 직무확대

직무확대(job enlargement) 모델은 직무설계의 기본 방향 중의 하나인 직무확대화의 영어식 표기를 그대로 사용하는데 편의상 이 모델용어를 협의의 직무확대라고 칭한다. 직무확대는 한 작업자가 수행하는 기존의 과업(task)의 숫자를 늘리되 의사결정과 관련되는 권한(재량권) 내지 책임의 정도는 별로 증가되지 않는 경우이다. 앞에서 예를 든 바 있는 탁자를 만드는 공정에서 톱질만 하는 작업자에게 대패질 및 조립까지 하게 하는 경우를 말한다.

직무확대 모델의 목적은 아래와 같다.

직무확대 모델의 목적

① 작업자의 피로도, 단조로움 및 싫증을 줄인다.

② 여러 종류의 과업(task)을 수행함으로써 기술의 다양성(skill variety)을 증가시킴으로써 작업자의 기능의 폭을 넓힌다.

③ 직무수행에 대한 의미를 증대(more meaningful task identity)시킨다.

이상의 목적을 추구했을 때, 직무확대 모델은 작업자에게 피로도, 단조로움 및 싫증을 줄여주어 직무만족을 증가시키고 나아가 결근율, 이직률을 감소시킬 수 있게 된다. 또한 작업자의 직무범위가 넓어져 여러 종류의 기능을 보유할 수 있게 되어 기업 측으로 볼 때 인력배치의 폭(flexibility)을 넓히며, 작업자 입장에서는 여러 종류의 기능을 보유하게 되어 노동시장에서의 경쟁력을 그만큼 높일 수 있다.

데이비스(Davis, 1979)는 의료기기를 생산하는 공장에서 9명의 작업자를 대상으로 직무확대 모델을 적용한 실험을 하였는데, 이 모델은 과거의 이동식 작업시스템(conveyer system) 때보다 작업의 양은 과거보다 약 4.5% 감소되었으나 불량률은 과거보다 25% 감소된 것으로 나타났다.

그러나 직무확대 모델은 아래와 같은 실시상의 문제점도 있다.

직무확대 모델의 문제점

① 흥미 없고 단조로운 직무를 작업자에게 추가로 할당했을 때 작업자의 실망은 더욱 커진다.

② 작업에 필요한 원자재의 크기, 무게, 저장능력에 따라 직무확대 모델 자체의 도입이 제약을 받는 경우가 있다. 즉 모든 작업에 직무확대 모델을 도입할 수 있는 것은 아니다.

③ 작업자의 성장욕구(need for growth)[3]의 정도에 따라 직무확대 모델의 도입은 성공할 수도 실패할 수도 있다.

1.2.2 직무충실

직무충실(job enrichment)이라는 직무확대화 모델은 한마디로 현재의 작업자가 수행하고 있는 직무에 의사결정의 자유재량권과 책임이 추가로 부가되는 과업(task)이 더 할당되는 것이다.

위에서 제시했던 탁자 생산공정의 예를 가지고 설명하면 다음 <그림 3-6>과 같다.

<그림 3-6>에서 보는 바와 같이 甲이 수행하는 기존 직무는 톱질이라는 반복적이고 단순한 일이었는데 직무가 확대되어 원재료 구매, 탁자 생산량 결정

그림 3-6 직무충실 모델의 예

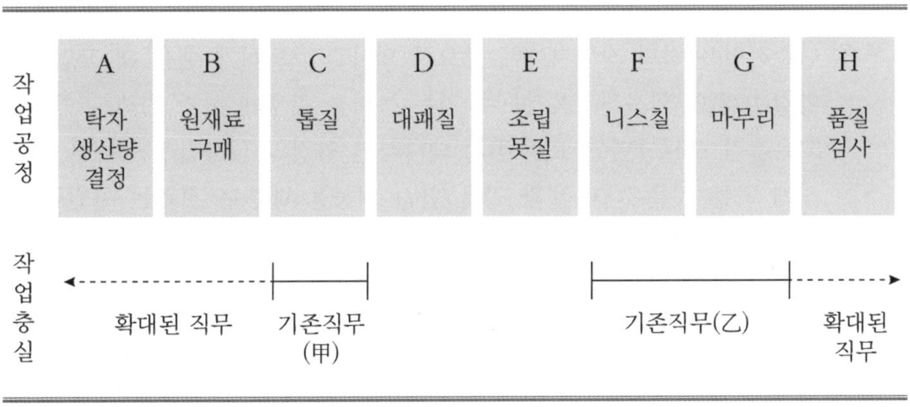

3) 인간이 갖고 있는 욕구 중의 하나로 자신의 능력향상과 그 결과가 가져다주는 안정감에 가치를 두는 것.

이라는 중요한 의사결정을 해야 하는 직무도 수행하게 하는 경우이다. 甲의 경우 탁자생산량을 잘못 결정했을 때, 즉 과다생산으로 인한 재고의 증가 혹은 과소생산으로 인한 판매제품의 부족에 따르는 이익의 감소 등의 결과를 초래할 수 있는데 이것은 경영에 매우 중요한 영향을 미치는 의사결정인 것이다. 이는 甲에게 과거보다 의사결정에의 재량권을 많이 주는 동시에 책임도 그만큼 많아지게 하는 직무설계모델이다.

이러한 직무확대화에 대한 '직무충실' 모델이 추구하는 목적은 아래와 같이 요약할 수 있다.

직무충실 모델의 목적

① 직무를 보다 의미 있게 인식하게 하고 자유재량권 확대를 통한 직무수행자의 창의력 개발을 촉진시킨다.
② 제품공정의 아주 작은 부분만 수행케 하는 것으로부터 직무수행의 범위를 넓혀 직무의 완전성을 증대시킨다.
③ 작업자의 피로도, 단조로움, 싫증을 줄인다.
④ 새로운 과업을 추가로 수행함으로써 작업자의 능력신장을 기대할 수 있다.

해크만(Hackman) 등은 여행자 보험회사에 근무하는 키펀처(keypuncher) 담당자의 직무를 '직무충실'화시킨 바 있는데 그 결과 생산성이 39% 증가했으며, 불량률은 과거 1.5%에서 0.9%로 감소했고, 결근율 또한 2.34%포인트 감소되었다(Hackman, et al., 1975).

'직무충실'이라는 직무설계 모형을 도입했을 때에 항상 위와 같은 긍정적인 효과만 나타나는 것은 아니다. '직무충실' 모델은 아래와 같은 문제점을 가지고 있다.

직무충실 모델의 문제점

① 단순작업을 하던 작업자에게 중요한 의사결정을 하게 했을 때 작업자가 양질(良質)의 의사결정을 할 수 있는 능력을 갖추게 하기 위해 추가적인 교육훈련 프로그램이 요청된다. 왜냐하면 양질의 의사결정 능력을 구비하게 하는 것은 '대패질'과 같은 단순 기능을 배우는 것과는 차원이 다른 것이기 때문이다.
② 작업자가 확대된 자유재량권을 비효율적으로 발휘했을 때의 비용을 사전에 충분히 고려해야 한다.
③ 관리자들의 반발이 예상된다. 즉 직무의 계획, 통제와 같은 관리활동을 자기들의 직무라고 생각해 왔는데 이들 직무의 일부분을 작업자에게 넘겨주었을 때 불만이 예상된다.

④ 성장욕구가 낮은 작업자에게는 직무충실이 오히려 심리적으로 더 부담스러워지고 능력이 따라가지 못했을 때의 좌절감 또한 무시할 수 없다.

1.2.3 직무교차

직무교차(overlapped workplace) 모델은 집단을 대상으로 도입할 수 있는 수평적 직무확대화에 속한다. 모델의 구체적 내용은 다음 <그림 3-7>에서 제시된다.

<그림 3-7>에 나타난 바와 같이 직무교차 모델을 도입하기 전의 경우 작업자 甲은 과업 a1, a2, a3, a4로 구성된 직무 A를 수행했으나, 직무교차 모델에서는 甲의 직무범위가 乙이 수행하고 있는 직무 B의 과업 b1에까지 확대되는 것이다. 작업자 乙의 경우 역시 기존 직무 B에서 직무 A의 과업 a4 그리고 직무 C의 과업 c1에까지 확대되는 것이다.

그림 3-7 직무교차 모델

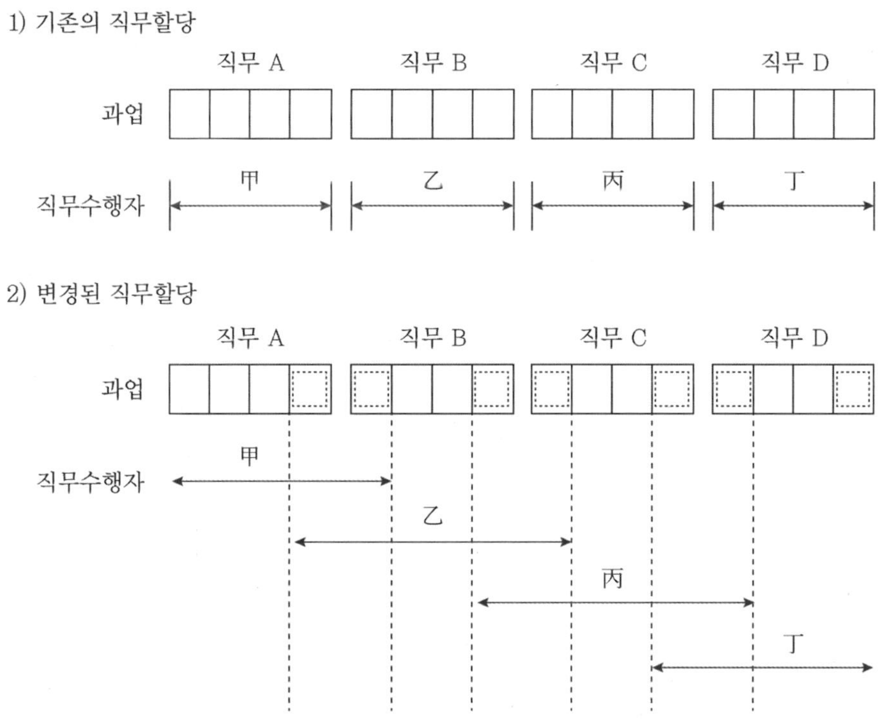

이러한 직무교차 모델은 본질적으로 협의의 '직무확대' 모델과 크게 다르지 않지만 중요한 차이는 '직무확대' 모델이 한 명의 작업자를 대상으로 개별적으로 설계할 수 있는 데 반하여 직무교차 모델은 반드시 직무의 일부분을 다른 작업자가 공동으로 수행해야 하는 것이다.

직무교차 모델이 추구하는 목적은 다음과 같다.

직무교차 모델의 목적

① 작업자들 간의 상호협동을 제고시켜 능률향상을 추구한다.

② 직무수행에 있어서의 단조로움, 싫증을 줄인다.

③ 직무의 범위를 넓힘으로써 작업자의 기능의 폭을 넓힌다.

이러한 직무교차 모델은 직무전문화가 가져다주는 작업자 간의 협동부족으로부터 오는 소외를 줄일 수 있는 효과를 가지고 있다. 왜냐하면 교차된 직무를 옆 작업자와 수행함으로써 작업공간에서의 인간관계 형성의 가능성을 열어주기 때문이다.

직무교차 모델의 문제점

그러나 직무교차의 결정적인 약점은 교차된 직무(예: a4, b1)를 작업자 甲과 乙이 서로 미루고 소홀히 했을 때 직무 A와 B의 생산성에 문제가 야기될 수 있다. 따라서 직무교차 모델을 작업장에 도입할 경우 작업자들 간의 협동시스템 구축을 위한 체계적인 교육이 필요하다. 교차된 과업의 성과저하에 대한 책임을 두 작업자 모두가 지게 하는 것도 소극적인 방법이기는 하지만 상호협동의 제고를 위해 효과가 있다.

1.2.4 직무순환

직무순환(job rotation)은 집단을 대상으로 하는 직무확대화를 위한 수평적 및 수직적 측면을 동시에 가지고 있는 직무설계의 한 모델이다. 이것은 한마디로 여러 직무를 여러 작업자가 순환하여 수행하는데 여기서의 전제는 반드시 사전에 '계획'에 의한 것이다. 위의 <그림 3-8>에 직무순환의 내용이 제시된다.

위의 <그림 3-8>에서 직무순환의 대상인 직무 A, B, C, D의 권한 및 책임의 크기가 비슷한 경우도 있으며, 다른 경우도 있다(위의 그림에서는 직무를 표시하는 사각형의 크기를 권한/책임의 크기로 표시했음). 이러한 직무들에 대해 t_1(예: 2011~2012년)에서는 甲이 A직무를 수행하며, t_2(예: 2013~2014년)에서는 甲이 D직무로 자리를 옮기는 것이다.

이러한 직무순환이 추구하는 목적은 아래와 같다.

① 특정 직무는 오래 수행하기에 많은 스트레스를 가져다주며, 직무의 구조

그림 3-8 직무순환의 형태(예)

직무		A	B	C	D
직무수행자					
	t_1	甲	乙	丙	丁
	t_2	乙	丙	丁	甲
	t_3	丙	丁	甲	乙

를 개선한다는 것이 거의 불가능할 때 여러 사람이 직무순환을 통해 스트레스를 분담할 수 있다.

직무순환 모델의 목적

② 작업자가 비교적 장기간에 걸쳐 여러 직무를 수행함으로써 단조로움을 줄이고 매너리즘(mannerism)에 빠지는 것을 막을 수 있다.

③ 작업자가 여러 직무를 수행함으로써 기능 다양성(skill variety)을 갖추게 되어 인력배치의 융통성을 높일 수 있다.

④ 작업자에게 보다 수준 높은 직무수행의 기회를 제공하여 작업자의 능력 신장을 기할 수 있다.

'직무순환' 모델을 도입하는 데에는 아래의 사항이 고려되어야 한다. 한 작업자가 특정 직무에 얼마나 오래 머무를 것인지를 결정해야 한다. 직무체류기간은 직무의 난이도, 직무에의 적응기간 그리고 성과가 최대로 상승된 이후 성과가 지속되는 기간 등이 고려되어야 한다. 일반적으로 특정 직무적응 기간의 약 10배 정도의 기간이 해당직무의 체류기간이 된다. 뿐만 아니라 이동될 직무들이 갖고 있는 권한의 크기, 난이도, 스트레스 정도가 사전에 파악되어야 하며 직무이동의 순서가 보다 합리적으로 결정되어야 한다.

많은 기업에서는 오래 전부터 직무순환 모델을 도입해 오고 있다. 그 결과 기업입장에서 보면 직무이동을 통해 획득되는 다양한 기술은 인력배치의 융통성을 높이고, 변화에 대한 적응력을 높이며, 기업에 대한 외부노동시장의 영향을 줄이는 효과를 가져다주었다. 예를 들면, 직무 A가 공석이 되었을 때 기업은 내부 노동시장(기업 내에서)에서 인력을 찾아 배치할 수 있기 때문이다. 반면 종업원 입장에서 보면 직무순환은 우선 작업자의 직무수행상의 단조로움을 줄여 주며 능력신장을 가져다주기 때문에 노동시장에서의 경쟁력을 높일 수 있게 된다.

그러나 직무순환 모델은 아래와 같은 단점도 갖고 있다.

직무순환 모델의 문제점

첫째, 특정 직무에 대해 작업자를 자주 교체함으로써 생산성 저하 등 비용이 증가할 수 있다. 여기서의 비용은 직무이동을 통한 작업자의 근로의욕 상승을 통한 생산성 향상과 비교할 때 보다 정확한 파악이 가능하다.

둘째, 어떤 직무든 대개 특정 작업집단에 속해 있는데 직무순환 모델은 이 작업집단에 새로운 작업자가 빈번하게 들어오고 나가는 결과를 가져다준다. 이러한 현상은 작업집단에 이미 형성되어 있던 긴밀한 인간관계를 통한 협동시스템이 새로 들어온 작업자에 의해 훼손될 수 있다. 기존의 협동시스템이 훼손되지 않도록 해당 작업집단의 책임자는 새로 들어온 작업자의 적응을 위해 많은 시간을 할애해야 하는 것도 '비용'에 속하는 것이다.

1.2.5 준자율적 작업집단

직무확대화 모델 중 가장 발전된 형태로서 '준자율적 작업집단(semi-autonomous workgroup)'을 들 수 있다. 이 모델은 집단을 대상으로 하는 수직적 직무확대화에 속한다.

이 모델은 몇 개의 직무들이 하나의 작업집단을 형성하게 하여 이를 수행하는 작업자들에게 어느 정도의 자율성(autonomy)을 허용해 주는 것이다. 이렇게 함으로써 집단구성원들은 자신들이 수립한 집단규범에 따라 직무를 스스로 통제, 조정할 수 있게 된다. <그림 3-9>에서는 작업집단의 예가 제시된다.

여기서 핵심이 되는 자율성의 기준은 아래의 사항에 의해 결정된다.

자율성의 기준

① 생산목표 설정에 대한 결정
② 작업장소 및 작업시간에 대한 결정
③ 작업방법 및 속도에 대한 결정
④ 작업집단에 공석이 생겼을 때 신규작업자 선정 결정
⑤ 해당 작업집단 내 작업활동에 대한 결정
⑥ 해당 작업집단의 책임자 결정 등

위에서 제시한 제 기준을 작업집단이 완전히 결정할 수 있는 의사결정권을 부여받았을 때 '완전 자율적 작업집단'이 되겠지만, 기업 나름대로 사정이 있기 때문에 위의 자율성 기준을 작업집단에게 전부 허용할 수는 없다. 따라서 작업

그림 3-9 작업집단 설계의 예

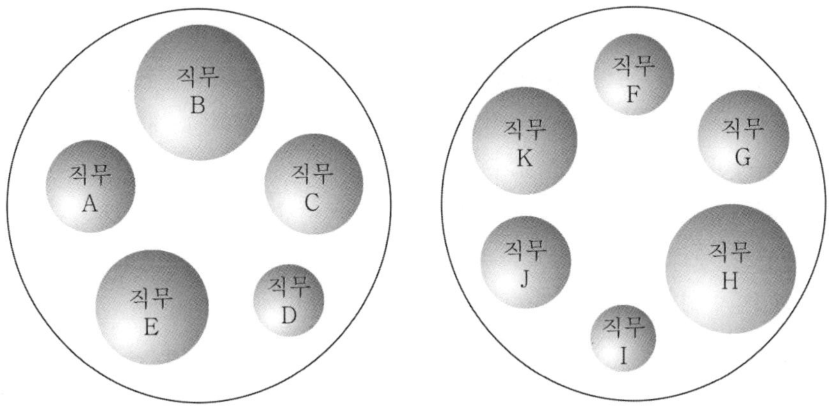

집단에게 부여되는 것은 제한된 자율성이다. 기업에 따라 자율성 정도는 다르겠지만, 대개 기업 측은 작업집단에게 위의 자율성 기준 중 생산목표 설정과 작업장소에 자율성은 부여하지 않고 나머지 기준에 대해서는 대폭적으로 자율성을 허용한다.

이러한 준자율적 작업집단은 작업집단 내 직무들 간의 상호의존성이 높을 때 그리고 직무들이 심리적 스트레스를 많이 야기시킬 때 그 효과가 보다 높게 나타난다.

이러한 준자율적 작업집단이 추구하는 목표는 아래와 같다.

준자율적 작업집단의 추구 목표

① 집단구성원의 사회적 욕구를 충족시켜 협동시스템을 구축한다. 작업집단 내 작업자들은 작업과 관련해서 인간관계를 형성할 수 있는 좋은 기회를 제공받으며, 해당 집단에 대한 소속감이 높아지게 되어 작업자들의 심리적 안정감이 형성된다.

② 해당 작업집단에 속하는 몇 개의 직무들을 집단구성원들이 공동으로 수행해야 하므로 직무수행상 제기되는 기술적 문제의 해결은 일차적으로 집단구성원들이 갖고 있는 노하우(know-how)의 공유를 통해서 이루어진다.

③ 작업집단 구성원들 스스로 작업에 대해 많은 사항을 결정할 수 있는 재량권을 부여받기 때문에 과거 개인별 감독자의 지시와 통제를 받으며 일할 때의 타율적(他律的) 상황에서 자율적(自律的) 상황으로 바뀌게 되어

개인의 성장욕구의 충족이 가능해진다.

이상의 목적 하에 스웨덴의 볼보자동차 회사를 시작으로 그간 많은 기업들이 준자율적 작업집단 모델을 도입하였는데, 월튼(Walton, 1975)은 제너럴 푸드社의 사례에서 아래와 같은 효과를 보고한 바 있다. 이 회사에서는 7~17명의 작업자를 대상으로 준자율적 작업집단을 만들어 운영했는데 18개월 후 나타난 효과는 경상경비가 과거보다 33%가 감소되었으며, 결근율 역시 과거보다 9% 감소되었고, 불량률은 과거보다 무려 92% 감소되었던 것이다. 그러나 여기서 나타났던 문제점은 첫째, 집단구성원들이 자격수준 면에서 각자 자기가 서로 높다고 주장했으며 둘째, 서로가 보스(boss)로 군림하려고 하였고 셋째, 기업 측이 이 집단의 생산목표를 상향 조정하려고 했을 때 집단구성원들이 단결하여 저항하였다는 것이다.

준자율적 작업집단의 강점

준자율적 작업집단의 강점과 약점을 정리하면 아래와 같다. 강점으로는 첫째, 작업에 대한 통제 및 조정기능을 작업집단에 위임했기 때문에 기업의 공식조직에 대한 통제 및 조정기능의 경감을 가져다준다. 둘째, 집단에 부여된 자율성으로 인해 생산성이 향상된다. 셋째, 집단 내 작업구성원들 간 서로가 갖고 있는 작업상의 노하우(know-how)를 서로 전수함으로써 기업 입장에서 보면 교육훈련비가 경감된다.

준자율적 작업집단의 문제점

문제점(약점)으로는 첫째, 기업 측과 자율적 집단 측 간에 갈등문제가 제기될 우려가 있다. 위에서 예를 들은 제너럴 푸드社의 경우, 추가 생산목표에 대해 집단이 저항했던 사례가 있었다. 둘째, 작업집단 내 구성원 간의 갈등문제도 배제할 수 없다.

1.2.6 직무확대화와 성과 간의 관계

위에서 제시한 직무확대화 모델들은 대체로 과도한 직무전문화보다도 생산성 향상에 보다 많이 기여하고 있음이 밝혀졌다. 직무확대화는 왜 생산성 향상에 공헌하는가? 이에 대해 해크만과 올드햄(Hackman/Oldham, 1976)은 직무가 확대되었을 때 직무의 내재적 특성이 성과로 연결되는 심리적 과정을 제시하였다. 이들의 모델은 직무설계와 성과 간의 관계를 보다 과학적으로 규명하는 데 커다란 공헌을 하였으며 <그림 3-10>에 모델이 제시된다.

해크만과 올드햄의 직무특성 모델

이 모델에서 볼 수 있는 바와 같이 모든 직무는 그 구조 면에서 핵심직무차원(the core job dimensions)을 가지고 있으며, 차원의 정도에 따라 직무수행자의

그림 3-10 해크만/올드햄의 직무특성 모델

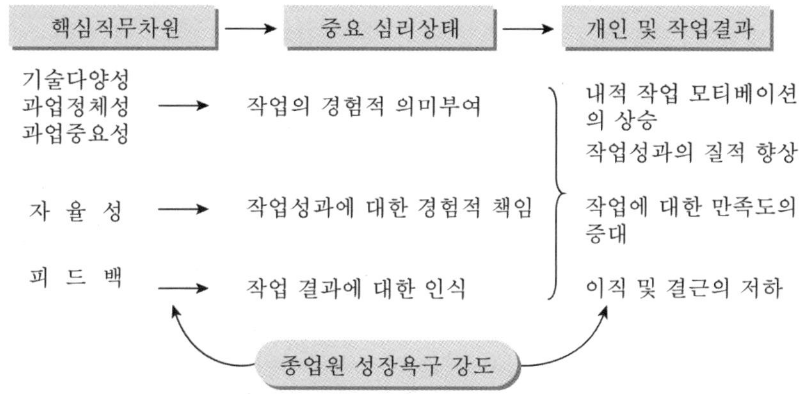

심리상태가 형성되고 이 심리상태가 성과에 영향을 미친다. 해크만과 올드햄이 제시한 주요 핵심직무차원을 구성하는 요소는 아래와 같다.

① 기능다양성(skill variety): 특정 직무를 수행하는 데에 요구되는 기능의 종류

② 과업정체성(task identity): 작업자가 현재 수행하는 직무를 가지고 생산하는 제품(완제품)과의 관계를 인식할 수 있는 정도

③ 과업중요성(task significance): 작업자가 현재 수행하고 있는 직무가 최종제품의 성공적인 안성에 얼마나 중요한 몫을 차지하고 있느냐를 인식하는 정도

④ 자율성(autonomy): 작업자에게 작업의 일정, 방법 등을 결정하는 데 부여된 자유재량권을 말한다.

⑤ 피드백(feedback): 작업자가 자신이 수행한 일의 성과에 대한 정보를 획득할 수 있는 정도 및 기간

해크만과 올드햄은 작업자가 작업에 대한 의미를 지각하는 데 기능다양성, 과업정체성 그리고 과업중요성의 정도가 영향을 미친다고 보았다. 또한 직무에서 허용되는 자율성 정도는 작업자가 작업결과에 대한 책임감을 느끼게 하는 데 있어서 원인변수가 되며, 피드백은 작업자가 작업결과를 인식할 수 있도록 해준다고 설명한다.

이러한 핵심직무 차원의 긍정적 상태는 작업자의 심리상태에 영향을 미쳐 작업자의 내적 모티베이션[4]을 높임으로써 작업성과의 질적 향상을 가져다주며

작업에 대한 만족감 증가와 이직률 및 결근율의 감소를 가져다준다. 해크만과 올드햄은 이러한 직무구조와 직무성과 간의 인과관계에 '작업자의 성장욕구'의 정도가 또한 영향을 미친다고 주장했다. 즉 작업자의 성장욕구가 높을 때는 위에서 제시한 인과관계의 정도가 강하게 나타나는 반면, 성장욕구가 낮을 경우에는 인과관계가 매우 약하거나 나타나지 않을 수도 있다는 것이다.

1.3 행동중심 직무설계

직무설계에 있어 행동중심적 접근은 조직구성원이 직무수행을 통해 만족을 느끼도록 하기 위해 직무영역의 설계에 초점을 두는 것을 말한다(Garg/Rastogi, 2006). 이러한 접근의 기본가정은 직무수행자가 직무를 통해 만족을 느낄 수 있을 때 더 높은 성과를 낼 수 있다는 데 있다. 직무수행을 통해 만족을 높일 수 있는 방법은 우선 개인－직무적합성을 극대화시켜야 한다. 여기서 개인은 직무수행자의 특성으로서 성격, 역량 그리고 선호도 등을 포함한다. 제공되는 직무내용이 직무수행자의 특성과 매치가 잘될 경우, 성과가 높게 나타난다는 것이다.

이와 관련하여 버틀러/월드루프(Buttler/Waldroop, 1999)가 제시한 작업자의 직무선호유형 몇 가지를 아래에서 살펴본다.

- 기술응용형: 기술의 응용이나 활용에 관심이 있는 자, 주로 엔지니어
- 계량분석형: 수리계산에 익숙하고, 문제해결에 있어서도 수학적 접근이 유일한 최고의 접근이라고 판단함. 주로 경영지원 분야 종사자
- 창조형: 무로부터 유를 창조하고 새로운 것을 만들어내는 데 흥미를 느끼며, 상상력이 풍부하고 틀에 박힌 사고를 싫어함. 기업가, 연구개발부서, 광고분야 종사자
- 조언코치형: 가르치는 것을 즐기고 타인에 대한 코칭과 멘토링에 흥미를 느낌. 인력개발부서, 경력지원부서 종사자
- 대인설득형: 타인과 이야기하고 협상하고 설득하는 것 등 언어를 가지고 타인에게 영향을 주는 것을 즐김. 홍보, 광고관련 분야 종사자

4) 내적 모티베이션은 일에 대한 만족감으로 스스로 열심히 일해야겠다고 느끼는 근로의욕을 말하며, 다른 개념인 외적 모티베이션은 임금, 승진 등 작업자 외부에서 어떤 것이 투입되어 근로의욕을 높이는 경우를 말한다.

개인-직무적합성을 높이는 것과 관련하여 아래 구매팀장의 사례에서 살펴본다. 구매팀장의 일반적인 직무내용은 다음과 같다.

① 원자재 공급을 원활하게 한다.
② 원자재 공급의 가격 효율성을 유지향상시킨다.
③ 원자재 운송수단의 적절성을 유지향상시킨다.
④ 대외거래처와 우호적 관계를 유지향상시킨다.
⑤ 원자재 공급시장의 동향에 대한 정보수집활동을 한다.
⑥ 대안적 원자재에 대한 탐색활동을 통해 원재료 공급선을 확보한다.
⑦ 구매팀 팀원들을 육성한다.

현재 근무하는 구매팀장의 진단결과 "대인설득형"으로 나타났을 경우, 위에서 제시한 구매팀장의 직무내용 중 특히 대외거래처와의 우호적 관계유지 향상과 팀원들을 육성하는 일과 매칭된다. 이런 경우 적정업무량을 충족시키는 범위내에서 구매팀장의 대외거래처와의 관계를 국내뿐만 아니라 국외거래처로 확대하여 향후 글로벌하게 경쟁력 있는 원자재 공급역량을 증가시키도록 직무책임영역을 확대시키는 것이다. 또한 구매팀 팀원들의 역량을 높이기 위해 연구개발팀, 엔지니어링팀 등 생산관련 지식, 기술에 대한 이해수준을 높여 수요를 제대로 반영할 수 있는 원재료 공급이 가능할 수 있도록 팀원들의 다능화를 위한 교육훈련을 시켜야 한다.

개인-직무적합도를 극대화시키기 위해서는 타부서와의 연계된 직무도 직무영역에 추가할 수 있다. 이렇게 해당 팀내에서 직무영역을 조정하거나 추가하여 직무수행자의 개인-직무적합도를 높일 수 있다. 그리고 특정 팀원의 개인-직무적합성을 해당 팀 내에서 만족스럽게 높일 수 없을 때는 해당 팀원을 다른 팀원으로 전환배치시킬 수 있다. 이러한 직무조정활동은 행동중심 직무설계에서 핵심적인 역할을 할 수 있다.

[2] 직무과정설계

2.1 문제제기

앞에서 논의한 직무설계는 주로 직무의 내용과 수행방법에 초점을 두고 있다. 개인이 독립적인 직무를 수행함에 있어서 개별 직무수행을 분석단위로 하여 직무설계를 논의하는 것은 당연하다. 그러나 기업 내 모든 일(직무)은 서로 연계되어 있으며, 직무수행의 흐름이 원활한지의 여부가 기업 전체의 효율성과 직결된다는 점에서 직무구조 자체만을 직무설계의 고려대상으로 놓는 것은 부족하다 하겠다. 예컨대, 甲이 수행하는 A직무와 乙이 수행하는 B직무가 각각 독립적으로 잘 구조화되어 있다고 하더라도 A직무와 B직무 간 연계가 원활하지 않아서 직무 간 시간손실(time loss)이 발생하였다면, 이는 직무구조 자체의 문제라기보다는 직무수행과정의 설계가 잘못된 데서 비롯된 것이다.

1980년대 들어 기업들은 고객에게 질 좋은 제품을 신속하게 전달하지 못한다면 기업성장은 고사하고 기업생존의 문제에 직면하게 된다고 판단하게 되었다. 직무과정의 설계는 이와 같은 고객지향적 사고의 부각과 더불어 크게 대두되었다. 과거 물건을 만들면 팔리던 시대에는 기업의 문 앞에 고객들이 줄지어 서 있어서 기업은 그저 값싼 제품을 대량으로 공급하기만 하면 되었다. 그야말로 기업이 왕인 시대였다. 그러나 경영환경의 변화로 말미암아 이제는 고객이 왕이 되었으며, 고객 앞에 수많은 기업들이 줄지어 서 있어서 어느 기업의 제품이 고객에게 가치 있고, 어느 제품이 신속히 배달되는가가 매우 중요해졌다. 이러한 고객욕구를 충족시키기 위하여 기업들은 질 좋은 제품을 보다 빠르게 고객들에게 전달하기 위하여 과거의 직무수행 과정에 대한 전면적인 재검토를 하게 되었다. 이러한 기업의 노력은 비즈니스 리엔지니어링(business reengineering)이라고 하는 업무수행 프로세스혁신기법에 의하여 대표된다. 이하에서는 직무과정 설계의 대표적인 방법인 비즈니스 리엔지니어링에 대하여 살펴보기로 한다.

2.2 비즈니스 리엔지니어링

2.2.1 내 용

마이클 해머(Michael Hammer)는 비즈니스 리엔지니어링을 "영업실적을 나타내는 중요하고도 현대적인 척도인 비용, 품질, 서비스, 속도 등의 극적인 변혁을 실현하기 위해, 업무수행 프로세스 전 과정을 완전히 再考하여 근본적으로 재설계하는 것"이라고 정의하였다(Hammer, et al., 1993). 이 정의의 핵심은 기본적이고(fundamental), 근본적이며(radical), 극적인(dramatic) 프로세스 상의 변화이다. 즉 프로세스 상의 변화는 기존 절차에 대한 가장 기본적인 가정을 의심하고 재검토하는 데서 시작하여, 근본부터 전혀 다른 새로운 업무처리 방법을 설계하며, 확실한 변혁을 창출하는 것을 의미한다. 비즈니스 리엔지니어링의 대상인 '업무 프로세스'는 "하나 이상의 입력을 받아들여 고객에게 가치 있는 결과를 산출하는 행동들의 집합"이다. 말하자면 리엔지니어링은 종래의 조직단위나 규칙, 순서를 완전히 무시하고 일의 방법을 근본적으로 뜯어 고쳐 모든 사업활동을 프로세스 중심으로 재편성하는 것이다(일본능률협회 편, 1993).

비즈니스 리엔지니어링이란 영업실적을 나타내는 비용, 품질, 서비스, 속도 등의 극적인 변혁을 실현하기 위해, 업무수행 프로세스 전 과정을 완전히 재고하여 근본적으로 재설계하는 것

직무수행에 대한 전면적 재설계를 요구하는 리엔지니어링이 추진되기 위해서는 기존의 기능중심의 업무처리 구조에 대한 문제점 파악 및 분석이 충분히 검토되어야 한다. 리엔지니어링은 프로세스를 구성하는 업무들이 여러 부문에 산재되어 있고 업무처리 단계별로 의사결정 소요시간과 대기시간이 길어 직무수행 과정 전체가 비효율적으로 이루어지는 것을 치유하는 데에 적합하다. 특히 같은 업무 프로세스를 공유하는 부서 간의 의사소통이 원활하지 못하고 각 부문들이 자신의 업무에만 집착하여 기업 전체의 성과를 훼손할 가능성이 있는 경우에 리엔지니어링은 매우 유용하다.

직무프로세스 재설계(process redesign)는 다음과 같은 단계를 거친다. 우선 기업 내 주요 업무흐름을 파악하여야 하는데, 이때 가장 중요하게 고려해야 할 점은 고객에게 가치를 제공하는 데 반드시 필요한 핵심 프로세스를 위주로 파악하여야 한다는 것이다. 이어서 프로세스에 대한 조사·분석의 단계로서 업무 프로세스 흐름도를 작성하고 관련 조직과 프로세스에 대한 분석을 통해서 문제점을 도출한다. 직무프로세스 재설계 실행을 위한 준비가 모두 끝나면 프로세스 재설계에 착수한다. 불필요한 업무중복 혹은 업무지연의 소지가 있는 부분에 대한 과감한 재구조화 및 단순화 작업을 실시한다. 또한 신속한 업무처리를 위한

직무프로세스 재설계의 단계

정보시스템의 지원가능성을 타진하고 정보기술을 적극적으로 활용할 수 있는 방안을 모색한다. 프로세스 재설계 실행 후에는 새롭게 설계된 업무 프로세스에 대한 평가과정을 거친 후 효율적인 직무과정이라고 판단되면 신프로세스를 확정한다.

프로세스 재설계의 성공은 현재의 프로세스에 대한 분석에 기초한 신프로세스의 설정만으로 이루어지는 것은 아니다. 기업은 시스템이며, 시스템의 특징은 유기적(有機的) 결합에 있다. 프로세스가 재설계되면 관련되는 경영시스템이 연쇄적으로 혁신되어야 하고 혁신실행을 위해 구성원들의 학습이 필요하다. 일정기간의 학습과정을 거친 후에 본격적인 리엔지니어링의 실행을 할 수 있게 된다.

프로세스 재설계는 업무의 방법과 절차가 어떻게 규정되어야 하는가를 결정하는 매우 중요한 작업이다. 이후의 경영혁신이 프로세스 재설계의 결과를 지향점으로 삼게 되기 때문이다. 프로세스 재설계를 하기 위한 일반적인 실행 절차는 <그림 3-11>과 같다.

그림 3-11 프로세스 리디자인의 절차

대상 프로세스 선정

• 기업 내 중요 프로세스의 파악 • 프로세스별 우선순위 평가

⬇

대상 프로세스 조사와 분석

• 프로세스 관련 조직 분석 • 프로세스 분석
• 프로세스 흐름도 • 문제점의 정의

⬇

프로세스 재설계

• 비효율적 업무 제거, 부서간 분리된 업무의 결합, 재구조화 및 단순화
• 신프로세스 기본모형 설계 • 정보시스템 지원가능 여부
• 신프로세스의 비용효과 분석 • 신프로세스 확정

⬇

미비점 보완과 지속적 개선

• 인력의 재배치: 직무분석, 업무 매뉴얼화, T/O 산정
• 조직재구축

그림 3-12 포드사의 리엔지니어링(예)

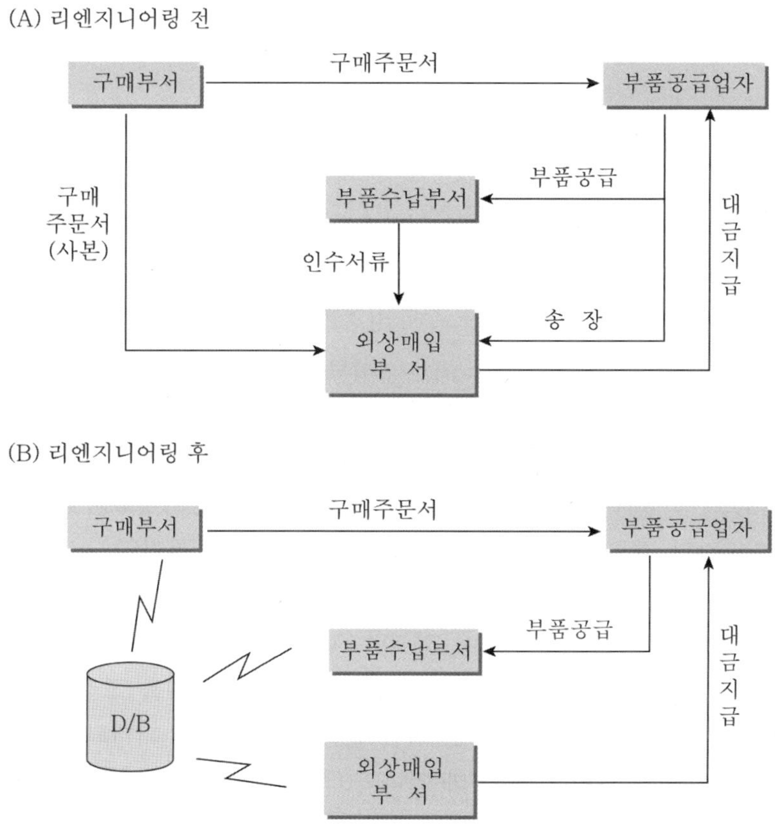

프로세스의 리디자인 과정을 거친 기업사례

이제 프로세스의 재설계과정을 거친 후 어떠한 변화가 발생하는가를 기업사례를 통해서 살펴보기로 한다. <그림 3-12> (A)는 포드(Ford)사가 리엔지니어링을 하기 이전과 이후의 업무처리 방식을 그림으로 표현한 것이다. 우선 리엔지니어링 이전의 구매업무 처리과정을 살펴보자. 첫 단계로 구매부서가 부품공급업자에게 구매주문서를 발송하고 구매주문서 사본을 외상매입부서에 제시한다. 두 번째 단계에서 부품공급업자는 부품수납부서에 부품을 공급하고 송장을 외상매입부서에 발송한다. 세 번째 단계에서 부품수납부서는 부품인수를 외상매입부서에게 알린다. 마지막으로 부품인수 확인절차가 끝나면 외상매입부서는 부품공급업자에게 대금을 지급한다. 그러나 직무프로세스에 대한 재설계를 통해서 위 업무처리 절차는 간결해진다(<그림 3-12> (B) 참조). 즉 구매부서의 부품공급업자에 대한 구매주문서 발송, 부품공급업자의 부품공급, 외상매입부서의 대금지급이라는 핵심직무 위주로 업무처리는 신속히 이루어지며, 그 외 리엔지니어링 이전 단계에서 요구되던 제 당사자 간 업무연계는 데이터베이스에 의해 이루어지게 되었다.

2.2.2 기대효과

리엔지니어링의 기대효과

직무과정설계의 대표적 기법인 리엔지니어링은 고객위주의 경영사고에 기초하고 있다. 고객에게 가치 있는 제품과 서비스를 제공하기 위하여 불필요한 대기시간 및 작업과정이 제거됨으로써 기업은 관리의 효율성과 고객만족을 기대할 수 있으며, 장기적으로는 기업의 경쟁력 축적에 기여할 것이다.

리엔지니어링에 의한 직무과정 재설계는 일반적으로 업무프로세스, 일하는 방법과 절차, 정보시스템의 운용, 과업과 인력배치 등의 변화를 통해 과업처리시간의 감소, 품질과 서비스의 향상, 원가절감, 투입인원 감소효과를 가져온다. 업무처리시간의 감소와 원가절감효과는 고객만족증대를 가져와 기존고객의 유지와 신규고객의 유입, 전체적인 생산성 향상효과로 연결될 수 있다. 리엔지니어링의 효과는 이렇듯 다면적일 수 있지만, 개별 기업에서 리엔지니어링을 실시할 때는 그 기업에 가장 중요하고 시급한 과제의 우선순위를 고려하여 리엔지니어링 목표를 설정할 필요가 있다. 리엔지니어링을 통해서 기대되는 효과를 그림으로 나타내면 <그림 3-13>과 같다.

그림 3-13 리엔지니어링의 기대효과

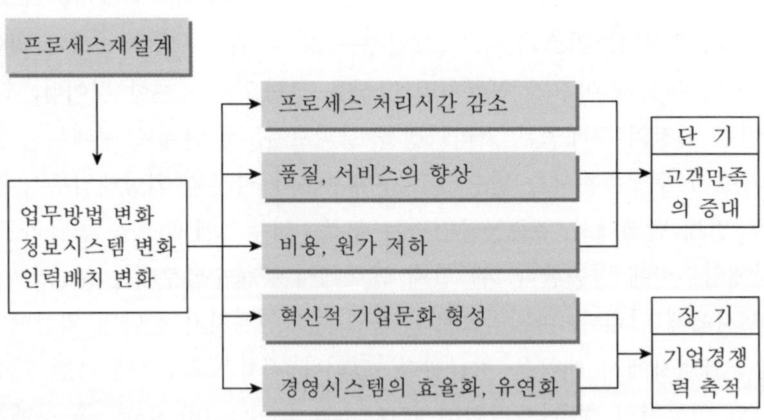

자료: 김승일, 1995.

표 3-3 리엔지니어링의 효과 사례

회사명	대상 프로세스	리엔지니어링 전 → 리엔지니어링 후
Bell Atlantic	장거리 고속통신망 연결 인건비	30일 → 3일 $88,000,000 → $6,000,000
GE	주문생산 (Quick Response Program)	80일 → 20일
IBM Credit	신용대출	6~14일 → 4시간
Motorola	주문접수, 생산, 포장	1달 → 2시간
Wall-Mart	재고보충	6주 → 36시간
Xerox	주문처리	30일 → 6일
삼성생명	보험청약, 증권발급	16일 → 6일

실제로 리엔지니어링을 도입한 많은 기업들은 고객에 대한 신속한 대응과 비용절감으로 경쟁력을 확보할 수 있었다. 세계 초일류를 지향하고 있는 많은 우수기업들이 나름대로의 대상 프로세스를 선정하고 이를 재설계함으로써 리엔지니어링을 도입하기 전에 비해 획기적인 성과를 얻게 되었다. <표 3-3>은 실제 기업들이 직무프로세스 재설계를 통해서 얻은 성과를 제시한 것이다.

그러나 이상에서 제시한 사례와 같이 모든 기업들이 리엔지니어링이라고 하는 직무프로세스 재설계를 성공적으로 수행한 것은 아니다. 많은 기업들이 의욕적으로 리엔지니어링 기법을 시도하였으나 실제로 성공한 기업은 그리 많지 않다. 이 같은 실패의 주요 원인은 리엔지니어링의 초기 성과에 안주하거나 최고경영층의 인식 및 지원 부족, 실천에 대한 소홀, 활동의 장기화 그리고 종업원의 동기부여 미흡 등이다.

따라서 비즈니스 리엔지니어링을 도입 · 실행하기 위해서는 신중할 필요가 있으며, 다음과 같은 사항들을 유념하여야 한다.

비즈니스 리엔지니어링을 도입 · 실행하기 위한 필수요건

첫째, 현재의 문제점을 과감히 드러낼 수 있는 현상타파적 사고가 필요하다. 획기적인 경영성과를 이루기 위해서는 기존의 경영원칙과 묵은 패러다임을 타파하고 새로운 가치와 원리를 창조할 수 있는가를 끊임없이 생각해야 한다.

둘째, 한 부서의 문제점을 임시방편적으로 해결하는 것이 아니라 문제를 발생시킨 근본적인 원인을 추적하여 업무수행방식을 과감하게 개혁한다.

셋째, 정보처리기술을 이용한 프로세스 혁신이 동반되어야 한다.

넷째, 최고경영자의 강력한 의지와 지원 그리고 종업원에 대한 재교육이 뒤

따라야 한다. 어떤 조직이든지 구성원들은 변화를 거부하고 현실에 안주하려 한다. 특히 비즈니스 리엔지니어링과 같이 기존의 모든 업무프로세스를 재고하고 모든 것을 백지상태에서 다시 시작하는 경우, 도입 초기에 필연적으로 많은 혼란과 불안을 초래하기 때문에 조직 내의 거부반응이 반드시 일어난다. 따라서 경영자의 확고한 의지와 추진력 없이는 비즈니스 리엔지니어링을 성공적으로 진행할 수가 없다. 따라서 리엔지니어링을 통한 이러한 변화가 조직 내에 성공적으로 뿌리내리고 정착되기 위해서는 확고한 비전을 가진 경영자의 리더십이 필수적이다.

[3] 근무시간의 설계

3.1 문제제기

근무시간은 기업의 입장에서 보면 가장 중요한 자원(resources) 중의 하나이다. 종업원의 근무시간은 성과를 결정하는 데 결정적인 요인임은 두말 할 필요가 없다. 개별 종업원이 주어진 직무를 수행하는 데 있어서 성과 결정요소는 아래와 같다.

직무성과 결정요소

$$\text{성과} = f\,(\text{능력, 모티베이션, 근무시간})$$

근무시간은 종업원의 입장에서 보면 첫째, 육체적 · 정신적 에너지를 지나치게 소진하게 되면 건강을 해칠 수 있다. 따라서 에너지를 재충전할 수 있는 적절한 근무시간 설계가 필요하다. 둘째, 근무시간은 종업원의 자유시간을 제한하기 때문에 자유시간에 대한 종업원의 욕구충족에 제약요인이 된다. 따라서 근무시간에 대한 기업 측과 종업원 측 사이에는 본질적으로 갈등문제가 존재한다.

근무시간의 설계는 근무시간의 길이문제와 형태문제로 구분되어 논의되어 왔다. 초기 산업화시대의 근무시간 설계는 그 길이에 초점을 맞추어 왔었으며, 산업화가 진행되고 종업원의 이에 대한 욕구충족의 중요성이 인정되면서 종업원의 욕구를 반영할 수 있는 근무시간의 형태에 대한 설계문제가 보다 중요하게 논의되기 시작했다.

산업화 이전의 근무시간

사실 산업화가 되기 이전까지는 종업원의 근무시간이 일상생활과 노동시간이 완전히 분리되지 않았으며 산업화가 시작되자 취약한 종업원에 대한 보호조치로 연소자 · 여성근로자에 대한 근무시간을 1일 12시간으로 제한하기에 이르렀다.

1847년 미국에서는 1일 근무시간을 10시간으로 할 것을 법으로 정했으며, 그 후 계속적인 근무시간 단축을 위한 국제적 연대운동이 일어났다. 당시의 슬로건은 "8시간 일하고, 8시간 자고, 8시간 휴식하자"라는 것이었다. 1888년 미국에서는 1일 8시간 근무제를 요구하는 총파업이 있었고, 1917년 러시아에서 볼셰비키 혁명이 일어나 1일 8시간 근무제가 최초로 확립되었다. 이어서 1919년 국제노동기구(International Labor Organization: ILO)가 결성되고 여기서 1일 8시간 근무제를 제1원칙으로 추진하게 되었다. 이후 근무시간은 점차 짧아졌으며 1990년

그림 3-14 근무시간 설계목표의 체계화

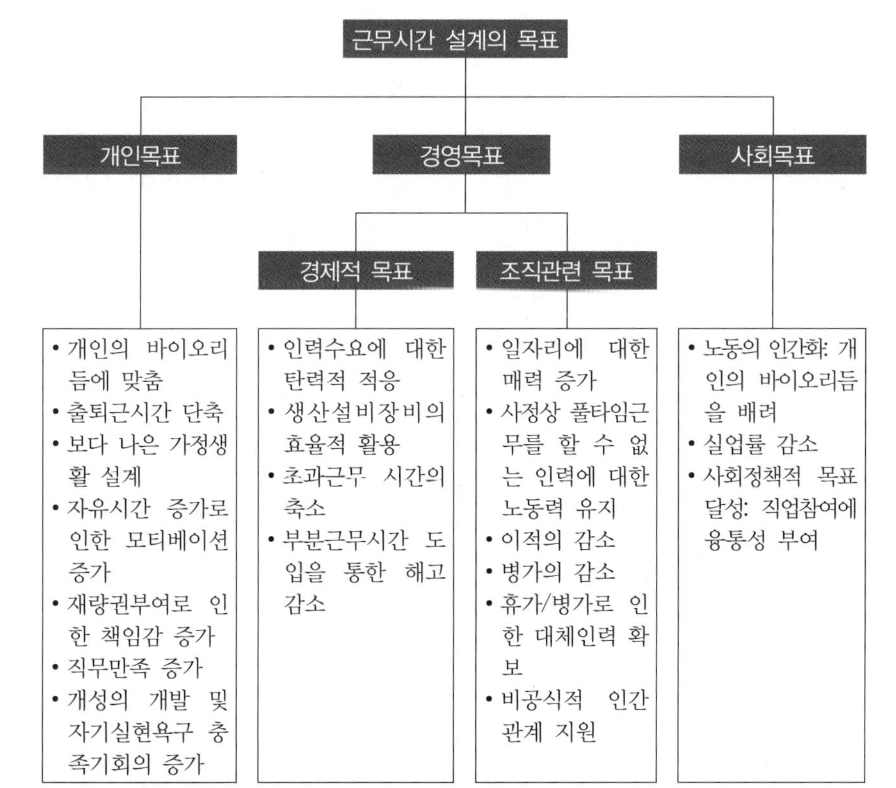

자료: Bentel, 1989.

에 들어와 독일의 철강산업에서는 주당 35시간으로까지 근무시간이 단축되었다. 주당 근무시간의 단축은 이제 세계적인 추세이지만 이로 인한 기업의 경쟁력 감소, 나아가 이것이 失業으로 연결되기 때문에 근무시간 설계에 따른 기업의 욕구와 종업원의 욕구 사이에는 쉽게 극복하기 어려운 딜레마가 존재한다. 이러한 딜레마를 극복하기 위해 그간 근무시간 설계에 대한 노력이 계속되어 왔으며 이를 위해 추구하는 다양한 목표시스템은 위의 <그림 3-14>에서 제시된다.

다음은 <그림 3-14>에서 제시된 근무시간 설계의 목표들을 달성하기 위한 제 모델들이 소개된다. 근무시간 설계에 포함되는 제 모델은 근무시간의 형태에 대한 설계, 부분근무시간제(part-time work), 교대근무시간제(shift work) 그리고 휴게시간의 설계 등이 있다.

3.2 근무시간의 형태

근무시간의 형태는 크게 고정적 근무시간제와 변동적 근무시간제로 구분된다. 고정적 근무시간제는 1일 혹은 1주일 기간 동안 근무해야 하는 시간이 고정되어 종업원이 이를 변경시킬 수 없는 제도이며, 변동적 근무시간제는 종업원의 사정에 따라 근무시간대를 변경시킬 수 있는 제도이다.

3.2.1 고정적 근무시간제

1) 1일 근무시간 설계

고정적 근무시간제는 근무의 시작과 종료시간이 전종업원에게 동일하게 적용되는 제도

고정적 근무시간제는 근무의 시작과 종료시간이 전종업원에게 동일하게 적용되는 제도를 말한다. 서양기업의 경우 19세기 말까지 인간의 바이오리듬(biorhythm)을 고려하지 않고 기업이 관리상의 편리함에 초점을 맞추어 근무시간을 결정해 왔었으나, 점차 종업원의 바이오리듬과 성과 간의 관계가 과학적으로 밝혀지자 기업의 근무시간에 대한 고정관념은 조금씩 변화되기 시작했다. <그림 3-15>에서는 작업자의 성과창출 잠재력 수준을 작업자의 하루 동안의 시간대별 바이오리듬의 측면에서 살펴본 것이다.

<그림 3-15>에 나타난 바와 같이 작업자의 바이오리듬을 기준으로 할 때 하루 전체를 보면 06:00-22:00까지가 작업상의 생산성이 높으며 특히

그림 3-15 작업자의 바이오리듬과 성과창출 잠재력

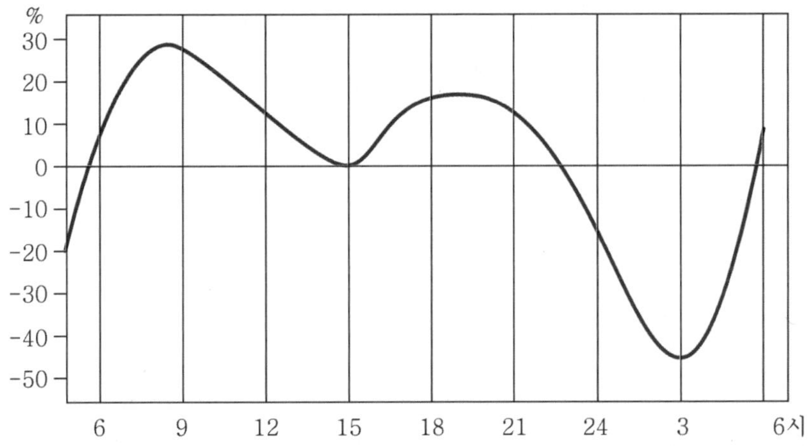

자료: Ulich, et at., 1975.

09:00－13:00, 14:00－21:00까지가 생산성의 최고수준이 나타난다. 그러나 종업원의 사회적 측면을 고려한다면 이러한 근무시간대를 기업이 그대로 수용하기는 어렵다. 따라서 대개의 기업은 1일 근무시간을 09:00－18:00으로 설계하고 있다.

2) 주당 근무시간 설계

서양기업의 경우 대개 주당 총근무시간이 40시간이 일반적이기 때문에 주당 근무시간을 1일 8시간 월－금요일 5일간 실시하고 있다.

이러한 주당 근무시간제도에 대해 1960년대 미국에서도 생산성 향상과 종업원의 자유시간의 효과적인 설계를 고려한 집중근무시간제가 나타났다(Hellriegel, 1972).

주당 40시간 근무를 기준으로 할 때, 그 형태로서 주당 4일 근무에 1일 10시간 근무하는 방식, 하루 12시간씩 3일간 근무하고 4일째에는 하루 4시간 근무하는 방식 등이 있다. 이러한 형태는 주당 근무일수를 5일에서 4일로 하루 줄이고 근무시간을 8시간에서 10시간으로 혹은 12시간으로 늘리는 것이다.

한 연구에 의하면 이러한 집중근무제를 전통적인 제도보다 더 선호하는 것으로 나타났다. 그러나 이들 조사대상의 직무만족도는 별로 개선되지 못했으며 주로 개인의 보다 긴 주말의 여가(leisure)에 대한 욕구가 두드러지게 발견되었다(Mahoney, et al., 1975).

사례 3-1 **'시(時)테크'로 생산성을 높였다**

하루 근무시간은 변함이 없는데도 실제로 일하는 시간을 1시간 늘린 회사가 있다. 삼성중공업 거제조선소의 근무시간은 오전 8시부터 오후 5시까지로 다른 회사와 마찬가지. 이 회사는 지난해 8월 전기를 많이 사용하는 조선소의 특성에 따라 시간대별 전력사용량을 점검하는 [전력피크 시스템]을 도입했다.

이 시스템을 도입하기 전까지 거제조선소의 전력사용량은 작업시작 시각인 오전 8시부터 서서히 증가, 오전 9시 10분에 최고점에 도달했다. 오전 8시까지 출근해 회의를 하고, 커피 한잔을 마시며 작업장까지 이동하는 데 30분가량이 소요됐다. 또 공장에서 원자재를 옮기고, 작업 현장의 지시사항을 전달하다 보면 일을 시작하는 것은 오전 9시쯤이었다.

이에 따라 이 회사는 출근시간 오전 8시란 회사 정문을 통과하는 시간이 아닌 작업장에서 실제로 일을 시작하는 시간이란 개념을 도입하기로 결정했다. 시간절약을 위해 퇴근 전 다음날 작업을 미리 준비하고, 작업 전 회의도 최단 시간에 끝내는 [스피드 미팅]으로 바꿨다.

그 결과 캠페인을 시작한 지 3개월만에 전력 피크타임이 작업시작 10분만인 8시 10분에 피크에 도달했다. 피크타임을 1시간 앞당긴 것은 성과로 나타나고 있다.

직원 6천 명이 하루 1시간씩 일을 더 해 한 달에 1억5천만 원의 인건비를 절감하는 대신 생산량은 24억 원 정도 늘었다는 계산이다.

〈자료: 조선일보, 1998. 6. 3.〉

집중근무시간제의 장단점을 살펴보면 다음과 같다.

■ 장 점

집중근무시간제의 장점

① 근무시간의 시작과 종료가 전종업원에게 동일하게 적용되기 때문에 직무들의 상호연관성이 높을 경우 높은 협동가능성, 업무진행의 효율성이 높다.

② 긴 주말은 작업과 개인에게 개인적 업무처리의 기회의 폭을 넓힘③ 가족과의 레크레이션 기회 증대

④ 가정과 직장이 멀리 떨어져 있는 경우 종업원에게 매우 유리함

■ 단 점

집중근무시간제의 단점

① 1일 10시간 혹은 그 이상의 근무로 인한 저녁 자유시간의 단축이 개인의 불만요인으로 나타남

② 고객에 대한 서비스 기간이 주당 5일에서 4일로 줄어들어 고객의 불만을 야기 시킴

③ 교대근무제가 없는 작업장의 경우 장비&설비의 활용도가 낮음

④ 1일 근무시간의 확장으로 인해 작업자의 피로도가 증가되어 성과와 작업안전에 오히려 부정적 영향을 미침

집중근무시간제는 주말의 휴가기간을 확대할 수 있다는 매력으로 많은 기업에서 이미 도입한 바 있으나 이에 대한 법적 제약[5]으로 인한 인건비 상승, 그리고 종업원의 집단별 욕구가 달라 미혼자나 자녀가 없는 기혼자는 이 제도를 선호하지만 고령층 종업원은 이 제도를 기피하고 있는 실정이다.

3.2.2 변동적 근무시간제

1) 발생배경 및 목적

변동적 근무시간제는 작업자 스스로 근무의 시작과 종료를 선택하는 데 많은 재량권을 기업으로부터 부여받은 제도

근무시간 설계에 있어서 변동적 근무시간제는 작업자 스스로 근무의 시작과 종료를 선택하는 데 많은 재량권을 기업으로부터 부여받은 제도를 말한다. 이러한 제도는 탄력적 혹은 선택적 근무시간제도(flexible worktime, gleitende Arbeitszeit)라고도 하는데, 1967년 독일 뮌헨에 있는 메스슈미트-뵐코브-브롬社에서 종업원의 출퇴근시 교통문제를 경감시키고자 처음 도입했다. 그 후 이 제도는 1970년대 전문직 종사자 및 관리직을 중심으로 유럽 전역에 확산되었으며, 우리나라에서도 1990년대 들어와 몇몇 기업이 이 제도를 도입하고 있는 실정이다.

교통문제 해결을 위해 도입되었던 변동적 근무시간제는 원래의 의도했던 목적보다도 훨씬 더 많은 효과를 가져다주었다. 이 제도가 추구하고 있는 인사관리적 목표는 아래와 같다.

① 종업원의 욕구를 최대한 반영하는 데 있다. 즉 종업원들은 이 제도 하에서는 자신의 바이오리듬에 맞추어 출퇴근시간을 정할 수 있다.

② 근무시간 결정에 있어 종업원에게 재량권을 부여한다는 것은 바로 직무구조 설계의 한 모델인 직무확대화가 추구했던 자율성(autonomy)을 증가시켜 종업원의 근무의욕을 높이는 효과가 있다.

③ 현대 산업사회에서 나타나는 노동에서의 소외문제의 하나였던 타율적 직장에서 근무시간에 관한 의사결정에 작업자가 참여함으로써 노동의 인간화를 추구하는 것이다.

---

5) 주 4일 1일 10시간 근무의 경우 1일 8시간을 초과한 근무시간에 대해 초과근무수당으로 지급해야 하는 법률.

그림 3-16 변동적 근무시간제 기본 모델

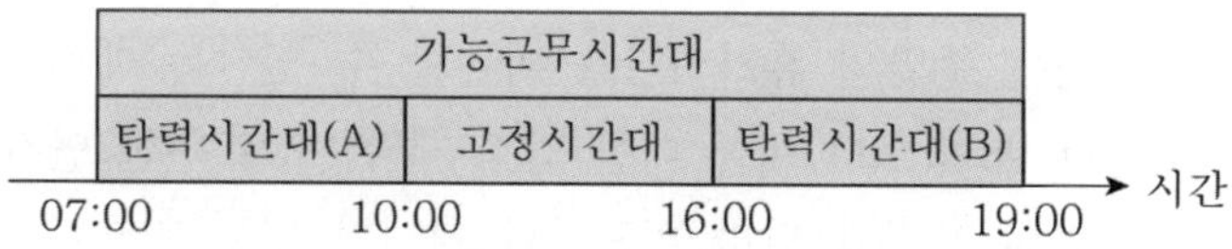

2) 내　　용

변동적 근무시간제를 설계하는 데에는 근무의 시작 및 종료시간, 반드시 근무해야 하는 시간대, 탄력적인 근무시간(flexible hours)의 폭 등이 결정되어야 한다. 이러한 제도는 1일을 기준으로 설계할 수 있으며, 뿐만 아니라 週단위, 月단위 혹은 年단위로도 설계가 가능하다.

아래에서는 변동적 근무시간제의 기본모델이 소개된다.

<그림 3-16>에 나타난 바와 같은 변동적 근무시간제를 설계하는 데에 중요한 의사결정사항은 다음과 같다.

① 고정근무시간대(core hours)는 모든 종업원이 반드시 이 시간대에 작업장에서 근무를 해야 하는 시간대를 말한다. 결정기준은 작업의 특성(타작업과의 상호연관성 등), 고객에게 만족스러운 서비스의 제공에 필요한 시간대 등이 고려되어야 한다. 기업에 따라 이 고정근무시간대는 3시간일 수도 있으며 이보다 단축 또는 연장될 수도 있다.

② 탄력시간대의 폭은 고정시간대가 먼저 결정되면, 1일 전체 근무시간을 감안하여 용이하게 결정할 수 있다. 다음으로 탄력시간대의 폭(A와 B)을 각각 몇 시간으로 할 것인가는 종업원의 바이오리듬, 출퇴근 교통문제 그리고 감독자의 투입가능 정도에 따라 결정해야 한다. <그림 3-16>에서 제시된 가능 근무시간대는 총 12시간이 되므로 변동적 근무시간제를 적용하고 있는 작업집단의 감독자는 이 12시간에 대한 감독의 책임을 지지 않을 수 없기 때문이다.

변동적 근무시간제의 효과에 대해 피터슨(Peterson)은 미국기업을 대상으로 사례연구를 한 바 있는데 그 결과는 아래와 같다(Peterson, 1980).

① 결근율의 감소. 병가로 인한 결근율이 감소되는데, 과거에는 종업원이 늦잠으로 인해 지각으로 처리되는 것을 병가로 위장한 사례가 많았기 때문이다. 또한 어떤 기업에서는 결근율이 과거보다 50% 감소되었다.

② 지각의 감소.

③ 이직률의 감소.

④ 연장근무의 필요성 감소. 종업원 개인의 바이오리듬에 맞는 근무시간제 하에서는 주어진 근무시간에 목표성과가 충족되어 연장근무의 필요성이 줄어들었던 것이다. 어떤 기업에서는 연장근무가 과거보다 20~44% 감소되었다.

⑤ 직무만족 및 근무의욕의 증가.

⑥ 생산성의 증가.

또한 변동적 근무시간제의 효과에 대해 우리나라 기업을 대상으로 실시한 한 연구에서도 긍정적인 결과가 발견된 바 있다(강정애, 1996).

즉 변동적 근무시간제(탄력근무제)를 실시하고 있는 작업집단은 이를 실시하지 않는 작업집단보다 개인생활 만족도, 직무만족도, 직장생활만족도 및 직장 외 생활만족도면에서 보다 높은 수준을 보여주었던 것이다.

그러나 변동적 근무시간제는 다음과 같은 몇 가지 한계점을 가지고 있다.

① 감독상의 문제가 발생한다. 감독자가 하루에 8시간 근무할 경우 앞의 <그림 3-16>에서처럼 가능근무시간대가 12시간이기 때문에 감독 부재(不在)가 4시간 존재한다.

② 협동의 문제가 제기된다. 해당근무자가 기업 내 타부서와 협동, 협의할 일이 있을 경우 하루 중 고정시간대(core time)를 주로 택해야 되는 불편함이 있다. 또한 기업외부의 고객, 거래업자, 금융기관 등과의 협동 · 협의의 경우도 위와 같은 상황에 처하게 된다.

이상에서 살펴본 변동적 근무시간제는 도입하는 데 한계점도 있겠지만, 효과 또한 매우 크기 때문에 선진국 기업에서는 매우 광범위하게 확산되어 있다. 그러나 이러한 제도를 도입할 때 최소한 아래의 2가지 전제조건이 고려되어야 효과가 극대화될 것이다.

첫째, 기업의 작업집단 내 직무들 간의 상호의존성이 높지 않아야 한다. 즉, 사무직 · 전문직 · 관리직의 경우 변동적 근무시간제가 별 무리가 없겠으나, 생산작업장의 경우 도입에 많은 제약이 예상된다.

둘째, 고객, 거래회사, 금융기관, 관청 등과의 접촉이 매우 빈번하게 일어나는 부서의 경우 이들에 대한 서비스의 극대화 추구라는 이유로 변동적 근무시간제의 도입에 많은 제약이 따르게 된다.

3.3 근무시간계정제

근무시간계정제는 근로자가 특정기간 동안에 발생된 계약근무시간과 실제근무시간간의 차이를 계정에 산입하여 운영하는 제도

근무시간계정제(Arbeitszeitkonto)는 독일기업에서 처음 도입된 것으로서 근로자가 특정기간 동안에 발생된 계약근무시간과 실제근무시간간의 차이를 계정에 산입하여 운영하는 제도를 말한다. 여기서 계약근무시간을 초과한 시간을 근로시간채권(Zeitguthaben)이라 하고 미달된 부분을 근로시간채무라고 한다. 근로시간 채권 혹은 채무는 특정기간 내에 소멸 혹은 변제되어야 한다.

근무시간계정은 근로자 중심의 계정과 사용자 중심의 계정으로 운영될 수 있으며 또한 기간을 기준으로 단기와 장기로 구분된다.

근로자 중심의 근로시간 계정제는 앞에서 언급한 변동적 근무시간제와 유사한 것으로 초과근무시간에 대해 근로자는 수당 혹은 휴가로 보상받는다. 반면에 사용자 중심의 계정제는 주당 40시간 근무의 경우, 사용자가 연간 근무시간 범위 내에서 일간 혹은 주간 근무시간을 수요변화에 따른 작업량 추이에 따라 근무시간을 조정할 수 있다. 예를 들면 주당근무시간을 최소 35시간, 최대 45시간으로 조정할 수 있는 것이다.

근무시간계정을 단기와 장기로 구분하면 다음과 같다. 단기근무시간 계정을 대체로 일(日), 주(週), 월(月)을 기준으로 하는 반면에 장기계정은 정규근무시간을 초과한 부분을 연(年) 이상 장기적으로 계정에 축적하여 이를 안식년, 조기퇴직 및 미래의 근무시간 단축 등에 활용한다. 장기계정의 활용과 관련하여 평생근무시간계정을 운영할 수 있는데 이것은 근무시간 채권이 장기적으로 축적되어 활용된다. 예를 들면 주당 40시간 근무제에서 종업원이 주당 45시간 미만 근무했을 경우 초과시간은 단기계정에, 그리고 45시간 이상 근무했을 때는 그 초과분을 장기계정에 산입한다. 장기계정에 산입된 초과시간은 안식년, 조기퇴직 그리고 정년퇴직 전 몇 년간(예: 50세부터)을 주당 40시간에서 35시간 근무할 수 있게 하는 것이다(이상민, 2006).

근무시간계정제의 장단점을 살펴보면 다음과 같다.

■ 장 점

근무시간계정제의 장점

① 시장수요의 변화에 따른 노동력 투입의 최적화(사용자)

② 초과근무수당 등 인건비 절약(사용자)

③ 근로시간에 대한 결정권한 증가(종업원)

④ 평생근무시간 설계의 자율성 증가(종업원)

■ 단 점

① 계정운영에 따르는 행정비용 발생(사용자)

② 회사의 도산시 근로시간 채권상실(종업원)

근무시간계정제의 단점

3.4 부분근무시간제

부분근무시간제(part-time work)는 정규근무시간(full-time work)제보다도 적게 일을 하며 이에 상응하는 낮은 급여가 지급되는 경우를 말한다.

부분근무시간제는 정규근무시간제보다도 적게 일을 하며 이에 상응하는 낮은 급여가 지급되는 경우

부분근무시간제의 형태는 1일 근무시간의 일부분, 1주 근무시간의 일부분, 1개월 근무시간의 일부분 등이 있다. 우리나라에서 부분근무시간제에 종사하는 종업원 수는 1980년 이후 점차 증가되고 있는 실정이다. 이와 같이 부분근무시간제에 종사하는 종업원이 증가하는 이유는 아래와 같다.

① 정규근무시간제의 직무를 구하기가 어려움

② 취학아동을 가진 기혼여성의 사회진출 증가

③ 대학생 및 청년층의 부분근무시간제의 선호도 증가

④ 정규근무시간제에 종사하는 근로자가 또 다른 부업을 원함

⑤ 정년퇴직자 혹은 고령자의 선호

기업이 부분근무시간제를 도입하는 데에는 아래와 같은 전제가 충족되어야 그 효율성을 기대할 수 있다.

① 직무가 나누어질 수 있어야 한다. 즉 어떤 혁신적 혹은 창의력을 발휘해야 하는 직무보다 단순하고 반복적인 직무이어야 한다.

② 작업수행의 완성시간이 엄격히 정해진 직무가 아니어야 한다.

③ 직무간의 상호의존성이 낮아야 한다.

④ 직무수행자가 정규직무 수행자보다 낮은 급여를 수용할 태세가 되어 있어야 한다.

이러한 부분근무시간제가 가지고 있는 장단점은 아래와 같다.

■ 장 점

① 부분근무시간제 종업원의 활용으로 일시적 생산물량의 증가를 잘 극복할 수 있다.

부분근무시간제의 장점

② 부분근무시간제 종업원의 채용으로 정규근무시간제 종업원에게 지급해야 할 연장근무수당의 비용을 절감할 수 있다.

③ 작업자의 피로도가 낮다.

④ 일에 대한 집중도가 높다.

■ 단 점

부분근무시간제의 단점

① 같은 직무를 위한 교육훈련을 부분근무를 하는 여러 종업원에게 실시해야 되기 때문에 교육훈련비가 많이 든다.

② 감독자의 업무 부담이 증가된다. 이는 감독해야 할 부하의 수가 증가하기 때문이다.

③ 부분근무시간제 종업원은 정규근무시간제 종업원에 비해 애사심(愛社心)이 낮은 경우가 많다.

부분근무시간제의 구체적 효과에 대한 실증적 연구는 아직 체계적으로 진행되지 않고 있지만 많은 기업들은 그 효과를 인정하고 이 제도를 적극적으로 도입하고 있다. 예를 들면, 독일의 Siemens社, Pfaff社, BASF社 등 대기업에서는 부분근무시간제에 종사하는 종업원이 전체 종업원의 10%에 육박하고 있다.

3.5 교대근무제

제품 및 서비스의 생산을 늘릴 필요가 있을 때 1일 근무시간의 연장을 위해 교대근무제를 도입

기업은 제품 및 서비스의 생산을 늘릴 필요가 있을 때 1일 근무시간의 연장을 위해 교대근무제를 도입한다. 생산시설의 확장과 관계없이 생산장비를 1일 24시간 가동해야 하는 자동화 공장이나 연속공정산업(철강, 화학, 기타 공공설비), 병원 등에서 이러한 교대근무제가 활용되고 있다.

1일 3교대 근무의 경우, 24시간을 3등분하여 3개조의 인력을 투입하는데 근무시간의 시작은 대개 06:00시, 14:00시 그리고 22:00시가 일반적이다. 교대근무제의 장단점은 아래와 같다.

■ 장 점

① 장비, 기계설비 등을 최대한 활용할 수 있다.

② 본질적으로 높은 생산이 가능하여 제품시장의 수요를 충족시킬 수 있다.

■ 단 점

① 시간대별로 불리한 근무교대조(오전조, 야간조)에서의 낮은 생산성, 높은 결근율 그리고 높은 사고율의 가능성이 있다.

② 종업원의 불충분한 수면, 육체적 질병발생 가능성이 높다.

③ 시간의 제약(오후조, 야간조)으로 인해 친구, 친지와의 접촉이 어렵고, 기

타 사회조직에의 참여 곤란으로 고립된 사회생활의 가능성이 높다.

④ 근무시간대의 불규칙으로 가족구성원과의 원만한 관계에도 문제가 발생할 가능성이 있다.

사례 3-2 '이건환경의 3조 2교대 실험'

이건환경은 폐목재를 재활용해 만드는 그린팔렛과 각종 친환경 조경재를 만들고 있는 회사이다. 회사는 올 초부터 뉴 패러다임 경영모델에 따라 근무시스템을 기존 2조 2교대에서 3조 2교대로 바꾸어 각조별로 '4일 근무(주간) → 2일 휴식 → 4일 근무(야간) → 1일 휴식 → 1일 교육'으로 운영한다. 직원들은 12일에 사흘을 쉬는 셈이 되는데, 평일에 이틀 동안 출근하지 않기 때문에 가족들과 함께 여유로운 휴식을 즐기기도 하고 부인이 운영하는 가게의 일을 도울 수도 있다. 각 생산조별로는 '교육받는 날'을 활용하여 박람회를 찾아가서 평소 관심 있던 선반기계 등 각종 첨단 공작기계들을 둘러보기도 한다.

한편 근무시스템의 변경으로 회사의 근무시간이 줄어듦에 따라서 감소된 잔업시간만큼 임금도 5% 정도 감소하였다. 이에 대하여 직원들은 초기에 불만을 갖기도 하였지만 여가 생활의 가치를 알게 되면서 새로운 근무 시스템에 만족하게 되었다.

'뉴 패러다임 모델'은 근로자의 근무여건 개선 외에도 생산성 향상, 평생학습체제 구축 등 '1석 3조'의 효과를 내고 있다. 회사는 정비를 위해 그동안 7일에 한 번씩 24시간 가동을 멈췄지만 지금은 9일에 한 번씩 12시간만 가동을 중지한다. 이에 따라 가동 일수는 연간 10% 가량 증가하게 되었는데, 실제로 올 1분기 회사의 그린팔렛 생산량은 작년 같은 기간에 비해 12.14% 증가하였다. 또한 생산조가 명확히 나눠져서 조별 책임감이 높아졌기 때문에 불량률이 감소하고 분임조 활동도 활발해졌다.

3조 2교대 시행을 위해 추가인력이 소요됨에 따라 인건비는 소폭 증가하였지만, 생산량 증가에 따라 이익 규모는 더 커졌으며 직무와 기계설비에 대한 교육시간이 늘어나면서 설비 정비시간이 절반으로 단축되는 등의 효과가 나타나고 있다.

회사 관계자는 "생산량 증가에 따른 판로가 확보돼 있고 설비가 자동화되어 제조 원가에서 인건비가 차지하는 비중이 낮은 업체들이라면 뉴 패러다임 모델을 도입할 만하다"고 말했다.

〈자료: 한국경제, 2006. 5. 12.〉

3.6 휴게시간

휴게시간의 우선적인 목적은 작업자의 피로를 회복시킴으로써 작업에서의 생산성 저하를 막는다는 데 있다. <그림 3-17>에서는 작업자가 피로도 때문에 생산성이 저하되었다가 휴게시간을 줌으로써 생산성이 회복되는 사례를 제시하고 있다.

휴게시간을 설계하는 기준으로서 휴게시간의 길이, 횟수 그리고 휴게시간 결정주체자 등을 들 수 있다.

휴게시간 설계 기준

첫째, 휴게시간의 길이는 직무의 특성에 따라 다소 차이가 있겠지만 작업시간 전체의 5~10% 정도가 효과적이다(Graf, 1960).

둘째, 휴게시간의 횟수는 늘리면 늘릴수록 효과적이라는 주장이 있는 반면 그 횟수가 너무 많을 경우 작업을 새로 시작할 때의 적응시간이 필요하기 때문에 오히려 역효과가 나타난다고 한다. 일반적으로 오전에 1회, 점심시간 그리고 오후에 1회 하여 하루 3회 정도의 휴게시간이 바람직한 것으로 판단된다.

셋째, 휴게시간의 결정주체자는 기업 측이 하느냐 또는 하루의 휴게시간 길이만 종업원에게 주고 휴게시간의 시작과 종료 및 횟수는 작업자 스스로 결정하도록 하느냐는 문제는 직무특성에 따라 달라진다. 앞의 직무구조 설계에서 논

그림 3-17 하루 중의 작업능률(휴식과 작업능률)

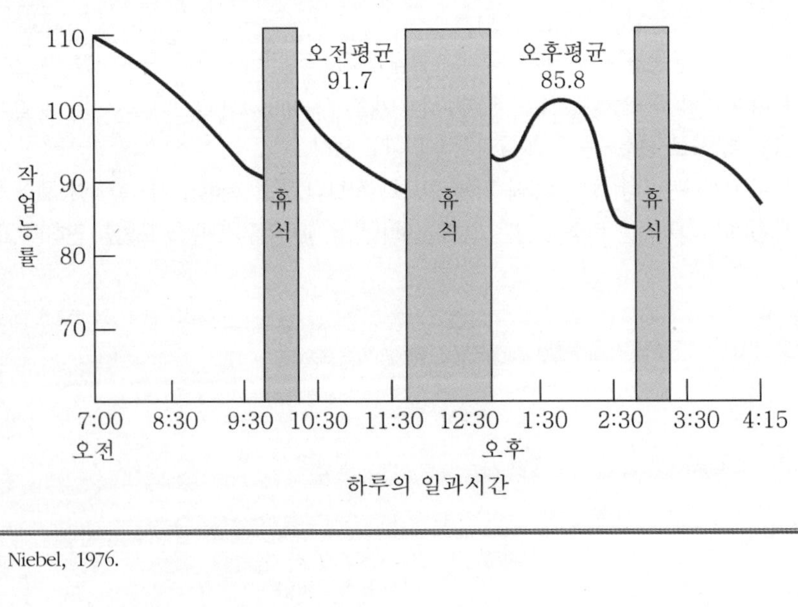

자료: Niebel, 1976.

의한 준자율적 작업집단에서는 작업집단 스스로 휴게시간을 결정하게 함으로써 이것이 자율성(autonomy)을 자극하여 효과를 가져올 수 있다. 또한 전문직 종사자로서 개인별로 독립적으로 일을 수행하는 작업자에게도 자율적인 휴게시간 결정권을 주는 것이 보다 효과적일 것이다. 그러나 연속공정이나 타 직무와 상호의존성이 높은 직무를 수행하는 경우 휴게시간 결정에 있어서의 자율성은 오히려 문제를 야기시키게 된다.

[4] 인사부서의 역할과 직무설계

인사관리의 목표가 경제적 효율성과 사회적 효율성을 동시에 추구하는 것으로 본다면 이를 위해 인사부서의 직무를 어떻게 설계하는 것이 효과적인가? 직무전문화가 효과적인가 직무확대화가 효과적인가? 인사부서의 직무를 설계하는 데 우선 인사관리의 역할에 대한 이해를 해야 하겠다.

4.1 인사부서의 역할

역할이란 해당 직무의 일을 하는 데 기대되는 행동으로서 원래 주어진 직무에 추가적으로 요구되는 것이라고 할 수 있다.

이러한 역할은 인사부서가 가지고 있는 고유의 활동에 추가하여 환경변화에 따라 요구된다. 오늘날 인사부서의 활동은 과거 운영적 · 통제적 · 단기적 내부기능 중심의 활동에서 점차 전략적 · 동반자적 · 장기적 사업 및 외부 고객중심으로 변화되고 있다.

이상에서 제시한 활동변화를 고려하여 인사부서의 역할을 장기적－단기적 그리고 프로세스－사람 관점에서 분류하면 아래의 4가지로 정리해 볼 수 있다 (Ulrich, 1997, 23~51).

4.1.1 장기적 - 프로세스 관점

이러한 관점에서 나타나는 형태가 전략적 인사관리로서 인사부서는 기업의 경영전략을 수행하는 자로서 전략적 파트너가 된다. 인사부서는 기업의 경영전략이 성공을 거둘 수 있도록 지원해야 한다. 예를 들면 경영전략을 수립할 수 있는 인력의 양성 그리고 이를 집행할 역량을 개발해야 한다.

4.1.2 단기적 - 프로세스 관점

이러한 측면에서의 인사부서의 역할은 기업 내 효율적인 인사관리 시스템을 구축해야 한다. 예를 들면 직무 프로세스와 관련하여 리엔지니어링 및 서비스 공유 등. 이러한 역할은 사실 인사관리의 전통적인 역할로서 인력확보로부터 시작하여 인력방출까지의 전과정을 보다 효율적으로 관리하는 것이다. 이러한 역할을 수행할 때 우리는 이를 행정전문가라고 부른다.

4.1.3 장기적 - 사람 관점

이러한 역할은 장기적 시각에서 종업원을 변화시키는 데 초점을 둔 것으로서 조직의 쇄신, 조직문화의 변화 등을 들 수 있다. 이러한 변화관리의 핵심은 조직 내 신뢰관계의 구축 그리고 문제해결 등이 되겠다. 인사부서는 조직에 대해 변화주도자로서 역할을 하는 것이다.

4.1.4 단기적 - 사람 관점

이러한 관점에서의 역할은 인사부서가 종업원의 기업에 대한 공헌도(업적)를 높이는 데 초점을 맞추고 있다. 이를 위해 종업원의 역량을 높일 수 있도록 지원하는 것이다. 뿐만 아니라 높은 역량을 가진 종업원이 열심히 일할 수 있도록 정신적 에너지를 극대화시키는 것이다.

위에서 제시한 인사부서의 역할을 포함하여 인사부서의 직무를 설계하는 데 고려해야 하는 주요 변수는 아래와 같다.

인사부서 직무설계 시 고려해야 하는 변수

① 기업의 규모

② 인사부서와 타부서 간의 인사권과 관련되는 권한의 배분 정도

③ 경영전략 등

첫째, 기업의 규모가 크면 일반적으로 인사부문에 종사하는 종업원 수는 늘어나며 인사부서의 타부서에 대한 서비스의 양이 증가하게 된다. 이런 경우 인사부서의 활동은 보다 전문화되고 보다 높은 수준의 서비스가 요구된다.

둘째, 인사권이라 함은 인사활동에 대한 의사결정 권한을 말하는데 인사부서인 스탭관리자와 타부서인 라인관리자가 행사하는 인력선발, 교육훈련, 급여책정 등에 대한 의사결정의 크기에 관한 것이다. 예를 들면, 어떤 기업에서는 인사부서에서 신규인력에 대해 모집활동(신문광고 등)만 하고, 지원자를 라인관리자(예: 생산부장)가 직접 면접하고 선발하는 경우가 있다. 이런 경우 인사부문의 인력선발 기능이 라인부서에 있기 때문에 인력선발 직무를 인사부서에 둘 필요가 없게 된다. 이러한 인사권은 기업의 규모가 작을 때에는 대개 라인부서에 많이 배분되어 있는 반면, 기업의 규모가 커지고 부서의 규모도 커지게 되면 라인부서의 관리자는 점차 고유 업무량(예: 생산관리 업무)의 증가로 인해 인력선발에 할애할 시간적 여유를 가지기 어렵고, 인사 분야에 대한 전문능력을 동시에 구비하기가 어렵기 때문에 인사권은 자연스럽게 인사부서로 이동하게 된다. 이런 경우 인사부문의 직무는 기능면에서 더욱 전문화되어 타부서 인적자원에 대한 보다 포괄적인 서비스를 제공할 수 있게 되는 것이다.

셋째, 경영전략의 영향이다. 예를 들면, 해당기업이 세계화전략을 수립했을 때 인사부문에서 '국제인력양성'과 관련되는 직무들이 늘어나고 비중도 높게 될 것이다. 또한 기업이 코스트 전략을 수립했을 때 인사부문의 직무는 '통제활동(controlling)'에 많은 비중을 둘 것이다.

이상적인 인사부문의 직무설계는 해당기업이 처한 상황에 따라 다를 것이다. 아래에서는 인사부서의 직무설계의 기본모델 몇 가지를 소개한다.

4.2 인사부서의 직무설계

4.2.1 전통적 설계모델

전통적 직무설계 모델은 인사부문의 활동을 기능적 차원을 기준으로 전문화시키는 것이다. 다음 <그림 3-18>에서 그 모델이 제시된다.

인사부문 활동을 기능적 차원에서 전문화시켰다는 특징

그림 3-18 전통적 인사부문 직무설계

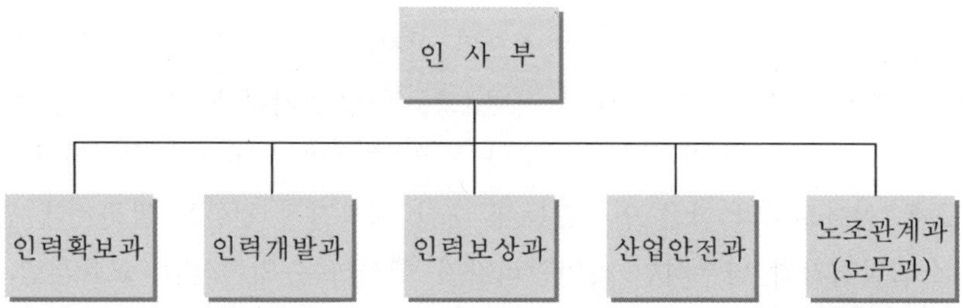

위의 직무설계 모델의 특징은 인사부문 활동을 기능적 차원에서 전문화시켰다는 점이다. 여기서 인력확보과는 인력의 고용관계를 진단하는 데 인력예측, 노동시장 분석, 모집활동, 선발활동 그리고 이직 · 퇴직에 관련되는 활동을 수행한다. 인력개발과에서는 인사평가 실시, 교육훈련 프로그램의 개발 및 실시, 순환보직 계획수립 등을 하며, 인력보상과에서는 임금 및 복리후생에 대한 업무를 담당하는 등 각 과(課)에서는 기능별 전문화된 업무를 담당하게 된다. 이러한 전통적 인사부문 설계모델은 비교적 보수적이고 해당기업을 둘러싼 환경변화도 빠르지 않은 기업에서 흔히 발견된다.

4.2.2 관리활동 중심 설계모델

기업의 경쟁이 치열하고 해당기업을 둘러싼 환경변화가 비교적 빠를 때 인사부문의 활동은 관리과정 중심으로 설계될 수 있다.

인사부문의 활동 중 계획활동과 통제활동을 강화시키는 데 특징

다음 <그림 3-19>에서 제시된 모델의 특징은 인사부문의 활동 중 계획

그림 3-19 관리과정 중심 직무설계

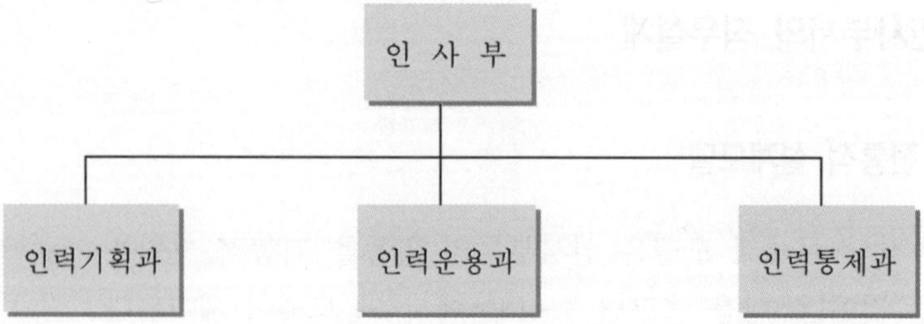

활동과 통제활동을 강화시키는 데 있다. 인사부문에서 계획활동을 강화시키는 이유는 제반 환경변화를 들 수 있다. 즉 기술변화, 노동시장의 변화, 경제환경의 변화의 속도가 빠를 때, 인사부문의 활동은 이러한 환경변화에 따른 인사부문의 효과적 적응이 요청되고 이를 위해서는 예측활동의 중요성이 대두되기 때문이다.

인력통제활동이 강조되는 이유는 제품시장에서의 경쟁이 치열할 때 해당기업이 보유하고 있는 인력에 대해 어느 정도 효율성을 유지하고 있는지, 또한 경영전략이 요구하는 인력을 과연 효과적으로 확보하고 있는지 등이 인사관리의 중점 사안으로 강조될 때 이러한 모델이 도입된다. 인력관리과정을 중심으로 설계된 부서의 각 업무내용을 간단히 제시하면 다음과 같다.

인력기획과에서는 인사부문의 기능적 제 활동 중 계획에 관련되는 부분을 전담한다. 즉 인력확보의 계획활동인 인력수요 및 공급예측, 인력개발의 경우 교육훈련의 필요성 및 경력욕구 분석, 인력보상의 경우 종업원의 보상에 대한 욕구구조 분석 등을 다룬다.

인력운용과에서는 인사부문의 기능적 활동차원 중 실천적인 측면을 전담한다. 즉 인력의 모집 · 선발, 교육훈련 실시, 순환보직, 급여 및 복리후생 설계, 산업안전 및 노조와의 관계유지 그리고 인력방출 활동 중 인력감축 및 이직방지 프로그램을 실천에 옮기는 활동을 한다.

인력통제과에서는 모집 및 선발활동에 대한 평가, 교육훈련의 효과분석, 보상만족분석 그리고 산업안전예방 프로그램에 대한 평가 등을 맡는다.

이러한 관리과정 중심의 설계는 기업의 미래에 대해 인사부문 서비스의 효율성을 높이기 위해 사전에 철저히 준비하고 인사부문의 활동을 보다 정확히 평가하여 인사부문 활동의 효율성을 높이기 위한 정보를 제공할 수 있다는 장점을 갖고 있다.

그러나 단점으로는 인사부서의 각 과(課)에서 하는 업무가 기능적으로 전문화되어 있지 않아 담당과에서 인력확보에서 인력방출까지 전체 과정에 대한 높은 전문성(professionalism)을 구비해야 하는데 실무에서 그 능력을 갖춘다는 것이 쉽지 않다.

4.2.3 서비스 대상 중심 설계모델

인사부서의 서비스 대상(clientele)이 전체 종업원임은 주지의 사실이다. 이러한 서비스 대상에 대한 보다 긴밀한 서비스 제공을 위해 인사부서는 서비스 대

그림 3-20 서비스 대상 중심 직무설계

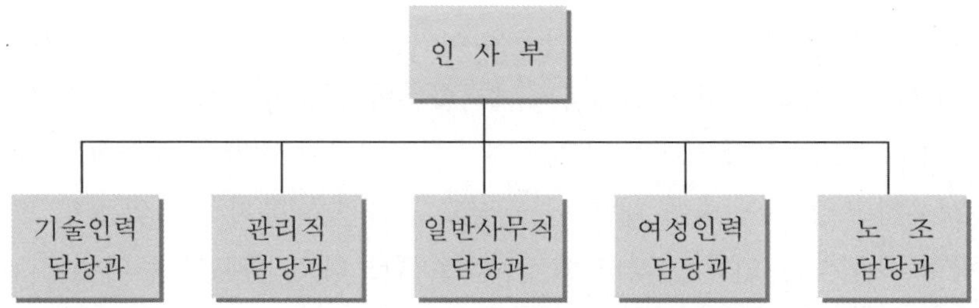

상중심으로 직무설계를 할 수 있다(Sokolik, 1969).

기업 내 종업원집단별 인사관리 서비스를 구분하자는 것

이 모델은 한마디로 기업 내 종업원집단별 인사관리 서비스를 구분하자는 것이다. <그림 3-20>에서 제시된 인사부문의 설계모델 역시 인사관리 관련 환경변화로 인해 대두되었다. 즉 기업 내 개별 종업원집단들이 갖고 있는 욕구구조와 이들 집단에 대한 노동시장의 특수성을 고려하여 이들 집단에 대한 인사관리 서비스의 효율성을 극대화시키기 위해 이러한 모델이 등장하게 된 것이다. 기업의 종업원 집단을 인사관리 측면에서 어떻게 나누느냐는 그 기업이 처한 상황에 따라 다를 수 있다. 독일의 한 제약회사의 경우는 인사부를 노조에 초점을 맞추어 노조원 담당과와 비노조원 담당과로 나눈 예도 있다.

이렇게 인사부문의 직무를 서비스 대상을 중심으로 설계한 모델은 아래와 같은 장단점을 갖고 있다.

장점으로서는 인사관리의 전체 종업원에 대한 서비스 기능을 보다 강화시킬 수 있다는 것이다. 인사관리의 목표 중의 하나가 '사회적 효율성' 추구인 바, 이 모델에 따르면 기업 내 종업원들의 집단별 욕구구조에 맞는 인사관리 서비스 제공이 가능해지기 때문이다.

단점으로서는 앞에서 제시했던 '관리과정 중심 직무설계' 모델이 갖고 있는 개별 과(課) 수준에서의 인사기능의 전문성(professionalism) 확보에 어려움이 존재한다는 것이다.

위에서 제시한 모델들은 인사부문의 직무를 설계하는 데 있어서 기본 모델이기 때문에 해당기업은 이 중 어느 하나를 고집할 필요가 없다. 세 가지 모델의 일부분들을 재구성하여 해당기업의 특성(상황)에 맞게 설계해야 인사관리의 목표인 경제적 효율성과 사회적 효율성 증대에 기여할 수 있다.

요약

직무설계는 크게 직무구조설계와 직무과정설계로 나눌 수 있다. 본 장에서는 추가로 근무시간설계 및 인사부문의 설계도 살펴보았다.

직무내용설계는 아담 스미스의 분업의 원리에서 출발하여 직무전문화 일변도의 방향으로 발전되어 왔었다. 그러나 인간의 심리적 측면의 중요성이 인식되어 최근에는 직무확대화 모델들이 많이 소개되고 있는 실정이다. 직무확대화는 기존 종업원이 수행해 오던 직무에 단순한 기능을 추가하는 수평적 직무확대화가 있는 반면 추가로 부여된 직무가 기존 종업원에게 책임 및 권한의 크기를 증가시키는 것을 수직적 직무확대화라고 한다. 직무확대화 모델에는 직무확대, 직무충실, 직무교차, 직무순환 그리고 준자율적 작업집단 등이 있다.

직무과정설계는 작업의 흐름을 설계하는 것으로서 최근 소개되고 있는 설계모델이 바로 비즈니스 리엔지니어링이다. 이것은 업무수행의 전 과정을 완전히 새로 설계하는 것으로서 고객만족을 최우선으로 하는 접근이다. 많은 기업들이 비즈니스 리엔지니어링을 시도하여 생산성, 인건비 절약 그리고 고객에 대한 서비스 기간의 단축결과를 경험하였으나, 다른 많은 기업에서는 그 설계가 잘못되어 실패하기도 하였다.

근무시간은 기업의 입장에서 볼 때 생산을 위한 매우 중요한 도구이다. 즉 같은 능력을 소유한 작업자들 중 작업시간이 길면 길수록 성과는 높을 수밖에 없기 때문이다. 근무시간의 형태로는 고정적 근무시간제, 변동적 근무시간제, 근무시간계정제, 부분근무시간제 그리고 교대근무제 등이 있다.

인사부서의 직무설계 모델은 크게 전통적 설계, 관리활동 중심 설계, 그리고 서비스 대상 중심 설계 등이 있으나, 해당기업은 그 기업이 처한 상황과 인사부서의 역할을 고려하여 여러 설계모델을 혼합하여 도입할 수 있겠다.

참고문헌

강정애, 탄력근로제 도입에 따른 근로자 만족도에 관한 연구, 인사조직연구, 1996, pp. 41~69.

김승일, 경영혁신의 주체와 프로세스, 국제기업전략연구소, 1995.

이상민, 독일의 근로시간계정제도, 국제노동브리프, 한국노동연구원, Vol. 4. No. 1, 2006, pp. 45~58.

일본능률협회 편(한국 제이마크 역), 일본기업 리엔지니어링, 21세기북스, 1993.

임명기, 잡크래프팅하라, 김영사, 2014.

한국경제, 2006. 5. 12.

Bertel, J., Personalmanagement, 2, Auflage, Poeschel, C. E. 1989.

Briefs, G., Ueber das Organisationsproblem, Berlin, 1918.

Buttler, T./ Waldroop, J., Job Scalpting: The Art of Retaining your best People, Harvard Business Review, Sep–Oct, 1999, pp. 144~152.

Davis, L. E., Job Design: Historical Overview; in: L. E. Davis, and J. C. Tayler, eds., Design of Jobs, Goodyear Publishing Company Inc., 1979.

Durkheim, E., De la Division du Travail Social, Paris: Alcan, 1893.

Garg, P./ Rastogi, R., New Models of Job Design Motivating Employee'Performance, The Journal of Management Development, 25, 6, 2006, pp. 572~587.

Gilbreth, F., Bricklaying system, M. C. Clark, 1909.

Hackman, J. R./ Oldham, R. G., Motivation through the Design of Work: Test of a Theory, in: Organizational Behavior and Human Performance, Vol. 16, 1976, pp. 250~278.

Hackman, R. et al., A New Strategy for Job Enrichment, in: California Management Review, Vol. 17, 1975.

Hammer, M. et al., Reengineering the Corporation: a Manifesto for Business Revolution, Harper Business, 1993.

Herzberg, F./ Mausner, B./ Snuderman, B. B. Hellriegel, The Four\Day Workweek: A Review and Assessment, in: MSU Business Topics, 1972, Spring, pp. 38~46. The Motivation to Work, Chapman & Hall, 2nd ed., 1959.

DIW Köln, Arbeitszeitkonten, Best–Zeit: www.best–zeit.de/kompakt/Modelle/ Arbeitszeikonten 1, htm, 2004. 4. 23.

Kolb. M., Elemente eines Instrumentariums zur Veränderung von Arbeitsinhalten, Diss., 1980.

Linnenkohl. K./ Rauschenberg, H. J., Arbeitszeitflexiblisierung 140 Unternehmen und ihre Modelle, Verlag Recht und Wirtschaft, 3, Auflage, 1996.

Marr, R. (ed), Arbeitszeitmanagement, Erich Schmidt Verlag, 1987.

Munz, E./ Bauer, F./ Gross, H., Regelung und Praxis von Arbeitszeitkonten, WSI Mitteilungen 6/2002, pp. 334~340.

Niebel, B. W., Motion and Time Study, 6th ed., Homewood, Ⅲ: Richard D. Irwin, 1976.

Smith, A., The Wealth of Nations, Penguin, 1970.

Sokolik, S. L., Reorganize the Personnel Department? in: California Management Review, Vol. 11, 1969.

Taylor, F. W., The Principles of Scientific Management, Harper & Row, 1911.

Ulrich, D., Human Resource Champions, Harvard Business School Press, 1997.

von Briefs, G., Betriebsf hrung und Betriebslaben in des Industrie, Berlin, 1934.

Walton, R. E., Criteria for Quality of Working Life, in: Davis, L. E./ Cherns, A. B. eds, The Quality of Working Life, New York, Vol. 1, 1975, pp. 91~104.

직무분석 및 직무평가

chapter 04

[1] 직무분석

1.1 직무분석의 개념

직무분석은 바로 직무를 수행하는 사람에게 직무수행과 관련되는 광범위한 정보를 제공하기 위해 실시

직무설계는 설계 그 자체가 목적이 될 수 없다. 설계된 직무가 기업의 목표인 성과를 달성하도록 하기 위해서는 우선 사람의 손길이 닿아야 한다. 즉 사람(노동)의 성과창출 노력이 작용해야만 특정직무가 존재가치를 가진다. 따라서 직무수행자가 성공적으로 직무를 수행하기 위해서는 해당 직무에 대해 의미있는 정보를 가져야 할 것이다. 직무분석(job analysis)은 바로 직무를 수행하는 사람에게 직무수행과 관련되는 광범위한 정보를 제공하기 위해 실시된다.

직무에 대한 정보를 수집하는 활동은 오래 전부터 있었으며, 고대 이집트의 피라미드와 기원전 10세기경 예루살렘에 성(城)을 건축할 때 벌써 오늘날의 직무분석이라고 칭할 수 있는 직무에 대한 체계적인 정보수집활동이 있었다는 기록이 있다. 그러나 현대적 의미의 과학적인 직무분석의 시작은 테일러(Taylor)의 과학적 관리법에서 출발했다고 할 수 있다.

사실 직무에 대한 의미 있는 정보수집은 인사관리의 제 기능을 수행하는 데 필수적이다. 예를 들면, 공석(空席)이 된 직무에 대해 사람을 채용할 때 이 직무를 성공적으로 수행하는 데 필요한 행동의 종류, 능력, 지식 그리고 장비가 무엇인지를 모른 채 어떻게 사람을 채용할 수 있겠는가? 교육훈련 활동도 마찬가지다. 교육훈련이란 종업원의 능력을 신장시키는 것이 핵심인데, 어떤 능력이 필요한가를 알기 위해서는 그 사람이 미래에 수행하게 될 직무가 요구하는 능력이 무엇인가를 당연히 파악해야 한다. 이와 같이 직무분석을 통해 얻어지는 정보는 인사관리의 전체 기능분야에 없어서는 안 될 자료가 된다.

직무분석은 아래의 몇 가지 질문에 대한 대답을 제공해 준다.

– 특정 직무를 완성하는 데 시간이 얼마나 걸리는가?

– 어떤 일(task)들이 모여서 하나의 직무(job)가 되는가?
– 특정 직무를 성공적으로 수행하기 위해 어떤 행동이 투입되어야 하는가?
– 특정 직무를 수행하는 데 어떤 사람(작업자)이 가장 적합한가? 즉 그 사람이 갖추고 있어야 할 기능, 능력, 자질 등은 무엇인가?

위에서 제시한 직무분석의 기능을 기초로 직무분석을 정의하면, "특정 직무의 내용 및 이를 수행하는 데 필요한 직무수행자의 행동, 육체적 및 정신적 능력을 밝히는 체계적인 활동"이라고 할 수 있다.

그러면 직무분석의 대상이 되는 직무란 무엇인가? 앞에서 논의한 '직무설계' 분야에서 어느 정도 언급되었지만 아래에서는 보다 정확한 개념 규명을 시도해 본다.

직무란 한마디로 '일'을 말한다. 그러나 기업조직에서는 크고 작은 일들이 수없이 많은데 어떤 일을 '직무'라고 할 수 있겠는가? 이러한 일은 규모에 따라 요소(element), 과업(task), 직무(job) 그리고 직군(job family) 등으로 구분되며 내용은 아래와 같다.

① 요소(element): 관련된 동작, 정신적 과정을 분리시켰을 때 가장 작은 단위의 일
② 과업(task): 독립된 목적으로 수행되는 하나의 명확한 작업활동
③ 직무(job): 유사한 과업(task)들이 모여 하나의 일의 범위를 형성하는 것
④ 직군(job family): 유사한 직무들의 집단
⑤ 직종(occupation): 유사한 직군들의 집단(예: 사무직군, 생산직군 등)

직무(job)라는 개념을 이해하기 위해 요소, 과업, 직군이라는 일의 종류를 동원하여 설명했지만 결국 직무란 '일의 범위 내지 크기'에 대한 상대적인 규정이라고 할 수 있다. 이를 보다 쉽게 이해하기 위해 아래에서 하나의 예를 들어 설명해 본다.

'비서직'은 하나의 직무이며, 비서직이 수행하는 일은 몇 가지로 나눌 수 있다. 즉 '연락업무', '상사의 일과(스케줄) 진행', '방문객에 대한 접대' 그리고 '지시받은 것을 타이핑하는 일' 등으로 구분할 수 있다. 바로 이러한 일들은 비서직이라는 직무의 과업(task)이 되는 것이다. 그러면 요소(element)는 무엇인가? 개별과업을 쪼개었을 때 그 최소단위를 말하는데, 예를 들면 '타이핑'이라는 과업은 '종이를 타이프에 끼우는 일', '타이프를 치는 일', '작성한 내용이 정확한지 검토하는 일', '완성된 후 종이를 타이프에서 꺼내는 일' 등이 과업을 구성하는 요소가 되는 것이다. 직군(job family)은 비서직과 유사한 업무들, 즉 개별부서에 존재하

는 의사결정 권한이 없이 특정 직무를 지원하는 직무 등을 포괄하여 '사무보조 직군'이라고 할 수 있겠다. '직무(job)'와 종종 혼돈되는 개념으로 '직위(position)'라는 개념이 있다. 이것은 한 사람의 작업자에게 부여되는 일의 집합을 말하는데 기업에서의 직위의 수는 바로 종업원 수가 된다. 따라서 직위는 사람의 수가 기준이 되는데, 예를 들면 어느 소기업에 구매직무에 2명이, 생산직에 15명 그리고 판매직에 4명, 감독직에 1명이 있다고 했을 때 이 기업에 있는 직무의 수는 구매직 · 생산직 · 판매직 · 감독직으로 4개가 되지만 직위의 수는 22개가 되는 것이다.

1.2 직무분석의 목적

목적은 인사관리의 제 기능 분야의 활동을 보다 효율적으로 수행하는 데 필요한 정보를 제공하는 것

직무분석의 목적을 포괄적으로 표현하면 인사관리의 제 기능분야의 활동을 보다 효율적으로 수행하는 데 필요한 정보를 제공하는 것이라고 할 수 있다. 그러면 인사관리의 제 기능분야에는 구체적으로 어떤 정보가 제공되며 왜 이들 기능분야의 효율성을 위해 직무분석이 필요한지를 살펴보자.

직무분석은 그 수행결과 아래와 같은 두 종류의 정보를 획득할 수 있다.

① 직무내용에 관한 정보:

- 직무수행자는 누구인가?
- 해당 직무를 왜 수행하는가?
- 해당 직무를 수행하는 데 필요한 원재료(원자재, 자료 등)는 무엇인가?
- 해당 직무를 수행하는 데 필요한 장비 · 시설은 무엇인가?
- 해당 직무를 어떤 방법 · 과정을 거쳐 수행하는가?
- 해당 직무가 수행되는 작업조건(근무시간, 작업장소, 재해위험도, 기타 환경 등)은 무엇인가?
- 해당 직무는 다른 직무와 어떤 관계가 있는가? 등

② 직무수행자에게 요구되는 자격요건에 관한 정보

- 해당 직무를 성공적으로 수행하기 위해 어떤 지식 · 기능이 필요한가?
- 해당 직무를 성공적으로 수행하기 위해 작업수행자는 어떤 정신적 자질을 가지고 있어야 하는가?(예: 창의력, 판단력, 적응력, 인내심 등)
- 해당 작업자에게 요구되는 신체적 조건은 무엇인가?(예: 체력, 시력 등)
- 해당 작업자에게 부여되어 있는 책임은 어느 정도인가? 등

위에서 열거한 정보가 획득되면 이를 체계적으로 정리하여 직무내용에 관

그림 4-1 직무분석과 인사관리 기능분야와의 관계

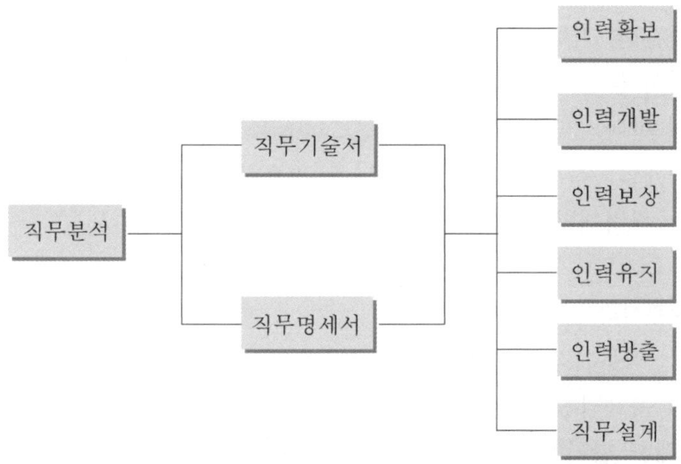

한 정보를 '직무기술서(job description)'로서 작성하고, 직무수행자에 요구되는 자격요건에 관한 정보는 '직무명세서(job specification)'로서 작성한다. 아래에서는 직무분석이 인사관리의 제 기능분야의 활동을 구체적으로 어떻게 지원하는가를 보여준다.

1) 직무분석과 인력확보

- 인력수요산정: 해당기업 내 부서 혹은 작업집단에 존재하는 직무의 종류와 양을 파악할 수 있어 필요한 인력산정을 가능케 한다.
- 모집: 만약 필요한 인력이 20명인데 기업이 부담할 인건비가 15명분밖에 되지 않을 때 충원해야 할 직무의 우선순위를 판단하는 데에 직무분석은 유용한 정보를 제공한다.
- 인력선발: 공석(空席)의 직무들이 요구하는 자격요건을 구체적으로 파악할 수 있어 해당 직무의 적격자를 보다 과학적으로 식별할 수 있다.
- 인력배치: 직무에 대한 구체적인 정보를 토대로 인력배치시 직무-직무수행자 간의 적합성을 최대화시킬 수 있다.

2) 직무분석과 인력개발

- 인사평가: 직무가 요구하는 작업수행자의 능력이 무엇인가에 대한 정보를 통해서 작업수행자에 대한 능력평가의 기준이 명확해진다. 직무의 난

이도에 따라 성과가 다르므로 작업자의 성과평가가 획일적으로 흐르는 것을 방지할 수 있다.

- 교육훈련: 직무분석은 교육훈련의 내용에 대한 명확한 정보를 제공한다. 따라서 불필요한 교육훈련을 줄이고 목적지향적인 교육훈련 활동을 가능하게 한다.
- 경력개발: 직무분석은 직무순환에 필요한 정보를 제공하여 직무순환을 통한 경력개발의 효율성을 제고시킨다.

3) 직무분석과 인력보상

- 임금: 직무분석을 기초로 직무평가가 이루어지는데 이는 어떤 직무가 기업의 목표달성에 더 가치가 있는지를 밝혀주기 때문에 해당 직무수행자에 대한 합리적인 임금수준 결정을 가능하게 한다.

4) 직무분석과 인력유지

- 직무수행자의 동기유발: 직무분석을 통해 확보된 개인－직무적합성에 대한 정보는 해당 직무수행자의 동기유발 수준을 유지향상시키기 위한 직무조정이나 전환배치 등을 위한 기초자료가 된다.
- 안전사고 예방: 직무수행방법 및 사용되는 장비 등에 대한 정보는 개별 직무의 수행상의 위험 정도를 알 수 있게 해주기 때문에 작업장에서의 안전사고 예방을 위한 대책수립을 용이하게 한다.

5) 직무분석과 인력방출

- 인력감축: 인건비 부담능력문제로 기업이 인력을 감축해야 할 때 어느 직무수행자부터 감축시키느냐는 바로 개별 직무의 가치, 타작업자에 의한 대체가능성 등에 대한 정보가 있을 때 합리적인 인력감축 의사결정을 할 수 있다.
- 이직방지: 유능한 인재가 조직을 떠나는 원인이 직무에 대한 불만족에 있어 직무구조를 개선시키고자 할 때 직무에 대한 정보 없이는 그 개선이 어렵다.

6) 직무분석과 직무설계

- 직무구조 및 과정의 개선: 이미 설계 · 운영되고 있는 직무는 기술변화

등으로 항상 변화되고 개선되어야 하는 경우가 많다. 따라서 직무내용에 대한 정보는 보다 효율적인 직무를 설계하는 데 도움을 준다.

이상에서 제시한 직무분석의 목적은 인사관리의 전체 기능분야를 효율적으로 수행하는 데 매우 유익한 정보를 제공하는 것으로 요약할 수 있겠다. 그러나 직무분석은 직무와 관련되는 매우 광범위한 정보수집 활동이기 때문에 직무분석의 범위, 필요한 정보의 내용, 정보수집 방법에 따라 추구하는 목적의 포인트가 달라질 수 있다. 예를 들면, 어떤 기업은 경기침체에 따라 인력감축을 위해 직무분석을 실시할 경우가 있겠고, 또 어떤 기업은 생산성 향상에 초점을 맞추어 작업공정을 개선할 목적으로 직무분석을 실시할 수도 있다.

1.3 직무정보 수집방법

직무분석을 성공적으로 수행하기 위해서는 직무에 대한 정보수집이 전제가 되는데, 정보수집방법으로서 관찰법, 면접법, 질문지법, 작업기록법 그리고 중요사건법 등이 있다(Mondy/Noe Ⅲ, 1993, Flippo, 1984).

1.3.1 관 찰 법

관찰법(observation)은 직무분석을 수행하는 사람이 특정 직무가 수행되고 있는 것을 관찰하고 내용을 기록하는 것이다. 관찰법을 적용하는 직무들은 주로 자동차 생산 조립라인 직무, 보험회사의 기록유지 직무 등 직무단위의 시작과 종료간의 시간이 짧은 직무들이다. 뿐만 아니라 작업수행자에게 면접이나 질문지를 작성하게 할 상황이 못 되는 경우 이러한 관찰법이 도입된다. 이 방법은 실시하는 데 간편하다는 장점이 있지만 다음과 같은 몇 가지 문제점을 가지고 있다.

관찰법은 직무분석을 수행하는 사람이 특정 직무가 수행되고 있는 것을 관찰하고 내용을 기록하는 것

① 작업자의 육체적인 활동은 관찰이 가능하지만 정신적인 활동은 관찰이 불가능하다(예: 연구개발부서의 직무, 법률관련 직무 등).

② 직무의 시작에서 종료까지 많은 시간이 소요되는 직무에는 적용하기가 곤란하다(예: 무역업무 등).

③ 직무분석 담당자가 특정 직무를 관찰할 경우 직무수행자의 작업에 방해가 될 수도 있다.

④ 관찰을 통해 획득한 정보의 신뢰도에 문제가 있을 수 있다. 즉 직무수행

자가 자기의 직무가 관찰되고 있다고 인지할 경우 직무수행의 왜곡현상이 나타날 수 있는 것이다.

1.3.2 면 접 법

면접법은 직무분석을 실시하는 담당자가 해당직무 수행자에게면접을 실시하여 직무에 관한 정보를 획득하는 방법

면접법(interview)은 직무분석을 실시하는 담당자가 해당직무 수행자에게 면접을 실시하여 직무에 관한 정보를 획득하는 방법이다. 여기서 피면접자는 직무를 수행하는 한 명의 작업자가 되지만 경우에 따라서는 같은 직무를 수행하는 작업자들을 집단으로 면접할 수도 있다. 뿐만 아니라 현 직무수행자의 감독자가 될 수도 있다. 직무분석 담당자는 대개 준비된 질문항목을 가지고 면접에 임한다.

이 방법은 관찰법에 비해 시작에서 종료간의 기간이 긴 직무의 경우, 직무수행자가 이를 요약해서 설명해 줄 수 있다는 장점 및 직무수행자의 정신적 활동까지도 파악할 수 있다는 장점을 가지고 있어 가장 많이 활용하고 있는 방법 중 하나이다. 그러나 피면접자(직무수행자)가 직무분석의 결과로 인해 자신이 피해를 입을지도 모른다고 판단하게 되면 해당직무에 대해 정확한 정보제공을 기피하는 경우가 종종 발생한다.[1)]

1.3.3 질문지법

질문지법은 직무수행자에게 질문지를 나누어 주어 답하게 함으로써 직무에 대한 정보를 획득하는 방법

질문지법(questionnaire)은 직무수행자에게 질문지를 나누어 주어 답하게 함으로써 직무에 대한 정보를 획득하는 방법이다. 질문지에는 직무분석의 대상이 되는 직무내용, 수행방법, 수행목적, 수행과정 그리고 직무수행자가 갖추어야 하는 자격요건 등에 대한 질문이 포함되어 있다. 질문지 구성에 대해서 얼마나 개방식 질문을 하고 얼마나 단답식 내지 체크만 하는 소위 구조화된(structured) 질문지를 설계하느냐는 직무분석 실시상 추구하는 개별목적, 직무수행자의 작성능력 그리고 직무분석에 대한 직무담당자의 협력의지에 따라 다르게 설계될 수 있다.

질문지법의 장점은 정보수집을 위한 시간과 노력이 많이 절약된다. 즉 분석대상 직무들을 수행하는 작업자들에게 질문지를 주어 작성하도록 하기 때문에 관찰이나 면접으로 인한 시간이 많이 소요되지 않는다. 그러나 단점으로는 직무

1) 예를 들면, 직무분석을 결과 자기가 수행하는 직무가치가 현재보다 낮게 평가된다든지, 인력감축의 대상이 될 수도 있기 때문이다.

표 4-1 직무분석을 위한 질문지(예)

개인별 업무명세서					
소속부서	부(실) 과	직위		작성자	
생년월일				직속상관	
입사일자				전직상관	
전직부서		현직기간			
최종학력	학교 전공	* 분류번호			
직무개요:					
업무수행절차 및 방법					

1) 일상업무: 일상업무에서의 개별 업무 소요시간은 하루의 근무시간 중 소요되는 시간임.

담당업무명	업무수행절차 및 방법	사용하는 문서 및 결재절차	직무책임: 관리 및 감독내용	타직무와의 관계: 관련부서와의 업무내용
1. (시간 /일)				
2. (시간 /일)				
3. (시간 /일)				

2) 기타업무는 발생되는 빈도에 따라 소요시간을 표시할 것(예: 0.5시간/주, 1시간/월 등).

담당업무명	업무수행절차 및 방법	사용하는 문서 및 결재절차	직무책임: 관리 및 감독내용	타직무와의 관계: 관련부서와의 업무내용
1. (시간 /일)				
2. (시간 /일)				
3. (시간 /일)				

자격요건조사요(I)

기술 · 지식 등의 자격요건		정 도
1. 지식	1) 학력: 2) 전문지식:	
2. 숙련	1) 숙련기간: 2) 숙련내용:	
3. 난이도	1) 정신적 부하(부담): 2) 육체적 부하(부담):	

자격요건조사요(II)

자격요건	매우 필요하다	조금 필요하다	보통이다	거의 필요없다	전혀 필요없다
(1) 전문적 지식					
(2) 사전경험					
(3) 문서작성능력					
(4) 계량적 분석능력					
(5) 개념적 분석능력					

수행자가 얼마나 성의를 가지고 정확하고 정직하게 질문지에 응답을 해주느냐, 즉 신뢰도(reliability) 문제가 우선 제기된다. 또한 질문지 작성상의 어려움 그리고 질문지의 문항에 대한 직무수행자의 정확한 이해부족 등 커뮤니케이션상의 문제도 발생할 수 있다. <표 4-1>에서는 질문지 양식의 한 예가 제시된다.

1.3.4 작업기록법

작업기록법은 직무수행자가 매일 작성하는 작업일지나 메모사항을 가지고 해당 직무에 대한 정보를 수집하는 것

작업기록법(employee recording)은 직무수행자가 매일 작성하는 작업일지나 메모사항을 가지고 해당 직무에 대한 정보를 수집하는 것이다. 대개 장기간에 걸쳐 작성된 작업일지의 경우, 쓰여진 내용 그 자체에 대한 신뢰도는 상당히 확보할 수 있겠지만 문제는 직무분석에서 원하는 정보를 충분히 획득할 수 있느냐에 있다. 이러한 단점에도 불구하고 이 방법은 관찰하기가 어려운 직무, 예를 들면 엔지니어, 과학자 그리고 고급관리자가 수행하는 직무를 분석할 때 많이 활용되고 있다.

1.3.5 중요사실기록법

중요사실기록법은 직무수행자의 직무행동 가운데 성과와 관련하여 효과적인 행동과 비효과적인 행동을 구분하여 그 사례들을 수집하고, 이러한 사례로부터 직무성과에 효과적인 행동패턴을 추출하여 분류하는 방법

중요사실기록법(critical incidents method)은 직무수행자의 직무행동 가운데 성과와 관련하여 효과적인 행동과 비효과적인 행동을 구분하여 그 사례들을 수집하고, 이러한 사례로부터 직무성과에 효과적인 행동패턴을 추출하여 분류하는 방법이다. 이 방법은 직무행동과 직무성과 간의 관계를 직접적으로 파악할 수 있다는 장점이 있는 데 반해, 단점으로는 수집된 많은 직무행동을 분류 · 평가하는데 많은 시간과 노력이 소요된다는 것이다. 뿐만 아니라 여기서 얻은 정보만 가지고는 해당직무에 대한 포괄적인 정보의 획득에는 제약이 있다.

이상에서는 직무분석을 위해 정보를 수집하는 방법을 몇 가지 소개하였으나 이 중 어느 방법이 모든 면에서 가장 우수하다고 말할 수는 없다. 정보수집 방법을 선택하는 데에는 해당 직무분석의 주목적, 분석대상이 되는 직무들이 갖는 개략적인 특성, 직무수행자의 특성(사무직, 생산직 등) 그리고 직무분석을 위해 투입할 수 있는 인력과 시간 등이 고려되어 가장 적합한 방법을 선택함이 합리적이다. 대개 기업에서는 어느 한 방법만을 선택하기보다 여러 방법을 병행하는 경우가 많으며 특히 질문지법과 면접법을 병행하고 있다.

1.4 직무분석 기법

직무분석 기법은 직무분석의 대상이 되는 직무의 내용과 직무수행자에게 요구되는 자격요건에 대한 정보의 내용을 어떤 관점에서 수집&분류하느냐에 따라 기능적 직무분석법, 직위분석 설문지법 그리고 관리직 직무분석법 등이 있다(Fisher, et al., 1993). 아래에서는 그 내용을 간략히 살펴본다.

1.4.1 기능적 직무분석법

기능적 직무분석법(Functional Job Analysis: FJA)은 직무를 3가지 기능적 측면에서 분석하는 기법이다. 여기서 직무의 기능은 자료(data)와 관련되는 기능, 사람(people)과 관련되는 기능 그리고 사물(things)과 관련되는 기능으로 나누어진다. 이러한 기능들에 대한 정보수집 방법에는 작업자의 업무일지 및 메모사항, 작업자 및 그의 상사와 면접을 하며 또한 작업의 진행사항을 관찰하기도 한다.

작업자의 작업행동에 초점을 맞추었기 때문에 행동의 종류, 복잡성 정도 그리고 이에 따라 요구되는 자격요건의 수준을 보다 체계적으로 파악할 수 있다는 장점

기능적 직무분석법의 절차는 다음과 같다.

표 4-2 작업자의 작업기능 분류

자료관련 기능	사람관련 기능	사물관련 기능
1. 비교	1a. 지시받음 1b. 서비스제공	1a. 조작 1b. 원료공급 1c. 손질
2. 복사	2. 정보교환	2a. 조종 2b. 작동/통제 2c. 운전/통제
3a. 계산 3b. 정리	3a. 코칭 3b. 설득 3c. 변형	3a. 조준 3b. 설치
4. 분석	4a. 자문 4b. 지시 4c. 처리	
5a. 혁신 5b. 조정	5. 감독	
6. 종합	6. 협상 7. 멘토링(mentoring)	

주: 척도가 높을수록 기능은 복잡해짐.
자료: Fine, 1973.

① 직무분석의 목표설정단계

② 해당 직무의 과업(task) 규명단계

– 어떤 행동이 나타나는가?

– 개별 과업의 목표는 무엇인가?

– 개별과업이 어떤 작업조건하에 수행되는가? 등

③ 개별과업의 분석단계

이 단계에서 작업자의 기능은 자료, 사람, 사물이라는 세 가지 측면에서 측정된다. <표 4–2>에서 그 척도가 제시된다. <표 4–2>에서 제시된 기능들을 측정하는 데에는 자료, 사람, 사물과 관련되는 과업을 수행하는 데 소요되는 시간도 측정한다. 예를 들면, 어떤 작업자는 전체 작업시간 중 사람과 관련되는 기능을 수행하는 데에 60%, 자료관련 기능에 30% 그리고 사물관련 기능에 10%의 작업시간을 투입한다.

④ 표준성과 확정단계

이 단계에서는 작업자가 직무수행시 요구되는 성과의 수준이 제시된다. 예를 들면 타이피스트의 경우 "한 페이지에 하나 이상의 오타는 허용 안 됨" 등

⑤ 교육훈련 필요성 분석단계

해당 직무를 수행하는 데에 필요한 지식, 기능 및 정신적 요건 등을 밝혀 작업자가 이를 구비하도록 한다.

기능적 분석법은 서로 성격이 상이한 여러 직무들을 대상으로 적용하는 데 아무런 문제가 없지만, 그 결과를 가지고 바로 직무평가에 적용하는 데에는 한계가 있다. 이 기법은 작업자의 작업행동에 초점을 맞추었기 때문에 행동의 종류, 복잡성 정도 그리고 이에 따라 요구되는 자격요건의 수준을 보다 체계적으로 파악할 수 있다는 장점을 가지고 있다.

1.4.2 직위분석 질문지법

장점은 개별 직무에 대해 다각적이고 풍부한 정보를 획득할 수 있으며 이 기법을 적용할 수 있는 직무의 종류는 거의 제한이 없을 정도로 활용폭이 넓음

직위분석 질문지법(Position Analysis Questionnaire: PAQ)은 매코믹(McCormick)에 의해 개발되었는데 이 질문지는 194개의 항목으로 구성되어 있다. 이 중 187개의 항목은 성과관련 직무에 관한 것이며 나머지 7개 항목은 임금에 관한 것이다. 매코믹이 제시한 질문지 항목들은 6개의 범주로 구분되는데 첫째는 작업자가 직무를 수행하는 데 사용하는 정보의 원천에 관한 것이며, 둘째는 직무수행에 투입되는 정신적 과정, 셋째는 직무수행의 결과 나타난 성과(output)에 관한

표 4-3 직위분석 질문지의 6가지 범주

	기술(記述)	문항의 예
1. 정보의 투입	작업자가 직무를 수행하는 데 이용하는 정보를 어디에서 어떻게 얻는가?	글로 쓰여진 자료의 이용 거의 눈으로 식별함
2. 정신적인 과정	직무수행에 필요한 논리, 의사결정, 계획, 정보 처리활동 등은 무엇인가?	의사결정의 수준 코딩/해독(decoding)
3. 작업의 성과	직무활동에 필요한 육체적 활동은 무엇이며 어떤 기계, 도구, 수단이 동원되는가?	키보드 장치의 사용조립/해체
4. 타인과의 관계	직무를 수행하는 데 다른 사람과의 어떤 상호 작용이 존재하는가?	대중과 고객과의 접촉
5. 직무환경 및 상황	어떤 물리적인 또는 사회적인 상황에서 직무가 수행되는가?	높은 온도 대인간 접촉상황
6. 기타 직무 특성	직무수행과 관련된 다른 활동, 조건, 특성 등은 무엇인가?	구체적인 작업속도 직무구조의 양

자료: McComick, 1979.

것이다. 나머지 3개의 범주는 작업자의 타작업자와의 관계, 직무환경 내지 상황과의 관계 그리고 직무의 다른 기타 특성과 관련되는 것이다. <표 4-3>에서는 6개의 범주에 대한 기술(記述)과 문항의 예가 제시된다.

표 4-4 관리사의 역할

대인관계 역할 (interpersonal roles)	상징자 역할(figurehead role): 조직의 대표자로서 행사 및 사회적 의무를 수행
	지도자 역할(leader role)
	연락자 역할(liaison role): 특히 외부사람들과의 관계
정보적 역할 (informational roles)	수령자 역할(recipient role): 기업활동에 관한 정보를 수령하는 역할
	배분자 역할(disseminator role): 정보를 부하에게 배분
	대변자 역할(spokesperson role): 정보를 조직외부에 전달
의사결정 역할 (decision roles)	기업가 역할(entrepreneurial role)
	분쟁조정자 역할(disturbance-handler role)
	자원배분자 역할(resource-allocator role)
	교섭자의 역할(negotiator role): 다양한 사람들과 집단을 취급

자료: Minzberg, 19752.

<표 4-3>에서 제시된 직위분석 질문은 개별항목별로 사용범위, 소요시간, 직무에의 중요성, 발생가능성, 응용가능성 그리고 특수한 경우 등에 대해 기록하게 되어 있다.

이 기법의 장점은 우선 개별 직무에 대해 다각적이고 풍부한 정보를 획득할 수 있으며 이 기법을 적용할 수 있는 직무의 종류는 거의 제한이 없을 정도로 활용 폭이 넓다. 그러나 이 설문지로 측정된 점수를 가지고 개별 직무의 성과표준을 직접 산출하는 데에는 많은 무리가 따른다.

1.4.3 관리직 직무분석법

개별 항목의 해당 관리직무에서의 중요성 정도, 직무수행에 필요한 지식, 능력 등이 밝혀짐

관리직에 속하는 직무를 분석하는 것은 그 특성상 매우 복잡하다. 왜냐하면 관리자의 직무는 전통적으로 계획활동, 조직화활동, 지휘활동, 조정활동, 그리고 통제활동으로 구분하고 있지만 민쯔버그(Mintzberg)는 이에 대해 새로운 접근을 시도한 바 있다. 즉 그는 관리자의 일상적 근무를 관찰한 후 <표 4-4>와 같은 10가지 역할을 발견한 바 있다.

또한 관리자의 직무는 직급의 수준, 직종, 지역적 여건 그리고 조직의 특성에 따라서도 달라지기 때문에 이러한 점들을 고려하여 직무구조를 분류 · 측정하는 것은 간단하지 않다. 그럼에도 불구하고 토나우(Tornow)와 핀토(Pinto)는 관리직 직무를 파악하기 위해 208개의 항목으로 된 질문지를 개발했다. 이 질문지는 관리자 자신이 작성하도록 되어 있는데 그 내용은 13개의 범주로 분류할 수 있다(<표 4-5> 참조).

관리직 직무분석 질문지를 통해서 개별 항목의 해당 관리직무에서의 중요성 정도, 직무수행에 필요한 지식 · 능력 등이 밝혀지게 된다. 이 기법에 의해 나타난 결과는 타 관리직무로 이동하는 관리자의 교육의 필요성을 진단하고 나아가 관리직들 간의 상대적 가치를 평가하는 직무평가에 유용하게 활용된다. 그러나 직무의 행동적 요건, 근무성과의 측정에 활용하는 데에는 한계가 있다.

표 4-5 관리직 질문지의 구성

번호	범 주	정 의
1.	제품, 마케팅 그리고 재무 전략, 계획수립	장기적인 사업성장과 기업의 안정성을 얻기 위해 생각하고 계획수립하는 것
2.	다른 부서와 인력에 대한 조정	관리자가 직접적으로 통제하지 못하는 개인과 집단의 활동을 조정하는 것
3.	내부 경영통제	기업의 재무적 · 인적 그리고 다른 자원을 검토하고 통제하는 것
4.	제품과 서비스에 대한 책임	생산시기와 품질을 확실하게 하기 위해 제품과 서비스의 기술적인 측면을 통제하는 것
5.	대중 및 고객과의 관계	고객과 대중에 대해 직접적인 접촉을 통해 기업의 명성을 유지시키는 것
6.	높은 수준의 컨설팅	조직에서 제기되는 특별한 문제를 다룰 수 있는 기술적인 능력을 적용하는 것
7.	행동의 자율성	거의 직접적인 감독 없이 직무활동을 수행하는 것
8.	재무적인 약속의 승인	조직에서 행한 큰 재무적인 약속을 승인하는 것
9.	스텝의 서비스	사실확인과 기록정리와 같은 스텝의 서비스를 상사에게 제공하는 것
10.	감독	부하들과의 대면적인 접촉을 통해 다른 사람들의 작업을 계획하고 통제하고 조직화하는 것
11.	복잡성과 스트레스	마감시간을 맞추고 요구되는 직무활동을 수행하기 위해 높은 스트레스를 받으며 작업하는 것
12.	높아진 재무적인 책임	기업의 성과에 직접적으로 영향을 줄 거대한 재무적인 투자와 다른 재무적인 의사결정을 하는 것
13.	폭넓은 인력에 대한 책임	기업 내에서의 종업원에 영향을 미치는 인적자원관리와 정책에 대해 매우 폭넓은 책임을 지는 활동과 관련되는 것

자료: Tomow/Pinto, 1976.

1.5 직무기술서와 직무명세서

직무분석 활동의 산출물(output)

직무분석자는 직무에 대한 정보수집을 위한 적절한 방법의 선택과 직무분석기법을 동원하여 직무를 분석하는데 그 결과 직무기술서와 직무명세서가 작성된다. 이들이 바로 직무분석 활동의 산출물(output)이 된다.

해당 기업이 직무분석을 실시하는 데 특히 초점을 맞추는 목표에 따라 그

표 4-6 직무기술서와 직무명세서에 포함되는 사항

직무기술서	직무명세서
– 직무명칭 – 직무의 소속직군, 직종 – 직무내용의 요약 – 수행되는 과업 – 직무수행의 방법 – 직무수행의 절차 – 사용되는 원재료, 장비, 도구 – 관련되는 타직무와의 관계 – 작업조건(작업집단의 인원수, 상호작용의 정도 등)	– 직무명칭 – 직무의 소속직군, 직종 – 요구되는 교육수준 – 요구되는 기능/기술 수준 – 요구되는 지식 – 요구되는 정신적 특성(창의력, 판단력 등) – 요구되는 육체적 능력 – 요구되는 작업경험 – 책임의 정도

내용이 다소 다를 수도 있겠지만 일반적으로 직무기술서(job description)에는 직무의 내용, 직무수행에 필요한 원재료, 설비, 작업도구, 직무수행방법 및 절차 그리고 작업조건 등이 기록된다. 직무명세서(job specification)에는 해당 직무를 수행하는 작업자가 갖추어야 하는 자격요건, 즉 인적 특성에 대해 밝힌다. 기업 실무에서는 편의상 직무기술서에 직무명세서 내용을 같이 기술하고 있다. <표 4-6>에서는 직무기술서 및 직무명세서의 내용이 요약된다.

1.6 직무분석 결과의 활용

직무분석의 1차적 결과인 직무기술서와 직무명세서에 나타난 제 정보는 인사관리의 기능분야인 인력확보에서부터 인력방출까지의 활동에 대해 보다 양질(良質)의 의사결정을 하는 데에 활용되고 있다. 구체적인 활용방법 및 범위에 대해서는 이미 직무분석의 목적을 설명할 때 밝힌 바 있다.

직무분석의 결과는 기업 내 직무들을 의미 있게 분류하는 데에 결정적인 정보를 제공

또한 직무분석의 결과는 기업 내 직무들을 의미 있게 분류하는 데에 결정적인 정보를 제공해 준다. 직무분류란 여러 종류의 직무들을 직군별 혹은 직종별로 분류하는 것을 말하는데, 그 결과 역시 인사관리의 효율성을 높이는 데에 활용되고 있다. 여기서 직무분류의 기준은 반드시 어느 하나일 수는 없으며 직무분류를 통해 추구하려는 목적에 따라 기준이 다를 수 있다. 예를 들면, 인력개발을 위한 직무이동의 범위를 설계하기 위해서는 직무들을 전문성(專門性)과 정형성(定型性)을 기준으로 분류할 수 있겠다. 여기서 전문성이란 직무를 수행하

그림 4-2 직무의 전문성과 정형화 정도에 따른 직군분류

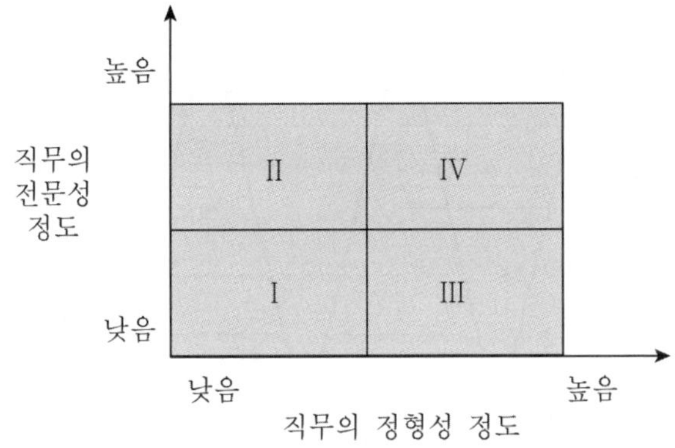

는데 요구되는 자격수준의 정도를 말하며, 정형성이란 직무수행절차, 직무일정의 결정절차, 직무내용 변경의 빈번한 정도 등을 기준으로 판단할 수 있다. 이상의 두 가지 직무분류 기준으로 해당기업에 존재하는 직무들을 <그림 4-3>과 같은 직군으로 분류할 수 있다.

<그림 4-2>에 나타난 직무의 정형성 정도가 낮은 직군(I, II)은 사무직

그림 4-3 A기업의 직군분류

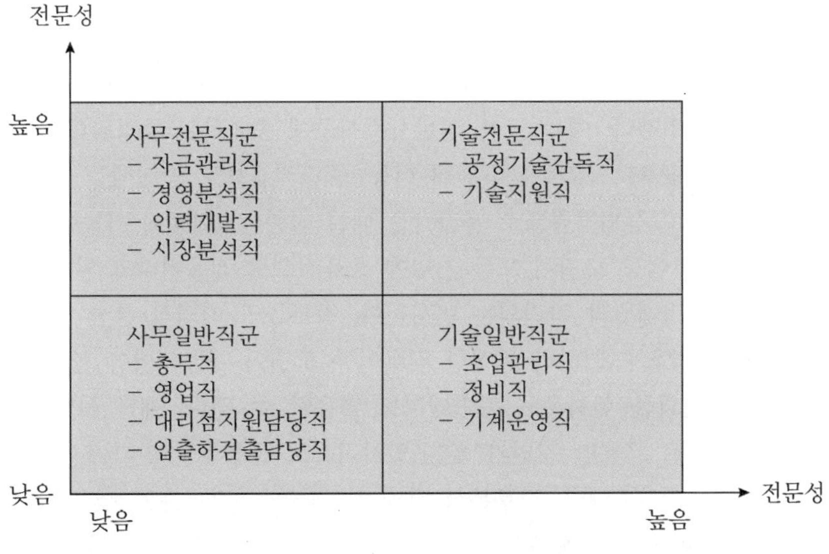

그림 4-4 직군분류에 따른 직무이동의 폭

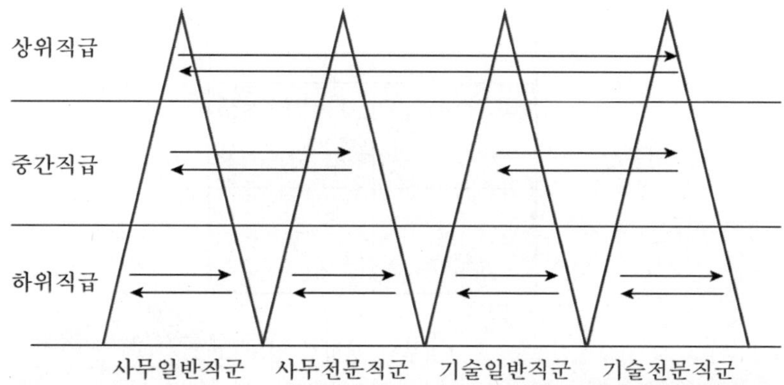

직무들에서 많이 발견되며, 기술직 직무들의 경우는 직무수행 방법 및 절차가 사무직보다도 훨씬 명확하고 표준화되어 있어 직무의 정형성 정도가 높은 직군으로 볼 수 있다. 사무직종 및 기술직종 공히 해당직무를 수행하는 데 요구되는 자격요건의 수준에 따라 직군의 구분이 가능하다. <그림 4-3>에서는 우리나라의 에너지관련 기업의 직무분석 결과를 직무의 전문성과 정형성을 기준으로 직군을 분류한 예가 제시된다.

<그림 4-3>에서 분류한 직군을 기준으로 A기업은 종업원의 경력개발, 특히 종업원의 직무이동의 폭을 <그림 4-4>와 같이 설계할 수 있다.

직무이동을 통한 인력개발의 한 모델로서 <그림 4-4>에서 나타난 바와 같이 종업원의 직급수준에 따라 직군 내 이동, 직군 간 이동 그리고 직종 간 이동을 구상할 수 있겠다. 예를 들면, 일반사무직군에 종사하는 종업원의 경우, 하위직급에서는 직군(예: 사무일반직군) 내 이동, 중간직급으로 승진했을 때에는 직군 간 이동 그리고 상위직급으로 올라갔을 때는 직종 간 이동이 가능한 것이다. 물론 이상의 직무이동 모델이 모든 기업에 효율적으로 적용된다고 말하기는 어렵다. 기업의 경력개발과 관련되는 인사철학, 직무들의 지역적 분산 정도 그리고 종업원의 경력욕구에 따라 적절한 직무이동 모델이 개발되어야 할 것이다.

직무분석 결과를 인력운용 측면에서도 활용할 수 있다. 예를 들면 인력을 정규직(고정직)으로 운용할 것인가 혹은 임시직으로 운용할 것인가에 대한 판단을 하는 데 활용할 수 있다. 직무분석 결과 직무들을 특정기준을 가지고 재분류할 수 있는데, 예를 들면 직무수행이 몇 년간 꾸준히 요구되는 직무들과 계절적

그림 4-5 직무재분류(예)

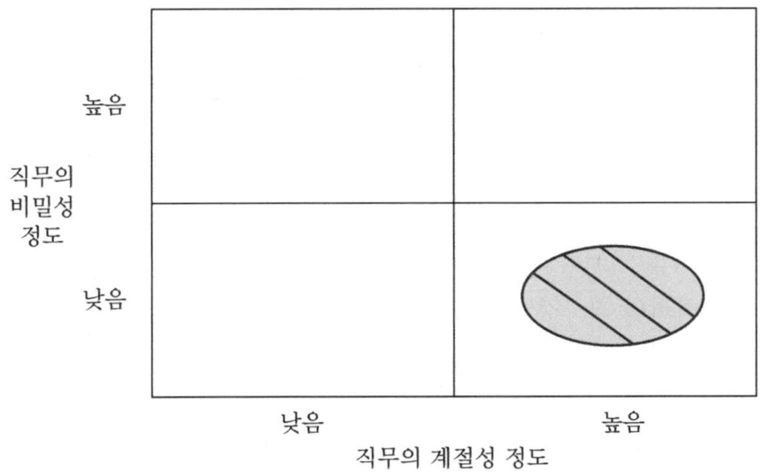

으로 혹은 특정상황이 발생할 때만 발생하는 직무군으로 분류할 수 있겠다. 이러한 기준 외에도 특정직무가 기업의 경쟁력과 관련하여 비밀을 요하는 직무들(예: 연구개발 및 마케팅 업무 등)인가 아닌가를 기준으로 분류할 수 있다. <그림 4-5>는 직무의 비밀성과 계절성을 기준으로 분류하여 인력운용에 있어서 임시직 운용의 필요성이 제시된다.

위의 <그림 4-5>에서 보여주듯이 빗금친 직무들의 경우 1년 중 특정계절(예: 스키장)에만 발생하기 때문에 이때 필요한 인력을 고정직(정규직)으로 고용했을 경우 일이 없는 다른 계절에도 인건비가 발생하기 때문에 인력운용이 효율적이지 못하게 된다. 그러나 직무가 계절적으로만 발생할지라도 이러한 직무가 기업의 경쟁력과 관련하여 비밀성이 높을 경우, 추가 인건비를 부담하더라도 고정직으로 고용해야 할 것이다.

이상에서 직무분석에 대한 정보수집방법, 기법 그리고 그 결과의 활용에 관한 기초이론을 소개했는데 끝으로 직무분석을 기업에서 실시할 때 발생할 수 있는 몇 가지 문제점과 대책을 아래에서 간략히 논의한다.

직무분석 활용에 따른 문제점 및 대책

첫째, 직무분석을 실시하기 전에 구체적인 목표에 대한 인식이 있어야 하겠다. 우리나라의 많은 기업에서는 외국에서 그리고 국내 타 기업에서 직무분석을 하기 때문에 구체적인 목표설정 없이 직무분석을 실시하는 경우가 많다. 이런 기업에서는 어렵게 직무분석을 실시한 후 직무기술서 작성 그 자체로 끝나는 경우가 많다. 결과물인 직무기술서를 가지고 인사관리의 개별기능분야의 활동에 적용시키고 직무의 재분류를 통한 새로운 의미 있는 직군개발 등 보다 적극적인 노력이 뒤따라야 되겠다.

둘째, 외국기업뿐만 아니라 우리나라 기업에서 직무분석을 실시할 때에 종종 종업원의 강력한 저항에 부딪치게 된다. 왜냐하면 직무분석의 목적과 그 필요성에 대한 사전이해가 되어 있지 않아 직무분석이 개별 직무수행자들의 직무에 대한 정보를 밝히게 되므로 이로 인한 불리한 직무배치, 직무통합 등 자신들에게 불이익을 가져다줄 수 있다고 믿기 때문이다. 따라서 성공적으로 직무분석을 실시하려면 최고경영층의 의지 표명을 통해 이로 인한 종업원의 불이익을 최소화시킨다는 기업의 인사방침에 대한 종업원의 신뢰를 먼저 끌어내어야 한다.

셋째, 어떤 기업이든 기술변화 등으로 인한 직무구조의 변화는 항상 일어나고 있다. 따라서 직무분석의 기간은 1년을 넘겨서는 곤란하다. 또한 직무분석은 정기·비정기적으로 계속적으로 실시함으로써 해당 직무에 대해 보다 정확한 정보를 유지할 수 있다.

[2] 직무평가

2.1 개념 및 목적

직무분석의 결과 밝혀진 직무의 구체적인 내용 및 이를 수행하기 위해 요구되는 작업자의 자격요건을 가지고 해당직무의 가치를 밝히는 것이 직무평가

일(직무)을 어떻게 만드느냐에 대한 문제는 직무설계의 문제이며, 만들어진 일의 내용을 밝히는 것은 직무분석 활동이다. 직무분석의 결과 밝혀진 직무의 구체적인 내용 및 이를 수행하기 위해 요구되는 작업자의 자격요건을 가지고 해당직무의 가치를 밝히는 것이 직무평가(job evaluation) 활동이다.

여기서 '직무의 가치'란 원래 보통의 작업자가 해당직무를 수행했을 때 그 결과(성과)가 기업의 목표달성에 얼마나 공헌하느냐를 기준으로 그 가치를 판단하는 것에서 출발했다. 즉 기업의 목표달성에 더 많이 공헌하는 직무를 다른 직무에 비해 더 가치가 있다고 보는 것이다. 예를 들면 건설회사의 경우 회사건물을 청소하는 일과 공사를 수주(受注)하는 일을 비교할 때 후자의 일이 건설회사

의 목표달성에 더 공헌을 많이 하는 직무라는 것은 당연하다. 그러나 기업현실에서는 개별 직무들의 성과와 기업의 목표달성과의 관계를 명확하게 규명한다는 것이 용이하지 않다. 왜냐하면 어떤 직무의 수행결과가 기업목표달성까지 연결되는 데는 중간에 수없이 많은 직무들이 존재하고 이러한 직무들조차도 그 성과가 다른 직무들의 성과와 높은 상호의존성을 가지고 있기 때문에 개별 직무를 기업 목표달성의 정도와 직접 연결해서 가치를 평가한다는 것은 현실적으로 매우 어려운 일이다.

이러한 이유로 직무의 가치에 대한 평가는 '직무의 기업목표 달성에의 공헌도'라는 기본 정신을 바탕으로 해당직무를 수행하는 데 요구되는 제 작업상황의 양적 · 질적 측면에 대한 가치를 평가하는 간접적인 방법을 택하게 된다. 예를 들면 다음과 같은 것들이 있다.

- 해당 직무의 수행에 얼마나 수준 높은 자격요건이 필요한가?
- 직무수행과정에 있어서 정신적 · 육체적 노력의 집중도(intensity) 및 그 부담은 어느 정도 되는가?
- 해당 직무를 수행하는 데 작업자에게 위해요소가 얼마나 있는가? 등

이러한 관점에서 직무평가는 개별 직무의 절대적인 가치를 평가하는 것이 아니고 그 기업에 존재하는 다른 직무들과의 '상대적인 가치'를 평가하는 것이다.

직무평가는 임금의 공정성을 위한 수단

직무평가는 산업화가 진행되는 과정에서 나타난 임금의 공정성 문제를 극복하기 위한 하나의 중요한 수단으로 시작되었다. 이러한 작업은 20세기 초까지 서양기업에서는 자업자가 만든 생산량을 기준으로 임금을 결정하는 '성과급' 일변도의 임금형태가 주류를 이루었는데 여기서 공정성과 관련해서 문제가 되었던 것이 바로 임률(wage rate)이다. 즉 같은 기업에서 A부품을 하나 만드는 데는 개당 1,000원을 주고 B부품을 하나 만드는 데 개당 2,000원을 주는 경우, 왜 B부품 생산에 더 높은 임률을 적용시키느냐에 대한 해명이 필요했던 것이다. 뿐만 아니라 당시 기업들은 성과급 임금형태가 가져다주는 문제점[2]을 극복하여 시간급 내지 월급 등 고정급으로 전환하여 종업원에게 소득의 안정성을 보장함으로써 해당 기업의 노동시장에서의 경쟁력을 확보하려는 동기도 깔려 있었다. 이러한 동기에서 출발한 직무평가 활동은 20세기에 들어와 테일러의 과학적 관리법의 주창으로 직무에 대한 구조, 내용, 수행과정 등에 대한 과학적 연구결과를 바탕으로 도입되기 시작했다(Zander/Knebel, 1978).

2) 본 저서의 제5편 인력보상에서 자세히 논할 예정임.

직무평가 활동이 추구하는 목적은 아래와 같다.

직무평가 활동의 목적

① 임금의 공정성 확보

직무평가에서는 기업의 목표달성에 대한 개별 직무의 중요성, 수행상의 난이도, 작업환경상의 위험도 등이 조사되어 중요성 · 난이도 · 위험도가 높은 직무에 더 높은 점수를 부여하여 그렇지 않은 다른 직무보다 더 가치가 높은 것으로 평가하게 된다. 따라서 평가결과, 직무가치의 점수가 높은 직무를 수행하는 작업자에게 직무가치가 낮은 직무수행자 보다 더 많은 임금을 주는 것을 공정성의 논리로 삼자는 데 그 목적을 두고 있다. 이러한 기준에 의한 임금의 공정성이 확보되면 기업 측의 경우 인건비 지출에의 합리성을 높이며 임금과 관련된 종업원과의 갈등을 최소화시킬 수 있게 된다. 이러한 공정성 논리는 임금은 기업의 수익에서 나오며 이 수익은 종업원의 성과에 의해 결정된다는 기업활동 논리를 수용하는 것이 그 전제가 된다. 어떤 기업의 종업원이 "사장도 하루에 8시간 일하고 나도 하루에 8시간 일하는데 사장은 나보다 월급이 5배 많은 건 잘못된 것이다"라고 주장하는 기업풍토에서는 이러한 직무평가 활동은 임금의 공정성 확보에 전혀 공헌할 수 없게 된다.

② 인력확보 및 인력배치의 합리성 제고

예를 들면, 500명의 종업원들을 고용하고 있는 기업에서 개별 직무가 요구하는 자격요건은 직무분석의 결과에 의해 그 정보를 확보하고 있지만 이 500명과 주어진 개별직무들 간의 적합성이 완벽할 수만은 없다. 따라서 직무의 중요성, 난이도 등 직무가치의 정도에 따라 종업원의 능력을 기준으로 인력배치의 합리성을 제고시킬 수 있다. 즉 직무가치가 높은 직무들에 대해서는 보다 능력 있는 종업원을 정규직에 배치하고 직무가치가 낮은 직무들에는 기업의 인건비 부담능력 등을 고려하여 비정규직에 배치하는 것을 고려할 수 있다.

③ 인력개발의 합리성 제고

인력개발의 중요한 수단인 직무이동 경로(경력경로: career path)를 설계할 때 기업 내 여러 직무들 간의 직무의 중요성, 난이도 등의 직무가치 정도에 따라 보다 합리적인 이동경로를 설계할 수 있다.

이상에서는 직무평가에 대한 개념, 생성배경 그리고 목적에 대해 설명했는데 이를 기초로 직무연구의 세 분야인 직무설계, 직무분석 그리고 직무평가 간의 관계를 <그림 4-6>과 같이 제시할 수 있다.

그림 4-6 직무설계, 직무분석, 직무평가 간의 관계

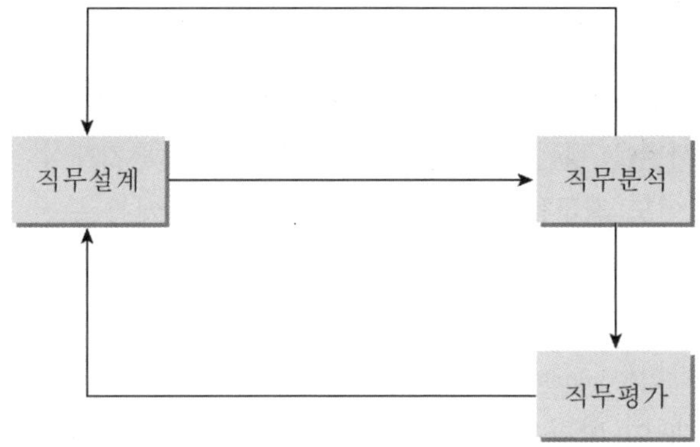

2.2 직무평가의 방법

가장 많이 적용되고 있는 직무평가 방법으로서 서열법, 분류법, 점수법, 그리고 요소비교법 등이 있다. 아래에서는 이에 대한 내용을 구체적으로 살펴본다.

2.2.1 서 열 법

서열법은 직무평가자가 평가하려는 직무들의 직무기술서 및 직무명세서를 가지고 이들 직무들의 상대적인 가치를 해당 직무들에 대해 기업의 목표달성관련 중요도, 직무수행상의 난이도, 작업환경 등을 포괄적으로 고려하여 그 가치에 따라 서열을 매기는 방법이다.

직무평가자가 평가하려는 직무들의 직무기술서 및 직무명세서를 가지고 포괄적으로 고려하여 그 가치에 따라 서열을 매기는 방법

서열법은 가장 간편한 방법이나 평가자의 주관성을 배제하는 장치가 거의 없다. 이와 관련하여 직무들의 가치에 대한 서열을 매기기 위해 몇 가지 방법들이 개발되어 있기도 하다.

① 일괄서열법(alteration method): 평가대상 직무들 전체를 놓고 가장 가치가 높다고 판단되는 직무와 가장 가치가 낮다고 판단되는 직무를 선정하고, 그 다음 나머지 직무들에 대해 위와 같은 방법을 계속적으로 적용하여 전체 직무들의 서열을 매기는 방법이다. 이 방법은 주어진 직무들 중 가

장 높은 가치와 가장 낮은 가치라는 극단적인 방법을 동원하기 때문에 나름대로 주관성을 줄일 수 있으며 서열매김이 보다 용이하기 때문에 많이 도입되고 있다.

② 쌍대비교법(paired comparison method): 평가대상 직무들을 2개씩 짝을 지어 그 서열을 평가하는 방법이다. 이 방법은 평가대상 직무들이 몇 십 개만 되어도 직무들 간의 비교활동을 수백 번에서 수천 번해야 하는 번거로움이 따르기 때문에 이 방법은 규모가 어느 정도 큰 기업에서는 별로 도입하지 않고 있다.

③ 위원회방법(committee method): 평가위원회를 설치하여 서열을 평가하는 방법인데 이 방법은 서열매김의 방법이라기보다 여러 명이 서열매김에 참여하기 때문에 평가에의 주관성을 줄이자는 데 의미가 있다.

어떤 방법을 동원하던 간에 직무평가를 서열법에 의하여 실시할 경우, 장점으로서 다른 직무평가방법에 비해 간단&용이함을 들 수 있겠지만, 이러한 장점에 비해 아래와 같은 몇 가지 단점이 있다.

① 전체적으로 볼 때 서열법은 평가자의 주관이 개입될 소지가 크다.

② 평가결과 직무들 간의 서열이 매겨졌을 때 서열 간 직무가치의 차이 정도를 파악할 수 없다. 즉 서열 1위와 2위 간의 직무가치의 차이가 서열 7위와 8위 간의 직무가치의 차이와 같을 수만은 없는 것이다.

③ 기업의 규모가 커서 평가대상 직무수가 많을 때 직무평가자의 평가능력의 한계가 예상되어 평가의 신뢰도를 확보하기가 어렵다.

④ 특히 유사직무가 많을 경우 그 서열은 매기기가 매우 어렵다. 앞의 경우와 같이 평가의 신뢰도 문제가 심각히 제기된다.

이상에서 살펴본 서열법의 장단점을 고려해 볼 때, 이 방법은 소기업에서는 도입이 가능하지만 대기업에서는 측정상의 신뢰도를 확보하는 데 어려움이 많기 때문에 도입이 바람직하지 않다.

2.2.2 분 류 법

사전에 작성한 직무의 제 등급을 표시하는 표에 평가하려는 해당 직무를 분류하는 방법

분류법(job classification)은 등급법(job grading method)이라고도 불려지는데 사전에 작성한 직무의 제 등급을 표시하는 표에 평가하려는 해당 직무를 분류하는 방법이다.

여기서 직무의 제 등급을 나타내는 표는 직무의 중요성, 난이도, 직무환경

표 4-7 직무등급표 – 생산직종의 예

등급	정 의
1	매우 단순하고 반복적인 과업들을 수행하거나 혹은 비반복적인 과업이라 하더라도 사고(思考)의 필요성이 거의 없는 경우.
2	사전에 간단한 학습(훈련)을 필요로 하는 과업들. 직무를 수행하면서 일하는 방법을 배울 수 있기 때문에 사전 직무경험이 반드시 필요하지는 않음. 엄격한 감독 하에서 직무가 수행됨.
3	과업들은 다양하지만 본질적으로 반복적인 것임. 그러나 직무수행의 절차는 회사의 방침이나 작업규칙에 의해 결정되어 있음. 직무수행에 대한 간단한 지시와 같은 업무 감독 하에서 직무가 수행됨. 직무를 수행하는 데 특히 제한된 의사결정 권한이 드물게 부여됨. 직무수행에 있어 약간의 판단력이 요구됨
4	과업들이 다양하며 이를 수행하기 위해서는 어느 정도의 직무경험이 필요함. 직무수행에 있어 자주 판단력을 필요로 하며 독자적인 사고(思考)가 요구됨. 직무는 보통 정도의 감독 하에서 수행됨.
5	과업들이 특정분야에서 기술적 수준을 어느 정도 요구하며 특화되어 있음. 작업자 자신의 독자적 판단력이 작업수행에 빈번하게 발생함. 직무는 보통 정도의 감독 하에 수행됨. 해당 직무수행자는 몇 명의 하위직급 작업자들을 지휘할 수도 있음.
6	과업들에 높은 수준의 책임이 부여되어 있으며 직무수행시 독자적인 판단을 해야 함. 또한 높은 수준의 전문기술이 요구됨. 직무는 보통정도의 감독 하에 수행됨. 소규모의 하위 작업집단을 지휘하고 조정하는 업무가 있을 수 있음.

자료: Barley, 1981.

등을 고려하여 개별등급에 대해 포괄적으로 기술(記述)하게 된다. 직무등급표의 예가 <표 4-7>에서 제시된다.

분류법에 의한 직무평가는 개별직무의 직무기술서 및 직무명세서를 가지고 생산직종의 경우 <표 4-7>에서 기술된 각 등급별 내용과 비교하여 어느 한 등급에 분류시켜 그 직무의 등급을 결정하는 것이다. 이 방법의 장단점은 아래와 같다.

■ 장 점

① 해당직무를 평가할 때 주어진 등급(5~10개 등급)으로 분류만 하기 때문에 다른 직무평가 방법보다도 실시과정이 간단하고 용이하다.

② 분류법은 기업에서 도입하는 데 비용이 별로 발생하지 않는다.

③ 평가대상 직무들이 가지고 있는 자격요건의 수준등급이 몇 개 되지 않는 경우 이 방법은 매우 효과적으로 적용된다.

■ 단 점

① 개별 등급에 대한 정의를 내리는 것이 어렵다. 특정 평가대상 직무를 어

느 등급에 분류시키기 위해서는 개별등급에 대한 정의가 명확해야 하는 데 특히 중간등급(전체 6등급 중 3~4등급의 경우)에 대한 차별화가 명확한 정의를 내리는 데에 어려움이 있다.

② 개별등급들은 여러 직무들이 갖고 있는 가치를 공통적으로 포함시켜야 되기 때문에 그 정의가 넓은 일반성을 지닌 개념을 사용할 수밖에 없는 데 이렇게 되면 기술한 정의에 대한 해석상의 논란이 생길 수 있다.

③ 직무평가시 어느 등급에 분류시키느냐에 대한 의사결정에 나중에 기술할 점수법이나 요소비교법보다 주관적 판단이 개입될 소지가 많다.

이상에서 살펴본 분류법은 직무평가가 등급표를 개발하는 데 정확도 측면에 어려움이 있기는 하지만 기업에서의 직무평가 방법으로 매우 선호되고 있다.[3] 그러나 이러한 분류법이 종업원으로부터 높은 수용도를 획득하기 위해서는 산업별(금속, 화학 등), 직종별(사무직종, 생산직종)로 그에 맞는 직무등급표를 개발해야 할 것이다.

2.2.3 점 수 법

평가대상인 개별직무의 가치를 점수화하여 표시하는 기법

점수법(point rating method)은 한마디로 평가대상인 개별직무의 가치를 점수화하여 표시하는 기법으로서 평가과정은 다음과 같다.

제1단계: 평가요소의 선정

제2단계: 평가요소에 대한 가중치 설정

제3단계: 평가요소에 대한 점수부여

아래에서는 점수법에 의한 단계별 평가문제를 논의한다.

1) 제1단계: 평가요소의 선정

개별직무의 어떤 측면을 평가할 것인가를 결정하는 것이 바로 제1단계의 주요 과제이다. 어떤 평가요소가 직무평가에 적용될 것인가에 대해서는 기업 측과 종업원 측 사이에 상이한 주장이 종종 있어 이것이 직무평가를 매우 어렵게 만들고 있기 때문에 아래에서는 평가요소에 대한 고전적 모델을 우선 소개한다. 직무평가를 위한 평가요소선정에 대해서는 독일과 미국에서 약 50여 년 전에 이미 많은 논의를 한 바 있다. 1950년 스위스 쥬네브에서 개최되었던 국제직무

3) 독일기업에서는 노조와의 임금교섭시 이 직무등급표 내용자체가 중요한 협상내용이 되며 관리직을 제외한 종업원의 임금을 이 직무등급표를 기준으로 책정한다.

표 4-8 직무평가요소 – REFA 모델

대분류	정 의
1. 지식	직무교육수준 경험 사고능력(思考能力)
2. 숙련	손기술 신체적 유연성
3. 책임	고유 업무에 대한 책임 타작업자 업무에 대한 책임 타작업자 안전에 대한 책임
4. 정신적 노력	주의력 정신적 작업수행
5. 육체적 노력	다양한 근육활동 일면적 근육활동 정태적 근육활동
6. 작업환경	온도 소음 흔들림 조명 습도, 기름, 오염 먼지, 가스, 증기 재해위험 질병위험

자료: Zander/Knebel, 1978.

표 4-9 직무평가요소 – 라이틀(Lytle)의 모델

대분류	세부분류
1. 숙련	지능적 숙련(intellectual skill) 육체적 숙련(physical skill)
2. 노력	정신적 노력(mental effort) 육체적 노력(physical effort)
3. 책임	대인적 책임(responsibility for others) 대물적 책임(responsibility for equipment and material)
4. 작업환경	위험도(hazard) 불쾌도(uncomfortableness)

자료: Lytle, 1954.

평가 학술대회에서 독일 레파(REFA)연구소에서 제안했던 평가요소는 <표 4-8>에서 제시된다.

또한 당시 미국에 보급되어 거의 표준화되어 있는 직무요소를 1954년 라이틀(Lytle)은 <표 4-9>와 같이 제시한 바 있다.

<표 4-8>과 <표 4-9>에서 보는 바와 같이 직무평가요소의 구분에 대해 독일의 REFA 모델(6개의 평가요소)은 미국의 라이틀(Lytle) 모델(4개의 평가요소)에 비해 요소들을 보다 자세하게 분류한 점이 특징이지만 내용면에서 크게 다른 점은 발견되지 않는다.

자크(Jaques)는 평가요소의 선정에 대해 기존의 모델과 시각을 완전히 달리하는 이론을 제안하기도 했다(Jaques, 1978). 그는 기존의 여러 개의 직무평가요소를 하나로 할 것을 주장하면서 그 대안으로 '자유재량의 허용시간 폭(the time span of discretion)'을 제시했다. 이 개념은 한 작업자가 어떤 일을 자기가 결정하여 수행했을 때 이 일에 대해 그의 상사가 평가하기까지의 기간을 말한다. 예를 들면 미숙련공의 경우 하루에도 여러 번 그의 상사에 의해 업무가 체크되어 이 작업자의 자유재량의 허용시간 폭은 몇 시간에 불과하지만 기업의 사장이 한 의사결정은 대개 1년 후 주주총회에서 평가되기 때문에 그 허용시간 폭은 1년이 되는 것이다. 쟈크에 의하면 자유재량의 허용시간 폭이 길면 길수록 직무의 가치는 더 높다는 것이다. 쟈크의 주장은 직무평가에 대해 새로운 일면을 보여주기는 하지만 '자유재량의 허용시간 폭'과 개별 직무의 가치와의 관계 간의 유의성(有意性)에 대한 과학적 검증이 아직 미흡한 상태이다.

아래에서는 하나의 예로서 직무평가 요소는 숙련(기술), 노력, 책임 그리고 작업조건 등 4가지로 하여 점수법의 과정을 계속 살펴본다.

2) 제2단계: 평가요소에 대한 가중치 선정

특정직무의 가치를 측정할 때에 직무의 어떤 측면을 가지고 측정할 것인가는 위에서 살펴보았다. 측정하고자 하는 직무의 제 측면을 평가요소라고 한다. 이는 직무를 성공적으로 수행하는 데 요구되는 능력(숙련도, 기능수준, 지식수준 등), 직무수행에 투입해야 하는 노력의 정도, 직무수행 결과에 대한 책임의 정도 그리고 직무를 수행하는 작업조건이 얼마나 불리하고 어려운가 등에 대해 측정해야 한다. 문제는 위에서 열거한 평가요소들이 특정직무의 가치를 평가하는 데 똑같이 중요한지 혹은 직무의 특성에 따라 중요성이 다른지를 판단해야 한다. 중요성의 정도는 가능한 한 객관적인 사실을 기준으로 판단해야 하는데, 여기에

표 4-10 평가요소의 가중치 – 전자산업 생산직종(예)

평가요소		가중치(%)	
대분류	소분류	소분류	대분류
숙련	경험 교육수준 창의력	22 14 14	50
노력	육체적 노력 정신적 노력	10 5	15
책임	설비 원재료 및 제품 타인의 안전 타인의 작업	5 5 5 5	20
직무조건	작업환경 위험도	10 5	15
계		100	

자료: Bartley, 1981.

는 해당 평가요소의 기업 전체목표 달성관점에서의 중요성, 개별 직무의 성공적 수행을 위한 중요성 등이 중요한 판단기준이 된다. 예를 들면, 자동화설비가 도입된 작업장에서 직무수행에 투입하는 작업자의 '육체적 노력'은 직무가치 평가에 있어서 비중이 높을 수가 없다. 왜냐하면 직무의 성과창출을 위한 대부분의 일을 기계가 하고 작업자의 육체적 노력은 그렇게 중요하지 않기 때문이다. 가중치에 대한 일반적인 추세는 기술혁신 및 자동화가 진행됨에 따라 노력, 숙련에 대한 가중치는 줄어들고 책임에 대한 가중치는 증가한다.

이러한 시각에서 미국의 전자제조협회에서는 생산직종에 속하는 직무의 가치를 평가하는데 적용시킬 수 있는 평가요소에 대한 가중치를 <표 4-10>과 같이 제시한 바 있다.

3) 제3단계: 평가요소에 대한 점수부여

이 단계에서는 가중치가 부여된 개별 평가요소들(소분류)에 대한 점수를 부여해야 한다. 점수부여 자체가 바로 직무평가 활동의 중심이 된다. <표 4-10>에서 제시된 평가요소의 가중치 표를 가지고 해당직무의 직무기술서 및 직무명세서를 대비시켜 평가를 해야 한다. 이 과정에 평가자의 주관이 개입될 소지가 상당히 크기 때문에 이를 줄이기 위해 아래의 작업을 사전에 실시해야 한다.

표 4-11 교육수준에 대한 등급별 점수부여

교육수준	초졸 이하	초졸	중졸	고졸	전문대졸	대졸	대학원
등급별 점수	0	2	3	4	5	6	7

① 각 평가요소들(예: 경험)에 대해 평가구간을 설정해야 한다. 예를 들면 직무를 성공적으로 수행하는 데에 요구되는 직무경험은 개별 직무마다 다를 것이다. 그러나 전체직무로 볼 때 요구되는 직무경험이 6개월 정도에서 5년 이상에 걸쳐 있을 때 평가구간을 예로서 5개월로 설정할 수 있다. 이 평가구간을 등급으로 나타낸다.

② 설정된 구간별 정의를 명확히 해야 한다. 예를 들면, 요구되는 교육수준의 경우 <표 4-11>과 같은 등급별 점수부여치를 제시해야 한다.

<표 4-11>과 같은 표를 직무평가요소(소분류)별로 작성하여 직무평가자가 직무기술서 및 직무명세서를 가지고 점수를 부여할 때 주관적인 평가를 배제시킬 수 있다.

이렇게 평가된 평가요소별(소분류) 점수는 해당 평가요소에 부여된 가중치의 점수로 전환시켜야 한다. 예를 들면 <표 4-11>에 제시된 교육수준의 가중치는 직무전체 점수를 100점으로 할 때 14점이기 때문에 요구되는 교육수준이 고졸인 경우 점수는 8점으로 산정된다. 이와 같은 점수부여를 전체 평가요소에 실시하게 되면 개별 직무의 가치가 점수로 산정되는 것이다.

직무평가에 있어서 점수법이 갖고 있는 장단점은 아래와 같다.

■ 장 점

점수법의 장점

① 개별 직무에 대한 가치가 점수로 명확하게 산정되며 직무들 간의 가치 비교를 보다 구체적으로 할 수 있다. 즉 서열법에서는 두 직무의 가치가 1위, 2위로만 나와 그 가치의 차이를 알 수 없으나 점수법에서는 A직무 85점, B직무 78점으로 나와 두 직무 간의 가치의 차이에 대한 구체적인 정보를 획득할 수 있다.

② 일단 평가요소 및 가중치가 결정이 되면 그 후의 평가과정에서는 평가자의 주관을 최소화할 수 있다. 예를 들면 직무명세서에서 요구되는 교육수준이 '고졸'로 되어 있는데 직무평가자가 '중졸'에 해당하는 점수를 줄 수 없기 때문이다.

③ 직무들 간의 상대적인 가치의 크기에 대한 구체적이고 점수화한 정보를

획득할 수 있기 때문에 직무가치를 기준으로 하는 임금수준을 결정할 때 여러 직무들 간의 임금격차에 대한 합리성 및 공정성을 보다 많이 확보할 수 있다.

■ 단 점

① 직무의 평가요소에 대한 가중치 설정에 문제가 제기될 수 있다. 우선 직무평가자의 주관성이 개입될 소지가 있으며, 또한 기업 측이 보는 평가요소의 가중치와 작업자가 보는 가중치가 다를 경우 평가결과에 대한 종업원의 수용성을 확보하는 데에 어려움이 예상된다.

점수법의 단점

② 이 방법을 개발하는 데에는 상대적으로 시간과 비용이 많이 발생한다.

2.2.4 요소비교법

직무평가의 한 기법인 요소비교법(factor comparison method)은 서열법에서 발전된 기법으로서 서열법이 여러 직무들을 포괄적으로 가치를 평가, 서열을 매기는 반면 요소비교법은 여러 직무들을 전체로 비교하지 않고 직무가 갖고 있는 요소별(앞의 점수법에서 논의한 평가요소) 직무들 간의 서열을 매기는 데에서 출발한다. 요소비교법은 서열법보다 훨씬 복잡하고 요소별 서열을 가지고 임금과 직접 연결시키는 점이 다르다.

여러 직무들을 전체로 비교하지 않고 직무가 갖고 있는 요소별 직무들 간의 서열을 매기는 데에서 출발

요소비교법의 주요 특징은 아래와 같다.

① 직무평가자가 평가하려는 직무의 수(數) 전부를 염두에 둘 필요가 없다.

② 직무평가자는 직무에 대해 여러 측면(요소: 평가요소)을 개별적으로 평가한다.

③ 평가하는 직무요소는 대개 5~7개 정도로 점수법에서 사용하는 평가요소의 수(數)보다 적다.

요소비교법의 실시하는 단계는 아래와 같다.

제1단계: 평가요소의 선정

제2단계: 대표 직무들을 선정함

제3단계: 대표 직무들을 평가요소별로 서열을 매김

제4단계: 대표 직무의 임금을 평가요소들에 배분함

제5단계: 각 직무들의 요소별 서열과 배분된 임금의 서열을 비교함

제6단계: 대표 직무들의 직무평가 결과를 기준으로 다른 직무들을 평가함

아래에서는 요소비교법의 단계별 내용을 소개한다(Mondy/Noe Ⅲ, 1993).

1) 제1단계: 평가요소의 선정

요소비교법과 관련하여 아래의 5가지 요소를 평가할 수 있다.

① 정신적 요건: 지적 능력, 합리성, 상상력 등 정신적 특성

② 숙련: 손기술, 신체적 유연성

③ 육체적 요건: 앉거나, 서고, 걷고, 어떤 것을 들어올리는 것과 같은 육체적인 활동

④ 책임: 원재료, 금전, 기록, 감독에 대한 책임

⑤ 작업조건: 소음, 조명, 환기, 위험도, 근무시간 등

기업에서 평가요소를 선정할 때 위에서 제시한 평가요소에 해당기업의 특성이 고려되어진 평가요소에 평가요소들을 가감할 수 있다.

2) 제2단계: 대표직무들을 선정함

해당기업이 속한 업종에 따라 대표직무(key jobs)는 다양하게 선정될 수 있다. 대표직무란 해당기업의 목표달성과 관련하여 중요하면서 없어서는 안 될 직무들이 우선 고려대상이 된다. 예를 들면 정보산업 분야에 속하는 한 기업에서는 시스템 분석직(system analyst), 자료입력직(data entry clerk), 프로그래머(programmer) 그리고 계기작동직(console operator) 등을 대표직무들로 선정할 수 있겠다.

3) 제3단계: 대표직무들을 평가요소별로 서열을 매김

대표직무로서 평가요소별 서열은 해당요소의 중요성 정도, 난이도 정도를 가지고 판단하는데 이를 위해서는 직무기술서 및 직무명세서가 필수적으로 구비되어야 한다. 다음 <표 4-12>에서는 요소별 서열의 예가 제시된다.

표 4-12 평가요소별 서열(예)

요소 \ 직무	시스템분석직	자료입력직	프로그래머직	계기작동직
정신적 요건	1	4	2	3
숙련	4	1	3	2
육체적 요건	2	1	3	4
책임	1	4	2	3
작업조건*	3	1	4	2

* 작업조건이 열악할수록 상위서열이 됨.

표 4-13 평가요소별 임금배분(예)

요소 \ 직무	시스템분석직	자료입력직	프로그래머직	계기작동직
시간당 임금	36,000	24,000	31,800	25,800
정신적 요건	12,000(1)*	4,500(4)	10,200(2)	6,900(3)
숙련	6,000(4)	8,100(1)	7,500(3)	7,800(2)
육체적 요건	2,400(2)	2,700(1)	2,100(3)	1,800(4)
책임	12,000(1)	4,500(4)	9,000(2)	5,400(3)
작업조건	3,600(3)	4,200(1)	3,000(4)	3,900(2)

* ( ) 속의 숫자는 서열임.

4) 제4단계: 대표직무의 임금을 평가요소들에 배분함

대표직무들에 지급되는 시간당 임금을 평가요소들에 배분한다. 배분시 고려되어야 하는 것도 해당 직무가 성과를 창출하는 데 어떤 직무요소가 중요하며 공헌도가 더 큰가를 기준으로 잡는다. 예를 들면 시스템분석직의 경우, 이 직무를 수행하는 데는 육체적 노력보다 지적능력, 상상력, 창의력 등 정신적 요건이 성과창출에 훨씬 중요하며 그 공헌도가 높음을 쉽게 파악할 수 있다. <표 4-13>에서는 대표직무들의 임금을 개별 평가요소에 배분한 예가 제시된다.

표 4-14 직무요소별 난이도 서열과임금배분액 서열의 비교

직무요소 \ 서열 \ 직무		시스템분석직	자료입력직	프로그래머직	계기작동직
정신적 요건	난이도서열	1	4	2	3
	임금서열	1	4	2	3
기능	난이도서열	4	1	3	2
	임금서열	4	1	3	2
육체적 요건	난이도서열	2	1	3	4
	임금서열	2	1	3	4
책임	난이도서열	1	4	2	3
	임금서열	1	4	2	3
작업조건	난이도서열	3	1	4	2
	임금서열	3	1	4	2

5) 제5단계: 각 직무들의 요소별 서열과 배분된 임금의 서열을 비교함

제5단계의 목적은 직무들 간의 난이도 서열과 임금배분액을 기준으로 한 서열을 비교함으로써 직무요소별로 난이도 서열 및 임금배분액의 타당성을 검토하는 데 있다. <표 4-14>에서는 직무요소의 난이도 서열과 임금배분액의 직무요소별 서열이 종합적으로 제시된다. <표 4-14>에서 보면 직무요소들에 대한 난이도 서열과 임금배분액의 서열 간에 불일치한 경우가 없다. 그러나 불일치한 곳이 발견되면 이에 대한 원인규명과 조정작업이 이루어지게 된다.

6) 제6단계: 대표직무들의 직무평가 결과를 기준으로 다른 직무들을 평가함

요소비교법은 우선 그 기업의 목표달성에 공헌하는 대표적인 직무들을 우선 평가한 후 나머지 직무들을 대표직무의 평가결과를 기준으로 하나씩 평가하게 된다. 이렇게 함으로써 전체 직무를 동시에 평가함으로써 나타나는 복잡성을 줄이고 평가에의 타당도를 확보하는 데 도움이 된다.

이상에서 설명한 직무평가의 요소비교법은 아래의 장단점을 가지고 있다.

■ 장 점

요소비교법의 장점

① 직무평가 결과가 바로 임금책정과 연결되어 임금의 공정성 확보에 상당히 기여할 수 있다.

② 직무평가의 과정이 다른 평가방법에 비해 매우 정교하게 짜여져 있어 평가의 타당도 및 신뢰도 확보 면에서 우월하다.

③ 유사한 직무 및 기업 내 전체직무를 평가하는 데 용이하다.

■ 단 점

요소비교법의 단점

① 대표 직무들의 평가요소들에 대한 서열을 매길 때 주관적 판단을 배제하기가 어렵다.

② 개별직무의 임금을 평가요소에 배분하는 과정에 주관적 판단이 개입될 소지가 높다.

③ 평가방법과 그 과정이 복잡하여 종업원의 수용성(acceptance)을 끌어내는 데에 많은 노력이 요구된다.

이상에서 제시한 요소비교법의 단점을 극복하기 위해서 기업에서는 대개 직무평가 위원회를 구성하여 개별평가자의 주관적 평가를 최소화시키려 하고 있으며 또한 외부전문가를 초빙하여 기업 내 직무평가위원회와의 긴밀한 협력을 통해 평가의 타당도와 신뢰도를 높이려는 방안도 채택하고 있다.

이상에서 설명한 직무평가의 제 방법의 특징은 <표 4-15>에서 비교된다.

표 4-15 직무평가방법의 특성비교

특성 \ 방법	서열법	분류법	점수법	요소비교법
비교유형	직무 대 직무	직무 대 등급정의	직무 대 점수표	직무 대 직무
요소의 수	없음	없음	10~15개	7개 미만
표준척도	없음	직무등급을 분류한 단일척도	직무요소별 점수척도	직무요소별 서열척도 및 임금
타기법과의 유사성	요소비교법의 초기형태	점수법의 초기형태	분류법의 세분화된 형태	서열법의 발전된 형태

직무평가를 실시할 때 일반적으로 다음과 같은 몇 가지 문제들이 제기된다.

첫째, 평가결과에 대한 종업원의 거부 내지 저항이 발생할 수 있다. 왜냐하면 직무평가의 결과는 서양기업에서는 주로 임금책정의 합리성을 제고시키는 데에 활용하기 때문에 직무평가의 결과로 인해 임금관련 불이익을 당하는 집단이 종종 나올 수 있기 때문이다.

둘째, 평가요소의 선정(점수법, 요소비교법)에 있어서 기업 측과 종업원 측 간의 마찰이 생길 수 있다. 예를 들면 기업 측에서는 평가요소로서 기능, 책임, 노력 그리고 작업조건으로 정하는 것이 합리적이라고 판단하는 반면, 종업원 측은 감독의 유형, 인간관계 형성기회, 직무의 고용안정성, 초과근무의 기회 등의 요소가 중요한 것으로 평가요소에 포함되기를 원하기 때문이다(Flippo, 1984).

셋째, 과거에 하지 않고 있다가 갑자기 기업이 직무평가를 실시할 경우 종업원이 기업의 직무평가 목적에 대해 오해를 하고, 그들의 관심사를 자칫 '임금'에 초점을 맞추는 결과를 가져와 해당기업에 종업원들의 '임금만족'이 핫이슈가 되어 임금관련 갈등이 노골화될 수도 있다.

따라서 이러한 직무평가제도의 도입에 예상되는 문제점들을 극복하기 위해서는 기업이 직무평가 실시 전에 종업원에 대한 충분한 홍보와 평가의 객관성을 어느 정도 보장할 수 있는 외부전문가의 참여 그리고 종업원 대표도 직무평가 위원회에 참여시킴이 바람직하다.

요약

직무설계의 결과 만들어진 직무에 대해 그 내용을 체계적으로 밝히는 것이 직무분석 및 평가이다. 직무분석은 직무의 내용, 수행하는 방법, 수행과정 그리고 직무수행자가 갖추어야 하는 자격요건을 체계적으로 밝히는 활동이다. 반면에 직무평가는 개별 직무들의 상대적인 가치를 밝히는 작업이다.

직무분석의 결과는 인력확보, 인력개발, 인력보상, 인력유지 및 인력방출 등 인사관리의 다른 제 기능에 활용된다. 직무분석을 하기 위해서는 직무에 대한 정보를 수집하여야 하는데 수집 방법으로서 관찰법, 면접법, 질문지법, 작업기록법 그리고 중요사실기록법 등이 있다. 직무분석의 기법으로서는 직무의 기능에 초점을 맞추어 분석하는 기능적 분석법이 있는데 여기서는 직무의 자료와 관련되는 기능, 사람과 관련되는 기능 그리고 사물과 관련되는 기능을 분석한다. 그 외에 직무분석 기법에는 직위분석기법 및 관리직 직무분석법이 있다. 직무분석 결과 작성되는 것이 바로 직무기술서와 직무명세서가 있다. 전자는 직무의 내용을 밝힌 것이며, 후자는 직무수행자의 자격요건을 밝힌 것이다.

직무분석은 종업원의 저항을 불러일으킬 소지가 있기 때문에 분석을 하기 전 그 목적과 과정 등을 종업원에게 충분히 홍보해야 하겠다.

직무평가는 주로 직무급을 도입하는 기업에서 합리적인 임금수준을 결정하는데 많이 활용되고 있다. 직무평가의 기법은 서열법, 분류법, 점수법 그리고 요소비교법이 있다. 특히 점수법의 경우 직무의 평가요소와 가중치를 설정하는 데 기업 측과 종업원 측 간에 갈등이 야기될 수 있다.

사례연구 텔레마케터의 직무설계

김윤희씨는 끔찍한 밤을 보내고 있다. 38세의 텔레마케터인 그녀는 야간근무 중 스물 한 통의 전화를 걸었으나, 지금까지 단지 한 건의 은행신용카드 가입을 판매한 것이다. 그녀는 다음 고객에게 전화하기 위해 컴퓨터를 기다리는 동안 조바심이 나기 시작한다. 마침내, 그녀의 헤드셋에서 삑 소리가 나고, 예상 고객의 이름이 그녀의 컴퓨터에 나타난다.

"시간에 관하여"라며 그녀는 투덜거린다. 그녀의 주변 모든 것들이 혼란스럽지만, 오늘밤에는 다소 나은 편이다. 김윤희씨를 제외한 다른 사람들은 그들의 목표를 거의 달성하고 있다. 몇 가지 설명하기 어려운 이유들 때문에, 그녀는 오늘밤 일이 잘 풀리지 않고 있다.

김윤희씨의 짐작에 서른이 안 된 것 같은 젊은 감독자는 방금 그녀의 뒷자리로 옮겨왔다. 그녀는 감독자가 다소 거친 훈계를 할 것을 알고 있다.

"김윤희씨, 당신은 오늘밤 목표를 달성하지 못하고 있어." 이 말이 입에서 나오기가 무섭게 감독자는 나가버린다. "지금 그런 말을 들을 필요가 없는데"라고 그녀는 말한다.

그러나 그녀는 직무에 관해 압박이 있음을 알고 있다. 그녀는 경험 많은 베테랑으로, 텔레마케팅의 다양한 분야에서 6년 이상의 경력을 가지고 있다. 김윤희씨는 그녀의 현재 직무에서 가장 나이 많은 사람들 중의 하나로, 2년의 경력을 쌓았다. 그녀와 다른 텔레마케터들에게 주어지는 매일의 목표량은 8시간의 교대근무시간 중 100통화를 거는 것이다. 그 중 실제 상품구매로 이어질 수 있는 기대비율은 상품소개를 충분히 오랫동안 들은 사람들 중에서 15% 정도이다.

그녀의 현재 감독자는 다혈질이고, 요구가 많으며, 비판을 잘한다. 솔직히, 다른 모든 감독자들도 그런 식으로 해왔다. "그들의 직무도 나만큼이나 긴장되는 것이다"라고 김윤희씨는 말한다. "그들도 판매목표량을 채우지 못하면, 우리와 마찬가지로 경력에 남게 된다."

대부분의 감독자들은 무선 전화기를 가지고 종종 전화통화에 대해서 도청을 하기 때문에, 피드백을 신속하게 제시한다. "그런 식으로 하면 목표를 충분히 달성하겠어"라며 긍정적으로 말하는 사람이 몇몇 있다.

그렇지만 좀더 자주 종업원들이 듣는 것은 그들의 판매량을 개선시킬 다음과 같은 '제안'들인 것이다. "상품 소개를 좀더 천천히 하세요", "대본에 있는 내용 이외 다른 얘기들은 삼가주세요." 김윤희씨도 다른 사람만큼 많은 인정과 보수를 받기 원하지만, 그 직무가 가져다주는 성의 없고 생색내는 형식 때문에 어느 정도 지쳐버린 상태이다. 그녀는 좀더 많은 임금을 받고 싶지만, 잘 안 되고 있다.

대부분의 텔레마케터들은 시간당 임금과 수수료를 받고 있다. 김윤희씨의 경우, 시간당 4,000원과 수수료로 대략 3,000원 정도를 받는다. 연금이 없고, 또한 텔레마케팅 간부들을 믿는다 해도 미래에 대한 어떤 전망이나 기대도 없다.

압력이나 긴장을 증대시키는 소비자들도 있다. 텔레마케팅은 거칠고, 스트레스가 많은 일이다. 상사가 엿듣고 있을지도 모른다는 사실 이외에도, 어떤 적대적인 소비자들은 텔레마케터들에게 언어적으로 엄청난 폭력을 구사하기도 한다. 그러나 계속적으로 공손해야 하고 그것들을 참아야 할 수밖에 없다.

지속적인 스트레스는 다른 많은 사람들에게 손해를 가져온다. 이 산업에서의 이직률은 다른 산업과 비교해 볼 때 매우 높은 이직률을 보여주고 있다. 텔레마케터로서의 평균 재직기간은 단 11주이다. 그것을 자신의 경력으로 삼고 싶어 하는 사람들은 임금이 훨씬 좋은 직무를 하고 싶어 한다. 그렇지만 그러기 위해서는 더 많은 교육과 젊음을 필요로 한다. 감독 직위에 대한 요전번의 공개채용에서 텔레마케터 50명이 지원을 했다.

생각해 볼 문제

1 종업원들이 좀더 직무에 만족하고 도전받을 수 있기 위해서 텔레마케터들의 직무는 어떻게 재설계되어야 하겠습니까? 텔레마케팅은 부가가치가 있고 높은 생산성을 유지할 수 있는 직무입니까? 아니면 생산라인과 비슷한 직무이겠습니까?

2 감독자들은 문제해결을 위해 어떤 공헌을 할 수 있겠습니까? 당신은 그들의 스타일을 바꾸기 위해 어떤 것을 추천하시겠습니까?

참고문헌

정연앙, 직무분석과 직무평가, 한국노동연구원, 1996.

Anthony, W. P./ Kacmar, K. M./ Perrewè, P. L., Human Resource Management, A Strategic Approach, 4th ed., Thomson Learning, 2002.

Bartley, D., Job Evaluation, Addison−Wesley Pub. Co., 1981.

Cascio, W. F., Managing Human Resources, 2nd ed., McGraw−Hill, 1989.

Fine, S. A., Functional Job Analysis Scales: A Desk Aid, Kalamazoo, Mich: W. E. Upjohn Institute for Employment Research, 1973.

Fisher, C./ Schoenfeldt, L./ Shaw, J., Human Resource Management, 2nd ed., Houghton Mittlin Co., 1993.

Flippo, E., Personnel Management, 6th ed., McGraw−Hill, 1984.

Ivancevich, J. M., Human Resource Management, 5th ed., Irwin, 1992.

Jagues, E., Equitable Payment, John Wiley, 1961.

Lytle, C. W., Job Evaluation Methods, The Ronald Press Co., 1954.

McCormick, E. J., Job Analysis: Methods and Applications, AMACOM, 1979.

Mintzberg, The Manager's Job: Folklore and Fact, in: Harvard Business Review, July－August, 1975, pp. 49~61.

Mondy, W./ Noe III, R., Human Resource Management, 5th ed., Allyn & Bacon, 1993.

Tornow, W. W./ Pinto, P. R., The Development of a Managerial Job Taxonomy: a System for Describing, Classifying and Evaluating Executive Positions, in: Journal of Applied Psychology, Vol. 61, 1976, pp. 410~418.

Zander, E./ Knebel, H., Taschenbuch fμr Arbeitsbewertung, I. H. Sauer－Verlag, 1978.

제 3 부

인력확보

인력확보 활동은 기업의 목표달성에 필요한 직무에 인간의 손길을 닿게 하는 첫 번째 활동과정이다. 즉 직무를 수행할 수 있는 인력을 확보하는 활동을 말한다. 인사관리에 있어서 인력확보 활동의 학문적 위치는 다음 〈그림 Ⅲ-1〉에서 제시된다.

〈그림 Ⅲ-1〉에서 나타난 바와 같이 인력확보 활동은 인사관리의 제 기능분야 중 첫 번째에 속하며, 이러한 활동은 인력개발, 인력보상, 인력유지 그리고 인력방출 활동의 유효성에 커다란 영향을 미치기 때문에 그 중요성에 대한 평가는 따로 할 필요가 없다. 인력확보 활동이 인사관리의 목표시스템 속에서 노동(종업원)과 자본(기업)이 추구하는 목표를 어떻게 통합할 수 있는지를 아래에서 살펴본다.

인력확보 활동은 자본의 논리를 추구하는 기업에게 아래와 같은 경제적 효율성을 가져다준다.

1) 경쟁력 제고

기업이 신규인력을 필요로 한다는 것은 인력수요가 발생할 때이며, 이러한 인력수요는 기업이 시장(市場)에서 제품 및 서비스의 판매기회가 발생했을 때 나타난다. 즉 기업은 인력확보 활동을 통해 제품 및 서비스를 생산하여 시장에 내다 판매함으로써 수익증대 및 제품시장에서의 시장점유율의 유지 및 증가를 통해 경쟁력을 제고시킨다. 인력확보 활동을 통해 획득한 기업의 인적자원은 바로 경영전략 수립 및 집행의 주체자로서 경쟁력의 원천이 된다.

그림 Ⅲ-1 인사관리와 인력확보 활동

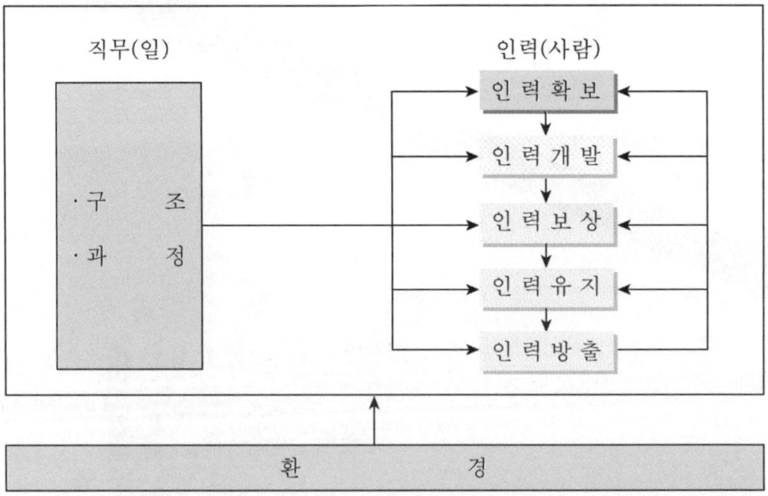

2) 조직의 안정성 제고

필요한 인력을 적시(適時)에 획득하는 것은 기업 조직의 안정성 유지에 커다란 공헌을 하게 된다. 인력이 부족할 경우 기업은 시장기회를 포기하거나 현재 보유하고 있는 인력의 초과근무, 임시직 고용, 리스 등을 통해 부족한 인력문제를 해결해야 하는데 이렇게 될 경우 단기적으로는 인력부족의 문제를 극복할 수 있겠으나, 중장기적으로 현직 종업원의 과다한 업무부담(초과근무의 경우), 정규직 종업원과 임시직 간의 갈등야기 및 임시직의 불만고조 그리고 리스인력의 경우 조직에 대한 애착심 결여 등으로 기업조직은 안정성이 훼손될 수 있다.

기업의 인력확보 활동은 노동(종업원)이 추구하는 목표인 사회적 효율성을 높이는 데 아래와 같은 측면에서 기여한다.

1) 고용기회의 창출

기업은 인력확보 활동을 통해 해당기업에 대해 관심을 가지고 있는 실업노동력(失業勞動力)을 흡수함으로써 그들에게 생활의 터전을 마련해 준다.

또한 기업의 인력수요 및 공급예측을 통해 획득한 미래의 t1시점에서의 인력상황이 공급과잉이 되었을 때 기업은 현직종업원에게 오는 충격을 최소화시켜 문제를 해결하기 때문에 현직종업원에 대한 고용안정을 높이는 데 기여한다.

2) 승진욕구의 충족

기업이 필요한 인력을 외부노동시장이 아닌 내부노동시장에서 찾으려고 할 때 현직종업원은 공석이 된 직무의 지원자가 될 수 있다. 이 경우 공석의 직무들은 대개 상위직급 내지 보다 직무가치가 높은 것이기 때문에 이러한 내부노동시장에서의 인

그림 III-2 인력확보의 노동-자본 통합모델

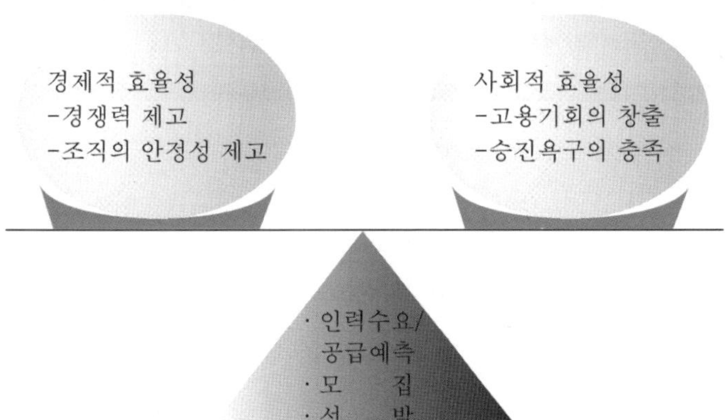

그림 III-3 인력확보 활동의 관리적 과정

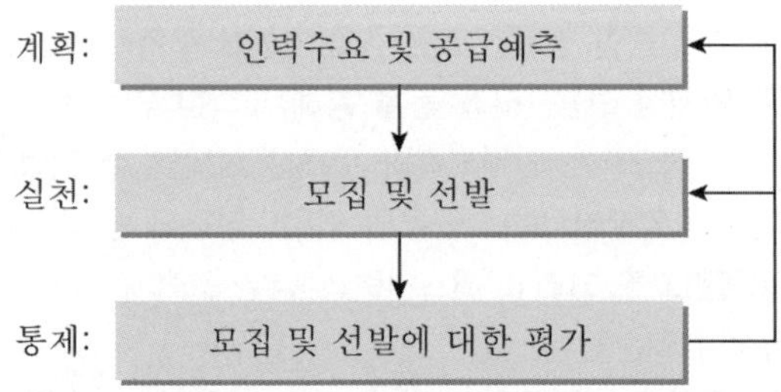

력확보는 현직종업원에게 보다 많은 승진기회 제공 및 승진욕구를 충족시키는 데 기여하게 된다.

이상에서 살펴본 바와 같이 기업의 인력확보 활동은 자본이 추구하는 경제적 효율성과 노동이 추구하는 사회적 효율성을 동시에 달성할 수 있다. 따라서 기업은 두 가지 목표를 동시에 달성할 수 있는 방향으로 인력확보 활동에 대한 인사철학을 정립함으로써 자본과 노동 간의 갈등을 최소화시키고 나아가 자본의 이해와 노동의 이해를 통합시켜야 한다. 아래에서는 인력확보에 대한 경제적 효율성과 사회적 효율성의 통합모델이 제시된다(〈그림 III-2〉 참조).

인력확보 활동을 효율적으로 하기 위해서 관리적 접근을 도입하며, 이는 인력확보에 대한 계획, 실행, 통제활동으로 구성되어 있다. 인력확보에 대한 계획활동은 기업이 어느 시점(t1)에서 필요 인력을 파악하는 활동이며 이를 위해서는 t1에서의 인력수요와 인력공급에 대한 예측활동을 해야 한다. 인력확보에 대한 실천활동은 필요한 인력을 노동시장에서 모집 및 선발하는 활동을 말하며, 통제활동은 모집 및 선발활동을 평가하며 그 활동의 효율성을 높이는 활동을 말한다(〈그림 III-3〉 참조).

인사관리에서의 인력확보관리를 제5장에서는 인력수요 및 공급예측 그리고 제6장에서는 인력모집 및 선발활동과 그 평가에 대해 살펴본다.

인력수요 및 공급예측

chapter 05

[1] 전략적 인력계획

기업활동에 직간접적으로 영향을 주는 환경변화는 그 예측이 어렵고 다양한 영역에서 일어나고 있어 불확실성이 높다. 여기서 불확실성은 환경을 구성하는 요소가 다양해지고 동시에 개별 구성요소의 변화가능성이 높아 예측이 어려워지는 것을 의미한다. 이런 불확실한 기업환경의 변화는 기업의 전략변화를 유발하고 이는 기업의 인사, 마케팅, 재무, 생산운영 및 기술 관련한 계획에 영향을 주고 이런 계획에 따라 요구되는 직무나 직위의 수가 달라지고 개별 직무나 직위에서 요구되는 직무수행자격요건이 달라진다. 그 결과로 인력의 양과 질의 당위적 수준(TO－Be)이 결정되고 현황과 대비되어 그 차이를 메우는 활동이 요구된다.

인력확보를 위한 전략

기업이 미래에 필요한 인력을 확보하는 데에는 두 가지 전략이 있다. 첫째, 기업이 미래의 어느 시점(t_1)까지 별다른 조치를 취하지 않고 기다렸다가 t_1에 도달했을 때 필요한 인력을 확보하거나 혹은 과잉인력을 보유했을 때 그 인력을 감축한다는 소위 인력확보에 대한 적응전략이 있다. 둘째는 인력확보에 대한 계획전략으로서 이것은 t_1에서 기업이 필요로 하는 인력을 사전에 예측하여 준비하는 활동을 말한다.

전자의 인력적응전략은 t_1에서 기업이 보유하고 있는 인력을 단기적으로 움직일 수 있는 융통성을 최대한 이용하는 데 있다. 구체적 내용으로서 인사이동, 해고, 외부노동시장에서의 신규인력의 채용 그리고 매우 제한적이긴 하지만 현재의 인력을 단기간 교육 · 훈련시켜 t_1에서의 인력확보 문제를 해결하려는 전략이다. 이러한 인력적응전략이 갖고 있는 장점은 아래와 같다.

인력적응전략의 장점

첫째, 인력계획전략에서의 '계획'은 그 속성이 미래를 예측하는 것인데 여기에는 반드시 예측위험성[1)]이 존재하기 때문에 미래의 한 시점(t_1)에서의 해당기

1) 예측된 결과가 잘못될 수 있는 경우.

업의 최적인력상태를 정확하게 제시하는 데 실패할 수가 있으며 이를 극복한다는 보장이 없다. 따라서 인력적응전략은 인력계획전략의 속성인 예측위험성이 가져다주는 비용을 피할 수 있으며 잘못된 인력투자를 막을 수 있다.

둘째, 인력적응전략은 기업의 기술환경이 복잡할 경우, t_1에서 필요로 하는 인력의 질과 양에 대해서 t_1시점에서 발생된 구체적인 기술적 상황을 가지고 판단하기 때문에 직무와 인력간의 적합성을 보다 극대화시킬 수 있다.

그러나 인력적응전략은 아래와 같은 단점을 갖고 있다.

인력적응전략의 단점

첫째, 기업이 t_1에 가서 기술변화 등에 의해 요구되는 자격요건을 갖춘 인력을 외부노동시장에서 구하지 않으면 안 될 경우, 즉 자격요건이 특수한 것이어서 기존인력의 초과근무 등 자체인력으로 부족한 인력문제를 극복하지 못할 경우에 외부노동시장이 이러한 인력을 항상 제공해 주지는 못하고 있다. t_1에서 필요한 인력을 외부 및 내부노동시장에서 구하지 못한다는 것은 바로 기업이 계획한 경영활동을 하지 못하게 되며 이는 시장기회(市場機會)를 상실하게 되는 것이다.

둘째, t_1에서 기업이 기술변화 등으로 인해 기능이 노후화된 종업원들을 법적·도덕적 제약으로 방출시키지 못할 경우가 발생한다. 이러한 종업원을 계속 고용하기 위해서는 이들 종업원들이 원래 갖고 있는 기능을 발휘할 수 없는 직무라도 수행하게 해야 하는데, 이것은 종업원의 직무불만족을 야기시키며 나아가 조직의 효율성이 떨어지게 된다.

인력계획전략은 본질적으로 미래(t_1)에 발생할 기술변화 등 기업의 환경변화를 사전에 예측하여 t_1에서의 인력의 양적 및 질적 문제를 사전에 충분한 기간을 가지고 준비하는 전략이다.

이러한 전략의 장점으로는 아래와 같다.

인력계획전략의 장점

첫째, 이 전략은 t_1에서 필요한 인력을 가능한 한 내부노동시장인 현재의 종업원을 대상으로 교육·훈련 내지 직무전환을 통해 미래에 요구되는 직무의 자격요건을 갖추게 하는 것을 우선적으로 강조하기 때문에 기업의 인력확보면에서 외부노동시장에 대해 비교적 높은 독립성을 가질 수 있다. 즉 인력확보면에서 기업의 외부노동시장에 대한 의존성을 줄여 영향력을 최소화할 수 있다.

둘째, 해당 종업원의 이해관계적 측면에서 볼 때 인력계획전략은 종업원의 능력개발욕구를 충족시켜 준다. 즉 기업이 미래를 대비하여 종업원에게 교육·훈련의 기회를 제공하게 되며 이를 통한 능력의 확대 및 향상은 종업원의 성장욕구 충족뿐만 아니라 그들의 노동시장에서의 경쟁력을 높이는 결과를 가져다

그림 5-1 인력확보계획의 수립과정과 집행

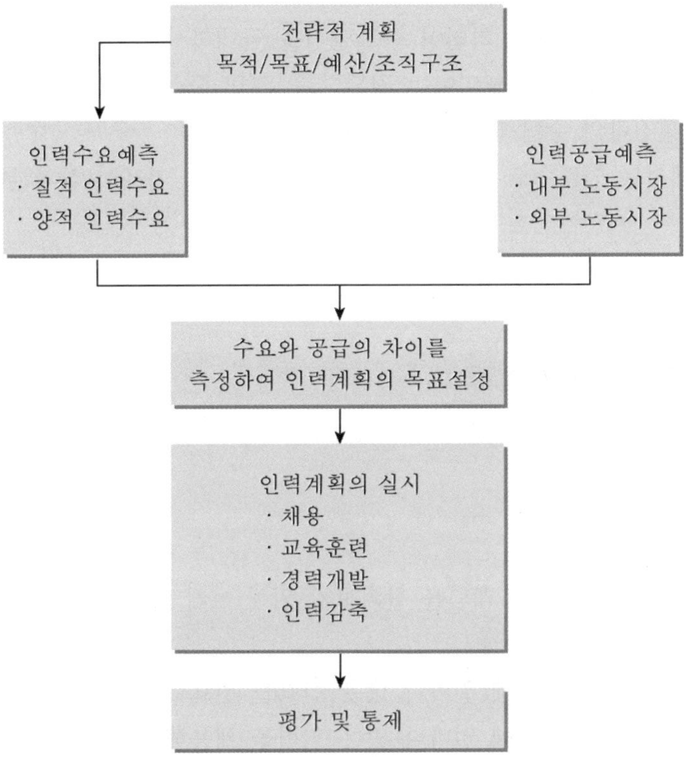

주는 것이다.

반면에 인력계획전략은 아래와 같은 단점을 갖고 있다.

인력계획전략의 단점

첫째, t_1에서의 예측된 기업의 기술변화를 환경변화에 맞추어 추정된 인력이 실제 발생한 인력과 맞지 않을 경우 예측위험비용이 발생할 수 있다. 즉 기업의 미래환경을 예측하는 데에는 많은 인력과 비용이 수반된다는 것이다.

둘째, 기업이 예측위험성을 최소화시키기 위해 종업원들을 다기능화(多技能化)해야 하는 경우가 많은데 이것은 인사관리의 유효성 관점에서 문제가 제기될 수 있다. 즉 종업원의 다기능화는 장기적 관점에서 볼 때 기업입장에서는 인사배치의 융통성을 높이기는 하지만 종업원에게는 당장 실무에 적용할 기회가 없는 자격획득은 해당 종업원의 불만을 야기시킬 수 있을 뿐만 아니라 이러한 자격획득에 투입된 비용 또한 기업이 부담해야 한다.

이상에서 살펴본 기업의 인력확보전략에서 인력적응전략보다 인력계획전략

기업의 목표달성 극대화를 위한 인력계획전략의 도입

이 여러 측면에서 보다 유용하다고 판단된다. 왜냐하면 기업에게 과다인력의 보유는 비용의 증가를 가져다주고 과소인력의 보유는 시장기회를 상실하게 할 수 있기 때문이다. 그러므로 기업이 목표달성을 극대화시키기 위해서는 인력확보를 위해 인력계획전략의 도입이 요청된다. <그림 5-1>에서는 인력확보를 위한 인력계획전략의 수립 및 집행과정이 제시되었다.

다음에서는 인력수요예측과 인력공급예측 문제를 자세히 살펴본다.

[2] 인력수요예측

2.1 개 념

인력수요예측의 개념

인력수요예측에 대한 개념을 살펴보기 위해 아래의 몇 가지 질문을 제기할 수 있다.

우리 기업은 미래(t_1)에 얼마나 많은 인력을 필요로 하는가?

우리 기업은 미래(t_1)에 얼마나 많은 인력을 채용해야 하는가?

우리 기업은 미래(t_1)에 얼마나 많은 인력을 채용할 능력이 있는가?

이상에서 제기한 세 가지 질문은 내용면에서 많은 차이가 있다.

첫 번째 질문은 우리 기업이 미래(t_1)에 제품 및 서비스를 판매할 수 있는 판매량을 기초로 수집된 제품 및 서비스 판매계획을 집행하는 데 얼마나 많은 인력이 필요한가를 말하는 소위 총수요인력을 말하며, 두 번째 질문은 총수요인력에서 t_1에 우리 기업이 보유하고 있는 인력을 뺀 순수요인력을 말한다. 마지막 질문은 t_1에서 우리 기업이 부담할 수 있는 인건비 지불능력을 말한다. 실제로 첫 번째, 두 번째 질문에 대한 해답이 나왔더라도 세 번째 질문인 기업의 인건비 지불능력에 문제가 생긴다면 해당기업은 t_1에서의 수요인력을 확보하는 데 심각한 문제에 봉착하게 된다.

인력수요예측은 미래의 기업환경(기술변화, 시장변화 등)이 변화된다는 것이 전제가 되며 이로 인해 미래의 어느 시점(t_1)에 해당기업에 필요한 인력이 현재 보유하고 있는 기업의 인력과 양적(量的) · 질적(質的) 측면에서 다를 수 있기 때문에 인력수요예측 활동이 필요한 것이다.

그림 5-2 인력수요의 변화 - 수요과잉의 경우

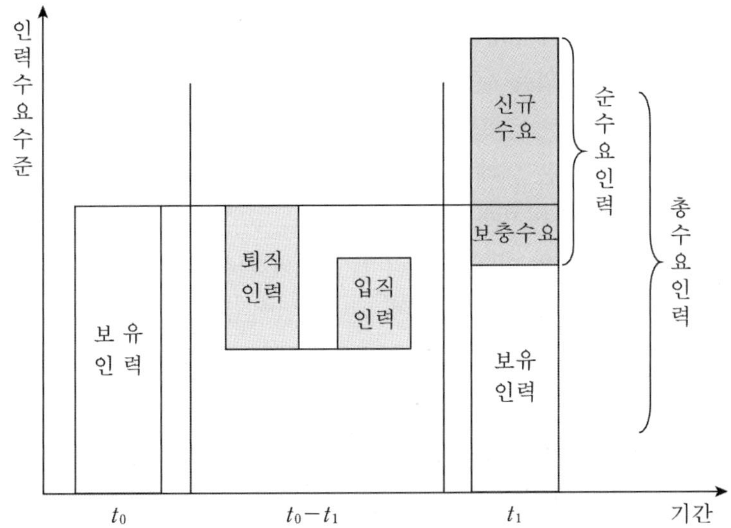

<그림 5-2>와 <그림 5-3>에서는 해당 기업의 현재의 보유인력과 미래(t_1)에서의 변화를 보여준다.

그림 5-3 인력수요의 변화 - 공급과잉의 경우

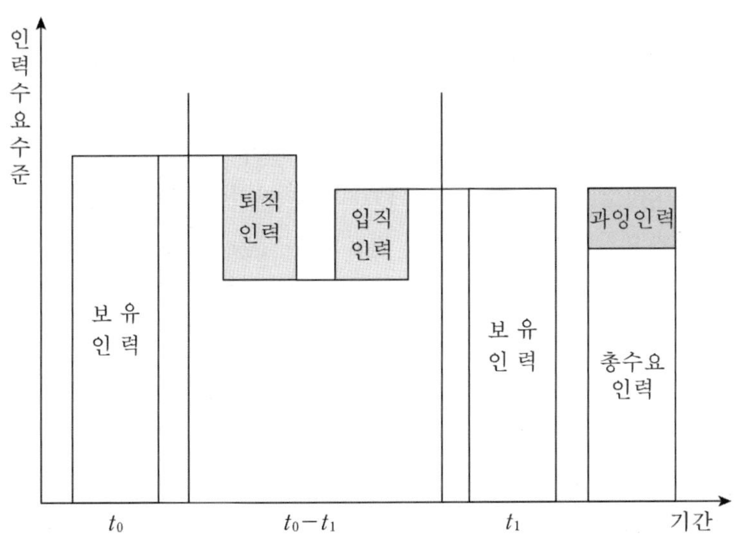

<그림 5−2>에서는 미래(t_1)에 해당기업이 보유하게 될 인력보다 총수요인력의 규모가 크기 때문에 순수요인력을 확보해야 되는 상황을 보여준다. 반면에 <그림 5−3>에서는 미래(t_1)에 해당기업이 보유하게 될 인력이 총수요인력보다 많기 때문에 해당기업은 t_0에서 t_1이 될 때까지 과잉인력을 감축해야 되는 상황을 보여주고 있다.

그림들에서 보여주는 미래의 t_1시점에서 보유하게 될 기업의 인력은 '인력수요예측' 활동을 통해 밝혀지게 된다.

인력수요예측 활동은 아래의 여러 측면에서 필요한 인력이 밝혀져야 한다.

① 양적(量的) 측면: t_1에서 필요한 해당기업의 종업원 수의 예측

② 질적(質的) 측면: t_1에서 종업원에게 요구되는 직무수행 자격요건의 예측

③ 시간적 측면: 필요한 인력의 특정시점(t_1, t_2,⋯ , t_n)의 예측

④ 공간적 측면: t_1에서 필요한 인력의 장소 및 직위의 예측.

예를 들면 A지역에 있는 공장에 필요한 인력, 기업 내 생산 1부에 필요한 인력에 대한 질적 · 양적 정보가 밝혀져야 한다.

아래에서는 인력수요예측의 핵심 분야인 질적 인력예측과 양적 인력예측에 대해 살펴본다.

2.2 질적 인력수요예측

2.2.1 질적 인력수요의 결정이론

인력수요예측의 접근인 양적(量的) 인력수요접근과 질적(質的) 인력수요접근은 사실 엄격하게 구분되기가 곤란하다. 예를 들어 t_1에서의 양적 인력수요예측치가 1,000명이라고 할 때 여기에는 1,000명의 인력이 갖추어야 하는 직무수행에 필요한 자격요건의 수준이 사전에 검토되지 않을 수 없기 때문이다. 사실 '어떤 능력을 갖춘 종업원'에 대한 정보 제시 없이 막연히 1,000명의 종업원이 필요하다고 말할 수는 없는 것이다.

질적 인력수요예측의 기본전제는 미래(t_1)에 해당기업의 종업원에게 요구되는 직무수행 자격요건이 기업의 환경변화로 인해 바뀔 수 있다는 것이 전제가 된다. 다음의 t_1시점에서 요구되는 종업원의 자격요건은 <그림 5−4>에서 제시되는 과정을 거쳐 밝혀진다.

그림 5-4 미래의 직무자격요건의 형성과정

t_1에서 요구되는 해당 직무의 성과

↓

해당 직무를 수행하는 데 필요한 작업내용

↓

해당 직무를 수행하는 데 필요한 작업자의 자격요건

<그림 5-4>에 나타난 바와 같이 질적 인력수요예측인 t_1시점에서 '해당 직무를 수행하는 데 필요한 작업자의 자격요건'을 파악하기 위해서는 t_1에서 수행될 직무의 내용이 무엇이며, 이를 통해 기대되는 성과가 무엇인지 사전에 밝혀져야 하겠다.

t_1에서 요구되는 해당직무의 성과의 기준은 기업의 경영전략에 의거한 판매계획 및 생산계획 과정을 거쳐 밝혀지며 해당직무의 수행에 필요한 작업내용은 t_1에서의 생산기술변화의 정도, 적용되는 작업방법, 제공되는 작업조건 등에 의해 결정된다. 특히 생산기술의 변화는 양적 및 질적 인력수요예측의 결정적 변수가 되며 이러한 기술변화(발전)는 직무구조(내용)를 변화시키고, 변화된 직무구조는 새로운 직무수행요건을 필요로 하는 것이다. 여기서 직무수행요건은 바로 작업자가 갖추어야 할 자격요건을 말하는데 그 내용으로서 숙련, 지식, 책임감, 직무경험 등을 들 수 있다. 기술발전, 특히 하이테크의 도입이 가져다주는 직무구조의 변화 및 자격요건의 변화에 대해서 아래의 6가지 가설이 제시된 바 있다.

하이테크로 직무구조 변화 및 자격요건 변화에 대한 가설

① **상향가설** 기술변화는 생산성을 향상시키며 고도의 기능 및 기능의 다양성을 요구한다. 더구나 자동화는 반복작업을 제거하고 작업자는 밀접한 감독을 받게 되어 책임감이 증가하며 특히 고도의 기술분야에서의 작업은 복잡성 및 상호관련성이 증대된다.

② **하향가설** 기술이 발전함에 따라 작업과정이 변화되고 이에 요구되는 자격요건(job requirement)의 수준은 낮아진다.

③ **현상유지가설** 기술변화의 직무수행요건에 대한 영향은 자동화수준에 따라 영향이 혼합되거나 작업환경에 따라 근본적인 변화가 없다.

④ **근접가설** 기술변화에 따라 상위직과 하위직 간 자격요건의 수준차이

가 점차 줄어든다. 즉 숙련공들에게는 단순작업이 줄어들고 책임이 부여되는 감독업무가 증가하며 작업장에서의 영향력이 증대되는 반면 대졸 출신인 기술자의 작업에 대한 영향력은 감소된다.

⑤ **양극화가설**　　제조분야에서의 자격수준은 낮아지는 반면 관리직에서의 자격수준은 상승된다. 마이크로 일렉트로닉스 내지 메카트로닉스의 직무수행요건에 관한 영향에 대한 결론은 대체로 양극화가설을 지지하고 있다.

⑥ **혼합가설**　　이 가설은 기술변화의 내용이나 정도에 따라 직무수행 자격요건이 다양하게 변화된다는 것이다. 라이트(Wright)에 의하면 기술발전의 제 단계에서 자격요건이 어느 정도까지 상향되다가 그 이후에는 하향곡선을 그린다는 것이다(Wright, 1958).

2.2.2 질적 인력수요의 예측기법

해당기업의 경영환경이 안정적인가, 불안정적인가에 따라 질적 인력수요예측을 위한 기법은 자격요건분석 기법과 시나리오 기법으로 구분된다.

1) 자격요건분석 기법

기업의 환경이 미래(t_1)에 매우 안정적이기 때문에 기업의 직무내용, 조직구조, 생산기술이 거의 변화되지 않는 경우 자격요건분석 기법을 사용할 수 있다. 이러한 기법은 대개 단기적 예측에 적합하며 예측과정은 현재의 직무에 대한

표 5-1 자격요건분석 기법(예)

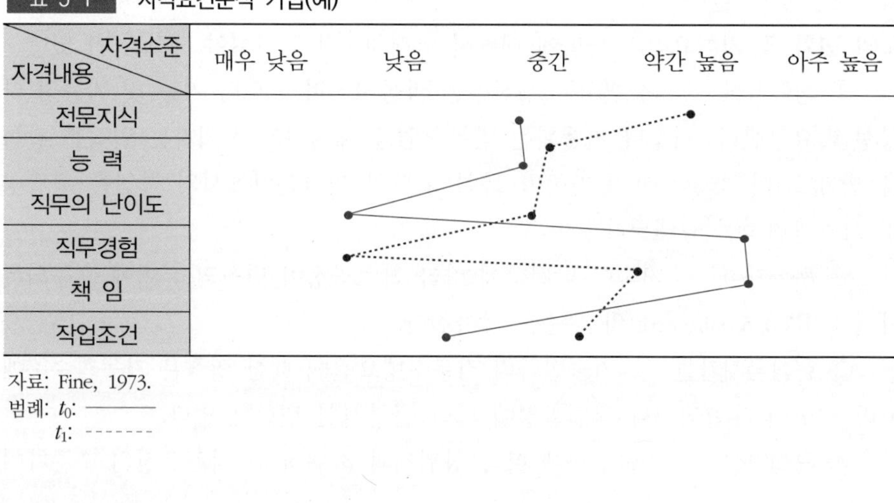

자료: Fine, 1973.
범례: t_0: ———
t_1: -------

직무기술서 및 직무명세서를 가지고 시작한다(Benölken, 1976).

개별직무에 대해 예측된 직무명세서의 예가 다음 <표 5-1>에서 제시된다.

<표 5-1>에 나타난 바와 같이 해당직무의 내용은 현재(t_0)에서는 비교적 높은 직무경험과 책임을 보여주지만 미래(t_1)에 가서는 직무경험이 낮아지는 반면 요구되는 전문지식의 정도가 높아지게 된다. 개별직무에 대한 이러한 자료들을 수집하여 작업집단별 · 부문별로 정리하여 자격요건의 t_1에서의 변화의 정도를 예측할 수 있다. 이 기법은 개별직무에 요구되는 자격요건의 내용에 대한 예측뿐만 아니라 개별직무를 구성하고 있는 과업(tasks)에 대한 분석도 병행하여 t_1에서 개별직무의 과업구조가 어떻게 변화되고 있는지도 예측해야 한다. 해당직무의 직무기술서 및 직무명세서를 가지고 미래(t_1)의 직무기술서 및 직무명세서를 예측 · 작성함으로써 해당직무를 구성하고 있는 핵심적 과업과 부수적 과업의 변화 또한 예측의 대상이 된다.

<그림 5-5>에서는 t_0와 t_1에서의 해당직무의 핵심적 과업과 부수적 과업의 변화 정도를 보여주고 있다. 개별직무를 구성하고 있는 과업(tasks)에 대한 분석과 해당직무가 요구하고 있는 자격요건에 대한 정보는 미래의 효율적인 인력관리를 위한 직무의 재설계 내지 재분류의 가능성을 제시해 주고 있다. 즉 여러 직무들은 자격요건 및 구성하고 있는 과업(tasks)의 특정기준에 의해 최적의 직무재조정 내지 직무분류를 하게 된다.

2) 시나리오 기법

미래에 기업의 환경이 매우 불안정하고 복잡한 변화가 예상되어 해당기업의 직무, 조직구조 및 생산기술의 변화에 대한 예측이 용이하지 않을 경우, 질

그림 5-5 직무구조의 변화(예)

직무 A의 과업구조:

t_0: 과업

A	B	C	D	E	F	G	H	I

t_1: 과업

A	B	C	D	E	F	G	H	I

범례: [음영]: 핵심적 과업, [ ]: 부수적 과업.

적 인력수요예측을 위해 시나리오 기법(szenariogestützte prognose)이 활용된다. 이러한 기법에 의한 예측치는 앞에서 제시한 자격요건분석 기법보다 개괄적이며 덜 정교하다.

시나리오 기법에 의한 질적 인력수요예측은 대개 전문가집단의 브레인스토밍(brainstorming) 및 예측 프로젝트조직에 의해 미래에 발생할 경영환경의 변화, 해당기업에 나타날 미래의 기회와 위협에 대한 분석 그리고 개별 직무내용의 변화에 대한 예측활동을 한다(Drumm, 1995).

시나리오 기법은 기업의 미래 경영환경의 변화라는 거시적 관점에서 출발한다. 환경 시나리오를 작성할 때 투입되는 기업의 성과와 관련되는 중요한 정보는 아래와 같다.

① 기술변화의 추세
② 시장의 국제화, 교역관계의 변화
③ 에너지 및 원재료 공급
④ 제품시장의 수요 · 공급
⑤ 경쟁기업의 행동
⑥ 자본시장 및 자본비용의 발전추세
⑦ 사회가치관의 변화
⑧ 교육제도의 변화 등

시나리오 기법에서의 주요과제는 위의 제 정보들을 가지고 해당기업에 영향을 미칠 경영환경을 규명하는 것인데, 우선 해당기업에 주어질 미래의 기회 및 위협에 대한 분석, 이를 통한 t_1에서 해당기업이 설정할 수 있는 성과수준(매출, 시장점유율, 수익 등) 그리고 이를 달성하기 위한 일의 내용(직무)을 도출하고 이를 기준으로 미래의 직무에 대한 개략적인 직무기술서 및 직무명세서를 작성하는 것이다.

이상에서 기술한 시나리오 기법은 그 특성상 자격요건분석기법에 비해 보다 거시적이며 개괄적이기 때문에 비교적 장기적 예측에 활용되고 있는 실정이다.

2.3 양적 인력수요예측

2.3.1 양적 인력수요의 결정이론

양적 인력수요예측은 미래의 특정시점(t_1)에 해당기업의 전체, 부문별, 작업

그림 5-6 생산량과 인력수요

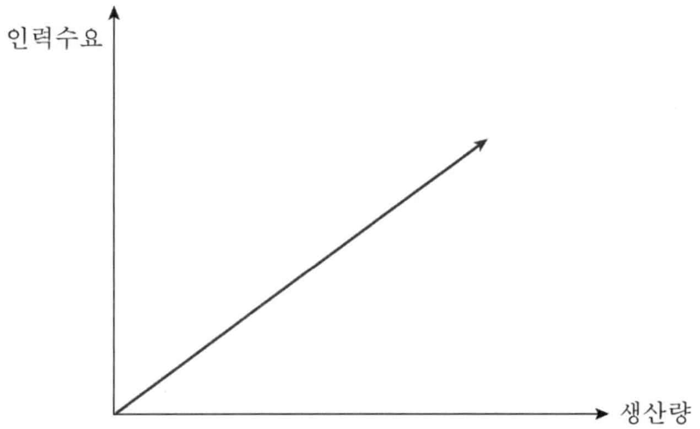

집단별로 필요한 인력의 수(數)를 예측하는 활동을 말한다.

t_1에서의 양적 인력수요는 아래와 같은 주요 변수에 의해 결정된다.

양적 인력수요의 주요 변수

① 생산량
② 기술수준(작업방법, 생산공정, 생산설비 등)
③ 작업조건
④ 작업자의 능력 및 모티베이션
⑤ 생산프로그램의 종류
⑥ 조직의 규모
⑦ 허용되는 작업시간 등

생산량과 인력수요

t_1에서 해당기업에 요구되는 생산량은 해당기업의 경영전략(특히, 판매계획 및 생산계획)에 의해 결정된다. 인력수요에 대한 다른 결정요인이 고정적(constant)일 때 생산량과 소요인력과의 관계는 <그림 5-6>과 같이 생산량이 증가될수록 인력수요는 증가된다. <그림 5-6>에서 제시된 생산량과 인력수요는 t_1에서 해당기업이 도입할 생산기술수준(작업방법, 생산공정, 생산설비 등)에 따라 달라진다. 즉 특정제품을 생산하는 데 어떤 공장에서, 어느 작업집단에서 혹은 자동이동공정(conveyer work system)에서 하느냐에 따라 필요로 하는 인력의 양과 질이 달라진다. <그림 5-7>에서는 기술수준에 따른 인력수요의 정도가 제시된다.

기술수준과 인력수요

<그림 5-7>에서는 인력수요의 다른 결정변수가 고정적일 때 기술수준이 낮은 정도(Ⅰ)에서 높은 정도(Ⅳ)로 발전함에 따라 수요인력의 양이 달라짐을 보여준다. 즉 기술수준이 낮은 단계(Ⅰ)에서 M_1 정도의 생산량을 달성하기 위해

그림 5-7 기술수준과 인력수요 - 생산부문(예)

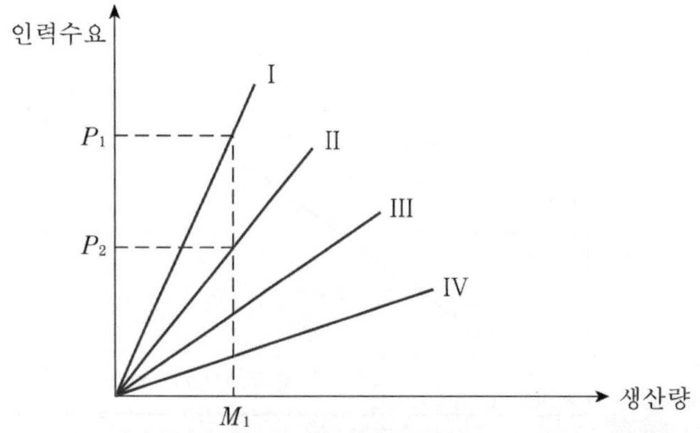

자료: Hentzn, 1984.

필요로 하는 인력은 P_1이 되지만 기술수준이 높아진 단계(Ⅱ)에서는 인력수요가 P_1에서 P_2로 감소된다.

t_1에서의 수요인력에 영향을 미치는 변수로서 생산프로그램의 종류를 들 수 있다. 생산프로그램의 한 예는 특정 제품의 생산규모를 말하는데 소품종 대량생산체제 혹은 다품종 소량생산체제 등이 이에 해당된다. 인력수요의 다른 결정변수가 동일한 경우 소품종 대량생산체제에서 필요한 인력은 다품종 소량생산체제의 경우보다 적을 것이다.

조직규모와 인력수요

인력수요의 또 다른 결정변수로서 조직의 규모를 들 수 있다. 어느 기업이든 생산현장이 있으면 반드시 이를 지원하는 부문(스탭인력)이 존재한다. 지원인력은 조직규모가 어느 정도 증가할 때까지 고정적이며 특정 이상의 규모가 될 때 지원인력은 증가하게 된다. 따라서 t_1에서 조직의 규모가 어느 정도까지 확대될 것인가는 인력수요를 예측하는 결정변수가 된다.

작업시간과 인력수요

t_1에서의 인력수요를 결정하는 마지막 변수로서 허용 작업시간을 들 수 있다. 현재 우리나라 대부분의 기업에서는 주당 근무시간이 40시간으로 되어있지만 독일의 철광산업에서는 주당 근무시간이 35시간이다. t_1에서 해당기업이 종업원을 작업에 투입할 수 있는 주당 근무시간이 어느 정도 될 것인가는 법적 환경의 변화, 허용가능한 초과근무시간과 관련하여 노조 및 종업원의 근로에 대한 가치관의 변화 등에 대한 예측을 통한 허용근무시간을 예측하기 위한 사전작업이 된다.

그림 5-8 양적 인력수요의 결정변수

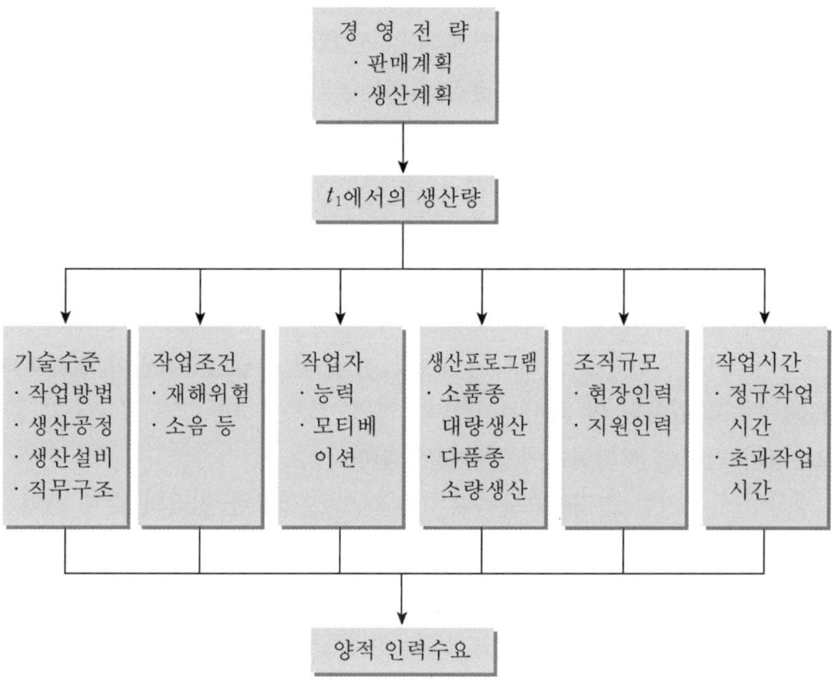

이상에서 논의한 t_1에서의 해당기업의 양적 인력수요의 주요 결정변수들은 <그림 5-8>에서 요약된다.

2.3.2 양적 인력수요의 예측기법

양적 인력수요를 예측하는 기법은 질적 인력수요예측 기법에 비해 오래 전부터 많이 개발되어 왔다. 아래에서는 대표적 예측기법인 통계적 기법, 노동과학적 기법, 델파이 기법 그리고 화폐적 기법 등을 살펴본다.

1) 통계적 기법

통계적 기법의 출발점은 해당기업의 역사적 자료를 가지고 분석하는 것이다. 현재 보유하고 있는 인력은 그 기업의 과거의 활동의 결과로부터 나온 것이며 미래의 필요한 인력 역시 해당기업의 과거와 현재를 무시한 채 예측하기는 어렵다는 것이 그 전제가 된다.

출발점은 해당기업의 역사적 자료를 가지고 분석하는 것

(1) 생산성 비율분석

생산성 비율분석은 과거 해당기업이 달성했던 생산성의 변화에 대한 정보를 가지고 미래에 필요한 생산라인에 투입(직접인력)할 인력을 예측하는 기법이다. 생산성이란 '단위 연도당 한 명의 직접노동인력이 생산한 제품의 평균수량'을 말한다. 한 명의 가구 조립공이 연간 50개의 소파를 생산하는 기업이 있다고 가정해 보자. 만약 마케팅 부서에서 다음 연도에 10,000개의 소파가 팔릴 것이라고 예상한다면 이 회사는 200명의 가구 조립공을 필요로 할 것이다. 여기에다 간접인력도 같이 산정되어야 하는데, 예를 들어 25명의 가구 조립공에 1명의 감독자가 필요하다면 200명의 조립공에는 8명의 감독자가 필요하게 된다. 또한 과거 기록이 50명의 조립공에 대하여 3명의 선적 및 수납담당직원이 필요하다는 것을 보여주고 있다면 이 회사는 12명의 직원, 감독자 8명, 조립공 200명 등 합계 220명의 인력이 차기연도에 필요하게 된다.

생산성에 근거한 인력수요예측은 기본적으로 필요한 인력의 수가 작업량에 따라 비례적으로 증가한다는 가정에 그 바탕을 두고 있다.

학습곡선 (learning curve)

생산성에 근거한 예측에서 기술혁신, 작업자의 숙련향상 등으로 인해 생산성과 수요인력의 비율은 변화될 수 있다. 이와 관련하여 학습곡선(learning curve)을 이용한 수요인력의 예측이 유용한 방법으로 인정되고 있다. 학습곡선의 기본가정은 생산성이 경험에 의해 좌우된다는 것이다. 처음 작업을 시작한 이후 축적되는 경험으로 점점 더 많은 제품단위를 생산할 수 있게 됨으로써 생산성이 향상된다는 것이다. 즉 작업자는 직무에서 경험을 축적함으로써 더 나은 작업요령을 터득하게 되고, 전체 조직은 계획수립 및 신제품과 관련된 문제를 해결하기 위한 보다 나은 방법을 개발함으로써 생산성이 향상되는 것이다.

학습곡선을 이용하는 분석은 원래 항공기 생산에 적용되어 활용되어 오고 있으나 그 후 많은 다른 분야로 보급되었다. 단, 이 기법은 기업이 비교적 적은 수의 품목을 생산할 때 보다 유용하다. <그림 5-9>에서는 학습곡선의 한 예가 제시된다.

<그림 5-9>에서 보여주는 바와 같이 학습곡선 모델은 생산단위의 수가 배수가 되면 생산단위에 걸리는 직접노동시간 수가 일정비율로 감소한다. <그림 5-9>에서는 학습률이 80%인 경우를 보여주고 있는데 최초 단위를 생산하는 데 1,000시간이 걸리며, 두 번째 생산단위의 시간에는 800시간, 네 번째 생산단위에는 640시간이 걸리는 것이다. 이러한 학습곡선을 이용한 생산성비율분석 기법은 인력수요예측뿐만 아니라 작업성과의 개략적인 향상을 예측하는 데에도

그림 5-9 학습곡선과 생산성(예)

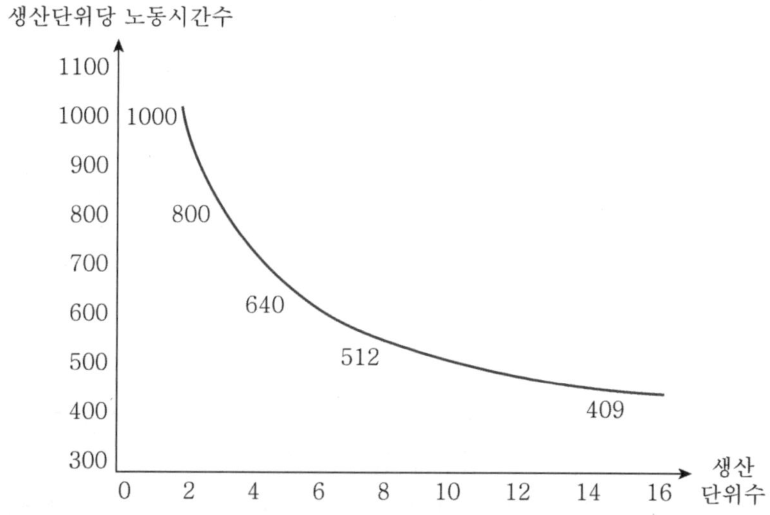

자료: Fisher, et al., 1996.

유용하기 때문에 생산일정 수립에 많은 도움을 준다(Fisher, et al., 1993).

(2) 추세분석

추세분석 기법은 해당기업에서 과거에 인력변화를 가져다주었던 제반 요인들을 찾아서 이러한 요인들의 시간에 따른 변화 정도를 파악하고 이에 따른 인력의 변화 정도와 연결시켜서 미래의 인력의 변화 정도(인력수요)를 예측하는 기법이다. 이러한 기법은 아래의 단계를 거친다(Cascio, 1989).

① 과거의 인력변화와 관련된 요인들의 규명

② 이러한 요인들과 인력규모에 대한 자료의 파악

③ 작업자 개인별 연간 생산량 계산

④ 노동생산성의 추세파악

⑤ 미래의 특정 시점(t_1)에 대한 수요인력 예측

첫 번째 단계는 과거의 인력변화와 관련된 요인으로서 여기서 가장 중요한 것은 해당기업의 경영계획으로서, 매출액, 생산량, 생산장비에 대한 투자액 등을 들 수 있다.

두 번째 단계는 기업의 개별 요인변수와 인력규모에 관한 자료를 수집하는 것인데 병원의 경우 연도별 환자 수와 간호사의 수에 대한 자료를 수집하는 것

표 5-2 A병원의 환자 수와 간호사의 수(예)

요소 / 연도	연간 총 환자 수	간호사/환자 비율	고용된 간호사 수
2017	3,000	3/15	600
2019	2,880	3/12	720
2021	2,800	3/10	840
2023	1,920	3/6	960

이 하나의 예가 될 수 있다.

세 번째 단계인 종업원 1인당 연간 생산량 계산은 위의 <표 5-2>의 예에서와 같이 제시할 수 있다.

네 번째 단계에서는 노동생산성의 추세를 파악해야 하는데 위에서 제시한 미국의 A병원에서는 해가 거듭될수록 연간 총 환자 수는 감소되었으나 간호사의 수는 증가하였다. 이 기간의 생산성은 2017년 하루 15명의 환자당 3명의 정식 간호사가 필요했으나 2023년에는 환자 6명당 3명의 정식 간호사로 그 비율이 떨어졌다.

위에서 든 병원의 예를 살펴보면 지난 10여 년 동안에 정식 간호사 수는 계속 증가되었는데, 그 이유로는 그 동안 병원들이 보조간호사를 고용하기 시작했으며 정식 간호사는 과거 의사가 했던 업무의 일부를 담당하기 시작한 것이다.

마지막 단계에는 목표년도(target year)에서의 수요인력을 예측하는 것이다. <표 5-2>를 기초로 향후 일어날 환자 수, 생산성 그리고 간호사의 수를 <표 5-3>과 같이 작성할 수 있고, 그 추세선은 <그림 5-10>과 같이 그릴 수 있다.

표 5-3 A병원의 환자 수와 간호사의 수(예)

요소 / 연도	연간 총 환자 수	간호사/환자 비율	고용된 간호사 수	
2015	3,000	3/15	600	실제치
2017	2,880	3/12	720	
2019	2,800	3/10	840	
2021	1,920	3/6	960	
2023	1,400	3/4	1,050	예측치
2025	1,520	3/4	1,140	
2027	1,660	3/4	1,250	

그림 5-10 A병원의 간호사 수의 변화추세

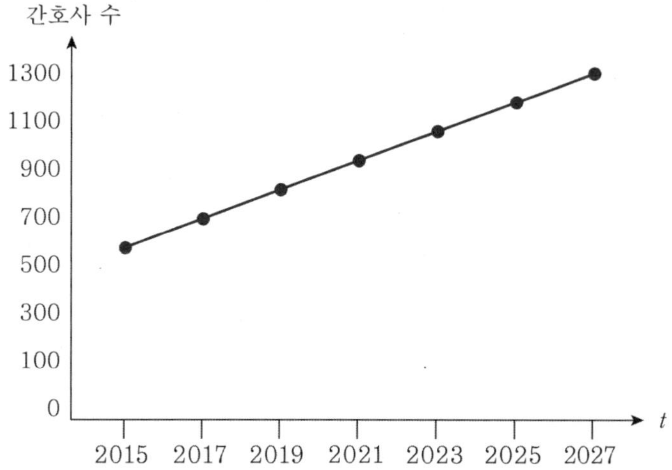

이상에서 제시한 추세분석 기법이 예측력을 높이기 위해서는 우선 인력변화를 가져다주는 주요 요인에 대한 정확한 파악이 중요한데 이러한 요인은 하나만 있는 것이 아니고 여러 개가 될 수 있다. 따라서 예측을 위한 추세선을 그리는 데에 많은 시간과 노력이 투입되어야 할 것이다. 뿐만 아니라 문제는 목표년도(t_1)에 이 추세선이 어떤 방향으로 진행될 것인가를 파악해야 하는데 필요인력의 수준이 기간의 변화에 따라 일관성 있게 변화되는 것이 아니라 매출액의 변화, 관리관행의 변화, 기술의 변화 등에 의해 달라질 수 있기 때문에 추세분석을 인력수요예측 기법으로 활용하는 데에는 많은 제약이 뒤따른다.

(3) 회귀분석

회귀분석(regression analysis)은 기업의 인력수요결정에 미치는 여러 영향요소들의 복합적인 영향력을 계산하여 해당기업의 미래의 인력수요를 회귀방정식을 통해서 예측하는 기법이다. 인력수요 결정에 영향을 미치는 변수로서 매출액, 생산량, 생산장비에 대한 투자액, 수익, 기술수준의 정도 등을 들 수 있다. 회귀분석결과 얻은 방정식에 t_1에서의 제 변수들의 수치를 대입시키면 t_1에서의 인력수요가 계산된다.

회귀분석은 기업의 인력수요결정에 미치는 여러 영향요소들의 복합적인 영향력을 계산하여 해당기업의 미래의 인력수요를 회귀방정식을 통해서 예측하는 기법

$$Y = a + bx_1 + cx_2 + dx_3$$

Y=인력수요(t_1)

a=고정인력

x_1=매출액(t_1)

x_2=생산량(t_1)

x_3=생산장비 투자액(t_1)

또한 t_1에서의 인력수요를 예측하기 위해 인력수요에 미치는 결정적인 변수를 하나로 간주할 때는 상관관계 분석(correlation analysis)을 실시한다. 예를 들어 매출과 판매원 수, 은행에서의 예금수준과 은행원 수, 전화회사에서의 전화서비스 회수와 종업원 수 등을 들 수 있다.

이상에서 제시한 회귀분석 기법은 아래의 기본전제가 충족될 때 도입이 가능하다(Fisher, et al., 1996). 첫째, 회귀방정식의 도출을 가능하게 하는 충분한 과거의 데이터가 있어야 한다. 둘째, 개별 영향변수들과 인력수요 간에 명확한 유의적인(significant) 상관관계가 존재해야 한다. 셋째, 생산성이나 제품믹스(product mix)에 극적인 변화가 없을 것으로 예상되어야 한다.

이상에서 논의한 인력수요예측을 위한 통계적 기법은 기업의 과거의 역사적 자료를 가지고 미래를 예측한다는 특징을 가지고 있다. 이 기법은 '과거'에 근거하기 때문에 예측의 정확성에는 한계가 존재할 수밖에 없다. 기업의 미래환경이 다행스럽게도 과거로부터 연속적으로 발전된다면 큰 문제가 없지만 기업이란 항상 '불연속성'과 '불확실성' 속에서 이를 극복해 나가야 하는 숙명적인 속성을 갖고 있다. 예를 들면, 기업의 생산라인이 경쟁회사의 갑작스런 등장으로 인해 교체된다든가 기술발전으로 인해 새로운 기계(예: 반자동화, 자동화 등)를 도입하여 생산성이 급격히 향상된다든가 등 예측하지 못했던 사건이 미래의 목표시점(t_1)에서 발생할 수 있다. 따라서 통계적 기법을 통해 얻은 양적 인력수요치에 대한 과신(過信)보다도 미래의 수요인력에 대한 방향인식과 예측기간을 가능한 한 단기간으로 좁혀 나가면서 예측치에 대한 수정작업을 계속해 나가는 것이 바람직하겠다.

2) 노동과학적 기법

작업시간연구를 기초로 조직의 하위 개별 작업장별 필요한 인력을 산출하는 기법

노동과학적 기법(arbeitswissenschaftliche Methoden)은 작업시간연구(time study)를 기초로 조직의 하위 개별 작업장별 필요한 인력을 산출하는 기법이다. 이 기

법의 중심은 생산량이며 주로 생산직종의 인력을 예측하는 데에 활용된다. 관리직 내지 사무직의 경우는 목표량 측정의 어려움과 작업시간과 목표달성의 관계가 명확하지 않기 때문에 이 기법을 적용하는 데에는 많은 문제점이 있다.

이 기법의 출발점은 미래에 예상되는 생산량에서 총작업시간을 도출하는 것이다. 따라서 총작업시간을 1인당 작업시간으로 나눈 값이 바로 수요인력이 된다(Marr/Stitzel, 1979).

$$\text{수요인력} = \frac{\text{연간 총작업시간}}{\text{연간 1인당 작업시간}}$$

여기서 문제는 총작업시간과 1인당 작업시간을 산출하는 것이다. 이를 위해서는 우선 개별 작업장에서의 작업자의 생산단위당 소요되는 실제작업을 분석(시간 및 동작연구 등)하여 표준적인 작업동작을 설정하고, 개별 표준작업동작에 대해 소요되는 시간을 측정하여 생산단위당 표준작업시간을 계산한다.

표준작업시간은 아래와 같이 구성되어 있다.

- 표준작업시간
  - 실제작업시간
    - 작업준비시간
    - 순작업시간
  - 비작업시간
    - 개인사정(휴식시간, 용변)
    - 작업장사정(기계수리 등)

이상에서 제시한 표준작업시간 계산방법을 기업 내 개별직무에 적용시키면 기업의 모든 직무를 수행하는 데 필요한 표준작업시간을 계산할 수 있다. 이러한 과정을 거쳐 미래의 t_1에서 필요로 하는 인력은 아래의 식으로 계산이 가능하다.

$$\text{수요인력}(t_1) = \frac{\text{생산단위당 표준작업시간} \times \text{연간생산단위}}{\text{연간작업일수} \times \text{평균출근율} \times \text{일일평균작업시간}}$$

이상에서 제시한 기법은 생산단위당 표준작업시간을 매우 과학적인 방법(시간 및 동작연구)을 통해 산출하기 때문에 일단 t_1에서의 생산량이 정확히 예측되기만 하면 인력수요예측의 정확도는 매우 높게 된다. 그러나 노동과학적 기법의 핵심은 생산단위당 표준작업시간을 계산하는 데 있는데, 표준작업시간을 산정하는 과정에서 기업과 작업자 간에 갈등이 야기될 소지가 많다. 즉 기업 측은 가능한 한 생산단위당 표준작업시간을 짧게 잡으려고 하는 반면에 작업자 내지 해당 작업집단은 표준작업시간을 길게 잡으려고 하는 경향이 있기 때문이다.

3) 델파이 기법

앞에서 소개한 노동과학적 기법은 조직의 하위부서 내지 개별직무에서의 인력수요를 산출하여 이를 합산해 전체조직의 인력수요를 예측하는 일종의 상향적 접근(bottom-up approach)임에 비해 델파이(Delphi)[2] 기법은 하향적 접근(top-down approach)에 해당된다.

인력수요에 대한 예측을 경험이 풍부한 최고경영층 및 임원진에서 하는 것을 하향적 접근이라고 하는데, 이들은 대개 기업의 경영이나 기업환경에 대한 남다른 식견을 갖고 있어 회합을 통해 예측활동을 하게 된다.

델파이 기법은 이러한 회합을 보다 체계적으로 설계한 것으로서 기업의 미래에 대해 보다 폭넓은 지식을 가진 전문가집단을 대상으로 미래의 인력수요를 예측하게 한다. 전문가들은 대개 해당기업의 경영전략, 생산 및 판매 등 기업 내부의 제 정보에 가까이 갈 수 있는 사람들로서 일선 감독자로부터 최고경영층까지 다양하다. 경우에 따라서는 외부에서 전문가를 초빙하여 해당기업의 정보를 공유하게 하기도 한다.

이 기법의 특징은 예측활동에 참여하는 전문가들은 서로 대면접촉(face-to-face)을 하지 않는다. 왜냐하면 직접 대면에 의해 나타날 수 있는 성격의 충돌을 최소화시키고 목소리가 큰 사람이 의사결정과정을 지배하는 것을 방지함으로써 의사결정의 질을 향상시킬 수 있기 때문이다(Fisher, et al., 1996).

델파이 기법은 기존의 통계적 기법의 한계를 극복하기 위한 것일 뿐 아니라 해당기업의 미래환경이 복잡하고 어떤 틀에 의해 정형화시키기 어려울 때 도입의 필요성이 강조된다. 델파이 기법의 진행과정은 다음과 같다.

델파이 기법의 진행과정

① 참여할 전문가를 선정한다. 대개 12~16명 정도이며 기업에 따라 인원이 다를 수 있다.

② 델파이 기법의 진행자는 전문가들에게 서면으로 기업의 제 정보를 충분

---

2) 델파이는 고대 그리스에서 전쟁 등에 왕이나 장군이 갖고 있는 문제에 대한 해답을 얻기 위해 델파이에 있는 신전에 가서 신탁(oracle)을 받는 데서 유래함.

히 제공한다.

③ 각 전문가에게 미래의 인력수요예측과 관련되는 질문지를 발송한다. 이 질문지는 익명으로 작성하게 하여 다시 진행자에게 제출된다.

④ 기법 진행자는 제출된 질문지를 종합하여 다시 인력예측 질문지를 전문가에게 발송한다. 여기에는 다른 전문가들이 인력수요에 대해 예측한 내용들이 익명으로 정리되어 있기 때문에 개별 전문가들은 이를 참고로 다시 인력수요예측을 하여 익명으로 기법 진행자에게 발송한다.

⑤ 제3단계와 제4단계가 계속해서 3~5회 반복된다.

전국에 소매점을 둔 미국의 한 기업은 t_1에서의 구매인력예측을 위해 델파이 기법을 도입한 적이 있는데 여기에는 7명의 전문가가 참여하여 5차례에 걸쳐 질문지에 응답하는 과정이 진행되었다. 첫 번째 질문지에서 각 전문가들의 의견은 t_1시점에서의 인력수요는 적게는 32명에서 55명까지 분산되어 있었지만 5번의 질문지 작성을 거치면서 전문가 의견의 폭은 35명에서 45명으로 그 폭이 좁혀진 사례가 있다.

델파이 기법에 입각한 예측결과는 외부에 공개되거나 당해년도 신규인력 채용계획에 사용되지 않고 우선 연말에 그 기업의 실제 종업원 수와 예측결과가 비교되어 예측의 정확성을 먼저 평가하는 과정을 거치는 것이 일반적인데 이 기법은 앞에서 소개한 통계적 기법보다 훨씬 정확한 것으로 판명된 바 있다(Milkovich, et al., 1972).

그러나 익명의 질문지를 배포 · 회수하는 과정이 몇 차례에 걸쳐 이루어지기 때문에 기간이 6~8주 정도 걸린다. 따라서 결과가 신속하게 요구되는 상황에서는 이 기법을 도입하기가 곤란하다.

4) 화폐적 접근법

인력수요예측을 위한 화폐적 접근법은 위에서 제시했던 3가지 기법들과 완전히 다른 시각에서 출발한다. 위에서 논의했던 제 기법들은 미래(t_1)의 인력수요를 예측하기 위해 생산량, 작업량, 표준작업시간 등 '일'을 기준으로 인력수요를 예측하는 접근법인 데 반해 화폐적 접근법은 미래의 어느 시점(t_1)에서 기업이 어느 정도 종업원을 보유할 수 있는 지불능력에 초점을 맞춘다(Hentze, 1994).

미래의 어느 시점에서 기업이 어느 정도 종업원을 보유할 수 있는 지불능력에 초점을 맞춘다.

사실 미래(t_1)에 기업이 정상적인 경영활동을 위해 1,000명의 인력을 보유해야 하지만, 이들에게 지급할 인건비가 부족할 경우 1,000명을 보유할 수는 없는 것이다. 이런 경우 하나의 대안으로서 회사의 작업량의 일부분을 하청을 주든지 혹은 시장기회의 일부를 포기하지 않을 수 없다.

해당기업이 미래(t_1)에 보유할 수 있는 인력은 거시적으로 볼 때 아래의 식으로 표시할 수 있다.

$$\text{보유가능인력} = \frac{\text{허용인건비총액}}{\text{종업원 1인당 평균인건비}}$$

물론 위의 식을 가지고 개별기업의 부문별 · 직급별 보유인력에 대한 정보를 획득할 수는 없다. 그러나 위의 식은 t_1에서의 보유인력의 결정요소가 바로 허용인건비와 종업원에게 지급된 인건비임을 이론적으로 나타내 주고 있다.

그러면 위의 식에서 t_1에서의 해당기업의 허용인건비 총액은 어떻게 산출되며 종업원 1인당 평균인건비는 어떤 과정을 거쳐 계산되는지 간단히 살펴보자. 기업의 인건비는 매출액, 부가가치율 그리고 부가가치 노동배분율에 의해 결정된다. 부가가치란 쉽게 말하면 매출액에서 원재료와 같은 제조원가를 뺀 매출이익을 말한다. 이 매출이익을 가지고 인건비, 금융이자, 세금을 지불하고 또한 감가상각액을 차감한 나머지가 순이익이 된다.

부가가치 노동분배율은 부가가치(매출이익)에서 인건비가 차지하는 비율로서 대개 기업별로 속해 있는 업종에 따라 다르다. 예를 들면 노동집약적인 광업의 경우 노동배분율이 70% 이상 되며, 일반 제조기업의 경우 약 45%, 금융기관의 경우 약 20% 정도 된다.

t_1에서의 1인당 평균인건비는 기업마다 매우 다양하기 때문에 우선 개별기업의 과거의 인건비관련 상승폭을 기준으로 예측할 수 있겠지만, 미래의 인건비 수준을 예측하는 데는 매우 복잡한 변수가 작용하며 변수들의 영향력 또한 매우 유동적이다. 어쨌든 기업은 이와 관련되는 자료를 가지고 가능한 한 미래(t_1)의 인건비에 대한 예측을 해야 한다.[3] 이상의 제 변수를 감안한 미래(t_1)에 해당기업이 보유할 수 있는 인력은 아래 식에서 나타난다.

$$\text{보유가능인력} = \frac{\text{매출액} \times \text{부가가치율} \times \text{노동분배율}}{\text{1인당 평균인건비}}$$

앞에서 논의했던 통계적 기법에서 인력수요예측의 중심변수였던 매출액, 작

3) 인건비(임금수준)에 관련되는 이론은 이 책의 제5편에서 보다 자세히 다룰 예정임.

업량은 화폐적 접근법에서는 보다 다르게 해석되어야 한다. 즉 t_1에서 매출액이 증가하여 작업량이 증가하지만 매출이익이 이에 상응하게 증가하지 못할 경우 기업은 통계적 기법에 의해 산출된 t_1에서의 수요인력을 보유할 수가 없다. 즉 해당기업에서 '일'은 많아졌지만 '사람'은 더 고용할 수 없는 상황이 되는 것이다.

인력수요예측을 위한 화폐적 접근법에는 또한 제로베이스 예산법(zero-base budgeting)이 있다(Hentze, 1994). 이 기법은 미래의 인력예측을 기준으로 현재의 인력수준을 고려한다. 즉 특정 직무에서 작업자의 퇴직으로 공석이 되었을 때 이 직무에 바로 충원하는 대신 기업의 목표달성 및 허용예산(인건비) 등을 고려하여 공석이 된 직무의 충원 필요성을 먼저 분석한 후 충원 의사결정을 한다.

이러한 방식은 신규직무가 발생했을 때에도 그대로 적용된다. 결국 미래(t_1)에 발생할 수요인력에 대한 확보문제를 기업의 목표달성과 지불능력(예산)에 연결시키는 것이 이 기법의 특징이라고 할 수 있다.

이상에서 논의한 인력수요예측을 위한 화폐적 접근은 해당기업의 미래(t_1)에 인력을 보유할 수 있는 재정적 지불능력을 기준으로 하기 때문에 다른 예측기법들에 비해 보다 현실적이다. 즉 다른 예측기법에서 산정된 인력수요를 기업이 현실적으로 집행할 수 있느냐는 해당기업의 t_1에서의 인건비 지불능력에 의해 결정되는 것이다. 그러나 화폐적 접근법은 이에 필요한 제 정보(부가가치율, 1인당 인건비)에 대한 예측이 매우 어렵기 때문에 기술변화가 비교적 완만하고, 미래의 환경예측이 용이한 업종에서의 도입에는 큰 무리가 없겠지만 기술혁신이 빠르게 나타나고 기업의 환경변화가 빠른 업종에서는 예측의 정확성을 확보하기가 상당히 어렵다.

이상에서 살펴본 미래(t_1)의 인력수요예측을 위한 제 기법들은 기업의 경제적 측면에서의 의사결정에 중요한 정보를 제공해 준다. 그러나 미래(t_1)에 필요한 인력을 얼마만큼, 어떻게 확보하느냐는 기업의 인력확보정책에 달려 있다.

인력수요예측에 대한 질적·양적 기법들을 기업이 도입할 때에는 해당기법들이 갖고 있는 특성을 충분히 고려하여 우리 기업에 타당한 기법을 선택해야 할 것이다. 예를 들면 직무들이 비연속적이고 이질적인 것으로 구성되어 있을 때 노동과학적 기법은 인력수요예측을 위해서는 타당한 기법이 될 수 없는 것이다. 또한 같은 기업이라도 직종별로 타당한 예측기법을 선택함이 바람직하다. 특히 관리직에 대한 수요예측은 '관리의 폭(span of management)'이 하나의 중요한 결정변수가 되겠지만 또 다른 변수, 즉 기업이 업무특성상 관리자들의 의사결정의 질을 높여야 된다고 판단할 때에는 전혀 다른 각도에서 접근해야 할 것이다.

이상에서 살펴본 인력수요예측의 결과, t_1에서의 총수요인력은 바로 해당기업이 보유해야 하는 종업원 정원(定員)이 되며, 인력수요예측 자체가 바로 기업 정원관리의 도구가 되는 것이다.

[3] 인력공급예측

3.1 개 념

순수요인력의 일부를 자체 기업 내 교육훈련을 통해 확보하려 한다면 인력공급예측은 인력개발계획을 수립하는 데 유용한 자료

인력공급에 대한 논의는 아래의 질문들로 시작할 수 있다.

① 해당기업이 과거에 해오던 인력관리를 계속했을 때 미래의 t_1시점에 몇 명의 종업원을 보유하게 될 것인가?

② t_1시점에서 기업이 필요로 하는 인력(총수요)이 보유인력 보다 많을 때 순수요인력이 발생하는데 이를 위한 노동시장의 인력공급상황은 해당기업에 어느 정도 유리한가?

③ t_1의 시점에서 해당기업의 보유인력이 총수요인력보다 많을 때 이 과잉인력 문제를 어떻게 해결할 것인가?

첫째 질문은 t_1에서의 보유인력이 절대수로 볼 때 몇 명인가 뿐만 아니라 보유인력이 갖추고 있는 자격수준(능력/기능 등)의 변화까지도 포함되어야 할 것이다. t_1시점에서 해당기업 내에서 보유하게 될 인력문제는 기업 내 노동시장이 t_0에서 t_1의 시점이 될 때까지 어떻게 변화되는가에 관한 것이 된다.

둘째 질문은 t_1시점에서의 순수요인력을 기업외부에서 조달해야 하는데 t_1에서의 외부노동시장의 여건이 어떻게 될 것인가에 관한 것이며 이는 바로 외부노동시장의 변화에 대해 기업이 사전에 예측할 수 있어야 t_1시점에서의 부족인력을 큰 문제없이 확보할 수 있게 된다.

셋째 질문은 해당기업이 과잉인력을 보유하게 되는 상황을 가정하는데 이것은 기업의 인력감축문제를 뜻한다. '인력감축'은 종업원의 저항 및 노동관계법의 제약 등으로 인해 기업에게 상당히 부담스러운 문제가 아닐 수 없다. 그러나 기업이 인력공급예측 활동을 통해 t_1의 시점보다 훨씬 이전부터 이 문제를 해결

하려 노력한다면 인력감축으로 인해 기업뿐만 아니라 종업원이 안게 될 부담을 최소화시킬 수 있다. 이에 대해서는 이 책의 끝부분인 인력방출 부문에서 보다 자세히 논의할 예정이다.

이상의 질문에서 간단히 살펴보았듯이 인력공급예측은 미래의 t_1시점에서 우리 기업이 보유하게 될 인력의 양적 및 질적 측면에 대한 예측활동을 말하며 뿐만 아니라 t_1시점에서의 기업 외부노동시장의 여건에 대한 예측활동을 포함하게 된다.

이러한 인력공급예측 활동에서 인력수요예측의 순수요인력을 파악하는 것은 필요불가결한 활동이다. 순수요인력의 일부를 자체 기업 내 교육훈련을 통해 확보하려 한다면 인력공급예측은 인력개발계획을 수립하는 데 유용한 자료가 된다.

본 절에서는 앞에서 제기한 세 가지 질문 중 첫째와 셋째 질문을 내부노동시장에서의 인력공급예측이란 관점에서 그리고 둘째 질문을 외부노동시장에서의 인력공급예측이란 관점으로 분류하여 살펴본다.

3.2 내부노동시장

내부노동시장에 의한 인력공급은 현재 해당기업에 고용되어 있는 모든 종업원을 포괄하는 개념이다. 종업원들은 현재의 직무에 계속 근무함으로써, 또는 승진이나 기업 내 다른 빈자리로 이동함으로써 미래의 인력수요를 충족시키는 데에 기여하고 있다. 내부노동시장에 의한 인력공급은 현직 종업원이 퇴직하고 새로운 사람이 들어옴에 따라 끊임없이 변화한다. 기업이 도입하고 있는 생산기술의 유형에 따라 기업을 떠나는 사람, 새로 채용되는 사람의 패턴도 달라진다. 즉 기업이 특정 기술을 새로 도입하게 되면 기존 종업원이 보유하고 있던 기능이 부분적으로 혹은 전체가 노후화되어 인력변동을 유발시키기도 한다. 뿐만 아니라 종업원들이 보유하고 있는 직능수준도 교육훈련이나 현재의 직무로부터의 경험을 통해 변화되어 간다.

내부노동시장에 의한 인력공급은 현재 해당기업에 고용되어 있는 모든 종업원을 포괄하는 개념

내부노동시장에서의 인력공급예측 활동이란 내부노동시장에 대한 인력관리 패턴을 미래의 t_1시점에까지 유지했을 때 보유하게 될 인력을 예측하는 활동을 말한다. 이러한 활동을 앞에서 논의한 인력수요예측에서도 적용한 바 있는 질적 측면과 양적 측면으로 구분하여 접근할 수 있다. 즉 인력공급에 대한 질적 측면

그림 5-11 종업원의 보유직능의 변화(예)

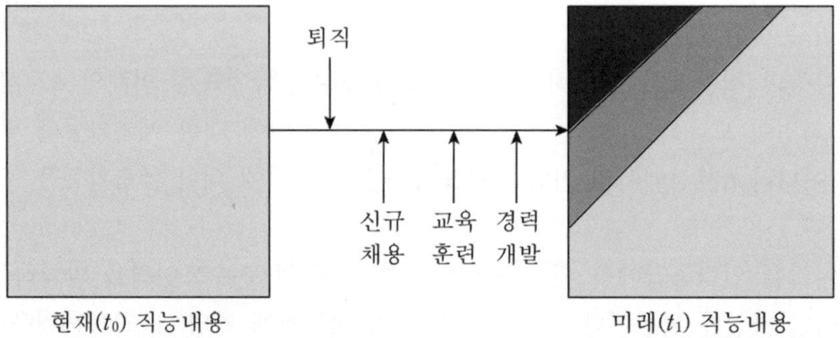

은 미래의 t_1시점에서 해당기업이 보유하게 될 인력의 자격요건의 내용을 분석하는 것이며, 양적 측면은 t_1시점에서의 보유인력의 수(數)와 관련되는 정보를 획득하기 위한 예측활동을 말한다.

3.2.1 질적 인력공급예측

1) 대 상

질적 공급예측의 기본전제는 미래의 t_1시점에서 해당기업의 종업원들이 갖추게 될 자격수준이 현재(t_0)와 다를 것이라는 점이다. 왜냐하면 해당기업에서는 t_0에서 t_1의 기간 동안 퇴직인력에 대한 보충 및 새로 생긴 직무를 메우기 위해 신규인력을 채용할 것이며 또한 이 기간 동안 종업원들은 기업의 인력개발활동(교육훈련, 경력개발 등)을 통해 종업원들이 현재 갖추고 있는 직무수행능력(직능)이 변화될 것이기 때문이다.

<그림 5-11>에서 제시된 바와 같이 미래의 t_1시점에서 해당기업의 종업원이 갖추게 될 자격(직능)의 변화 내용은 아래의 몇 가지 구체적 측면에서 검토되어야 할 것이다.

① 지식(교육 정도, 보충지식)

② 기능(직무의 처리능력)

③ 육체적 능력

④ 인지적 능력(지적 능력의 구조, 기억력 등)

⑤ 정신적 능력(창의력, 문제해결능력, 주의력 등)

⑥ 사회적 능력(대인관계 능력 등)

이상의 제 직능들에 대한 구조는 해당 직종별 · 직군별 그리고 개인별로 밝혀져야 한다.

2) 예측기법

질적 인력공급예측 기법

질적 인력공급예측을 정확히 한다는 것은 본질적으로 매우 어렵다. 왜냐하면 해당기업이 미래에 어떤 생산기술을 도입할 것인지 그리고 어떤 교육훈련 프로그램을 도입하느냐에 따라 종업원이 미래에 갖추게 될 자격수준은 달라지기 때문이다. 이러한 어려움이 있음에도 불구하고 해당기업은 미래의 t_1시점에서의 인력확보에 대한 위험부담을 최소화시키기 위해 개략적이나마 예측활동을 시도해야 한다. 대표적인 공급예측 기법으로서 추세분석(trend analysis)을 들 수 있다. 이 기법은 과거부터 현재에 이르기까지 종업원의 자격수준(직능) 변화를 가져다주었던 요인들을 찾아서 우선 이러한 요인들의 시간에 따른 변화를 파악하고 이를 당시 종업원이 보유했던 자격수준(직능)과 연결시키는 것이다. 예를 들면 종업원의 근무년수와 직능변화 간의 관계를 직종별, 직군별로 파악하여 그 결과를 가지고 미래의 t_1시점까지 추세선 차원에서 예측하는 것이다.

이러한 추세분석의 전제는 해당기업이 도입하고 있는 생산기술이 불연속적(discontinuity)이 아닌 연속적으로 변화 · 발전되고 있어야 한다는 것이다. 해당기업에서의 이러한 기술변화의 연속성이 존재한다면, 기업은 변화되는 기술에 적응하기 위해 종업원을 대상으로 적절한 교육훈련을 실시해 왔으며 이러한 인력개발 정책이 t_1시점에까지 계속된 것으로 가정할 수 있기 때문에 t_1시점에서 해당기업 종업원이 보유하게 될 자격수준(직능)에 대한 내용을 예측할 수 있다.

3.2.2 양적 인력공급예측

1) 대　　상

양적 인력공급예측의 대상은 해당기업이 미래의 t_1시점에서 보유하게 될 종업원 수를 전체종업원 수뿐만 아니라 직종별 · 직급별 · 직군별 · 직무별 그리고 종업원의 인구통계적 측면에서 파악하는 것이다. t_1시점에서의 종업원 수(數)의 변화를 결정하는 변수로서 현재(t_0)에서 미래의 t_1시점까지 예상되는 퇴직인력(정년퇴직자, 이직자 등), 신규채용인력 그리고 기업 내부에서의 이동자(승진, 전보 등) 수 등이 있다.

그러나 이상의 인력에 대한 정보만 가지고 미래의 t_1시점에서의 보유인력을 의미 있게 파악하는 데에는 미흡한 면이 있다. 예를 들면 t_1시점에서 해당기업이 보유하게 될 인력이 1,000명이라고 가정할 때, 실제 출근해서 일하는 종업원이 몇 명이 되느냐에 따라 보유인력의 수는 달라질 수밖에 없다. 해당기업의 t_1시점에서의 종업원 출근율이 95%라면 실제 그 기업에서의 공급인력은 1,000명이 아니고 950명이 되는 것이다. 즉, 시점에서의 종업원의 결근율(병가, 휴가 등)이 몇 %가 될 것인가에 대한 예측은 양적 인력공급을 파악하는 데 중요한 변수가 된다. 뿐만 아니라 t_1시점에서의 해당기업에서의 생산성(productivity)에 대한 예측도 매우 중요한 변수가 된다. t_1시점에서 생산성이 현재(t_0)보다 10% 향상될 것으로 예측된다면 t_1시점에서의 종업원 1,000명은 사실 1,100명분의 일을 해내는 인력이 되는 것이다.

따라서 해당기업의 미래 t_1시점에서 보유하게 될 인력공급을 파악하기 위해서는 종업원의 연령구조, 이직률, 입직률, 결근율, 생산성 그리고 기업내부이동에 대한 예측활동이 이루어져야 한다.

2) 예측기법

양적 인력공급예측 기법

양적 인력공급예측을 위한 특정한 기법을 동원하기 이전에 예측을 위한 도구로서 해당기업은 현재 종업원이 보유하고 있는 기능목록(skill inventories) 내지 관리능력목록(management inventories)을 작성하고 인적자원정보시스템(human resource information system: HRIS)을 구축해야 한다.

기능목록 내지 관리능력목록은 종업원들이 갖고 있는 경험, 교육수준 그리고 제반 특기 및 기타 인사관리에 필요한 사항을 알기 위해 고안된 시스템이다. <그림 5-12>에서는 회계분야 종업원의 기능목록이 하나의 예로서 제시된다. 여기서 보여주고 있는 기능목록이 기업전체 차원에서 하나의 시스템으로 구축되었을 때 아래의 정보를 효과적으로 얻을 수 있다.

① 직종 · 직군 · 직급별 및 종업원의 인구통계적 측면에서의 인력 파악
② 자격증 보유인력 파악(공인회계사, 전기기사 1급 등)
③ 승진 내지 내부이동(직무순환)을 위한 후보자 선정
④ 직무수행과 관련하여 현재 자격요건을 갖춘 종업원 수의 파악
⑤ 교육 · 훈련 등 능력개발 대상자 선정
⑥ 내부이동과 관련되는 종업원의 선호사항 파악

기능 내지 관리능력 목록시스템을 최대한 유용하게 활용하기 위해서는 정

그림 5-12 기능목록 양식(예)

직원이름: 출생년도: 작성일:
직원번호: 부 서:

직무개요:

과업명	내용	활동
1.	조세회계	감독 및 분석
2.	일반원장(元帳)	감독
3.	컴퓨터기록	분석

작업경력:

기간	내용
1. 2001~2005	XYZ社 백화점 선임회계원
2. 1993~2001	XYZ社 제조공장 부기계원
3. 1992~1993	XY은행 감사관련 교육수료

학력:

학위	전공	연도
1. 석사	경영학	1993
2. 학사	회계	1991

교육:

과정명	연도
1. 경영이론	2002
2. 사업계획	1999
3. 컴퓨터감사	1993

소속단체:
1. 한국회계학회
2. 한국경영협회

자격증:

종류	연도
1. 공인회계사	1993

언어:

종류	정도
1. 영어	유창
2. 독어	독해

선호부서:
1. 회계
2. 감사

근무희망지:
1. 서울
2. 인천

취미:
1. 우표수집
2. 아마추어 무선
3. 보트

본인서명: 인사부서:
작 성 일: 일 자:

보의 내용이 정확하고 최신의 것이라야 한다. 종업원에 관한 정보를 수집 · 갱신하는 것은 매우 방대한 일이다. 맨 처음의 정보는 대체로 설문지에 의해 수집된다. 그 이후에는 매년 종업원들에게 자신에 관한 정보가 적힌 양식을 제공하여 필요한 경우 갱신하도록 해야 한다. 물론 인사부서에서 갱신하는 경우도 많다. 예를 들면 회사 주최의 교육 · 훈련 프로그램에 참가한 사람들의 명단이 컴퓨터에 입력되면 그들의 기능 및 관리능력목록의 내용이 자동적으로 갱신된다. 그러나 기능목록 시스템은 종업원에 대한 모든 정보를 담아낼 수 없는 한계를 갖기 때문에, 간단한 기능 및 관리능력 목록시스템보다 훨씬 더 많은 기능을 보유하고 있으며 고도로 통합된 인적자원정보시스템이 점점 더 각광을 받고 있다.

인적자원정보시스템은 기업이 종업원과 특정 직위에 관해 보유하고 있는 모든 정보를 하나의 시스템 안으로 결합시켜 낸 것이다. 분리되고 중복되어 있는 과거의 시스템에서 점차로 발전한 것이 인적자원정보시스템이라고 할 수 있다. 예를 들면 어떤 기업이 채용을 위해 전산화된 기능목록, 보상시스템, 직무 · 직위 정보시스템 그리고 업적평가에 대해 수작업(手作業)으로 된 자료(file)를 가지고 있다고 하자. 이러한 각각의 독립된 시스템은 숙련된 종업원의 역할을 대신한다고도 볼 수 있다. 이때 이러한 모든 유형의 종업원 자료를 하나의 데이터베이스에 결합하여 인적자원정보시스템을 형성한다. 직무와 직위에 관한 모든 정보는 데이터베이스와 상호 작용하면서 신속하게 처리된다. 이직통계, 결근 및 인건비 예측 등에 관해 정기적으로 작성되는 보고서를 쉽고 신속하게 처리할 수 있다. 또한 인사관리자는 인적자원정보시스템을 이용하여 향상된 퇴직프로그램에 해당되는 종업원이 몇 명인지와 같은 구체적인 조사작업을 수행하기도 한다.

이상에서 제시한 기능 및 관리능력 목록시스템과 인적자원정보시스템이 구축될 경우 미래의 인력공급예측은 보다 용이하게 수행될 수 있다. 아래에서는 예측과 관련되는 구체적인 기법 몇 가지를 소개한다.

인적자원관리 예측과 관련되는 구체적인 기법

① **빈도분석** 빈도분석(frequency analysis)이란 특정 시점에서 발생하는 사건의 수를 가지고 어떤 변수의 경향을 찾아내는 방법이다. 빈도분석은 인력공급예측과 관련하여 특히 해당기업 종업원의 연령구조와 이직 및 결근에 대한 경향을 예측하는 데 특히 유용하다.

② **추세분석** 추세분석(trend analysis)은 이미 앞에서 소개했던 바와 같이 인력수요 및 질적 인력공급을 예측하는 데 활용되고 있는 기법이다. 추세분석을 통해 미래의 t_1시점에서의 인력공급예측은 특히 이직률, 입직률, 결근율 그리고 생산성의 변화에 대해 과거의 자료에 의한 변화추세를 찾아서 이것을 미래에 적용하는 것이다. 이 기법은 해당기업에서의 과거 변화추세가 t_0에서 t_1시점에까지 유사하게 변화될 것이라는 가정에서 출발하기 때문에 환경변화(노동시장) 및 기술변화의 정도가 높은 기업에서 도입하기에는 한계가 있다.

③ **마아코브 분석** 마아코브 분석(Markov analysis)은 미래의 어떤 시점에서의 해당기업 내 종업원의 이동에 대한 예측을 하는 데 유용한 기법이다.

마아코브 분석의 핵심은 전이행렬(transition probability matrix)인데 전이행렬은 예측기간(대개 1년) 동안 종업원들이 그의 직무에 계속 재직할 가능성, 조직 내의 다른 직무로 이동할 가능성, 조직을 이탈할 가능성 등을 표시해 준다. 전이행렬은 매년 초 각각의 직무에 종사하고 있는 사람들의 숫자를 이동예상률과 곱하여 나타나는 결과인데, 이는 매년 말 각 직무에 종사하는 사람이 몇 명이나 될 것인지를 나타내는 지표로 활용된다. 전이행렬을 개발하는 단계는 다음과 같다(Fisher, et al., 1996).

전이행렬을 개발하는 단계

제1단계: 인력이 이동하거나 사임 · 사망 · 은퇴 또는 해고 등의 이유로 조직을 떠날 가능성이 있는 모든 직무를 상호배타적인 일련의 상황에 따라 분류한다.

표 5-4 직무 간 이동예상률

	이동예상률				
	time 2				
time 1	직무 A	직무 B	직무 C	직무 D	퇴직
직무 A	0.70	0.10	0.05	0	0.15
직무 B	0.15	0.60	0.05	0.10	0.10
직무 C	0	0	0.80	0.05	0.15
직무 D	0	0	0.05	0.85	0.10

제2단계: 각각의 상황 하에서 발생한 이동률(transition rates)에 관한 지난 몇 년 동안의 자료를 수집한다.

A기업에서 수집된 자료에 의거, 획득한 직무 간 이동률이 위의 <표 5-4>에서 제시된다. <표 5-4>에서 제시된 직무 A, B, C, D는 이것을 직급(부장, 차장, 과장, 사원)이나 직군에도 적용시켜 그 이동률을 과거의 자료에 의거해 구할 수 있다. 위의 표에서 제시된 예는 연초(time 1)에 A라는 직무에 근무했던 종업원의 15% 정도가 연말(time 2)에 회사를 떠났고, 10% 정도는 B라는 직무로 이동하였으며, 5% 정도는 C라는 직무로 이동했음을 보여준다.

제3단계: 이러한 이동률에 대한 정보를 가지고 연초의 인력을 대입시켜 전이행렬(transition matrix)을 작성하여 미래의 인력을 예측한다.

다음 <표 5-5>에서 제시된 바와 같이 time 2(연말)에서의 인력을 예측하기 위해서는 먼저 현직 종업원의 각각의 상황(직무 간 이동 내지 조직이탈)에 해당될 가능성을 매트릭스에 곱하여 준다. 예를 들면 직무 A는 연초에 종업원이 62명이었다. 이 중 15%(0.15×62=9)는 조직을 떠났고 10%(0.10×62=6)는 직무 B로 옮겨갔고, 5%(0.05×62=3)는 직무 C로 옮겨갔다. 이에 따라 연초부터 계속해서 직무 A에 종사해 온 사람은 44명이었다. 그런데 직무 B에 종사하던 75명 중 15%(0.15×75=11)가 직무 A로 이동했다. 결국 연말에 직무 A에 종사하는 직원의 총수는 55명(44+11=55)이었다(종업원 수의 계산에서 소수점을 사용할 수 없기 때문에 정수를 사용함).

만일 time 3에서의 인력이동에 대한 예측치를 구하려면 time 2에서의 각 직무별 인력(직무 A: 55명, 직무 B: 51명, 직무 C: 49명, 직무 D: 48명, 퇴직: 29명)에 다시 앞의 <표 5-4>에서 제시한 방식대로 전이행렬을 작성하여 계산할 수 있다.

표 5-5 전이행렬 계산(예)

time 1		time 2(연말)				
		직무 A	직무 B	직무 C	직무 D	퇴직
직무 A	62	44(0.70)	6(0.10)	3(0.05)	0(0.00)	9(0.15)
직무 B	75	11(0.15)	45(0.60)	4(0.05)	8(0.10)	7(0.10)
직무 C	50	0(0.00)	0(0.00)	40(0.80)	2(0.05)	8(0.15)
직무 D	45	0(0.00)	0(0.00)	2(0.05)	38(0.85)	5(0.10)

$$[62\quad 75\quad 50\quad 45]\times\begin{bmatrix}0.70 & 0.10 & 0.05 & 0.00 & 0.15\\ 0.15 & 0.60 & 0.05 & 0.10 & 0.10\\ 0.00 & 0.00 & 0.80 & 0.05 & 0.15\\ 0.00 & 0.00 & 0.05 & 0.85 & 0.10\end{bmatrix}\times[55\quad 51\quad 49\quad 48\quad 29]$$

이러한 계산방식을 계속 적용하여 해당기업에서의 목표년도(t_1)에서의 각 직무별 · 직급별 · 직군별 등 공급인력을 구할 수 있는 것이다.

제4단계: 이 단계는 예측된 미래 이동률 측정치의 안정성과 신뢰도를 높이는 과정이며, 몇 가지 판단이 요구되는 단계이다. 일반적으로 많은 기업들이 과거 연도의 이동률을 활용한다. 그런데 만약 과거 연도가 비일상적(atypical)이었다면(이동률이 비정상적으로 높거나 낮은 경우) 지난 몇 년간에 걸친 이동률의 평균치를 적용하는 것이 더 바람직하다. 예측의 정확성이 얼마나 타당한 이동률을 적용하느냐에 좌우된다는 점에서 네 번째 단계는 매우 중요하다. 만약 이동률이 매년마다 급격히 변동된다면 마아코브 분석을 이용하여 인력공급을 예측하는 데에는 많은 무리가 따른다. 마아코브 분석은 현재의 이동률이 그대로 유지되어 질 것으로 간주하지만 이동률의 변화가 크지 않을 경우, 추론을 통해 활용될 수 있다. 예를 들어 직무 D에서 비일상적인 대규모 인력의 퇴직으로 인하여 인원수가 줄어들게 될 것이 예상되는 상황을 생각해 보자. 과거에 직무 D는 직무 B로부터 승진해 온 사람들에 의해서 주로 업무가 수행되어 왔다. 이때 기업이 만일 직무 C에서 직무 D로의 이동률을 높인다면, 혹은 직무 B로부터의 승진율을 높인다면 어떠한 효과가 나타날 것인가를 알아보기 위해 마아코브 분석을 활용할 수 있다. 기업은 가장 바람직한 해결책이 나올 때까지 서로 다른 확률을 적용시키면서 시뮬레이션을 할 수 있다.

마아코브 분석은 널리 이용되고 있으며 적용하기가 쉬운 장점이 있다. 그러나 다음과 같은 약점을 갖고 있다. 마아코브 분석이 정확하기 위해서는 이동확률이 비교적 안정적이고 측정가능해야 한다. 과거와 유사한 인사정책이 미래에도 적용될 것이라는 가정, 즉 고정된 전이행렬이 전제가 된다. 또한 어떤 직무에 단지 몇 명만이 재직하고 있는 경우에는 확률치가 별 의미를 가지지 못한다. 마아코브 분석은 일반적으로 각 직무나 상황에 적어도 50명 정도가 있을 경우에 유효한 기법이라고 알려져 있다(Niehaus, 1980). 두 번째 약점은 통계적 부분이 아니라 개념적인 부분에 있다. 마아코브 분석은 이동확률이 단지 종업원의 초기 직무개시 상황에 의해서만 결정된다고 가정하고 있다. 즉 직무 A, C, D에서 직무 B로 이동할 확률은 종업원이 어떤 곳에서 당해년도의 직무를 시작하였는가에 전적으로 좌우된다는 것이다. 그러나 실제 기업에서 사람들이 이동하는 원인은 수행되어야 하는 직무로 보내지기(push) 때문이 아니라, 빈자리를 메우기(pull of vacancies) 위함이라는 것이다. 그러므로 직무 B로의 이동확률은 직무 B에 빈자리가 얼마나 있느냐에 달려 있다고 보는 것이 더 올바르다. 바로 이러한 동적인 요소를 고려하여 사내 이동과 공급을 예측하기 위한 새로운 기법들이 있으나 여기서는 생략한다.[4)]

3.3 외부노동시장

외부노동시장에 의한 인력공급

해당기업이 미래의 t_1시점에서 총수요인력이 공급인력을 초과할 경우 이러한 순수요인력을 우선 외부노동시장에서 확보하여야 한다. 외부노동시장이 t_1시점에서 어떻게 변화될 것인가에 대한 예측활동은 인력확보를 위해 매우 중요하다. 예를 들어 t_1시점에서 해당기업에서 필요로 하는 인력을 외부노동시장에서 구할 수 없다고 판단되면, 인력확보에 대한 다른 대안을 찾지 않으면 안 된다. 즉 필요한 인력을 자체 기업에서 양성하든지 혹은 다른 기업으로부터 스카우트를 할 수 있다. 이러한 의사결정을 할 때에는 그 가능성 그리고 이로 인해 발생되는 비용을 대안(代案)별로 비교하여야 할 것이다.

t_1시점에서 외부노동시장의 여건이 해당기업에 얼마나 유리한지 등에 대한 예측을 하기 위해서는 t_1시점에서의 해당국가의 경제활동인구, 실업률 그리고 특정 해당분야에 공급될 수 있는 인력에 대한 정보수집이 요청된다.

특히 실업률은 일하고 있는 사람이 아니라 일자리를 찾고 있는 노동력의

4) 이러한 기법들에 대해서는 Miller, 1980, Niehaus, 1980을 참조 바람.

표 5-6 산업대분류별 취업자 추이(10차 산업분류)

(단위: 천명, %)

	농림어업	제조업	전기가스증기 및 수도, 원료재생	건설업	서비스업 전체					
						도소매 및 음식숙박업	운수 및 통신업	금융부동산 및 사업서비스업	공공서비스업	기타
2013	1,513 (6.0)	4,307 (17.0)	168 (0.7)	1,780 (7.0)	17,517 (69.2)	5,678 (22.4)	2,125 (8.4)	3,570 (14.1)	4,308 (17.0)	1,835 (7.3)
2014	1,446 (5.6)	4,459 (17.2)	174 (0.7)	1,829 (7.1)	17,977 (69.4)	5,952 (23.0)	2,147 (8.3)	3,583 (13.8)	4,509 (17.4)	1,786 (6.9)
2015	1,337 (5.1)	4,604 (17.6)	184 (0.7)	1,854 (7.1)	18,184 (69.5)	6,011 (23.0)	2,202 (8.4)	2,646 (13.9)	4,565 (17.4)	1,761 (6.7)
2016	1,273 (4.8)	4,584 (17.4)	189 (0.7)	1,869 (7.1)	18,476 (70.0)	6,045 (22.9)	2,210 (8.4)	3,778 (14.3)	4,727 (17.9)	1,717 (6.5)
2017	1,279 (4.8)	4,566 (17.1)	187 (0.7)	1,988 (7.4)	18,683 (69.9)	6,083 (22.8)	2,187 (8.2)	3,800 (14.2)	4,887 (18.3)	1,726 (6.5)
2018	1,340 (5.0)	4,510 (16.8)	197 (0.7)	2,034 (7.6)	18,722 (69.8)	5,965 (22.2)	2,244 (8.4)	3,775 (14.1)	5,003 (18.7)	1,735 (6.5)
2019	1,395 (5.1)	4,429 (16.3)	203 (0.7)	2,020 (7.4)	19,062 (70.3)	5,966 (22.0)	2,292 (8.5)	3,824 (14.1)	5,166 (19.0)	1,814 (6.7)
2020	1,445 (5.4)	4,376 (16.3)	226 (0.8)	2,016 (7.5)	18,829 (70.0)	5,647 (21.0)	2,329 (8.7)	3,806 (14.1)	5,246 (19.5)	1,801 (6.7)
2021	1,458 (5.3)	4,368 (16.0)	240 (0.9)	2,090 (7.7)	19,104 (70.0)	5,451 (20.0)	2,486 (9.1)	3,947 (14.5)	5,517 (20.2)	1,704 (6.2)

주: 1) 한국표준산업분류의 변경에 따라 2013년 이후는 제10차 분류기준에 따름.
2) 2012년 이전과 2013년 이후는 시계열 연결이 안 됨.
3) 우수 및 통신업에는 운수 및 창고업, 정보통신업을 포함.
4) 금융 · 부동산 및 사업서비스업에는 금융 및 보험업 및 부동산업, 전문 · 과학 및 기술서비스업, 사업시설관리 및 사업지원서비스업을 포함.
5) 공공서비스업에는 공공행정 · 국방 및 사회보장행정, 교육서비스업, 보건 및 사회복지서비스업을 포함.
6) 기타에는 예술 · 스포츠 및 여가관련 서비스업, 협회 및 단체, 수리 및 기타 개인서비스업, 가구 내 고용활동 및 달리 분류되지 않은 자가소비 생산활동, 국제 및 외국기관을 포함.
7) ( )안은 전체 취업자 대비 비중.

자료: 통계청, 「경제활동인구조사」 원자료, 각 연도.

비율을 말하는데 실업률이 높으면 해당기업은 필요한 인력을 보다 용이하게 구할 수 있는 반면에 실업률이 낮으면 인력을 구하기가 그만큼 어려워진다.

인력공급예측을 위해 보다 유용한 자료는 산업별 취업자 동향이다. 이러한 정보에서는 해당기업이 속한 산업(예: 제조업, 건설업, 서비스업 등)에서의 취업자의 변동사항을 알 수 있어 해당기업 전체－특정 개별적인 직종이 아닌－에 대한 외부노동시장의 여건을 어느 정도 판단할 수 있다. <표 5-6>에서는 우리나라의 산업대분류별 취업자 동향이 제시된다.

이상에서 제시한 산업대분류별 취업자 동향은 전체 경제활동인구 동향보다 해당기업에 보다 유용한 것은 사실이지만 미래의 t_1시점에서 해당기업의 수요인력과 연결시키는 데에는 역시 한계가 있다. 해당기업에 보다 유용한 외부노동시장의 공급정보는 보다 세분화된 자료가 요청된다. 예를 들면 제조업의 경우 전기, 전자, 화학, 금속분야의 기능공 내지 기술자가 t_1시점에서 얼마나 존재할 것인가 등에 대한 정보가 필요하다.

이와 같이 특정 분야의 구체적인 직무들에 대한 노동시장에서의 공급예측은 기업의 인력확보에 매우 중요하지만 현실적으로 특수한 개별분야까지 노동시장을 예측하는 데에는 많은 어려움이 있다. 그럼에도 불구하고 해당 기업은 미래의 t_1시점에서의 인력확보와 관련되는 코스트를 최소화시키기 위해 가능한 한 많은 정보를 수집하여 보다 세분화된 노동시장의 공급인력을 예측하는 데 노력해야 할 것이다.

요약

인력확보를 위한 계획활동으로서 인력수요 및 공급예측이 필요하다. 인력수요는 해당기업이 미래에 얼마나 많은 인력을 필요로 하는가를 말하는 것이며, 인력공급은 해당 기업이 과거와 같은 인력관리를 계속하였을 때 어느 정도의 인력을 보유하게 될 것인가를 말한다. 인력수요를 예측하는 데에는 양적 측면뿐만 아니라 질적 측면도 포함시켜야 한다. 인력수요에 있어서 질적 측면은 미래에 해당 기업이 필요로 하는 인력이 갖추어야 하는 자격요건을 말한다. 분석기법으로는 자격요건분석 기법과 시나리오 기법 등이 있다. 양적 인력수요 예측기법으로는 통계적 기법(생산성 비율분석, 추세분석, 회귀분석), 노동과학적 기법, 델파이 기법 그리고 화폐적 접근법이 있다.

인력수요예측에 대한 질적 · 양적 기법들을 기업이 도입할 때에는 해당기법들이 갖고 있는 특성을 충분히 고려하여 해당기업에 타당한 것을 선택하여야 한다.

인력공급예측은 기업이 미래의 한 시점에서의 순수필요인력을 예측하는 데에 필수적이다. 인력공급예측은 내부노동시장과 외부노동시장을 나누어 접근해야 한다. 질적 인력공급예측을 위해서는 현직 종업원들의 자격수준이 미래에 어떻게 변화될 것인가를 파악해야 하는데 그 기법으로서 추세분석법이 있다. 양적 인력공급예측을 위한 기법에는 빈도분석, 추세분석 그리고 마아코브 분석 등이 있다. 특히 내부노동시장의 공급예측기법으로서 마아코브 분석은 매우 정교하지만 충분하고 일관성 있는 데이터가 있어야 한다.

미래에 기업이 인력을 확보하려고 할 때 외부노동시장의 여건이 어떻게 될 것인가에 대해서도 예측활동이 있어야 하겠다. 예측자료로서 경제활동인구, 실업률, 산업별 고용변화추세 등이 활용된다.

참고문헌

통계청, 「경제활동인구조사」, 원자료, 각 연도.

Anthony, W. P./ Kacmar, K. M./ Perrewè, P. L., Human Resource Management, A Strategic Approach, Thomson, 2002.

Bennison, M./ Casson. J., The Manpower Planning Handbook, McGraw－Hill, 1983.

Benoelken, H., Langfristige Personalplanung im Kreditinstitut, Berlin, 1976.

Beyer, H. T., Determinanten des Personalbedarfs, Haupt, 1981.

Bisani, F., Personalwesen, Westdeutscher Velag, 1976.

Bosch, G./ Kohl, H./ Schneider, W.(Hrsg.), Handbuch Personalplanung, Bund, 1995.

Cascio, W. F., Managing Human Resources, 2nd ed., McGraw－Hill, 1989.

Drumm, H. J., Personalwirtschaftslehre, 3, Auflage, Springer, 1995.

Fisher, C./ Schoenfeldt, L. F./ Shaw, J. B., Human Resource Management, 2nd ed., Houghton Mittlin Co., 1993.

Gizychi, R. V./ Weiler, U., Mikroprozessoren und Bildungswesen, Auswirkungen einer breiten Einf hrung von Microprozessorn auf die Bildungs－ und Berufsqalifizierungspolitik, Mμnchen, 1980.

Hentze, J., Personalwirtschaftslehre, 1, 6, Auflage, UTB, Haupt, 1994.

Mag, W., Einf hrung in die betriebliche Personalplanung, WB, 1986.

Marr, R./ Friedel－Home, H., Personalwirtschaftliche Implikationen des Technischen Wandels－ eine Probeskizze, Arbeitsberichte, 1981, pp. 521~539.

Marr, R./ Stitzel, M., Personalwirtschaft, Verlag Moderne Industrie, 1979.

Milkovich, G. T./ Annoni A. J./ Mahoney, T. A., The Use of the Delphi Procedures in Manpower Forcecasting, in: Management Science, December, 1972, pp. 381~388.

Miller, G. E., A Method for Forcecasting Human Resource Needs Against Internal and External Labor Market, in: Human Resource Planning, Vol. 3, 1980, pp. 189~200.

Mondy, R. W./ Noe III, R. M., Human Resource Management, 5th. ed., Allyn & Bacon, 1993.

Niehaus, R. J., Human Resource Planning Flow Models, in: Human Resource Planning, Vol. 3, 1980, pp. 177~187.

Noe, R. A./ Hollenbeck, J. R./ Gerhart, B./ Wright, P. M., Human Resource Management, McGraw-Hill, 2003.

Verhoeven, C. J., Techniques in Corporate Manpower Planning, Kluwer. Nijhoft Pub., 1982.

Wright, J. R., Does Automation Raise Skill Requirements? in: Harvard Business Review, July-August, 1958, pp. 85~98.

모집과 선발

chapter 06

[1] 문제의 인식

제5장에서 논의한 인력수요 및 공급예측에서 수요가 공급을 초과하는 경우 기업은 초과한 만큼 추가인력을 확보해야 한다. 추가인력을 외부노동시장에서 '신규'로 확보하는 문제는 신규인력의 특성을 고려하여 볼 때 신중을 기하여야 한다. 즉 기업의 입장에서 보면 한번 채용한 인력에 대해서는 —특히 우리나라의 경우— 최소한 몇 십 년간의 고용관계를 유지하는 것이 '사회적 기대'로서 채용의 전제가 되고 있는 실정이다. 기업의 상황이 어려워져 이미 채용했던 인력을 해고를 통해 감축시키려 할 때 종업원의 저항이 매우 크다. 또한 잘못된 채용의 경우 이를 수정한다는 것은 법적인 제약 외에도 현실적으로 매우 어려우며 엄청난 코스트가 발생한다. 종업원을 보유함으로써 발생하는 인건비는 회계학이나 노동경제학에서는 변동비로 처리되지만 기업의 현실은 이것이 변동비가 아니라 고정비로 간주할 것을 요구하고 있는 실정이다.

초과 인력수요 충족을 위한 대체안

초과된 인력수요를 충족시키는 데에는 신규인력을 채용하면 간단하겠으나 일반적으로 기업들은 인력을 채용했을 때 발생하는 고정비 성격인 인건비 부담 그리고 노조와의 파워(power)관계 등의 이유로 일차적으로 신규인력 채용의 효과를 낼 수 있는 대체안(alternatives)을 찾게 된다. 그 대체안들을 소개하면 아래와 같다(Mondy/Noe, 1993).

① **초과근무**(overtime) 초과근무 방법은 인력수요가 단기적으로 발생할 때 사용되는 가장 일반화된 방법이다. 초과근무제도는 기업뿐만 아니라 종업원에게도 이익을 가져다주는 제도이다. 즉 기업입장에서 볼 때 신규인력을 채용하기 위한 제 비용(모집비용, 선발비용, 교육 · 훈련비용 그리고 퇴직금 등)을 절약할 수 있으며, 종업원의 입장에서는 소득증가의 기회가 되기도 한다. 그러나 초과근무시간 동안 발생하는 생산성 저하현상이 간과되어서는 안 된다. 뿐만 아니라 종업원의 경우 초과근무를 통한 소득증가에 맞추어 생활비 등 지출규모를 늘렸다

가 초과근무 기회가 없어질 경우 임금에 대한 불만이 생겨날 수 있다. 초과근무제도는 종업원의 임금수준에 대한 기대수준을 높여주는 결과를 가져다주기도 한다.

② **하도급**(subcontracting) 제품 및 서비스 수요의 지속적인 증가가 예상될 경우 생산기능의 일부분을 다른 기업에 의뢰할 수 있다. 이 방법은 제품 및 수요의 증가가 계절적이거나 단기적일 때 효과적이다.

③ **임시직 고용**(temporary employee) 인력수요가 단기적으로 발생할 때 도입하는 제도로서 임시직 고용을 들 수 있다. 기업입장에서 볼 때 장기고용에 따르는 위험부담은 경감할 수 있겠지만 임시직 종업원들이 과연 조직에 어느 정도 애착을 가지고 현직 종업원처럼 일해 줄 것인지 의문스럽다.

④ **리스고용**(employee leasing) 리스회사로부터 필요한 인력을 제공받는 방법으로서 고용계약은 해당기업과 리스회사 간에 이루어진다. 중소기업의 경우 리스고용은 기업에게 많은 이점을 가져다준다. 즉 리스고용은 인력에 대한 제반 인사관리적 업무와 퇴직금, 복리후생비와 같은 간접적인 인건비를 절약할 수 있다. 뿐만 아니라 리스인력은 노조에 가입할 수 없기 때문에 노조의 파워증가를 억제하는 효과를 가져다준다.

이상에서 제시한 신규인력 채용의 대체안만 가지고 기업의 수요인력을 항상 확보할 수 있는 것은 아니다. 설사 어느 정도 인력수요 문제를 해결할 수 있다고 하더라도 위의 대체안들이 갖고 있는 문제점과 해당기업의 상황으로 볼 때 이 대체안에는 한계가 있다. 따라서 기업은 인력수요가 어느 수준 이상이 될 경우 신규인력을 채용하는 문제를 생각하지 않을 수 없다.

사실 국내에서 앞서가는 어떤 기업은 조직의 확장과 관계없이 신규인력을 전 종업원의 5% 정도로 매년 채용하고 있다. 신규인력의 채용에 대한 이 기업의 기본철학은 조직에 새로운 활력을 불러일으키는 데 있다. 조직은 유기체(有機體)이며 인체(人體)에 비유된다. 생명을 유지하기 위해서는 신진대사가 반드시 필요하다. 생물학적으로 볼 때 우리 인체 세포의 수명은 7년이라고 한다. 수없는 세포가 끊임없이 죽어가고 또 생성되고 있는 것이다.

우리 기업의 미래를 짊어질 우수한 인재를 어디서 어떻게 구할 것인가? 우수한 인재를 확보해야 기업의 경쟁력이 제고된다는 것은 기업하는 사람이라면 누구나 인식을 같이 하고 있지만 우수한 인재의 확보는 마음뿐 행동은 이에 따르지 못하고 있다. 비록 우수한 인재를 채용했다 하더라도 이들을 기업이 계속 보유하는 데 실패하는 경우도 많다.

특히 국내기업의 경우 신입사원의 이직률이 높은데 그 이유는 기업의 인력확보 과정에 문제가 있기 때문이다. 과대 포장된 구인광고(求人廣告), 잘못된 모집원(募集源), 비효율적인 선발방법의 도입, 채용 후 사후관리(적응교육 및 배치)의 실패 등으로 나누어볼 수 있다. 예를 들어 과거 어느 기업의 입사시험 점수와 입사 후 신입사원의 인사평가 점수를 비교한 바 있다. 우리나라 기업이 즐겨 도입하고 있는 선발도구인 '영어시험' 점수와 입사 후 3년간 인사평가 점수와의 상관관계는 놀랍게도 마이너스 관계로 나타났다(박경규, 1991).

즉 입사시험에서 영어점수가 높은 신입사원일수록 입사 후 인사평가 점수가 낮다는 것이다. 이러한 결과는 해당기업에 충격적인 것이었다. 채용시험에 문제가 있거나 혹은 인사평가제도에 문제가 있다는 것을 의미하기 때문이다.

아래에서는 인력확보의 핵심이슈인 지원자 모집 및 선발활동에 대해 논의한다.

[2] 모 집

모집활동(募集活動)은 인력선발을 전제로 하여 양질(良質)의 지원자를 확보하는 활동

모집활동(募集活動)은 인력선발을 전제로 하여 양질(良質)의 지원자를 확보하는 활동을 말한다. 많은 기업에서는 인력확보를 위해 인력선발활동에 초점을 맞추면서 모집활동의 의미를 과소평가하는 경향이 있으나 이는 잘못된 시각이다. '모집'과 '선발'의 특성을 비교하자면 '모집'은 보다 공격적인 활동이며 '선발'은 사실 방어적인 활동이라고 규정할 수 있다. 왜냐하면 기업의 '지원자'를 구하기 위한 모집활동은 그 행동반경이 거의 제한이 없으며 유능한 지원자를 구하지 못하는 한 그 후에 나타나는 인력선발활동은 본질적으로 그 질(質)이 떨어질 수밖에 없기 때문이다. 선발이란 '주어진 지원자'를 가지고 옥석(玉石)을 가리는 활동이다. 군계일학(群鷄一鶴)이란 말이 있듯이 모집활동에서 얻은 지원자가 군계들로 가득 차있을 때 아무리 선발활동이 정밀하다고 하더라도 학(혹은 玉)을 식별할 수 없는 것이다. 이러한 이유로 인력선발활동은 모집활동에 비한다면 그 성격이 소극적이고 방어적이라고 하지 않을 수 없다. 물론 지원자 중에 우수한 사람과 그렇지 않은 사람이 많이 섞여 있을 경우, 선발활동의 가치 내지 중요성은 당연히 인정되어야 한다.

또한 모집활동은 노동시장을 대상으로 이미지를 높이는 홍보기능을 가지고 있다.

모집활동과 관련하여 아래의 질문을 던질 수 있다.

- 지원자를 어디서 찾을 수 있는가?
- 지원자를 어떻게 획득할 수 있는가?
- 지원자가 효과적인 모집활동을 통해 획득되었는가?

이상의 질문은 바로 모집원천, 모집방법 그리고 모집활동에 대한 통제활동(controlling)인 모집평가에 해당된다.

2.1 모집원천

공석(空席)이 된 직무를 채우기 위해 지원자를 찾아야 되는 경우 이를 외부노동시장에서 찾아야 할 것인지 혹은 현재 우리 기업, 즉 내부노동시장에서 찾을 것인지 면밀히 검토해야 한다. 만일 내부노동시장에서 인력을 찾을 경우 인사이동(transfer)을 통해 공석이 된 직무를 채우는 방법도 있겠지만 사내공개모집(社內公開募集)을 통해 지원자를 확보하는 방법도 있다. 인력확보의 원천을 결정하기 위해 필요한 정보는 아래와 같다(Mondy/Noe, Ⅲ, 1993).

인력확보의 원천을 결정하기 위한 정보

- 외부환경 분석
  - 실업률: 실업률이 높을 경우 모집은 보다 용이함
  - 외부노동시장의 제 조건: 지역별 인력공급 가능 정도
  - 고용관계 법률
  - 노동시장에서의 기업의 이미지: 양호할 경우 보다 많은 지원자 확보가 가능함
- 내부노동시장 분석

  i) 내부노동시장의 경제적 요소
  - 현재 보유인력의 적정성: 과다인력, 과소인력
  - 현직 종업원의 능력
  - 직무수행 자격요건의 변화추세(기술변화)
  - 종업원의 연령분포
  - 이직률, 결근율 등

  ii) 내부노동시장의 사회적 요소

- 현직 종업원의 경력욕구
- 현직 종업원의 현 직무에 대한 만족도
- 현직 종업원의 조직커미트먼트[1] 등

이상의 제 정보 외에도 모집 원천을 결정하는 데 고려해야 할 사항으로는 개별 노동시장이 모집에 미치는 효과 및 문제점도 분석해야 한다.

기업이 성장기에 진입하여 조직확장이 계속되는 상황에서, 신규인력을 내부노동시장에 의존할 경우, 공급원천의 제약으로 수요인력을 충족시키지 못하는 경우가 많다. 뿐만 아니라 조직의 하위직급의 충원이나 기존 종업원에게 없는 기술 내지 기능이 필요한 경우 혹은 새로운 아이디어의 도입이 절실히 필요한 경우 내부노동시장의 활용에는 한계가 있다.

외부노동시장을 대상으로 하는 모집원천은 구체적으로 아래의 몇 가지를 열거할 수 있다.

- 교육기관: 고등학교, 직업학교 및 대학이 그 대상이 된다. 교과내용과 기업 실무와의 차이 때문에 직무수행상 필요한 능력과 지원자가 습득한 능력(기술, 기능 등) 사이에 갭이 상당히 존재하기 때문에 채용 후 교육훈련이 뒤따라야 한다.
- 경쟁기업 내지 타 기업: 이는 어느 정도의 경력을 필요로 하는 직무를 충원할 때 활용되는 모집원이다.
- 실업자: 자격을 갖춘 인력이 여러 가지 이유로 실직(失職) 상태에 있는 경우 이에 해당한다.
- 자영업자(自營業者, self-employed workers): 기업가적 기질을 갖춘 인력이 필요할 때 혹은 상당한 경험을 필요로 하는 직무를 충원할 때 자영업자를 지원자로 확보할 수 있다.

2.2 모집방법

2.2.1 내부노동시장

사내공모제도(社內公募制度)

내부노동시장에서 지원자를 모집하는 방법으로서 사내공모제도(社內公募制

1) 조직커미트먼트(organizational commitment)는 애사심(愛社心)과 같은 것으로 조직과 개인 간의 심리적 연대감을 말함.

표 6-1 사내공모제도의 장단점

장점	• 상위직급의 경우 종업원에게 승진기회 제공 및 사기진작 • 지원자에 대한 평가의 정확성 확보 • 저렴한 모집비용 • 낮은 이직률
단점	• 외부인력의 영입이 차단되어 조직의 정체 가능성 • 성장기업의 경우 사내 공급의 불충분 • 특정부서의 선발시 연고주의를 고집할 경우 조직 내 파벌조성 가능성 • 지원자의 소속부서 상사와의 인간관계의 훼손 가능성 • 선발과정에서 여러 번 탈락되었을 때 지원자의 심리적 위축감 고조

度, job posting and bidding system)가 있다. 이 제도는 공석(空席)이 생겼을 때, 사내 게시판에다 지원자를 찾는다는 모집공고를 내어 요구하는 자격을 갖추었다고 생각되는 종업원이면 누구라도 지원하게끔 유도하는 모집방법이다.

선진외국의 기업에서는 이러한 모집제도가 매우 일반화되어 있다. 독일기업의 경우 경영조직법(Betriebsverfassungsgesetz) 제93조에 의해 신규인력을 채용할 때 외부에서 지원자를 찾기 전에 반드시 사내에서도 지원자를 찾도록 법으로 정하고 있다. 즉 신규인력에 요구되는 자격요건을 갖춘 지원자를 찾는다는 공고를 사내 게시판에 먼저 내야 한다.

미국기업의 경우 법적으로 규정은 없지만 골린(Gorlin)이 2,000개 기업을 대상으로 실증 조사한 결과에 의하면 생산직의 경우 조사기업의 75%가, 사무직의 경우 조사기업의 60%가 사내공모제도를 도입하고 있었다(Gorlin, 1982).

사내공모에 지원할 수 있는 종업원의 자격을 제한하는 기업도 있다. 예를 들어 ① 지난해 인사평가 점수가 B 이상, ② 현직에서 1년 이상 근무한 자, ③ 징계 중에 있지 않은 자, ④ 결근율이 극히 낮은 자 등으로 제한하고 있다.

사내공모제도를 도입했을 때 예상되는 장단점은 <표 6-1>와 같다. 선진국 기업에서는 단점을 제도적으로 극복하면서 장점을 극대화하는 방향으로 이 제도를 도입하여 모집활동의 효율성을 높이고 있다. 이 제도의 성공사례를 하나 소개하고자 한다. 일본 IBM社에서는 1989년 조직활성화 대책의 일환으로 사내공모제도를 도입했다. 과거에는 상사의 추천을 통하여 희망직책을 지원하는 제도에서 파격적인 전환을 한 것이다. 채용부서는 PC비지니스 개발팀인데 이 팀은 최근 일본 IBM社가 중점전략부문으로 채택한 PC관련 마케팅, 제품기획, 시장개발에 관한 모든 사업영역을 담당하고 있다. PC는 이 회사에서 가장 유망한 분야이며 회사 내에서도 이에 대한 의욕과 능력을 보유한 인재가 적지 않아 이를 회사의 영업전략으로 채택하여 영업신장의 도구로 활용하는 것이 가능하다고 판단하였다. 그러나 현실적으로 PC부문에 필요하다고 인정받는 직원은 현직(現職)의 상사가 가장 아끼고 항상 밑에 두려고 하는 사람이므로 상사는 보직이동에 반대하는 경향이 있다. 따라서 전체적으로 회사의 발전을 위하여 사내공모제도를 도입한 것이다. PC상품기획과 PC판매에서 총 25명 모집에 응모한 지원자수는 약 80여 명 되었으며 연령은 20대에서 50대까지 다양했다. PC부문에 응모한다는 사실을 동료 또는 상사가 알았을 때 발생할 수 있는 직원 간의 불화를 방지하기 위해 진행과정은 철저히 비밀유지를 기했기 때문에 공모제도가 의욕에 찬 직원들에게 효과가 컸다. 이러한 사내공모제도는 인력확보에 매우 효과적이었으며 일본 IBM社는 중요하다고 인정되는 새로운 분야의 인력 확보시 계속 이용해 오고 있다.

이상에서 소개한 일본의 사례는 우리나라 기업에서도 그 성공가능성을 시사해 주고 있다. 특히 일본 IBM社의 경우 사내공모제도가 성공한 요인으로서

① 채용부서가 신설된 것으로서 기업의 중점전략부문이며 많은 직원들의 선망의 대상이었다.

② 제도의 진행과정을 철저히 비밀로 하였기 때문에 지원자가 자신의 지원 사실의 비공개성(非公開性)을 믿었기 때문이다.

2.2.2 외부노동시장

외부노동시장에서 지원자를 모집하는 방법으로 아래의 몇 가지를 열거할 수 있다.

① **광 고** 광고는 매체의 선택, 광고문안의 작성 및 디자인 등 여러 가지 면에서 전문성을 요구하는 모집방법이다. 광고문안을 작성하기 전에 기업이미지를 결정하여 직무와 기업에 대한 명확한 이미지를 지원자에게 제공하여야 하며 또한 매체에 대한 기업의 경험을 적극 활용하여 적절한 매체를 선택하여야 한다. 사용가능한 매체로서 신문의 구인광고(求人廣告)는 자격 없는 지원자가 지원할 수 있다는 단점이 있다. 이에 반해 전문잡지는 보유기술, 교육수준, 사고방식 등에서 동질적(同質的)인 모집원에 접근할 수 있고 또한 자격이 없거나 부족한 지원자의 지원을 막을 수 있다. 기타의 광고 활용방안으로는 라디오, TV, 옥외게시판 등을 들 수 있다. 이는 특정상황에서 신문이나 잡지보다 더 효과적인데 제한된 정보를 제공한다는 단점 때문에 인쇄매체(print media)와 동시에 사

용하는 것이 효과적이며 문안 작성시에도 직무탐색자의 주의, 흥미, 정보추구 의욕 등을 유발하도록 하여야 한다.

② **워크넷** 고용노동부와 한국고용정보원이 운영하는 취업정보사이트로 구직 · 구인정보와 직업 · 진로정보를 제공하여 직업지원자에게는 안정된 취업을 위한 정보를 제공하고 사업주에게는 빠른 모집과 채용을 가능하게 한다. 1998년부터 서비스를 제공하였으며 2011년부터는 민간취업포털과 지자체 일자리정보를 통합하여 일자리관련 통합서비스를 실행하고 있다. 여기서 제공되는 정보는 지역워크넷 서비스, 시간선택제 일자리 서비스 그리고 정부지원 일자리 서비스를 제공하고 있다(http://www.work.go.kr/useInvite/worknetHomepgInvite/worknetIntro.do).

i) 인터넷 서비스: 온라인에서 구직자에게 지역, 역세권, 직종이나 기업형태별 다양한 일자리정보를 제공하여 온라인 구직신청, 이메일 입사지원, 구직활동내역/출력 등의 취업지원 서비스를 제공한다. 구인기업에게도 직업별, 직종별, 전공계열별로 다양한 인재정보를 제공하고 온라인 구인신청, 인재정보관리, 맞춤정보 서비스, e-채용마당 등 채용지원 서비스를 실행하고 있다. 이 사이트를 통해 직업심리검사, 직업학과 정보검색, 직업탐방, 진로상담과 같은 직업진로 서비스, 일자리 인재동향, 고용관련 통계 및 연구자료 등 고용동향 서비스도 제공한다.

ii) 인트라넷 서비스: 구직자나 기업이 고용센터 상담원 및 지자체 공무원에게 직접 구인 혹은 구직신청을 할 수 있도록 하여 구인자와 구직자 사이의 고용계약의 성립을 가능하게 하고 취업을 알선하며 구인 · 구직통계 등 취업알선 서비스도 제공한다. 그 밖에도 청년강소기업체험, 청년인턴, 취업성공패키지, 장년인턴제, 취업지원민간위탁 등 취업지원사업에 대한 행정지원 서비스도 제공하고 있다. 특히 다양한 집단상담프로그램, 예를 들어 성취프로그램, 청년층 직업지도프로그램 그리고 취업희망프로그램을 운영하여 취업을 촉진하는 지원활동을 실행하고 있다.

③ **리크루터**(recruiter) 리크루터는 기업을 대표하여 각지로 다니면서 잠재적인 종업원과 기업, 제품, 기업구조, 각종 정책, 직무 등에 대해 기업을 소개하고 가능한 지원자를 면접한다. 면접은 주로 지원자의 적성, 지능, 판단력, 성숙도, 리더십능력, 동기부여 정도를 파악하기 위해 수행된다.

④ **인턴제도**(internship) 방학기간이나 혹은 시간제 근무로 지원자들을 임시적으로 고용한 뒤 졸업 후에 정식 고용하는 모집방법이다. 인턴제도를 통해 기업은 사전에 지원자의 자격 여부를 판단할 수 있고, 지원자는 기업에의 적합

성 여부를 판단하며 또한 교육기관의 교과내용과 실무와의 차이를 줄일 수 있다는 장점이 있다. 뿐만 아니라 개인의 심리적인 측면(열정, 성격 등)은 면접 및 필기테스트라는 짧은 시간에 측정하는 데 많은 한계가 있기 때문에 선발타당도를 높이는 데 보다 효과적이다.

⑤ **기존 종업원의 추천**(employee referral) 종업원들의 사기가 높고 기업에 대한 공헌의욕이 강한 기업일수록 이 방법을 채택하면 적은 비용으로 유능한 인재를 확보할 수 있다. 실제로 미국의 경우 전문직의 27.8%, 관리직의 57.2%가 이 방법에 의해 선발된다(Maguns, 1987). 하지만 파벌을 형성하게 하는 등 문제점을 가지고 있다.

⑥ **교육기관의 추천** 지원자를 직접 교육시킨 기관(대학, 고교, 직업훈련소 등)은 지원자의 기본능력, 잠재능력 그리고 적성 등에 대한 많은 정보를 갖고 있기 때문에 상당히 신뢰할 수 있다. 그러나 교육여건(교사/교수 1인당 학생 수)이 상당히 좋은 선진국에서는 매우 우수한 모집방법이 되겠지만 우리나라와 같이 대학 및 고등학교에서 개인별 밀착된 교육이 어려운 실정에서는 교육기관에 의한 추천제도가 잘못 운영되면 요식행위에 그칠 가능성이 높다. 뿐만 아니라 추천서 내용이 표준화되어 있지 않아 추천서만 가지고 지원자의 능력 및 특성을 정확히 파악하는 데에도 한계가 있다.

⑦ **자발적 지원** 기업이 특별한 모집활동을 하지 않았음에도 불구하고 노동시장에서의 좋은 기업이미지로 인해 전화, 편지 혹은 방문 등을 통해 입직을 희망하는 사람들이 있다. 이들은 나름대로 지원하는 기업에 대해 비교적 많은 정보를 갖고 있으며, 자발적 지원 그 자체가 보여주듯 적극성을 가지고 있기 때문에 공석의 직무에 적합한 인물일 경우 모집비용을 절감할 수 있다는 이점이 있으나 기업이 이 방법에 의존하게 되면 필요로 하는 지원자를 적시(timing)에 획득하는 데에는 위험부담이 크다. 따라서 이러한 모집방법은 다른 방법과 병행하여 활용해야 한다.

이외에도 모집시기와 관련하여 정시모집과 수시모집이 있다. 대개 대기업의 경우 일 년 중 특정 달에 모집활동을 하는 경우를 정시모집이라고 한다. 반면에 특정한 시기를 정하지 않고 필요할 때마다 모집활동을 하는 것을 수시모집이라고 한다. 정시모집은 기업이 모든 부서의 필요한 인원을 특정시점에 한꺼번에 모집하는 것이며, 수시모집은 해당기업의 부서별 혹은 팀별 필요인력이 발생할 때마다 모집활동을 하는 것을 말한다.

서양기업의 경우, 예외 없이 수시모집을 하는 반면, 우리나라와 일본에서는 정시모집이 일반적이다. 그러나 최근 우리나라에서도 수시모집제도를 도입하는 기업이 늘어나고 있다.

정시모집의 경우 다수의 지원자들에 대해 인성, 해당기업의 조직문화와의 적합성 및 일반적인 능력을 전문가 내지 전문적인 측정도구를 사용하여 비교적 저비용으로 평가할 수 있다. 그러나 다음과 같은 문제점이 있다.

첫째, 현업부서에 공석이 발생했을 때 인원보충을 정시모집 시점까지 기다려야 한다. 이렇게 되면 업무공백이 발생할 수 있다. 이를 피하려면 결국 부서별 필요인력보다 더 많은 인력을 평소에 보유하고 있어야 한다. 이것은 인력의 과다보유로 추가적인 인건비가 발생한다.

둘째, 지원자를 선발할 때 공석이 된 개별 직무가 요구하는 직무수행능력을 평가하는 데 한계가 있기 때문에 현업부서의 불만이 많이 발생한다. 즉 인사부서에서 보충해 준 인력이 공석의 직무를 바로 수행하는 데 어려움이 있는 경우가 많으며 이럴 경우 업무수행에 차질이 발생하여 추가적인 직무교육을 필요로 한다.

수시모집의 경우 정시모집에서 발생하는 문제점을 극복할 수 있다. 즉 공석이 발생하면 바로 모집활동을 하여 지원자의 직무수행능력을 평가하여 선발할 수 있다. 이렇게 되면 직무와 직무수행자 간의 적합도를 최대화할 수 있게 된다. 그러나 지원자의 인성이나 조직문화와의 적합성 등은 개별부서(팀)에서 평가하는 데 한계가 있다.

2.3 모집활동에 대한 평가

모집활동은 모집원천 및 모집방법을 결정하고 지원자를 확보하는 활동을 말한다. 이러한 활동에 대한 평가는 인력확보에 대한 관리적 과정에서 마지막 단계인 통제활동(controlling)의 일환으로 이루어진다. 평가내용은 첫째 모집방법에 대한 평가, 둘째 확보된 지원자의 수와 질에 대한 평가, 셋째 모집활동에 투입된 비용 및 효익분석, 그리고 공석(job openings)을 채우는 데 걸리는 시간 등이 되겠다.

평가내용
첫째 모집방법에 대한 평가,
둘째 확보된 지원자의 수와 질,
셋째 모집활동에 투입된 비용 및 효익분석, 그리고 시간

브리우(Breaugh)는 모집방법들 간 직무성과의 차이가 있는지 살펴본 바 있다. 연구의 내용을 보면 생물학과 화학분야에서 학위(석사 · 박사)를 소지한 112명의 연구원을 표본으로 선정하였다. 또한 설문지와 면담 및 개인 신상자료 등

표 6-2 모집방법 간 차이에 대한 분산분석

종속변수	전문잡지광고	신문광고	직업안정소	자발적 지원	F
작업의 질	4.15	3.86	3.33	3.94	7.07 **
작업의 양	3.69	3.60	3.58	3.56	.15
협동성	4.15	3.73	3.67	4.13	3.84 **
직무지식	4.23	4.13	4.00	4.01	.54
결근율	1.61	7.47	3.50	3.75	10.86 **
직무만족	5.33	5.26	4.75	5.23	.86
직무몰입	3.62	3.71	2.63	3.44	3.92 **
감독에의 만족	5.51	5.51	4.67	5.46	3.31

* $p<.05$, ** $p<.01$
자료: Breugh, 1984.

을 통해 필요한 정보를 획득하고 모집방법을 신문광고(n=30), 자발적 입직(n=32), 전문잡지광고(n=26), 대학의 취업상담소(n=24) 등으로 분류하여 종속변수인 직무태도, 업적, 결근율과의 관계를 살피고 있다.

연구의 결과는 <표 6-2>에 나타나 있다. 연구의 결과로써 전문잡지 광고를 통해 입사한 연구원이 자발적으로 입사한 연구원과 함께 작업의 질, 협동성 및 직무태도에 높은 점수를 얻은 것으로 밝혀졌고 대학의 취업상담소가 가장 효율성이 떨어지는 모집방법으로 나타났다. 또한 특기할 만한 점은 신문광고를 통해 입사한 종업원의 결근율이 가장 높다는 것이다.

이러한 결과로부터 직무에 대해 보다 정확하고 완전한 정보를 소유한 사람이 그렇지 못한 사람보다 더욱 생산적이고 만족이 높다는 가정을 세울 수 있다. 이와 관련하여 현실적 직무소개(Realistic Job Preview)의 필요성이 강조되고 있다. 이것은 모집단계에서 직무 지원자에게 그 직무에 대한 정확한 정보를 기업이 제공하는 것을 말한다. 즉 입사 전에 있는 직무지원자에게 그 직무에 대한 긍정적인 측면뿐만 아니라 부정적인 측면 관련 정보를 제공함으로써 미래의 이직률을 감소시키는 데 그 목적을 두고 있다(Wanous, 1973).

현실적 직무소개의 필요성

과거에는 모집에 대해 지원자가 수동적이라고 가정하고 기업이 각종 모집도구를 사용하여 종업원을 모집하는 일방적인 과정으로 인식하였다. 그러나 오늘날에는 모집을 지원자가 적극적으로 조직을 선택하는, 기업과 지원자 간의 쌍방적인 과정으로 인식해야 한다. 그러므로 기업을 응모자에게 과대선전하는 과거의 경향은 조직이나 개인 모두에게 피해를 가져다준다.

전통적 모집관행은 미래의 종업원에게 기업에 대해 좋은 인상을 갖도록 과

표 6-3 모집활동 평가내용

구분	S사	K사
모집인원	500	500
지원자 수	12,000	10,000
입사제안자 수	9,000	9,500
자격을 갖춘 지원자 수	1,000	450

대선전하는 경향이 있었다. 이 같은 모집방식의 단점은 종업원과 기업의 잘못된 매치로 야기된 높은 비용, 즉 고용비용 및 이직비용을 초래하고 또한 실제적으로 신입사원 중 1년 내 이직자가 많이 발생하고 있다(박경규, 1991).

모집과정이 경쟁력 있는지의 여부와 관련된 평가방법에는 크게 지원자의 선발단계 통과율, 지원자 수, 입사제안자 수, 자격을 갖춘 지원자 수의 비교 그리고 모집활동에 대한 비용-편익 분석이 있다. 선발단계 통과율은 모집활동에 응한 지원자들이 모집대상이 되는 직무에서 요구되는 직무수행자격요건을 보다 많이 갖추고 있을 경우 기업의 선발과정에서 각 단계를 통과할 지원자의 단계 통과율이 높을 것이라는 점에 초점을 둔다(Bohlander and Snell, 2013). 즉 모집활동을 통해 유효한 지원자가 많이 선발과정에 참여한 경우 그렇지 않은 경우에 비해 예를 들어 1단계인 적성테스트나 서류전형이라는 허들을 넘어 2단계인 실무인터뷰에 참가할 비율이 높을 것이고 따라서 이런 지원자의 선발과정 단계 통과율이 얼마나 높은지는 모집활동의 효과성을 보여주는 기준으로 작동할 수 있다.

지원자 수와 관련된 평가내용은 단순한 지원자 수, 입사제안자 수(入社提案者數), 자격을 갖춘 지원자 수 등으로 구분하여 볼 수 있다. 예로서 S사와 K사의 모집활동 결과를 비교해 보자.

<표 6-3>에서 볼 수 있듯이 S사와 K사의 신입사원 모집인원은 똑같이 500명이었는데 지원자 수는 S사가 K사보다 2,000명 더 많다. 지원자 수만 가지고 판단한다면 S사의 모집활동이 K사보다 더 우수했다고 말할 수 있을 지 모른다. 그러나 입사제안자 수를 보면, S사가 9,000명으로 K사보다 500명 적다. 기업이 채용을 제안했을 때 이를 수락할 준비가 되어 있는 사람을 말하는데 S사에 지원했던 12,000명 중 3,000명은 과장된 모집광고가 원인이었든지, 선발과정에서 획득한 기업에 대한 정보가 원인이든지 간에 기업이 자리를 주겠다고 하더

라도 입사하지 않겠다는 지원자이다. 따라서 입사제안자 수를 많이 확보한 K사의 모집활동이 더 우수하다고 말할 수 있다.

그러나 자격을 갖춘 지원자 수로 볼 때 S사는 500명 모집인력을 능가하는 1,000명을 확보한 반면, K사의 경우 자격을 갖춘 지원자 수는 450명에 불과해 모집인력인 500명을 초과하지 못한 것이다.

모집활동을 평가할 때는 결국 단순한 지원자 수나 입사제안자 수만 가지고 평가하는 것보다 자격을 갖춘 지원자를 얼마나 많이 확보했느냐가 궁극적인 평가기준이 될 수 있겠다.

모집활동에 대한 비용–편익 분석(cost–benefits analysis)

또 다른 평가기준은 모집활동에 대한 비용－편익 분석(cost–benefits analysis)이다. 기업의 모집활동에는 일반적으로 많은 비용이 발생한다. 모집비용으로써 광고비, 출장경비, 헤드헌터에 대한 수수료 그리고 모집활동을 하는 직원들에 대한 인건비 등을 들 수 있다. 반면에 효익으로써는 채용된 지원자들의 우수성(업적), 그리고 근속기간 등이 있다. S사가 자격을 갖춘 지원자 수의 확보 면에서 K사보다 모집활동이 더 우수하다고 하겠지만 모집비용이 K사보다 3배 이상 더 지출되었다면 S사의 모집활동을 K사의 모집활동 보다 우수하다고 말하기 어렵다. 뿐만 아니라 채용된 직원의 업적을 비교하게 되면 평가는 보다 복잡해진다. 끝으로 모집활동에 대한 평가방법으로써 공석을 채우는 데 소요되는 기간이다. 우리나라와 같은 채용문화에서는 정기채용이 일반적이다. 예를 들면 대기업의 경우 신입사원은 6월과 12월로 연 2회 채용활동이 일어나고 있다. 사실 인력수요가 어느 한 시점에서 발생하는 것은 아니다. 예를 들면 4월에 이직자가 발생하였을 경우, 이들을 충원하는 시기는 6월에야 가능하다. 그러나 경력자에 대한 충원은 비정기적으로 발생한다. 특히 경력직의 채용에 있어서는 공석이 발생한 후 이에 대한 지원자를 확보하는 데 소요되는 기간이 평가대상이 되겠다.

모집활동에 대한 평가는 기업 간 비교를 통해서 할 수도 있겠지만 개별기업 자체에서 연도별 모집활동의 결과를 비교하여 우수성을 평가할 수도 있다.

이상의 모집활동에 대한 평가결과 해당기업의 모집활동이 불량한 것으로 판명되었을 경우 원인을 규명해야 한다. 즉 모집원천에 대한 의사결정이 올바르게 되었는지, 모집방법이 합리적으로 선택되었는지 등에 대한 분석이 있어야 한다. 결국 모집활동에 대한 평가는 평가 그 자체가 목적이 아니라 잘못되었으면 원인을 찾아 수정하는 활동이 이어져야 모집에 대한 통제활동이 제대로 되는 것이다.

[3] 선 발

선발활동과 관련하여 아래의 몇 가지 질문을 할 수 있다.

– 어떤 지원자가 우리 기업에 적합한가?

– 최적의 지원자를 식별할 수 있는 방법은 없는가?

– 선발활동에 얼마나 비용이 많이 드는가?

– 어떤 방법을 사용해서 지원자에 대한 정보를 수집하고 또한 기업에 대한 정보를 지원자에게 전달할 것인가? 등

선발활동의 기본목적은 지원자들 중에서 우수한 인재를 식별하는 것

선발활동의 기본목적은 지원자들 중에서 우수한 인재를 식별하는 것이다. 좀더 정확하게 말하면 공석(空席)이 된 직무를 어떤 지원자가 가장 성공적으로 수행할 수 있느냐를 찾아내는 것이다. 그러나 '직무의 성공적인 수행'에는 빠지기 쉬운 함정이 존재한다. 바로 지원자의 능력초과(overqualified) 현상이다. 실업률이 높은 노동시장의 상황에서는 고학력자가 하향 취업하는 현상이 자주 발견

고전탐방

우수한 인재란 어떤 사람을 말하는가? 당(唐) 태종(太宗)때의 명신 위징(魏徵)은 '육사(六邪)'를 제시하면서 이런 인물은 관직(官職)에 등용되어서는 안 된다고 경고하고 있다.

① 견신(見臣): 편안히 관직에 올라앉아 있으면서 직무에는 마음이 없고 그저 눈치만 살피는 무리

② 간신(姦臣): 속마음은 음험 간악하면서도 겉으로는 성실한 체하며 말주변이 능해 온화한 듯 하면서도 은근히 자기보다 잘난 사람들을 헐뜯는 무리

③ 궤신(詭臣): 어떤 일이 잘못되었을 때 핑계대는 데 능하며 위아래로 이간질 잘하고 말썽을 일으키는 무리

④ 적신(賊臣): 직권을 남용하고 그때그때 자기 이로운대로 기준을 바꿔가며 사리를 채우고 윗사람의 명령을 뒤틀어 놓는 무리

⑤ 망국지신(亡國之臣): 음흉스런 잔꾀로 윗사람의 눈을 멀게 하여 윗사람이 시비를 가리지 못하게 함으로써 국정(國政)을 어지럽히는 무리

⑥ 유신(諛臣): 상사에게 아첨하여 상사를 우쭐하게 만들면서 조금도 뒤탈을 생각하지 않는 무리

〈자료: 조선일보, 1996. 8. 30.〉

된다. 예를 들어, 고졸자가 충분히 할 수 있는 직무에 대졸자가 지원을 했을 경우 '능력초과' 현상이 나타나게 되는 것이다. 이 경우 대졸자는 단기적으로는 주어진 직무를 성공적으로 수행할 수 있겠지만 시간이 경과함에 따라 직무불만족, 보상불만족(특히 임금수준), 신분불만족 등으로 사기저하, 기업에 대한 불만표출 나아가 이직으로 이어진다. 따라서 인력선발에서의 핵심은 바로 '직무－지원자' 간의 적합성(fitness)을 그 기준으로 삼아야 한다. 선발활동은 모집활동을 통해 획득한 지원자를 대상으로 미래에 수행할 직무에 가장 적합한 지원자를 식별하는 것이다. 따라서 이 과정을 통해 채용 여부가 결정되기 때문에 인력확보 활동의 핵심을 이루고 있다.

아래에서는 선발방침, 선발과정 그리고 선발도구에 대해 소개하고, 이어서 선발도구에 대한 통제활동인 평가문제를 논의한다.

3.1 선발방침

인력선발을 위한 구체적인 행동에 들어가기 전에 최소한 2가지 사항을 미리 결정해야 한다. 첫째는 지원자에게 요구되는 인재관에 대한 결정이며, 둘째는 선발방법에 대한 기본방침이다.

3.1.1 인재관의 결정

기업은 최고경영자의 경영철학, 기업을 둘러싸고 있는 내외환경 그리고 과거 성장해 왔던 역사 등이 바탕이 되어 나름대로 추구하는 인재관(人材觀)을 형성하고 있다. 기업들이 추구하는 인재관은 아래와 같이 3가지로 구분할 수 있다.

직무명세서 기준 인재관

첫째, 지원자 중 우수한 인력을 선발하는 기준으로 직무명세서(job specification)를 기준으로 하는 경우이다. 직무분석의 결과 작성되는 특정 직무의 직무명세서는 직무수행자가 갖추어야 하는 자격요건을 제시하고 있다. 따라서 인력선발시 지원자의 배경이나 다른 측면은 보지 않고 공석이 된 직무의 자격요건을 지원자가 얼마나 충실히 갖추고 있느냐를 보는 것이다. 즉 지원자의 지능 내지 자질이나 잠재능력보다는 실제 갖고 있는 기술 내지 기능을 중시하며, 지원자의 중장기적인 개발가능성을 상대적으로 등한시하는 인재관이라고 할 수 있다.

경력 중심적인 인재관

둘째, 경력 중심적인 인재관이다. 이것은 공석이 된 직무가 요구하는 자격

사례 6-1 **'실업자만 채용하는 기업'**

실업자들만 받습니다.

일본에서 60세 이상 노령자들만 고용하는 고령회사가 등장하더니 이번에는 실직자들에게만 입사원서를 주는 이색회사가 독일에 등장했다. 라인강 하구 겔데른에 있는 전자부품회사인 루벨은 실업자들에게만 입사원서를 준다. 직장을 옮기거나 처음 사회에 발을 내딛는 초년병들에게는 아예 기회를 주지 않는다. 오히려 실직생활을 오래하면 오래할수록 가산점을 붙여준다.

루벨은 연간 매출액이 3억3천만 유로나 되는 독일에서는 꽤 알아주는 중견업체. 이런 회사가 실직자들만 받는 데는 나름대로 계산이 있어서다. "실직한 사람일수록 새 직장에 대한 애착심이 강하다. 이런 사람을 고용하면 곧바로 기업의 생산성으로 연결된다"(프란츠 호이붐 이사)는 게 그 이유다.

루벨식 전략은 큰 성공을 거뒀다. 유럽 전자업계가 어려움을 겪고 있는 가운데서도 루벨은 지난 3년간 관련업체 5개를 인수 합병할 정도로 성장가도를 달리고 있다. 업계관계자들은 "루벨의 성공에는 여러 이유가 있겠지만 노사간의 화합이 큰 요인이 된 것은 확실하다"며 성과를 인정한다. 루벨은 한술 더 떠 다른 기업들에도 실직자 채용을 권장하고 있다.

〈자료: 한국경제신문, 1998. 4. 22.〉

요건 뿐만 아니라 지원자가 갖춘 전체적인 현재 및 잠재능력을 아울러 중요시한다. 즉 지원자가 채용되었을 때 조직에서 경력을 쌓아가는 과정에 중장기적으로 발휘하는 능력을 중시하는 것이다. 이런 관점에서 인력을 선발할 때에는 설사 지원자가 직무명세서의 자격요건 일부를 갖추고 있지 않더라도 다른 중요한 능력－이것이 조직전체의 목표달성에 잠재적으로 더 많은 공헌을 하리라고 예상될 경우－을 갖추고 있으면 채용하는 것이다.

기업문화 중심적인 인재관

셋째, 기업문화 중심적인 인재관이다. 즉 우리 기업의 체질에 맞는지 안 맞는지를 인력선발의 주요 기준으로 삼는 경우이다. 우리나라의 예를 든다면, S그룹의 경우 기업문화는 단기업적주의 · 완벽주의로 압축할 수 있으며, H그룹의 경우 막걸리식, 밀어붙이는 박력, 엉성하면서도 일이 추진되는 조직으로 이해할 수 있다. 그러므로 이 두 그룹에 지원하는 지원자들에게 요구되는 가치관 내지 자질은 상이할 수밖에 없는 것이다.

이상에서 제시한 해당기업이 추구하는 인재관에 따라 인력선발의 기준 및 사용하는 선발도구가 달라질 수 있다.

3.1.2 선발방법에 대한 방침

종합적 평가법
단계적 제거법

선발에 있어서 지원자가 선발의 모든 단계(예: 서류전형, 실기시험, 면접시험 등)를 거치게 하여, 각 단계에서 획득한 점수를 합계하여 선발하는 방침인 종합적 평가법과 선발의 각 단계마다 지원자의 자격수준이 미달할 경우 탈락시키는 단계적 제거법이 있다. 종합적 평가법은 선발비용이 많이 드는 반면 우수한 지원자를 놓칠 위험성이 낮다. 그러나 단계적 제거법은 선발단계별로 지원자를 탈락시키기 때문에 선발비용이 적게 드는 반면 우수한 지원자를 탈락시킬 위험성이 존재한다.

어떤 선발방법을 택하느냐는 우선 지원자의 수를 고려해야 할 것이다. 지원자가 약 200명 미만인 경우 종합적 평가법이 보다 효과적이며 지원자가 몇 천 명 이상이 될 경우 선발비용상 단계별 제거법을 도입함이 바람직하다. 대개 대기업에서는 단계별 제거법을, 중소기업에서는 종합적 평가법을 선호하는 경향이 일반적이다.

3.2 선발과정

선발과정(selection process)은 기업마다 다를 수 있겠으나 <그림 6−1>과 같은 과정을 생각할 수 있다.

- 예비면접: 예비면접의 목적은 선발과정을 본격적으로 시작하기 전에 결격사유가 있는 지원자를 탈락시키는 것이다. 예로서 연령이 초과한다든지 용모 및 언어표현에 결정적인 하자가 있는 경우 입사지원서를 배부하

그림 6-1 선발과정

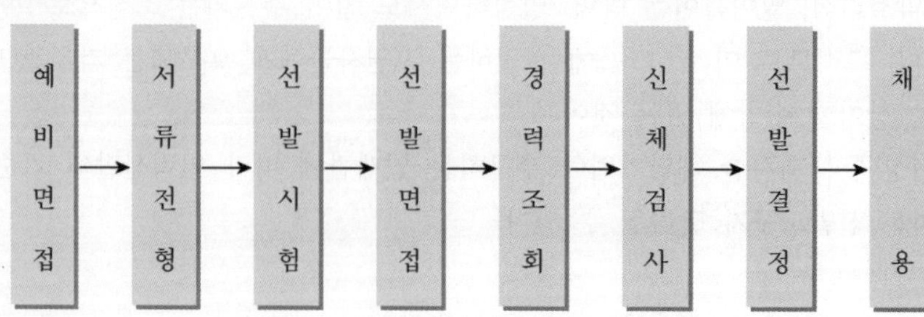

지 않는 것이다.

- 서류전형: 지원자가 제출한 지원서의 내용을 평가하는 과정이다. 군경력, 학점, 자격증 소지 여부, 가족관계 등 미래의 성과와 관련이 있는 지원서 항목에 대한 평가를 실시한다. 지원서에 나타난 항목에 대한 점수 부여는 지원서 평가의 타당도(validity)와 관련되기 때문에 보다 정밀한 검토가 요청된다.
- 선발시험: 선발시험은 심리검사, 필기시험, 실기시험 등을 통해 지원자가 가지고 있는 능력 및 개인적 특성(성격, 적성 등)을 측정하기 위해 실시되는 것을 말한다.
- 선발면접: 선발면접(selection interview)은 기업이 지원자를 상대로 면접을 통해 지원자가 가지고 있는 능력 및 개인적 특성(가치관, 태도, 성격 등) 등을 파악하는 활동이며 기업은 이러한 과정을 통해 기업 및 고용조건(급여, 승진기회 등)에 대한 정보를 지원자에게 제공하게 된다.
- 경력조회: 조회(reference)는 지원자의 과거의 행적에 대해 확인하는 과정이다. 즉 지원서나 이력서에 기재된 지원자의 학력, 직무경험, 자격증 획득 등이 사실인지를 밝히는 활동이다. 특히 경력사원을 채용하는 경우 전 직장에서의 근무실태, 퇴직이유 등에 대한 정보는 올바른 선발결정에 유용한 자료가 된다.
- 신체검사: 지원자가 미래의 직무를 수행하는 데 신체적 조건을 갖추었는지를 확인하는 과정이다.

3.3 선발도구

선발도구를 가지고 지원자의 능력 및 개인적 특성을 측정하여 그 결과를 가지고 미래를 예측하는 것

인력선발의 핵심은 미래에 수행하게 될 직무에 가장 적합한 사람을 찾는 것이다. 예를 들어 공석이 된 직무 A에 누가 가장 적합한가를 판단하기 위해 지원자 몇 명을 일정한 기간 동안 직무를 수행하게 하고, 그 결과를 가지고 적합한 자를 찾아내는 것이 가장 확실한 방법이다. 그러나 이러한 방법은 기업 현실에서 거의 불가능하다. 왜냐하면 여러 명의 지원자를 어느 기간 동안 일을 하게 한 후 나중에 가서 적합하지 않으니 "집에 돌아가시오"라고 할 수는 없는 것이다. 여기에는 윤리적인 문제와 비용문제가 심각하게 제기된다. 따라서 이러한 한계를 극복하기 위해 개발된 것이 선발도구이다. 즉 선발도구를 가지고 지원자

의 능력 및 개인적 특성을 측정하여 그 결과를 가지고 미래를 예측하는 것이다. 아래에서는 '적합한 인재'를 식별하기 위해 활용되는 몇 가지 선발도구를 소개한다.

3.3.1 지원서 분석

지원서에는 객관적인 사실을 나타내주는 요소인 성별, 가족관계, 군복무 등이 있는 반면에 지원자의 가치관, 태도, 역량 등 인지적이며 주관적인 요소가 있다.

선발도구로서의 그 가치가 강조되고 있는 것으로서 역량기반 지원서 내용평가와 바이오 데이터 분석법이 있다.

1) 역량기반 지원서 평가

지원자 개인이 가지고 있는 역량을 스스로 기술하게 하는 것

역량기반 지원서란 지원자 개인이 가지고 있는 역량을 스스로 기술하게 하는 것이다.[2] 응답형식은 특정역량과 관련되는 질문(사례)을 주고 이에 대해 지원자가 약 100자 정도 대답하게 하는 것이다. 역량의 종류는 기업에 따라 공석인 직무에 따라 다를 수 있다. 예로서, 팀워크 역량에 관한 지원서 사례는 <사례 6-2>와 같다.

팀워크 역량에 대한 지원자의 기술내용을 어떻게 평가하느냐가 매우 중요한 작업인데, 본질적으로 주관적인 평가를 할 수밖에 없다. 그럼에도 불구하고 자의적인, 잘못된 평가를 최소화시키기 위해 아래의 기준을 사용할 수 있다.

형식면에서 우선 제1단계로, 지원서를 A, B, C로 구분할 수 있는데 그 기준은 아래 <표 6-4>와 같다.

다음으로 지원서 내용을 평가해야 하는데, 팀워크 역량을 보여준 개별적인 행동의 예는 아래와 같이 제시할 수 있겠다.

- 팀에서 창의적이고 활동적인 역할을 함
- 팀 구성원들을 동기부여시킴
- 어려울 때 팀 구성원들을 지원함
- 팀 목표달성을 위해 협동함 등

---

2) 역량(competency)은 해당기업이 경쟁력의 원천이 되는 요소를 말하며, 자세한 논의는 다음 장을 참조할 것.

사례 6-2 **팀워크**

당신이 팀을 이뤄 작업했던 경험에 대해 기술해 주십시오. 경험에 대해 기술할 때 다음과 같은 사항이 포함되도록 해주십시오. 팀과 팀의 목표에 대해 간단히 기술, 팀에서의 당신의 역할, 다른 팀 구성원들을 동기화시킬 필요가 있다는 것을 어떻게 알 수 있었는지, 정확히 어떤 일을 했는지, 그 결과는 어떠했는지 등.

Queen's Scout 상에 도전할 때, 나는 작은 그룹의 일원이었다. 나는 Cairngorms에서의 5일간의 여행을 계획하기 위해 스스로 자청해서 리더가 되었다. 여행계획을 세우기 위해서 (1) 팀의 역량을 평가하고, (2) 팀의 사기를 북돋울 필요가 있었다. 나는 (1) 체력 테스트와 독도법(讀圖法) 시험을 보았고, (2) 우리가 상을 탔을 때의 이점, 그리고 우리가 얻게 될 만족감과 자신감을 강조했다. 그러나 여행 도중 예상치 못한 기후조건으로 인해서, 우리는 당황하게 되었고, 팀원 중 한 명은 거의 울음을 터트리기 일보직전이 되었다. 나는 그를 격려하고, 우리가 다시 올바른 길을 찾을 때까지 그의 짐을 잠시 들어주었다. 여행 도중, 나는 팀원들이 함께 힘을 합쳐 일하도록 격려함으로써, 팀원들 간에 좀 더 가까운 관계를 만들 수 있었다. 캠프파이어를 하기 위해 나뭇가지를 모으는 일에서 팀원들 간의 협동을 강조한 것이 하나의 예가 될 수 있다. 이런 노력의 결과로 우리는 50일간의 자전거여행을 성공적으로 끝마치게 되었다.

〈자료: Wood/Payne, 2002를 번역한 오인수/임대열, 2003.〉

표 6-4 역량지원서 평가기준

구분	내 용
A	– 강력한 증거 – 응답이 명료하며, 질문을 정확하게 꿰뚫은 답변이다. – 응답이 행동지표의 대부분(2/3 이상)을 포함하고 있다.
B	– 수용할 만한 증거 – 답변을 통하여 역량을 보여주는 증거가 있다는 것을 알 수는 있지만, 다소 모호하며, 면접에서 추가적으로 더 알아보아야 한다. – 답변이 몇몇 지표들을 포함하고 있다(약 반 정도).
C	– 빈약한 증거/증거 부족 – 답변이 질문과 관련이 없다. – 답변이 행동지표를 거의 포함하고 있지 않다(1개 내지 2개).

자료: Wood/Payne, 2002를 번역한 오인수/임대열, 2003.

실무에서는 역량지원서를 평가할 때 제1단계인 형식평가에서 우수한 점수를 받은 지원서를 가지고 제2단계인 내용평가를 한다.

지원서 평가시 대부분의 기업에서는 인사스탭이 일일이 읽어보고 등급을 부여하고 있지만 4차 산업혁명의 영향으로 AI를 평가에 활용하는 기업이 최근 나타나고 있다. 예를 들면 자기소개서에 해당기업이 추구하는 가치 및 기업문화 등 주요 단어를 얼마나 자주 사용하고 있는가를 평가에 반영함으로써 지원자와 기업 간의 적합성을 예측하는 것이다.

지원서 평가에 AI를 도입할 경우 얻는 장점은 우선 평가에 시간과 노력이 획기적으로 감소된다. 반면에 지원서에 숨겨져 있는 인성 및 감성에 관련되는 내용을 파악하는 데 한계가 있다.

2) 바이오 데이터 분석

지원자의 이력서, 지원서, 면접 등을 통하여 획득된 개인의 신상에 관한 모든 것, 검증불가능한 것까지도 포함

① 개 념 바이오 데이터(bio-data: biographical data)는 전기자료(傳記資料)로 번역할 수 있는데 지원자 개인에 관련된 것으로 지원자의 이력서, 지원서, 면접 등을 통하여 획득된 개인의 신상에 관한 자료를 말하며, 검증 가능한 것뿐만 아니라 검증 불가능한 것까지도 포함한다. 예를 들면 연령, 성별, 출생지, 거주지, 가족배경, 형제 수, 교육 정도, 결혼관계, 자녀의 수, 신체적 특징, 군복무관계, 취미, 독서습관, 태도, 신념, 가치관 및 여가활동 등이 포함된다.

바이오 데이터의 분석결과를 선발의사결정에 활용하려는 근거는 바로 개인의 바이오 데이터와 직무성과(적합성 및 직무태도 포함) 간에 상관관계가 있음이 발견되었기 때문이다.

턱커 등(Tucker, et al., 1967)은 151명의 약학연구원을 대상으로 그들의 바이오 데이터(160개 항목)와 성과(동료고과 및 상급자고과), 창의력 사이의 관계를 연구한 바 있는데 그 결과 바이오 데이터와 직무성과 간의 상관관계가 높은 것으로 나타났다.

바이오 데이터와 성과의 예측치인 직무태도와의 관계를 분석한 연구가 우리나라에서도 실시되었는데 S생명보험회사 종업원 312명을 대상으로 실시한 조사에서 나타난 결과는 <표 6-5>와 같다.

<표 6-5>에서 나타난 바와 같이 11개의 바이오 데이터와 직무몰입과의 관계는 7개 항목에서 통계적으로 볼 때 차이가 있는 것으로 나타났으며, 조직커미트먼트와의 관계에서는 5개 항목이 차이가 있는 것으로 판명되었다.

지원자의 바이오 데이터는 선진국 기업에서도 최근에야 그 유용성을 발견

표 6-5 바이오 데이터와 직무몰입 및 조직커미트먼트

지원서 항목	직무몰입	조직커미트먼트
성별	남>여	–
부양가족 수	많음>적음	많음>적음>
결혼관계	–	결혼>미혼
학교소재	서울<지방	서울<지방
군복무관계	장교>군면제, 단기병	–
종교활동 참여 정도	–	–
종교의 종류	–	–
형제 수	–	–
건강 정도	건강 양호>건강 비양호	건강 양호>건강 비양호
학력	높은 학력>낮은 학력	–
전공과 직무와의 관련성	관련 있음>관련 없음	관련 있음>관련 없음

자료: 허경신, 1990.

하여 선발 의사결정에 활용하고 있다. 우리나라 기업에서는 대개 선발과정인 '서류전형'에서 이와 유사한 활동이 이루어지고 있으나 바이오 데이터를 미래의 직무를 예측하기 위한 예측치로서라기보다 지원자를 차별화시키기 위한 한 방법으로 활용되는 경향이 있다. 예를 들면 어느 그룹의 경우 1,000명 모집에 30,000명이 지원했을 때 대학의 수준, 대학에서의 성적 등을 기준으로 선발시험 및 면접과정에 필요한 지원자 수만 남기고 그 이하는 탈락시키는 방법을 활용하고 있다.

② 바이오 데이터의 개발 바이오 데이터를 인력선발에 활용하기 위해서는 어떤 항목이 예측력이 있으며 개별 항목에 대해 어느 정도 가중치를 두어야 할 것인가를 분명히 밝혀내야 한다. 타 기업 혹은 특정산업에서 활용하고 있는 바이오 데이터는 해당기업에 매우 유익한 출발점이 되겠지만 해당기업이 처해있는 특수상황을 감안한다면 개별기업이 자체적으로 개발함이 바람직하다. 아래에서는 바이오 데이터의 개발을 단계별로 살펴본다.

<그림 6-2>에서는 바이오 데이터의 개발단계를 보여주고 있으며 <표 6-6>을 가지고 보다 쉽게 설명할 수 있다. <표 6-6>에서 나타난 바이오 데이터의 개발의 예를 설명하면 다음과 같다. 첫째, 성과관련 변수인 '직무성과'를 기준으로 설정한 후, 둘째 조사대상 집단을 직무성과가 낮은 집단과 높은 집단

그림 6-2 바이오 데이터의 개발단계

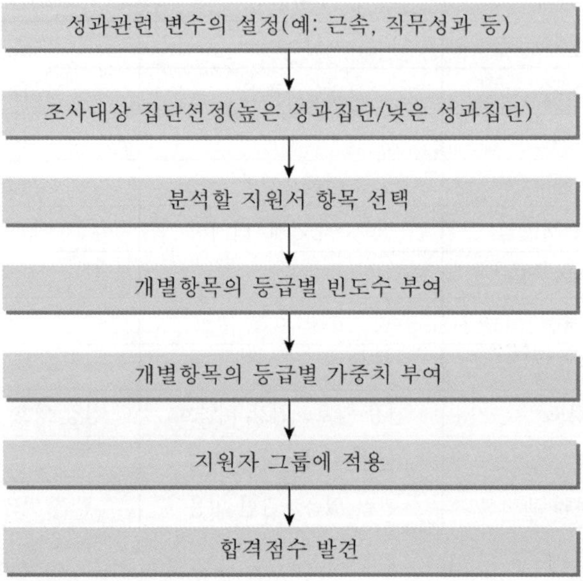

자료: Cascio, 1982.

으로 분류하고, 셋째 분석할 지원서 항목인 '거주도시의 인구', '군복무관계', '교육수준' 등을 선택한다. 넷째, 개별항목 등급(군복무관계, 장교 …)에 대하여 조사대상 집단에서 몇 명의 종업원이 해당되는지 조사를 한다. 그 후 해당등급의 직무성과가 높은 집단의 종업원 빈도수를 해당등급에 속하는 전체 종업원 수로 나눈 비율을 산정한다. 다섯째, 직무성과가 높은 집단의 등급별 비율을 기준으로 24%면 2점, 58%면 6점을 부여한다. 여섯째, 여기서 발견된 가중치 점수를 지원자의 바이오 데이터에 부여하여 총점을 산정한다. 끝으로 절대적 합격점수 혹은 상대적인 합격점에서 합격/불합격을 결정한다.[3)]

바이오 데이터 분석기법을 보완하는 것으로써 프로파일링기법(profiling)이 있다. 이 기법은 원래 범죄심리학에서 사용하는 것으로써 어떤 범죄사건이 발생하면 범인이 어떤 유형인지를 프로파일을 동원하여 분석하고 용의자 대상을 압축하는 방식이다. 예를 들면 범인의 성별, 거주형태, 성격, 라이프스타일, 알코올 등 약물의존성 등에 초점을 두고 용의자 대상을 압축하는 방법이다. 이러한 기

3) 바이오 데이터의 개발에 대한 자세한 내용은 박경규, 1993을 참조할 것.

표 6-6 바이오 데이터 개발의 예

지원서 항목	직무성과가 낮은 집단 (종업원수)	직무성과가 높은 집단 (종업원수)	합계 (종업원수)	직무성과가 높은 집단의 비율	가중치 점수
거주 도시의 인구					
• 100,000명 이상	37	10	47	21	2
• 10,000~100,000명 미만	19	16	35	46	5
• 2,000~10,000명 미만	8	31	39	79	8
• 2,000명 미만	11	18	29	62	6
	75	75	150		
군복무 관계					
• 장교	16	29	45	64	6
• 사병	28	11	39	28	3
• 하사관	7	11	18	61	6
• 면제	24	24	48	50	5
	75	75	150		
교육수준					
• 고졸	17	11	28	39	4
• 전문대졸	26	19	45	42	4
• 대졸	22	12	34	35	4
• 대학원졸	6	26	32	81	8
• 기타	4	7	11	64	6
	75	75	150		

자료: Cascio, 1982.

법은 기업의 인사선발도구로 원용되어질 수 있다. 예를 들면 성과가 높은 종업원의 표준적인 자질을 데이터화하여 이상적인 프로파일을 개발하고 이를 지원자와 비교하는 것이다(김성국, 2011).

3.3.2 선발시험

선발시험에는 지원자 개인의 일반적인 능력 및 심리적 특성을 밝히는 심리검사(psychological tests), 외국어 등 전문적인 지식을 파악하고자 하는 시험 그리고 직무와 관련하여 일부분을 직접 수행케 하는 실기시험 등이 있다. 아래에서는 기업에서 많이 도입하고 있는 대표적인 몇 개를 소개한다.

1) 능력검사

해당직무에 대해 적당한 훈련을 받을 경우, 그 직무를 배울 수 있는 능력 혹은 잠재적인 능력을 측정하는 것

능력검사(ability test)는 검사결과를 가지고 종업원의 미래의 직무수행 정도를 예측할 수 있다는 가정에서 출발한다. 대학에 진학하려는 고교생들을 대상으로 수능검사를 실시하는 것과 유사한 맥락이다. 능력검사는 검사목적에 따라 직무수행 능력뿐 아니라 학습능력을 측정하는 인지적 능력검사(cognitive ability tests)와 힘 · 협동심을 측정하는 사이코모토 검사(psychomotor abilities tests) 그리고 직무에 대한 지식을 측정하는 직무지식 검사(job knowledge tests) 등으로 구분된다.

능력검사는 어떤 사람이 해당직무에 대해 적당한 훈련을 받을 경우, 그 직무를 배울 수 있는 능력 혹은 잠재적인 능력을 측정하는 것이다. 능력검사는 지원자가 해당직무에 대해 경험이 없는 경우에 유용한 검사도구가 된다. 능력검사에서 높은 점수를 받은 지원자는 낮은 점수를 받은 지원자보다 채용 후 교육훈련 측면에서 낮은 비용, 높은 학습효과를 가져다준다.

2) 성격 및 흥미도 검사

지원자의 동기부여 정도를 측정하기 위한 방법

성격 및 흥미도 검사(personality and interest tests)는 지원자의 동기부여(動機賦與) 정도를 측정하기 위한 방법이다. 하지만 성격검사는 낮은 예측력 때문에 선발도구로서 잘 활용되지는 못하고 있다. 흥미도 검사는 성공적인 종업원의 흥미도와 지원자의 흥미도를 비교하는 방식으로 수행된다. 개인의 흥미는 비교적 장기적으로 지속되는 요소이므로 어떤 산업분야에서는 종업원의 직무수행 성공 여부를 훌륭히 예측할 수 있다.

3) 실무능력 검사

지원자로 하여금 직무의 대표적인 과업을 수행하도록 하고 그 성취도를 검사하는 방법

실무능력 검사(work sample tests)는 지원자로 하여금 직무의 대표적인 과업을 수행하도록 하고 그 성취도를 검사하는 방법이다. 이의 장점은 예측력이 대단히 높고 테스트에 대한 종업원의 부정적인 영향을 줄여 수용력을 높여준다는 것이다. 이를 성취도 검사(achievement tests) 혹은 숙련도 검사라고도 한다.

3.3.3 선발면접

선발면접은 면접자와 피면접자 사이에 정보를 교환하는 목적지향적인 대화이며 동시에 선발시험과 함께 지원자를 평가하는 유용한 수단이다.

선발면접의 목적은, 첫째 지원서에 나타난 항목이 불명확할 때 이를 명료화

시키며, 또한 지원서에 나와 있지 않은 정보를 수집하는 데 있으며, 둘째 기업에 관한 정보를 지원자에게 전달하고, 셋째 지원자에게 기업을 마케팅하여 자격을 갖춘 우수한 지원자가 타 기업으로 가지 않도록 유도하는 데 있다.

선발면접은 일반적으로 아래와 같은 내용이 포함되어야 한다.

선발면접의 목적

① 학업성적에 대한 정확한 해석: 예로서 특정 지원자가 대학에서의 학점이 낮은 이유를 밝힘으로써 학점을 통한 후광효과(halo effect)를 사전에 방지한다.

② 지원자의 전반적인 능력파악: 지원자의 외견, 언어구사력, 자세 등을 통해 지원자의 기본능력을 파악한다.

③ 직업경력의 파악: 지원자가 그간 경험했던 직업관련 사항 내지 특정 분야에 있어서 노하우가 있는지를 파악한다.

④ 대인관계 능력의 파악: 과거 소속했던 조직(가정, 학교, 전직장, 취미, 클럽 등)에서의 지원자의 대인관계 사항을 파악한다.

⑤ 지원자의 경력욕구 파악: 채용되었을 때 지원자의 경력목표, 즉 어느 부서에서 근무하고 싶은지, 라인조직 혹은 스탭조직 중 어느 것을 선호하는지, 앞으로 어느 방향으로 경력을 쌓아가고 싶은지 등을 파악한다.

1) 선발면접의 종류

질문의 내용을 기준으로 아래와 같이 두 가지로 분류할 수 있다.

질문항목을 미리 준비하여 면접자가 피면접자에게 질문

① **구조적 면접**(structured interview or guided interview) 직무명세서를 기초로 질문항목을 미리 준비하여 면접자가 피면접자에게 질문하는 것이다. 이러한 면접은 훈련을 받지 않았거나 경험이 없는 면접자도 어려움 없이 면접을 수행할 수 있다는 이점이 있는 반면 질문항목의 개발이 직무분석을 전제로 하고 있다는 약점이 있다.

특정한 질문서 목록 없이 면접자가 중요하다고 생각하는 내용을 질문

② **비구조적 면접**(unstructured interview or unguided interview) 특정한 질문서 목록 없이 면접자가 중요하다고 생각하는 내용을 질문하는 면접형태이다. 예로서 "본인의 강점 · 약점을 말해보시오", "우리 회사에 귀하가 채용되었을 때 어떤 면에서 경쟁기업보다 더 유리할까요?", "5년 후 귀하는 우리 회사에서 어떤 위치에 있기를 원합니까?" 등의 질문을 던진다. 이러한 면접형태는 질문항목의 선정에 별 어려움은 없으나 지원자의 대답을 평가하는 데 어려움이 존재한다. 따라서 노련한 면접자가 요구된다.

이외에도 상황면접(situational interview)이 있는데 이것은 해당기업에서 일상

적으로 일어나는 문제를 예시로 제시하고 지원자가 이를 분석하고 해답을 찾아가는 과정을 면접을 통해 관찰하여 판단하는 것을 말한다.

2) 선발면접의 방법

면접자와 피면접자의 수를 어떻게 하느냐에 따라 집단면접과 위원회면접으로 나눌 수 있다.

① **집단면접**(group interview) 집단면접은 피면접자가 복수가 되는 경우이다. 여러 명의 피면접자를 상대로 질문하는 방법으로서 장점은 첫째, 시간이 절약되며 둘째, 여러 명의 지원자를 동시에 관찰하기 때문에 비교가 용이하며 우수한 지원자를 쉽게 파악할 수 있다. 그러나 개별지원자가 갖고 있는 특수한 면을 파악하기에는 제한적이다.

② **위원회면접**(board or panel interview) 다수의 면접자가 한 명의 피면접자를 평가하는 방법이다. 한 명에 대해 여러 사람이 동시에 관찰하므로 평가에 있어 신뢰도가 높은 반면 다수의 면접자 앞에서 피면접자가 심리적으로 위축될 경우 평가에 있어서 신뢰도가 저하될 수 있다. 뿐만 아니라 이 방법은 집단면접보다 시간이 많이 소요된다.

③ **스트레스면접**(stress interview) 이것은 제2차 세계대전 당시 미국에서 전략정보수집요원(스파이)을 선발하는 데 사용된 바 있다. 이 면접방법은 면접자가 지원자의 약점을 공개적으로 비난할 때 이에 대해 피면접자가 어떻게 반응하느냐를 관찰하는 것이다. 이 방법은 스트레스 처리능력을 테스트하는 데 주안점을 두는 것으로서 기업의 특수직무(예, 공격적인 판매직 등)에 대한 지원자에게 적용할 수 있으나 지원자가 선발에서 탈락되었을 때 해당기업에 대한 반감을 강하게 갖는다는 약점이 있다.

④ **무자료 면접**(blind test) 이 방법은 면접자에게 지원자의 이름 외에 아무런 정보를 제공하지 않고 진행하는 면접이다. 이러한 방법이 개발된 동기는 피면접자의 출신학교, 전공, 출신지역, 성장배경 등에 대한 선입견을 배제하는 데 있다. 그러나 이러한 면접방법이 성공하려면 면접자의 건전한 사고와 통찰력을 요구한다.

⑤ **동료면접** 이 방법은 지원자들이 다른 지원자들을 평가하는 방식을 말한다. 예를 들면 지원자들을 5~10명 정도의 팀을 나누어 토론, 공동프로젝트 등을 통해 다른 지원자들과 대화 및 행동 등을 통해 얻은 정보를 바탕으로 평가하는 방식이다. 장점은 기업이 알기 어려운 지원자에 대한 정보(인성, 태도 등)를

사례 6-3 **Du Pont Korea의 인재선발**

듀폰에서는 사업성장에 따른 신규채용이나 전근자 혹은 퇴직자의 결원보충 등을 위해 인력채용 요청서를 인사부로 보낸다. 인사부에서는 가급적 모든 채용에 대해 먼저 사내공모를 통하여 내부지원자 여부를 파악하여 가능한 한 내부충원을 하고자 한다. 이는 듀폰에 입사하여 습득한 회사의 문화, 시스템에 대한 이해, 업무지식에 대한 가치를 매우 높게 두는 점과 더불어 직원 개개인에게도 다양한 경력관리를 통하여 발전의 기회를 주고자 하는 듀폰의 인재선발 양성의 원칙이기 때문이다. 적합한 내부지원자가 없는 경우 외부채용을 진행하는 데, 외부지원자의 모집은 첫째, 인사부 데이터베이스를 우선 활용한다. 둘째, 채용 전문 웹사이트나 신문을 통한 채용광고를 하고, 셋째 직원추천 및 포상 제도를 이용한다. 넷째는 특수한 경력을 요하거나 리더급의 채용 시 써치회사를 이용한다.

이러한 프로세스로 면접대상자가 정해지면 듀폰 아시아 지역에서 표준모델로 권장하는 '역량중심의 질문서' 작성 프로그램을 통하여 면접 질문서를 직무 별로 작성하게 된다. 특정한 직무수행 과정에서 보여주었을 과거의 행동을 유추할 수 있는 질문들로서 적응력, 창의력, 동기부여, 팀워크, 리더십, 문제분석 및 해결력, 협상력, 커뮤니케이션, 기획력 등 36개의 역량으로 구성되어 있다.

1차 면접은 채용부서장 및 관련부서 직원, 인사담당자가 함께 실시한다. 면접질문을 통하여 알고 싶은 내용은

① 회사 및 직무에 대해 이해를 잘하고 있는가?

② 지원 동기는?

③ 듀폰에서 요구하는 경험 및 지식의 소유자인가?

④ 빠른 적응을 하고 그 직무를 성공적으로 수행할 수 있는 능력이 있는가?

⑤ 지속적인 자기개발을 하려는 열정과 성장잠재력이 있는가?

⑥ 긍정, 적극, 합리적인 사고를 하는가?

⑦ 다양한 이문화에 대한 적응력이 있는가?

⑧ 대인관계 및 팀워크는? 등이다.

보통 2차 면접에서 최종선발을 하게 되나 합의가 잘 이루어지지 않을 경우 3, 4차 면접까지 갈 수도 있다.

〈자료: Du Pont Korea 내부자료〉

얻을 수 있다. 즉 지원자에 대해 기업이 직접 면접을 할 경우, 지원자는 자신의 부족한 측면을 숨기려는 경향이 있기 때문이다. 단점으로는 기본적으로 지원자들 간에는 서로 경쟁관계이기 때문에 객관적인 평가에 한계가 있다. 뿐만 아니라 지원자는 기업이 원하는 인재에 대한 이해가 부족하기 때문에 다른 지원자

들의 어떤 행동 및 태도가 해당기업이 추구하는 가치와 일치하는지 판단하는 데 한계가 있다(임기호, 2015).

이외에도 지원자를 여러 시기에 걸쳐 여러 사람이 면접하는 복수면접(multiple interview)도 있다.

우리나라 기업에서는 직무분석의 미비로 인해 대개 비구조적 면접을 도입하고 있는데 평가의 타당도 및 신뢰도 측면에서 많은 문제점이 있다. 사실상 선발면접의 정확도를 가장 높일 수 있는 방법은 위원회 면접이다. 즉 여러 면접자가 한 명의 지원자를 상대로 면접하면서 이를 비디오에 녹화하고, 면접이 끝난 후 녹화장면을 다시 보면서 평가에 관한 회의를 실시하는 경우이다. 이런 방법을 택하면 물론 신뢰도는 극대화되겠지만 소요되는 비용은 엄청나다. 따라서 중요한 포스트이거나 전문경영인을 영입할 때 도입할 수 있겠다.

최근 코로나19 펜데믹으로 인해 비대면 면접이 등장하고 있다. 기업이 도입하고 있는 면접방법을 비대면(on line)으로 하는 것이다. 장점으로는 무엇보다도 비용이 현저하게 줄어든다.

그러나 비대면 면접은 지원자의 일반적인 능력을 파악하는 데 그치고 있다. 면접이란 면접자와 피면접자 간의 상호작용이 주요 특징인데 비대면 면접에서는 지원자의 특징, 즉 제스처, 표정, 말투 등 디테일한 측면이 간과될 소지가 높다.

선발면접의 타당도 및 신뢰도를 높이기 위해서는 선발면접의 내용을 개발하는 것도 중요하겠지만 선발면접의 제반 관리도 매우 중요하다. 첫째, 면접자(interviewer)에 대한 교육훈련이다. 현업에 쫓기어 정신 못 차리는 사람을 불러다가 선발면접을 하라고 하였을 때 면접의 신뢰도는 확보하기가 어렵다. 둘째, 선발면접의 내용을 개발하는 데 가능하면 면접자들을 참여시켜야 한다. 이러한 조치는 선발면접의 내용에 대한 수용성(acceptance)을 높일 뿐만 아니라 타당도 및 신뢰도 확보에 상당히 효과적이다.

3.3.4 평가센터법

다수의 지원자를 특정 장소에 며칠 간 합숙시키면서 여러 종류의 선발도구를 동시에 적용하여 지원자를 평가하는 방법

평가센터법(assessment center)은 관리직 인력을 선발할 때 주로 도입하는 선발도구로서 다수의 지원자를 특정 장소에 며칠간 합숙시키면서 여러 종류의 선발도구를 동시에 적용하여 지원자를 평가하는 방법이다. 지원자를 평가하는 평가자 역시 다수로 구성되며, 대개 인사분야 전문가, 해당기업의 인사담당자 등

이 동원된다. 활용되는 선발도구로서는 바이오 데이터 분석, 면접, 집단토의, 특정 주제에 대한 발표회 그리고 각종 시험(능력검사 등) 등이다. 이 방법은 지원자의 능력 및 개인적 특성을 파악하는 데 다른 어떤 선발도구보다도 우수하다고 알려져 있으나 선발비용이 많이 발생한다.

3.4 선발도구에 대한 평가

선발도구에 대한 평가기준은 신뢰성(reliability), 타당성(validity) 그리고 비용/편익분석(cost/benefit analysis) 등을 들 수 있다. 또한 주어진 선발도구를 가지고 선발활동의 효율성을 높이는 방안으로써 선발비율(selection ratio)의 조정방법도 있다. 아래에서는 선발활동의 효율성을 높이기 위한 방안으로써 선발도구에 대한 평가문제를 다룬다.

3.4.1 신뢰도 분석

신뢰도란 지원자의 어떤 면을 측정할 때 동일한 환경에서 측정된 결과가 서로 일치하는 정도

신뢰도란 지원자의 어떤 면을 측정할 때 동일한 환경에서 측정된 결과가 서로 일치하는 정도를 말한다. 신뢰도는 한마디로 시험일 경우 답안작성을 얼마나 정직하게 하였는지 혹은 시험기간 중 외부의 방해요소(소음, 수험자의 건강상태 등)가 작용하였는지를 분석하는 것이다.

신뢰도의 측정은 내적 일관성(內的一貫性, internal consistency) 측정방법과 시험-재시험방법(test-retest method)이 있다. 내적 일관성은 예로서 지원자의 성격이 어느 정도 '외향적'인가를 측정하기 위해 5가지의 질문을 甲에게 하였을 때 이 질문의 응답들이 서로 얼마나 비슷한 경향을 보여주었느냐를 측정하는 것이다. 예를 들어 첫 두 질문에서는 상당히 '외향적'인 요소를 나타내는 곳에 대답하였고, 다음 세 질문에는 상당히 '내향적'인 요소를 나타내는 곳에 대답했을 경우 이 지원자의 대답은 정직하다고 볼 수 없다. 즉 '외향적' 성격을 묻는 여러 질문 간의 대답결과가 일관성이 없는 것이다.

다음은 시간의 변화에도 불구하고 측정대상이 상대적으로 매우 안정적이라고 전제할 때 시험-재시험 방법을 도입할 수 있다. 예로서 성격(외향적-내향적)과 같은 변수는 단기간에 형성된 것이 아니기 때문에 이에 대한 측정의 신뢰도는 이러한 방법을 통해 측정할 수 있다. 단 첫 번째 시험의 기억이 시험의 시행

에 아무런 영향을 미치지 않아야 한다. 시험−재시험 방법은 두 시점(t_1, t_2)에서 시험을 실시한 후 이 시험결과들 간의 상관관계를 구하여 특정시험의 신뢰도 정도를 판단한다.

기업이 도입하고 있는 선발도구에서 지원서 항목에 대한 신뢰도 문제는 별로 제기되지 않는다. 왜냐하면 선발과정 중 경력조회 단계가 있기 때문에 지원자는 학력이나 자격증 소지 여부 등을 허위로 작성하는 경우는 드물다.

선발시험의 신뢰도 문제는 특히 심리검사에 종종 제기된다. 예로서 甲이라는 사람이 자동차회사에 지원했을 때 작업흥미검사에서 기계조작, 여행, 자동차 분야에 관심이 많은 것으로 거짓 대답할 가능성이 존재한다. 신뢰도 문제가 가장 심각하게 제기되는 선발도구가 바로 선발면접이다. 아래에서는 선발면접 시 나타나는 신뢰도의 저하요인이 제시된다.

① 첫인상에 입각한 평가: 대인관계에서 첫인상은 대면 후 처음 몇 분간에 형성되는데 특히 면접시험에서 지원자의 첫인상을 가지고 평가하는 경우가 종종 있다.

② 면접자가 면접시간을 주도하는 행동: 선발면접은 아무래도 지원자와 관련된 정보를 수집하는 것이 주된 목적인데 면접자가 면접에서 대화를 주도해 버린다면 지원자로부터 직무관련 정보의 수집은 제한적이 될 것이다. 지원자가 많은 정보를 이야기하도록 면접자가 먼저 청취기술을 개발해야 한다.

③ 질문의 일관성 문제: 지원자를 평가하는 데 복수의 지원자들에게 동일한 질문을 했을 경우 지원자들의 대답 내용을 비교하여 지원자를 용이하게 평가할 수 있겠으나 지원자들에게 상이한 질문을 하는 경우 지원자들의 상이한 대답들을 가지고 비교 평가하기는 매우 어렵다.

④ 후광효과(halo effect): 후광효과란 지원자의 여러 측면(예: 언어구사력, 가치관, 성실성, 책임감 등)을 평가할 때 어느 특정 평가항목의 점수가 아주 높거나 아주 낮을 때 이 항목의 평가결과가 다른 항목의 평가에 영향을 미치는 경우이다.

⑤ 면접자의 편견: 선발면접이 주관적으로 치우칠 가능성이 높다는 우려는 바로 면접자의 편견에 연유하고 있다. 예로서 용모단정을 중요시 여기는 면접자는 그렇지 않은 면접자보다도 지원자를 평가할 때, 지원자의 '용모'에 약간의 하자가 있으면 그를 가혹하게 평가해 버리는 경우가 종종 발생한다.

고전탐방

조선시대 과거시험장에서 금했던 사항이 과거지팔폐(科擧之八幣)로 전해 내려오고 있다. 아래의 여덟 가지의 행동은 과거시험의 권위를 깎아내린다는 것이다.

① 차술차작(借述借作): 남의 글을 자기 글인 양 표절하는 것.
② 수종협책(隨從挾冊): 책을 들고 들어가 훔쳐보는 것.
③ 입문유린(入門蹂躪): 까닭 없이 시험장 주변에 어른거리며 남을 가르쳐주는 것.
④ 정권분답(呈券紛遝): 시험지 바꿔치기
⑤ 외장서입(外場書入): 밖에서 답안지를 작성하여 들여보내는 것.
⑥ 혁제공행(赫蹄公行): 시험문제 미리 빼내기
⑦ 환면출입(換面出入): 대리시험
⑧ 자축자의환롱(字軸恣意幻弄): 시험관 매수하기

⑥ 대비효과(contrast effect): 면접자가 여러 명의 지원자를 평가할 경우 자질 면에서 낮은 지원자를 면접한 후 보통 수준의 지원자를 면접했을 때 보통보다 더 높은 점수를 주는 경우이다. 반대의 경우 역시 아주 우수한 지원자 바로 뒤에 선발면접에 임한 지원자는 자질이 보통 수준일지라도 실제보다 낮은 점수를 받을 가능성이 있다.

⑦ 비언어적 행동: 지원자의 비언어적 행동 내지 의사소통이 선발면접시 평가에 영향을 미치는 경우이다. 긍정적이고 주의를 끄는 행동인 미소, 주의 깊은 자세, 단정하게 앉은 모습을 보여준 지원자들과 부정적이고 주의를 끌지 못하는 행동인 눈동자가 불안하게 움직인다든가 앞으로 수그려 앉는 지원자들을 채용과 관련하여 조사한 연구가 있는데, 긍정적인 비언어적 행동을 보여준 지원자들 중에서는 86%가 채용되었고 부정적 행동을 보여준 지원자들 중에서는 단지 19%만 채용되었다(Imada/Hakel, 1977).

이와 같이 선발면접에서 면접자가 지원자의 어떤 면에 영향을 받아 평가의 정확성이 저하되는 경우 신뢰도가 훼손된다.

최근 역량시스템의 도입을 통해 인사운영의 유연성을 확보하려는 조직에서 평가자간 신뢰성을 확보하는 문제가 주요한 이슈로 다루어지고 있다. 역량에 입각한 선발, 승진, 배치, 전환배치가 이루어질 경우 지원자가 선발대상직무의 직무수행자격요건으로서 갖추어야 하는 역량요인과 수준을 확보하고 있는지를 평가하게 된다. 이 경우 평가자들은 사전의 평가자교육훈련에 참가하여 역량평가의 근거가 되는 자료의 해석에 대한 영점조정을 하여 평가자간 신뢰성을 확보해야만 한다.

3.4.2 타당도 분석

선발도구의 타당도란 특정 선발도구가 얼마나 평가목적을 충족시키느냐에 관한 것

선발과정에서 평가대상이 객관적이고 정확하게 평가되었다고 인력선발이 성공하는 것은 아니다. 선발도구의 타당도란 특정 선발도구가 얼마나 평가목적을 충족시키느냐에 관한 것이다. 예로서 공석이 된 경리직을 채용하기 위해 지원자들을 100m 달리기를 시켜 가장 빨리 달린 자를 채용했다고 가정하자. 이때 '100m 달리기'란 선발도구는 과연 평가목적을 충족시키는 것인가? 전자시계를 동원하여 지원자가 달리기 기록을 1/1,000초까지 정확하게 측정한다는 것은 신뢰도의 문제에 불과하다. 여기서 선발도구의 타당성이란 '100m 달리기' 기록이 과연 경리직 지원자들의 미래의 직무(경리) 성과를 예측해 줄 수 있느냐 하는 것이다. 경리직 지원자 선발도구로서 '100m 달리기'는 미래의 직무성과와는 직접적인 관계가 없는 것임이 명백하다. 이와 같은 예에서는 그 타당도를 쉽게 판단할 수 있으나 기업실무에서는 어려움이 많다. 우선 매우 다양한 직무가 존재하고 이러한 직무를 수행하는 데 요구되는 자격요건도 다양하며 직무수행의 결과인 성과에 대한 인식 그리고 이의 측정도 용이하지 않기 때문에 높은 수준의 타

그림 6-3 신입사원의 성과분포

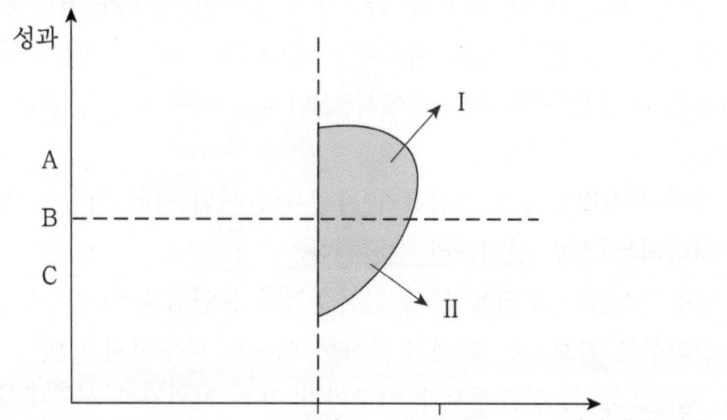

당도를 가진 선발도구를 찾는 것이 쉽지 않다.

선발도구에 대한 타당도가 낮은 경우 기업은 선발의사결정에 있어서 오류를 범할 가능성이 높다. 아래의 예를 보자.

입사시험에서 합격선이 평균 80점이 되어 80점 이상 획득한 지원자 50명이 채용되었을 경우를 생각해 보자. 이들이 채용 후 보여준 성과는 인사평가에서 35명이 B 이상을 받았고 15명이 C를 받았다.

<그림 6-3>에 나타났듯이 Ⅰ 집단은 입사시험 점수도 합격점수를 넘어섰고 직무성과도 기업이 만족할 정도인 B 이상을 받았으나 Ⅱ 집단은 입사시험 점수는 높았으나 직무성과는 만족할 정도가 아닌 B 미만이었다. 즉 Ⅱ 집단은 선발과정에서 탈락시켜야 했었던 지원자들이 선발도구인 입사시험의 타당도가 낮아 채용된 사람들인 것이다. 이러한 Ⅱ 집단을 계속 보유한다는 것은 기업입장에서 볼 때 부채적 인력이며 경우에 따라서는 해당기업의 경쟁력을 약화시키는 요인이 된다. 노동관계 제 법률 등의 이유로 기업은 이런 인력을 해고시키기가 매우 어려우며 교육훈련을 통해 이들의 능력제고 및 성과증대를 시도해야 한다.

<그림 6-3>에 제시된 것과 반대의 경우도 가능하다. 즉 입사시험에서 80점 이하를 받아 탈락된 지원자들의 경우도 만일 그들에게 직무수행의 기회가 주어졌을 경우 <그림 6-4>와 같은 가능성을 가정할 수 있다.

<그림 6-4>에서 Ⅲ 집단의 경우 성과창출 능력은 B 이상 보유하고 있음에도 불구하고 입사시험에서 80점 이하를 받아 채용이 거부된 자들이다. 이들

그림 6-4 탈락된 지원자의 성과분포(가정)

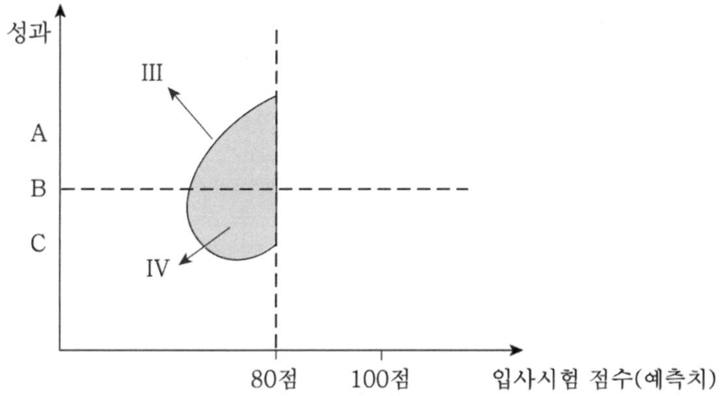

그림 6-5 지원자의 성과 및 입사점수 분포

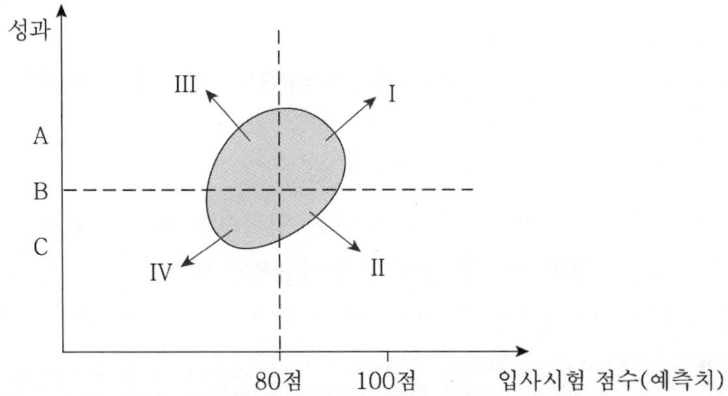

지원자들은 채용되었어야 할 인력인데 선발도구의 낮은 타당도 때문에 탈락한 것이다. 즉 기업의 선발의사결정이 잘못된 경우이다. 반면에 Ⅳ 집단은 입사시험 점수가 낮아 탈락된 지원자들인데 이들의 성과수준도 낮기 때문에 이러한 지원자를 탈락시킨 선발의사결정은 올바른 것이었다. 위에서 제시한 2개의 그림을 합치면 <그림 6−5>와 같다.

선발도구의 타당도를 높여야 바람직하다는 것은 <그림 6−5>에서 잘못된 선발의사결정 집단인 Ⅱ 집단과 Ⅲ 집단의 수를 최소화하자는 것이다.

그러면 실무에서 도입하고 있는 선발도구의 타당도를 어떻게 측정할 것인가. 아래에서는 일반적으로 알려져 있는 3가지 방법을 제시한다.

1) 현재타당도

신입사원의 선발에 적용하려는 선발도구를 현직 종업원에게 실시하여 현직 종업원이 획득한 시험점수와 그들의 인사고과점수(성과) 간의 상관관계를 조사하는 방법

현재타당도(concurrent validity)는 신입사원의 선발에 적용하려는 선발도구 A(예, 영어시험)를 현직 종업원에게 실시하여 현직 종업원이 획득한 시험점수와 그들의 인사평가 점수(성과) 간의 상관관계를 조사하는 방법이다(<그림 6−6> 참조). 여기서 얻은 상관관계를 타당도 계수라 한다.

현재타당도의 장점은 현직 종업원을 대상으로 조사하기 때문에 성과에 대한 정보 그리고 시험점수를 동시에 획득·비교할 수 있기 때문에 타당도 조사 결과를 매우 편리하게 빨리 얻을 수 있다는 것이다.

그러나 이 방법은 몇 가지 문제점을 안고 있다.

첫째, 현직 종업원은 이미 채용된 이후이기 때문에 '시험'에서 높은 점수를

그림 6-6 현재타당도 측정모형

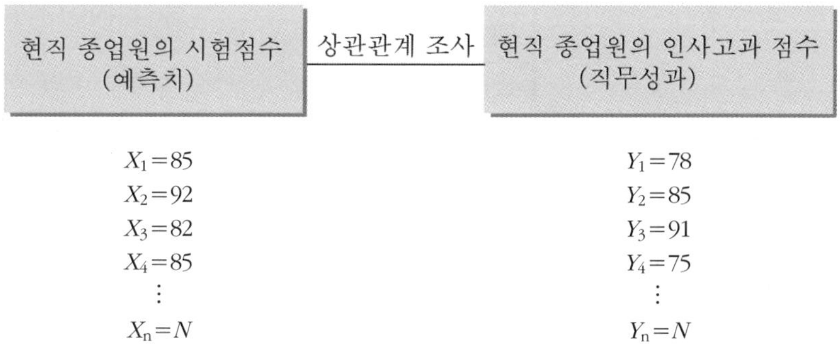

얻기 위해 과연 최선을 다할 것인가, 즉 시험점수의 신뢰도에 문제가 야기된다.

둘째, 신규로 채용하려는 인력집단을 현직 종업원이 대표할 수 없는 경우이다. 즉 컴퓨터 프로그래머 50명을 채용하기 위해 선발시험을 보려는데 현직 종업원 중 컴퓨터 프로그래머가 하나도 없을 경우 컴퓨터 프로그래머 선발에 사용할 시험을 타 직종에 있는 현직 종업원에게 실시하여 그 타당도를 조사하는데 많은 무리가 따른다.

셋째, 현직 종업원의 시험성적이 현재까지의 직무경험이나 그들의 개별적인 노력에 의해 영향을 받을 수 있다는 것이다.

2) 예측타당도

선발시점에서 합격한 지원자들의 시험성적과 입사 후 어느 기간이 지난 후 그들이 달성한 직무성과를 비교하여 그 상관관계를 조사하는 방법

예측타당도(predictive validity)는 선발시험에서 합격한 지원자들의 시험성적과 입사 후 일정 기간이 지난 후 그들이 달성한 직무성과를 비교하여 그 상관관계를 조사하는 방법이다. 이 방법은 앞의 현재타당도 방법이 안고 있는 문제점을 극복할 수 있다는 장점이 있는 반면 타당도 조사가 신입사원의 채용 후 실시되기 때문에 해당기업이 모집한 선발도구의 타당도가 낮은 것으로 판명되었을 때 당시의 채용집단을 대상으로는 개선할 수가 없다. 물론 유사한 집단을 미래에 채용할 예정으로 있는 경우, 미래의 지원자 집단에게 개선된 선발도구를 적용할 수는 있겠다. 또 다른 약점은 상관관계 조사를 통해 타당도를 조사하기 때문에 통계적으로 의미 있기 위해서는 표본수가 상당히 커야 한다. 또한 선발도구의 타당도 조사시기가 신입사원의 직무성과를 관찰할 수 있는 6개월 내지 1년 후에야 비로소 가능하다. <그림 6-7>에서는 예측타당도 측정모형

그림 6-7 예측타당도 측정모형

신입사원의 입사시험점수 (예측치)	(채용 후 1년) 상관관계 조사	신입사원의 인사고과 점수 (직무성과)
$X_1=88$		$Y_1=85$
$X_2=92$		$Y_2=79$
$X_3=83$		$Y_3=82$
$X_4=85$		$Y_4=90$
$X_5=86$		$Y_5=81$
⋮		⋮
$X_n=N$		$Y_n=N$

이 제시된다.

3) 내용타당도

측정대상의 취지를 어느 정도 선발도구에 담고 있는가를 해당 직무의 전문가들이 모여 판단하는 것

내용타당도(content validity)는 위에서 소개한 방법들인 시험성적과 직무성과와의 통계적 상관관계 조사로 측정되는 것이 아니고 측정대상의 취지(subject matter)를 어느 정도 선발도구에 담고 있는가를 해당 직무의 전문가들이 모여 판단하는 것이다. 이 방법은 성과기준치를 설정하기 어렵거나 통계적으로 판단하는 데 필요한 표본수를 확보할 수 없을 때 도입된다. 그러나 심리적 현상을 측정하는 지능, 적성 및 성격을 측정하는 시험도구에는 적합하지 않다.

3.4.3 비용/편익분석(cost/benefit analysis)

선발도구에 대한 비용은 선발도구를 개발 내지 도입하는 데 투입된 제반 비용

선발도구에 대한 비용은 선발도구를 개발 내지 도입하는 데 투입된 제반 비용을 말한다. 특정 선발도구의 타당도가 매우 높은 것으로 판명되었으나 이 선발도구의 도입에 엄청난 비용을 지불해야 하는 경우 기업은 효과 측면을 고려하지 않을 수 없다. 선발도구의 효과는 선발이 잘못되었을 때 발생하는 이직비용 관점에서 우선 생각할 수 있다. 즉 완전한 선발기법에 의하여 절감할 수 있는 최대액은 이직비용의 크기이다. 또한 보다 적격자를 파악 · 선발함으로써 그렇지 못한 인력을 채용했을 때보다 더 많은 성과를 얻을 수 있는 경우이다. 선발도구에 대한 비용은 쉽게 산정할 수 있겠지만 특정 선발도구의 효과를 측

표 6-7 일반적 선발도구의 타당성(직무성과의 예측력)

선발도구	타당도	선발도구	타당도
워크샘플	0.54	성실성 테스트	0.41
일반적 심리검사	0.51	비구조적 면접	0.38
구조적 면접	0.51	평가센터법	0.37
직무 지식	0.48	전기적 자료	0.35
직무 시연	0.44	직무경험	0.18

자료: Schuler/Huber, 1998.

정하는 데는 현실적으로 많은 어려움이 뒤따른다.

이상에서 논의한 선발도구의 타당도 측정은 선발과정에서 도입하는 지원서 평가(서류전형), 선발시험 그리고 선발면접의 결과에 적용할 수 있다. <표 6-7>에서는 앞에서 소개한 몇 가지 선발도구에 대한 타당도 및 비용에 대한 미국기업을 대상으로 한 실증연구의 한 결과가 제시된다. 여기서 타당도가 가장 높은 선발도구는 워크샘플로 밝혀졌으며, 타당도가 가장 낮은 선발도구는 구조적 직무경험인 것으로 판명되었다.

선발도구 도입에 소요되는 비용은 평가센터법의 경우 가장 많으며 가장 낮은 비용이 발생하는 선발도구는 전기자료 분석(bio-data)인 것으로 나타났다.

3.4.4 선발비율

선발도구가 합리적이기 위해서는 신뢰도와 타당도를 높여야 함은 당연하다. 그러나 타당도가 아주 높은 선발도구를 개발한다는 것은 간단하지 않다. 주어진 선발도구를 가지고 선발의 유효성을 높이는 데에는 선발비율이 이용된다. 선발비율은 총지원자 수에 대한 채용인원 수의 비율이다.

주어진 선발도구를 가지고 선발의 합리성을 높이는 데에는 선발비율이 이용

$$\text{선발비율}(SR) = \frac{\text{채용인원 수}}{\text{총지원자 수}}$$

조직의 입장에서 볼 때 선발비율이 너무 높아 1.0에 가까워지면 선발의 의미가 상실되고, 선발비율이 매우 낮을 경우(예: SR=0.05) 지원자를 선택할 폭은 넓겠지만 선발비용이 상대적으로 많이 발생하게 된다.

그림 6-8 선발비율과 선발도구의 타당도

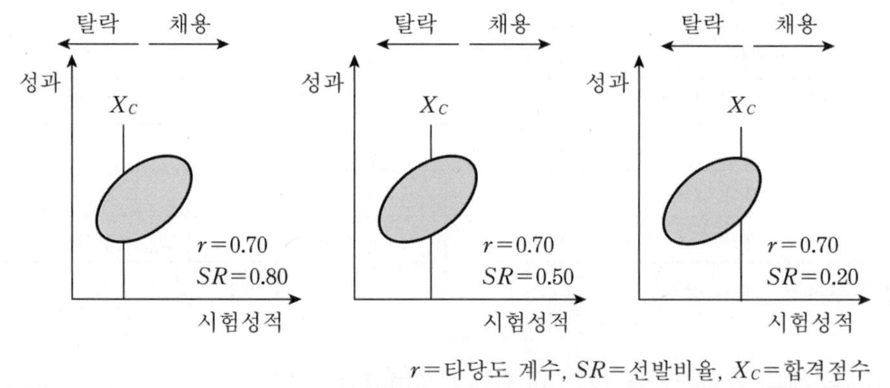

자료: Cascio, 1982.

선발비율에 따라 동일한 수준의 타당도를 가진 선발도구는 그 합리성의 정도가 달라진다.

<그림 6-8>에 나타난 바와 같이 선발비율이 SR=0.80일 경우, r=0.70이라는 타당도 계수를 가진 시험에서 합격한 자, 즉 선발된 자들의 성과수준은 매우 낮은 데까지 분포되어 있다. 반면에 선발비율이 매우 낮을 경우(예: SR=0.20) 비교적 우수한 지원자들이 선발되므로 선발된 자들의 보다 높은 직무성과가 예상될 수 있다. 따라서 선발도구의 타당도가 낮을 경우 선발비율을 낮추고 해당 선발도구의 유효성을 높이는 노력이 요구된다.

3.5 경력직 선발

우리나라 기업의 인력유지정책이 과거 연공 중시에서 업적 내지 역량을 중시하는 방향으로 변화되고 있다. 연공을 중시할 경우 해당기업에서 근속년수가 많아지면 승진도 하고 임금도 증가되지만 업적을 중시할 경우 연공이 짧더라도 승진기회를 갖게 되고 높은 임금을 받게 된다. 연공 중시의 경우 종업원은 해당기업 내부에서 주로 성장하게 되지만 업적을 중시할 경우 역량이 많은 사람이 외부에서 영입되기도 하고 또 더 좋은 대우를 해주는 기업을 선택하여 해당기업을 떠나게 된다.

학교를 막 졸업하고 입사하는 경우 우리는 신입사원이라고 하지만 다른 조직에 근무하다가 입사하는 경우를 경력직원이라고 한다. 경력직원의 유형은 2가지로 분류할 수 있는데 첫째는 해당기업의 구조조정 내지 도산 등으로 그 회사를 떠나는 경우와 둘째 경력을 쌓기 위해 전직하는 경우이다.

우리나라 대기업들은 전통적으로 신입사원을 채용하여 해당기업의 조직문화를 내재화시키고 기업이 원하는 역량을 갖추도록 개발해 왔다. 그러나 오늘날 위에서 제시한 이유로 수평적 노동시장이 활성화되어 기업 간 이동이 보편화되고 있다. 기업의 입장에서 볼 때 신입사원을 채용하여 해당기업에 맞는 인재로 양성하는 데에는 적어도 5년 이상 걸리기 때문에 빠른 속도로 변하는 직무에 적합한 인재를 공급하는 데에는 타이밍 차원에서 한계가 있다. 신입사원은 사실 씨를 뿌리는 것이라고 한다면 경력직원은 토지에서 나무를 옮겨 심는 것으로 비유할 수 있다.

한 설문조사(500대 기업 및 중견기업 인사담당자 대상)에 의하면 우리나라 기업이 경력직을 선호하는 이유는 응답자의 49.4%가 "즉시 업무에 투입해도 성과 도출이 가능", 32.9%가 "회사 적응이 쉬울 듯해서" 그리고 11.0%가 "기본적인 회사 예절을 알 것 같아서"라고 했다(한국경제, 2023. 3. 3.).

경력직원의 선발은 신입사원의 경우와 구분하여 진행되어야 하겠다. 첫째 경력직원의 경우 인사부서가 가지고 있는 많은 역할을 해당부서에 위양해야 하겠다. 예를 들면, 모집은 인사부서에서 하고 선발은 인사부서와 해당부서가 그 과정을 나누는 것이 바람직하다. 즉 지원자의 인성 및 적성과 기업문화의 수용성 등은 인사부서에서 측정하고 지원자가 가지고 있는 역량, 자격수준 등 직무수행과 직접 관련되는 것은 해당부서에서 평가해야 한다. 둘째 경력직원은 업무에 대한 적응기간이 짧을 것으로 기대되지만 팀 내 다른 동료들과의 협동문제는 여전히 문제가 될 수 있다. 따라서 지원자가 전 직장을 그만두게 된 이유를 파악할 필요가 있다. 뿐만 아니라 입사면접을 같이 일할 팀동료들이 참여하여 미래의 협동가능성을 평가하도록 하는 것이 바람직하다.

요약

인력확보의 실천활동으로서 모집 및 선발활동이 있다. 모집은 지원자를 획득하는 활동으로서 선발과 비교해 볼 때 보다 공격적인 것이라고 할 수 있다. 효율적인 모집활동을 위해서는 모집의 원천 및 방법을 보다 합리적으로 선택하여야 하겠다.

모집원천으로서 내부노동시장과 외부노동시장을 들 수 있다. 기업이 내부노동시장에서 지원자를 찾을 경우 인력확보의 비용이 낮을 수 있으나 인력선발에 대한 선택의 폭이 제한된다. 반면에 외부노동시장에서 지원자를 찾을 경우 인력확보에의 비용이 많이 발생하지만 인력선발에 대한 폭이 넓어져 보다 유능한 인재를 구할 가능성이 높다.

모집방법으로는 사내공모제도, 광고, 직업안정소, 리크루터, 인턴제도 기타 종업원의 추천, 교육기관의 추천 그리고 자발적 지원을 이용하는 등 다양하다.

모집활동에 대한 평가는 모집방법에 대한 평가, 지원자 수에 대한 평가 그리고 모집비용에 대한 평가 등이 있다.

인력선발은 지원자 중에서 해당 기업이 찾고 있는 인재를 찾는 활동이다. 선발활동에 들어가기 전에 기업은 선발방침을 수립해야 하겠다. 예를 들면 인재관의 결정, 선발방법(종합적 평가법, 단계적 소거법) 등을 결정해야 한다.

인력선발의 과정은 예비면접, 서류전형, 선발시험, 선발면접, 신체검사 등을 들 수 있다.

기업이 일반적으로 도입하고 있는 선발도구는 지원서 분석, 선발시험(능력검사, 직업흥미도 검사 등) 그리고 선발면접이 있다. 이러한 선발도구가 소기의 목적을 달성하기 위해서는 타당도와 신뢰도를 갖추고 있어야 한다. 특히 면접시험의 경우 타당도 및 신뢰도가 매우 낮은 반면 바이오 데이터 분석은 타당도 및 신뢰도가 상당히 보장되고 있다.

최근 확산되고 있는 기업간 이동과 관련하여 경력직원의 선발방법에 관심을 가질 필요가 있다. 신입사원과 달리 경력직원의 선발은 근무할 부서에서 많은 역할을 해야 하겠다. 예를 들면 직무수행과 직접 관련되는 역량평가 및 팀내 협동가능성 등.

사례연구 동부증권의 채용제도

1. 동부증권

소개동부그룹은 1969년 1월 24일 만 24세의 김준기 회장이 '좋은 기업'의 창업이념 아래 동부그룹의 모체인 미륭건설(주)을 창업한데서 출범하였다. 동부건설은 70년대초 중동건설 시장에 진출하여 막대한 외화를 획득하였고 그 외화를 재원으로 철강, 화학 등 제조부문과 금융, 보험부문 그리고 건설, 운송부문의 3대 분야에서 사업 다각화를 성공적으로 이룩하였다. 동부는 금융부문 육성의 첫걸음으로 설립한 국민투자금융(주)(현 동부증권(주))을 비롯하여 동부화재(주), 동부생명(주)을 중심으로 손보, 생보, 증권을 포괄하는 금융보험 전문그룹의 면모를 갖추었으며, 철강부문에서는 동부제강(주)을, 전자부문에서는 동부전자(주)를 설립하여 미래산업 기술개발에도 연구실적을 축적해가고 있다.

동부그룹 계열사인 동부증권은 시장에서의 신뢰확보와 고객만족을 최우선 과제로 인력의 정예화, 전산시스템 개선, 리서치 능력 배양 등을 통해 디지털 시대에 걸맞은 경영 인프라 재구축을 강력히 추진하고 있는 기업으로 1982년 12월에 설립되었으며 자본금 735억 원으로 서울에 11개 지점과 전국 8개 지점을 두고 있다. 주 사업영역은 유가증권으로 2000년 3월 기준 당기순이익이 456억 원이고 종업원 수는 440여명이다.

2. 동부증권의 선발도구 및 채용제도

동부그룹은 그룹 전체의 필요 인력을 모집한 후 선발과정을 통하여 각 계열사에서 요구되는 인력수요를 충족시키는 형태로 인력을 확보하고 있다. 그러나 동부증권의 경우, 그룹단위로 인력을 확보하기에는 업무의 성격이 특수하다고 여겨지기 때문에 특별히 따로 분리되어 채용제도가 실시되고 있다. 동부증권의 채용활동은 크게 외부노동시장을 대상으로 실시하는 신입사원의 채용활동과 외부 및 내부노동시장을 대상으로 실시하는 수시 채용활동으로 나누어진다. 먼저 신입사원의 정기 채용 활동은 단계적 제거법을 바탕으로 하여 이루어지고 있는데, 그 과정은 모집, 서류전형, 1차 선발 면접, 2차 선발 면접, 연수과정, 최종선발의 6단계로 이루어진다.

(1) 모집활동

제1단계인 모집활동은 1년에 2회 정도 실시되는데 포스터와 대학 방문 등의 방법을 통해서 이루어진다. 기업 내에 필요 인력이 발생하게 되면 우선 신문이나 잡지에 광고를 내어 직무탐색자의 주의, 정보추구 의욕 등을 유발시키며 포스터를 통해 기업을 홍보하고 대학을 방문하여 채용설명회를 실시하여 유능한 인재를 확보하고 있다. 또한 동부증권 자체에서 선호하는 대학을 방문하여 채용 설명회를 실시, 유능한 인재를 우선적으로 확보하고 있다. 뿐만 아니라, 인턴제도를 실시하여 사전에 학생의 동부증권의 입사 자격 여부를 판단하고 유능한 인재를 미리 포섭하려 하고 있다.

(2) 서류전형

이러한 과정을 통하여 지원자가 모집되고 나면 서류전형을 통한 1차 선발이 이루어지는데, 동부증권의 서류전형은 특별한 자체 시험 없이 입사지원서와 이력서 및 자기소개서를 토대로 실시된다. 이 단계에서는 지원자의 간단한 자기소개와 지원동기 그리고 자격증 유무 등의 사항을 요구한다. 능력을 중시하는 동부증권의 인재상에 맞는 사람을 선발하기 위해 1차 서류전형에서는 지원자의 능력을 드러낼 수 있는 성적, 자격증 유무 등의 기록들을 중점적으로 살펴본다. 예를 들어 증권 업무 관련 자격증을 소지한 지원자에게는 가산점을 부여하고 있으며, 특별히 투자상담 자격증은 기본적으로 요구된다고 해도 과언이 아니다. 또한 최근에는 증권사들이 자산관리를 통해 수익을 창출하려 함에 따라 FP(금융자산 관리사) 자격증을 소지한 지원자는 검증된 사원으로 인정하여 바로 실무에 투입시키고 있다. 또한 금융산업의 전문화 · 개방화 추세에 맞추어 전문지식을 지닌 인재를 육성하기 위해 어학연수 경험이 있거나 TOEIC, TOEFL 등의 성적이 우수한 지원자, 자격증 소지자에게도 가산점을 부여함으로써 동부증권이 원하는 인재를 확보하려 하고 있다.

동부증권의 입사지원서에는 자기소개 외에 희망부서를 기록하는 난이 있는데 지원자들은 자신이 희망하는 부서를 3지망까지 지원할 수 있다. 부서별로 따로 인력을 채용하지 않기 때문에 지원시에 지원자들로 하여금 희망부서를 기록하게 하여 최종선발 후 그에 따라 부서 배치가 이루어지게 하는 것이다. 지금까지의 기록으로는 지원자의 대부분이 지점 영업보다 본사영업을 선호하며 거의가 투자분석이나 리서치 분야에 종사하기를 희망하는 것으로 나타나고 있다. 그러나 실제적으로 지원자가 입사지원 시에 각 부서에서 행해지는 업무의 내용에 대한 정보를 충분히 가지고 있지 못하기 때문에 부서 이름만을 보고 지원하는 경우가 대부분이다.

이와 같이 지원서를 통해 얻을 수 있는 연령, 성별, 출생지, 가족관계, 성적, 가치관, 자격증 유무, 지원동기 등의 정보를 바탕으로 약 200여명 정도가 1차로 선발되고 나면 채용 활동 2단계인 면접을 실시한다.

(3) 선발면접 - 1, 2차

동부증권의 면접제도는 1, 2차로 나뉘어 진행되는데 1차 면접에서는 입사지원서와 관련된 사항을 질문하고 2차 면접에서는 지원자가 동부증권의 기업 문화에 맞는 사람인가를 중점적으로 살펴본다. 또한 1차 면접에서는 직무명세서를 기초로 한 항목을 질문하는 구조적 면접이 이루어지며, 2차 면접에서는 노련한 면접관들의 즉석 질문에 지원자들이 자유롭게 대답할 수 있게 하는 비구조적 면접이 실시되고 있다. 선발면접의 방법으로는 집단면접이 이용되는데 이는 지원자들을 동시에 관찰하여 보다 우수한 지원자를 파악해 낼 수 있고, 여러 명의 면접관들이 판단하기 때문에 다양한 면접관들에 의해서 주관성이 다소 배제될 수 있다는 장점을 지닌다. 1차 면접은 5명의 각 부서의 팀장급 이상의 직책에 있는 면접관들이 실시하는데, 입사지원서와 자기소개서를 토대로 지원자가 입사 자격을 갖추었는가의 여부를 판단하는 데 중점을 둔다. 이는 주로 전문지식, 특정 경험 유무, 자격증 소지 여부와 관련된 질문들을 통해 판단한다. 즉 5

명의 지원자가 함께 면접실에 들어가 2~3분 정도 자기소개를 하고 나면, 면접관들은 자기소개서의 자세한 내용들을 질문하게 되며, 동부증권의 포괄적인 직무와 연관되는 간단한 사항들에 대한 질문도 이루어진다.

참고 면접 평가단계 및 등급

평가단계	등급	판정기준
합격	A	합격시키기에 충분하다고 생각한다. 나의 부하로 데리고 있고 싶다. 간부로 추천, 양성하고 싶은 재목이다.
	B^+	뛰어나지는 않지만 괜찮은 편이다.
합격고려	B^0	판단하기 어려우나 무난할 듯하다.
불합격	B^-	판단하기는 어려우나 좀 떨어지는 편이다.
	C	합격시켜서는 안 되겠다. 기본인품이 되어 있지 않다. 나의 부하로 받고 싶지 않다. 후배로서 참여시키고 싶지 않다.

1차 면접에서는 200명 중 60~70명 정도를 선발하여 2차 면접을 거쳐 이 중 20~30명만을 재 선발한다. 2차 면접의 질문사항들은 1차 면접의 질문 사항들과는 달리 창의적인 대답을 유도하는 질문이나 혹은 입사 동기 관련 질문들이 많기 때문에 지원자들의 대답을 현명하게 판단할 수 있는 노련한 면접관인 임원들에 의해 면접이 실시된다. 2차 면접시에는 지원자가 증권분야에 적합한 사람인지, 적합하다면 어느 부서에 가장 알맞을 것인가를 중점적으로 판단하게 되며 동부증권이라는 기업의 문화에 어울릴 만한 사람인가도 평가하게 된다.

(4) 연수과정

1, 2차 면접이 끝나면 마지막으로 연수과정을 통해 최종 채용 인력을 결정하게 된다. 최종 채용인력은 1회 채용당 약 20~30명 정도인데 이는 실제 인력수요보다 3~4명 정도 많은 수이다. 물론 증권사라는 특징 때문에 벤처기업으로의 인력 엑소더스 현상이 거의 없기는 하지만, 다른 기업을 선택하는 인력이 발생할 가능성이 존재하기 때문에 실제 필요인력보다 3~4명 정도를 더 뽑고 있다. 연수과정은 사내교육과 그룹연수를 통해 기업문화를 습득하고 기본적인 지식을 습득하는 과정이 각각 1, 2주 실행되며, 증권업협회 주관 하에 있는 증권연수원의 신입사원과정에서의 교육과정이 15일간 실시된다. 직무에 대한 구체적인 지식은 채용후의 3개월간의 수습기간 동안의 OJT(On the Job Training)을 통해 습득된다. 연수과정은 대부분 평가센터법과 유사한 형태로서 1, 2차 면접 통과자들을 합숙시키면서 여러 종류의 선발도구를 통하여 이들을 평가하고 교육시킨다. 연수과정은 선발과정이라기보다는 최종 채용인력을 교육시키고자 하는 데에 목적이 있다고 할 수 있다. 따라서 1, 2차 면접을 통과한 인력의 수는 최종

채용인력의 수와 거의 다를 바가 없다.

연수과정의 목표는 지원자들이 증권산업 및 증권시장 운영원리를 이해하게 하고 증권투자에 필요한 기초 지식 및 관련 법제를 학습하게 되는 것이다. 동부증권은 연수과정을 통해 지원자들이 철저한 직업윤리 및 건전한 직업정신과 전문지식을 겸비한 증권 전문인이 되도록 준비시킨다. 또한 외국 전문가의 초청강연을 통해 외국인의 직업의식 및 업무방식을 체험할 수 있는 기회를 제공하고, 국내외 금융환경 변화에 능동적으로 대처할 수 있는 유능한 인재로 발전할 수 있는 발판을 마련해 주고 있다.

(5) 인력배치 및 이동

약 2주간의 연수과정을 통해 최종 합격자가 결정되고 나면 각 부서에 인력을 배치함으로써 동부증권의 인력채용과정은 마무리된다. 연수과정에서 다양한 업무에 대한 지식을 제공하고 실제로 다양한 업무들을 처리하게 해봄으로써 어느 부서에 적합한 인력인가를 평가하고 연수과정 후에 가장 적합한 부서로 배치할 수 있다. 지원 첫 단계에서 지원자들이 제시한 희망 부서를 토대로 면접과 연수과정을 거치면서 지원자가 보인 행동들을 관찰하여 효율적인 인력배치를 함으로써 외부노동시장을 대상으로 하는 신규인력 채용은 끝나게 된다.

만약 부서배치가 비효율적이라는 판단이 내려지거나 종업원 자신이 부서에 대한 불만이 있을 시에는 종업원의 자기신고서를 바탕으로 조정된다. 자기신고서는 1년에 2회 종업원들 자신이 직접 작성하도록 함으로써 종업원들의 의향이나 욕구 등을 파악하기 위한 것이며, 객관성을 확보하기 위해 비밀유지를 전제로 하고 있다. 우선 종업원들의 향후 자기 개발계획을 물음으로써 종업원들의 경력욕구를 측정하고, 현 직무와 경험직무에 대해 물음으로써 종업원의 현재 직능 및 잠재능력을 평가한다. 또한 다른 부서로 이동하고 싶은 의사가 있는지 여부와 그러한 사유, 희망하는 직무, 직무처리와 관련된 자신의 성격 등에 대해 물음으로써 결원 발생시에 이를 토대로 인사이동이 이루어진다. 또한 자기신고서에는 능력, 업적, 직무만족도에 대한 종업원 자신이 평가를 하게 함으로써 이를 통해 종업원들의 전반적인 상태를 파악할 수 있다.

(6) 기타(수시채용)

1년 2회 실시되는 정기 신규 인력채용 외에 동부증권은 연중 결원이 발생할 때마다 수시채용을 실시하고 있는데, 수시채용은 경력사원 채용과 신입사원 수시채용, 투자상담사 및 전문영업직 그리고 관리직의 채용으로 나누어진다. 경력사원의 채용이라 함은 해당경력 1년 이상의 소유자로 금융기관 관련 업무를 포한한 증권사 등의 근무 유경험자를 대상으로 지점 영업직, 지점 업무직(여사원), 법인 영업직(기업금융 포함)과 기타 관리사무직의 인력 확보를 위해 실시하는 채용을 말한다. 경력사원의 채용에 있어서는 무엇보다 직무수행능력을 중시한다. 따라서 신규 인력을 채용하기에는 위험 부담이 있는 직무에는 경력사원을 대상으로 정기 채용과는 별도로 필요 인력을 모집 · 선발하고 있다. 증권사에서 가장 중요한 직무라고도 볼 수 있는 직무인 투자상담사직 및 전문상담을 전담하는 계약제 별정직 사원을 말하며 전문영업직 사원은 지점 및 본사 영업부문의 계약직 전문 영업사원을 말하는데 이들은 특수한 업무로 분류되기 때문에 동일한 분야에 종사한 경험이 있는 사원만 채용하고 있다. 마지막으로 관리직의 채용은 대부분 내부 노동시장을 대상으로 이루어지는데, 신규인력의 채용과 같이 정기적으로 이루어지는 것이 아니라 결원이 발생할 때만 사내 공모제도를 통해 인력을 확보한다. 관리직 또한 신입사원보다는 경력사원이 적합하기 때문에 직무와 인력과의 조화를 극대화하기 위해 사내 공모제도를 실시하는 경우가 대부분이고 그렇지 않은 경우는 실무투입이 즉시 이루어질 수 있는 경력사원을 외부에서 영입하거나 새로 채용하는 제도를 택하고 있다. 경력사원을 외부에서 영입할 때에는 기존의 기업에서 당사로 이직하려는 이유에 대한 조사가 선행된다. 이직하려는 이유가 그 종업원 자체의 문제이거나 적합치 않은 이유일 때는 당사에서도 받아들여서는 안 되기 때문이다.

생각해 볼 문제

1. 동부증권의 모집, 선발과정에서 나타날 수 있는 문제점이나 보완해야 할 점 등을 살펴보고, 대안을 제시하시오.
2. 경력사원을 채용할 때 특히 고려해야 하는 선발방법을 제시하시오.

참고문헌

김성국, 인적자원관리 5.0, 탑북스, 2011.

박경규, 신입사원 선발제도, 대한상공회의소, 1991.

박경규, 인력선발도구로서의 바이오 데이타, 서강경영논총, 1993, pp. 71~89.

임기호, 퍼펙트 인터뷰스킬, 북랩 book, 2015.

조선일보, 1986. 8. 30.

한국경제신문, 1998. 4. 22.

한국경제신문, 2023. 3. 3.

허경신, 모집인원 및 전기자료(bio-data)가 직무태도에 미치는 영향, 동국대 석사논문, 1990.

Bohlander, G./ Snell, S., Principles of Human Resource Management, 16th ed, South-Western Cengage Learning, 2013.

Breaugh, J. A., Relationship Between Recruiting Sources and Employee Performance, Absenteeism, and Work Attitude, in: Academy of Management Journal, Vol. 24,

No. 1, 1984.

Cascio, W. F., Applied Psychology in Personnel Management, 2nd ed., Reston Publishing, Inc., 1982.

Drumm, H. J., Personalwirtschaftslehre, 3. Auflage, Springer Verlag, 1995.

England, G. W., Development and Use of Weighted Application Blanks, ed., Minneapolis, Industrial Relations Center, 1971.

Fisher. C./ Schoenfeldt. L./ Shaw, J., Human Resource Management, 2nd ed., Houghton Mittlin, 1993.

Flippo, E., Personnel Management, 6th ed., Mcgraw-Hill, 1984.

Gannon, M. J., Sources of Referral on Employee Turnover, Journal of Applied Psychology, Vol. 55, 1971, pp. 226~228.

Gorlin, H., An Overview of Corporate Personnel Practices, Personnel Journal, Vol. 61, 1982, pp. 125~130.

Heller, J. E., Criteria for Selecting an International Manager, Personnel, May-June, 1980, pp. 47~55.

Imada, A. S./ M. Hakel., Influence of Nonverbal Communications and Rater Proximity on Impression, Journal of Applied Psychology, Vol. 62, 1977, pp. 295~300.

Magnus, M., Is Your Recruitment All It Can Be?, Personnel Journal, Vol. 66, 1987.

Marr. R./ M. Stitzel., Personalwirtschaft, Verlag Moderne Industrie, 1979.

Mathis, R. L./ Jackson, J. H., Human Resource Management, Thomson Learning, 2000.

May, R. A., Problemfelder und Konzeptionen der Bewerberauswahl, M+M Wissen-schaftsverlag, 1986.

Mondy, R. W./ R. M., Noe III, Personnel: The Management of Human Resources, Allyn & Bacon, Inc., 1993.

Mondy R. W./ R. M. Noe III, Personnel, The Management of Human Resource, 3rd ed., Allyn & Bacon, Inc., 1987.

Scholz, C., Personalmanagement, 4. Auflage, Verlag Franz Vahlen, 1994.

Schmidt, F. L./ Hunter, J. E., The Validity and Utility of Selection Methods in Personnel Psychology: Practical and Theoretical Implications of 85 Years of Research Findings, Psychological Bulletin, 1988, Vol. 124(2), pp. 262~274.

Tanofsky R./ R. R. Sheppe/ P. J. O'Neil, Pattern Analysis of Biographical Predictors of Success of an Insurance Salesman, in: Journal of Applied Psychology, Vol. 53, 1969, pp. 136~139.

Truner, T. S./ J. A., Utley, Forma Selection: One's Company's Approach, Personnel, May-June, 1980, pp. 47~55.

Wood, R./ Payne, T., Recruitment and Selection, 2002, 오인수 · 임대열 역, 시스마 프레

스, 2003.

Wanous, J. P., Effects of Realistic Job Preview on Job Acceptance, Job Attitudes and Job Survival, Journal of Applied Psychology, 1973, Vol. 58, pp. 327~332.

Wanous, J. P., A Job Preview makes Recruiting more Effective, Harvard Business Review, 1975, Vol. 53(5), pp. 166~168.

제 4 부

인력개발

기업의 인력개발 활동이란 확보된 인력에 대해 역량(competency)을 최대한 개발하는 과정을 말한다. 역량(competency)이란 특별히 업무수행을 잘하는 사람들이 보여주는 독특한 행동특성을 말하다. 독특한 행동특성이란 첫째, 지속적으로 두드러진 성과를 내는 조직구성원이 가지고 있는 특성(예: 설득력, 끈기 등)을 말하며, 둘째, 어떠한 환경에도 일관되게 장기간 나타나며, 셋째, 행동이 기업의 성과 향상에 탁월한 영향을 미치는 경우를 말하는데 이를 역량이라고 한다. 이러한 개념은 1980년대부터 거론되는 자원기반이론에서 출발하여 그 중요성이 인식된 것이다.[1] 역량으로 인식될 수 있는 것은 우선 기업경쟁력 제고에 가치(valuable)가 있어야 하고 다른 기업이 쉽게 모방할 수 없는 것이 되어야 하며 이것을 개발하는 데 일반적으로 장기간이 소요된다. 좀더 구체적으로 설명하면 종업원이 보유하고 있는 기술, 기능 및 능력을 해당조직의 경쟁력과 관련시켜 경쟁력의 원천이 되는 것을 역량이라고 한다. 이를 위해서 기업의 인력개발 활동을 역량에 초점을 맞추어 해야 한다는 것이다. 종업원의 역량은 직접적으로 교육 · 훈련을 통해 개발될 수 있지만 간접적으로는 배치 · 이동 및 승진을 통해 새로운 직무를 수행하게 함으로써 역량을 향상시킬 수도 있다.

인사관리의 기능적 차원에서 볼 때 인력개발은 인력확보 활동이 이루어진 다음에 나타나는 활동이다. 〈그림 Ⅳ-1〉에서는 인사관리에 있어서 인력개발의 학문적 위치가 제시된다.

그림 Ⅳ-1 인사관리와 인력개발 활동

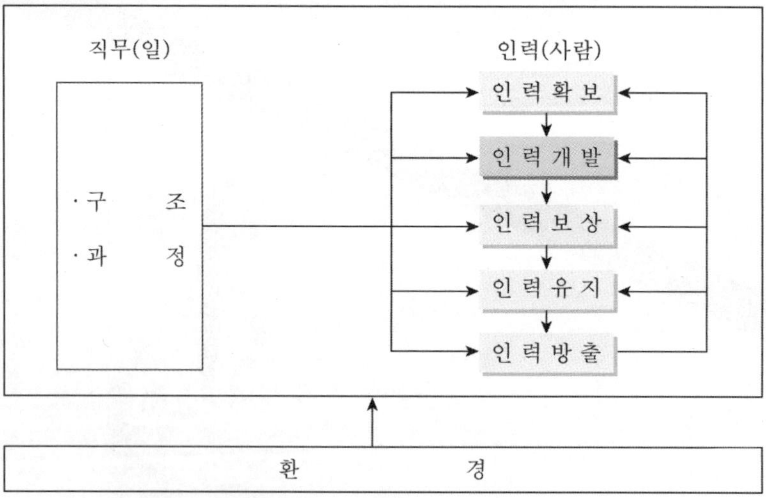

1) Bamey(1995)의 자원기반이론(the resource-based theory) 등.

인력개발 활동이 인사관리의 목표시스템 속에서 노동(종업원)과 자본(기업)이 추구하는 목표를 어떻게 통합할 수 있는지를 아래에서 살펴본다.

인력개발 활동은 자본의 논리를 추구하는 기업에게 아래와 같은 효율성을 가져다 준다.

i) 기술축적을 통한 경쟁력 제고

기업은 교육훈련을 통해 종업원이 지니고 있는 기능 및 기술의 수준을 높이며 그 폭도 넓힐 수 있는데 이를 통해 기업은 현재 보유하고 있는 기술을 수직적 · 수평적으로 축적할 수 있다. 이러한 축적된 기술은 기업에 매우 중요한 자원이 되며 제품시장에서의 경쟁력을 높이는 데 기여하게 된다.

ii) 생산성 향상

인력개발을 통해 종업원의 능력이 신장되기 때문에 다른 조건이 동일할 때 종업원의 기능/기술 수준이 높다면 보다 높은 생산성을 가져오며 이것은 기업의 경제적 목표달성에 결정적으로 기여하게 된다.

iii) 인력배치의 유연성

교육훈련 및 직무순환을 통해 종업원이 보유하게 되는 기능/기술은 보다 다양해진다. 이러한 현상은 기업에게 인력배치의 폭을 넓혀 경기변동으로 인한 제품 생산라인의 변경, 특정 직무의 생성 등 조직구조의 변화에 따른 충격을 최소화하는 데 기여한다.

이상에서 살펴보았듯이 기업의 인력개발 활동은 자본이 추구하는 경제적 효율성을 극대화할 수 있는 중요한 도구로서 역할을 하기 때문에 인력개발을 위해 기업이 지출하는 것은 더 이상 비용(cost)이 아니며 미래를 위한 투자라고 인식해야 할 것이다.

인력개발 활동이 노동(종업원)이 추구하는 목표인 사회적 효율성을 높이는 데 아래와 같은 측면에서 기여한다.

그림 IV-2 인력개발의 노동-자본 통합모델

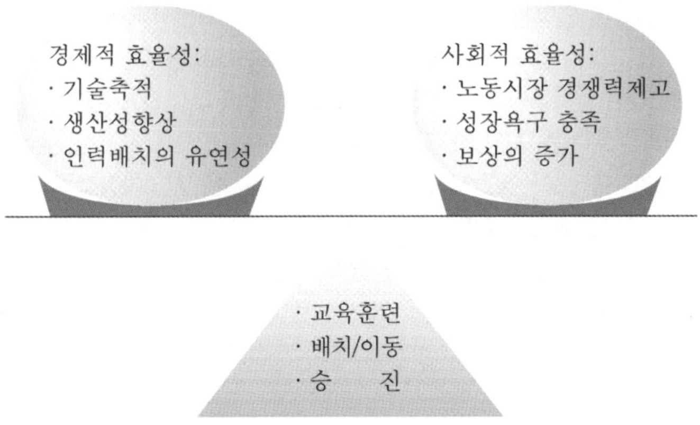

그림 IV-3 인력개발의 관리과정적 접근

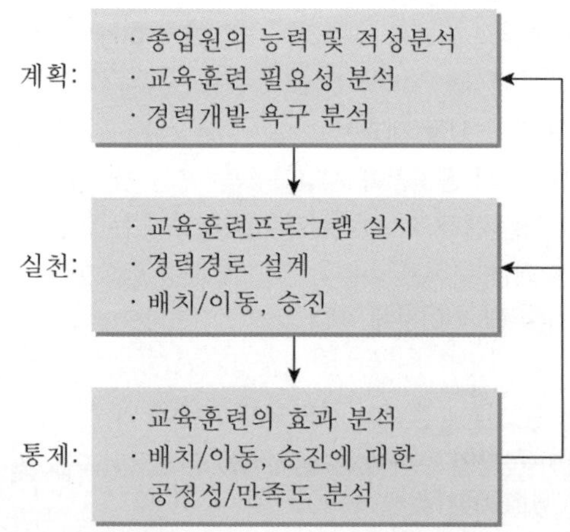

ⅰ) 능력신장을 통한 노동시장에서의 경쟁력 제고

종업원은 교육 · 훈련 및 직무전환을 통해 능력이 신장되어 직무선택의 폭을 넓힐 수 있으며, 보다 높고 다양한 능력을 갖춘 자는 노동시장에서 직무를 구하는 데 보다 유리해진다. 뿐만 아니라 기업 내에서는 신분안정을 통한 해고의 가능성이 줄어든다.

ⅱ) 성장욕구 충족

기업의 인력개발 활동은 본질적으로 종업원의 성장욕구를 충족시켜 준다. 이를 통해 종업원은 보다 만족하며 자기개발을 통한 직업생활의 의미를 발견하게 된다.

ⅲ) 보상의 증가

인력개발을 통해 능력신장이 될 경우 종업원들은 보다 높은 성과를 창출할 것이고 수준 높은 직무를 수행할 가능성이 높아지며 이것은 보다 높은 보상을 가져다준다.

이상에서 살펴본 인력개발 활동의 효율성은 노동과 자본이 추구하는 목표를 동시에 달성할 수 있으며 기업이 인력개발을 이러한 방향으로 전개할 때 노동과 자본 간에 존재할 수 있는 갈등을 최소화시키며 나아가 통합이 가능하게 된다. 위 〈그림 Ⅳ-2〉에서는 이러한 관계를 시각적으로 나타내준다.

인력개발 활동을 보다 효율적으로 수행하기 위해서는 관리과정적 접근을 시도할 수 있다. 〈그림 Ⅳ-3〉에서 제시된 바와 같이 인력개발은 계획활동, 실천활동 및 통제활동으로 구분하여 접근할 수 있다. '종업원의 역량 및 적성 분석'은 인사평가라는 주제로 제7장에서 논하며, 제8장에서는 교육 · 훈련에 대한 계획, 실천 및 통제활동을, 그리고 제9장에서는 경력개발에 대한 관리과정적 접근 그리고 배치/이동 및 승진에 대해 논의한다.

인사평가

chapter 07

인사평가에 대한 논의는 아래의 몇 가지 질문을 가지고 전개해 본다.

– 인사평가는 종업원을 평가하는 활동인데 왜 평가해야 하며, 그 내용은 어떤 것인가?
– 성공적인 인사평가를 하기 위해 어떤 조건이 갖추어져 있어야 하는가?
– 인사평가는 어떤 방법으로 할 것인가? 즉 누가, 언제, 어떤 기법으로 할 것인가?
– 인사평가제도가 발전하기 위해 기업은 어떤 조치를 취할 수 있는가?

이상의 몇 가지 질문에 대한 해답을 찾기 위해 아래에서는 인사평가에 대한 개념 및 목적, 구성요건, 방법 그리고 발전방향이라는 주제를 가지고 논의한다.

[1] 인사평가의 개념 및 목적

1.1 개 념

인사평가의 개념

기업조직에서 종업원을 대상으로 하는 인사평가제도(인사고과: employee ratings)는 자체 조직에서 개발 · 발전했다기보다 다른 조직에서 개발 · 발전된 것을 원용하여 사용하여 왔다. 인사평가에 대한 최초의 기록은 중국 위나라(A.D. 221~265)에서 황족(皇族)들의 행동에 대해 평가한 것이었다(Lattmann, 1975). 또한 중국 당나라에서는 공무원을 등용할 때 신언서판(身言書判)이라는 기준을 적용하기도 했다. 즉 해당 공무원이 신체가 건강한지, 말이 논리적인지, 지식이 충분한지 그리고 판단력 내지 지혜가 있는지를 평가했던 것이다.

서양의 경우 가톨릭의 한 수도단체인 예수회에서 성직자에게 특별한 임무를 부여할 때 예수회가 가지고 있는 준칙을 기준으로 이들을 평가했으며, 이러한 평가시스템은 예수회단체의 창시자인 이냐시오 로욜라(Ignatius Loyola, 1491~1556)에 의해서 만들어졌었다(Lattmann, 1975). 기업조직에서의 종업원에 대한 평가는 로버트 오웬(Robert Owen, 1771~1858)이 스코틀랜드의 한 방적회사에서 도입했던 성과수첩과 성과표지판에서 최초로 시작되었다. 종업원들은 각자의 성과수첩에 자기의 업적을 매일 기록했으며, 작업장에 비치한 성과표지판에는 6종류의 색깔로 각자의 성과를 수준별로 표시했었던 것이다(Yoder, 1944).

1.2 목　　적

본장에서는 인사평가를 인력개발의 한 기능분야인 계획활동의 일환으로 다루고 있지만 사실상 인사평가의 의미는 인력개발 부문뿐만 아니라 인사관리의 전 기능과도 관련을 가지고 있다.

첫째, 인사평가는 인력확보 활동에 중요한 정보를 제공한다. 기업이 인력을 확보하기 위해 우선 인력의 수요 및 공급예측을 실시해야 하는데 종업원의 능력을 평가하는 인사평가는 해당 기업의 보유인력에 대한 질적 수준을 판단하는 기준이 된다. 뿐만 아니라 인력선발 활동에 투입된 선발도구에 대한 타당도(validity)를 측정할 때 기준이 된다.

둘째, 인사평가는 인력개발을 위한 계획활동으로서 중요한 역할을 한다. 인력개발을 위한 직접적인 방법인 교육훈련 프로그램을 도입할 때 교육훈련 참가자의 현재 가지고 있는 능력과 잠재능력은 교육훈련의 내용 및 효과를 결정하는 데 주요한 자료가 된다. 또한 인력개발을 위한 간접적인 방법인 종업원의 배치 · 이동에 대한 의사결정을 할 때 인사평가 결과는 그 기준이 된다. 즉 종업원의 능력과 적성에 맞는 배치 · 이동이 이루어질 때 성과의 극대화 및 해당 종업원의 만족극대화가 가능해진다. 인사평가는 특히 승진에 대한 의사결정에 결정적인 기준이 된다. 우리나라 종업원들의 경우 직장생활에서의 가장 중요한 목표 중의 하나로 '승진'을 들고 있는데 기업이 잘못된 승진의사결정을 했을 때 이에 대한 종업원의 심리적 저항은 매우 크다. 따라서 인사평가는 승진에 대한 공정성을 확보하기 위해 필요하다. 인사평가는 경력개발에 있어서 종업원의 경력욕구와 조직의 욕구를 조정하는 데 중요한 도구가 된다. 예를 들어, 은행의 경우 관리직에 대한 자질이나 적성이 부족함에도 불구하고 해당 종업원이 다른 직종을 마다하고 관리직만 고집할 때 이를 해결하기 위해 필요한 것이다. 즉 능력

면이나 적성 면에서 맞지 않는 직종을 해당 종업원이 택할 때 본인뿐만 아니라 기업 측에도 바람직하지 않기 때문이다.

셋째, 인사평가는 임금결정의 중요한 기준이 된다. 임금이란 종업원이 제공하는 노동에 대한 기업의 보상이기 때문에 노동의 질과 양(성과)은 임금결정의 당연한 기준이 된다. 우리나라 기업의 경우 이제까지 연공에 입각한 임금체계를 유지하고 있으나, 1990년대 이후 이를 능력(업적)을 기준으로 전환하려는 시도를 하고 있다. 서양 선진국 기업에서는 임금이 종업원의 성과에 기준을 두어야 한다는 것을 종업원은 당연한 사실로 받아들이고 있다.

넷째, 인사평가는 기업의 인력유지에 중요한 정보를 제공한다. 인력유지활동을 종업원의 신체적 측면과 정신적 측면으로 구분해 볼 때 인사평가는 종업원의 정신적 측면에 대한 정보를 제공해 준다. 즉 종업원의 사기(士氣), 기업조직에 대한 조직커미트먼트(애사심 등) 등에 대한 정보는 인력유지 활동을 위해 중요한 정보가 된다.

다섯째, 인사평가는 인력방출 활동에 중요한 자료가 된다. 기업이 과잉인력을 보유하고 있어 감축이 불가피할 때 누구를 방출시켜야 할 것인가에 대한 의사결정을 하는 데 중요한 기준을 제공해 준다. 끝으로 인사평가는 직무설계에 중요한 자료가 된다. 예를 들어 특정 직무를 담당하고 있는 거의 모든 종업원의 성과가 낮을 때, 낮은 성과의 원인이 종업원의 능력 부족이 아니라 직무구조 및 환경 문제일 수 있다. 이럴 경우 종업원의 교육훈련을 통한 생산성 향상보다 직무 재설계를 하는 것이 바람직하다.

이상에서 제시한 인사평가의 목적은 인사관리의 제 기능에 대한 양질(良質)의 의사결정을 하는 것으로 요약할 수 있으며 이러한 양질의 의사결정은 기업 측뿐만 아니라 종업원에게도 유익한 것이 되는 것이다. <그림 7-1>에서는 인사평가의 목적을 인사관리의 제 기능별로 검토한 것이 제시된다.

1.3 인사평가의 내용

기업 인사평가의 내용은 바로 무엇을 평가할 것인가라는 질문에 대한 대답이 되겠다. 기업은 성과 창출 원인 요소로서만 종업원을 보는 것이 되어서는 안 되며, 성과창출의 결정적 요소인 "노동"을 미래에 어떻게 성장시키고 발전시키느냐에도 관심을 가져야 하겠다. 이렇게 함으로써 기업의 지속가능한 경영이 가

그림 7-1 인사평가의 목표

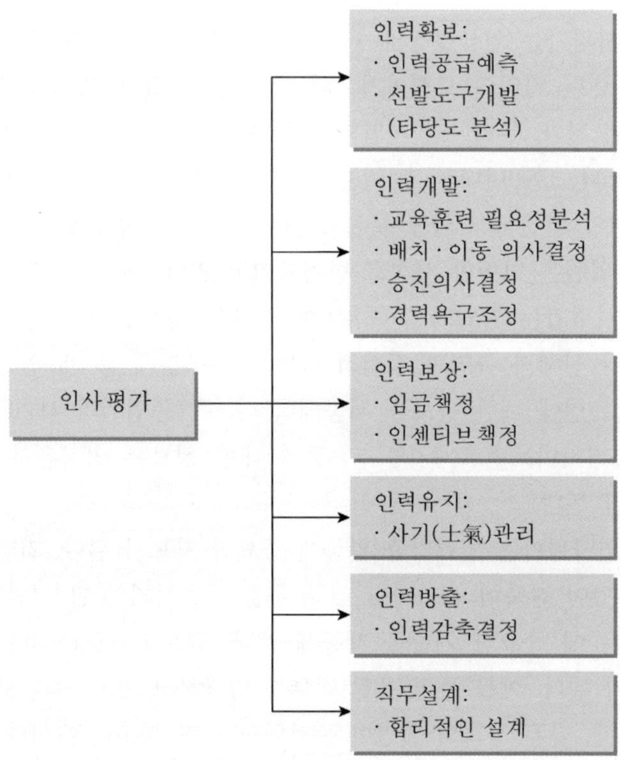

능하고 뿐만 아니라 노동의 주체인 종업원의 성장을 위한 정보도 획득할 수 있을 것이다. 이러한 정보획득활동이 바로 인사평가이다.

인사평가활동에서 평가되는 내용은 크게 종업원 개인이 가지고 있는 특성(personal characteristics)과 그가 행동을 통해 만들어낸 결과물인 업적 혹은 성과(performance)로 구분된다. 또한 인사평가의 내용은 개인수준과 집단수준에서 다를 수 있다.

개인적 특성은 크게 역량, 적성 그리고 태도 등으로 구분된다. 역량(competency)이란 우수한 성과를 내는 조직구성원이 가지고 있는 개인의 내적특성으로서 다양한 상황에서 안정적으로 나타나며 비교적 장기간 지속되는 행동 및 사고방식을 의미한다. 여기서 내적 특성은 동기(motives), 상황 또는 정보에 대한 일관성 있는 반응특성(trait), 자아개념(self-concept), 지식(knowledge) 그리고 기술(skill) 등을 말한다(Spencer/Spencer, 1993). 역량의 구체적 예로서 고객지향성,

정보지향성, 조직명민성(organizational agility), 문제해결능력, 전략적 사고력, 업무추진력 등이 있다. 이러한 역량은 모든 기업에 통용되는 표준적인 것으로 제시되지는 않으며 기업이 속한 업종, 부서의 특성 해당직무 등 기업이 처한 경영상황에 따라 다를 수 있다.

종업원의 적성(aptitude)은 기본적으로 채용과정에서 식별되어야 되겠지만 적성평가 테스트가 너무나 일반적인 범주를 포괄하기 때문에 한계가 있다. 적성은 입사 후 시간이 지나 개별 종업원이 특정직무를 수행하고 있는 경우, 해당직무와 직무수행자간의 적합성(fitness)을 판단하는 데 중요한 역할을 한다. 예를 들면 영업직군에서 탁월한 성과를 내는 종업원은 역량이 높고, 영업에 적성이 딱 들어맞아 그럴 수 있다. 그러나 이 종업원이 지원부서에 가서도 성과를 높게 보여줄 수 있는지는 보장할 수 없다. 즉 이 종업원의 역량은 우수하지만 수행하는 직무가 적성에 맞지 않을 수 있는 것이다.

태도(attitude)란 특정한 사람, 사물, 이슈, 사건 등에 대한 호의적이거나 비호의적인 느낌을 의미한다(Kraimer et al, 2005). 기업경영에서 종업원이 가지고 있는 태도는 그가 정치나 사회에 대해 가지고 있는 태도가 아니라 직무수행과 관련하여 성과와 관련되는 것이 평가대상이 되겠다. 성과와 관련되는 태도요소로서 직무만족, 직무몰입, 열정, 애사심 그리고 신뢰(trust) 등을 들 수 있다. 신뢰란 다른 사람의 태도나 행동을 긍정적으로 생각하고 기꺼이 그들을 믿고자 하는 태도를 말하는데 특히 최근에는 신뢰가 조직의 중요한 자본으로 인식되고 있다.

업적은 개인 및 팀이 조직의 목표달성에의 공헌도를 말하는데 매출액, 생산량, 불량률, 사고율, 고객만족도 등이 평가내용을 구성한다. 조직의 목표달성에의 공헌도를 개인별로 측정하는 데에는 한계가 있다. 물론 영업직이나 생산직의 경우 매출액 내지 생산량은 정확하게 측정할 수 있겠지만 다른 부문의 경우 사실 어려움이 많다. 성과의 측정범위를 개인에서 집단 내지 조직전체 수준으로 넓힐 경우 측정의 정확성은 높아진다. 왜냐하면 성과란 어느 개인 혼자의 노력에 의해서 발생하기보다 여러 사람의 협동을 통해서 일어나는 경우가 많기 때문이다. 즉 직무간 상호의존성(interdependence)이 존재하기 때문이다.

또 다른 이슈는 성과항목을 무엇으로 할 것인가는 해당기업의 업종, 고객의 특성등 처한 상황이 다르기 때문에 성과인식에 대한 보다 의미있는 접근이 요구된다. 이와 관련하여 BSC(Balanced Scorecard) 방식이 있다(Kaplan/Norton, 1996). BSC 방식에서의 평가항목은 재무적 성과, 고객만족, 업무프로세스 및 학습의 4대 영역으로 구성되어 있다(<표 7-1> 참조).

표 7-1 BSC 방식의 성과평가 항목

평가영역	목표가치	핵심지표
재무적 성과	수익성 성장성 주주이익	– 매출성장률 – 신규시장 개척 – 시장점유율 – 영업이익률 – ROA – 현금흐름
고객만족	품질 스피드 가격 서비스	– 고객만족도 – 적시공급률 – 수주–출하 리드타임 – 신규고객 획득률 – 고객정착률 – 고객의 이익성
업무프로세스	기술력 제조 탁월성 신제품 도입	– 신제품 매출액 비율 – 주력제품의 매출액 비율 – 연구개발의 투자이익률 – 신제품 개발 건수 – 프로세스 기간(고객 대응시간) – 프로세스 품질(불량률, 반품률)
학습	기술 선도력 학습능력 프로세스 개선	– 제품개발 기간 – 양산까지의 학습속도 – 정보시스템의 능력(정보접근, 생산 · 서비스에 대한 피드백 시스템) – 제안실행 프로세스의 평가

자료: Kaplan/Norton, 1996.

[2] 인사평가의 구성요건

기업에서 도입하고 있는 인사평가제도가 추구하는 목적을 달성하기 위해서는 아래의 몇 가지 사항을 갖추고 있어야 한다. 첫째 평가내용이 평가목적을 얼마나 잘 반영하고 있느냐와 관련되는 타당성(validity), 둘째 평가하려는 내용이 정확하게 측정되어지는 정도를 말하는 신뢰성(reliability), 셋째 인사평가제도를 피평가자인 종업원이 정당하다고 느끼는 정도인 수용성(acceptability) 그리고 평

그림 7-2 인사평가제도의 구성요건

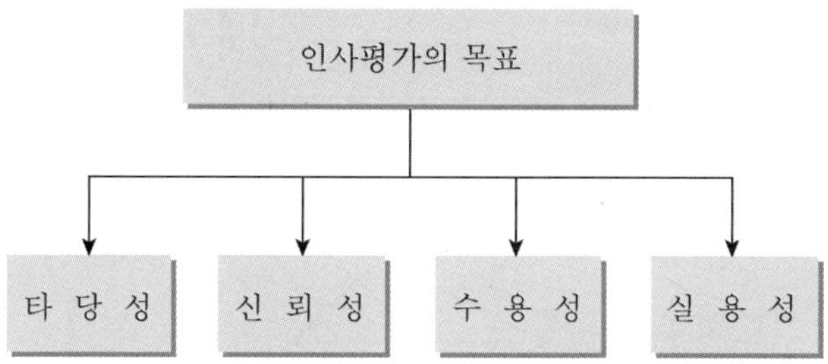

가제도가 비용/효과 측면에서 얼마나 실용성(practicability)을 가지고 있느냐에 따라 인사평가제도의 질이 달라진다(<그림 7-2> 참조). 따라서 인사평가제도는 위에서 제시한 제 구성요건을 최대한 갖추고 있는 방향으로 설계되고 운영되어야 한다(Liebel/Oechsler, 1992, Fisher, et al., 1993). 아래에서는 이러한 구성요건에 대한 보다 자세한 논의를 전개한다.

2.1 타 당 성

인사평가에서의 타당성(validity)은 평가내용이 평가목적을 얼마나 잘 반영하고 있느냐에 관한 것이다.

인사평가에서의 타당성은 고과내용이 평가목적을 얼마나 잘 반영하고 있느냐에 관한 것

<그림 7-3>에서는 인사평가의 목적에 따라 평가되어져야 할 평가내용이 제시되고 있다. 기업이 종업원에 대한 승진 의사결정을 하는 데에는 승진후보자의 잠재능력과 적성이 주요한 평가내용이 되어야 한다. 승진이란 A직무를 수행하는 종업원을 보다 상위 직급에 속하는 직무 B로 이동시키는 것인데, 여기서 기업이 초점을 맞추어야 하는 내용은 승진후보자 甲이 현재 A직무를 성공적으로 수행하고 있지만 그가 B직무도 성공적으로 수행할 수 있느냐에 대한 판단이다. 평가내용 중 성과(공헌도)는 甲이 과거에 A직무를 수행한 성과이지 미래의 B직무를 수행하여 가져다줄 성과를 의미하는 것은 아니다. 여기서 A직무에 대한 甲의 성과는 물론 甲의 현재능력(顯在能力)을 반영하고 있는데 이러한 그의 현재능력이 B직무를 수행할 때에도 필요하리라는 보장은 없다. 사립초등학교 교감선생님의 예를 들어보자. 그는 교감으로서 학교의 살림살이, 교사들에 대한 감독활동 등 다년간 우수한 업적을 보여주었으므로 학교이사회에서는 그를 이의

그림 7-3 평가목적과 평가내용의 관계

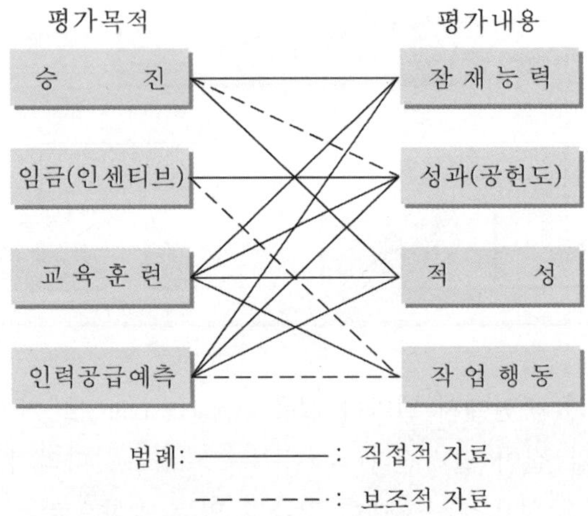

없이 교장으로 승진시켰다. 그러나 그는 불행히도 6개월만에 교장에서 해고되었다. 왜냐하면 그는 교장으로서의 역할에 적응을 못했던 것이다. 사립초등학교의 교장은 재단과의 원만한 관계, 학부모와의 원만한 관계를 통하여 학교발전 기부금을 많이 받아 내어야 했고 또한 지역사회에서 해당 사립초등학교의 이미지를 제고시키는 것이 역할인데, 승진한 신임교장은 과거 교사들에 대한 철저한 감독행동이 몸에 배어 매사에 언행이 굳어져 이러한 교장으로서의 새로운 역할을 성공적으로 수행하지 못하고 쫓겨나게 된 것이다. 그가 승진하지 않고 교감으로 있었더라면 계속 명성을 유지할 수 있었던 것은 자명한 사실이다. 이와 같이 승진의사결정을 하는 데 승진 후보자의 과거의 업적들만을 고려했을 때 기업이나 당사자에게 심각한 문제가 야기될 수도 있다.

임금(인센티브)은 기업이 제품 및 서비스를 판매하여 나온 수익(부가가치)의 일부에서 나온다. 따라서 임금(인센티브)을 결정하기 위한 기준은 당연히 피평가자의 성과가 되어야 한다. 피평가자가 아무리 우수한 잠재능력과 적합한 적성을 보유하고 있다 하더라도 이것이 업적으로 전환되지 못하면 기업으로서는 이에 대한 보상의 명분이 없는 것이다. 그렇다고 다른 종업원이 달성한 성과결과의 일부를 이들에게 할애하는 것도 문제를 야기한다. 다만 작업행동, 예를 들어 업무의 신속성, 정확성, 제안건수 등은 이것이 직접 성과로 연결되지 않았다 하더라도 임금(인센티브)에 어느 정도 반영함이 타당하다. 왜냐하면 일이란 어느 한 사람이 독립적으로 수행하는 경우는 드물고 대개 여러 사람이 공동으로 하기 때문에 일이 추진되는 과정에서 다른 사람의 잘못에 의해 성과가 미흡할 수도 있기 때문이다.

교육훈련에 대한 의사결정을 위해서는 피평가자의 잠재능력, 성과, 적성 그리고 작업행동 모두가 평가내용이 되어야 할 것이다. 잠재능력과 관련하여 기업이 甲이라는 종업원에 대해 교육훈련을 시켜 10이라는 능력을 갖추게 하고 싶은데 甲이 갖고 있는 잠재능력(ability, capacity)이 8밖에 되지 않는다면 기업은 甲에게 이러한 교육훈련 프로그램을 제공할 수 없다. 성과가 낮은 종업원을 대상으로 성과를 높이기 위한 교육훈련은 쉽게 계획할 수 있으며, 종업원 적성 또한 교육훈련 의사결정에 중요한 기준이 된다. 예를 들면, 컴퓨터 프로그래머를 양성하고 싶은데 문과대학을 졸업한 甲과 수학을 전공했던 乙의 경우, 甲에게 이러한 교육프로그램을 적용했을 때 乙의 경우보다 소요기간이 몇 배 더 걸릴 수 있다. 즉 피평가자의 적성은 교육훈련의 기간, 나아가 비용과 관련하여 중요한 기준이 된다. 피평가자가 일상 작업생활에 보여주는 작업행동(work behavior) 역시 교육훈련 의사결정에 중요한 기준이 된다. 바람직하지 못한 작업행동을 보여주는 종업원의 경우, 교육훈련을 통해 이를 개선할 수 있기 때문이다.

기업이 현재 및 미래에 인력공급 수준을 판단하기 위해서 종업원의 잠재능력, 성과수준, 적성이 주요한 기준이 되며 작업행동 역시 보조적인 자료가 된다.

이상에서 살펴보았듯이 인사평가의 목적이 무엇인가에 따라 이에 필요한 피평가자에 대한 정보가 다르다. 인사평가에서의 타당성 문제는 바로 인사평가에서 추구하는 개별 목적에 맞는 평가내용을 얼마나 평가내용으로 삼느냐에 따라 결정되는 것이다. 특히 우리나라 기업의 경우 평가내용인 피평가자의 잠재능력, 성과, 적성 그리고 작업행동을 모두 측정한 점수를 합쳐 이 종합점수를 승진 의사결정, 인센티브 의사결정 등 다목적으로 활용하고 있는 기업이 대부분이다. 이러한 평가제도는 인사평가의 타당성을 훼손시키며 평가결과가 평가목적을 달성하는 데 상당한 제약을 주고 있다.

인사평가에서의 타당성 문제는 바로 인사평가에서추구하는 개별 목적에 맞는 평가내용을 얼마나 평가내용으로 삼느냐에 따라 결정되는 것

2.2 신 뢰 성

신뢰성이란 측정하고자 하는 평가내용(항목)이 얼마나 정확하게 측정되어졌느냐에 관한 것

신뢰성(reliability)이란 측정하고자 하는 평가내용(항목)이 얼마나 정확하게 측정되어졌느냐에 관한 것이다. 신뢰성을 저해하는 요인으로는 평가자가 피평가

자에 대해 갖고 있는 편견 등으로 인한 의도적인 주관적 평가, 평가자가 객관적으로 평가하려고 노력했지만 자신도 모르는 사이에 오류를 범하는 경우 그리고 피평가자에 대한 정보부족 등을 들 수 있다. 아래에서는 인사평가에서 나타나는 전형적인 오류 몇 가지를 소개한다.

1) 관대화 경향

피평가자의 능력이나 성과를 실제보다 더 높게 평가하는 것

관대화 경향(leniency error)은 피평가자의 능력이나 성과를 실제보다 더 높게 평가하는 것을 말한다. 이러한 평가는 대개 평가자의 의도성(意圖性)이 있는 주관적 평가라고 할 수 있다. 관대화경향이 나타나는 원인으로는, 첫째 부하를 나쁘게 평가하여 대립할 필요가 없다는 것, 둘째 자기 부하를 타부문의 종업원에 비하여 승진에 유리하게 하기 위한 것, 셋째 나쁜 평가가 곧 평가자 자신의 책임으로 간주될 수 있다는 점 등을 들 수 있다. 즉 부하의 평가가 나쁠 경우 조직이 이들을 육성하고 지도해야 할 상사 자신의 능력에 문제가 있는 것으로 간주할 수 있기 때문이다.

2) 중심화 경향

피평가자에 대한 평가점수가 보통 또는 척도상의 중심점에 집중하는 경향

중심화 경향(central tendency)은 집단화 경향이라고도 하며 피평가자에 대한 평가점수가 보통 또는 척도상의 중심점에 집중하는 경향을 말한다. 이의 원인으로는, 첫째 평가자가 평가방법을 이해하지 못하였거나 평가능력이 부족하여 적당히 중간척도에 평가한 경우, 둘째 평가방법에 대해 회의적이거나 피평가자를 잘 알지 못하기 때문에 적당히 중간척도에 평가한 경우, 셋째 낮게 평가할 경우 피평가자와의 감정적 대립을 우려하여 중간으로 평가하거나 소홀한 평가를 한 경우 등을 들 수 있다.

3) 가혹화 경향

평가자가 피평가자의 능력 및 성과를 실제보다 의도적으로 낮게 평가하는 경우

가혹화 경향(harsh tendency)은 관대화 경향과 반대되는 평가점수 분포도가 나타나는 경우를 말하는데 평가자가 피평가자의 능력 및 성과를 실제보다 의도적으로 낮게 평가하는 경우를 말한다. 이러한 경향은, 첫째 평가자의 가치관에 의해 성과에 대한 기대수준을 매우 높게 설정했을 때 나타나며, 둘째 부하들과의 갈등관계에서 일종의 처벌적 성격을 띠었을 때도 나타난다. 이상에서 제시한 제 오류들은 <그림 7-4>에서 가시적으로 제시된다.

그림 7-4 관대화 · 중심화 · 가혹화 경향

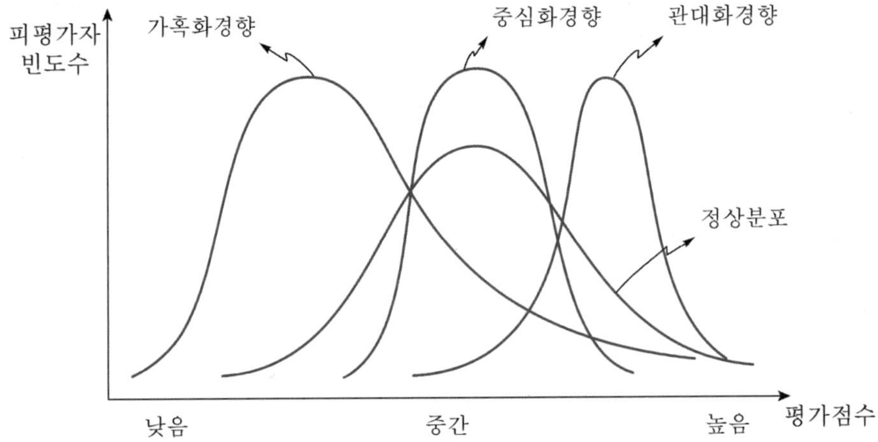

4) 상동적 오류

상동적 오류(常同的 誤謬: stereotyping)란 특정한 사람에 대해 갖고 있는 평가자의 지각에 의해 나타난다. 예를 들면 평가자가 평소 특정종교, 사회단체 등에 좋지 않은 감정을 갖고 있을 때 이러한 감정이 피평가자 평가에 나타나는 것이다. 예를 들면 평가자가 평소 노동조합을 기업에 발전적인 조직으로 보지 않고, 투쟁적이고 해만 끼치는 조직으로 볼 때 그의 피평가자가 노조에 매우 적극적인 사람일 때 실제보다 그의 능력과 업적을 낮게 평가하는 오류를 밀한다.

특정한 사람에 대해 갖고 있는 평가자의 지각에 의해 나타남

5) 연공오류

연공오류(seniority error)는 피평가자가 가지고 있는 연공적 속성인 연령, 학력, 근속년수가 평가에 영향을 미치는 경우이다. 예를 들면 피평가자 중 학력이 대졸자와 초졸자가 있을 때 전자를 더 높게 평가한다든가, 특히 우리나라의 경우, 근속년수나 연령이 많은 사람을 적은 사람들보다 더 후하게 평가하는 것이다. 그러나 서양 선진국 기업에서는 오히려 반대로 평가하는 경향이 나타나기도 한다(안희탁, 1994).

피평가자가 가지고 있는 연공적 속성인 연령, 학력, 근속년수가 평가에 영향을 미치는 경우

6) 후광효과

후광효과는 평가자가 피평가자의 어느 한 면을 기준으로 다른 것까지 함께

표 7-2 시간적 오류(예)

	2022년 상반기	2022년 하반기	평 균
甲	60	80	70
乙	80	60	70

평가자가 피평가자의 어느 한 면을 기준으로 다른 것까지 함께 평가해 버리는 경향

평가해 버리는 경향을 말한다. 예를 들면 피평가자를 평가할 때 친절성 · 성실성 · 책임감 등이 평가대상일 경우, 피평가자가 매우 친절한 경우 친절성에 높은 점수를 줄 뿐만 아니라 성실성 · 책임감 항목에도 높은 점수를 주는 경우를 말한다(halo effect). 반대의 경우 특정 평가항목에서 낮은 점수를 받은 경우 다음에 평가되는 항목도 낮게 평가하는 경향으로 구분된다. 즉 '후광효과'란 원래 뒤에서 빛을 보내어 앞에 있는 얼굴의 식별을 잘 못한다는 의미인데, 여기서 '친절성'이라는 항목이 성실성, 책임감 뒤에서 그 평가에 영향을 미쳐 성실성, 책임감에 대한 식별을 정확히 하지 못하게 한다는 것이다(Milkovich/Newman, 2005).

7) 시간적 오류

평가자가 피평가자를 평가함에 있어서 쉽게 기억할 수 있는 최근 업적이나 능력을 중심으로 평가하려는 데서 나타나는 오류

시간적 오류(recency errors)는 평가자가 피평가자를 평가함에 있어서 쉽게 기억할 수 있는 최근 업적이나 능력을 중심으로 평가하려는 데서 나타나는 오류이다. <표 7-2>에서 그 예가 제시된다. 이 표에서 나타난 바와 같이 甲은 2022년 상반기에 업적이 60점이었으나 하반기에 열심히 하여 80점을 얻었고, 乙은 상반기에는 80점, 하반기에는 집안에 문제가 있어 60점밖에 얻지 못했다. 甲, 乙의 연간 업적은 평균 70점으로 똑같게 나타나지만 평가자는 최근에 보다 높은 업적을 낸 甲을 75점, 乙을 65점으로 평가하는 경우이다. 이러한 오류가 흔히 발생한다는 것을 아는 피평가자들은 평가시기가 가까워지면 평소보다 늦게 퇴근하고 더 많이 일하는 모습을 평가자에게 보여주기도 한다. 시간적 오류 역시 평가자 스스로 오류를 범하고 있다는 것을 인지(認知) 못하는 경우가 많다.

8) 상관편견

평가자가 평가항목의 의미를 정확하게 이해 못했을 때 나타남

상관편견(correlational bias)이란 평가자가 평가항목의 의미를 정확하게 이해 못했을 때 나타난다. 예를 들면 성실성과 책임감, 창의력과 기획력이라는 항목 간의 정확한 차이를 구분 못하는 평가자는 피평가자를 평가할 때 위의 항목들에 대해 항상 똑같은 점수를 주는 것이다. <표 7-3>에서 나타난 바와 같이

표 7-3 상관편견의 예

항목 \ 피평가자	甲	乙	丙	丁
성실성	B	C	B	A
책임감	B	C	B	A
창의력	A	B	C	B
기획력	A	B	C	B
실천력	C	A	B	C

평가자가 피평가자에 대해 부여한 평가점수는 성실성과 책임감은 항상 같다. 이런 현상은 창의력과 기획력 항목에도 같이 나타난다.

9) 대비오류

대비오류(contrast errors)는 평가자가 피평가자 여러 명을 평가할 때 우수한 피평가자 다음에 평가되는 보통 수준의 피평가자를 실제보다 낮게 그리고 낮은 수준의 피평가자 뒤에 평가되는 보통 수준의 피평가자를 높게 평가하는 경우를 말한다. 후광효과란 한 명의 피평가자에 대해 특정 평가항목이 그 다음의 항목을 평가하는 데 영향을 미치는 오류인 반면, 대비효과는 특정 피평가자가 다음에 평가될 피평가자의 평가에 영향을 미치는 오류를 말한다. 이러한 오류 역시 평가자가 의식하지 못하는 사이 일어나는 경우가 많다.

특정 피평가자가 다음에 평가될 피평가자의 평가에 영향을 미치는 오류

10) 유사성 오류

유사성 오류(similar-to-me error)는 평가자와 피평가자 간의 가치관, 행동패턴 그리고 태도 면에서 유사한 정도에 따라 평가결과가 영향을 받는 경우를 말한다. 예를 들면 甲이라는 평가자는 행동패턴이 상당히 자유분방하여 술도 잘 마시고 실수도 자주 하고, 원가절감보다 매출증대에 더 가치를 둔다고 가정하자. 그와 같이 일하고 있는 부하인 乙과 丙은 서로 행동패턴과 가치관이 달라 乙은 평가자인 甲과 유사하고 丙은 甲과 달라서 꼼꼼하고 원가절감형일 때 누가 甲으로부터 평가에서 높은 점수를 받을 것인가. 이런 경우 乙과 丙의 능력과 업적이 객관적으로는 같음에도 불구하고 乙이 丙보다 더 높은 평가점수를 받을 때 이를 유사성 오류라고 한다. 이런 경우 역시 평가자인 甲은 평가를 할 때 乙을 더 잘 봐주어야겠다는 의도성이 없음에도 불구하고 자신도 모르게 오류에 빠지

평가자와 피평가자 간의 가치관, 행동패턴 그리고 태도면에서 유사한 정도에 따라 평가결과가 영향을 받는 경우

는 경우가 많이 나타나는 것이다.

11) 귀속과정 오류

내적 귀속
외적 귀속

귀속과정 오류(errors of attribution process)는 하이더(Heider)의 귀속이론에 그 근거를 두고 있다(Heider, 1958). 하이더는 타인의 행동을 보고 그 원인을 크게 두 가지 방향으로 생각할 수 있다고 했다. 즉 행동의 원인을 행동자의 내적 원인에 귀속하느냐 혹은 행동자를 둘러싸고 있는 환경인 외적 원인에 귀속하느냐이다. 예를 들면, 어떤 종업원의 업적이 낮았을 때 그 원인을 능력부족, 노력부족에서 찾는 경우 이를 내적 귀속(internal attribution)이라고 하고 반면에 업무의 난이도, 작업조건의 불량에서 찾을 경우 외적 귀속(external attribution)이라고 한다.

피평가자의 업적이 낮았을 때 그 원인이 외적 귀속에 있음에도 불구하고 평가자가 내적 귀속에서 찾거나, 반대의 경우 피평가자의 업적이 높았을 때 이를 내적 귀속임에도 불구하고 외적 귀속에서 찾는 경우 공히 오류가 된다. 우리의 속담에 '잘되면 내 탓(내적 귀속), 못되면 조상 탓(외적 귀속)'으로 돌리는 경우 전형적인 귀속과정 오류가 발생하는 것이다.

인사평가 실무에서 평가자가 범하는 귀속과정 오류는 평가자가 피평가자에 대한 충분한 정보를 갖고 있지 못할 때 주로 나타난다.

12) 2차 평가자의 오류

1차 평가자가 실시한 평가결과를 조정하기 위해 2차 평가자제도를 도입

우리나라 대부분의 기업에서 도입하고 있는 인사평가제도에는 2차 평가자의 평가난이 있다. 예를 들면 평사원을 평가하는 데 1차 평가자는 직속상사인 과장이며, 2차 평가자는 직속상사의 상사인 부장이 된다. 최종 평가점수는 1차 평가자와 2차 평가자가 평가한 점수를 평균하는 것이 일반적인 추세이다. 평가에 1차 평가자로 만족하지 않고 2차 평가자를 동원하는 이유는 1차 평가자의 평가를 믿지 못하기 때문이다. 즉 1차 평가자가 실시한 평가결과를 조정하기 위해 2차 평가자제도를 도입하고 있다.[1] 그러나 기업실무에서 2차 평가자인 부장이 평사원의 능력(잠재능력), 개인적 특성(성격 · 적성 · 태도), 작업행동 그리고 성과에 대해 얼마나 많은 정보를 갖고 있겠는가? 대기업의 경우 한 부(部)에 평사원이 약 30~50명 되는데 2차 평가자인 부장이 이들 평사원을 관찰할 기회란 사

1) 서양 선진국 기업에서는 2차 평가자제도가 거의 없음.

표 7-4 인사평가의 신뢰성 관련 오류의 원인

평가자의 의도적인 주관적 평가	평가자 자신이 인지 못하는 오류	정보부족으로 인한 오류
• 관대화경향 • 중심화경향 • 가혹화경향 • 상동적 오류 • 연공오류 • 평균화의 오류	• 후광효과 • 시간적 오류 • 상관편견 • 대비오류 • 유사성오류	• 중심화경향 • 귀속과정 오류 • 2차 고과자 오류

실상 극히 부족한 실정이다. 따라서 2차 평가자는 인사평가를 실시할 때 1차 평가자가 이미 평가한 내용을 가지고 '적당히' 하는 경향이 많다.

13) 평균화의 오류

평균화의 오류는 상사가 부하들을 평가할 때 당해 연도에는 조직이 정한 평가지침(예: 상대평가)를 따르지만 평가결과를 4~5년 합산하여 분석해 보면 피평가자들이 받은 점수가 서로 거의 비슷하게 나오는 것을 말한다. 즉 피평가자가 10명일 경우 평가 첫해에는 특정 2명이 S등급을 받고 나머지는 A, B, C 등을 받게 된다. 평가 두 번째 해에는 다른 2명에게 S등급을 주는 등 5년이 경과하면 이들 10명이 받은 평가결과는 모두 비슷하게 되는 것이다. 이러한 오류가 나타나는 이유는 기본적으로 조직이 성과주의를 표방하고 평가결과를 기준으로 승진이나 연봉을 결정하는 경우 성과가 높은 사람에게 승진도 시키고 인센티브를 주어야 함에도 불구하고 평가자(상사)가 부하들에 대한 평가에 부담을 느껴 다년간에 걸쳐 골고루 나누어 주는 평가를 하게 된다. 이렇게 될 경우 조직이 표방하는 성과주의는 결국 실패하게 된다.

이상에서 제시한 인사평가의 신뢰성을 훼손시키는 제반 오류들을 그 원인별로 재분류하면 <표 7-4>에 제시된다.

이상에서 논의된 인사평가의 신뢰성을 훼손시키는 제반 오류들을 어떻게 극복할 것인가? 이러한 오류들이 발생하지 않게 하기 위해서는 오류의 원인별 처방이 필요하다.

인사평가 오류를 방지하기 위한 노력

첫째, 평가자의 의도적인 주관적 평가로 인한 오류는 이를 수정하는 데 매우 많은 노력이 요구된다. 사실 평가자가 주관적으로 평가하겠다는 의도를 가지고 있다면 어떤 제도로도 이를 100% 수정하는 데에는 한계가 있다. 따라서 이러한 종류의 오류들은 100% 극복한다기보다는 오류를 '최소화'시키는 방향으로 노력해야 할 것이다. 이러한 오류들은 평가방법을 보다 정교하게 함으로써 줄일 수 있다. 이와 관련하여 본장의 '인사평가 방법'에서 자세히 논의할 예정이다.

둘째, 평가자 자신이 인지 못하는 오류들은 제도(방법)의 개선과 아울러 평가자 교육(rater training)을 통해서 상당한 극복이 가능하다. 왜냐하면 평가자 자신이 이러한 오류들에 대해 자신도 모르는 것이었기 때문에 오류의 수정에 대체로 협조할 자세가 되어 있기 때문이다.

셋째, 정보부족으로 인한 오류들의 극복문제이다. 이에 대한 대책은 평가자가 필요로 하는 정보를 기업이 충분히 제공하든지, 평가자가 피평가자에 대하여 획득할 수 있는 정보만큼 평가내용의 범위를 축소해야 할 것이다. 예를 들면 2차 평가자 오류의 경우, 2차 평가자가 평가하는 평가항목이 1차 평가자의 그것과 동일해서는 곤란하다. 2차 평가자가 부장(部長)인 경우, 그가 평사원에 대해 관찰 · 획득할 수 있는 정보에 바탕을 둔 평가항목만 평가하도록 해야 할 것이다.

2.3 수 용 성

인사평가제도에 대해 피평가자들이 이를 적법(適法)하고, 필요한 것이라고 믿고, 평가가 공정하게 이루어지며 그리고 평가결과가 활용되는 평가목적에 대해 동의(同意)하는 정도

수용성(acceptability)은 인사평가제도에 대해 피평가자들이 이를 적법(適法)하고, 필요한 것이라고 믿고, 평가가 공정하게 이루어지며 그리고 평가결과가 활용되는 평가목적에 대해 동의(同意)하는 정도를 말한다. 지금까지 실시하지 않던 평가제도를 어느 기업에서 갑자기 도입했을 때, 많은 경우에는 종업원의 저항에 부딪친다. 종업원이 저항하는 이유를 살펴보면 첫째, 평가제도의 목적에 대한 신뢰감 상실이다. 즉 새로 도입하는 평가제도가 종업원들의 잠재능력을 파악하여 이를 개발하기 위한 수단이 된다면 기꺼이 이러한 제도에 동의를 하겠지만, 성과가 낮은 종업원을 가려내어 해고, 인센티브의 불이익 등 부정적인 방향으로 사용될 것이라고 판단되면 저항하는 것이다. 둘째, 평가제도에 대한 정보의 부족이다. 인간은 불확실성 내지 무지(無知)에 대해 불안감을 갖기 마련이다. 셋째, 평가제도의 도입으로 인해 종업원과 관리자의 종속적 관계가 더욱 강화될 것이라는 점이다. 이러한 견해는 노동조합에서 주장하고 있는데, 새로운 평가제도를 도입하여 개별 종업원의 업적에 따라 인센티브를 차등화하겠다고 할 때 일

반 종업원들은 임금과 관련하여 노조의 지원을 믿고 있다가 이제는 평가자인 상사의 눈치를 살피게 된다는 것이다. 특히 우리나라 기업에서 생산직을 대상으로 하는 인사제도의 도입이 극히 미진한 것은 바로 이런 이유 때문이라고 판단된다.

인사평가제도의 도입 및 운영시 종업원의 수용성을 확보하지 못할 경우 기업은 인사평가를 통해 추구하는 목적달성이 어려워질 수밖에 없다. 예를 들면 평가제도의 도입시 노조는 이의제기 내지 저항을 하고 평가결과에 따른 승진의사 결정시 이러한 의사결정의 공정성에 대해 종업원들은 동의하지 않게 된다.

따라서 기업은 인사평가제도를 도입할 때 종업원의 수용성을 높이기 위한 적극적인 노력을 해야 할 것이다. 아래에서는 평가제도의 수용성을 높이기 위한 몇 가지 대안을 제시한다(Kotter/Schlesinger, 1979; Beyss, 1983; Drumm, 1995; Liebel/Oechsler, 1992).

첫째, 인사평가제도를 개발할 때 그 목적과 필요성을 투명하게 종업원에게 알리고 필요한 경우 교육을 실시한다.

둘째, 인사평가제도를 개발할 때 종업원(혹은 노조) 대표를 참여시킨다. 이렇게 함으로써 종업원으로부터 새로운 아이디어도 얻을 수 있으며 현장에서 간과하기 쉬운 평가내용을 보완할 수 있다.

셋째, 인사평가에 있어서 평가의 신뢰성이 최대한 보장될 수 있도록 제도를 구비하고 평가자 교육에 대한 투자를 늘려야 한다.

2.4 실 용 성

인사평가제도가 갖추어야 할 마지막 요건으로서 실용성(practicability)을 들 수 있다. 실용성이란 기업이 이러한 평가제도를 도입하는 것이 의미가 있으며 또한 현실적으로 비용보다 효과가 더 큰지를 검토해야 하는 것과 관련된다.

인사평가제도가 실용성 관점에서 갖추어야 하는 조건을 아래에서 몇 가지 제시한다.

인사평가제도 실용성 관점의 조건

첫째, 인사평가제도는 특정 작업장에서 종업원의 성과 차이가 의미 있게 나타나는 경우에 제도도입의 필요성이 인정된다. 예를 들면 이동식 조립작업장(conveyer system)에서 하루에 우수한 작업자가 1,000개의 부품을 조립하고, 우수하지 못한 작업자가 990개 조립한다고 했을 때 인사평가제도가 작업자 간의 성

표 7-5 인사평가제도의 개발 및 운영비용(예)

비용항목	개발비	운영비
활동비		
생산 및 개발	$53,900	$18,100
자료입력 하드웨어	–	400
용지	1,700	800
우편발송	500	6,600
훈련	–	23,500
인건비		
직무분석가	37,900	–
사무직	11,200	11,100
전문직	–	7,000
컨설턴트	25,500	1,500
평가자의 소요시간	–	80,700
피평가자의 소요시간	–	29,800
소계	129,800	179,500
합계	$309,300	

자료: Jones, 1980.

과차이 1%를 식별하기 위해 도입되는 경우 그 실용성은 문제가 된다. 적어도 작업자 간의 성과차이가 10% 이상 나타나는 작업장에 인사평가제도가 도입된다면 그 실용성은 인정된다고 할 수 있다.

둘째, 인사평가제도는 능력이 우수한 자와 그렇지 못한 자, 성과가 높은 자와 그렇지 못한 자를 식별할 수 있는 것이라야 한다.

셋째, 인사평가제도는 평가자가 쉽게 이해할 수 있는 것이라야 되며 평가에 소요되는 시간도 적절해야 한다. 예를 들어 평가자에게 자기 부하들에 대한 평가를 위해 매일 30분 이상 할애하라고 하였을 때 업무수행보다 평가를 더 우선시하는 주객(主客)이 전도되는 현상이 나타나게 된다.

끝으로 가장 중요한 이슈인 비용–편익 측면이다. 인사평가제도는 반드시 비용을 수반하며 이러한 비용은 개발비와 운영비 등으로 구성된다. <표 7–5>에서는 미국의 한 대기업 A사를 대상으로 발생되는 인사평가제도의 비용이 제시된다.

<표 7–5>에서 나타난 바와 같이 미국의 A사에서는 인사평가제도를 개발하는 데 $129,800 그리고 이를 운영하는 데 $179,500, 합계 $309,300 정도의 비용이 발생하는 것이다. 이렇게 많은 비용을 수반하는 인사평가제도의 효과를 화

폐적으로 환산해야만 한다. 이러한 효과는 예를 들면 인사평가제도의 목표가 어느 정도 달성되었느냐에 대한 화폐적 환산이 요청된다. 예를 들면 교육훈련 및 승진의사결정의 질을 높임으로써 가져다주는 효과(benefit)는 바로 성과향상으로 연결될 것이다. 한 연구에 의하면 인사평가제도가 성과(생산성)를 8~26%까지 높일 수 있는 것으로 추정했으며, 이를 화폐로 환산했을 때 인사평가제도의 도입 첫 해에 530만$의 편익이 있는 것으로 보고하고 있다(Landy, et al., 1982).

이상에서 논의한 인사평가제도의 구성요건은 인사평가제도의 질을 높이는 데 반드시 필요하며 이러한 요건이 어느 정도 충족되느냐에 따라 인사평가제도의 성공 · 실패가 판가름 나게 될 것이다. 아래에서는 위에서 제시한 인사평가제도의 구성요건을 충족시키기 위해 그간 개발되어 온 인사평가의 방법에 대해 설명한다.

[3] 인사평가의 방법

인사평가제도가 성공하기 위해서는 앞의 절에서 살펴본 바와 같이 인사평가제도가 타당성 · 신뢰성 · 수용성 그리고 실용성을 갖추고 있어야 한다. 아래에서는 이러한 평가제도의 구성요건을 충족시키기 위해 이제까지 인사평가의 방법에 대해 살펴본다.

인사평가의 방법은 누가 평가자가 되느냐에 따라, 평가시기를 언제로 할 것인가에 따라 그리고 어떤 평가기법을 도입하느냐에 따라 위에서 제시한 구성요건의 충족 정도가 달라진다.

3.1 평 가 자

평가자(rater)가 누가 되어야 인사평가의 구성요건인 신뢰성을 충족시킬 수 있을까? <그림 7-5>에서는 평가자의 종류가 제시된다.

다음 그림에서 제시된 제평가자들이 인사평가의 내용이 되는 피평가자의 능력(현재/잠재능력), 개인특성(성격/적성/태도), 작업행동 그리고 성과에 대해 어느

그림 7-5 평가자의 종류

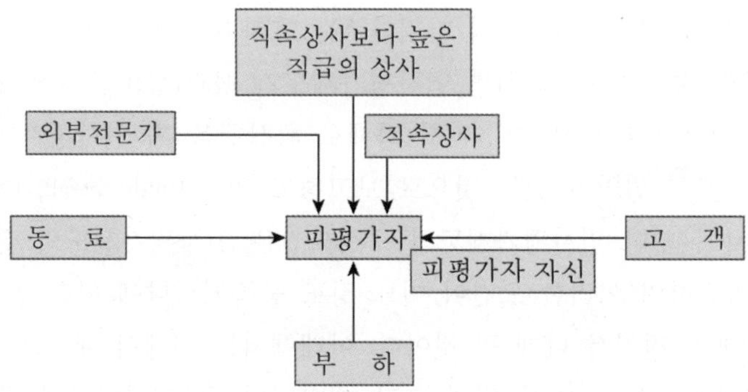

정도의 정보를 획득할 수 있느냐에 대해 살펴본다.

<표 7-6>에 나타난 바와 같이 어느 평가자라도 평가내용 전부에 대한 완벽한 정보를 보유하지 못하고 있다. 직속상사의 경우 피평가자의 현재능력, 작업행동 및 성과에 대해서는 관찰 및 업무지시를 통해 상당히 많은 양의 정보를 가지고 있겠지만 부하인 피평가자의 잠재능력 및 적성에 대해서는 해당직무에 관련되는 것 이외에는 알기가 쉽지 않다. 예를 들면 피평가자가 판매직에 종사하고 있는 경우, 상사는 판매 분야에 자기의 부하가 잠재능력이 있는지, 적성이 맞는지는 비교적 정확하게 판단할 수 있겠지만 판매직 이외의 분야인 관리직, 총무직, 경리직에 잠재능력 내지 적성이 맞는지는 판단하기가 어렵다.

표 7-6 평가자별 평가내용에 대한 정보보유 현황

평가내용 / 평가자	현재능력	잠재능력	적 성	태 도	작업행동	성 과
직속상사	+	△	△	−	+	+
2차 평가자	△	−	−	−	△	△
피평가자 본인	+	△	+	+	+	+
동료	−	△	△	+	△	−
부하	△	△	−	−	−	−
외부 전문가	+	+	+	−	−	−
고객	−	−	−	△	△	−

범례: +: 많음, △: 중간 정도, −: 적음.

직속상사는 부하인 피평가자의 직무태도에 대해 진실된 정보를 획득하기는 어렵다. 왜냐하면 대부분의 부하는 상사 앞에서 회사에 대한 충성심, 열성 등을 실제보다 높게 보이기를 원하기 때문이다.

평가자가 직속상사의 상사인 2차 평가자일 경우, 피평가자의 현재능력, 작업행동 및 성과에 대해서는 어느 정도 알 수 있겠지만, 피평가자의 잠재능력, 적성, 태도 등을 관찰하기에는 시간적 · 공간적 측면에서 역부족이다.

피평가자 본인이 자신을 평가한다면 어떨까? 이런 경우 피평가자 자신은 평가내용의 대부분에 대해 충분한 정보를 갖고 있지만 대개 과장되게 평가하는 경향이 있다.

동료가 평가자가 되었을 때는 피평가자의 직무태도에 대해서는 비교적 충분한 정보를 관찰을 통해 갖게 된다. 대개 상사 앞에서 보여주는 피평가자의 태도보다 동료 앞에서 보여주는 태도는 보다 진실된 것일 가능성이 높다. 그러나 동료는 피평가자의 현재능력 및 성과에 대해서는 거의 판단하기가 어렵다. 왜냐하면 그가 피평가자에게 직접 업무지시를 하지 않기 때문이다. 그러나 동료는

표 7-7 평가주체별 장단점 비교

평가주체	장점	단점
상사	• 전통적이며 수용성 높음 • 성과중심 인사결정에 직접 활용 • 실시가 용이함	• 평가 오류와 부정확성에 노출 • 상사의 편향에 대한 부하의 거부감
동료	• 동료의 태도 및 인간관계 측면의 평가에 용이 • 팀 내 의사소통을 원활하게 함	• 구성원 간의 성생유빌과 팀워크 손상 • 피평가자와의 친소관계에 의해 영향을 받기 쉬움
부하	• 참여를 통해 권한위임과 주인의식을 갖게 함 • 관리자의 하향적 리더십을 평가할 수 있음 • 상하 간 원활한 의사소통 기회	• 부하들의 부자연스러움과 두려움 • 권한위계와 반대방향(피평가자와의 불쾌감) • 상사의 평가대상 직무내용에 대한 이해 부족
자기	• 직무수행의 맥락에 대한 높은 이해 • 피드백 정보로 활용 • 타인과 관점 차이를 확인하는 개발목적 사용 가치	• 직무수행의 과대평가 가능성
고객	• 직무수행의 소비자의 견해 • 조직전략으로 활용	• 직무성과에 대한 정확한 정보 부족 • 제한된 직무 • 피평가자의 심리적인 반발 가능

자료: 한태영, 2013, p. 257을 수정함.

피평가자의 잠재능력, 적성 그리고 작업행동에 대해서는 대화 및 관찰을 통해 어느 정도 정보를 획득할 수도 있다.

부하가 상사를 평가하는 경우 상사의 업무지시 및 업무결과에 대한 평가활동 등을 통해 상사의 현재능력 및 잠재능력 특히 리더십에 대해서 어느 정도의 정보를 획득할 수 있다.

외부전문가는 사실상 피평가자의 직무태도, 작업행동, 성과에 대해서는 관찰기회가 없기 때문에 알 수가 없다. 그러나 피평가자와 관련되는 서류나 몇 가지 테스트 및 인터뷰를 통해 현재의 능력, 잠재능력 그리고 적성에 대해서는 많은 정보를 획득할 수 있다.

고객이 피평가자를 평가하는 경우 획득할 수 있는 정보는 극히 제한적이다. 피평가자의 고객에 대한 태도 및 작업행동(서비스, 친절성) 정도에 대한 어느 정도 정보를 획득할 뿐이다.

복수의 평가자를 동원하는 다면평가식 접근은 제 평가자의 평가내용(요소)에 관한 정보를 충분히 획득한 상황을 만들어주자는 데 그 목적이 있다.

<표 7-7>에서는 평가주체별 장단점이 제시된다.

3.2 평가시기

인사평가를 언제 실시하느냐 역시 인사평가제도의 성공에 영향을 미칠 수 있다. 평가의 시기는 아래와 같이 제시할 수 있다.

① 입사 후 수습기간이 종료될 때
② 전환배치 직전
③ 상사가 교체되었을 때
④ 교육훈련 참가자 선발시
⑤ 인센티브 책정시
⑥ 매 6개월 혹은 매 1년마다 정기적으로

인사평가제도의 타당성과 관련해 볼 때 해당 목적인 승진, 인센티브, 배치이동 등에 대한 의사결정시 인사평가를 실시하는 것이 가장 이상적이다. 또한 신뢰성 관점에서는 자주 실시함이 시간적 오류를 줄이는 데 효과적이다. 그러나 평가제도의 실용성 측면에서 보면 지나치게 자주 실시하는 경우 그만큼 비용이 많이 발생하게 된다. 뿐만 아니라 빈번한 평가실시는 평가자가 직속상사인 경우 그들로부터의 저항도 예상된다. 사실 기업조직에서 인사평가를 직속상사가 하는 것이 대부분인데 직속상사는 부하를 평가하고 그 결과 부하가 승진되면 좋겠지만, 그렇지 못할 경우 부담스러운 작업인 것만은 분명하다.

이상에서 논의한 인사평가의 구성요건과 관련시켜 볼 때 인사평가는 수습기간이 끝날 때, 상사가 이동할 때 그리고 정기적으로 1년에 1~2회 실시함이 바람직하다.

3.3 평가기법

종업원에 대한 인사평가가 하나의 제도로서 확립되기 이전에도 종업원의 업적이나 행동을 평가하는 활동이 존재했었다. 예를 들면 공장에서는 전통적으로 개인별 혹은 작업집단별 생산성 · 불량률 등을 집계해 왔었으며, 판매부문에서는 매출액을 집계하여 해당 종업원 내지 작업집단의 성과를 측정해 왔었다. 또한 개인의 작업행동과 관련하여 결근, 지각 등 근무태만을 기록하여 이를 인사평가에 반영해 오기도 했다.

그러나 인사평가의 내용이 복잡해짐에 따라 과거의 이러한 객관적인 자료에 의거한 평가만으로 인사평가가 추구하는 목적을 달성하는 데 한계가 있기 때문에 평가목적을 보다 효율적으로 달성하기 위한 여러 인사평가 기법이 개발되어 왔다. 이러한 기법들은 본질적으로 인사평가의 구성요건(타당성, 신뢰성, 수용성, 실용성)을 개선시킴으로써 인사평가의 목적달성에 기여하기 위해 개발되었던 것이다.

아래에서는 최근까지 개발된 인사평가의 중요한 기법들을 소개하면서 이들을 인사평가의 구성요건 충족 측면에서 평가해 본다.

3.3.1 서 열 법

서열법(ranking method)은 피평가자에 대해 능력 · 업적 등을 통틀어 그 가치에 따라 서열을 매기는 방법이다. 서열을 매기는 기법으로서 교대서열법(alternative ranking method)과 쌍대비교법(paired comparison method)이 있다. 교대서열법은 피평가자 중 먼저 가장 우수한 사람과 가장 못한 사람을 뽑고 또 남은 사람 중에서 계속해서 이런 방법으로 가장 우수한 자—가장 못한 자를 뽑아 전체 서열을

피평가자에 대해 능력 · 업적 등을 통틀어 그 가치에 따라 서열을 매기는 방법

매기는 방법이다. 쌍대비교법은 피평가자를 임의로 한 쌍씩 짝을 지어 비교하는 것을 되풀이하여 서열을 매기는 방법이다.

서열법을 인사평가의 구성요건 측면에서 평가하면 다음과 같다. 타당성 측면에서 볼 때 평가의 목적들인 승진, 임금(인센티브), 교육훈련, 인력공급 예측에 대해 구체적인 정보를 제공해 주지 못하고 있다. 다만 승진 의사결정을 할 때 해당 부서에 승진 T/O가 1명이라고 했을 때 서열에서 1등을 승진시킬 수 있겠지만 승진후보자가 미래에 수행해야 할 직무에 대해 어느 정도의 능력(잠재능력)과 적성을 갖추고 있는지 알 수가 없다. 또한 임금(인센티브) 책정과 관련해서 피평가자의 서열이 1위부터 8위까지 나왔을 때 몇 위까지 우수한 업적을 올린 종업원인지도 판단이 어렵다. 즉 서열 간 격차가 일정하지 않을 수 있기 때문이다. 따라서 서열법은 평가제도의 타당성 측면에서 볼 때 문제가 많다.

평가제도의 신뢰성 측면에서는 서열법이 어느 정도의 의미를 갖고 있다. 즉 전형적인 평가오류인 관대화 · 중심화 · 가혹화 경향은 이 서열법에서는 나타날 수 없기 때문이다. 그러나 인사평가의 요소인 능력(잠재능력), 개인적 특성, 작업행동 및 업적에 대해 구체적으로 측정할 수 없기 때문에 신뢰성 확보 면에서 서열법이 안고 있는 문제는 쉽게 극복되기 어렵다.

수용성 측면에서도 서열을 매기는 데 대한 구체적인 기준이 제시되지 않기 때문에 피평가자의 저항이 예상된다. 그러나 실용성 측면에서는 평가가 용이하고 비용이 저렴하다고 할 수 있다.

이상에서 제시한 서열법이 안고 있는 문제를 약간이나마 극복하기 위하여 대인비교법(person-to-person comparison)이 개발되었다. 이 기법은 피평가자에 대해 평가요소별 서열을 매기는 것으로서 그 예는 <표 7-8>과 같다.

<표 7-8>에서 제시된 대인비교법 역시 기존의 서열법에 평가요소별 서

표 7-8 대인비교법(예)

평가요소 / 피평가자	현재능력	잠재능력	태도	작업행동	성과	순위합계	종합순위
김○○	2	3	4	1	2	12	2
이○○	3	1	3	2	1	10	1
박○○	1	2	5	3	3	14	3
최○○	4	5	2	4	5	20	5
정○○	5	4	1	5	4	19	4

열을 매겼다는 것일 뿐 서열법이 갖고 있는 본질적인 문제를 극복하는 데에는 한계가 있다.

3.3.2 평정척도법

평정척도법(rating scale method)은 피평가자의 능력, 개인적 특성 및 성과를 평가하기 위하여 평가요소들을 제시하고 이에 대해 단계별 차등을 두어 평가하게 하는 기법이다(<표 7-9> 참조).

피평가자의 능력, 개인적 특성 및 성과를 평가하기 위하여 평가요소들을 제시하고 이에 대해 단계별 차등을 두어 평가하게 하는 기법

이 기법은 대인비교법의 약점을 보완하기 위해 개발된 것이며 대인비교법에서는 평가요소별 피평가자의 서열을 매기지만 평정척도법에서는 등급을 매기기 때문에 보다 구체적인 평가정보를 제공해 준다.

평정척도법은 타당성 측면에서 상당히 양호하다고 할 수 있다. 평가목적에 따른 평가요소를 개발하여 평가하게 하면 특정 평가요소에 대한 피평가자의 수준을 판단할 수 있다. 또한 평가결과에 대한 의미 있는 계량화가 가능하여 임금(인센티브) 책정 등에 유용한 정보를 제공할 수 있다.

그러나 이 기법은 신뢰성 측면에서 심각한 문제를 야기할 수 있다. 평가자가 의도적으로 특정 피평가자를 높게 평가하려고 할 때 이를 막을 수 없다. 즉

표 7-9 평정척도법의 예

척도 평가요소	직무요구에 부족	직무요구에 약간 부족	직무요구에 충족	직무요구에 초과충족	직무요구에 훨씬 초과충족
작업의 질 정확성, 기술 완전성, 정연성	항상 불만족 □	때때로 불만족 □	항상 만족 □	우수 □	항상 우수 □
작업의 양 정규임무, 과외 및 불시임무	요구수준 이하 □	항상 불만족 □	요구 충족 □	요구의 초과 □	항상 요구초과 □
신뢰성 교육이행, 안전 습관, 창의력 시간엄수, 출석	항상 감독필요 □	때때로 감독 필요 □	보통 신뢰가능 □	감독필요 거의 없음 □	완전신뢰 □
태 도 회사 · 직무 및 동료근로자에 대한 태도, 협동	타인과 함께 일할 수 없음 무관심 □	종종 비협조 □	보통 함께 일함 □	종종 열의표시 훌륭한 팀일원 □	특별한 흥미 타인이 작업 하도록 자극함 □

후광효과, 관대화 경향, 중심화 경향, 가혹화 경향 등을 피하기가 어렵다.

평가제도의 수용성 측면에는 기본적으로 커다란 문제가 없겠으나 피평가자 측에서 평가자의 주관적 평가(신뢰성)에 문제를 제기할 수도 있다.

실용성 측면에서는 이러한 기법을 개발하는 데 노력과 비용이 어느 정도 예상된다. 의미 있는 평가요소를 찾는 작업이나 평가결과를 개선하고 분석하는 데 어느 정도의 비용이 발생한다.

3.3.3 체크리스트법

평가내용이 되는 피평가자의 능력(잠재능력), 태도, 작업행동 그리고 성과 등에 관련되는 표준행동들을 제시하고 평가자가 해당서술문을 체크하여 평가하는 기법

체크리스트법(check list method)은 평가내용이 되는 피평가자의 능력(잠재능력), 태도, 작업행동 그리고 성과 등에 관련되는 표준행동들을 제시하고 평가자가 해당서술문을 체크하여 평가하는 기법이다. <표 7-10>에서 그 예가 제시된다.

<표 7-10>에서 제시된 체크리스트법의 특징은 평가의 내용이 되는 개별 표준행동에 평가자가 인지할 수 없도록 가중치가 매겨져 있다는 사실이다. 이러한 가중치 책정작업은 인사평가개발위원회에서 여러 복잡한 과정을 거쳐서 이루어진다. 체크리스트 기법을 평가제도의 구성요건 측면에서 평가하면 다음과

표 7-10 체크리스트 평가양식(예)

피평가자의 일반적인 행동이라고 생각되는 문항에 표기하시오.

설문문항

_____ 어떤 문제에 직면했을 때 결단력 있게 행동한다.
_____ 모든 부하들을 대상으로 공정한 승진의사결정을 한다.
_____ 지속적으로 드러나는 문제에 대해 임시방편의 해결책을 제공한다.
_____ 관계를 해칠지 모르는 일을 하기에 앞서 부하들의 감정을 평가한다.
_____ 1년에 1~2회 성과를 평가한다.
_____ 부하의 낮은 업무성과에 대해 잘 지적하지 않는다.
_____ 문제해결을 위해 작업자와 자세히 논의한다.
_____ 부하의 업무를 철저히 검토하고 시정할 사항을 예리하게 찾는다.
_____ 낮은 성과를 낸 사람에게 높은 성과급을 준다.
_____ 개인의 상황을 고려하지 않고 회사정책을 실행에 옮긴다.
_____ 부하의 업무를 세심히 살펴보지 않고 일을 시킨다.
_____ 문제에 직면했을 때 문제해결을 위한 지침을 제공할 능력이 없다.
_____ 다른 관리자들과 매우 좋은 관계를 형성하고 있다.
_____ 종업원의 복지에 관심을 보이긴 하지만 실천에 옮기지는 않는다.

자료: Shaw, et al., 1987.

같다. 이 기법은 타당도 측면에서 상당히 양호하다. 왜냐하면 체크리스트법에서의 평가요소를 개발할 때 평가목적에 해당되는 표준행동을 포함시키면 되기 때문이다. 예를 들면 승진의사결정을 목적으로 하는 평가의 경우 표준행동으로서 "판단력이 정확하다", "강한 리더십을 갖고 있다" 등 피평가자의 자질(잠재능력)에 관련되는 요소를 포함시키면 된다.

체크리스트법은 신뢰성 측면에서 매우 우수하다. 개별 평가요소에 대한 가중치를 평가자가 모르기 때문에 관대화 · 중심화 · 가혹화 경향이 최소화될 수 있다. 물론 평가항목인 표준행동들이 긍정적인 것, 부정적인 것으로 구분되지만 앞에서 소개한 평정척도법에 비하면 상당한 정도의 신뢰성을 확보할 수 있다.

평가제도의 수용성 측면에서도 체크리스트법은 별로 문제될 것이 없다. 이 기법은 단지 피평가자가 평가항목인 표준행동을 보여주었느냐 혹은 보여주지 않았느냐를 평가하기 때문에 피평가자의 입장에서 볼 때 평가자의 평가에 있어서의 자유재량권이 많이 줄어들 수 있기 때문이다. 그러나 실용성 측면에서 볼 때 체크리스트법은 평가하기는 용이하지만 많은 비용을 요구한다. 즉 평가항목이 되는 표준행동에 대한 개발비 그리고 이러한 항목들에 대한 가중치 부여에 대한 과학적인 검토과정에 많은 비용이 뒤따르는 것이다.

3.3.4 강제선택서술법

강제선택서술법(forced-choice description)은 쌍으로 된 평가항목의 서술문을 평가자에게 제시하고 평가자가 두 개의 서술문 중 반드시 한 곳에만 체크하게 하는 기법이다(Flippo, 1984). 쌍으로 된 기술문은 긍정적인 행동과 태도를 표현하는 것이 있는 반면, 부정적인 행동과 태도를 표현하는 것도 있다. 쌍으로 된 서술문의 예를 아래에서 제시한다.

쌍으로 된 평가항목의 서술문을 평가자에게 제시하고 평가자가 두 개의 서술문 중 반드시 한 곳에만 체크하게 하는 기법

i) 긍정적 표현

a) 그는 부하에게 건전하고 명확한 지시를 한다.( )

b) 그는 부여된 어떤 직무도 달성할 수 있다.( )

ii) 부정적 표현

a) 그는 지키지도 못할 약속을 한다.( )

b) 그는 특정 부하를 편애한다.( )

위의 서술문 예에서 볼 수 있듯이 평가자는 평가표를 받으면 피평가자를 설명하는 문장으로 구성된 개별 쌍의 문장 중 반드시 한 곳에 체크를 해야 한

다. 특히 부정적인 표현을 담고 있는 문장들 중에서도 두 개의 문장 중 피평가자를 좀 더 잘 설명할 수 있는 것이라고 판단되는 곳에 체크해야 하는 것이다.

강제선택서술법에서는 서술문(문장)을 4개 주고 여기서 피평가자에게 가장 적합한 서술문과 가장 적합하지 않은 서술문을 각각 체크하게 하는 방법도 있다. 이 기법에서 제시된 각각의 서술문에는 점수가 부여되어 있으며 이를 평가자가 알 수 없게 되어 있다.

이 기법을 평가제도의 구성요건 측면에서 평가하면 다음과 같다.

첫째, 서술문의 개발 내용에 따라 인사평가의 개별목적을 반영할 수 있는 서술문을 제시할 수 있기 때문에 제도의 타당성 측면에서는 별다른 문제가 없다. 둘째, 신뢰성 측면에서는 이 기법이 다른 어떤 평가기법보다도 가장 우수하다고 할 수 있다. 주관적 평가, 후광효과, 관대화, 중심화, 가혹화 등의 제 오류로부터 탈피할 수 있다.[2] 셋째, 수용성 측면에서는 평가자로부터의 어느 정도의 저항이 예상된다. 왜냐하면 비슷한 긍정적인 두 개의 서술문 중에 어느 한 곳에만 체크해야 하기 때문에 평가시 심리적 갈등이 야기될 수 있기 때문이다. 특히 부정적인 두 개의 평가 서술문 중 피평가자가 해당되지 않는 것 같음에도 불구하고 한 곳에 반드시 체크해야 하기 때문에 평가자의 도덕성 문제가 야기될 수 있다. 넷째, 평가제도의 실용성 측면에서는 상당한 비용과 평가상의 어려움을 가져다준다. 대개 한쌍의 서술문을 확정하기 위해서는 100쌍 정도의 서술문을 가지고 그 판별력(여기서는 신뢰도)을 평가해야 하는데, 해당 기업에 우수 종업원 집단과 그렇지 않은 집단에 직접 평가를 실시한 후 그 결과가 우수집단/비우수집단으로의 판별이 가능한지를 분석해야 한다. 이 과정에서 판별력에 문제가 있는 쌍의 서술문들은 폐기될 수밖에 없는 것이다. 즉 이렇게 복잡하고 매우 정교한 과정을 거쳐야만 식별력 있는 쌍의 서술문을 획득할 수 있기 때문에 그만큼 비용이 많이 든다.

3.3.5 중요사건기술법

평가자가 일상 작업생활에서 관찰 등을 통해 피평가자가 보여준 특별히 효과적인 혹은 비효과적인 행동 내지 업적을 기록하여 이를 평가시점에서 정리하여 평가

중요사건기술법(critical incident description)은 평가자가 일상 작업생활에서 관찰 등을 통해 피평가자가 보여준 특별히 효과적인 혹은 비효과적인 행동 내지 업적을 기록하여 이를 평가시점에서 정리하여 평가하는 것이다. 여기서 특별히

2) 이 기법은 신뢰도 계수가 0.70~0.90으로 나타나 양호한 것으로 판명됨(Flippo, 1984).

효과적인 행동 내지 업적이란 해당 작업조직에 결정적인 −긍정적이든 부정적이든− 영향을 미쳤던 사건을 말한다.

이러한 기법을 평가제도의 구성요건 측면에서 평가하면, 첫째 타당도 측면에서 중요한 정보를 제공하기가 어렵다. 예를 들어 교육훈련을 인사평가의 목적으로 피평가자를 평가할 때 피평가자가 지난 평가기간 동안 특별한 (혹은 돌출적인) 행동을 하지 않았을 때 교육훈련관련 정보를 획득하기가 어렵다. 그러나 임금(인센티브)이 목적인 평가의 경우, 평가기간 동안 피평가자가 기업에 특별히 커다란 공헌을 했을 때 이를 임금(인센티브) 결정에 활용할 수 있다. 따라서 중요사건 기술법의 경우 그 타당성 문제는 평가하기가 곤란하다.

신뢰성 측면에서는 기록된 중요사건 그 자체에 대한 신뢰도는 매우 높을 것이다. 즉 중요사건을 기술하기 때문에 이러한 사건은 대개 작업조직에 이미 알려졌기 때문에 평가자의 주관이나 편견이 개입될 소지가 적기 때문이다. 그러나 이 기법은 여러 피평가자들을 비교하여 우열을 가려야 하는 경우 어렵다. 왜냐하면 중요사건들이 서로 유사성이 낮을 경우 피평가자들에 대한 비교에 문제점이 야기되며 이러한 문제점은 바로 이 기법의 수용성에도 연결된다. 즉 피평가자들이 중요사건 기술 그 자체에 대해서는 수용성이 높겠지만 이 사건들에 대한 평가 나아가 이를 승진, 임금(인센티브) 등에 반영할 때의 수용성은 낮아질 것이다.

중요사건 기술법은 그 실시 자체가 비교적 용이하고 비용도 그렇게 많이 발생하지 않기 때문에 실용성은 높다고 할 수 있다.

3.3.6 행동기준평가법

행동기준평가법(Behaviorally Anchored Rating Scales: BARS)은 평정척도법과 중요사건기술법을 혼용하여 보다 정교하게 계량적으로 수정한 기법이다(Flippo, 1984). 이 기법은 먼저 관리자로부터 직무를 수행하는 데 나타나는 수많은 중요사실을 추출해서 몇 개의 범주로 나눈다. 그러고 나서 각 범주의 중요한 사건을 척도에 의해 평가자가 평가하게 한다.

평정척도법과 중요사건기술법을 혼용하여 보다 정교하게 계량적으로 수정한 기법

행동기준평가법은 첫째, 평가요소가 피평가자의 행동을 '우수', '평균', 혹은 '평균 이하'와 같이 규정하도록 하는 설명이 있는 행동기대평가법(Behavior Expectation Scales)과 둘째, 서술되어 있는 행동기준을 피평가자가 얼마나 자주 보여 주느냐, 즉 그 빈도를 측정하는 행동관찰평가법(Behavior Observation Scales)으

표 7-11 행동기대평가법-판매감독직(예)

척도	기대행동
9	2명의 신입판매원에게 하루 정도의 판매교육을 실시함으로써 그들을 판매부서에서 가장 우수한 판매원으로 개발할 수 있을 것으로 기대된다
8	부하들에게 많은 권한을 위양함으로써 그들에게 신뢰와 강한 책임감을 부여할 것으로 기대된다
7	매주 계획된 시간에 부하들을 참여시키는 교육관련 회합을 주재하고 그들에게 정확한 지시를 할 것으로 기대된다.
6	부하들을 존중하고 호의를 보여줄 것으로 기대된다
5	판매직 부하들로 하여금 그들간의 대화를 중지하고 고객을 우선적으로 응대할 것을 수시로 지시할 것으로 기대된다.
4	부하들 앞에서 기업의 재고기준에 대해 비판하여 부하들의 기업에 대한 태도가 나쁘게 될 것으로 기대된다.
3	부하가 병이 났다고 말함에도 출근하여 일을 하라고 지시할 것으로 기대된다.
2	부서이동을 원하는 부하들에게 그렇게 조치해 주겠다고 한 약속을 취소할 것으로 기대된다.
1	회사의 임금정책에 위배됨에도 불구하고 부하들에게 임금을 판매부 실적에 따라 책정해 주겠다고 약속할 것으로 기대된다.

자료: Flippo, 1984.

로 나누어진다.

<표 7-11>과 <표 7-12>에서는 행동기대평가법과 행동관찰평가법의 예가 제시된다.

<표 7-11>에서 제시된 행동기대평가법이 가지고 있는 특징은 여기서 제시된 행동패턴이 해당 부문에서 성과를 높이려면 어떤 행동을 보여주어야 하는지를 구체적으로 보여주는 효과가 있다. 즉 성과달성에 효과적인 직무행동과 그렇지 못한 직무행동을 구분하게 해주는 것이다. 평가자가 피평가자를 평가할 때 제시된 행동패턴(1~9번) 중 어느 것에 해당되는지를 판단하는 것이다.

행동기대평가법을 개발하는 데에는 아래의 몇 단계를 거친다.

표 7-12 행동관찰평가법-서비스직 평가요소(예)

1. 계산대 뒤에서 담배를 피운다		
거의 그렇지 않다	1 2 3 4 5	거의 항상 그렇다
2. 고객의 접근해 오자마자 동료직원과의 이야기를 멈춘다		
거의 그렇지 않다	1 2 3 4 5	거의 항상 그렇다
3. 음식주문이 되고 난 후 곧 고객에게 음료수를 제공한다		
거의 그렇지 않다	1 2 3 4 5	거의 항상 그렇다
4. 손으로 머리를 만진다		
거의 그렇지 않다	1 2 3 4 5	거의 항상 그렇다
5. 고객의 거스름돈을 요구해도 미소로 대한다		
거의 그렇지 않다	1 2 3 4 5	거의 항상 그렇다
6. "과일을 드시겠습니까?"와 같이 제안을 한다		
거의 그렇지 않다	1 2 3 4 5	거의 항상 그렇다
7. 고객이 들을 수 있는 거리에서 동료직원에 관하여 불평한다		
거의 그렇지 않다	1 2 3 4 5	거의 항상 그렇다

자료: Flippo, 1984.

행동기대평가법 개발단계

i) 관련 직무들에 종사하고 있는 종업원들(담당자 및 감독자)은 직무기술서를 검토하고 5~10개의 성과차원을 찾아낸다. 예를 들어 커뮤니케이션 능력, 장비조작, 장비수리 등의 성과차원에 대해 명확한 정의를 내린다.

ii) 제2개발집단으로 하여금 각각의 성과차원의 수준을 나타내 줄 수 있는 몇 개의 행동(anchor)을 진술하게 한다. 여기에서 직무성과에 효과적인 행동뿐만 아니라 보통 수준의 것 그리고 비효과적인 것 등이 제시된다.

iii) 개별성과 차원별 중요사건들을 찾아내고 이들을 무작위로 섞는다. 이러한 과정에서 개별 행동패턴들은 참가자 75% 이상의 동의를 얻어야 채택된다.

iv) 3단계에서 얻은 성과차원 및 행동패턴을 제3의 개발집단에게 주어서 그들이 다시 분류하게 한다.

v) 각각의 성과차원에 따라 최종적으로 남은 행동패턴을 그 질(quality)에 따라 수준(서열)을 매긴다.

행동관찰평가법은 행동기대평가법에 제시된 성과수준별 패턴을 평가할 때 나타날 수 있는 오류를 극복하고자 보완적 조치로 개발된 것이다. 여기서는 <표 7-12>에서 나타난 바와 같이 여러 성과관련 행동패턴 중 한 개를 평가시 선택하는 것이 아니라 개별 행동패턴마다 피평가자에게 발견되는 빈도를 체크하는 것이다.

행동기준평가법을 인사평가의 구성요건 측면에서 평가하면 다음과 같다.

첫째, 타당성 측면에서 볼 때 이 기법이 직무성과에 초점을 맞추기 때문에 인사평가가 임금(인센티브)에 대한 의사결정의 목적으로 활용될 때 높은 타당도를 가진다.

둘째, 기법의 신뢰성 측면에서 보면 특히 행동기대평가법의 경우 피평가자의 구체적인 행동패턴을 평가척도로 제시하기 때문에 후광효과 · 관대화 · 중심화 · 가혹화 경향을 줄일 수 있어 매우 양호하다고 할 수 있다. 그러나 행동관찰평가법의 경우 위의 제 오류들이 나타날 가능성이 존재한다.

셋째, 제도의 수용성 측면에서 볼 때 이 기법은 평가자 및 피평가자에게 성공적인 작업행동패턴과 비효과적인 행동패턴을 알려주기 때문에 성과향상을 위한 간접적인 교육효과도 있어 수용도가 높다.

넷째, 제도의 실용성 면에서 보면 실시하는 데에는 간편하지만 이러한 평가기법을 개발하는 데 막대한 비용이 뒤따른다. 왜냐하면 이러한 척도개발을 위해서는 최소한 12명 정도의 담당자가 있어야 하며 많은 시간이 소요되기 때문이다. 따라서 이 기법의 개발상의 복잡성과 정교함, 비용 면으로 볼 때 소규모 기업에서의 적용은 어렵다.

3.3.7 목표관리법

경영관리기법의 하나로 전반적인 경영활동을 보다 효과적으로 유도

목표관리법(Management by Objectives, MBO)은 1950년대 드러커(Drucker)가 하나의 경영관리기법으로 도입하여 전반적인 경영활동을 보다 효과적으로 하기 위한 것으로 알려졌었다(Drucker, 1954). 이러한 관리기법을 맥그레거(McGregor)는 인사평가에 하나의 평가기법으로서의 가능성을 인식하여 1960년대부터 목표관리법이 하나의 인사평가기법으로 정착되기 시작했다. 목표관리법의 실천단계는 아래와 같다(McGregor, 1957).

목표관리법 실천단계

i) 제1단계: 부하가 차기년도에 달성할 목표를 설정하여 이를 상사와 협의하여 목표를 확정짓는다. 상사와 협의과정에서 목표에 대한 합의도출이 어려운 상황의 경우, 시간이 경과하더라도 목표에 대해 상사는 부하를, 부하는 상사를 자기가 생각한 목표의 타당성과 그 수립과정에 대한 논리성을 입증하며 계속 협의하여 결국은 합의에 도달하도록 한다.[3] 합의된 목표의 예가 <표 7-13>에서 제시된다.

3) 목표달성을 용이하게 할 수 있도록 부하는 종종 목표의 수준을 낮추는 경향이 있으나, 상사는 이를 지적하고 도전적(challenging)인 목표가 설정될 수 있도록 유도하게 된다.

표 7-13 목표의 사례(예)

직 위	목 표
회계담당 이사	1월 1일까지 판매에서의 악성부채손실을 5%에서 3%로 감소 6월 1일까지 컴퓨터 도입을 통해 회계직원 수의 10% 감축
관리정보시스템 담당 이사	1월 1일까지 각 이용센터의 보고서에 '고용자산수익' 추가 6월 1일까지 준비된 EDP보고서 복사수의 20% 감소
마케팅담당 관리자	6월 1일까지 제품 X의 현장테스트 완료 및 1월 1일까지 정규 노선에 추가 1월 1일까지 북동부지역에서 제품 J의 시장점유율을 15%에서 20%로 증가
인사담당 관리자	1월 1일까지 사무직원의 이동률을 20%에서 10%로 감소 6월 1일까지 고충절차에 감독직 훈련 프로그램에 관한 계획과 도입완료
생산담당 관리자	1월 1일까지 용접불량률을 6%에서 3%로 감소 6월 1일까지 생산계획 일정의 만기일 충족률ㅇ르 90%에서 95%로 증가
연구개발 담당 관리자	총 비용예산 150,000달러의 범위 내에서 6월 1일까지 제품 X에 관한 설계 및 완료 오는 12개월 내에 시장테스트를 위해 두 개의 신제품 제공

자료: Flippo, 1984.

ii) 제2단계: 설정된 목표를 달성하기 위해 부하(피평가자)는 업무를 수행한다.

iii) 제3단계: 수행한 업무에 대해 1차적으로 피평가자인 부하는 스스로 자신이 달성한 목표의 정도를 평가하고 이를 상사(평가자)에게 보고하여 평가결과에 대해 상사와 협의한다. 평가결과에 대해 상사가 즉시 동의하면 아무런 문제가 없겠지만 이의를 제기하게 되면 부하(피평가자)는 자기가 달성한 목표에 대한 구체적 사실을 제시하거나 기타 사항들을 증명해야 한다. 이러한 과정을 통해 상사와 부하가 목표달성 수준에 대해 합의하게 되면 평가활동이 일단락된다. <표 7-14>에서는 판매직 종업원의 목표달성 정도가 하나의 예로 제시된다.

위에서 제시한 목표관리법의 인사평가 측면에서의 특징은 다음과 같다.

i) 평가내용을 성과(업적)에 국한시키고 있다.

ii) 평가과정에 피평가자인 부하가 참여한다.

iii) 목표설정과정과 평가과정에 상사와 부하 간의 커뮤니케이션이 활성화된다.

인사평가의 한 기법인 목표관리법을 평가의 구성요건 측면에서 평가하면 아래와 같다.

표 7-14 목표관리법의 평가(예)

목 표	목료량/기간	실행결과	목표달성률
1. 전화판매량	100	104	104%
2. 새로운 고객과의 접촉횟수	20	18	90
3. 제품명 A의 판매량	10,000	9,750	97.5
4. 제품명 B의 판매량	17,000	18,700	110
5. 고객의 불편신고/서비스 전화	35	11	30

첫째, 평가내용이 성과(업적)에만 국한되기 때문에 평가의 목적 중 임금(인센티브) 의사결정에의 타당성은 매우 높다고 할 수 있다. 또한 목표달성이 낮은 종업원에 대한 교육훈련의 필요성을 파악할 수 있다는 측면에서도 평가의 교육훈련 목표에 대한 어느 정도의 타당성을 인정할 수 있겠으나, 여타 인사평가의 목표에 대한 공헌도는 그리 높지 않다.

둘째, 평가의 신뢰성 측면에서의 목표관리법은 상당히 양호하다. 왜냐하면 평가과정에 부하가 참여하기 때문에 평가자인 상사의 주관적 편견을 최소화할 수 있기 때문이다. 그러나 목표관리법은 평가자와 피평가자 간에 담합이 이루어지는 경우가 종종 발생한다. 예를 들면 피평가자가 달성해야 하는 목표는 일반적으로 하나만 있는 것이 아니고 여러 개 존재한다. 예를 들면 영업직의 경우, 매출액, 판매한 제품의 수(여러 제품을 취급할 경우), 고객탐색, 고객의 만족도, 새로운 고객의 창출 등. 이럴 경우 영업직 A의 최종 목표달성률은 개별목표들의 달성률에다 가중치를 매겨서 전체 목표달성률을 산정하게 된다. 이럴 경우, 피평가자는 여러 개의 목표들 중 달성하기가 용이한 목표에 가중치를 높게 매길려고 할 것이다. 이에 대해 피평가자인 팀장도 이를 묵인하는 경향을 가지게 되는데, 왜냐하면 부하들의 목표달성률 전체합계가 바로 자신의 목표달성률이 되기 때문이다.

이러한 소위 말하는 담합행위를 최소화하기 위해서는 개별목표들에 대한 가중치를 조직의 상층에부터 차례로 미리 정하는 것이다. 예를 들면 CEO가 목표들에 대한 가중치를 일부 미리 정하고 나머지는 본부장 그리고 팀장이 정하는 것이다. 영업본부의 경우 CEO가 목표 중 매출액에 40%의 가중치를 미리 부여하고 본부장이 추가적으로 나머지 목표들 중 특정한 것에 30% 그리고 팀장이 자신에게 허용된 30%를 나머지 목표들에 부여하는 방법이다.

셋째, 평가의 수용성 역시 목표관리법은 매우 양호하다고 할 수 있다. 피평가자가 바로 평가에 참여하고 평가결과를 상사와 협의하여 결정하기 때문에 이런 과정에 나타나는 상사-부하 간의 개방적 커뮤니케이션은 평가제도의 수용성에 큰 기여를 한다. 그러나 상사가 무리한 비합리적인 목표를 요구할 경우 상사-부하 간의 갈등야기 가능성을 배제할 수 없다.

넷째, 실용성 측면에서 볼 때 목표관리법은 비용이 많이 든다. 즉 목표달성과정과 목표달성에 대한 평가과정이 짧게는 1주일 길게는 2~3개월 소요되기도 한다. 또한 사무직종과 같이 성과개념이 명확하지 않은 곳에서의 목표설정에 많은 어려움이 존재하며, 자칫 목표관리법이 형식에 치우칠 가능성도 있다.

3.3.8 평가센터법

평가센터법에 참여하는 피평가자는 기업에 입사하기 위해 지원한 지원자인 데 비해 인사평가 기법으로서의 평가센터법은 현직 종업원이 그 대상

평가센터법(Assessment Center)은 앞의 제6장에서 선발도구의 일환으로 이미 소개한 바 있다. 제6장에서 소개한 평가센터법에 참여하는 피평가자는 기업에 입사하기 위해 지원한 지원자인 데 비해 인사평가 기법으로서의 평가센터법은 현직 종업원이 그 대상이 된다.

평가센터법을 평가제도의 구성요건 측면에서 분석하면 다음과 같다. 첫째, 제도의 타당성 측면에서 보면 평가의 목적 중 승진의사결정을 위해 아주 유용한 기법이 된다. 임금(인센티브) 결정을 위한 평가센터법의 타당도는 보통 이하이다. 왜냐하면 평가센터법에서는 피평가자(피평가자)가 달성한 업적보다 잠재능력, 적성 등에 평가의 초점을 맞추기 때문이다. 평가센터법은 그러나 교육훈련, 인력공급예측과 같은 인사평가의 목표에 대한 타당도는 매우 높다고 볼 수 있다.

둘째, 평가의 신뢰성 측면에서 평가센터법은 매우 양호하다. 왜냐하면 측정하고자 하는 평가내용을 여러 가지 평가기법과 여러 명의 평가자가 동원되어 평가하기 때문에 그 측정의 정확도는 매우 높다.

셋째, 평가센터법은 기업이 승진의사결정을 위해 해당직급에 속하는 종업원 중 승진가능성이 있는 종업원을 평가센터에 초대하여 평가하기 때문에 이 평가센터에 초대된 종업원과 해당직급에서 초대받지 못한 종업원 간에 갈등이 조성될 수 있다. 즉 수용성과 관련하여 평가센터에 초대받지 못한 종업원의 심리적 저항이 예상된다.

넷째, 평가의 실용성 측면에서 평가센터법은 여타 다른 평가기법에 비해 가장 비용이 많이 들며 평가시간도 가장 많이 소요된다. 평가센터법은 피평가자를 평가센터에 초대해 짧게는 하루, 길게는 3~4일 합숙시키며 평가를 하기 때문이다.

[4] 팀 평가

성과주의 임금제도(연봉제)에서 가장 부각되는 이슈는 업적평가

최근 우리나라의 기업에서 성과주의 임금제도(연봉제)가 매우 빠르게 확산되고 있는데 이러한 과정에 가장 부각되는 이슈 중의 하나가 업적평가이다. 연봉은 대개 개인의 업적을 기준으로 책정되는데, 개인의 직무가 상호의존성이 높을 경우 개인별 업적을 평가하는 데 많은 어려움이 따른다. 또한 기업이 개인의 업적에 추가적으로 팀 내지 부문의 활성화를 통한 조직업적을 높이려고 할 때 팀 단위로 업적을 평가해야 한다.

팀 업적평가는 <그림 7-6>의 몇 가지 단계로 나누어 진행되어야 보다 타당성과 신뢰성을 갖추게 된다.

4.1 팀 목표의 설정

팀의 활동이 얼마나 효율적이었느냐는 해당 회기에 팀에 부여된 목표의 달성정도로 판단할 수 있다. 팀의 목표는 상위조직(예: 부분, 조직 전체수준)의 경영

그림 7-6 팀 업적 평가단계

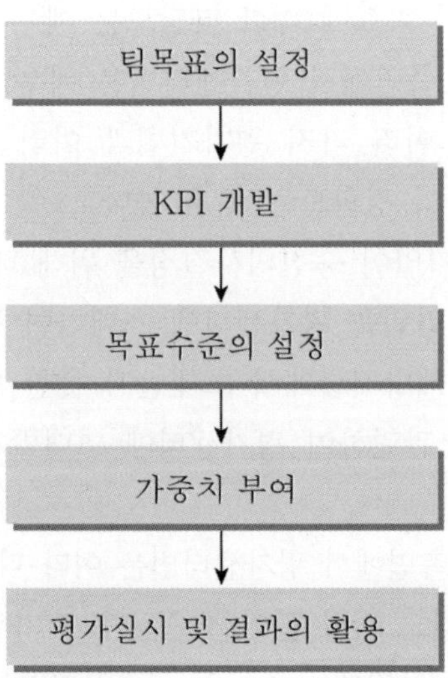

전략으로부터 도출되어야 하며 목표달성을 위한 세부계획 및 일정을 포함하게 된다.

4.2 KPI 개발

KPI(Key Performance Indicator)란 핵심성과지표를 말하는데 이것은 개인뿐만 아니라 팀의 목표를 정확하게 인식하고 측정을 보다 용이하게 할 수 있게 해준다. 이것을 개발하기 위해서는 해당 팀이 추구해야 하는 업무목표, 고객가치(Customer Value) 그리고 핵심성공요인(CSF: Core Success Factor)이 먼저 파악되어야 한다. 자동차판매회사 서비스팀의 경우 목표는 서비스 주문을 받아 수리를 하고 고객에게 그 절차와 결과를 설명하며 사후관리를 하는 것으로 설정할 수 있다. 핵심성과지표

이러한 목표를 보다 효율적으로 달성하기 위해서 고객가치분석이 이루어져야 하겠다. 고객은 조직 외부와 내부로 구분하여 접근하며 개별가치 리스트는 아래 <표 7-15>에서 제시된다.

이상에서 제시한 서비스팀의 고객가치가 구현되는 데 요구되는 핵심성공요인(CSF)의 예는 다음과 같다.

- 접수 · 수납의 단축과 수리시간의 단축
- 차량예약 및 인도약속의 준수
- 경정비 Quick서비스 처리
- 업무개선방법에 대한 교육
- 접수 · 수납 · 안내 요원의 서비스 기본교육 등

표 7-15 자동차 판매회사 서비스팀의 고객가치(예)

외부고객	– 수리기간을 단축할 것 – 서비스 차량인도 약속의 준수 – 서비스 기술향상과 신속한 고장진단 – 수리작업 지연시 중간설명 및 작업종료 후 자세한 수리결과 설명 – 접수와 수납 처리의 신속성 등
내부고객	– 구매가능 고객정보의 제공(영업팀) – 영업사원의 서비스 관련 문의에 응답(영업팀) – 서비스 생산성의 향상(AS팀) – 폐품/반품 부품의 관리 및 신속한 처리(AS팀) – 서비스 정보의 신속한 입력(AS팀) 등

팀의 목표, 고객가치 및 핵심성공요인이 분석된 후 KPI가 개발된다. KPI는 결과지표(output)와 과정지표(process)로 구분된다. 뿐만 아니라 계량지표와 비계량지표로도 구분된다.

자동차 판매회사 서비스팀의 경우 KPI의 결과지표는 고객만족도(CSI), 서비스 수리율, 서비스 수익목표 달성률 및 필요교육 이수/자격 취득률 등이 되겠다. 반면 과정지표는 고객 인도약속 준수율, 서비스 예약 준수율, 견적의 정확도 등을 들 수 있다.

어떤 KPI를 선정하느냐에 따라 팀 업적평가의 결과가 매우 달라질 수 있기 때문에 KPI의 선정시 아래의 몇 가지를 고려하여야 한다.

KPI 선정시 고려사항

i) KPI는 해당조직 및 팀의 전략과 시장상황에 적절히 변화될 수 있는 유연성(flexible)을 갖추어야 한다.
ii) KPI는 단순(simple)하고 방향이 분명하여 평가에 어려움을 최소화시켜야 한다.
iii) 투명성(transparent)과 측정가능한 내용을 갖추어야 한다.
iv) 조직의 중 · 장기적 vision을 내포하여야 한다.

4.3 목표수준의 설정

목표수준을 설정하는 데 있어서 핵심 이슈는 난이도

목표수준의 설정은 해당 팀의 역량, 주어진 업무여건 등을 고려하여 조직전체에 대한 가능한 기여도를 밝히는 것이다. 목표수준을 설정하는 데 있어서 핵

표 7-16 목표수준 설정(예)

구분	목표수준		등급 평가기준				
	2021년 실적	2022년 실적	S 목표초과 달성	A 목표 달성	B 목표 미달	C 현상 유지	D 현상 악화
			(목표치+구간치 이상)	(목표치~목표치+구간치)	(조정치~구간치 미만)	(실적치+조정치 미만)	(실적치 미만)
불량률	5%	3%	2% 이하	3% 이하 ~2% 초과	4% 이하 ~3% 초과	5% 이하 ~4% 초과	5% 초과
매출 신장률	20%	40%	50% 이상	40% 이상 ~50% 미만	30% 이상 ~40% 미만	20% 이상 ~30% 미만	20% 미만

심 이슈는 난이도이다. 일반적으로는 대개 과거 2~3년치 달성했던 업적을 기준으로 어느 정도 도전적인 목표수준이 설정된다.

<표 7-16>에서는 목표수준의 설정 예가 제시된다.

4.4 가중치 부여

팀이 추구해야 할 목표는 단 한 개만 있는 것이 아니라 복수일 경우가 일반적이다. 예를 들어 5개의 목표가 있는데 초과달성된 것이 4개, 달성 미만인 경우 1개 있을 경우 이 팀의 활동이 양호한 것으로 평가할 수 있으나 어떤 경우에는 달성하지 못한 1개의 목표가 팀 내지 조직에 치명적일 수 있다. 따라서 목표별 가중치를 부여하여 팀의 활동결과 전체를 보다 상위조직의 목표와 관련하여 평가하여야 하겠다. 가중치를 부여하는 기준으로서 상위부서의 경영목표, 팀의 존재목적과의 관련성 등을 제시할 수 있다.

가중치를 부여하는 기준으로서 상위부서의 경영목표, 팀의 존재목적과의 관련성 등

4.5 평가실시 및 결과의 활용

팀에 대한 평가는 대개 정기적으로 실시하며, 보다 신뢰성을 높일 수 있는 평가방식으로서 MBO식 평가를 들 수 있다. MBO식의 평가는 목표설정단계 및 업적평가단계에 피평가자가 참여할 수 있기 때문에 평가의 정확성 및 평가결과에 대한 수용성이 매우 높다.

팀에 대한 평가는 대개 정기적으로 실시하며, 보다 신뢰성을 높일 수 있는 평가방식으로서 MBO식 평가

팀 업적평가의 결과는 기업에서 주로 보상에 활용된다. 연봉책정, 특별인센티브 및 복리후생 등 다양한 측면에서 팀의 업적이 반영되는 것이다. 그러나 팀 업적의 결과로 인한 추가보상을 가지고 팀원 개인별로 어떻게 배분하느냐는 또 다른 문제이다. 배분의 기준에 대해 팀 구성원이 공정하지 않다고 지각할 경우 팀워크는 약화될 것이고 미래에 팀의 시너지 효과창출이 위축될 것이다.

[5] 효과적인 인사평가제도의 구축

인사평가제도가 추구하는 목적을 달성하기 위해서는 앞의 제2절에서 논의한 바와 같이 몇 가지 구성요건을 갖추어야 하겠다. 즉 평가제도의 타당성, 신뢰성, 수용성 그리고 실용성이다. 효과적인 평가제도란 바로 이러한 구성요건이 양호할 때 도달할 수 있다. 제3절에서는 바로 이러한 구성요건에 초점을 맞추어 인사평가의 방법을 '평가자', '평가시기' 그리고 '평가기법' 차원에서 살펴보았다. 아래에서는 우리나라 기업의 인사평가 도입실태를 감안하여 효과적인 평가제도를 구축하기 위한 몇 가지 방안을 제도의 구성요건이라는 시각에서 제시해 본다.

5.1 타당성 증대방안

1) 목적별 평가

효과적인 평가제도 구축을 위한 타당성 증대방안

인사평가에서 평가내용은 크게 현재능력, 잠재능력, 개인적 특성(성격, 적성, 태도), 작업행동 그리고 성과(업적)로 구분할 수 있다. 우리나라 대부분의 기업에서는 이러한 평가내용을 피평가자를 대상으로 일시에 평가한 후 그 총점을 가지고 승진, 임금(인센티브), 교육훈련에 대한 의사결정에 두루 활용하고 있어 인사평가의 개별 목적에 대한 평가제도의 타당성에 많은 문제가 제기되고 있다. 따라서 이러한 타당성 문제를 극복하기 위해서는 '목적별 평가'의 도입이 요청된다. 다시 말하면 기업이 승진, 임금(인센티브), 교육훈련에 대한 목적별 그 내용을 차별화할 수 있는 평가제도가 필요하다. 예를 들면, 1년에 2회 평가를 실시할 경우 상반기에는 승진, 교육훈련 의사결정에 활용할 수 있는 주요 평가내용인 피평가자의 능력(잠재능력), 개인적 특성, 작업행동을 주로 평가하는 반면 하반기에는 임금(인센티브) 의사결정에 활용할 수 있는 성과(업적) 그리고 작업행동에 평가의 초점을 맞추는 것이다. 목적별 평가의 경우 물론 추가적인 평가비용이 발생하지만 비용보다 편익이 당연히 더 크다고 본다.

2) 피평가자 집단의 세분화

인사평가의 타당성을 높이기 위해서는 평가목적별 평가요소(항목)가 차별화

표 7-17 평가기법의 평가방식별 분류

절대평가	상대평가
• 체크리스트법 • 강제선택서술법 • 중요사건기록법 • 행위기준평가법 • 목표관리법 • 평가센터법	• 서열법 • 평정척도법 (강제분포式)

되어야 하는데 전 종업원을 대상으로 개발한 평가요소(항목)는 기업 내 전체 직종을 반영하기 위해 개별 평가요소가 매우 공통적이고 일반적인 사항이 될 가능성이 높다. 따라서 종업원 직종별 · 직급별 차별화된 평가요소(항목)가 개발되어 개별 직종 및 직급의 특성을 잘 반영할 수 있어야 하겠다. 예를 들면 승진의사결정과 관련되는 평가요소(항목)는 평사원, 과장, 부장이 같을 수는 없는 것이다.

5.2 신뢰성 증대방안

1) 절대평가 對 상대평가

효과적인 평가제도 구축을 위한 신뢰성 증대방안

인사평가의 신뢰성과 관련하여 항상 문제로 제기되는 이슈가 바로 절대평가와 상대평가이다. 절대평가란 피평가자에 대해 평가할 때 평가자가 다른 피평가자를 의식 · 비교하지 않고 피평가자가 해당 평가항목에 보여주는 사항을 평가하는 반면 상대평가는 평가내용(항목)을 여러 피평가자들과 비교하여 상대적으로 평가하는 점수부여방식이다. 앞에서 소개한 인사평가의 제 기법들을 절대평가와 상대평가 평가방식을 기준으로 분류하면 <표 7-17>과 같다.

인사평가의 신뢰성 측면에서 볼 때 절대평가는 평가기법 자체가 완벽하지 않을 경우 평가자의 주관적 평가로 인한 오류가 발생할 가능성이 많은 반면 상대평가는 평가자의 편견 · 관대화 · 중심화 · 가혹화 경향은 막을 수 있겠지만, 특히 피평가자의 능력(잠재능력)에 대한 평가에서는 많은 문제점을 야기시킨다. 예를 들면 능력이 10인 피평가자 甲을 다른 피평가자 乙, 丙, 丁의 능력이 더 높다고 하여 甲을 8로 평가할 수는 없는 것이다. 따라서 절대평가가 이론적으로는 신뢰성 측면에서 그 정당성이 인정되지만 평가의 오류를 줄일 수 있는 기법이 개발 · 도입되지 않는 한 평가의 신뢰도를 확보하는 데 많은 문제점이 있다.

그러므로 평가목적별 평가방식을 다르게 도입하는 것도 평가의 신뢰도를 증대시키는 방안이 될 것이다. 예를 들면 '교육훈련' 목적을 위한 인사평가에는 절대평가를, '승진' 목적을 위한 평가에는 상대평가를 도입하게 되면 평가에 있어서 평가자의 평가오류를 줄이는 데 어느 정도 기여할 것이다.

2) 평가결과의 공개

인사평가의 신뢰성을 증대하기 위해서는 평가결과를 피평가자에게 공개하는 것이 바람직

평가결과를 피평가자 본인에게 공개하느냐 안하느냐의 문제는 해당기업의 평가관행, 인사철학 그리고 평가제도의 수준에 따라서 결정된다. 예를 들면 평가결과를 공개하는 것이 —피평가자의 평가점수가 우수하지 않을 경우— 평가자와 피평가자 간의 인간관계를 저해하고 나아가 작업집단 내 협동시스템 구축에 부정적이라든지 혹은 평가제도 자체가 피평가자를 정확하게 평가할 수 있도록 되어 있지 않아, 평가결과를 공개했을 때 피평가자가 그 결과에 대해 이의를 제기하고 수용하지 않을 때에는 평가결과를 비공개했을 때보다 더 복잡하고 어려운 문제가 야기되는 경우이다.

그러나 인사평가의 신뢰성을 증대하기 위해서는 평가결과를 피평가자에게 공개하는 것이 바람직하다. 서양 선진국 기업에서는 대부분의 기업에서 평가결과를 피평가자에게 공개하고 있는 실정이다. 우리나라 기업에서 공개하기 위해서는 새로운 평가기법의 개발, 평가자의 평가에 대한 근거자료 유지 그리고 평가자 교육이 뒤따라야 한다.

3) 다면평가

평가자가 누가 되느냐에 따라 평가내용별 신뢰성은 많이 달라지게 된다. 즉 직속상사는 피평가자의 현재능력, 작업행동 그리고 성과(업적)에 대해서는 많은 정보를 보유하고 있지만 잠재능력, 적성, 태도에 대해서는 그 정보가 제한적이다. 반면에 외부전문가 혹은 피평가자 본인은 상사가 알기 어려운 부분에 대한 정보를 많이 갖고 있거나 획득할 수 있기 때문에 평가자를 과거 '직속상사' 일변도로 하는 것보다 피평가자 본인, 외부전문가 등 평가자 수를 늘리는 것이 평가에 있어서 오류를 줄이는 데 기여할 것이다. 그러나 복수평가제도는 그만큼 평가비용이 추가로 발생한다.

4) 평가자 교육

상관편견 오류, 시간적 오류를 최소화

평가자 교육은 평가의 신뢰성을 높이는 데 많은 효과가 있다. 평가자가 범

하는 오류의 원인을 살펴보면 주관적 편견, 자신도 모르고 범하는 오류 그리고 정보의 부족 등을 들 수 있다. 평가자 교육은 이러한 오류발생의 원인을 최소화하는 방향으로 설계되어야 하겠다. 예를 들면 평가항목에 대한 정확한 개념이해를 통한 '상관편견' 오류를 최소화시킨다든가 평가수첩제도를 도입하여 평가자가 일상 작업생활에서 수시로 피평가자에 대한 사항을 기록하게 한다면 평가오류 중 '시간적 오류'를 상당히 줄일 수 있겠다.

5.3 수용성 증대방안

1) 피평가자의 평가참여

목표관리법과 같이 평가에 피평가자가 제도적으로 참여할 수 있는 기회가 있으면 피평가자의 평가결과에 대한 수용성은 참여하지 않았을 때보다는 높아질 것이다. 뿐만 아니라 다른 평가기법의 경우도 피평가자가 스스로 자신을 평가할 수 있는 기회(예: 자기평가서 등)가 있으면 그 수용도는 높아질 것이다.

2) 능력개발형 평가

특히 우리나라 기업에서의 인사평가는 주로 승진의사결정 목적에 사용되지만 평가목적을 능력개발목적으로 확대시킨다면 피평가자는 평가에 대해 과거 '통제적인 것'이라는 인식에서 종업원의 능력을 개발시켜 주는 '지원적인 것'으로 인식전환을 할 것이다. 이렇게 된다면 피평가자의 평가제도에 대한 수용성은 높아질 것이다. 피평가자의 평가제도에 대한 수용성은 이외에도 평가내용이 객관적으로 측정되어진다고 믿을 때 높아진다.

3) 평가제도 개발시 종업원대표 참여

평가제도 그 자체는 경영권에 해당되지만 수용성을 높이기 위해서는 평가제도의 개발단계부터 종업원대표를 참가시켜 보다 원활한 커뮤니케이션이 가능하게 하는 것이 바람직하다. 노조가 결성되어 있는 기업의 경우 기업대표, 노조대표가 모여 평가제도를 공동으로 개발하는 것이 하나의 예가 될 수 있겠다.

5.4 실용성 증대방안

효과적인 평가제도 구축을 위한 실용성 증대방안

인사평가제도의 실용성은 크게 제도의 단순성, 이해가능성 그리고 비용/편익 측면으로 구분된다. 복잡하고 정교한 평가제도를 개발하면 타당성 및 신뢰성 측면에서 이점이 있을지 모르지만 평가자가 정작 이 기법을 잘 이해 못하면 문제가 발생한다. 또한 평가를 실시하는 데 너무 많은 시간을 요구한다든지 개발하는 데 시간 및 비용이 편익에 비해 너무 많으면 평가제도의 실용성은 저하된다. 따라서 이를 감안하여 평가제도 개발에 대한 투자의 필요성과 그 편익을 면밀히 분석하여 평가제도 도입에 대한 의사결정이 이루어져야 하겠다.

요약

인사평가는 종업원의 능력, 개인특성, 작업행동 그리고 성과를 측정하는 제도이다. 인사평가의 목적은 인력확보, 인력개발, 임금결정, 인력유지 및 인력방출 등 인사관리 전 기능 분야에 있어서 보다 양질의 의사결정을 위한 유용한 정보를 제공하는데 있다.

인사평가제도가 그 효율성을 위해 갖추어야 할 구성요건은 타당성, 신뢰성, 수용성 그리고 실용성이다. 여기서 타당성은 평가항목과 평가목표와의 관계에 관한 것이며 신뢰성은 측정하고자 하는 항목이 얼마나 객관적으로 정확히 측정되어지느냐에 관한 것이다. 수용성은 인사평가 제도를 종업원이 적법하고 필요한 것이라고 믿는 정도이며, 실용성은 제도의 실시상의 용이함과 소요되는 비용에 관한 것이다.

인사평가 방법으로는 평가자, 평가시기 그리고 평가기법으로 구분하여 살펴볼 수 있다. 평가자는 직속상사뿐만 아니라 본인, 동료, 부하, 전문가 등 다양하며 평가자가 누가 되느냐에 따라 평가 신뢰도가 달라질 수 있다. 평가시기는 수습기간 완료시, 배치이동시, 인센티브 확립시 그리고 정기적인 것으로 구분할 수 있다.

평가기법으로는 서열법, 평정척도법, 체크리스트법, 강제선택 서술법, 중요사건 기술법, 행동기준 평가법, 목표관리법 그리고 평가센터법 등이 있다. 이러한 기법들은 인사평가의 구성요건 측면에 따라 평가되어져야 한다.

최근 많은 기업에서 도입되고 있는 성과주의 임금제도(연봉제)와 관련하여 팀 업적의 평가가 요구되는데 팀 업적의 평가는 팀의 목표설정, KPI 개발, 목표수준의 달성, 가중치 부여 및 평가실시 등의 단계를 거치게 된다.

우리나라 기업에서 효과적 인사평가제도를 구축하는 방안으로서 아래의 몇 가지를 제시할 수 있다. 제도의 타당성 증대방안으로서 목적별 평가 및 피평가자 집단의 세분화를 시도해야 하겠다. 평가의 신뢰성 증대방안으로서는 절대평가의 도입이 요청되며 평가결과의 공개, 복수평가 그리고 평가자 교육을 들 수 있다. 제도의 수용성 증대방안으로서는 피평가자의 평가참여, 능력개발형 평가 그리고 평가제도 개발 시 종업원 대표의 참여를 유도해야 하겠다. 끝으로 제도의 실용성 증대방안으로서 제도의 도입에 따르는 비용과 편익을 철저히 분석하여 평가제도의 개발에 적절한 투자를 해야 하겠다.

참고문헌

박경규, 한국기업의 연봉제 설계방안, 대한상공회의소, 1999.

박원우, 관리자 능력의 본인, 상사, 부하 평가의 특성과 그들 간의 관계, 한국경영학회 발표논문집, 1997. 2, pp. 527~548.

한태영, 인사평가와 성과관리. 시그마프레스, 2013.

Alma, M. M./ Thomas, N. G., Potential Raters in 360 Feedback Process, Journal of European Industrial Training, 2001, pp. 5~32.

Antonioni, D., Designing an Effective 360-Degree Appraisal Feedback Process, in: Organizational Dynamics, Autumn, 1996, pp. 24~38.

Barney, J. B., Looking Inside for Competitive Advantage, Academy of Management Executive, Vol. 9(4), 1995.

Becker, B. E./ Huselid, M. A./ Ulrich, D., The HR Scorecard: Linking People, Strategy and Performance, Harvard Business School Press, 2001.

Becker, F., Grundlagen Betrieblicher Leistungsbeurteilungen, Schüffer-Poeschel, 1992.

Beyss, B., Akzeptanz neuer Personalbeurteilungssysteme, Mannheim, 1983.

Drucker, P. F., The Practice of Management, Harper & Brothers, 1954.

Drumm, H. J., Personalwirtschaftslehre, Springer, 1995.

Edwards, M. R./ Ewen, A. J., 360Q Feedback, AMACOM, 1996.

Fisher, C. D./ Schoenfeldt, L. F./ Shaw, J. B., Human Resource Management, Houghton Mifflin Co., 1993.

Flippo, E., Personnel Management, 6th ed., McGraw-Hill, 1984.

Heider, F., The Psychology of Interpersonal Relations, John Wiley, 1958.

Hofmann, K./ Köhler, F./ Steinhoff, V., Vorgesetztenbeurteilung in der Praxis, Beltz, 1995.

Jones, M., Estimating Costs in the Development and Implementation of a Performance Appraisal System(Paper presented at the First Annual Scientist-Practitioner Conference in Industrial-Organizational Psychology), Old Dominion University, Norfolk, Virginia, 1980.

Kaplan, R. S./ Norton, D. P., The Balanced Scorecard: Translating Strategy into Action, Harvard Business School Press, 1996.

Kotter, J. P./ Schlesinger, L. A., Choosing Strategies for Change, in: Harvard Business Review, Mar.−Apr., 1979, pp. 106~112.

Kraimer, M. L./ Wayne, S. J./ Liden, R. C., The Role of Job Security in Understanding the Relationship between Employees' Perceptions of Temporary Workers and Employees' Performance, Journal of Applied Psychology, 2005, vol. 90, pp. 350~362.

Landy, F. J./ Farr, J. L./ Jacobs, R. R., Utility Concepts, in: Performance Measurement, in: Organizational Behavior and Human Performance, Vol. 30, 1982, pp. 15~40.

Lattmann, C., Leistungsbeurteilung als Fuerungsmittel, UTB Haupt, 1975.

Liebel, H. J./ Oechsler, W. A., Personalbeurteilung, Gabler, 1992.

Lueger, G., Die Bedeutung der Wahrnehmung bei der Personalbeurteilung, 2, Auflage, Rainer Hampp, 1993.

McGregor, D., An Uneasy Look at Performance Appraisal, in: Harvard Business Review, Vol. 35, May−June, 1957, pp. 89~94.

Milkovich, G. T./ Boudreau, J. W., Human Resource Management, Irwin, 1994.

Milkovich, G. T./ Newman, J. M., Compensation, McGraw−Hill, 2005.

Schneider, H./ Knebel, H., Team und Teambeurteilung, Wirtschaftsverlag Bachem, 1995.

Spencer, L. M./ Spencer, S. M., Competence at Work, John Wiley & Sons, 1993.

Yoder, D., Personnel Management and Industrial Relations, War Department Educational Manual EM, 783, 1944.

교육훈련

chapter 08

[1] 문제제기 및 목적

기업의 교육훈련은 종업원의 능력을 직접적으로 향상시키는 활동이다. 반면에 전환배치와 승진은 종업원에게 새로운 직무를 부여하여 이를 수행하도록 함으로써 점차적으로 능력의 향상을 기대하는 간접적인 능력향상 활동에 해당한다. 전자를 인력개발에 대한 적극적인 활동이라고 한다면 후자를 소극적인 활동이라고 규정할 수 있겠다.

'교육훈련'이란 인력개발을 위한 하나의 도구이며, '교육'은 이해력과 지적 활동을 활성화시킴으로써 지식 및 기능을 습득하는 과정으로, '훈련'은 주로 반복적인 연습을 통해 지식 및 기능을 습득하는 과정으로 이해할 수 있다. 예를 들어, 용접기술을 배우는 것은 교육보다 훈련에 가까운 것이며, 기업의 환경분석 능력을 제고시키기 위해서는 환경분석 접근법 등에 대해 이해가 필요하기 때문에 이는 '교육'에 해당하는 것으로 구분할 수 있다. 그러나 많은 경우에 있어서는 기능/지식 습득과정이 훈련인지 교육인지 엄격히 구분되지 않고 있다.

교육은 이해력과 지적 활동을 활성화 시킴으로써 지식 및 기능을 습득하는 과정.
훈련은 반복적인 연습을 통해 지식 및 기능을 습득하는 과정

기업은 변화 속에 존재하는 조직체이다. 교육훈련 활동과 관련한 변화요소로서 기술변화, 노동시장의 구조변화, 종업원의 욕구변화 등을 들 수 있다. 뿐만 아니라 종업원이 보유하고 있는 능력 자체도 계속 변화되고 있다.

기술변화는 직무구조를 변화시키고 이것은 작업자의 직무수행 자격요건의 변화를 요구하고 있다. 성공적인 직무수행을 위해서는 직무에 상응하는 능력을 갖추어야 하며 이를 위해서는 교육훈련은 당연히 요구되는 활동이라 하겠다. 노동시장의 구조적 변화 또한 기업의 교육훈련 활동을 요구하고 있다. 실업자(失業者)는 많지만 우리 기업에 적합한 인력을 구하지 못하는 경우가 많다. 이런 경우 필요한 인력을 기업내부에서 양성하지 않을 수 없게 된다. 그리고 종업원의 욕구변화 또한 새로운 추세로 인식되어져야 한다. 과거 기업이 필요하면 인력을 양성하고 필요하지 않으면 폐기함으로써 인력을 소모품으로 간주하던 시대는

그림 8-1 지식의 반감기(半減期)

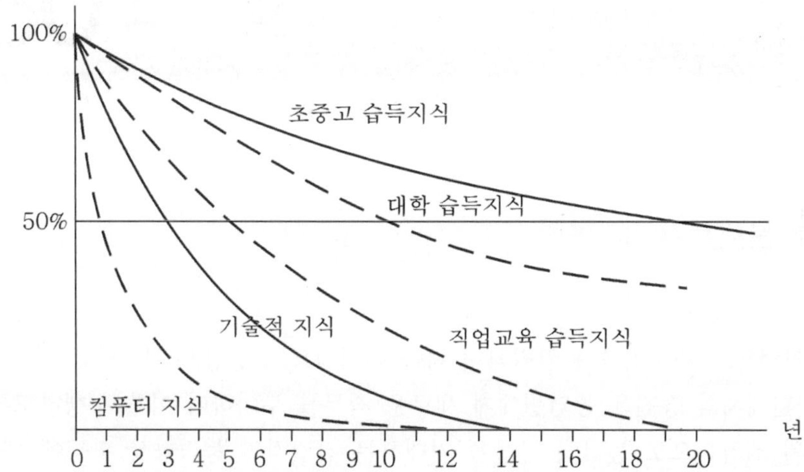

사라졌다. 종업원은 한번 배운 기술/기능을 가능한 한 장기적으로 직무에 적용할 수 있기를 원하고 있다. 즉 교육훈련을 통해 습득한 기술/기능이 짧은 기간 내에 노후화되어 자신의 직장안전(job security)이 위협받는 것을 원하지 않는 것이다. 뿐만 아니라 자신의 성장욕구를 충족시켜 줄 수 있는 교육훈련을 원하고 있다. 또한 종업원의 현재 보유능력이 현재 및 미래의 환경변화에 대처할 수 있다고 판단되더라도 교육훈련의 필요성은 여전히 제기된다. 왜냐하면 현재 종업원이 보유하고 있는 능력은 기간이 경과함에 따라 자연적 감소현상이 나타날 수 있기 때문이다. <그림 8-1>에서는 지식의 반감기(半減期)가 제시된다. 여기에서 제시된 바와 같이 초중고에서 획득한 지식은 대개 20년이 지나면 그 양의 50%가 망각된다. 대학에서 얻은 지식의 반감기는 10년, 기업에서 교육훈련을 통해 획득한 지식의 반감기는 5년으로 더욱 짧으며 심지어 컴퓨터관련 지식의 반감기는 1년에 그치고 있는 실정이다.

이상에서 제시한 교육훈련의 필요성은 바로 기업이 '변화'라는 물결을 극복하여야 생존할 수 있다는 논리에서 찾을 수 있다.

기업의 종업원에 대한 교육훈련 활동이 추구하는 구체적 목적은 <표 8-1>에서 제시된다(Hentze, 1994, Becker, 1993).

표 8-1 교육훈련의 목적

1) 기업-경제적 효율성
- 필요한 인력을 사내(社內)에서 확보
- 현직 종업원의 자격수준 유지 및 향상
- 생산성 향상
- 인력배치의 유연성 제고
- 후계자 양성
- 외부노동시장에 대한 의존도 축소
- 사내 협동 및 커뮤니케이션 제고
- 경영문제에 대한 통찰력 제고 및 극복
- 조직목표와 개인목표의 일치에의 지원
- 기업이미지 개선
- 비용절감
- 근무의욕 제고

2) 종업원-사회적 효율성
- 승진기회의 증가
- 노동시장에서의 경쟁력 강화
- 사내 배치의 폭을 넓혀 직장안전 제고
- 기술변화에 대한 적응력 제고
- 보다 수준 높은 직무수행 기회를 통해 성장욕구 충족
- 개성의 개발
- 책임의 증가
- 보상의 증가
- 인간관계 및 커뮤니케이션 활성화를 통한 직무소외 감소
- 직무만족도 증가
- 성장욕구 충족

[2] 교육훈련 시스템의 구조

교육훈련 활동은 <그림 8-2>에 나타난 바와 같이 조직의 목표, 필요성 분석, 교육훈련 목표설정, 교육훈련의 내용확정, 교육훈련 참가자 선발, 교육훈련의 기법선정, 교육훈련 실시자 결정 그리고 교육훈련을 실시한 결과를 평가하는 과정 등으로 구성되어 있다. 교육훈련의 목적

교육훈련의 목적인 경제적 효율성과 사회적 효율성을 달성하기 위한 근거는 바로 조직의 목표에서 출발한다. 인사관리의 한 영역으로서의 교육훈련 활동

그림 8-2 교육훈련 시스템의 구조

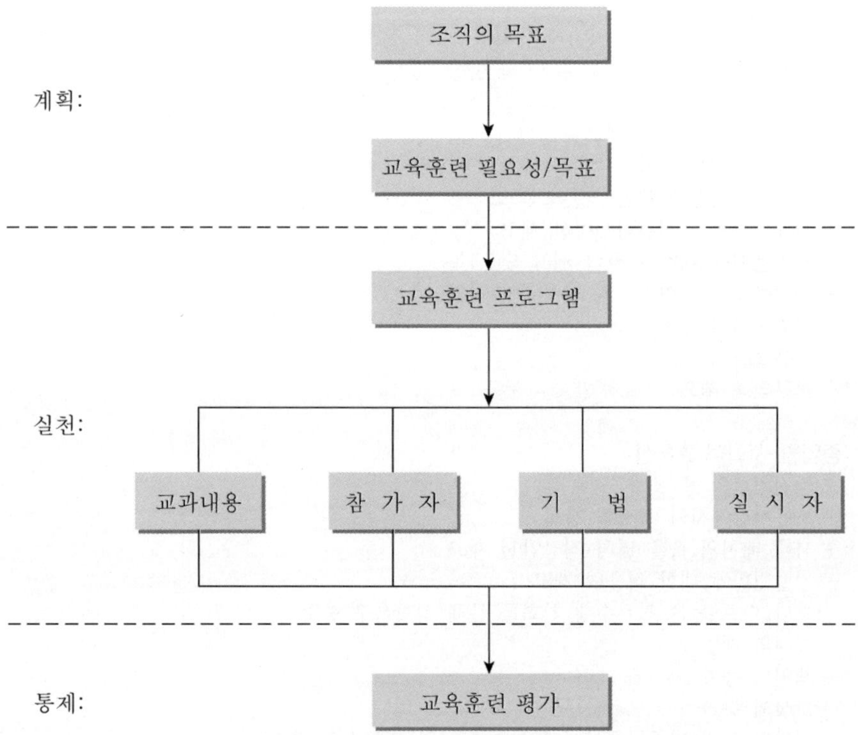

은 본질적으로 기업의 목표[1]달성에 기여하는 방향으로 설계되어야 된다. 설정된 기업조직의 목표가 현재 어느 정도 달성되었느냐에 따라 현재(t_0) 시점에서의 교육훈련이 필요한 정도가 파악되며, 또한 미래의 t_1시점에 설정된 조직목표를 기준으로 교육훈련의 필요성이 추정되는 것이다.

교육훈련의 필요성이 밝혀지면, 그것을 구체화시킨 것이 바로 교육훈련의 목표가 된다. 예를 들어, 미래의 t_1시점에서 해당기업에 1급 정비사가 50명 필요한데 현재 40명만 확보하고 있으면 '1급 정비사 10명 양성'이 바로 교육훈련의 목표가 되는 것이다.

교육훈련의 필요성/목표가 확정되면 이를 달성하기 위해 교육훈련을 실시해야

1) 기업조직의 목표 역시 경제적 효율성과 사회적 효율성으로 구분할 수 있으나 그 내용에 있어서는 교육훈련의 목적에 구분한 경제적 효율성과 사회적 효율성의 상위개념에 속한다. 예를 들면, 경제적 효율성은 매출액 증대, 시장점유율 증가 그리고 이윤극대화로 설정될 수 있으며, 사회적 효율성은 종업원의 고용안정, 소득보장, 만족도 증가 등이 있다.

그림 8-3 교육훈련 활동의 실천

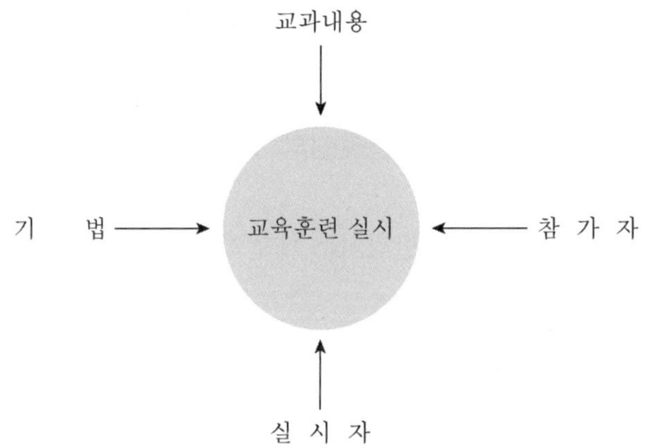

하는데 이 활동은 4가지 요소로 구성되어 있다. 즉 교육훈련의 내용(교과내용), 참가자(trainee), 교육훈련 기법(techniques) 그리고 실시자(trainer)가 투입되어 교육훈련 활동이 이루어지는 것이다(<그림 8-3> 참조). 그리고 교육훈련을 실시한 결과를 평가하는 활동이 그 다음에 나타나게 된다. 이 활동부문은 교육훈련에 있어서 통제활동(controlling)에 해당되는 것으로서 교육훈련 활동결과를 평가하여 교육훈련 목표와 비교하여 차이가 발견되면 이를 수정하는 활동을 모두 포함하게 된다.

<그림 8-2>에서 제시한 교육훈련 시스템의 구조에 따라 교육훈련의 계획활동으로서 교육훈련의 필요성 분석, 실천활동으로서 교육훈련 프로그램(교과내용, 참가자, 기법, 실시자) 그리고 통제활동으로서 교육훈련 결과에 대한 평가활동 등에 대해 살펴본다.

[3] 교육훈련 필요성 분석

3.1 필요성 분석수준

기업의 교육훈련의 필요성을 분석(needs analysis)하기 위해 아래와 같은 몇 가지 질문을 던질 수 있다.

– 현재 우리 기업이 갖고 있는 문제점은 무엇인가? 왜 문제가 되었는가?
– 우리 기업이 추구하고 있는 목표가 과연 가치가 있는 것인가?
– 목표로 선정된 성과의 크기가 과연 달성되었는가? 목표–실적 간에 차이(gap)가 있는가? 있다면 그 차이는 심각한 것인가?

이상의 질문 외에도 기업은 교육훈련의 필요성과 관련되는 아래와 같은 몇 가지 징후들을 발견하게 된다.

– 재무제표 등의 자료에서 발견되는 매출액 내지 생산성의 저하
– 시장점유율의 저하
– 불량률의 증가
– 이직률의 증가
– 정부가 공표한 규제관련 법
– 기업에 새로운 직무가 생김
– 고객의 불평건수의 증가
– 사기조사결과 종업원의 사기가 저하되고 있음이 발견됨
– 인사평가 결과 종업원의 보유능력에 문제점이 발견됨
– 안전사고의 증가 등

이상에서 기술한 여러 징후들은 바로 교육훈련의 필요성과 관련되기 때문에 기업은 이러한 징후가 나타나면 즉각 체계적인 기법을 동원하여 교육훈련의 필요성을 보다 과학적으로 파악해야 한다.

교육훈련의 필요성을 일반적으로 조직수준, 직무수준 그리고 개인수준으로 나누어 볼 때 보다 효과적으로 파악될 수 있다.

1) 조직수준

조직수준에서의 교육훈련의 필요성은 경제적 지표(매출액, 시장점유율, 수익성 등)뿐만 아니라 종업원의 의식측면에서도 발견

매출액 내지 생산성, 시장점유율, 수익성 등 조직 전체와 관련되는 제 현상에 대해 문제가 생겼거나 미래에 기대되는 조직목표와 이를 뒷받침할 수 있는 인적자원 간의 차이(gap)가 발견되었을 때 조직수준에서의 교육훈련의 필요성 분석이 요구된다. 이런 경우 교육훈련은 기업의 경영전략과 직접 연결되어야 한다.

조직수준에서의 교육훈련의 필요성은 위에서 언급한 경제적 지표(매출액, 시장점유율, 수익성 등)뿐만 아니라 종업원의 의식 측면에서도 발견된다. 예를 들면 현존하는 조직문화를 변화시키거나 새로운 조직문화를 도입하여 조직에 활력(vitality)을 불어넣을 필요가 있을 때 혹은 조직이 환경에 적응하기 위해 유연성을 높이려고 할 때 교육훈련은 조직 전체수준에서 이루어지게 된다.

그림 8-4 직무수준에서의 교육훈련 필요성(예)

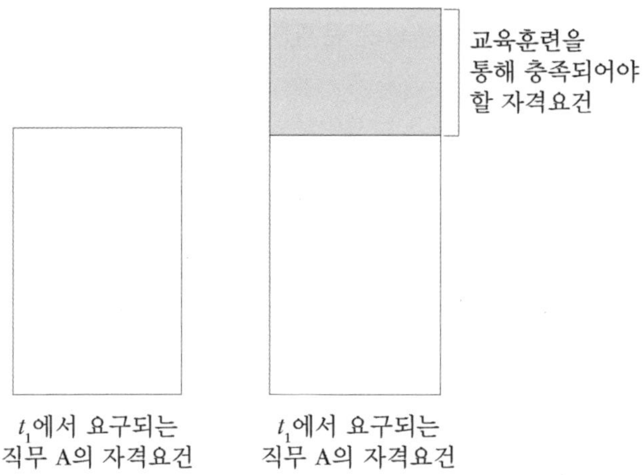

2) 직무수준

기술변화는 조직구조를 변화시키고 이것은 직무에 요구되는 작업자의 자격요건의 변화를 가져다준다. 또한 새로운 직무가 생겼을 때 이를 수행할 사람을 기업이 보유하지 못하고 있거나 외부노동시장에서 확보할 상황이 아닌 경우 기업내부에서 양성하지 않으면 안 된다. 이런 경우 직무수준에서의 교육훈련의 필요성이 나타나게 된다. <그림 8-4>에서는 개별직무에 대한 교육훈련의 필요성이 제시된다.

3) 개인수준

개인수준에서의 교육훈련 필요성 분석은 종업원 개인별 교육훈련이 현재 필요한가를 파악하는 것이다. 이것은 조직전체 수준에서 거론되었던 생산성 등 경제적 지표와 관련되는 성과측정, 불량률 체크, 개인별 매출액(영업직의 경우) 뿐만 아니라 직무수준에서 밝혀진 교육훈련의 필요성이 개인별로 측정되는 것을 의미한다.

뿐만 아니라 개인수준에서의 필요성 분석은 교육훈련에 대한 종업원 개인이 추구하는 교육훈련 욕구도 파악하며 기업이 추구하는 '경제적 효율성'과 종업원이 추구하는 '사회적 효율성'이 조정 · 통합될 수 있는 근거를 찾을 수 있기 때문에 매우 중요한 활동이 된다.

또한 개인수준에서의 교육훈련의 필요성 분석은 교육훈련 프로그램을 도입하는 데 있어서 종업원 개인별로 보유하고 있는 능력/기능, 욕구의 다양성을 고려하는, 즉 개인차(individual difference) 문제를 극복하는 데 중요한 정보를 제공해 준다.

3.2 필요성 분석방법

아래에서는 교육훈련의 필요성을 발견할 수 있는 기법들과 이들의 장단점을 살펴본다.

1) 자료조사법

해당 기업이 보유하고 있는 제 기록들을 검토하여 교육훈련의 필요성을 밝혀내는 기법

자료조사법(records and reports)은 해당기업이 보유하고 있는 제 기록들을 검토하여 교육훈련의 필요성을 밝혀내는 기법으로서 자료들의 종류는 기업마다 매우 다양하다. 예를 들면 종업원 업적기록, 지각률, 이직률, 불량률, 인사평가, 고충처리 내용, 경력개발계획, 조직개발계획, 인력계획 그리고 퇴직자 면접 자료 등이 있다.

이 기법의 장단점은 아래와 같다.

■ 장 점

① 객관적인 자료 획득이 가능하다.

■ 단 점

① 자료가 현재 상황을 정확하게 말하지 못하고 있다. 대부분의 자료는 과거의 어느 시점을 기준으로 작성된 것이기 때문이다.

② 자료의 내용이 일반적이기 때문에 교육훈련의 체계적인 연결에 어려움이 있다.

2) 작업표본법

종업원이 수행한 작업결과의 일부를 검토하여 해당 작업자 혹은 작업집단에 대한 교육훈련의 필요성 여부를 판단하는 기법

작업표본법(work samples)은 일선 작업장에서 종업원이 수행한 작업결과의 일부를 검토하여 해당 작업자 혹은 작업집단에 대한 교육훈련의 필요성 여부를 판단하는 기법이다. 이 기법의 핵심은 어떤 작업표본을 선택할 것인가에 대해서 비밀이 유지되어야 한다는 점이다. 이 기법의 장단점은 아래와 같다.

■ 장 점

① 작업의 실제상황이 조사된다.

② 작업진행을 방해하지 않는다.

■ 단 점

① 표본이 잘못 선택되었을 때 교육훈련 필요성 판단에 오류가 발생할 수 있다.

② 표본의 올바른 선택을 위해서 전문가 내지 이에 대한 교육이 필요하다.

3) 질문지법

교육훈련 필요성 분석기법으로서 가장 널리 도입되고 있는 기법이 바로 질문지법(questionnaires)이다. 종업원을 대상으로 질문지를 통해 태도조사, 문제점 조사 등을 실시하여 교육훈련의 필요성을 파악하는 것이다. 이 기법의 장단점은 아래와 같다.

종업원을 대상으로 질문지를 통해 태도조사, 문제점 조사 등을 실시하여 교육훈련의 필요성을 파악하는 것

■ 장 점

① 실제로 유용한 정보를 획득할 가능성이 높다.

② 실시가 용이하며 정보획득에 시간이 많이 들지 않는다.

③ 수집된 정보를 계량적으로 분석하기가 용이하다.

④ 응답에 비밀이 보장되므로 종업원의 솔직한 의견을 수렴할 수 있다.

■ 단 점

① 왜곡된 응답을 방지하기가 어렵다.

② 질문지 개발에 어려움이 있다. 잘못된 질문지의 경우 유용한 정보를 획득할 수 없다.

③ 질문지 개발에 비용이 많이 든다.

4) 전문가 자문법

전문가 자문법(key consultations)은 기업의 내부 및 외부에서 교육훈련 전문가에게 해당기업의 교육훈련의 필요성을 파악하도록 의뢰하는 것을 말한다. 기업내부의 경우 최고경영자나 관리자로 구성된 위원회 등이 전문가로서 활용될 수 있으며, 기업외부의 경우 교육훈련 관련 컨설팅 회사의 도움을 받는 것이다. 이 기법의 장단점은 아래와 같다.

기업의 내부 및외부에서 교육훈련 전문가에게 해당기업의 교육훈련의 필요성을 파악하도록 의뢰하는 것

■ 장 점

① 교육훈련분야에 대한 전문적인 접근이 가능하여 획득된 정보의 타당성

이 매우 높다.

② 전문가집단이 기업내부에 소속되어 있는 경우 교육훈련을 실시하는 데 지원을 비교적 용이하게 받을 수 있다.

■ 단 점

① 전문가집단을 선택하는 데 많은 주의가 요청된다. 왜냐하면 전문가가 아닌 사람을 선택했을 때 이들로부터 얻는 정보의 유용성에 문제가 제기되기 때문이다.

② 정보획득이 신속하지 못할 가능성이 높다.

5) 면 접 법

교육훈련 담당자가 필요하다고 판단되는 종업원을 개인 혹은 집단으로 면접함으로써 교육훈련의 필요성에 관한 정보를 획득하는 기법

면접법(interviews)은 교육훈련 담당자가 필요하다고 판단되는 종업원을 개인 혹은 집단으로 면접함으로써 교육훈련의 필요성에 관한 정보를 획득하는 기법이다. 면접법의 종류는 그 내용에 따라 구조화된 면접과 비구조화된 면접으로 구분된다.[2] 이 기법의 장단점은 아래와 같다.

■ 장 점

① 대면(對面)하여 대화를 통해 정보를 획득하기 때문에 유용성이 매우 높다.

② 보다 활성화된 커뮤니케이션을 통해 조직 활성화에 기여할 수 있다.

■ 단 점

① 시간이 많이 요구된다.

② 면접자의 교육이 요청된다.

③ 비구조화된 면접인 경우, 면접결과를 계량화하는 데 어려움이 있다.

6) 델파이 기법

교육훈련에 대한 풍부한 경험을 가진 기업 내부전문가로 구성된 집단이 일련의 과정을 거치면서 교육훈련의 필요성을 파악하는 기법

델파이 기법(Delphi technique)은 교육훈련에 대한 풍부한 경험을 가진 기업 내부전문가 12~16명으로 구성된 집단이 일련의 과정을 거치면서 교육훈련의 필요성을 파악하는 기법이다.[3] 이 기법의 장단점은 아래와 같다.

■ 장 점

① 창의적이고 유용한 아이디어의 창출을 유도하기가 용이하다.

② 전문가들은 대화를 통해 서로 영향을 주고받지 않고, 그들이 각자 제출

2) 제6장을 참조 바람.

3) 자세한 내용은 제5장을 참조 바람.

한 아이디어에 의해 서로 영향을 주고받기 때문에 집단 내 갈등이 생기지 않는다.

■ 단 점

① 이 기법을 위해서는 대개 6~8주 정도의 장기간이 소요되기 때문에 신속하게 정보를 획득할 수 없다.

② 이 기법을 주관하는 자는 기법진행에 대해 전문적인 지식을 갖추어야 하기 때문에 이들에 대한 교육이 추가로 요청된다.

[4] 교육훈련 프로그램

교육훈련에 대한 필요성이 밝혀지면 바로 이것이 교육훈련의 목표로 설정된다. 이러한 교육훈련의 목표를 달성하기 위해 교육훈련 교과내용, 대상자, 기법 그리고 실시자가 선택되어 교육훈련이 진행된다.

아래에서는 교육훈련의 내용 및 대상자별 기법을 살펴본다.

4.1 교육훈련 교과내용

교육훈련 교과내용은 우선은 기업의 경쟁력의 원천이 되는 역량에 초점이 맞추어진다. 역량이란 기업의 전략을 수행함에 있어서 종업원이 갖추어야 하는 능력을 의미하며 지식, 기술, 경험, 태도 등이 통합된 것이라고 할 수 있다.

역량의 유형을 구분해 보면 다음과 같다(Spencer/Spencer, 1993).

1) 공통역량

공통역량(common competency)은 기초역량이라고도 하는데 조직 내 모든 구성원이 공통적으로 가져야 할 역량을 말한다. 즉 우수한 성과를 내고 있는 모든 구성원들이 공통적으로 가져야 하는 것으로서 자기개발능력, 변화적응력 그리고 오픈마인드 등이 있다.

조직 내 모든 구성원이 공통적으로 가져야 할 역량

사례 8-1 IBM의 계층별 역량중심 교육

IBM(International Business Machines)의 인재개발 목표는 '기업가치 증대'로 요약할 수 있다. 가치증대 서비스를 제공하는 기업으로 고객의 가치를 증대하느냐에 따라 IBM의 가치와 제공하는 서비스의 가치가 책정된다. 그렇기 때문에 가치증대 서비스를 제공하는 직원이 고도의 전문성을 보유해야 하는 것은 당연하다. 또한 고도의 전문성을 보유한 직원을 육성하는 일이 궁극적으로 고객과 IBM의 가치증대로 귀결된다. 이처럼 IBM의 인재개발 목표가 사업전략과 연계되고 이를 위해 전략적 추진과제를 선정, 이행하고 있다. 가장 중요한 추진과제는 사업의 우선순위에 따라 인재개발프로그램을 제공하는 일이다. 광범위한 인재개발 영역 내에서 프로그램의 우선순위를 고심하기보다는 사업의 우선순위와 인재개발을 동일시하는 것이다. 이와 함께 추진되는 과제는 인재개발의 혁신추구이다. 전통적인 인재개발관련 이론이나 방법에 의존하지 않고 새로운 방법을 모색, 적용하여 인재개발의 새로운 패러다임을 이룩하는 과제를 추진하고 있다.

IBM은 2004년 3월 미국 「Training」 잡지에서 교육부문 1위 기업으로 선정되었다. 경영성과를 달성하고 기업가치를 지원함과 동시에 직원의 직장생활을 향상시키기 위한 교육을 이해, 장려, 활용하고 있다는 평가를 받았다. 연간 7억5천만 달러와 1천7백만 시간(직원 연평균 55시간)을 직원의 보유지식 및 전문성 제고에 활용하는 사실이 IBM의 교육규모를 대변한다.

IBM은 계층별 역량중심의 교육체계를 운영하고 있다. 직군에 따라 다소 상이하지만 대부분의 직군에서 기초역량·직무역량·관리역량별 교육체계를 운영한다. 기업가치에 근거한 기초역량은 전직원으로부터 요구되는 공통역량이며, 직무역량은 소속 사업부 및 직군별 직무에 따라 요구되는 고유역량, 관리역량은 관리자 · 임원으로부터 요구되는 역량이다. 이 중 역량과 관리역량 개발을 목적으로 하는 교육체계는 사업 또는 직군과 무관하게 설계되어 동일하게 운영하고 있다. 기초역량 교육은 전직원을 대상으로 효율성을 고려하여 온라인으로 진행하며 기초역량별 개념습득, 관련과제 실천, 관련서적 소개 등의 교육방법을 활용하고 있다. 관리역량 교육은 관리자 교육과 임원교육으로 분리, 운영하며 임원교육은 과제실천형 교육(action learning)의 성격을 갖는다. 미국 Palisades 소재 연수원에서 별도의 임원대상 집합교육을 진행하지만 주요 교육방법은 해당 역량수준별로 업무수행시 적용 가능한 과제를 임원이 선택적으로 실천하는 형태이다.

관리자 교육은 3단계로 나누어서 진행한다. 1단계는 지식습득 목적의 온라인 교육으로 관리자의 직무특성을 고려하여 쉽고 간결한 내용으로 구성, 직무수행시 성과지원 역할을 하고 있다. Learning Lab이라는 명칭이 부여된 2단계는 집합교육이지만 강의중심이 아닌 협력중심 교육으로 동일직무를 수행하는 관리자 간에 경험을 공유하는 형태이다. 3단계는 과제실천형 교육으로 부하직원평가에 의해 개발이 필요한 영역에 있어서 관련 과제를 선정 · 실천하는 형태이다.

직무역량 개발을 목적으로 하는 교육체계는 사업부별로 상이하다. BCS(Business Consulting Service)사업부의 경우 역량·교육체계(PDF: Professional Development Frame-work)는 소속 직무로부터 요구되는 직무역량을 3개의 공통·고유역량으로 구분한다. 이것은 핵심역량(사업감각, 리더십, 대인관계능력), 사업영역역량(전략수립 및 변화컨설팅 능력, 과정컨설팅 능력, 산업별 · 제품별 전문 능력, 문제해결 능력) 등으로 구성되어 있다.

〈자료: 전재욱, 2004.〉

2) 기능역량

기능역량(functional competency)은 관리역량이라고도 하는데 기업조직 내 각 기능별(인사, 마케팅, 재무, 생산, 회계)로 요구되는 역량을 말한다. 예로써 마케팅 부문에서의 판매능력, 인사부문에서의 협상력 등을 들 수 있다.

기업조직 내 각 기능별로 요구되는 역량

3) 직무역량

직무역량(job competency)은 개인역량이라고도 하는데 기업의 각 기능부문이 완료되기 위해 개인별 갖추어야 할 여러 가지 구체적인 능력을 말한다. 예를 들면 판매직의 직무역량으로는 대인관계능력, 설득력, 시간정보관리력, 커뮤니케이션 능력 등이 있다.

기업의 각 기능부문이 완료되기 위해 개인별 갖추어야 할 여러 가지 구체적인 능력

4.2 교육훈련 기법

교육훈련 기법은 매우 다양하고 많아 모두 소개할 수가 없다. 아래에서는 교육훈련 기법을 참가자별로 구분하여 몇 가지만 제시하고자 한다. 교육훈련 참가자는 직급 측면에서 보면 신입사원, 작업층 그리고 관리층으로 구분할 수 있다. 특히 관리층은 다시 하위관리층(대리 · 과장급), 중간관리층(차 · 부장) 그리고 상위관리층(임원)으로 나눌 수 있다.

또한 기능적 측면에서 보면 교육훈련 참가자를 인사부문, 마케팅부문, 재무부문 그리고 생산부문 등에 종사하는 종업원으로 구분할 수 있다.

이상의 교육훈련 참가자에게 요구되는 역량 또한 공통적인 것과 특수적인 것으로 구분되며 이를 개발시키기 위한 교육훈련 기법도 다르게 도입할 수 있다. 아래에서는 교육훈련 참가자에 대하여 직급별 활용되는 대표적인 교육훈련

기법을 소개한다.

4.2.1 신입사원 교육훈련

신입사원에 대한 교육훈련의 목표는 성공적인 조직사회화(organizational socialization)라고 할 수 있다. 즉 신입사원이 낯선 조직에 들어와 기존의 조직구성원과 유사하게 조직을 이해하게 하고 새로운 경험에 의한 충격을 완화시키고 조직에 점차적으로 적응시키는 것이다.

성공적인 조직사회화를 위해서는 아래와 같은 내용이 교육훈련의 교과과정에 포함되어야 하겠다.

- 조직의 기본목표
- 목표달성을 위한 수단
- 조직이 부과하는 역할(role)[4]
- 주어진 역할을 효과적으로 수행하는 데 필요한 구체적 행동
- 조직생활에 필요한 협동의지 고양(팀워크 능력)
- 조직에 존재하는 일련의 규칙과 원칙
- 커뮤니케이션 능력
- 공동체 의식 등

이상에서 제시한 일련의 교과내용을 신입사원이 학습하는 데는 교육훈련의 기법이 필요하고 이러한 기법들에 따라 교육훈련의 실시자가 결정되는 것이다.

1) 직장 내 교육훈련

직장 내 교육훈련(on the job training: OJT)은 신입사원이 현재 부여 받은 직무를 그대로 수행하면서 직장의 상사 내지 선배동료로부터 위에서 제시한 제반 교과내용을 학습하는 방법을 말한다. 직장 내 교육훈련은 직장 외 교육훈련(off the job training: Off-JT)과 구분된다. 직장 내 교육훈련은 서비스 업종(호텔, 식음료 등)에는 필수적이다. 왜냐하면 고객에게 제공하는 서비스의 내용이 강의식 교육만으로 불충분하며 직접 서비스가 제공되는 현장을 통해 학습되는 것이 보다 효과적이기 때문이다.

직장 내 교육훈련의 장단점은 아래와 같다.

---

4) 역할은 해당 기업조직으로부터 기대되는 개인의 행동패턴을 말함.

■ 장 점

① 훈련이 추상적이지 않고 실무와 연결되어 매우 구체적이다.

② 교육훈련 대상자와 상사/동료 간의 이해 및 협동정신을 제고시킨다.

③ 교육훈련 대상자의 개인별 능력에 따라 훈련의 진도를 조정하기가 용이하다.

■ 단 점

① 교육훈련 실시자(상사/동료)의 교습능력이 부족한 경우 학습효과가 제한적이다. 즉 '아는 것'과 '가르치는 것' 간의 차이(gap)가 존재하는 경우이다.

② 한 번에 다수의 종업원을 교육훈련시킬 수 없다.

③ 기술변화가 빠른 기업에서는 새로운 기술을 상사/선배 · 동료 자신들도 모르기 때문에 교육훈련의 범위에 한계가 있다.

2) 멘토시스템

멘토(mentor)라는 말의 어원은 그리스 신화에서 유래되었다. 그리스 신화에 나오는 영웅인 오디세우스는 10년 예정의 트로이와의 전쟁을 위해 출정하면서 그의 친구인 멘토에게 자기의 아들 텔리마커스를 장차 훌륭한 통치자로 교육시켜 줄 것을 부탁했던 것이다(Hunt/Michael, 1983). 여기서 유래된 용어인 멘토는 연하의 동료 또는 신입사원에게 이미 조직에서 터득했던 지혜와 경험을 전해 주는 연장자로 통용되고 있다. 기업조직에서 멘토는 "후진들(mentee: 멘토의 지원을 받는 자)에게 역할모델을 제공할 뿐만 아니라 도전적 직무부여, 상담 및 조직에 대한 지식제공 등을 통해 그의 대인관계 개발 및 경력관리에 도움을 주는 자"로 이해되고 있다(Noe, 1988).

멘토(mentor)는 후진들에게 역할모델을 제공할 뿐만 아니라 도전적 직무부여, 상담 및 조직에 대한 지식제공 등을 통해 그의 대인관계 개발 및 경력관리에 도움을 주는 자

멘토의 조직사회화관련 기능을 아래와 같이 3가지로 요약할 수 있다.

조직사회화관련 기능

신입사원에게 멘토관계가 형성되었을 때 멘토가 수행하는 기능 중 가장 먼저 나타나는 단계는 '지도활동(teaching)'이다. 이 단계에서 신입사원은 멘토로부터 조직에 대한 의미있는 정보를 획득한다. 즉 신입사원이 조직에 적응하는 데 필요한 정보인 기존 구성원의 인적사항, 조직 내 권력구조 및 조직의 일반적 풍토 그리고 조직에서 갖추어야 할 기본자세, 예의바른 태도 등을 멘토로부터 교육받게 된다. 또한 멘토는 신입사원이 수행하는 직무에 대한 지식, 수행요령 그리고 기존 조직구성원과의 직무관련 협동양식 등에 대해서도 구체적인 정보를 제공한다. 이러한 '지도활동' 단계는 결국 멘토가 신입사원에게 조직에 관한 정

보와 직무에 관한 정보를 제공하는 기능으로 특징지을 수 있다.

두 번째 단계는 멘토의 신입사원에 대한 '심리적 상담 및 개인적 지원활동'이다. 이러한 기능수행의 핵심은 멘토가 신입사원에게 자신을 내보이며, 서로 감정적인 동화가 되는 단계이다. 즉 신입사원이 조직에서 겪는 어려운 일들에 대해 멘토는 이를 지원하고, 신입사원의 직무범위 밖의 사항인 개인생활 내지 가정생활에 대해서도 조직과 관련하여 조언 내지 지원을 한다.

멘토의 기능수행 중 세 번째 단계는 '조직적 개입활동'이다. 이 단계에서는 이제까지 발전되어 온 멘토－신입사원의 관계가 둘만의 관계로부터 조직 내 알려지게 되고 필요한 경우 멘토는 조직에 신입사원의 존재를 과감히 알려준다. 즉 신입사원을 조직의 타 구성원이 인정할 수 있도록 여건을 조성하고 실행한다. 이러한 멘토의 활동은 신입사원의 능력에 대한 자신감에서 출발하며, 신입사원의 조직에 대한 수동적인 '적응'자세에서 조직에서의 경력개발이라는 적극적인 자세로 전환시키는 것을 말한다. 이러한 입장전환에는 항상 위험이 따르며, 신입사원이 이로 인해 조직에서 어려움을 겪게 되면 멘토가 보호하기도 한다.

이상에서 제시한 멘토시스템의 기능이 꼭 신입사원에게만 국한되는 것은 아니고, 신입사원의 조직 및 직무에의 적응단계를 넘어 조직에서의 성장(경력개발/승진)까지 포괄하고 있다.

멘토의 유형

멘토의 유형은 여러 가지가 있다. 첫째, 1차적 멘토(primary mentor)와 2차적 멘토(secondary mentor)가 있다. 1차적 멘토는 어떤 이슈가 발생하였을 때 가장 먼저 도움을 요청하는 사람으로 거의 모든 영역에서 일반적인 도움을 줄 수 있는 자로서 선배, 가족 등이 해당된다. 2차적 멘토는 특정 관심영역에 대해 도움을 제공하는 자로서 전문적 지식을 가진 사람이 된다. 둘째, 공식적인 멘토와 비공식적인 멘토가 있다. 공식적인 멘토는 신입사원에게 특정 기존 조직구성원을 기업이 공개적으로 정해 주는 것을 말하며, 비공식적인 멘토는 조직과 상관없이 신입사원과 비공개된 관계를 맺는 것이다.

서양기업에서는 멘토관계를 흔히 실제 훈련프로그램으로 개발하여 공식적으로 운영해 왔다. 그러나 공식적인 멘토관계가 잘못 운영될 때 멘토－신입사원 간 불필요한 갈등과 부정적인 결과의 개연성 때문에 비공식적인 멘토관계가 공식적 멘토관계 못지않게 조직 내에 확산되어 왔다. <표 8－2>에서는 공식적 및 비공식적 멘토시스템의 특징이 제시되어 있다.

이외에도 기간 관점에서 단기적 멘토와 장기적 멘토로 구분할 수 있다. 신

표 8-2 공식적 및 비공식적 멘토시스템의 특징

공식적 멘토관계	비공식적 멘토관계
• 인위적 발생 • 멘토의 quality control이 용이함 • 신입사원의 학습내용이 정형화됨 • 멘토－신입사원 간의 심리적 연대감/일체감 정도가 낮음 • 관리상의 비용 발생 • 멘토관계의 효과에 대한 파악이 용이함	• 자연발생적 • 멘토의 quality control이 어려움 • 신입사원의 학습내용이 비정형화됨 • 멘토－신입사원 간의 심리적 연대감/일체감 정도가 높음 • 관리상의 비용이 발생하지 않음 • 멘토관계의 효과에 대한 파악이 어려움

자료: 박경규, 1996.

입사원의 경우 대개 6개월에서 1년 정도로 단기적인 반면 경력직의 경우 멘토링이 장기적이 될 수 있다.

4.2.2 작업층 교육훈련

작업층은 상사로부터 지시를 받아 주어진 직무를 수행하는 종업원으로서 미숙련 작업자(unskilled), 준숙련 작업자(semi-skilled) 그리고 숙련 작업자(skilled)로 구분된다. 이들을 위한 교육훈련의 내용은 주로 해당 직무를 성공적으로 수행하는데 필요한 구체적 기능(skill)에 초점이 맞추어진다. 교육훈련의 기법으로는 앞에서 소개했던 직장 내 훈련(on the job training: OJT)이 일반적으로 많이 도입되고 있으며 그 외에도 실습장훈련, 노세훈련, 직업학교훈련 그리고 프로그램 학습법 등이 있다. 아래에서는 그 내용을 간단히 살펴본다.

1) 실습장훈련

실습장훈련(vestibule training)은 기업 내 작업장과 별도의 공간에 설비를 갖추어 교육대상자(trainee)에게 주로 기능(skill)을 전수시키는 훈련기법이다. 해당 생산작업장에서 상사가 훈련을 실시할 여력이 없을 때 이런 기법을 도입한다. 이 기법의 장단점은 아래와 같다.

별도의 공간에 설비를 갖추어 교육대상자에게 주로 기능을 전수시키는 훈련기법

■ 장 점

① 많은 사람을 일시에 훈련시킬 수 있다.

② 교육대상자는 작업장에서 벗어나 훈련에만 몰두할 수 있어 학습효과가 높다.

■ 단 점

① 훈련내용과 실무와의 연결에 종종 문제가 생긴다.

② 학습효과가 예상보다 낮게 나타나게 될 경우 훈련실시자와 일선 작업자의 상사(line manager) 간 갈등이 야기된다.

2) 도제제도

직장 내 훈련과 직장 외 훈련을 혼용한 방법

도제제도(apprenticeship program)는 직장 내 훈련과 직장 외 훈련(Off–JT)을 혼용한 방법이다. 즉 교육대상자는 일정기간 동안 작업장 내에서 상사 내지 선배동료로부터 기능을 배우고 이어서 직장외의 일정한 장소에서 강의에도 참가한다. 이 제도는 특히 정교한 수작업(手作業)이 요구되는 공예, 용접, 배관, 목수직 등에 주로 적용되며 교육기간은 대체로 3~4년 소요된다.

이 제도의 장점은 직장 내 훈련(OJT)과 직장 외 훈련(Off–JT)의 장점을 모두 흡수할 수 있다는 데 있으며 단점은 동시에 많은 사람을 교육시킬 수 없는 데 있다.

3) 직업학교 훈련

교육대상자를 직업학교에 수학케 하는 방법

이 기법은 교육대상자를 직업학교에 수학케 하는 것을 말한다. 일종의 학교파견 교육훈련이다. 직업학교 훈련의 장단점은 아래와 같다.

■ 장 점

① 우수한 교육실시자가 있어 학습효과가 높다.

② 교육내용이 매우 정형화(structured)되어 있어 학습효과가 높다.

③ 다수의 교육훈련 대상자를 동시에 가르칠 수 있다.

■ 단 점

① 교육훈련 내용과 실무와의 연결에 문제가 생길 수 있다.

② 개인별 학습진도의 조정이 어렵다.

표 8-3 관리자의 업무(예)

종 류	설 명
1. 개인성과의 관리	• 부하들을 동기부여시킴 • 성과에 대한 피드백을 제공함 • 성과달성과 관련한 문제점들을 해결해 줌 • 부하의 목표와 작업의 요구사항을 결합시킴 • 부하들 간의 커뮤니케이션을 향상시킴
2. 부하에 대한 지도	• 해야 할 일과 절차에 대해 부하에게 정보를 제공함 • 해야 할 작업에 대해 설명함 • 부하에게 기술적인 조언을 함 • 부하를 훈련시킴
3. 자원에 대한 계획과 배분	• 작업성과에 대한 마감일을 설정함 • 집단에서 필요로 하는 자원을 추정함 • 자원배분에 대해 결정을 내림 • 전반적인 지침들을 구체적인 계획으로 전환시킴
4. 독립적인 집단의 조정	• 최고경영층의 목표와 활동을 지속적으로 파악함 • 다른 집단들이 당신의 집단이 필요로 하는 자원을 제공하도록 설득함 • 자신의 집단성과에 영향을 미칠 수도 있는 외부의 사건들을 주시함 • 다른 관리자들이 당신의 노력을 지원하도록 설득함
5. 집단성과의 관리	• 부하관리자들의 책임영역을 명확히 함 • 관리자들의 집단성과가 목표에 도달하지 못했을 때 관리자들에게 알려줌 • 자신들의 집단의 성과를 주시함
6. 기업환경 주시	• 관리층 수준의 고객들과 관계를 형성하고 유지함 • 새로운 사업기회를 포착하기 위해 태스크 포스(task force)에 참여함 • 판매성과를 주시함 • 외부의 사업추세에 내해 정보를 수집함
7. 종업원을 대변하기	• 당신의 집단을 도울 수 있는 여러 관리자와 관계를 형성함 • 당신의 집단을 다른 사람들에게 이해시킴 • 당신 집단의 활동에 대한 정보를 다른 사람들에게 제공함

자료: Kraut, et al., 1989.

4.2.3 관리층 교육훈련

관리층의 직무는 한마디로 관리활동(managerial activities)인 계획, 조직화, 지휘, 조정 그리고 통제활동을 수행하는 것이다. <표 8-3>에서는 관리자들이 수행하고 있는 업무의 예가 제시된다.

기업의 관리층은 대개 최고경영층, 중간관리층 그리고 하위관리층으로 구분

그림 8-5 관리층 구분에 따라 요구되는 능력

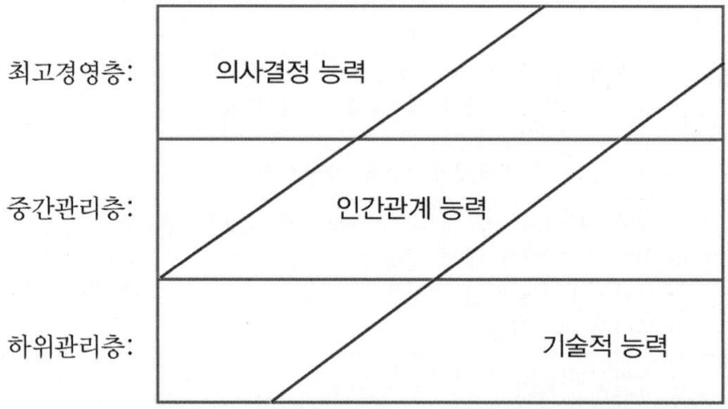

되며 이러한 개별 관리층에 따라 요구되는 능력 또한 구분된다(Katz, 1955).

예를 들면, 최고경영층에는 주로 전략수립과 관련된 의사결정능력이 많이 요구되는 반면, 중간관리층에게는 주로 인간관계와 관련되는 능력 그리고 하위관리층에는 업무내용에 대한 지식 그리고 작업층을 지휘하는 데 필요한 인간관계관련 능력이 주로 요구된다. 이를 그림으로 제시하면 <그림 8−5>와 같다.

관리층을 대상으로 하는 교육훈련의 내용은 <표 8−3>과 <그림 8−5>를 기초로 아래와 같이 요약할 수 있다.

- 의사결정능력(전략수립 등)
- 인간관계능력(리더십, 동기부여 등)
- 직무지식
- 조직지식 등

아래에서는 위에서 제시한 교육훈련의 내용을 학습하는 데 동원되는 몇 가지 기법을 살펴본다.

1) 인 바스켓 훈련

인 바스켓 훈련은 관리자의 의사결정능력을 제고시키기 위해 개발된 것

인 바스켓 훈련(in-basket training)은 관리자의 의사결정능력을 제고시키기 위해 개발된 것이다. 훈련실시자는 훈련참가자에게 가상의 기업에 대한 정보, 즉 생산제품, 조직구조, 종업원에 대한 정보 등을 제공한 후 이들에게 특정 경영상황에서 문제해결을 위한 의사결정을 하게 한다. 예를 들면, 훈련참가자를 판매

과장 자리에 데리고 가서 현재 판매과장으로서의 업무를 처리하게 한다. 판매과장의 책상 위에는 판매관련 제반 서류가 놓여 있고 판매과 직원들은 현재 결재를 받기 위해 대기하고 있으며 그리고 고객으로부터 전화도 받게 된다. 즉 모의 경영상황을 '하나의 광주리에 담아' 훈련참가자로 하여금 이를 처리하게 하는 것이다. 이러한 인 바스켓 상황에서 훈련참가자는 현재의 업무상황을 신속하게 판단하고 중요한 순서대로 의사결정을 내려 업무를 처리해야 하는 의무를 부여받는 것이다. 이 기법의 장점은 모의상황이 다양하고 실제와 같기 때문에 훈련참가자에게 흥미를 불러일으킨다. 그러나 단점으로서 훈련의 효과를 측정하는 데 어려움이 있다.

2) 비즈니스 게임

비즈니스 게임(business game)은 기업의 경쟁상황에서 올바른 의사결정능력을 제고시키기 위해 개발된 기법이다.

비즈니스 게임은 기업의 경쟁상황에서 올바른 의사결정능력을 제고시키기 위해 개발된 기법

이 기법의 진행은 다음과 같다. 우선 교육참가자들을 여러 개의 3~5명 정도 규모의 팀으로 구성하여 참가하게 하는데 교육실시자는 이들 팀들에게 동종의 경쟁상황에 있는 서로 다른 모의기업의 책임자들로서 상대방 기업에 이길 수 있는 경영의사결정을 하도록 한다. 교육참가팀 각자에게 해당기업의 경영에 대한 제 정보, 즉 생산능력(production capacity), 최근의 매출액, 인력구조, 조직구조, 판매망, 제품의 원가, 재무구조 등에 대한 것을 제공하고 경영의사결정을 하게 한다. 예를 들면, 5개 팀의 교육참가자가 각각 자동차 타이어 제조기업의 책임자들로 가정하여 그들이 해당기업의 생산성, 재고량, 가격, 판매조건 등에 대한 의사결정을 1차로 하게 하고 그 결과를 교육훈련 실시자가 컴퓨터를 동원하여 분석한 후 교육참가팀에게 피드백한다. 이 경우 교육참가 팀들은 자기 팀의 경영실적(매출액, 이익, 시장점유율 등)을 알게 되고, 무엇이 잘못되었는지, 무엇이 성공하게 했는지 등을 자체에서 분석하게 한다.

'경영의사결정－결과분석－결과 피드백'이라는 과정을 여러 번 거치면서 교육참가팀 구성원들은 경쟁상황에서 의사결정의 질(質)을 높일 수 있는 능력이 제고되는 것이다. 비즈니스 게임의 과정은 <그림 8－6>에서 제시된다.

비즈니스 게임의 장점은 교육참가팀이 실시한 경영의사결정의 결과가 즉각 피드백되어 다른 참가팀에 비해 의사결정이 얼마나 정확했는지를 알 수 있다. 그러나 단점으로는 참가팀들이 경영원리에 입각한 의사결정을 내리기보다 게임에 이기는 열쇠를 찾는 데 더 관심을 기울임으로써 교육이 실제 기업의 경쟁상

그림 8-6 비즈니스 게임의 과정

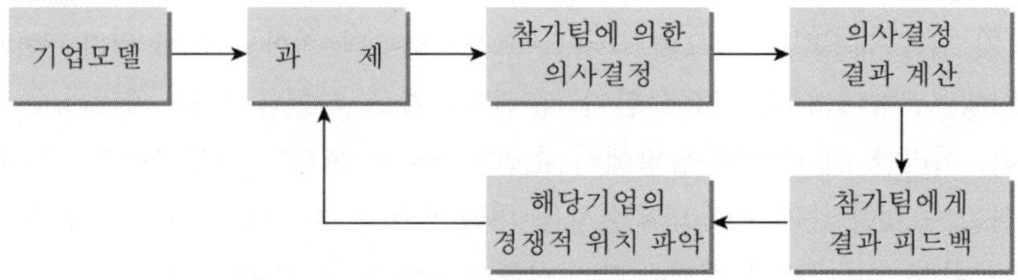

황에 얼마나 현실성 있게 적용할 수 있느냐에 그 한계가 있다.

3) 사례연구

사례연구는 관리자의 의사결정능력을 향상시키기 위해 도입되는 기법

사례연구(case studies) 역시 관리자의 의사결정능력을 향상시키기 위해 도입되는 기법이다. 기업에서 일어난 일련의 사건, 기업의 현황들을 교육 참가자에게 제시하고 참가자들은 이 사례에서 다음과 같은 노력을 해야 한다.

① 사례에서 중요한 문제점과 중요하지 않은 문제점을 구분하여 밝혀낸다.
② 문제점을 분석하여 그 원인을 추론해야 한다.
③ 문제해결을 위한 대안을 제시한다.

이 기법은 아래와 같은 장단점을 가지고 있다.

■ 장 점

① 흥미가 있고 학습동기를 유발할 수 있다.
② 기업의 현실적인 문제에 대한 학습이 가능하다.

■ 단 점

① 적절한 사례를 확보하는 데 어려움이 많다.
② 학습의 진도를 측정하기가 어렵다.
③ 이론에 대한 체계적인 습득이 어렵다.

4) 역할연기법

역할연기법은 인간관계에 대한 태도개선 및 인간관계기술을 제고시키기 위한 기법

역할연기법(role playing)은 관리자뿐만 아니라 일반 종업원을 대상으로 인간관계에 대한 태도개선 및 인간관계기술을 제고시키기 위한 기법이다. 역할이란 '기대되는 행동패턴'으로서 교육참가자는 어떤 상황을 교육실시자로부터 부여받고 가장 효과적이라고 판단되는 행동을 하게 된다. 예를 들면, 판매원 교육의

경우 불량품을 구입했던 고객이 화를 내면서 찾아갔을 때이다.

이런 상황의 경우,

① 지명된 교육참가자는 이 고객에게 응대하는 행동을 하며
② 다른 교육참가자는 그가 하는 행동을 관찰한다.
③ 연기가 끝난 후 이에 대한 평가를 공동으로 하며 이상적인 행동패턴을 찾기 위해 토의를 한다.

이 기법의 장단점은 다음과 같다.

■ 장 점

① 교육참가자에게 흥미와 체험감을 준다.
② 연기에 나타난 문제점을 파악함으로써 교육참가자 개인이 갖고 있는 약점을 인식할 수 있다.
③ 교육참가자에게 아는 것과 행동하는 것 사이의 갭(gap)을 인식시킬 수 있다.

■ 단 점

교육의 범위가 제한적이다. 기업의 활동에는 수없이 많은 역할이 요구되는데 이 기법에서는 시간적 제약으로 몇 개 정도의 역할연기밖에 할 수 없다.

5) 행동모델법

행동모델법(behavior modeling)은 관리자 및 일반 종업원에게 어떤 상황에 대한 가장 이상적인 행동을 제시하고 교육참가자가 이 행동을 이해하고 그대로 모방하게 하는 것이다.

행동모델법은 어떤 상황에 대한 가장 이상적인 행동을 제시하고 교육참가지가 이 행동을 이해하고 그대로 모방하게 하는 방법

기업상황에서는 대개 특정상황에 대한 이상적인 행동을 비디오테이프에 담아 이를 교육참가자에게 보여주고 행동이유, 과정 등을 이해시키고 이를 그대로 반복 · 연습함으로써 '행동변화'를 유도하는 것이다. 예를 들면, 불평을 많이 하는 종업원을 다루는 행동단계는 다음과 같다(Latham/Saari, 1979).

① 불평에 대하여 적의나 방어적인 태도를 가지고 반응하지 않는다.
② 불평이 무엇인지 진지하게 묻고 이를 경청한다.
③ 불평사항을 완전히 이해하기 위해 다시 질문한다.
④ 불평자의 관점을 인식하고 이해한다.
⑤ 자신의 입장을 '방어자세를 보이지 않고' 솔직히 말한다.
⑥ 결과를 알려줄 추후 면담 날짜를 정한다.

앞에서 소개한 역할연기법은 교육참가자가 주어진 상황에 대한 행동을 본

인 스스로 결정하여 연기를 하지만 행동모델법에서의 교육참가자는 행동의 종류를 선택할 여지가 없으며 주어진 행동을 반복하여 습득하는 것이다. 행동모델법의 장단점은 다음과 같다.

■ 장 점

① 교육참가자에게 기업의 인간관계와 관련되는 구체적 상황에 대한 이상적인 행동을 제시해 주기 때문에 이에 대한 학습이 신속하게 이루어진다.

② 기업실무에서의 시행착오를 줄여 준다.

■ 단 점

① 기법을 개발하는 데 비용이 많이 든다.

② 행동모델법을 배울 수 있는 인간관계관련 행동의 수가 제한적이다.

6) 교류분석법

교류분석법은 두 사람 간에 나타나는 대화의 내용을 분석함으로써 인간관계능력을 향상시키는 데 활용

교류분석법(transactional analysis)은 두 사람 간에 나타나는 대화의 내용을 분석함으로써 인간관계능력을 향상시키는 데 활용되고 있다.

대화의 내용을 분석하는 기준은 인간이 보통 갖고 있는 3종류의 퍼스낼리티가 주어진 대화에서 '자신'과 '상대방'에서 어떻게 나타나고 있는가를 알아내는 것이다. 인간이 소유하고 있는 퍼스낼리티는 '어버이형(P)', '성인형(A)' 그리고 '어린이형(C)'으로 구분되는데, 여기서 P형의 소유자는 대화에서 자신이 '도덕적이고 보수적이고 규범적'임을 암시한다. A형의 소유자는 '현실을 이성에 입각하여 합리적으로 사고하는 사람'임을 보여주며 C형의 소유자는 '의존적이고 창의력이 풍부한' 모습을 보여준다.

<그림 8-7>에서는 목표관리 프로그램과 관련하여 상사와 부하의 대화를 예로 제시한다.

<그림 8-7>에서 나타난 바와 같이 상황 A에서는 부하가 자신을 스스로 A형 퍼스낼리티 소유자로 보고 상사는 A형으로 간주하며 대화를 시작했고, 상사의 경우도 부하와 마찬가지의 입장에서 응답한 경우이다. 이 경우 상사와 부하 간에는 갈등이 생기지 않는다.

그러나 상황 B에서는 부하는 자기와 상사 공히 A형의 퍼스낼리티로 간주하고 대화를 한 반면에 상사는 자신을 P형, 부하를 C형으로 보고 응답함으로써 교류선이 교차되어 나타난다. 이런 경우 두 사람에게는 갈등이 야기되는 것이다. 이러한 분석을 통해 교육참가자는 원활한 인간관계를 유지하기 위해 어떤 대화를 해야 되는지를 학습하게 된다. 교류분석법의 장단점은 아래와 같다.

그림 8-7 교류분석의 예

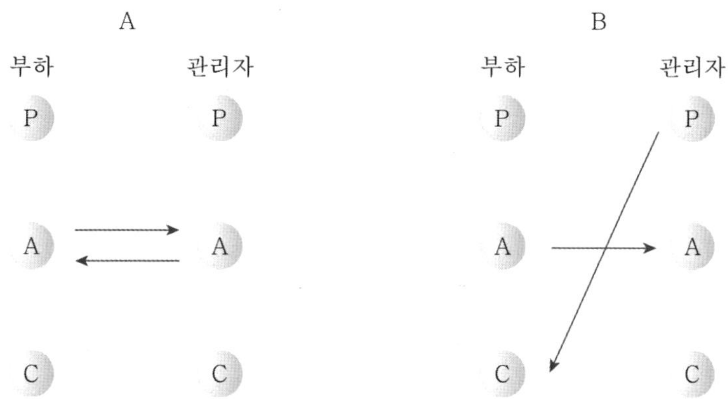

* P: 어버이형, A: 성인형, C: 어린이형

〈교류 A〉
1. 부　하: 올해 저의 목표들을 검토해 보셨습니까?
2. 관리자: 검토해 보았습니다. 우리 곧 만나서 몇 가지 변화와 당신이 목표를 달성하는 데 내가 도와 줄 수 있는 방법에 대해서 이야기해 봅시다.

〈교류 B〉
1. 부　하: 올해 저의 목표들을 검토해 보셨습니까?
2. 관리자: 검토해 보았습니다. 그런데 당신은 목표관리 프로그램이 무엇인지 전혀 모르고 있는 것 같습니다.

자료: Flippo, 1984.

■ 장 점

① 실질적으로 인간관계에 대한 통찰력을 제고시킨다.

② 추가적으로 갈등에 대한 이론을 학습하여 이를 실무에 적용할 수 있게 해준다.

■ 단 점

① 학습진도를 파악하기가 어렵다.

② 적절하고 기업실무에 맞는 교류분석의 사례를 개발하는 데 어려움이 있다.

7) 대 역 법

대역법은 관리자를 대상으로 직무지식을 획득하기 위한 교육기법

대역법(understudy)은 관리자를 대상으로 직무지식을 획득하기 위한 교육기법이다. 이 기법은 어떤 부서의 직속상사 밑에 미래에 그 자리를 계승할 예정에

있는 자가 같이 일을 하면서 그 상사로부터 업무에 관한 자세한 내용을 교육받는 제도이다. 이러한 교육형태는 직장 내 훈련법(OJT)이 동시에 포함된다. 이 기법의 장단점은 다음과 같다.

■ 장 점

① 교육이 개인별로 이루어져 학습효과가 매우 높다.

② 실무의 내용을 그대로 교육받기 때문에 학습한 내용을 실무에 적용시키는 데 아무런 문제가 없다.

③ 교육참가자가 미래에 현재의 상사가 수행하는 직무를 맡을 예정이기 때문에 학습의욕이 매우 높다.

■ 단 점

① 우수한 상사가 반드시 우수한 '교사'가 되지 않는 경우도 있다.

② 교육이 의례적으로 흐를 가능성이 있다.

8) 코　　칭

코칭은 교육실시자가 교육참가자를 개인적인 접촉을 통해 새로운 역량을 전수하는 방법

상위직급의 관리층이거나 수행하는 직무가 특수한 경우 전통적인 직장 내 교육(OJT)만으로 불충분하여 도입된 교육제도 중 코칭(coaching)이 있다. 코칭은 교육실시자가 교육참가자(trainee)를 개인적인 접촉을 통해 새로운 역량을 전수하는 것을 말한다. 코칭이 일어나는 과정을 보면 우선 코치(trainer)가 교육대상자(trainee)의 행동을 관찰한 후 그가 보다 효과적인 업무를 수행하는 데 필요한 제반 행동방식, 역량 등을 알려주고 이를 획득할 수 있도록 제반 정보를 제공하고 지도해 준다. 예를 들면 코치는 교육대상자에게 업무와 관련되는 해결하기 어려운 상황을 제공하고 이를 해결하기 위해 같이 토론하고 대안탐색과정에 제반 지원을 한다.

코칭의 장단점은 아래와 같다.

■ 장 점

① 실무와 직접 관련되어 매우 구체적이다.

② 교육대상자의 역량수준에 따라 진도 조정이 용이하다.

■ 단 점

① 유능한 코치를 구하기가 어렵다.

② 효과측정이 용이하지 않다.

9) 청년중역회법

청년중역회법(Junior Board of Directors)은 관리자 내지 관리자의 길을 걸을 예정인 종업원을 대상으로 조직 전반에 대한 지식을 축적하는 데 도입되는 기법이다. 진행과정은 아래와 같다.

청년중역회법은 관리자 내지 관리자의 길을 걸을 예정인 종업원을 대상으로 조직 전반에 대한 지식을 축적하는 데 도입되는 기법

① 기업 내 하위관리자 및 평사원급에서 12~16명을 선발하여 모의이사회를 구성한다. 여기에 참가하는 구성원은 대개 기업의 여러 부서에서 오게 된다.

② 정기적(예: 월 1회)으로 모임을 갖고 이 기업의 이사로서 조직에서 일어나고 있는 일에 대해 문제점을 제시한다.

③ 제시된 문제점을 회의에서 분석하고 해결방안을 강구한다.

④ 문제점과 해결방안을 실제 기업조직의 해당부서에 피드백시켜 문제해결에 도움을 준다.

이러한 모의 이사회에 참석함으로써 교육참가자는 기업 내 다른 부서에서 일어나고 있는 일에 대한 지식을 획득할 수 있고 전체 기업경영에 대한 이해와 통찰력을 제고시킬 수 있다. 이 기법의 장단점은 아래와 같다.

■ 장 점

① 조직 전반에 대한 지식을 획득하는 데 매우 효과적이다.

② 조직 내 커뮤니케이션이 활성화된다.

■ 단 점

① 모의이사회에 선발되지 못한 관리자에게 갈등을 유발할 수 있다.

② 모의이사회에서 제시된 문제점 때문에 실제 해당부서가 곤경에 빠질 수가 있어 이들 부서의 모의이사회에 대한 방어적인 자세가 나타날 수 있다.

고전탐방 **투계사 이야기**

요즘 닭싸움에 돈을 걸고 이기는 사람이 기세를 올리는 광경을 간간이 볼 수 있지만 옛날에도 닭싸움을 즐기는 사람이 있었는데 그것은 도박성보다는 상류층의 하나의 레크리에이션이었다. 그래서 춘추시대에는 싸움닭을 전문적으로 길러서 귀족이나 부호들에게 비싸게 팔아먹는 이른바 투계사(鬪鷄師)가 있었다. 이 투계사 중에 기성자라는 유명한 인물이 있었다.

그런데 이 기성자라는 투계사는 아무의 부탁을 함부로 맡지도 않았고 맡는다 해도 한 마리를 길러내는 수수료로 천금(千金)을 요구해서 아무나 부탁하지도 못했다. 이 같은 기성자의

이름이 알려지자 어느 날 그 나라 왕이 수탉 한 마리를 주면서 천하에 제일가는 싸움닭으로 만들라면서 그러한 닭을 길러내면 천금을 주겠다고 명했다.

왕의 명령이라 기성자는 특별히 연구해서 훈련을 시작했다. 많은 싸움닭 울안에 왕이 보내온 수탉을 집어넣어 훈련시켰다. 그 수탉은 울안에서 다른 싸움닭에 물리고 찢기고 털이 빠지고 모양새가 없었으나 10일이 지나자 점차 회복되면서 대항해서 맞싸우게 되었다. 이때부터 기성자의 특별훈련이 시작되었다 어떤 훈련인지 다른 사람은 보아도 몰랐다. 20일이 지나자 왕의 신하가 찾아와서 어느 정도냐고 물었다. 아직은 시작이라고 기성자는 말했다. 그리고 10일이 지나자 또 신하가 와서 물었다. "지금은 덮어 놓고 살기(殺氣)만 왕성합니다. 훈련이 더 필요합니다."

며칠 후부터 기성자는 이 닭을 단독 울안에서 훈련했다. 이때는 왕이 직접 찾아와서 물었다. "다 되어 가는가?" "아니올시다. 지금은 먼 곳에서 닭소리만 들어도 투지를 불태웁니다. 그래서는 아니 됩니다. 그 같은 투지를 호연지기(浩然之氣)로 초월해야 합니다." 왕은 고개를 갸우뚱하고는 돌아갔다. 그 얼마 후, 기성자가 닭을 안고 왕을 찾아가서 이제 훈련이 끝나서 완성된 싸움닭이라며 마당에 내려놓았다. 그런데 닭은 말뚝처럼 움쩍달싹 하지 않고 서 있었다. 그것은 마치 나무로 만든 닭과 같았다. 한동안 바라보고 있던 왕이 "목계(木鷄)로구나. 이것이 무슨 투계인가?" 하고 의아해했다. "천하제일의 투계가 되었습니다. 싸움을 부쳐보십시오."

기성자가 보고하자 궁중에 있는 가장 강한 투계 세 마리를 신하가 가져와서 우선 한 마리를 '목계' 앞에 놓았다. 그런데 목계를 바라보던 닭이 갑자기 도망쳐 달아났다. 다음 닭, 다음 닭 모두가 왕이 자랑하는 내로라하는 투계였으나 목계를 바라보는 순간 겁을 먹고 도망쳐 버렸다.

기성자가 말했다. "이는 덕(德)이 충만했다는 증거이며 이쯤 되면 어떠한 투계도 먼발치서 이 목계를 보기만 해도 덕과 위엄에 압도되어 도망치게 됩니다."

〈자료: 유기영, 1995〉

[5] 교육훈련 활동의 평가

교육훈련의 평가목적

교육훈련의 활동에 대한 평가목적은 아래에서 열거할 수 있다.

① 인력개발 프로그램이 추구했던 목적이 달성되었는지를 의사결정자에게 그 효과 면에서 정보를 제공한다.

② 인력개발 프로그램 참가자 및 실시자에게 프로그램의 실시결과를 피드

그림 8-8 교육훈련에 대한 평가시스템

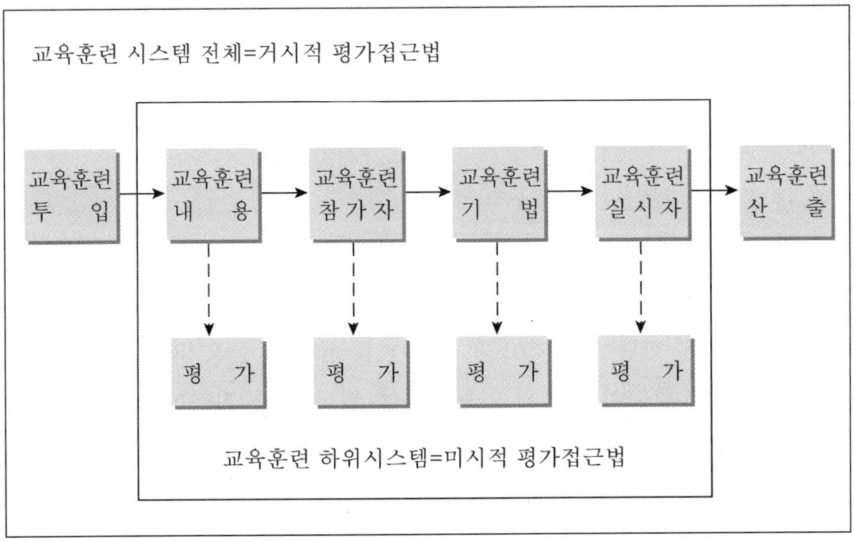

백한다.

③ 인력개발 시스템의 취약분야를 밝혀 그 개선을 위한 자료를 제공한다.

④ 인력개발 프로그램이 가져다준 경제적 효과를 밝힌다.

⑤ 미래의 인력개발 활동을 계획하는 데 보다 유용한 자료를 제공한다.

교육훈련 활동에 대한 평가는 크게 두 가지 수준으로 구분해 접근할 수 있다. 즉 교육훈련 활동 전체를 대상으로 포괄적인 평가를 시도하는 관점을 거시적 평가접근법이라고 하고 교육훈련 활동을 구성하고 있는 개별요소에 평가의 초점을 맞추는 것을 미시적 평가접근법이라고 한다. <그림 8-8>에서는 수준별 평가대상이 제시된다.

5.1 거시적 접근법

교육훈련 활동 전체를 하나의 평가단위로 간주하고 평가하는 것을 거시적 접근법(macro approach)이라고 하는데 아래의 몇 가지 질문에서 그 시각이 보다 명확해진다.

① 기업의 자원배분 측면에서 다른 부문에 자원을 할당하는 것보다 교육훈

그림 8-9 거시적 접근법의 평가기준

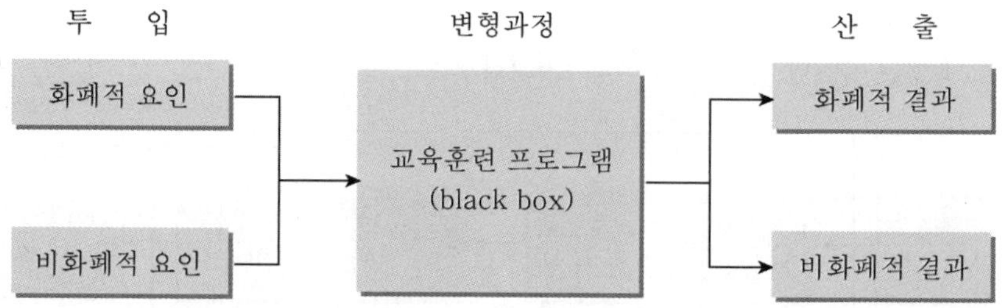

련 부문에 할당하는 것이 경제적 효율성이 더 높은가?

② 교육훈련 활동이 기업의 목표달성에 어느 정도 기여하는가?

③ 교육훈련을 통해 기업내부에서 인력을 확보하는 것이 기업외부에서 인력을 영입하는 것보다 더 효과적인가?

④ 교육훈련 활동이 투입(input)과 산출(output) 면에서 어느 정도 효과가 있는가?

교육훈련 평가에 있어서 거시적 접근법은 바로 위의 질문과 관련되는 정보를 획득하는 데 목적이 있다.

거시적 접근법의 기본 논리는 교육훈련 활동의 전과정을 하나의 검은 상자(black box)로 간주하고 여기에 투입된 것과 산출된 것이 평가대상이 된다. 이러한 접근법은 기업의 자원배분 측면에서 교육훈련 부문에 할당한 자원과 다른 부문에 할당한 자원에 대한 그 경제적 효율성과 합리성을 비교평가하는 데 효과적이다. 또한 인력확보 측면에서 기업이 교육훈련을 통해 기업내부에서 확보하는 것과 기업외부에서 영입하는 것을 비용 면에서 분석할 수 있는 도구를 제공해 준다. 그러나 이러한 접근법은 원인요소(input)가 어떤 변형과정(transformation process)을 거쳐 결과요소(output)가 되는지 그 구체적 발전과정에 대한 정보를 제공하지 못한다.

위에서 말한 투입은 교육훈련 활동을 위해 기업이 배분한 모든 물적 · 재무적 · 기능적 자원[5]이 포함되며 이들은 다시 화폐적 · 비화폐적 측면으로 구분된다. 마찬가지로 산출은 교육훈련 활동의 결과인 유용성, 효과 등을 말하며 이것 역시 화폐적 · 비화폐적 측면으로 구분된다(<그림 8-9> 참조).

이러한 거시적 접근법은 평가대상별로 투입에 대한 화폐적 평가 및 투입과 산출에 대한 화폐적 평가로 구분될 수 있다.

5) 여기서 기능적 자원은 교육훈련 활동을 위한 목표설정, 계획수립, 정보수집 등을 말함.

1) 투입에 대한 화폐적 평가

이것은 교육훈련 활동을 통해 투자되는 모든 투입요소 중 화폐적으로 환산할 수 있는 지출비용을 중심으로 평가하는 것으로서 그 평가도구로 비용비교분석법(cost comparison analysis)을 들 수 있다.

교육훈련 활동을 통해 투자되는 모든 투입요소 중 화폐적으로 환산할 수 있는 지출비용을 중심으로 평가하는 것

비용비교분석법은 교육훈련 활동을 위해 투자되는 모든 투입요소 중 화폐적으로 환산할 수 있는 지출비용을 중심으로 평가하는 기법으로서 비용의 구조적 배분 정도 및 기간별 변화추세의 파악을 목적으로 하고 있다. 이 기법은 교육훈련 예산수립에 유용한 정보를 제공할 수 있으며 비용에 관심의 초점을 맞춤으로써 비용통제에 기여할 수 있다.

교육훈련에 발생되는 비용은 크게 직접비용(예: 교육훈련 참가자 및 실시자의 임금, 복리후생비, 재료비, 프로그램 개발비 및 진행비 등)과 간접비용(예: 스탭진 및 교육훈련 실시자를 위한 교육훈련비, 지원비 및 일반관리비)으로 나눌 수 있으며, 특히 직장 내 훈련(OJT)의 경우 비용의 측정은 매우 어렵다.

비용비교의 내용은 기간별 비교와 구조적 비교로 구분되는데, 기간별 비교는 해당기업의 예산기간을 기준으로 혹은 개별 교육훈련의 소요기간별로 발생한 비용을 기준으로 비교한다. 이러한 비교는 교육훈련 비용의 세부항목별(예: 인건비, 재료비, 개발비 등) 변화추세를 용이하게 파악할 수 있게 한다.

반면에 비용에 대한 구조적 비교는 비용항목 간 그리고 개별 교육훈련별 프로그램(신입사원 프로그램, 관리자 프로그램, 판매직 프로그램 등) 간의 비용을 비교하는 것으로 이러한 비교를 통해 교육훈련비가 얼마나 합리적으로 배분되고 있느냐를 밝히는 데 평가의 목적이 있다(<그림 8-10> 참조).

비용비교분석법의 문제점으로는 우선 비용 자체만 가지고 교육훈련 활동의 경제적 가치(결과)를 파악할 수 없으며, 또한 이 기법은 비용의 변화추세에 관심의 초점을 맞추기 때문에 평가자들은 비용의 감소에 역점을 두게 되고, 이렇게

그림 8-10 비용비교의 내용 및 범위

내용 \ 범위	기업 내	기업 간
기간별 비교		
구조적 비교		

그림 8-11 비용-편익분석의 과정

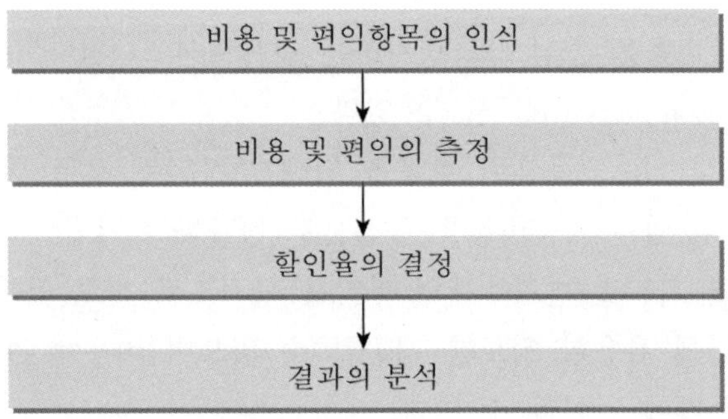

되면 기업의 장기적 인력개발 측면을 등한시할 우려가 있다(Staude, 1978). 그러나 이 기법은 이러한 단점에도 불구하고 교육훈련 비용의 합리적 배분 및 통제라는 관점에서 평가기법으로서의 충분한 가치가 있다.

2) 투입과 산출에 대한 화폐적 평가

교육활동에 배분된 제 자원 중 화폐적으로 환산할 수 있는 대상과 교육훈련의 결과로 나타나는 제 산출을 화폐적으로 서로 비교분석하는 기법이 '비용－편익분석법(cost-benefit analysis)'이다. 이 기법은 공공투자부문(교통망, 건설, 의료, 국방 등)의 투자에 대한 최적 대체안을 밝혀내기 위해 도입되었으며 그 유용성이 인정되어 최근에 와서 기업경영분석에 도입되었다(Kirsch, et al., 1973).

비용/편익분석의 제 과정

비용－편익분석은 <그림 8－11>에서 제시되는 4단계 과정을 거쳐 실시된다. 위에서 제시된 비용－편익분석의 제 과정은 다음과 같다.

첫째, 교육훈련 프로그램의 비용항목은 교육훈련 예산에서 쉽게 발견되며 여기서는 간접비용의 인식에 주의할 필요가 있다. 수익항목의 인식은 비용항목의 인식보다 어려움이 많은데, 이것을 질적 측면과 양적 측면, 직접수익 및 간접수익 그리고 수익의 발생기간을 기준으로 단기 · 중기 · 장기로 구분할 수 있겠다. 질적 측면으로는 종업원의 직무수행 자격요건의 증가, 종업원 배치의 유연성, 인적자원 확보의 계속성 등을 들 수 있으며, 양적 측면으로는 성공적인 직위이동, 생산량의 증가, 불량률 감소, 제안수의 증가 등을 들 수 있다(Klötzel, 1985).

직접수익은 교육훈련 기간 동안 달성된 성과(Sachleistung), 교육훈련의 결과,

능력의 향상으로 인해 인상된 급여 등을 말하며, 간접수익은 교육훈련을 통해 확보된 인력을 사내에서 확보했을 때의 모집 및 선발비용 절약액, 기업 내 커뮤니케이션의 개선, 노동시장에서의 기업의 이미지 제고 등을 말한다. 그리고 수익이 발생하는 기간별로 살펴보면, 단기에 나타나는 편익으로서 교육훈련 참가자의 행동변화, 직무수행 요건의 충족, 중기에 나타나는 편익으로서 이직률의 감소, 종업원의 독립심 제고, 인력배치의 융통성, 직무만족의 증가 그리고 장기에 나타나는 편익으로서 기업풍토의 변화, 인력확보의 계속성, 생산성, 매출액, 이익의 증가 등을 들 수 있다.

둘째, 비용 및 편익의 측정에서 특히 효과의 화폐적 측정문제는 '비용－편익분석' 기법의 핵심적 문제로서 그 측정가능성에 대해서 그간 많은 논란이 존재해 왔다. 인력확보에 대한 역사적 원가 내지 대체가격의 개념을 도입하여 교육훈련 효과를 화폐적으로 환산할 수 있다. 즉 '관리자의 관리능력 향상'에 대한 효과의 화폐적 측정은 기업이 이와 같은 관리자를 외부노동시장에서 확보할 때 드는 비용을 계산함으로써 가능하다고 본 것이다.

셋째, 비용 및 편익이 여러 기간을 통해 발생할 경우 미래에 발생되는 비용 및 편익은 현가(現價)로 환산해야 한다. 예로써 어떤 교육훈련 프로그램이 이직률 감소의 효과가 있다면, 그 효과가 향후 몇 년간 계속될 것인가를 예측, 이로부터 예측되는 경제적 효과를 현재의 화폐적 가치로 환산하는 것이다. 현가로 환산하는 데 적용시킬 수 있는 할인율은 그 기업의 평균투자수익률, 은행금리 등 해당 기업별로 상이하게 적용시킬 수 있겠다.

마지막 단계인 결과의 분석에는 두 가지 방법이 가능하다. 우선 편익에서 비용을 뺀 값을 분석대상으로 할 경우 분석결과의 의미는 매우 제한적이다. 이 방법으로는 교육훈련 프로그램 간의 의미 있는 비교가 어렵고, 만일 화폐로 환산할 수 없는 수많은 효과가 존재할 경우에는 (－)로 표시되어 이것이 교육훈련 예산 확보시 부정적인 영향을 초래할 수 있기 때문이다. 보다 효과적인 분석방법은 비용 대 편익의 비율(rate of return)을 밝히는 것이다. 이 방법은 교육훈련 프로그램 간의 비교를 가능하게 해주며 기업의 투자회전율과의 관계도 밝힐 수 있는 이점이 있다.

위에서 논의했던 비용－편익분석 기법의 문제점으로는 편익의 전부를 화폐적 단위로 환산해야 하는 어려움이 따른다. 즉 편익의 평가에 많은 주관성이 개입되며, 특히 이 평가를 교육훈련 프로그램을 주관하는 부서에서 실시할 경우 편익에 대해 과대 계산을 할 수도 있다.

그러나 이 기법은 아래와 같은 장점도 지니고 있다.

■ 장 점

① 교육훈련 활동에 대한 산출 측면을 인식하고 있으며, 때문에 교육훈련의 경제성 측면의 인식을 강조하고 있다.

② 교육훈련에 대한 임의적인 의사결정을 저지시킬 수 있다.

③ 교육훈련에 대한 투자가 그 효과 면에서 화폐적으로 구체적으로 표시되기 때문에 교육훈련 부문의 입장이 기업의 예산편성에 긍정적으로 반영될 수 있다.

5.2 미시적 접근법

미시적 접근법은 변환과정에 대한 내용을 밝힐 수 있다는 강점

교육훈련 평가에 대한 미시적 접근법은 교육훈련 시스템을 구성하는 개별요소에 평가의 초점을 맞추려는 것이다. 거시적 접근법이 투입과 산출 사이의 변환과정에 대한 정보를 전혀 제시해 주지 못하는 반면 이 접근법은 변환과정에 대한 내용을 밝힐 수 있다는 강점을 지니고 있다. 평가의 개별대상은 앞에서 제시된 바와 같이 교육훈련의 내용(content), 참가자(trainee), 기법(technique) 그리고 실시자(trainer)가 된다.

1) 교육훈련의 내용평가

이것은 교육훈련 참가자에게 무엇을 학습시킬 것인가에 대한 평가를 말한다.

교육훈련의 내용에 대한 평가기준으로서 첫째, 이것이 만족할 만한 학습효과를 용이하게 가져다주는가, 둘째, 실무에 적용시키는 데 용이한가, 셋째, 직무수행에서 성과를 창출하는 데 효과적인가 그리고 해당 종업원의 경력개발에 유익한가 등을 들 수 있다.

교육훈련의 내용과 효과에 대한 인과관계(因果關係)를 밝히는 데에는 방법론상 여러 가지 어려움이 따르기 때문에 일반적으로 교육훈련의 내용이 결정되는 과정을 분석함으로써 간접적인 평가를 한다.

교육훈련의 내용은 필요성분석(needs analysis)에서 기본적으로 정해진다고 볼 수 있는데 이것이 교육훈련의 직접적 목표가 되며 교육훈련의 필요성에서 교육훈련의 내용이 도출되는 것이다. 교육훈련의 내용평가는 교육훈련의 목표달성에 어느 정도 기여할 수 있느냐에 따라 측정된다.

교육훈련 내용에 대한 평가는 그 측정상 발생하는 문제를 무시할 수 없다는 제약이 있는 반면, 이것이 교육훈련 시스템의 유효성 증대에 중요한 한 변수로 인정되기 때문에 간과할 수 없는 평가대상이다.

2) 교육훈련의 참가자 평가

교육훈련 참가자는 교육훈련에 대한 평가시스템에서 가장 핵심적인 평가대상으로 간주된다. 왜냐하면 교육훈련의 여러 목표들이 교육훈련 참가자를 통해 직접적으로 달성되며 또한 미시적 접근법에서 거론되는 다른 평가대상인 교육훈련의 내용, 기법 그리고 실시자는 오로지 교육훈련의 참가자가 보다 효과적으로 교육훈련을 받는 데 공헌하기 위해 존재하기 때문이다.

아래에서는 교육훈련 프로그램이 진행되는 과정을 기준으로 그 구체적 평가대상을 제시해 본다.

(1) 선발평가

교육훈련의 참가자가 제대로 선발되었는가에 대한 문제는 교육훈련 프로그램의 효율성과 관련해서 중요한 의미를 갖는다. 즉, 교육훈련의 참가자에게 요구되는 자격수준을 참가자가 갖추어야 교육훈련 프로그램의 진행에 차질을 초래하지 않으며 그만큼 효과도 높아지는 것이다. 참가자 선발문제는 기업의 일반적인 인력확보(채용)시 나타나는 선발문제와 유사하지만 특히 여기서 고려해야 할 사항은 다음의 두 가지를 제시할 수 있다. 첫째, 교육훈련 참가자가 교육훈련 프로그램에 참가함으로써 기대되는 미래의 자격수준과 현재 그가 갖추고 있는 자격수준의 차이가 적으면 적을수록 교육훈련 프로그램은 보다 경제적(시간 및 비용)이 된다. 둘째, 교육훈련 참가자가 갖고 있는 현재의 자격수준 외에 잠재능력을 정확히 평가하여 이 잠재능력이 미래에 요구되는 자격수준을 능가하는지의 여부가 평가되어야 한다.

교육훈련의 참가자가 제대로 선발되었는가에 대한 문제는 교육훈련 프로그램의 효율성과 관련해서 중요한 의미

<그림 8-12>에서 나타나듯이 갑(甲)의 경우 현재의 자격수준이 을(乙)보다 높지만 잠재능력 면에서 미래에 기대되는 자격수준을 충족시킬 수 없기 때문에 오히려 현재의 자격수준은 낮지만 잠재능력이 많은 을을 교육훈련 참가자로 선발하여야 한다.

(2) 반응평가

교육훈련 프로그램이 교육훈련 참가자에게 어떻게 받아들여지고 있는가, 즉 참가자의 긍정적 혹은 부정적 태도를 파악하는 것이 반응평가이다. 이것을 통해 참가자의 교육훈련에 임하는 모티베이션의 정도를 알 수 있으며 바로 이러한

그림 8-12 잠재능력을 고려한 교육훈련 참가자 선발

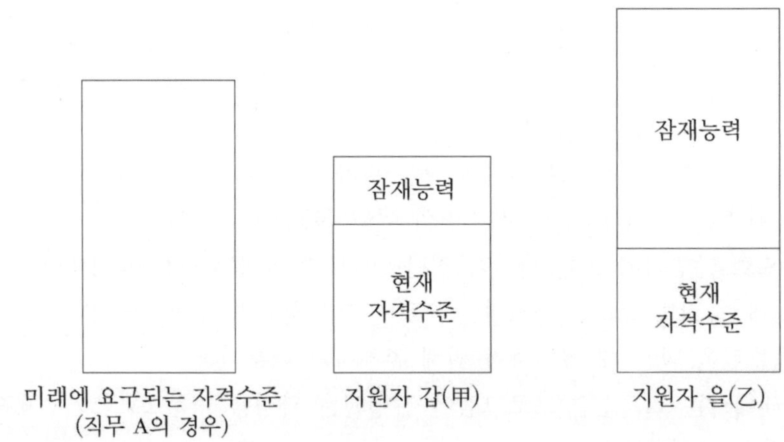

모티베이션이 학습효과에 영향을 미친다고 간주되기 때문에 반응평가의 중요성이 인정된다.

평가의 시기는 교육훈련의 실시 전, 실시 중 그리고 실시 후가 될 수 있으며 이러한 반응은 교육훈련 프로그램의 진행 도중에 변할 수 있다. 평가의 내용은 일반적으로 교육훈련 프로그램의 목적, 교과내용, 실시자 및 기법에 대한 참가자의 주관적 태도가 된다.

교육훈련에 대한 반응을 평가하기 위한 도구로서 관찰법 및 질문지법 등을 도입할 수 있겠으나 평가에 대한 신뢰도 문제가 제기된다. 이와 관련하여 참가자가 전체 교육훈련 프로그램을 조망할 수 있는 시점을 택해야 효과를 높일 수 있을 것이며 보다 정교한 방법으로는 교육훈련의 실시 전, 실시 중 그리고 실시 후에 각각 평가하여 그 결과를 비교분석함이 바람직하다.

(3) 학습성과의 평가

교육훈련의 참가자에게 기대되는 학습성과에 대한 평가는 기업이 원하는 자격수준에 교육훈련 참가자가 도달했느냐를 파악하는 것이다. 학습의 영역으로서 첫째, 인지적 영역(지식, 이해력, 적용능력, 분석력, 평가력), 둘째, 주정적(主情的) 영역(태도, 가치관, 주의력), 셋째, 정신운동적 영역(추진력, 어휘구사력, 조정능력, 융통성) 등을 들 수 있는데 학습성과에 대한 평가는 가능한 한 해당 학습영역별로 실시해야 한다(Schanz, 1979).

학습성과에 대한 평가도구는 해당 학습영역별로 상이한 도구를 도입 · 적용시킬 수가 있다. 인지적 영역에서는 필기시험, 구두시험 및 면접시험을 통해서 그리고 주정적 영역은 역할연기법, 집단토의법을 통해 평가할 수 있다. 또한 정신운동적 학습영역의 평가를 위해서는 면접법, 질문지법 및 사례분석법을 들 수 있다.

(4) 적용효과의 평가

적용효과는 교육훈련 참가자가 습득한 학습내용을 경영실무에 어느 정도 적용시키느냐를 말하는 것이다. 교육훈련의 결과가 어떻게 성과(performance)에까지 연결되느냐는 참가자가 실무에 돌아와서 보여주는 태도변화, 행동변화 그리고 성과변화의 제 변화과정을 통해 나타난다.

교육훈련 참가자가 습득한 학습내용을 경영실무에 어느 정도 적용시키느냐를 평가

여기서 태도변화는 바로 교육훈련 전과 후의 작업 모티베이션의 차이를 말하며, 행동변화는 그가 자기의 직무수행을 위해 투입하는 노력의 변화를 말한다. 행동변화의 결과는 직무성과를 가져다주는데 이에 대한 경제적 기준으로서 생산성 증가, 비용의 절약, 매출액의 증대 등을 들 수 있으며 비경제적 기준으로서 조직풍토의 개선, 커뮤니케이션의 활성화 등이 포함된다.

학습내용이 직무수행으로 이전(transfer)될 때 다음과 같은 세 가지 사항이 긍정적으로 영향을 미친다. 첫째, 교육훈련의 내용이 참가자의 욕구와 일치되는 경우, 둘째, 교육훈련의 종료 후 실시자가 참가자에게 계속적인 커뮤니케이션을 통해 이전을 지원하는 경우 그리고 마지막으로 교육훈련의 기간이 길면 길수록 높은 이전효과를 가져다준다. 반면에 교육훈련에의 참가가 자발적이 아니고 상사의 압력에 의해 비자발적으로 행해졌을 때 이전효과는 줄어든다.

3) 교육훈련의 기법평가

교육훈련을 실시할 때 어떤 기법을 동원하느냐 하는 문제는 기법이 교육훈련의 효과에 직접적인 영향을 끼치기 때문에 매우 중요하다. 기법에 대한 평가는 일반적으로 아래의 3가지 측면에 초점을 맞춘다.

첫째, 도입한 기법이 교육훈련의 기능적 측면을 어느 정도 충족시키느냐를 평가한다. 여기서 기능적 측면은 교육훈련의 내용을 참가자에게 얼마나 목적 지향적으로 전달 · 학습하게 하느냐에 관한 것으로서 아래의 6가지 기능이 평가대상이 된다(Bass/Vaughan, 1966).

① 교육훈련 참가자의 적극적인 참여유도의 기능
② 교육훈련 성과를 참가자에게 피드백시키는 기능
③ 학습한 내용을 실무에 이전시키는 기능

④ 학습한 내용의 반복기능

⑤ 학습동기부여 기능

⑥ 참가자의 성장욕구의 충족을 위한 지원기능

둘째, 교육훈련 내용을 교육훈련 기법을 통해 참가자에게 전달한 결과 나타나는 교육적 효과와 교육훈련 기법과의 관련성을 평가하는 것인데 이것은 주로 교육훈련의 참가자를 대상으로 평가가 실시된다. 구체적 평가기준으로서 참가자의 기법에 대한 반응, 학습 성과, 실무에의 적용의 용이성, 경력개발 등을 들 수 있다.

셋째, 기법의 경제적 측면인데 이것은 개별 기법을 도입 및 실시할 때 발생하는 비용, 시간 그리고 경제적 편익이 평가대상이 된다.

이상에서 제시된 기법에 대한 평가는 주로 교육훈련 프로그램 관련자들에게 지각된 주관적인 평가에 의존하기 때문에 평가방법상 그 한계를 부정할 수가 없다. 뿐만 아니라 교육훈련 기법의 효과분석에서 교육훈련이 실시되는 상황 및 교육훈련 결과에 미치는 다른 영향변수들(예: 교육훈련 목표, 내용, 실시자, 참가자)의 효과와 교육훈련 기법의 효과를 구분 · 파악하는 데에는 여전히 해결하기 어려운 문제가 놓여 있다.

4) 교육훈련의 실시자 평가

교육훈련 프로그램의 성공 여부는 실시자(trainer)가 갖추고 있는 자격요건과 그의 행동에 달려 있다고 해도 과언이 아니다. 교육훈련의 실시자가 갖추어야 하는 자격요건으로 일반적 측면으로서 교육학, 심리학, 사회심리학, 회의기법 등에 관한 기본지식과 개별 자격요건으로 구분될 수 있다.

교육훈련 실시자의 직무수행상 일반적 임무는 교육훈련에 대한 계획, 실시, 통제 및 교육훈련에 관한 상담에 응하는 것으로 볼 수 있다. 보다 구체적 임무로서 교육훈련 참가자와의 관계에서 요구되는 임무와 조직적 측면에서 요구되는 임무로 구분된다.

첫째, 교육훈련 실시자－참가자 관계에 요구되는 임무는

① 학습의 제 영역(인지적 · 주정적 · 정신운동적 영역)의 전달

② 학습결과를 실무에 적용시키는 데 대한 지원

③ 교육훈련 참가자에게 학습동기 부여

④ 상담 및 지도

⑤ 긍정적인 학습 분위기 조성

⑥ 참가자에 대한 학습결과의 평가 등을 열거할 수 있다.

둘째, 조직적 측면에서 요구되는 임무로서

① 교육훈련의 필요성을 교육훈련 목표 및 학습목표에 반영

② 적절한 교육훈련 기법의 선정

③ 교육훈련 프로그램의 계획, 실시 및 통제에 관련되는 제반 의사결정에 참여하는 것을 들 수 있다(Staude, 1978).

이상에서 제시한 교육훈련의 실시자에게 요구되는 제반 임무사항이 바로 실시자(trainer)에 대한 평가기준이 된다. 즉 교육훈련 실시자는 이러한 임무를 어느 정도 충실히 수행했느냐가 바로 평가의 내용이 되는 것이다.

교육훈련 실시자를 평가하기 위한 도구로서 질문지법(교육훈련 참가자, 실시자 자신 및 동료, 교육훈련 프로그램 책임자 그리고 외부전문가를 대상), 면접법 그리고 관찰법을 도입할 수 있다.

교육훈련 실시자를 평가하기 위한 도구로서 질문지법, 면접법, 관찰법을 도입할 수 있다.

지금까지 기업의 교육훈련활동에 대한 평가와 관련해서 그동안 개발된 평가접근법을 거시적 및 미시적 접근법이라는 관점에서 논의했다. 거시적 접근법은 교육훈련 프로그램을 '전체'로서 평가하려는 것이 그 출발점이다. 이 접근법은 교육훈련 활동의 전 과정을 하나의 검은 상자(black box) 모형을 도입하여 교육훈련 활동에 대한 투입(input)과 산출(output) 사이에 존재하는 복잡한 변화과정을 평가대상으로 삼지 않고 투입과 산출에만 평가의 초점을 맞추는 것이다. 따라서 이 접근법은 교육훈련 활동의 평가에 대한 전체적 조망을 용이하게 해주는 반면에 교육훈련 활동에 투입된 요소가 어떤 구체적 과정을 거쳐 산출로 변형되는가에 대한 정보는 전혀 제공해 주지 못한다.

이에 반해 미시적 접근법은 교육훈련 프로그램의 내부에 평가의 초점을 맞추는 것이다. 이 접근법의 목적은 교육훈련 프로그램을 구성하고 있는 하위 시스템들(교육훈련의 내용, 참가자, 기법, 실시자)을 개별적으로 평가함으로써 이들 요소가 갖고 있는 문제점을 발견·개선하려는 데 있다. 또한 이 접근법은 거시적 접근법에 비해 교육훈련 프로그램이 실패했을 때 실패의 원인을 분석하는 데 보다 유용한 것으로 평가된다.

이상의 비교에서 나타났듯이 평가에 대한 거시적 및 미시적 접근법은 서로 상이한 강점을 갖고 있으며 이것이 상호배타적인 것이 아니라 상호 보완적인 것으로 간주되기 때문에 기업에 동시에 도입·활용되어야 한다.

요약

기업의 교육훈련은 경제적 효율성과 사회적 효율성을 동시에 추구하는 데 매우 중요한 분야이다. 교육훈련의 목적은 기업의 입장에서 보면 필요한 인력의 사내확보, 생산성 향상, 인력배치의 유연성 제고, 기업이미지 제고 등을 들 수 있다. 반면에 종업원의 입장에서 보면 교육훈련은 승진기회의 증가, 노동시장에서의 경쟁력 강화, 직장안전 제고, 성장욕구 충족 등을 달성할 수 있다.

교육훈련을 관리적으로 접근하면, 계획, 실천 그리고 통제활동으로 구분할 수 있는데 계획활동에는 교육훈련의 필요성 분석 및 교육훈련 목표설정이 있으며 실천활동으로서는 교육훈련 프로그램을 운영하는 것인데, 이것은 교육훈련 교과내용, 참가자, 기법 그리고 실시자로 구성되어 있다. 마지막 통제활동은 교육훈련 활동의 효과를 평가하는 것인데 평가접근법으로서 거시적 접근법과 미시적 접근법이 있다.

교육훈련 필요성을 파악하는 분석수준은 조직수준, 직무수준 그리고 개인수준 등으로 나눌 수 있겠다. 교육훈련의 내용으로는 기업경쟁력의 원천이 되는 역량이 되어야 하며 그 내용으로서 공통역량, 기능역량 그리고 직무역량으로 구분될 수 있다. 교육훈련의 기법으로는 신입사원을 대상으로 하는 직장 내 교육훈련(OJT), 멘토시스템, 작업층을 대상으로 하는 실습장 훈련, 도제훈련, 프로그램 학습법 등이 있다. 관리자를 대상으로 하는 기법은 인바스켓 훈련, 비즈니스 게임, 역할 연기법, 행동 모델법, 교류분석법, 대역법, 코칭 그리고 청년중역회법 등이 있다.

교육훈련 효과를 평가하는 접근법으로서 거시적 접근법에는 투입에 대한 화폐적 평가, 투입과 산출에 대한 화폐적 평가(비용-편익분석)가 있다. 미시적 평가법에는 교육훈련 내용평가, 참가자의 선발, 반응, 학습성과 그리고 적용성과를 평가하며, 기법에 대한 평가에서는 교육적 효과 및 경제적 측면을 평가하는 것으로 나눌 수 있다. 끝으로 실시자에 대한 평가내용에는 학습내용의 전달능력, 학습동기 부여능력 및 학습내용을 실무에 적용시키는 데의 지원 등이 포함된다.

참고문헌

박경규, 멘토시스템을 통한 신입사원의 조직사회화 전략, 경영논총, 서강대, 제7집, 1996, pp. 95~109.

박경규, 기업의 인력개발에 대한 전략적 접근, 경영논총, 서강대, 1995, pp. 97~111.

박경규, 기업의 교육훈련에 대한 평가시스템-거시적 및 미시적 접근법을 중심으로, 경영논총, 동국대, 제11집, 1986, pp. 65~94.

전재욱, 기초역량, 직무역량, 관리역량별 교육체계, 월간 인사관리, 2004. 10, pp. 73~75.

유기영, 중국고사산책, 중소기업신문, 1995. 10. 16.

Bass, B. M./ Vaughan, J. A., Training in Industry: The Management of Learning, Belmont, 1966.

Becker, M., Personalentwicklung, Verlag fμr Unternehmensfμhrung Dr. Max Gehlen, 1993.

Flippo, E. Personnel Management, McGraw–Hill, 6th ed., 1984.

Gerl, H./ Pehl, K., Evaluation in der Erwachsenbildung, Bad Heilbrunn, Klinkhardt, 1983.

Gmelin, V., Methoden des Bildungscontrolling, in: Personal, Nr. 3, 1984, pp. 105~108.

Gulden, H., Evaluation von Traineeprogrammen als Alternative ur klassischen Form des Berufseinstiegs, Rainer Hampp Verlag, 1996.

Hentze, J., Personalwirtschaftslehre 1, 6. Auflage, UTB, Haupt, 1994.

Hunt, D./ Michael, C., Mentorship: A Career Training and Development Tool, in: Academy of Management Review, 1983, Vol. 4., pp. 475~485.

Katz, R. L., Skills of an Effective Administrator, in: Harvard Business Review, 1955, Jan–Feb, pp. 34~42.

Kirsch, W./ Bamberger, I./ Gabele, E./ Klein, H., Betriebswirtschaftliche Logistik Wiesbaden, 1973.

Klözel, G. K., Personal–Controlling mit Hilfe einer Input and Output–Analyse, in: Personal, Report 85, 1985, pp. 30~31.

Kraut, A. I./ Pedigo, P. R./ McKenna, D. D./ Dunnette, M. D., The Role of the Manager: What's Really Important in Different Management Jobs, in: Academy of Management Executive, November 1989, pp. 286~292.

Latham, G. P./ Saari, L. M., Application of Social Learning Theory to Training Supervisors through Behavioral Modeling, in: Journal of Applied Psychology, Vol. 64, 1979.

Margolis, T., Ökonomische Wertung durch Schattenpreise, in: Recktenwald, H. C.(ed.), Nutzen–Kosten–Analyse und Programmbudget, Tubingen, 1970, pp. 127~141.

Mathis, R. L./ Jackson, J. H., Human Resource Management, 9th ed., Thomson Learning, 2000.

Nagel, K., Weiterbildung als strategischer Erfolgstaktor, 2. Auflage, Moderne Industrie, 1991.

Noe, R. A., in: Investigation of the Determinants of Successful Assigned Mentoring Relationships, in: Personnel Psychology, 1988, Vol. 41, pp. 457~479.

Phillips, J. J., Handbook of Training Evaluation and Measurement Methods, Gulf Publishing Co., 2nd ed., 1991.

Phillips, J. T., Training Programs: A Results–oriented Model for Managing the

Development of Human Resource, in: Personnel, May–June, 1983, pp. 11~18.

Rothwell, W. J., Beyond Training and Development, AMACOM, 1996.

Schanz, H., Betriebliches Ausbildungswesen, Wiesbaden, Gabler, 1979.

Schuler, R. S./ Jackson, S. E., Human Resource Management, Thomson, 2006.

Spencer, L. M./ Spencer, S. M., Competence at Work, John Wiley & Sons, 1993.

Staude, J., Betriebliche Traineeprogramme und ihre Kontrolle, Hanstein, 1978.

경력개발

chapter 09

[1] 문제제기 및 목적

1.1 문제제기

1997년 금융위기 후 우리나라 기업은 대폭적인 인력구조조정을 단행하였다. 그 후 금융위기를 극복하였음에도 불구하고 기업의 인력운용에 대한 방어적 자세는 계속되고 있다. 사실 인적자원은 기업경쟁력의 주요한 요소임에도 불구하고 가능한 한 작은 인원으로 기업을 끌고 가려는 의지가 팽배해 있는 실정이다.

최근 사오정, 즉 45세 정년이라는 신조어가 만들어지더니 이제는 30대에 기업을 떠나지 않으면 안 되는 현상도 확산되고 있다. 심지어 어떤 기업은 능력보다는 나이를 기준(예: 50세 이상)으로 퇴출시키는 사례가 나타나고 있다. 제품의 제조일자도 중요하지만 유통기간이 어느 정도인지도 고려해야 한다는 우스개 얘기도 나오고 있다. 기업으로서는 인력감축을 통해 우선 인건비를 줄이려는 자세에서 보다 장기적인 시각에서 인력운용을 하여야 할 것이다.

경력개발은 인력운용에 대한 장기적 시각에서 출발하며 기업과 종업원 모두에게 매우 중요한 이슈가 된다. 오늘날 경력개발의 필요성은 기업을 둘러싸고 있는 외부환경 및 내부환경의 변화로 더욱 강조되고 있다.

경력개발은 인력운용에 대한 장기적 시각에서 출발하며 기업과 종업원 모두에게 매우 중요한 이슈

우선 외부환경을 보자. 첫째 우리나라 기업은 최근 들어 성장이 매우 둔화되고 있으며 국제화에 따른 무한경쟁시대에 접어들었다. 이러한 환경에서 기업이 경쟁력을 확보하기 위해서는 기업 내 핵심인재의 보유가 중요한 변수가 되고 있으며 또한 핵심인재의 확보를 위한 기업 간 경쟁 또한 치열하다. 둘째 사회구성원의 가치관이 집단주의에서 개인주의로 매우 급속히 변하고 있다. 과거 기업 종업원은 한 직장에 오래 머물며 기업과의 공동체의식을 당연시하였으나 이제 종업원은 자신의 성장을 위해 기업을 수시로 옮기고 있다. 셋째 무엇보다도 삶의 질을 추구하는 경향이 두드러져 과거처럼 종업원에게 기업이 일방적인

헌신을 강조하기가 어려워졌다.

경력개발과 관련되는 기업의 내부환경 또한 많이 변화되고 있다. 첫째 비즈니스 리엔지니어링(Business Process Reengineering)으로 직무내용이 질적으로 많이 변화되었고 이에 따른 인력구조의 변화 그리고 과거보다 전문인력의 필요성이 더욱 강조되고 있다. 둘째 분권화로 인한 업무방식의 변화이다. 분권화는 업무수행자에게 보다 많은 권한과 자율성을 부여하게 되고 팀조직을 통한 업무활성화, 나아가 다역량보유자(multi-player)의 필요성 증대 등 인력운용을 과거의 방식이 아닌 보다 경력개발 지향적인 방향으로의 전환을 요구하고 있다.

1.2 목 적

경력개발의 목적

경력개발의 목적을 기업의 입장과 종업원의 입장에서 살펴보면 아래와 같다.

경제적 효율성면에서 볼 때 기업이 추구하는 목적은 첫째, 종업원의 경력개발을 통해 인적자원을 효율적으로 확보할 수 있다. 경력개발이란 결국 종업원에게 여러 종류의 직무를 수행할 수 있는 능력을 갖추도록 하는 것인데 이렇게 함으로써 기업은 미래에 필요한 인력을 보다 효율적으로 확보한다.

둘째, 경력개발을 통해 기업은 조직의 노하우(know-how)를 체계적으로 축적하여 경쟁력을 제고시킬 수 있다.

셋째, 종업원의 기업조직에 대한 일체감을 제고시켜 기업 내 협동시스템의 구축이 보다 원활해진다.

또한 사회적 효율성과 관련하여 경력개발은 종업원에게 아래와 같은 장점을 가져다준다.

첫째, 종업원의 성장욕구를 충족시켜 준다. 경력개발은 종업원이 지니고 있는 기술, 또는 능력이 노후화되는 것을 막고 보다 새로운 도전적인 직무경험을 하게 함으로써 종업원 자신으로 하여금 성장의 기쁨을 가져다준다.

둘째, 종업원에게 자리에 대한 안정감(job security)을 주고 미래를 보다 의미있게 설계할 수 있게 해준다. 이러한 점은 종업원에게 비전을 가져다준다.

셋째, 경력개발은 종업원에게 전문적 능력의 획득기회를 부여하기 때문에 노동시장에서의 자신의 경쟁력을 높게 해준다.

[2] 경력개발 시스템

경력개발은 종업원에게 장기적으로 의미 있는 상이한 직무를 부여함으로써 이루어진다. 어떤 직무를 부여할 것인가, 즉 어떤 직무가 '의미' 있는 것인가는 한마디로 말하기가 어렵다. 왜냐하면 기업이 생각하는 의미 있는 직무와 종업원(개인)이 생각하는 의미 있는 직무가 서로 다를 수 있기 때문이다. 상이한 직무들을 어떤 순서로 배열할 것인가, 그리고 해당 종업원이 부여된 직무를 수행할 능력을 미처 갖추지 못했을 경우 어떻게 할 것인가 등에 대한 해답을 찾기 위해 경력개발 시스템에 대한 이해를 명확히 해야 할 것이다. <그림 9-1>에서는 경력개발 시스템의 구조가 제시된다.

이 그림에서는 기업의 경력개발활동을 관리적 시각에서 나타내주고 있다. 경력개발의 계획활동은 바로 개인의 경력욕구에 대한 파악, 조직이 제공할 수 있는 경력기회 예측(경력 욕구), 이들이 맞지 않을 경우 조정하는 과정을 거쳐 통합해야 하며 그 결과 경력경로가 설계된다. 경력개발에 대한 실천활동은 교육훈련, 전환배치 그리고 승진이다. 해당 종업원이 설계된 경력경로에 있는 특정 직무를 수행하는 데 능력을 구비하고 있는 경우 그 직무에 바로 배치하며 그렇지 못한 경우 교육훈련을 통해 능력을 갖추게 해야 한다. 이동이나 승진은 일종의 새로운 직무를 수행케 하는 활동에 해당된다. 경력개발에 대한 통제활동은 바로

그림 9-1 경력개발 시스템

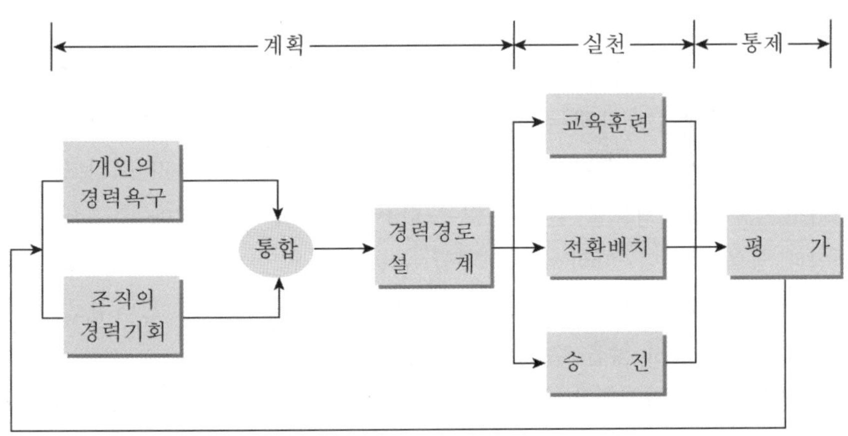

교육훈련, 전환배치, 승진에 대한 평가활동을 말하며 평가결과를 개인의 경력욕구 및 조직의 경력욕구(경력경로 설계 및 경력개발의 실천활동인 교육훈련, 전환배치, 승진제도)에 피드백하여 수정을 가함으로써 경력개발의 효율성을 극대화시키는 것이다.

아래에서는 이러한 경력개발 시스템의 구조에 입각하여 경력욕구, 경력경로, 전환배치, 승진 등에 대해 자세히 살펴본다.

2.1 경력욕구

경력개발의 필요성을 인식하는 근거가 되는 것으로서 종업원 개인이 추구하는 경력개발 방향과 조직이 추구하는 경력개발 방향으로 구분되어 고찰

경력욕구란 경력개발의 필요성을 인식하는 근거가 되는 것으로서 종업원 개인이 추구하는 경력개발 방향과 조직이 추구하는 경력개발 방향으로 구분되어 고찰될 수 있다. 아래에서는 개인의 경력욕구의 형성과정, 내용 그리고 변화 등에 대해서 뿐만 아니라 조직이 개인에게 제공할 수 있는 기회인 조직의 경력욕구를 고찰하고 이들의 통합에 대한 문제를 살펴본다.

2.1.1 개인의 경력욕구

1) 개인의 경력욕구 형성과정

종업원 개인이 조직에서 어떤 방향으로 성장하기를 원하느냐에 대해서는 여러 접근법이 있겠지만 아래에서는 리치(Leach)의 모형을 중심으로 살펴본다.

리치(Leach)의 모형

<그림 9-2>에서는 조직 내 개인이 추구하고자 하는 경력욕구가 형성되는 과정이 매우 자세하게 나와 있다. 경력욕구 형성의 근인(近因)은 바로 경력역할(career roles)과 경력상황(career situation)에 의해 결정된다. 여기서 경력역할이란 조직이 개인에게 기대하는 행동을 의미하며, 경력상황이란 조직이 제공하는 경력기회(경력경로), 즉 자기가 원하는 직무가 조직에 존재하는지 그리고 자기가 걸어가고 싶은 경력경로를 얼마나 많은 다른 종업원들이 동시에 추구하는지 그 경쟁상태 등을 말한다. 따라서 경력역할 수행이 매우 어렵고 원하는 경력경로에 대한 경쟁이 조직 내에서 치열할 경우 개인은 자기가 원했던 경력경로에 대해 다시 한 번 생각하지 않을 수 없게 된다.

경력역할과 경력상황은 개인 자신이 어떤 경력경로를 택하려고 하느냐에 따라 다를 수 있다. 따라서 어떤 경력 경로를 생각하느냐는 개인 자신이 추구하

그림 9-2 개인의 경력욕구 형성과정

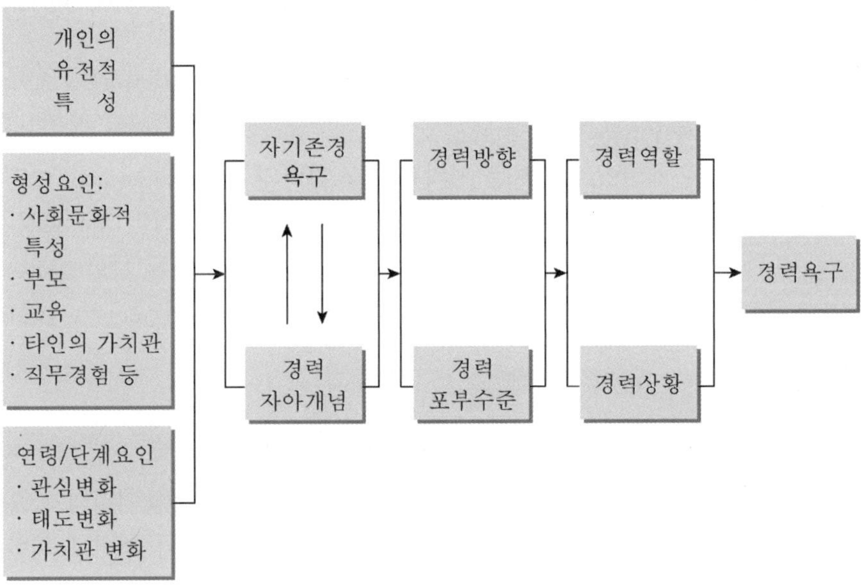

자료: Leach, 1977.

려고 하는 경력방향(career directions)에 따라 달라지게 된다. 즉 경력역할과 경력상황에 대한 인식은 개인의 경력방향과 경력포부 수준에 따라 달라지는 것이다.

개인의 경력방향과 경력포부 수준은 개인의 자기존경욕구(self-esteem)[1]와 경력 자아개념에 따라 달라진다. 즉 개인의 자기존경욕구가 강하면 강할수록 경력 포부수준은 더 높아질 것이고 이에 따른 경력추구 방향도 달라질 것이다. 뿐만 아니라 현재 개인이 보유하고 있는 기술, 재능, 능력 그리고 강점과 약점, 인생목표 등을 말하는 경력 자아개념의 정도에 따라서도 달라질 것이다. 이러한 자기 존경욕구와 경력자아 개념은 개인의 유전적 특성과 태어난 후 성장하면서 영향을 받는 요인인 개인이 속한 사회문화적 특성, 부모의 가정교육, 학교기관 등으로부터의 교육 그리고 성장과정에 개인이 경험하는 다른 사람들이 가지고 있는 가치관, 또한 직무를 수행함으로써 얻게 되는 경험 등에 의해 형성된다. 뿐만 아니라 자기 존경욕구와 경력 자아개념은 개인의 연령에 따라 관심 · 태도 · 가치관이 변화된 것이며 이러한 요인들로부터 영향을 받아 형성된

1) 타인으로부터 존경을 받고 싶은 욕구 및 자기 스스로 능력을 발휘함으로써 자신으로부터 인정을 받고 싶은 욕구.

다는 것이다.

이상에서 설명한 리치(Leach)의 이론은 특정 개인이 가지고 있는 경력욕구의 형성원인을 과정적으로 이해하는 데 도움을 주고 있다.

2) 개인의 경력욕구 유형

경력의 닻(career anchors)

샤인(Schein)은 개인이 추구하는 경력욕구를 '경력의 닻(career anchors)'이라는 표현을 빌려 제시하고 있다. 닻이란 배가 항구에 정박할 때 내리는 것으로서 개인을 배에 그리고 경력목표를 항구에 비유한 것이다. 아래에서는 샤인(Schine)과 드롱(Delong)이 제시한 개인의 경력욕구의 유형을 살펴본다(Schein, 1975, Delong, 1982).

(1) 관리지향

자신이 진정으로 일반관리자가 되기를 원함.

관리지향(managerial competence) 유형에 속하는 사람들은 자신이 진정으로 일반관리자가 되기를 원한다. 이들은 비록 여러 기능분야에 대한 지식의 중요성과 필요성을 알면서도 전문화는 함정이라고 보며, 경영전문가가 되어야 일반관리자로서의 기능을 제대로 수행할 수 있다고 생각한다. 이 유형은 책임수준, 리더십 발휘의 기회, 전체 조직에 대한 공헌기회의 증대, 높은 수입 등을 의미하는 승진을 주요 가치와 동기로 생각한다. 이들은 담당업무에 대한 매력과 흥미를 자신이 담당한 업무가 얼마나 조직의 성공에 중요한가의 정도로 판단하며, 조직과 자신을 강하게 동일시하여 근본적으로 조직인이라 할 수 있다.

이들에게는 몇 가지의 능력이 요구되는데 첫째, 불완전한 정보와 불확실성하에서 문제를 인지하고 분석하고 해결하는 분석능력이 매우 중요하게 요구된다. 둘째, 조직목표의 달성을 위해 전조직의 수준에서 타인에게 영향을 주고, 감독하고, 지휘하고, 운영 · 통제하는 대인적 능력(對人的 能力)이 중시된다. 그리고 셋째, 감정적이고 대인관계적인 문제나 위기에 봉착했을 때, 고도의 책임감을 가지고 좌절하지 않고 분발하는 능력과 죄의식이나 수치심을 가지지 않고 권한을 행사하며 어려운 결정을 내리는 능력이 필요하다.

이들은 높은 수준의 책임과 도전적이고 다양한 리더십이 발휘될 수 있는 통합적인 작업 및 조직에 공헌도가 큰 업무를 선호한다. 아래에서 언급할 기술지향형과는 달리 관리지향형은 기업 외부적 형평보다는 내부적인 형평에 더 관심이 많다. 따라서 자신이 외부의 동격의 집단보다 보수가 낮더라도 내부적으로 형평성이 유지된다고 인식하면 만족하게 된다. 승진은 결과나 성과의 측정에 따라 이루어지기를 원하며 이들은 자기에 대한 인정으로서 승진을 최고의 가치로 인식한다. 이들은 기술－기능지향형이 자신의 업무를 잘 아는 사람들에게서 인정받기를 원하는 것과는 달리 자신의 승진에 영향을 미치는 상사에 의해 인정받기를 원한다.

(2) 기술–기능지향

기술－기능지향(technical–functional competence) 유형에 속하는 사람들은 특정 종류의 작업에 강한 재능과 동기유인을 가지고 있으며 직무의 내용(content)에 관심이 많다. 이 유형에 속하는 집단은 도전할 만한 업무를 원하며 과업이 개인의 능력을 시험하는 것이 아니면 쉽게 지루함을 느끼고 다른 과업을 탐색한다. 조직의 구성원으로서 이들은 조직과 목표설정에 있어서 함께 하기를 원하며 일단 목표가 합의되면 최대한의 자율성을 원한다. 또한 자신의 업무수행을 위해 무한정의 설비, 예산, 자원 등이 투입되어 자신의 직무가 제대로 수행되기를 원한다. 그리고 이들은 전문화된 영역에 몰입하고 행정가나 관리자와 연관이 있는 제너럴리스트를 덜 가치 있다고 생각하며 일반관리직무 담당으로 승진하는 것을 별로 좋아하지 않는다.

특정 종류의 작업에 강한 재능과 동기유인을 가지고 있으며 직무의 내용에 관심이 많음

이들은 행정적인 업무나 관리업무가 자신의 직무수행을 위해 요구될 경우에는 인내하지만 그러한 종류의 업무는 고통스럽고 내적인 만족에 도움이 되지 않는다고 이해한다. 전통적인 일반관리자의 승진체계와 동격인 특정분야의 전문가로서의 승진체계를 선호하며, 승진체계가 발전을 가져다준다면 관리자로 승진하는 것과 차이가 없다고 생각한다.

또한 이들은 전문분야를 잘 모르는 관리자의 칭찬보다 같은 분야의 전문가들인 동료나 상사에게서 인정받는 것에 더 큰 가치를 두며 교육의 참여, 전문가 모임의 참석, 도서나 설비 구입을 위한 예산의 제공 등 전문기술 증진 기회가 제공되는 것도 자신의 가치가 인정을 받는 것으로 인식한다.

(3) 안전지향

안전지향(security) 유형에 속하는 사람들은 자신의 직업 안정, 고용의 안정 등에 강한 욕구를 가지고 있는데 크게 두 가지로 나눌 수 있다. 첫째, 조직을 자신과 강하게 동일시하여 직장안전을 전제로 직무순환, 근무지역 등 거의 모든 사항을 조직에 위임하는 사람들이며 둘째, 자신과 특정지역을 연계하여 특정지역에 근무하는 대신 타 회사로의 이직이나 생활수준의 상대적인 저하를 감수하는 사람들이다.

자신의 직업 안정, 고용의 안정 등에 강한 욕구

이들은 안정적이고 예측이 가능한 직무를 선호하며 보수의 인상, 작업조건의 향상이나 복리후생 등의 외재적 요인에 대한 관심이 직무확충이나 직무개발,

내재적인 동기부여보다 많으며 연공적인 급여체계를 선호한다. 그리고 이들은 자신의 꾸준한 성과나 조직에 대한 충성심으로 인정받기를 원하며 이로 인해 직장 안전이 강화되기를 원한다.

(4) 사업가적 창의성 지향

신규조직, 신제품, 신규서비스 등을 창출하는 창의성을 중시

사업가적 창의성(entrepreneurial creativity)을 지향하는 유형은 신규조직, 신제품, 신규서비스 등을 창출하는 창의성을 중시한다. 즉, 무엇인가 새롭고 기발한 것을 만들어 내려고 하는 강렬한 욕구를 가지고 있다. 이들은 자신의 부(富)를 축적하기를 원하며 부의 축적을 사업성공의 척도로 본다. 이들은 창조욕구가 강하며, 끊임없이 새로운 도전을 하며, 소유권을 가장 중시하고 조직에서의 복리후생 등에는 별 관심을 가지지 않는다.

(5) 자율지향

재능범위 내에서 분명하게 구분이 되고 시간적 경계가 있는 직무를 원함

자율지향(autonomy/independence) 유형에 속하는 사람들은 조직은 개인을 규제하려고 하며, 비이성적이고 강압적이라고 생각하므로 자유로운 직업을 갖기를 원한다. 또한 그의 재능범위 내에서 분명하게 구분이 되고 시간적 경계가 있는 직무를 원한다. 예를 들면 계약제, 용역, 파트타임 등의 형태를 가지기를 원한다. 이들은 상여금 등 성과에 의한 보상을 선호하며, 승진은 과거의 성과에 대한 보상의 개념으로 보고 승진을 함으로써 자율성의 확대를 기대한다.

(6) 봉사지향

자신이 가진 특정의 중요한 가치를 기준으로 직무의 가치를 평가

봉사(sense of service)를 지향하는 유형은 자신이 가진 특정의 중요한 가치를 기준으로 직무의 가치를 평가한다. 대체로 이들은 공헌에 대한 공정한 보상을 원하나 보수 자체를 중요시하지 않으며, 더 중시하는 것은 공헌을 인정하는 승진제도인데, 이들은 승진을 통해 중요시하는 가치의 추구에 있어서 더욱 영향을 발휘할 수 있으며, 보다 자율적인 행동을 많이 할 수 있는 기회를 가질 수 있기를 원한다.

(7) 도전지향

일상의 업무를 전투라고 생각하고 승리를 최대의 목표

도전지향(pure challenge) 유형은 항상 어렵고 도전적인 문제의 해결기회를 많이 제공하는 직무를 좋아하며 일상의 업무를 전투라고 생각하고 승리를 최대의 목표로 삼는다. 그러나 기술-기능지향형과는 달리 문제유형이 무엇인지에 대해서는 별로 관심을 두지 않는다. 이들에게 도전적인 직무를 많이 제공하면 조직에 대한 충성심은 강해진다.

(8) 생활지향

생활지향(life style) 유형에 있어서 경력은 덜 중요하며, 얼핏 경력 닻이 없는

것처럼 보이지만 실제로 경력은 자신의 전체적인 생활스타일과 잘 혼합되어야 한다고 주장하는 유형으로서 개인사, 가족생활, 경력을 제대로 통합할 수 있는 방법을 찾는 것을 더 중요시한다. 이러한 유형은 원래 연구대상 중 여자 졸업생에게서 볼 수 있었으나 점차 남자 졸업생에게서도 발견되고 있다. 이와 같은 현상은 사회적인 가치변화와 연관되어 있는 것으로 간주되며 맞벌이 부부의 존재로 인한 불가피한 현상이라고 볼 수 있다.

개인사, 가족생활, 경력을 제대로 통합할 수 있는 방법을 찾는 것을 더 중요시

3) 경력단계

개인이 추구하는 경력욕구는 그의 연령에 따라 변화된다. 이와 관련하여 홀(Hall)은 아래와 같은 경력단계와 단계별로 개인이 갖게 되는 경력욕구의 형태를 제시했다.

<그림 9-3>에서 제시된 바와 같이 개인의 경력단계는 탐색단계, 확립단계, 유지단계 그리고 쇠퇴단계로 구분된다.

제1단계인 탐색단계(exploration stage)는 25세 이하에서 나타나며 개인이 자아개념(self-concept)을 정립하고 경력방향을 결정하는 단계이다. 이때 직업탐색이 일어나며 경력 또는 일에 대한 정체성(identity)[2]이 형성된다. 이 단계의 마지막 부분은 시도기(trial period)로서 기업조직에 들어온 지 1~2년 되는 시기이며

탐색단계

그림 9-3 연령별 경력단계(예)

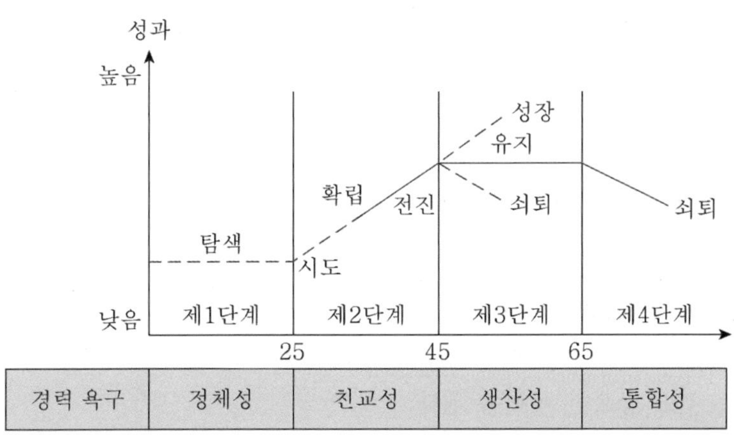

자료: Hall, 1976.

2) 일과 자기와의 관계에서 자신의 존재를 보다 명확히 인식함.

자신에게 적합한 분야를 탐색하고 이에 따른 직무를 찾아내어 수행하며 전 생애에 걸쳐 걸어갈 경력경로를 설계하는 시기이다.

확립단계

제2단계를 확립단계라고 하는데 이 시기에 개인은 특정한 직무영역에 정착하게 된다. 일단 개인이 특정 직무에 정착하게 되면 성과가 향상되며 조직에 대해서는 친밀감 및 귀속감을 갖게 된다. 뿐만 아니라 다른 동료들 또는 라이벌 간에 상당한 경쟁심이 작용하게 된다.

유지단계

제3단계는 유지단계가 된다. 이 단계에서 개인의 관심은 오로지 일에 매달리는 것이며 하는 일에 있어 새로운 것은 적으나 일관성이 존재한다. 이 시기는 무엇인가 의미 있는 것을 만들어내려고 노력하는 시기로서 생산의 시기라고도 한다. 또한 이 시기에 중년의 위기(mid-life crisis)가 나타나며 개인이 이를 얼마나 잘 극복하느냐에 따라 다시 성장할 수도 또는 쇠퇴해 버릴 수도 있다. 이 시기에 나타나는 또 다른 특징은 개인이 자신을 조직과 동일시하게 되는 경향이 강해지며 자신의 직무를 조직목표와 관련시켜 바라보게 된다. 가족, 지인(知人)들과의 관계를 재정립하고 미래의 인생설계를 다시 한 번 정립하려고 한다.

쇠퇴단계

마지막 제4단계를 쇠퇴단계라고 하는데 이 시기에 개인은 조직에서의 은퇴를 준비한다. 육체적으로나 정신적으로 능력이 쇠퇴하는 시기이며 경력개발에 대한 모티베이션이 줄어드는 시기이다. 이 시기를 통합단계라고도 하는데 그 이유는 자신의 인생에 대한 의미를 총정리한다는 뜻이 내포되어 있기 때문이다.

이상에서 제시한 홀(Hall)의 경력단계 모델에서 단계를 구분하는 연령은 개인마다 문화권마다 다소 차이가 날 수 있겠지만 전체적인 흐름은 본질적으로 유사할 것이다. 이와 같이 개인의 경력욕구는 고정된 것이 아니라 변화를 그 전제로 하고 있다.

2.1.2 조직의 경력욕구

조직의 경력개발에 대한 목적은 앞에서 언급했지만 미래에 요구되는 인력을 효율적으로 확보하고 종업원의 능력신장을 통해 체계적으로 기술축적을 하여 경쟁력을 제고시키는 데 있다. 뿐만 아니라 종업원을 동기부여시켜 성과를 높이려는 것도 중요한 목적이 된다.

경력개발의 필요성

이상에서 제시한 목적을 달성하기 위한 경력개발의 필요성은 첫째, 기업의 경영전략에서 파생된다. <그림 9-4>에서는 전략과 관련되는 조직의 경력욕구측정과정이 제시된다.

그림 9-4 조직의 경력욕구 수립과정

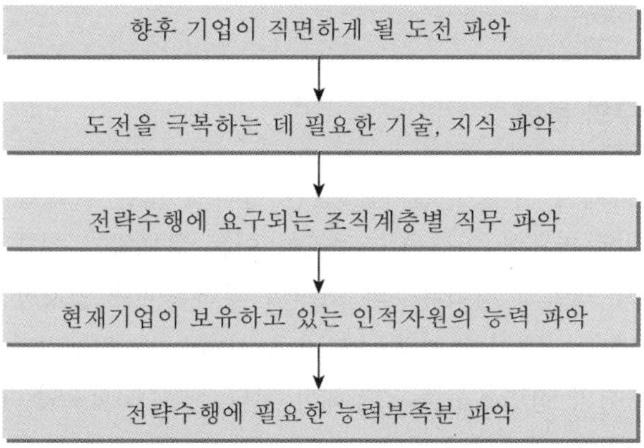

자료: 이진규, 1993, p. 90을 수정 보완.

이 그림에서 제시된 바와 같이 조직의 경력욕구는 기업의 경영전략에 입각한 미래의 인력수요예측에서 나온다. 여기서 제시되는 인력수요는 조직계층별 직무 수라는 양적인 측면뿐만 아니라 전략수행에 필요한 능력부족분의 충족이라는 질적(質的)인 측면 모두가 포함되어야 한다. 이와 같이 조직의 경력욕구는 기본적으로 미래의 특정 시점에 필요한 인력을 기업내부에서 확보하려는 데 있다. 기업이 조직의 경력욕구에 대한 신중한 검토 없이 종업원을 경력개발 프로그램을 통해 막연하게 능력을 신장시켰으나 미래에 자기의 능력을 최대한 발휘할 수 있는 직무에 배치할 수 없게 된다면, 기업의 입장에서는 과잉투자요 종업원의 입장에서는 과잉자격(overqualified)을 갖추게 되어 직무불만족이 나타난다. 이러한 종업원은 조직을 떠날 가능성이 높으며 결국 조직의 경력개발 프로그램이 이직을 유도하게 되는 어처구니없는 결과가 발생할 수도 있다.

둘째, 경력개발에 대한 조직의 경력욕구는 현직 종업원의 능력을 신장시켜 성과의 향상을 추구하는 것이다. 이러한 경력욕구는 현직 종업원의 능력에 대한 정확한 평가가 사전에 이루어져야 하며 현재 수행하고 있는 직무와의 적합성(fitness) 정도가 측정되어져야 한다. 즉 직무가 요구하는 자격요건과 현직 종업원이 보유하고 있는 자격수준간의 갭(gap)이 바로 경력개발의 필요성(욕구)이 된다.

셋째, 조직의 경력욕구는 종업원에게 미래에 대한 비전을 제시해 줌으로써 심리적 안정감 그리고 이직율의 감소를 추구하게 되는데 이것은 기본적으로 조직의 사회적 효율성을 극대화시키는 효과를 가져다준다. 따라서 기업은 현재의 인력을 유지하기 위해서라도 경력개발 프로그램의 도입이 필요한 것이다.

2.1.3 경력욕구의 통합

개인은 조직에서 자신이 걸어갈 길인 경력에 대한 목표를 설정하게 되고 조직 또한 미래에 필요한 인력을 추정하여 이를 확보하기 위해 경력개발을 하게 된다. 다행히 개인의 경력욕구와 조직의 경력욕구가 일치한 경우 경력개발 시스템에서의 다음 단계인 경력경로를 바로 설계할 수 있겠지만 일치하지 않을 경우 개인과 조직의 경력욕구를 조정해야 한다. <그림 9-5>에서는 경력욕구에 대한 조정과정이 제시된다.

경력욕구에 대한 조정

이 그림에서 제시된 바와 같이 개인이 수립한 경력목표(경력욕구)는 조직의 인력수요(경력욕구)와 조정되어 통합되면, 조직의 입장에서는 조직개발로 연결되며 개인에게는 경력개발로 이어진다. 실제상황에서 개인의 경력목표와 조직의 인력수요 간에 갭이 생겼을 경우 이를 조정하기 위해 여러 가지 지원시스템이 존재한다.

우선 개인의 경력목표에 대한 수정과정에서는 직속상사와 인사부서의 역할이 중요시된다. 직속상사는 부하가 자신의 경력목표 설정과 관련하여 자신을 평

그림 9-5 경력욕구의 조정과정

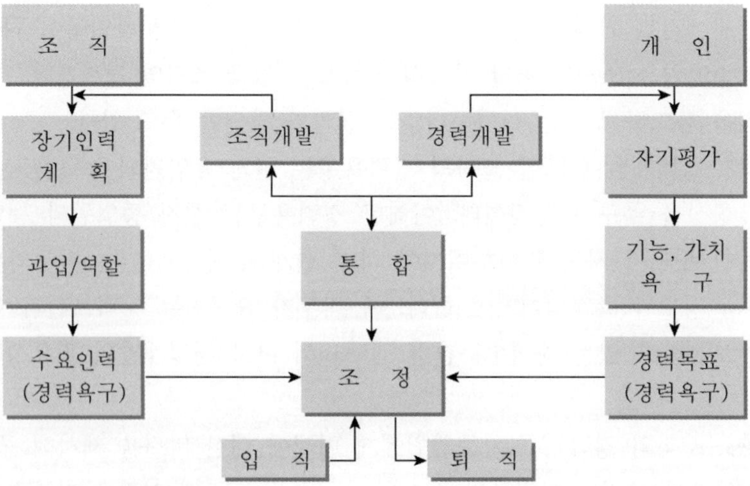

표 9-1 경력 협상 시나리오(예)

조직의 입장	거래의 성격	개인의 입장
지금 우리와 같이 일한다면, 앞으로 흥미있는 도전거리를 제공할 수 있다.	두 당사자는 조직 내에서 경력 선택폭을 늘리는 데 동의한다.	경영자 경력경로를 밟을 수 있도록 도와준다면 나는 현재의 직무를 상당기간 받아들일 수 있다.
휴가, 연구, 전문적 회의에의 참여와 같은 외부에서 하는 전문적 교육기회를 제공할 것이다.	부가급부가 제공되어진다.	현재 조직 내 경력 기회의 부족을 보충하기 위해서 외부에서 하는 전문적 교육기회를 제공해 준다면 나는 이 조직에 남아 있을 것이다.
도전적 직무의 부족에 대한 보상과 책임 확대의 기회는 장기적인 후생복지 프로그램 안에서만 제공되어질 수 있다. 유리한 휴가 및 퇴직제도를 제공할 것이다.	부가급부가 제공되지만, 경력은 협상대상이 아니다.	조기퇴직제도의 혜택을 받을 수 있다면, 제한된 직무 프로젝트라도 나는 수락할 것이다.
단기간 동안만 근무한다면, 다른 매력적인 조직으로 옮길 수 있도록 도울 것이다.	현재 개인의 능력을 활용하고 앞으로의 이직을 용이하게 하기 위해서 타협이 이루어진다.	나는 이 조직에 그다지 오래 있지 않을 것이므로 조직은 몇 년 내에 내가 다른 조직으로 옮길 수 있도록 도와줘야 한다.
우리가 필요할 때까지만 당신들을 고용하겠다.	두 당사자는 협상에 그다지 큰 의미를 두지 않는다.	받을 것만 받고 나는 나가겠다.

자료: Wolf/Bacher, 1981.

가할 때 지원을 할 수 있다. 개인은 자신을 대개 높게 평가하여 '경력'에 대한 기대수준이 매우 높아지는 경향이 있으므로 이에 대한 상사와의 상담이 필요해진다.

인사부서는 개인에게 각종 경력에 관한 정보를 제공해야 한다. 예를 들어 기업에 존재하는 직종, 직무, 직급별 인력구조와 승진율, 임금수준, 해당 직무(직급)에 체류하는 평균기간 등 상사에 의한 경력상담과 인사부서에서 제공하는 각종 경력관련 정보를 통해 개인은 경력목표를 수정할 수 있다. 이와 병행하여 조직 또한 종업원이 가지고 있는 경력목표를 최대한 충족시킬 수 있는 대안을 마련하는 데 노력해야 한다. 이러한 노력은 결국 종업원의 만족극대화라는 '사회적 효율성'과 관련되기 때문에 조직으로서는 최선을 다해야 할 것이다. 예를 들면 조직의 미래 인력구조에 대한 수정, 종업원의 신장된 능력의 활용방안 그리고 새로운 직무의 개발 등이다. <표 9-1>에서는 경력욕구에 대한 조정과정에서 나타나는 조직과 개인 간의 협상 시나리오가 제시된다.

2.2 경력경로 설계

경력경로란 개인이 조직에서 여러 종류의 직무를 수행함으로써 경력을 쌓게 될 때 그가 수행할 직무들의 배열

경력경로(career path)란 개인이 조직에서 여러 종류의 직무를 수행함으로써 경력을 쌓게 될 때 그가 수행할 직무들의 배열을 말한다.

경력경로는 전통적 경력경로, 네트워크 경력경로 그리고 이중 경력경로 등의 형태가 있다(Mondy/Noe III, 1993). 첫째, 전통적 경력경로(traditional career path)는 개인이 경험하는 조직 내 직무들이 수직적으로 배열되어 있는 경우이다. 즉 개인이 특정 직무를 몇 년간 수행한 후, 그는 유사한 수준의 다른 직무를 수행하는 것이 아니라 상위 수준의 직무를 수행하는 것이다. 해당 직급 내 하나의 직무만 수행한 후 승진하는 경우이다. 여기서 개별 직무는 다음 직무수행을 위한 준비 단계가 된다.

전통적 경력경로

이러한 경력경로 유형은 주로 서양기업(미국, 독일 등)에서 발견된다. 전통적 경력경로의 장점은 직선적으로 직무가 배열되어 있어 개인은 자신이 걸어가야 할 경력경로를 명확히 알 수 있다는 데 있다. 뿐만 아니라 특정 분야에 계속 머무르게 되어 해당분야에 대한 전문성을 극대화시킬 수 있다. 그러나 오늘날의 기업환경변화로 인한 아래와 같은 단점도 가지고 있다.

- 기업합병, 하이테크 도입 등으로 인한 중간관리층의 슬림화
- 기업의 종업원에 대한 온정주의 및 직업안전의 퇴조
- 종업원의 조직에 대한 충성심 퇴조
- 직무수준별 개인의 경력욕구의 변화 등

이상의 기업 내외적 환경변화로 인해 전통적 경력경로는 종업원의 경력욕구를 충족시키는 데 한계가 있다.

네트워크 경력경로

둘째, 네트워크 경력경로(network career path)는 개인이 조직에서 경험하는

그림 9-6 전통적 경력경로와 네트워크 경력경로

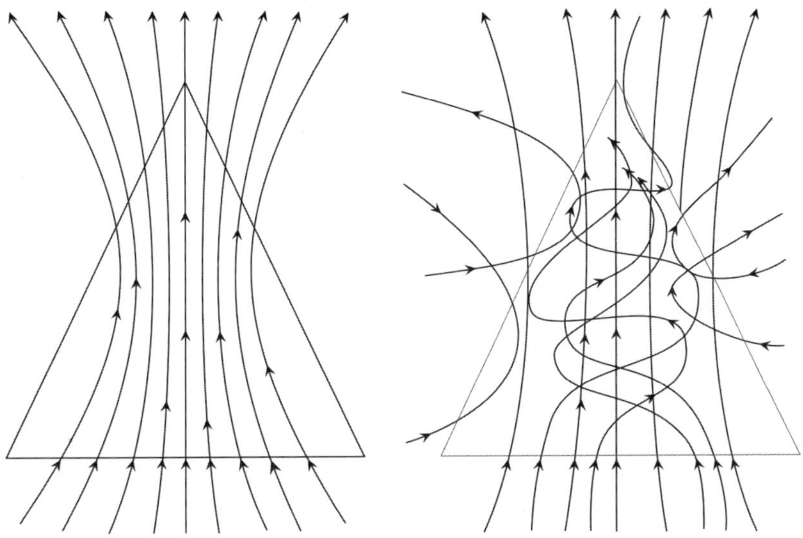

자료: Deluca, 1988.

직무들이 수평적 뿐만 아니라 수직적으로 배열되어 있는 경우이다. 즉 해당 직급 내 여러 직무를 개인이 수행한 후 상위직급으로 이동하는 경우이다. 이러한 경력경로는 주로 일본이나 우리나라에서 흔히 발견된다. 이러한 경력경로 형태는 종업원에게 해당 직급별 다양한 직무경험을 할 수 있게 하여 인력배치의 유연성을 높일 수 있다는 장점을 가지고 있는 반면에 단점으로서는 해당 직무에의 체류기간이 전통적 경력경로의 경우 보다 상대적으로 짧고 여러 상이한 직무를 수행하기 때문에 특정 분야에 대한 전문성을 극대화시키는 데에는 제약이 있다. 이상에서 제시한 전통적 경력경로와 네트워크 경력경로는 <그림 9-6>에서 그리고 이 두 형태를 혼합한 경력경로가 <그림 9-7>에서 제시된다.

셋째, 이중 경력경로(dual-career path)는 원래 기술직종 종사자들을 대상으로 개발된 것으로서 이들이 어느 정도 직무경험을 쌓았을 때 관리직종으로 보내지 않고 계속 기술직종에 머물게 함으로써 그들의 기술분야 전문성을 높이게 하는 것이다. 이중 경력경로에 관심이 많은 종업원들은 경력에 있어서 수직적 상승보다는 해당 직무에서의 기술축적에 더 가치를 두는 경향이 있다. 이들은 전문능력이 향상됨에 따라 보상수준도 당연히 높아져야 한다. 이러한 경력경로는 첨단기술을 도입하고 있는 기업이나 연구소에서 많이 활용하고 있다. 이중 경력경로

그림 9-7 혼합형 경력경로-생산직종의 예

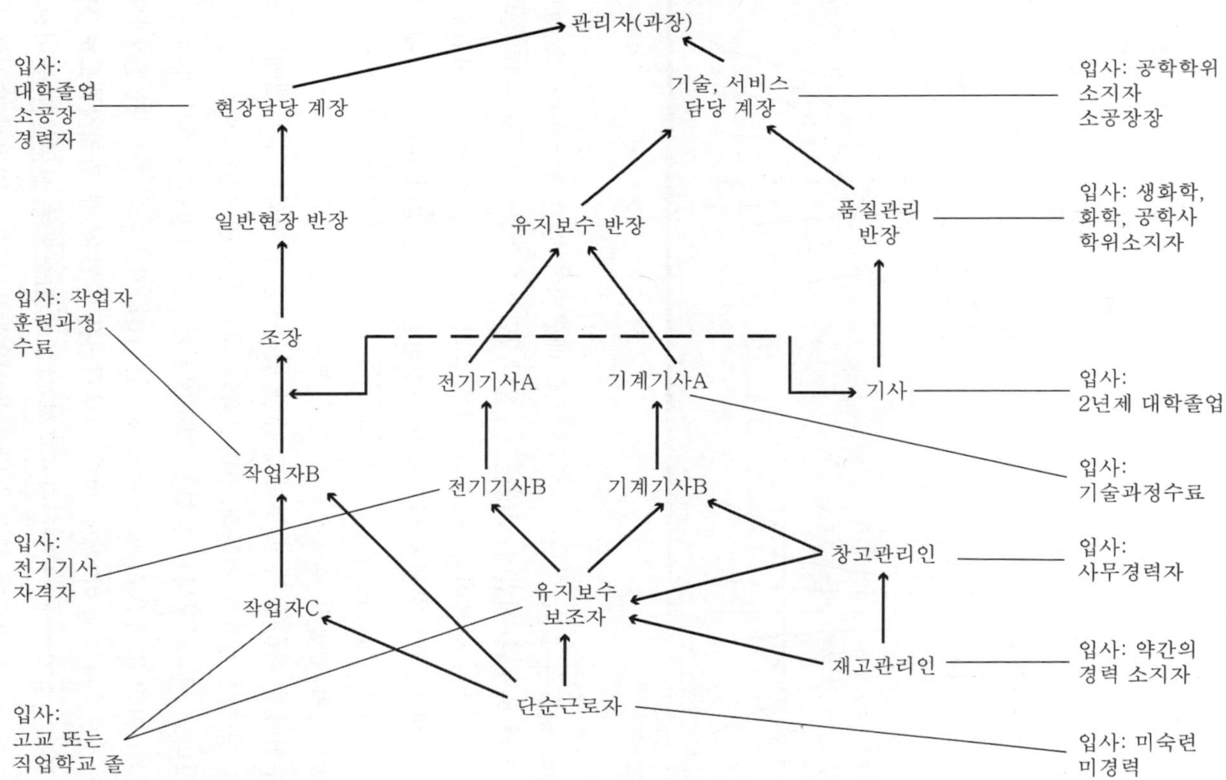

자료: Bacher/Mathys, 1978

이상에서 제시한 경력경로의 전형적인 모델을 참고로 하여 해당 기업에서는 기업과 종업원이 합의한 경력욕구를 충족시키기 위해 적절한 경력경로를 설계해야 하겠다. 이렇게 설계된 경력경로에 따라 해당 종업원이 경력을 쌓아 가기 위해 개인은 자기 책임 하에 노력해야 하며 조직은 이를 지원해야 한다.

사례 9-1 한국3M의 Job Information System

한국3M에서는 사원들의 경력개발프로그램 중의 일환으로 사내등용제도(Job Information System)를 활용하고 있는데 이는 사원들에게 경력개발을 개인 스스로 기회를 제공함으로써 직무만족 향상으로 회사의 경쟁력 및 생산성을 증진시키는 데 목적이 있다. 기본적으로 경력개발은 한국3M의 ECDP(Employee Contribution & Development Process: 근무평정 및 경력개발 프로세스)를 통해 근무가능지역, 장 · 단기적 희망직무 등 경력개발 계획을 수립한다. 한국3M에서 운영하는 JIS는 직무전환 외에 신규인력 충원계획이 발생했을 때에도 적용된다. 따라서 한국3M의 채용원칙은 우선 현재 근무하고 있는 사원들에게 기회를 제공한 후 만일 내부에서 충원되지 않을 경우 외부채용의 프로세스를 거친다. 이는 사원들에게 제도적으로 JIS를 적극 활용하도록 독려하려는 것이다. 다만 지원자의 자격요건은 현 직무에서 24개월 이상 근무한 사원에 한하여 참여할 수 있다.

먼저 각 부서에서 Job Opening(직무 공석)이 발생했을 때 채용요청서를 작성한 후 내부적으로 결재과정을 거쳐 충원해야 하는 직무에 대한 Job Responsibility, 필요로 하는 경력 직무수행을 위한 기본적인 요구사항 등을 상세하게 JIS 온라인 상에 등록한다. 인사부서에서는 이를 온라인 및 오프라인으로 게시판에 일주일동안 공고하여 전사원들이 충분히 일 수 있도록 기회를 제공한다. 지원희망자는 온라인상으로 지원하게 되는데 이는 인사담당 부서에서만 볼 수 있도록 되어 있으며 여기서 일부 인사관리 내용을 추가하여 각 부서장에게 일괄 통지하여 준다. 인력충원을 해야 하는 부서장은 지원자의 자격여부를 검토하는 데 있어 기본적으로 직무를 실행할 수 있는 요구사항에 적합한지를 심사한다. Performance 기준으로는 최근 3년간의 업무고과를 업무외적 기준은 어학능력, 컴퓨터 스킬, 고객지향적인 오픈 마인드, 대인관계를 바탕으로 한 조직 적응력 등을 고려하여 선발하게 된다. 그러나 가장 결정적인 선발요인은 지원자의 지원동기와 목적이 분명해야 한다는 점이다. 적임자를 선발한 해당 부서장은 인사부서에 통보하고 인사부서에서는 지원자의 부서장에게 JIS의 결과를 통보하여 해당 부서장과 협의할 수 있는 기회를 제공한다. 그리고 지원자의 전환 시기 등 필요사항을 상의하여 지원자가 직무전환을 할 수 있도록 최종 결론을 내린다. 이후 인력요청을 한 부서장은 지원자와 지원배경 및 향후 진로에 대한 상담을 통해 최종 결정된 내용을 통보해 주고 새로운 직무에서 보다 발전적인 모습으로 근무할 수 있도록 조언 등을 해준다. JIS 지원자 현황은 주로 관리직에서는 비즈니스 그룹(영업 · 마케팅직군)으로의 전환이 가장 활발하게 나타나고 있으며, 기술지원부 및 제조본부 간(제조본부 엔지니어에서 기술지원 엔지니어로 등등)의 직무이동도 자주 일어나고 있다. 일반적으로 JIS 공지시 2~3명씩 지원하는 편이며 주로 현업을 직접적으로 담당하는 실무자 레벨에서 활발하다고 볼 수 있다.

〈자료: 김중, 2002.〉

2.3 경력정체

경력정체는 조직생활을 통하여 객관적으로 안정된 위치에 있음에도 불구하고 조직생활에 대해 불만족을 느끼는 상태

경력개발에서 가장 풀기 어려운 문제 중의 하나가 바로 경력정체이다. 일반적으로 경력정체는 조직생활을 통하여 객관적으로 안정된 위치에 있음에도 불구하고 조직생활에 대해 불만족을 느끼는 상태이며 경력정체인력은 조직의 계층에서 더 오를 자리도 더 떨어질 자리도 없는 지위에 있는 사람을 말한다(Bardwick, 1986).

경력정체는 승진정체와는 달리 조직에서 객관적인 직급상승의 정지 외에도 개인이 느끼는 주관적인 것도 포함된다. 객관적인 경력정체는 구조적 경력정체라고도 하는데 조직에 존재하는 객관적인 상위직급의 제한된 직무에서 비롯된다. 일반적으로 대규모 조직에서는 중요한(전략적) 의사결정에 참여할 수 있는 고위계층은 전체 조직구성원의 1%에도 미치지 못하는데 이를 99% 원칙이라 부른다(Bardwick, 1989). 결국 조직에서는 최고경영층 1%만 구조적 경력정체에서 벗어날 수 있으며 나머지 99%는 언젠가는 경력정체에 빠질 수밖에 없다(<그림 9-8> 참조).

주관적 경력정체는 직급상승 측면에서는 별 문제가 없으나 직무를 수행하는 개인이 직무에 대해 갖고 있는 태도를 말한다. 즉 승진은 남과 같이 되고 있지만 현재 맡고 있는 직무가 자신에게 도전감을 주지 못할 때 그리고 현재의 직무로부터 자신의 자아관련 일체감 내지 의미를 찾을 수 없을 때 나타난다.

경력정체기에 접어들은 종업원이 보여주는 반응유형은 <그림 9-9>와 같다.

경력정체 인력의 유형

이 그림에서 제시된 바와 같이 경력정체 인력의 유형을 '현실인식'과 '행동유형'이라는 2차원으로 분석할 수 있다.

'방어형' 인력은 경력정체 현실에 대해 왜곡된 인식성향을 보여주며 행동이 매우 능동적인 사람이다. 이들은 자신의 경력이 정체된 책임을 조직에 전가하

그림 9-8 구조적 경력정체의 99% 원칙

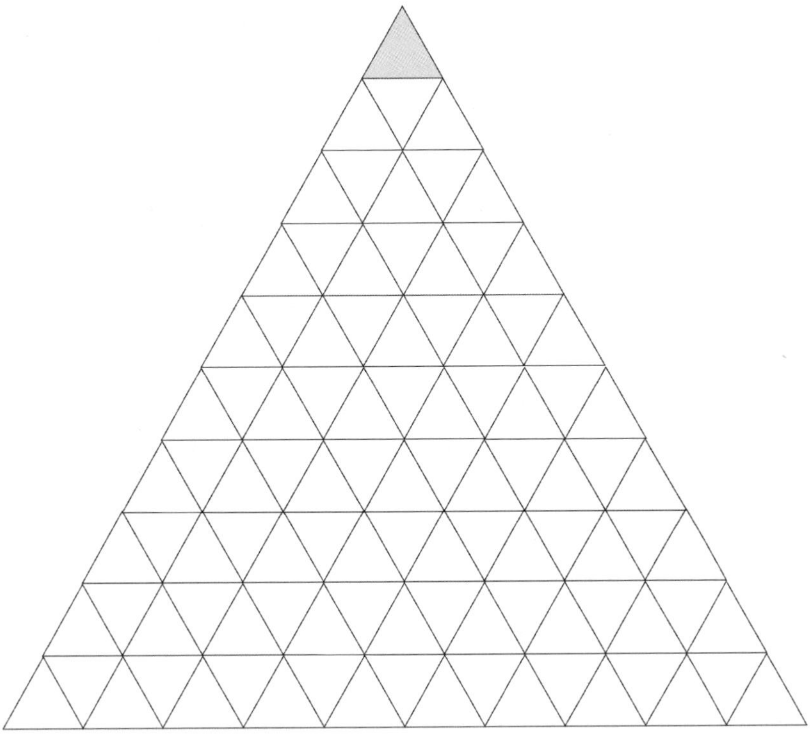

자료: Bardwick, 1989.

그림 9-9 경력정체 인력의 유형

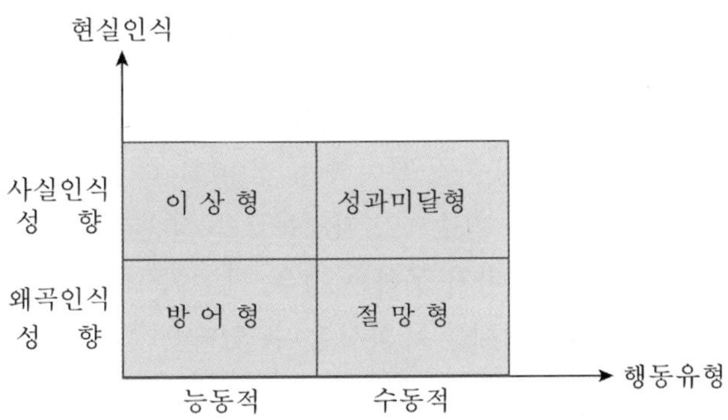

자료: de Vries, 1978.

며, 타인을 비난하고 조직에 대해 부정적 행동을 과감히 한다.

'절망형' 인력은 경력정체의 책임을 조직에 돌리지만 수동적인 행동성향을 가지고 있기 때문에 현실에 대해 절망하고 무기력함을 보여준다.

'성과미달형'은 경력정체의 책임을 자신이 져야 한다는 인식을 갖고 있으나 수동적인 행동성향을 가졌기 때문에 조직에 대해 별다른 대항을 하지 않으며, 스스로 현실에 안주하려는 자세를 보여준다.

'이상형'은 경력정체 원인에 대한 정확한 인식을 하며 능동적인 행동성향을 갖고 있어 경력정체에 대한 책임이 본인에게 있다고 믿고 주어진 상황에서 조직과 자신에 대해 최선을 다하여 노력하는 모습을 보여준다.

경력정체를 극복하기 위한 대책을 객관적(구조적) 경력정체와 주관적 경력정체로 나누어 살펴보면 아래와 같다.

객관적 경력정체는 조직이 성장기에서 안정기에 접어들었을 때 주로 나타나게 되는데 이에 대한 완전한 문제해결을 가져다줄 수 있는 대안은 조직을 확장하는 것 밖에 없다. 그러나 경력정체 인력이 느끼는 고통을 최소화시킬 수 있는 몇 가지 대안을 강구할 수 있다.

경력정체에 대한 대안

i) 진로선택제도의 도입

이 제도는 기업조직에서 기본적으로 전문직제도를 활성화시키는 것이다. 계층 승진에 초점을 맞춘 관리직과 전문지식을 보상해 주는 전문직으로 구분하여 조직구성원으로 하여금 자신의 진로를 스스로 결정하게 하는 것이다. 여기서 관리직을 선택하는 경우 승진경쟁이 보다 치열하게 제도를 설계(낮은 승진율)하고 보상수준도 어느 일정 직급까지는 전문직을 선택한 구성원보다 낮게 책정한다. 이렇게 함으로써 조직구성원이 관리직에만 일방적으로 몰리는 현상을 줄일 수 있다.

ii) 직능자격제도의 도입

이 제도는 조직의 제한된 계층승진 기회와 개인이 보유한 역량 간의 불일치를 자격승진을 통한 보상상승을 부여하는 것이다. 즉 계층승진 기회(T/O)가 있을 때 조직구성원의 역량을 기준으로 자격등급을 상승시켜 주는 것을 말한다. 이렇게 되면 상위계층에 올라가지 못하는 경우, 개인이 역량을 신장시켜 자격승진을 할 수 있게 하여 경력정체를 완화시킬 수 있다.

주관적 경력정체를 극복할 수 있는 방안

주관적 경력정체를 극복할 수 있는 방안으로서 아래의 몇 가지를 제시할 수 있다.

i) 직무재설계

해당 직무로부터 전혀 도전감과 의미를 찾을 수 없을 때 이러한 직무들에 대한 직무확대 내지 직무충실(job enrichment) 방향으로 직무를 재설계하여야 한다.

ii) 순환보직

현재 수행하고 있는 직무의 재설계가 용이하지 않을 경우 순환보직을 활성화시킬 수 있다. 순환보직은 조직구성원에게 새로운 직무를 경험할 수 있게 한다. 기업의 입장에서 보면 특정 직무에 구성원이 오래 근무하여 업무 노하우가 축적되어 전문가가 되었는데 다른 직무를 부여하면 기존 획득한 전문적 역량을 충분히 활용할 수 없다고 판단할 수 있겠으나 주관적 경력정체로 인한 사기감소, 생산성 감소 및 유능한 인재의 유출 등을 고려한다면 굳이 피할 이유가 없겠다.

이상의 제 방안이 성공하기 위해서는 조직과 경력정체 인력 간 경력정체 원인에 대한 책임분담 그리고 제도의 수용성이 전제가 되어야 한다.

[3] 전환배치

3.1 전환배치의 원칙

전환배치(transfer)는 종업원이 한 직무에서 다른 직무로 이동하는 것을 말한다. 개인에 따라 지금까지 수행하던 직무에서 다른 직무로 바꾸는 데에는 수평적인 이동과 수직적 이동이 있다. 수평적인 이동은 새로 맡을 직무가 기존의 직무와 비교해 볼 때 권한, 책임 그리고 보상 측면에서 별다른 변화가 없는 경우를 말하는데 이를 전환배치라고 한다. 반면에 수직적인 이동 중 상향적 이동은 승진(promotion)을 말하는데, 새로 배치된 직무가 기존의 직무에 비해 권한·책임 그리고 보상이 증가하는 경우를 말한다. 하향적 이동은 강등(demotion)이라고 하며 승진과 반대되는 개념이 되겠다.

전환배치는 종업원이 한 직무에서 다른 직무로 이동하는 것

경력개발의 실천활동으로서의 전환배치는 당연히 이미 설정된 경력경로에 부합되어야 하며 이를 위해 지켜야 하는 몇 가지 원칙이 있다.

그림 9-10 능력-직무-시간의 적합성

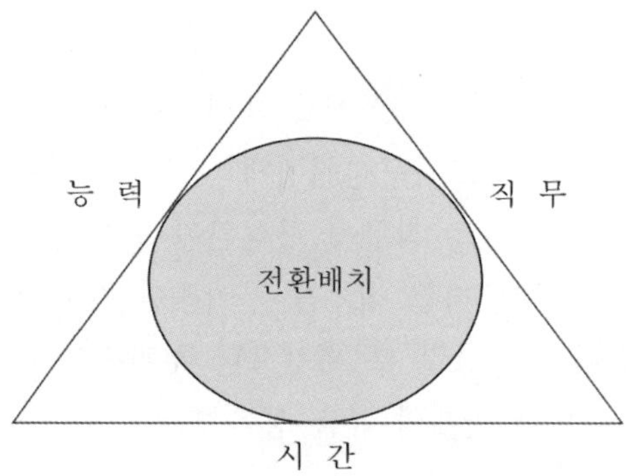

1) 적재적소적시주의

적재적소적시주의(right man, right place, right timing)는 종업원을 전환배치시키는 데 해당종업원의 '능력(적성)-직무-시간'이라는 세 가지 측면을 모두 고려하여 이들 간의 적합성(fitness)을 극대화시켜야 된다는 원칙을 말한다(<그림 9-10> 참조).

<그림 9-10>에서 제시한 바와 같이 개인이 갖추고 있는 능력 및 적성과 직무가 요구하는 자격요건 간에 불균형이 나타날 경우, 자격과잉(overqualified) 혹은 자격미달(underqualified) 현상이 나타난다. 자격과잉의 경우 해당 종업원은 수행하는 직무에 만족하기가 어려우며, 자격미달인 경우 해당 종업원은 직무에 대해 두려움 그리고 성과 미달로 인한 보상의 삭감 등에 대한 불안감을 갖게 된다. 전환배치에 있어서 '시간' 개념은 바로 해당 종업원을 특정 직무에 언제 배치하느냐에 관한 것이다. '능력-직무' 간의 적합성이 존재할지라도 해당 종업원은 특정 직무를 다년간 수행하게 되면 매너리즘(mannerism)에 빠지게 된다. 따라서 시간적합성(timing)은 조직 및 개인의 입장에서 전환배치의 '시기'에 대한 합리성과 관련되는 요소이다.

2) 인재육성주의

인재육성주의는 종업원에게 전환배치를 통해 능력이 신장될 수 있도록 한다는 원칙을 말한다. 조직에서의 개인은 교육훈련이라는 직접적인 방법을 통해 지식·기능을 습득할 뿐만 아니라 간접적인 방법인 새로운 직무를 수행하는 과정에서 자연스럽게 지식·기능을 습득하게 되는 것이다. 따라서 조직은 개인에게 보다 도전적인 직무를 부여함으로써 직무수행을 통해 능력신장이 되고 나아가 개인의 성장욕구 및 자기 실현욕구가 충족될 수 있도록 하여야 한다. 인재육성주의는 바로 '성장욕구－직무' 간의 적합성을 극대화시키는 원칙을 말한다.

3) 균형주의

균형주의는 앞에서 언급한 두 가지 원칙을 실행에 옮기는 데 있어서 조직 전체의 종업원 상황을 고려하여 전환배치를 해야 하는 원칙을 말한다. 즉 개별 종업원들이 보유하고 있는 능력과 성장욕구들을 현재 존재하는 직무들이 100% 충족시킬 수 없을 때, '능력－직무', '성장욕구－직무' 간의 적합성 정도를 상대적으로 극대화시켜야 한다는 것이다. 균형주의는 개인별 직무적합성의 극대화보다 '개인－직무' 간의 연결의 합이 조직 전체적으로 볼 때 조직력 증가, 협동시스템 구축, 나아가 종업원의 전체 사기의 증가를 중요시하는 원칙이다.

3.2 전환배치의 유형

기업에서 실제 일어나고 있는 전환배치의 유형을 아래와 같이 분류할 수 있다.

1) 생산 및 판매변화에 의한 전환배치

제품시장의 환경변화로 인해 생산 및 판매상황이 바뀌게 될 때, 기업은 이에 따른 내부노동시장에서의 인력수요와 공급을 조절하기 위해 전환배치를 하게 된다. 예를 들면 가전제품을 생산하는 기업에서 냉장고 수요가 급격히 증가하고 TV 수요가 감소했을 때 TV 생산라인에 종사하는 종업원의 일부를 냉장고 생산라인에 투입시키는 경우이다.

2) 순환근무

순환근무(job rotation)는 주로 경력개발의 목적으로 실시되는 전환배치의 형태로서 종업원이 특정 직무에 오래 근무했을 경우 매너리즘에 빠지는 것을 막기 위해 도입된다. 뿐만 아니라 경력계획의 일환으로 새로운 직무를 수행하게 함으로써 기능다양성(skill variety) 내지 능력신장을 할 수 있는 기회를 제공하여 해당 종업원의 경력욕구를 충족시키기 위해 도입된다. 순환근무는 많은 경우에 조직 내 특정 직무에 해당하는 후계자를 양성하기 위한 일환으로 실시된다.

3) 교대근무

교대근무(shift transfer)는 경력개발과 관계없이 수행하는 것으로 업무는 변화되지 않고 다만 근무시간만 바뀌는 전환배치의 한 형태이다. 예를 들어 기계설비를 24시간 계속 가동해야 하는 경우 3교대 내지 2교대 근무인력 편성이 불가피하며, 지하철과 같이 운행시간이 하루에 8시간을 초과할 때 교대근무제도의 도입이 필요불가결하다. 교대근무 시간 및 배치일정을 계획할 때 고려해야 되는 중요사항이 바로 개인의 바이오리듬이다. 3교대 근무의 경우 오전근무(06:00~14:00), 오후근무(14:00~22:00), 야간근무(22:00~06:00)로 나눌 수 있겠는데, 특히 야간근무의 경우 개인 바이오리듬에 커다란 문제를 가져다주기 때문에 장기간의 야간근무는 피하고 1주일마다 근무교대조를 변경시키는 방법을 구상할 수 있다.

4) 교정적 전환배치

교정적 전환배치(remedial transfer)는 개인의 적성이 해당 직무와 맞지 않았을 때, 특정개인이 작업집단 내 인간관계에 문제가 생겨 협동분위기가 훼손될 때, 상사와 부하 간 갈등이 심화되었을 때 등의 상황에서 발생한다. 이런 경우 해당 종업원을 다른 작업집단 혹은 직무로 전환배치시킴으로써 '개인－직무－작업집단' 간의 적합성을 극대화시킬 수 있다.

이상에서 전환배치의 유형에 대해서 살펴보았는데, 결국 전환배치는 기본적으로 개인의 경력개발이라는 차원에서 이루어져야 한다. 하지만 그렇지 않은 경우도 많이 있다. 기업실무에서 일어나는 전환배치는 경력개발 차원뿐만 아니라 종업원의 개인적 상황(주거위치, 배우자의 직장위치, 자녀의 교육문제 등) 등을 고려하여 전환배치를 통한 종업원의 만족을 극대화시키는 방향으로 실시된다.

[4] 승 진

4.1 중 요 성

승진(promotion)은 기업 내 개인이 현재 수행하는 것보다 더 나은 직무로의 이동을 의미한다. 보다 나은 직무가 되기 위해서는, 첫째 직무내용의 변화인데 과거보다 권한 및 책임의 크기가 증가되며, 둘째 임금, 지위 등 보상이 증가되어야 한다.

우리나라 기업에서의 승진문제는 대부분의 종업원들이 많은 관심을 가지고 있는 이슈이다. 유교문화권에 속하는 우리나라의 사회 · 문화적 가치관은 체면을 중시하고 권위주의적 위계질서를 중요시하며 보다 높은 지위로 올라가고자 하는 상향의식 등으로 특징지을 수 있다. 기업조직에서의 '승진'은 바로 유교문화적 가치관을 충족시키는 데 중심적 역할을 하는 것이다.

승진이 중요한 이유

승진이 종업원에게 매우 중요하게 인식되는 것은 아래와 같은 몇 가지 이유에서 나온다. 첫째, 개인이 조직에서 '보다 높은 자리'로 올라간다는 것은 자기 자신, 가족 및 주위 사람들로부터 인정감을 보장해 주기 때문이다. 동창회 모임에 나가면 누구라도 명함을 교환한다. 명함을 받은 많은 사람들은 자기의 동창이 어느 직무를 수행하고 있느냐에 관심을 가지기보다 현재의 직급(職級)이 무엇인지를 보고 지기의 그것과 비교하게 된다. 즉 자신이 하고 있는 일이 무엇인가 보다 현재 조직에서의 직급이 자신의 체면을 유지 내지 높이는 기준으로써 그 역할을 하고 있는 것이다.

둘째, 승진은 개인에게 권한(power)의 증가를 가져다준다. 즉 승진은 보다 많은 부하를 가져다주고 자신의 지배욕구(need for dominance)를 충족시켜 주는 도구가 된다.

셋째, 승진은 본질적으로 보상의 증가를 가져다준다. 승진이 되면 임금의 상승이 잇따르고 임금의 상승은 자신에게 생활의 질(quality of life)을 높일 수 있는 중요한 도구가 된다.

넷째, 승진은 개인에게 성장욕구의 충족을 가져다준다. 승진을 하게 되면 지금 수행하고 있는 직무보다 도전적이고 수준이 높은 직무를 부여받기 때문에 자신의 잠재능력을 발휘할 수 있는 기회가 부여된다.

다섯째, 승진은 대부분의 경우 기업조직으로부터의 인정감의 표시가 되며 이것은 직장안전(job security)으로 연결되어 개인으로 하여금 조직 내에서의 심리적 안정감을 가져다준다.

이와 같이 승진은 종업원 개인에게 매우 중요한 이슈가 되므로 기업의 승진에 대한 의사결정에 문제가 생겨 '정실인사(情實人事)'라든가 '공정하지 못하다'라고 종업원이 인식하게 되면 이것은 인사관리 전반에 매우 부정적인 영향을 미치게 된다. 따라서 인사관리 특히 의사결정의 질(質)이 중요시되는 분야가 바로 승진에 대한 의사결정이 된다. '승진'은 종업원의 경력개발을 위한 실천활동으로서의 기능을 갖고 있지만 이것이 잘못되면 승진하지 못한 다수의 종업원에게 좌절을 가져다주고 그들의 경력개발에 대한 의욕과 공정성 지각이 상당히 훼손되는 것이다.

4.2 승진정책

기업이 합리적이고 효율적인 승진의사결정을 하기 위해서 기본 인사철학을 가지고 있어야 한다. 이러한 인사철학은 승진정책에 반영되어 나타나는데, 바람직한 승진정책을 위해서는 첫째, 승진에 대한 연공주의와 능력주의에 대한 기업의 기본입장이 수립되어야 하며, 둘째, 승진의사결정시 지켜야 하는 기본원칙으로서 적정성의 원칙, 공정성의 원칙 그리고 합리성의 원칙이 수립되어야 하겠다.

4.2.1 연공주의와 능력주의

1) 연공주의

연공이란 한 조직 내지 해당 직급에서의 개인의 근속기간

승진의사결정에 있어서 연공주의(seniority orientation)는 연공이 높은 종업원을 우선적으로 승진시켜야 한다는 입장이다. 연공이란 한 조직 내지 해당 직급에서의 개인의 근속기간을 말하는데, 대개 우리나라 기업에서는 학력별 근속기간을 중요시하고 있다. 승진에 있어서 연공주의 정책은 아래의 몇 가지 근거에 바탕을 두어 형성되었다.

첫째, 우리나라와 같은 유교문화권에서의 사회적 가치관인 '장유유서(長幼有序)'가 대가족제도 하에서 가족구성원 간의 서열을 연령을 기준으로 매기게 되었고 이것이 기업조직에 전수되어 연령을 바탕으로 하는 기업 내 질서유지가

매우 효율적인 것으로 인식되었던 것이다.

둘째, 한 개인이 승진이 되면 자기 부서에서는 부하를 갖게 되고 타부서에서는 같은 직급의 동료를 갖게 되어 이들 간의 협동시스템을 구축하는 데 연령 내지 연공이 중요한 역할을 한다는 것이다. 예를 들면 같은 부서 내 부하들이 상사보다 나이가 많을 경우 유교문화적 가치관 하에서 쌍방이 상당한 심리적인 불편함을 느끼게 되는 경우이다. 뿐만 아니라 타부서의 과장들이 모두 40代 초반인데 해당부서의 과장이 30代 초반일 경우 부서 간의 협동이 원활하지 못할 것이라는 가정이다. 따라서 연공주의는 부서 내 그리고 부서 간 협동시스템을 구축하는 데 보다 효율적이라는 가정에서 출발하게 된다.

셋째, 연공주의가 합리성을 가지고 있다는 믿음은 기업조직에서 개인의 숙련 내지 능력신장은 많은 경우에 있어서 연공에 정비례한다는 가정이다. 산업화의 선발국가인 서양 선진국에서는 산업조직에서의 직무수행과 관련한 교육내용이 교육기관에서 철저히 이수되어 입사 후 특정 직무를 수행하는 데 특별한 어려움이 없지만 우리나라나 일본의 경우 교육기관에서의 교육내용과 기업조직에서 필요한 지식 · 기능 간의 갭이 아주 크기 때문에 학교를 졸업한 자는 입사하여 기업조직에서 직무수행 관련 지식 · 기능을 연마하기 때문에 종업원의 능력은 결국 그들의 연공에 정비례하여 증가된다. 따라서 연공주의는 종업원의 능력을 객관적으로 식별할 수 있는 합리적인 도구가 된다는 것이다.

넷째, 연공주의는 평가시스템의 미비로 인해 우리나라에서 광범위하게 수용되고 있다. 즉 종업원의 능력 · 기능을 객관적으로 측정할 수 있는 평가시스템(인사평가)이 구축되어 있지 않기 때문에 평가에 있어서 신뢰성(reliability) 확보에 문제가 있기 때문이다. 이러한 이유로 노동조합은 조합원의 단결을 위해 보다 이해하기 쉽고 관리자의 주관성을 배제시킬 수 있는 연공주의를 강력히 주장하고 있다.

2) 능력주의

승진의사결정에 있어서 능력주의(competence orientation)는 승진후보자가 보유하고 있는 능력을 중시해야 한다는 입장이다. 능력주의는 기본적으로 연공주의가 지니고 있는 불합리성에서 출발했다. 대표적인 논리가 바로 연공에 입각한 '숙련상승설'이다. 즉 연공주의의 주요한 합리성 논리인 개인의 조직에서의 '연공과 숙련'은 정비례한다는 주장에 대해 그렇지 않은 경우가 많다는 것이다. 예를 들어 하이테크를 도입하고 있는 기업에서는 직무수행에 있어서 개인의 능력

능력주의는 승진후보자가 보유하고 있는 능력을 중시해야 한다는 입장

이 연공과 전혀 관계가 없으며, 창의력이 요구되는 연구개발부서 또한 연공이 능력을 반영하고 이것이 업적을 가져다주는 것은 아니라는 것이다.

이러한 능력주의는 특히 우리나라의 경우, 기업의 세계화와 관련하여 기업의 경쟁이 국내에서 국외로 확대되자, 이미 능력주의를 도입하고 있는 서양 선진국 기업과의 경쟁에서 연공주의가 효율적이 되지 못한다는 인식에서 더욱 강조되고 있다. 뿐만 아니라 유교문화에 바탕을 둔 전통적 가치관인 연령의 역할이 오늘날 확산되고 있는 개인주의 지향적인 조직에서 질서유지 및 협동시스템 구축에 힘을 발휘하는 데에는 한계가 있다는 것이다.

그러나 이러한 승진에 있어서 능력주의는 다음의 두 가지 측면에서 여전히 문제를 갖고 있다.

첫째, 능력에 대한 객관적인 평가시스템이 구축되어 있지 못해서 능력주의가 잘못되면 승진의사결정이 상사의 주관적인 평가에 의존하게 되고 나아가 정실인사(情實人事)의 풍토를 더욱 공고히 해줄 수 있다는 것이다.

둘째, 조직 내 직무 간의 경계가 불명확하여 일과 사람 간의 과학적인 적합성 추구에 한계가 있어 여전히 조직 내 구성원 간의 감성(emotion)에 바탕을 둔 협동이 요구되고 있어서 종업원들 간의 이러한 협동관계에 여전히 그들의 연령 내지 연공이 힘을 발휘하고 있다는 것이다.

이상에서 살펴본 승진의사결정에 있어서의 연공주의와 능력주의는 우리나라 기업이 안고 있는 사회문화적 · 경제환경적 특성으로 인해 어느 하나를 선택하는 데 어려움이 있다. 물론 장기적 측면에서는 능력주의 방향이 합리적이겠지만 중 · 단기적으로는 이 두 방향을 혼용하면서 기업의 여건(풍토)이 능력주의를 수용할 수 있도록 발전시켜 나가야 한다.

4.2.2 승진의 기본원칙

개별기업마다 추구하는 경영이념 내지 조직문화 그리고 그 조직이 처한 환경에 따라 독특한 승진관리의 방향이 있겠으나 일반적으로 아래와 같은 승진에 대한 기본원칙이 추구되어야 하겠다.

1) 적정성의 원칙

승진은 개인에게 권한 내지 책임 그리고 보상의 크기를 변화시킨다. 적정성의 원칙은 해당기업이 종업원에게 어느 정도의 승진기회를 부여하느냐와 관련된다. 많은 종업원이 조직의 성공에 충분히 공헌하였고 현재 승진에 따르는 능력을 갖추고 있음에도 불구하고 'T/O' 때문에 혹은 '승진정체현상' 때문에 승진기회를 부여받지 못한다면 이것은 조직 내 정당성(justice) 측면에서 문제가 되는 것이다.

승진기회의 크기에 대한 적정성의 파악은 그 객관성을 완벽하게 기하기 어려우나 대개 시간적 차원 및 공간적 차원에서 접근할 수 있다. 첫째, 시간적 차원이란 해당기업에서 과거 조직구성원집단이 받았던 승진기회와 현재 유사한 구성원집단이 받고 있는 승진기회를 비교하는 것이다. 둘째, 공간적 차원이란 해당기업과 유사한 조직에서의 조직구성원이 받고 있는 승진기회와 해당기업의 그것과 비교하는 것이다.

승진기회의 크기에 대한 적정성의 파악은 그 객관성을 완벽하게 기하기 어려우나 대개 시간적 차원 및 공간적 차원에서 접근

따라서 해당기업의 승진에 대한 적정성의 원칙은 해당기업의 과거의 승진패턴, 현재 타기업 혹은 유사조직의 승진패턴 그리고 한국과 유사한 노동시장 형태를 가지고 있는 외국의 동종기업에서의 승진패턴을 비교함으로써 그 윤곽이 구체화된다.

2) 공정성의 원칙

공정성의 원칙은 조직이 조직구성원에게 나누어줄 수 있는 '승진기회'의 덩어리를 올바른 사람에게 배분했느냐와 관련되는 원칙이다.

공정성의 원칙은 절대적인 것이 아니고 상대적인 것이기 때문에 지켜지지 않을 경우, 조직 내 구성원들 간의 갈등의 원인

이 원칙은 절대적인 것이 아니고 상대적인 것이기 때문에 지켜지지 않을 경우, 조직 내 구성원들 간의 갈등의 원인이 된다. 예로서 어떤 조직구성원이 이러한 원칙이 지켜지지 않은 상태에서 승진되었을 때 다른 구성원에 대해 떳떳한 태도를 취할 수 없을 것이며, 오히려 죄스러운 감정에 사로잡힐 수 있다. 또한 승진탈락자들은 조직에 대해 심리적으로 멀어질 것이며 승진자와의 협동시스템 구축에 동조하지 않을 것이다.

3) 합리성의 원칙

합리성의 원칙은 조직구성원이 조직의 목표달성을 위해 공헌한 내용을 정확히 파악하기 위해 무엇을 '공헌' 내지 '능력'으로 간주할 것인가에 관련되는 원칙이다. 예를 들면 연고주의(지연 · 학연 · 혈연)에 입각한 승진기준은 비합리적인 것이며 개인의 업적, 현재능력, 잠재능력, 적성 등과 같이 조직의 직무수행이나 목표달성과 관련성이 있는 요소를 승진기준으로 할 때 그 합리성은 확보되는 것이다.

합리성의 원칙은 목표달성을 위해 공헌한 내용을 정확히 파악하기 위해 무엇을 '공헌' 내지 '능력'으로 간주할 것인가에 관련되는 원칙

이상에서 제시한 승진에 있어서 기본원칙인 적정성의 원칙, 공정성의 원칙 그리고 합리성의 원칙은 승진의사결정의 질(質)을 높이고 종업원의 수용성을 극대화시키는 데 결정적인 역할을 한다.

4.3 승진유형

승진의 유형은 직급승진, 자격승진 그리고 대용승진으로 구분된다.

4.3.1 직급승진

직급승진은 종업원이 상위직급으로 이동하는 것을 말하는데 기업에서의 직급의 예는 대리－과장－차장－부장－이사 등으로 구분할 수 있다. 직급승진의 기본전제는 상위직급의 특정직무가 공석이 되어야 한다는 소위 T/O가 나야 가능해진다는 것이다.

연공주의
능력주의

직급승진을 결정하는 데에는 연공주의나 능력주의를 적용할 수 있으며 승진 후보자들을 상대평가하여 T/O만큼 승진시키게 되는데, 승진에 탈락된 경우에도 상위직급을 수행할 수 있는 능력 내지 연공을 갖춘 종업원이 발생하게 된다. 이런 경우를 승진정체현상이라고 한다. 한 기업의 승진정체율은 전체 종업원 중 상위직급을 수행하기 위한 능력 내지 연공을 갖추었음에도 불구하고 승진이 못된 종업원의 비율을 말한다. 승진정체현상은 기업이 인력수요, 공급예측을 잘못하여 t_1시점에서 과잉인력을 보유했거나 조직이 고도성장기에서 안정기로 접어들었을 때 흔히 나타나는 현상이다.

직급승진은 승진이 된 자에게는 권한, 책임과 보상의 증가를 확실히 해줄 수 있는 명실상부한 승진이지만, 상위직급이 T/O에 묶여 있을 때 승진정체인력의 사기저하 및 유능한 인력이 타 조직으로 이동하는 결과를 초래하게 된다.

4.3.2 자격승진

자격승진은 종업원이 갖추고 있는 직무수행능력(직능)을 기준으로 승진시키는 제도이다.

이러한 제도를 소위 '직능자격제도'라고 하는데 기업은 직종별 직급과 직능

그림 9-11 직능등급과 직급 간의 관계(관리직종의 예)

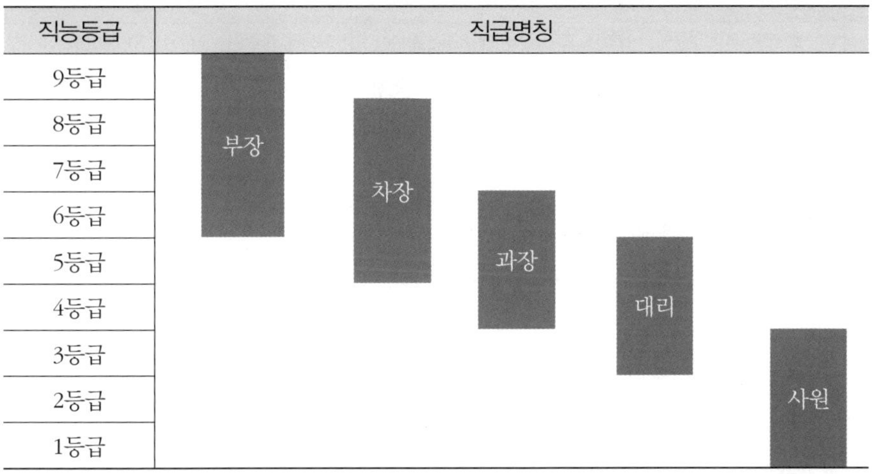

의 수준을 분리하여 관리하게 된다. <그림 9-11>에서는 직급과 직능등급의 예가 제시된다.

자격승진은 종업원이 갖추고 있는 직무수행능력(직능)을 기준으로 승진시키는 제도

이 그림에 나타난 바와 같이 관리직종의 경우 입사한 종업원이 그 조직에서 능력이 신장되었을 때 최대한 도달할 수 있는 직능수준을 9등급으로 나누어 개별종업원의 직능이 신장되었을 때 평가하여 해당 직능등급을 부여하게 된다. 여기서 직능등급의 향상이 반드시 직급의 향상을 가져다주지는 않는다. 예를 들어 <그림 9-11>에서처럼 직능이 6등급인 사람은 부장이 될 수도 있으며 혹은 차장, 과장으로 근무할 수도 있게 된다. 직능이 높은 자에게 특정 직급을 부여하기 위해서는 해당직급에 T/O가 있어야 된다. 기업이 직능자격제도를 도입하는 이유는 종업원의 능력신장을 인정하고 종업원으로 하여금 능력신장을 위해 노력하도록 자극을 주는 데 있다. 뿐만 아니라 승진정체현상으로 인해 유능한 인재가 해당 기업을 떠나지 못하게 도달한 능력의 수준을 공식적으로 인정하는데 있다. 직능자격제도 하에서는 개인의 직능이 상위등급으로 이동할 경우 자격의 상승을 의미하기 때문에 '승격(昇格)'이라고 한다.

직능자격제도 하에서는 상위 직능등급에 대한 T/O 개념은 없다. 누구라도 직능을 갖추게 되면 상위 직능등급으로 자격이 상승된다. 따라서 종업원에 대한 직능의 평가는 당연히 절대평가가 도입된다. <표 9-2>에서는 관리직종의 직능등급에 요구되는 능력의 내용이 예로써 제시된다.

표 9-2 관리직종의 직능등급의 예

등급	종합	지식·기능	분석·판단력	기획·개발력	절충·조절력	조정·통솔력	의욕·완수력
6	업무에 관한 고도의 지식·기능과 관련 업무에 관한 고도의 실무지식·기능을 지니고 所·課에 관한 반기 목표의 설정과 추진 등의 업무를 관계자와의 절충·조정이나 문제에 대한 새로운 해결책을 시도해 보면서 행함과 아울러 부하의 지도·교육을 계획적으로 행하며 그 의욕을 고양할 수 있는 능력을 지닌다.	• 업무에 관한 고도의 전문적 지식·기능, 관련 업무에 관한 실무지식·기능을 지니고 있다. – 경영관리에 필요한 실천적 경영분석, 업무분석을 할 수 있다. – 자재·재료의 구입처 및 판매처의 업계동향, 시장동향에 대하여 알기 쉽게 해설할 수 있다. – 공장출하원가를 각 제품별로 계산할 수 있다. – 회사예산안 편성을 할 수 있다.	• 부분방침에 따르면서 所·課 전체에 관한 문제의 해결방향을 판단할 수 있다. – 계획달성에 관하여 차이가 생긴 경우 그 원인을 규명하여 대응책을 강구할 수 있다. – 통계자료를 분석하여 문제의 포인트와 해결의 기본적 방향을 판단할 수 있다.	• 所·課의 업무에 관한 반기 목표의 설정과 그 달성을 위한 수단방책을 강구할 수 있다. – 반기에 걸친 목표달성을 위한 구체적 계획을 입안할 수 있다. – 사내 전반의 사무합리화안을 기획·기안할 수 있다.	• 상사의 개괄적 지시하의 所·課 전체에 관한 업무에 대하여 관계자와 의논하여 해결할 수 있다. – 사내외 관련 부분과의 연락·조정을 행하고 의사소통을 꾀하여 업무를 원활히 수행할 수 있다.	• 부하의 업무 전반에 관한 지도·교육을 계획적으로 행하고 의욕을 고양시킬 수 있다. – 직장의 질서확립과 활성화를 꾀할 수 있다. – 장기적 시점에 서서 부하의 개성을 살리는 적절한 지도를 할 수 있다.	• 所·課업무목표 달성을 위하여 새로운 시도를 해보면서 최후까지 해낼 수 있다. – 담당업무의 진척상황, 문제점을 파악하여 책임을 지고 대책을 세워 상사에게 보고할 수 있다.
5	업무에 관한 일반적 전문지식·기능과 관련 업무에 관한 일반적 실무지식을 지니고 職場에 관한 3개월 정도의 목표설정과 추진 등의 업무를 관계자와의 절충, 기타 제 문제의 발견·해결을 정확히 행하면서 수행함과 어울러 하위등급자의 지도·교육을 적극적으로 할 수 있는 능력을 지닌다.	• 업무에 관한 일반적 전문지식·기능, 관련 업무에 관한 일반적 실무지식을 지니고 있다. – 타부문의 업무내용의 개요를 이해하고 있다. – 취업규칙 등 실무에 필요한 사내 제 규정의 해석·운용을 정확히 알 수 있다. – 실무에 필요한 부기, 회계, 세법 등을 이해하고 운용할 수 있다. – 사회보험 등 실무에 필요한 관계법령의 해석·운용을 정확히 할 수 있다.	• 所·課방침에 따르면서 직장 전체에 관한 문제의 해결방향을 정확히 제시할 수 있다. – 對前年·對他社비교를 행하여 문제의 포인트를 파악할 수 있다. – 예외적 사항이 발생한 경우의 대처방법을 판단할 수 있다.	• 職場업무에 관한 3개월 정도의 목표설정과 그 달성을 위한 대책을 강구할 수 있다. – 담당업무 시스템의 재설계·재구축을 할 수 있다. – 이용자의 희망에 맞는 독특한 프로그램을 개발할 수 있다.	• 職場전체의 업무에 관하여 관계자와 의논하여 所·課방침에 따라 해결할 수 있다. – 관계처·협력처에 절충을 행하고 필요한 정보를 입수할 수 있다. – 담당업무의 문제해결에 관하여 상사의 지도하에 사외 관계자와 절충할 수 있다.	• 일상 업무에 관하여 하위등급자의 지도·교육을 적극적으로 할 수 있다. – 하위등급자, 계약사원을 적극적으로 지도할 수 있다.	• 職場목표달성을 위하여 곤란을 극복하면서 최후까지 책임지고 해낼 수 있다. – 담당업무에 관하여 설정한 목표를 의욕을 가지고 완수할 수 있다. – 예산과 실적의 비교를 행하고 필요사항을 취합하여 보고할 수 있다.

자료: 김종복, 1990.

이 표에서 제시된 바와 같이 평가대상이 되는 종업원이 현재 5등급일 경우 특정 시점에서 그의 직능이 6등급을 충족시킬 경우 그는 관리직종 6등급으로 승격[3]되고 임금도 이에 상응되게 상승된다.

자격승진인 직능자격제도는 종업원의 능력신장을 지원하고 승진정체현상을 감소시키는 데 본질적으로 기여하는 우수한 제도이다. 그러나 능력이 신장된 종업원이 이에 상응되는 직무를 수행하지 못하고 있는 과잉능력(overqualified) 상태가 되었을 때 종업원의 직무에 대한 불만족이 나타난다. 뿐만 아니라 기업의 입장에서 보면 종업원에 대한 보상(임금)을 업적을 기준으로 지급하는 것이 아니고 능력을 기준으로 지급하기 때문에 종업원이 수행하고 있는 직무에 비해 과잉능력을 갖추었을 때 그만큼 인건비가 추가로 발생하게 된다.

4.3.3 대용승진

대용승진은 승진은 발생했지만 직무내용이나 보상(임금)이 변동되지 않은 경우

대용승진(surrogate promotion)은 준승진(quasi-promotion) 혹은 건조승진(dry promotion)이라고도 하는데 승진은 발생했지만 직무내용이나 보상(임금)이 변동되지 않은 경우이다. 즉 직무내용의 실질적인 변동 없이 직급명칭 혹은 자격명칭만 변경되는 형식적 승진을 말한다.

대용승진이 일어나는 이유는 두 가지로 요약할 수 있다. 첫째, 조직내부 사정상 오랫동안의 승진정체 현상 때문에 조직분위기가 정체되어 있을 때 도입하며 둘째, 종업원이 대외업무를 수행하는 경우 접촉고객의 종업원에 대한 신뢰심을 높이기 위해 직급을 높이게 된다.

대용승진은 우리나라와 같이 유교문화권에 속하여 체면을 중시하는 나라에서는 상당한 효과를 가져다주고 있다. 예를 들면 특정 종업원이 해당기업에 10년 이상 근무했음에도 불구하고 평사원으로 남아있을 때 그는 가족, 친지 등에게 체면이 깎인다고 생각하는 경우이다.

3) 승격에는 졸업방식과 입학방식이 있는데 <표 9-2>의 예에서 졸업방식은 종업원이 현재 5등급을 충족(예: 80% 이상)시키게 되면 자동적으로 6등급으로 승격시키는 방식이며 입학방식은 이 종업원이 현재 6등급에서 요구하는 자격요건을 약 60% 정도 갖추면 6등급으로 승격시키는 방식이다.

표 9-3 A사의 승진기준

직급요소	대리	과장	차장 · 부장
경력평정	50	30	20
인사고과	40	55	60
연수평정	10	15	20
계	100	100	100

4.4 승진기준

우리나라 기업에서 도입하고 있는 승진기준은 승진정책에서 설명한 연공주의와 능력주의를 혼용하여 구성되어 있다. 즉 연공주의를 반영하는 기준으로서 경력점수가 있으며 능력주의를 반영하는 기준으로서 인사평가점수, 연수점수가 있다. 대개의 기업에서는 하위직급에는 연공적 요소인 경력점수의 비중을 높이고 상위직으로 갈수록 능력을 반영하는 인사평가 및 연수점수(研修點數)의 비중을 높이고 있다. <표 9-3>에서는 A사의 직급승진기준이 예로서 제시된다.

<표 9-3>에 나타나 있듯이 A사에서는 직급승진의 기준으로 경력평정, 인사평가 그리고 연수평정을 합산하여 이에 따라 승진 T/O만큼 선발하고 있다.

대리직급을 위한 승진기준은 경력평정에 50% 비중을 두고 있는데 그 이유는 다음과 같다. 대리승진 대상자인 사원의 경우 기업에 들어온 지 얼마 되지 않았기 때문에 자신의 능력을 발휘할 수 있는 기회가 제한적일 수 있으며 또한 조직에서의 첫 몇 년은 대개 연공과 능력신장이 정비례한다는 가정에 그 바탕을 두고 있다. 사실 사원급에서는 업무를 다른 종업원과 공동으로 수행하는 경우가 많다. 뿐만 아니라 업적은 그의 직속상사의 업무지시, 지도 및 감독 등에 크게 좌우되는 경우가 많다. 그러나 대리급, 과장급에서는 업무 추진에 있어서 자율성이 많이 부여되며 능력측정이 비교적 용이하다. 많은 경우에 있어서 개인의 능력이 업적에 나타나게 되는 것이다.

아래에서는 승진기준의 개별요소에 대한 평정방법에 대해 설명한다.

그림 9-12 경력평정의 예

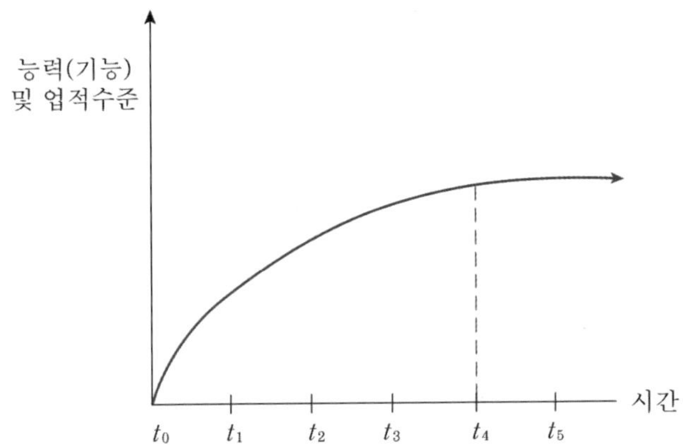

4.4.1 경력평정

경력을 평정할 때 해당직급에서 근속년수와 능력(기능) 신장 간의 관계가 정비례되는 시기를 표준년수

종업원에 대한 경력평정은 해당직급에서의 근속년수를 기준으로 이루어진다. 이러한 방식의 경력평정은 기본적으로 연공을 반영하는 것이 목적이 되겠지만 그 뒤에 깔려 있는 전제는 근속년수가 많아짐에 따라 해당종업원의 능력수준이 높아지고 그 결과 업적도 높아질 것이라는 것이다. 그러나 이러한 전제는 많은 문제점을 갖고 있다.

연공과 능력(기능) 수준 혹은 업적 간의 관계는 직무에 따라 다소 차이가 있겠지만 많은 경우에는 첫 몇 년 동안은 근속년수가 능력(기능) 혹은 업적수준을 많이 반영하겠지만, 어느 시기가 지나면 능력(기능) 및 업적의 증가가 체감될 것이며, 나중에는 오히려 감소될 수 있다. 이런 경우는 새로운 기술도입으로 인한 기능(技能)의 노후화 현상과 직무 수행자가 동일한 직무를 너무 장기간 맡았을 때 나타나는 매너리즘 내지 무사안일주의가 그 원인이 된다. 따라서 경력을 평정할 때 해당직급에서 근속년수와 능력(기능) 신장 간의 관계가 정비례되는 시기를 표준년수라고 할 때 이 기간 동안의 경력을 점수에 반영하는 것이 바람직하다. <그림 9-12>에서는 근속년수와 능력(기능) 및 업적의 수준 간의 관계가 제시된다.

4.4.2 인사평가

능력
개인적 특성
직무행동
업적

인사평가에서의 평가요소는 크게 능력(역량), 개인적 특성, 직무행동 그리고 업적으로 나눌 수 있다. 승진의사결정을 목적으로 하는 인사평가에서는 평가요소인 '능력'이 중요한 요소가 되어야 한다. 특정개인은 조직에서 승진을 하게 되면 대개 지금까지 수행하던 직무를 떠나 새로운 보다 수준 높은 직무를 수행하기 때문에 이러한 직무를 성공적으로 수행할 수 있는 능력을 갖추었느냐가 승진의사결정의 질(質)을 결정하게 된다. 뿐만 아니라 개인이 가지고 있는 적성도 중요한 요소가 되겠다. 즉 미래에 수행하게 될 직무에 현재의 승진 후보자가 적성면에서 적합한가이다. 예를 들면 판매과장자리가 비었을 때 경리직군에 있는 대리가 능력이 있지만 '판매직'에 대해서는 적성이 맞지 않을 경우 문제가 생길 수 있기 때문이다. 승진 후보자가 현재 수행하고 있는 직무에 대한 업적은 그가 미래에 다른 직무를 수행했을 때에도 높게 나타날 것이라는 보장은 없다.

따라서 승진기준으로서의 인사평가는 그 내용면에서 승진 후보자의 능력, 특히 잠재능력이 가장 중요한 평가요소가 되어야 한다.

4.4.3 연수평정

연수평정은 승진 후보자가 기업에서 실시하는 교육훈련 프로그램에 참가하여 획득한 학습성과

연수평정은 승진 후보자가 기업에서 실시하는 교육훈련 프로그램에 참가하여 획득한 학습성과를 말한다. 연수평정은 개인의 잠재능력을 간접적으로 평가할 수 있는 지표가 될 수 있겠지만 아래와 같은 문제점을 안고 있다.

첫째, 기업에서 제공하는 교육훈련 프로그램이 과연 미래의 직무를 수행하는데 필요한 지식 및 기능을 얼마나 제공하고 있느냐이다. 우리나라의 많은 기업에서는 교육훈련에 대한 필요성 분석이 제대로 되지 않고 있어 교육훈련 프로그램이 유행을 따르거나 다른 기업에서 도입하고 있다는 이유로 도입되는 경우가 많다. 이러한 현실을 감안해 볼 때 연수평정과 승진 후보자의 능력 간에 인과관계가 어느 정도 존재할 지는 미지수이다.

둘째, 기업에서 실시하고 있는 교육훈련의 기간이 매우 짧기 때문에 교육훈련 참가자가 비록 교과내용이 우수하다고 하더라도 어느 정도 새로운 지식 및 기능을 학습할 수 있느냐이다.

이상에서 제시한 몇 가지 이유를 감안해 볼 때 연수평정을 통해 승진 후보자의 능력을 간접적으로 평가하는 것보다 인사평가를 보다 정교하게 설계하여

승진 후보자의 능력을 평가하는 것이 보다 바람직하다.

[5] 경력개발에 대한 평가

경력개발에 대한 평가는 경력개발에 대한 통제활동의 일환으로 실시되는데 우선 경력개발의 실천활동인 교육훈련, 전환배치 및 승진의사결정에 대해 평가해야 한다. 이에 대한 평가기준은 아래와 같이 열거할 수 있다.

- 기업에서 실시한 교육훈련을 통해서 종업원이 해당 경력경로를 걸어가는 데 얼마나 도움을 주었는가?
- 전환배치가 합리적으로 이루어졌는가?
- 승진의사결정이 승진원칙인 적정성 · 공정성 · 합리성을 얼마나 충족시켰는가?

이상의 평가대상 외에도 경력개발의 유효성(career effectiveness)에 대한 평가는 경력개발에 대한 실천활동뿐만 아니라 계획활동까지 포함시켜 이것이 경력개발의 목표에 미친 영향을 파악하는 데 있다. 이와 관련하여 몇 가지 평가내용을 아래에서 살펴본다.

경력개발의 평가내용

첫째, 경력성과(career performance)를 평가해야 한다. 기업이 도입한 경력개발 프로그램으로 인해 종업원의 능력, 기능 및 보상의 증가를 측정하는 것이다. 종업원은 기업의 경력개발 프로그램을 통해 보다 나은 직무를 맡게 되며, 이것은 당연히 보다 높은 임금을 보장해 줄 뿐만 아니라 직장안전(job security)에 기여하게 된다.

둘째, 종업원의 경력개발에 대한 태도(career attitude)를 평가해야 한다. 종업원이 기업의 경력개발 프로그램을 자신들의 성장욕구 충족 및 능력향상에 기여할 것으로 인식하는 정도이다.

셋째, 기업이 도입한 경력개발 프로그램이 개인과 조직의 목표를 일치시켜 조직 내 협동시스템을 구축하는 데 어느 정도 기여하였는지를 평가하여야 한다.

끝으로 경력개발 프로그램이 기업의 미래의 인력 확보 및 배치의 유연성에 어느 정도 기여하는지를 평가하여야 한다.

이상에서 제시한 평가대상은 사실상 숫자적으로 측정하기가 매우 어렵다.

뿐만 아니라 경력개발 프로그램의 효과는 장기간에 걸쳐 발생하기 때문에 그리고 기업의 경쟁력 제고, 기술축적 등의 결과물에 많은 다른 요인들이 결정변수로서 영향을 미치기 때문에 이에 대한 경력개발 프로그램의 기여분을 밝힌다는 것은 간단하지가 않다. 경력개발의 효과를 측정하는 데 어려움이 있다 하더라도 기업은 가능한 정보를 수집하여 평가노력을 기울여야 보다 나은 경력개발 프로그램을 계획 · 실시할 수 있을 것이다.

요약

우리나라 경제가 고도성장기에서 안정기로 접어들어감에 따라 기업에서는 인력정체 현상이 나타나고 많은 종업원들은 장래에 대한 불안감에 빠지게 된다. 경력개발은 기업 종업원들에게 비전을 제시하고 장기적으로 그 능력을 개발하자는 데에서 출발했다.

경력개발 시스템은 계획활동으로서 개인의 경력욕구 및 조직의 경력기회를 파악하여 이를 통합하는 과정이 있으며, 실천활동으로서는 경력경로의 설계 그리고 교육훈련, 전환배치, 승진 등이 있다. 끝으로 통제활동으로서는 경력개발 프로그램에 대한 성공 여부를 평가하는 과정이 있다.

경력개발 프로그램을 설계하는 데 가장 어려운 문제 중의 하나가 바로 개인의 경력욕구와 조직의 경력기회가 일치하지 않는 경우이다. 이를 극복하기 위해서는 기업측뿐만 아니라 종업원측은 양보를 전제로 하는 노력을 해야 한다.

경력개발의 실천활동으로서 전환배치는 종업원으로 하여금 새로운 일을 하게 함으로써 능력이 신장되도록 하는 제도이다. 전환배치를 보다 합리적으로 하기 위해서는 적재적소적시주의, 인재육성주의 그리고 균형주의를 추구해야 하겠다.

승진은 보다 나은 직무로 이동하는 것이며 승진정책으로는 연공주의와 능력주의가 있다. 승진에 대한 의사결정을 하는데 지켜야 할 기본원칙으로서 적정성의 원칙, 공정성의 원칙 그리고 합리성의 원칙이 있다.

승진유형은 직급승진, 자격승진 그리고 대용승진이 있는데 직급승진의 경우 기업 내 승진 T/O에 의해 승진기회가 결정되므로 조직이 안정기에 있는 경우 승진정체현상이 나타날 가능성이 매우 높다. 자격승진은 직능자격제도의 도입이 전제가 되는데 종업원의 능력신장에 맞게 자격을 높여주는 제도이다. 대용승진은 승진으로 인한 실질적인 권한증대 및 보상증대 없이 직급만 높여주는 경우이다.

승진의사결정에 있어서 기준은 경력평정, 인사고과 그리고 연수평정 등이 있다. 그러나 능력주의 승진정책을 도입하는 경우 인사고과가 가장 핵심적인 승진기준이 된다.

사례연구 한화그룹의 신입사원 교육

기본적으로 한화그룹의 경영목표는 보람찬 평생직장의 구현, 국제화 초우량기업, 복지사회 건설이며, 이는 신의/분수/최선이라는 사훈과 인재존중/혁신추구라는 경영이념에 의하여 뒷받침되고 있다. 또한 미래 창조/정예 한화인化라는 교육이념을 통하여 교육목표를 설정, 그들이 조직에 적응하고 앞으로 기업의 바람직한 인재상에 어울리는 한화인으로 키우기 위하여 다음의 목표를 세우고 있다.

첫째, 기업을 올바르게 이해하고 한화인으로 뭉칠 수 있는 '경영이념을 체계화하고 주체적으로 실천하는 한화인 육성', 둘째, 기업 내에서 자신의 업무를 인식하고 자기를 계발할 수 있는 '적극적인 업무수행 능력 및 경영관리 능력의 함양', 셋째, 개인이 아닌 공공인으로서 '국가사회에 기여할 수 있는 수준 높은 시민의식 함양', 넷째, 국제적인 기업환경을 인식하고 빠르게 적응하는 '국제감각을 가진 합리적인 한화인 육성'이다.

이상의 네 가지를 교육의 기본적인 목표로 세우고, 기업에서 요구하는 바람직한 인재로 육성하기 위하여 교육훈련을 실시하고 있다.

한화그룹의 신입사원 교육현황을 개괄적으로 살펴보면 다음과 같다. 우선 선발된 인원들이 정식입사를 앞두고 받는 입사 전 교육에서는 한화그룹 차원에서의 전반적인 정보들을 대략적으로 제공한다. 입사 후에 받는 집합교육은 공장견학을 통한 공장 입문교육과 본사의 업무흐름을 전반적으로 이해하게 하기 위한 본사 입문교육으로 이루어지는데, 이러한 교육들을 마치게 되면 신입사원들은 부서배치를 받게 된다. 그 후 그룹연수원에서 14박 15일간의 합숙을 통해 연수교육을 받게 됨으로써 어느 정도 기초적인 교육과정들을 이수하게 된다. 신입사원들을 주어진 부서에 배치시킨 뒤 생소한 업무처리를 위해 일정기간 동안 OJT교육과 Follow up교육을 동하여 자신의 업무를 원할하게 수행할 수 있는 능력을 배양시키고 그에 대한 평가가 이루어짐으로써 한화의 신입사원 교육 Program이 종결된다.

지금까지 살펴본 개괄적인 교육과정들을 다음 장에서 자세히 살펴봄으로써 한화의 신입사원 교육개발 Program들을 완벽하게 이해하고자 한다.

1. 입사 전 교육

신입사원은 회사에 대해 미지의 궁금점을 지니게 마련이다. 따라서 채용하기로 결정된 학생이 기업에 대해 어떤 기대를 하고 있는지 그 희망과 기대점에 대한 내용을 올바르게 파악하고 대비할 필요가 있을 것이다.

입사 전 교육은 입사예정자를 교육한다기보다 회사의 내용을 구체적으로 알리고 미지의 회사에 쉽사리 적응할 수 있는 정보를 제공할 수 있는 방법으로 회사의 안내와 홍보에 중점을 두어야 한다. 교육의 형태는 집합교육보다는 통신교육 위주로 이루어진다.

한화의 경우 채용예정자들에게 자기소개서를 쓰게 하고, 책을 한 권 정해서 읽고 독후감을 제출하게 하는 정도의 교육을 실시하고 있다. 이때 선정되는 책은 Group의 성장사나 창업주의 전기 또는 경영 전반에 관한 내용의 책 중에서 선정된다.

2. 도입 및 입문교육(집합교육)

도입교육은 신입사원들을 연수원이나 사업장 등의 장소에서 집합시켜 놓고 실시하는 교육이며, 신입사원교육이라 하면 일반적으로 이 단계를 말한다. 한화의 경우 공장 입문교육, 본사 입문교육, 신입사원 연수교육 등의 순서로 이루어지고 있으며, 판매현장교육은 실시하지 않고 있다. 교육의 내용은 다음과 같다.

첫째, 그룹의 연혁, 경영이념, 최고경영자의 대화, 경영자의 대화, 경영규범, 가족사 소개 社歌熟知 등 신입사원으로서 당연히 알아야 할 정보를 신입사원에게 제공하여 일종의 의식화 과정을 통해 애사심과 소속감을 고취시키고 있다. 둘째, 신입사원들의 처음 직장생활을 하면서 느낄 수 있는 불안과 부적응을 최소화하기 위해 직장예절, 인간관계, 관리능력, 팀워크 활동능력 등을 키워 직장에 적응할 수 있는 자신감을 배양하고 있다. 셋째, 신입사원 각 개인이 맡게 될 직무에 요구되는 지식, 기능, 태도의 기본자질 함양을 통해 조기 전력화를 도모한다. 직무 도입을 너무 서두르면 좌절감에 빠질 위험이 있기 때문에 실무보다는 기본적인 소양을 위주로 하고 있다. 예컨대 창의력훈련, 기업경영 게임, 문제해결 등의 내용이 포함된다.

(1) 공장 입문교육

한화는 2주일간에 걸쳐 인천, 창원, 진해, 여천, 여수 등지의 공장방문 및 대덕 연구소 방문을 실시하고 있다. 이 과정에서는 공장순회교육을 통해 현장경험을 체득하게 하고, 각 공장의 특징 및 생산제품과 제품용도에 대한 교육도 실시하고 있다. 현업 배치 후에는 관련공장을 제외한 타 공장 방문기회가 전혀 없으므로 입사 전에 전 공장을 방문할 기회를 제공하는 것이 필요하다. 또한 전체 공장방문을 통해 단일 사업장 중심이 아닌 전사적 관점을 체득할 수 있게 하고, 현장견학을 통하여 제조업의 특징을 느낄 수 있는 교육이 필요하다.

(2) 본사 입문교육

1주일간에 걸쳐 양평프라자에서 실시되는 본사 입문교육과정은 본사 전 사업부의 업무흐름 및 제품에 대한 이해를 도모하는 것을 목표로 한다. 세부적인 내용을 살펴보면 우선 작성, 배포된 각 부서 소개자료를 활용하여 각 부서의 업무 및 특징을 강의하고, 업무흐름에 대한 내용으로는 각 부서 업무의 개괄적인 흐름 이해, 업무 간의 유기적 관계 이해, 석유화학 체계에 대한 이해 등의 내용이 있으며, 제품이해에 대한 교육과정에는 자사의 생산제품을 암기하고, 생산제품의 활용을 이해하게 된다. 그리고 조직력 게임을 통해 부서 간의 유기적 협조에 대한 이해를 도모하고, 부서에서 개인의 역할을 간접 체험하게 된다.

이러한 교육은 참여식 교육으로 진행시키는 것을 원칙으로 하고, 각 부서 지도사원에 대한 사전교육을 실시한다. 본사 입문교육을 마치면 부서배치가 이루어지므로 이 과정에서 각 부서에 대한 자료와 기능을 충분히 이해함으로써 자신의 적성을 고려하여 자신이 지원하고자 하는 부서를 결정하는 데 도움을 주고자 한다.

(3) 신입사원 연수과정

본 과정은 고졸신입사원 과정과 대졸신입사원 과정으로 나누어지는데 고졸신입사원의 경우는 대상자들이 주로 여직원이며 인원도 70명 전후로 소규모이다. 교육은 수안보 콘도에서 7박 8일간의 합숙을 통해 이루어지며 그 내용은 간단한 입문교육 수준으로써 대졸신입사원 교육의 축소판이라고 할 수 있다. 대졸신입사원 연수는 상반기의 경우 7월에, 하반기에는 12월에 설악리조트교육장에서 13박 14일간 실시되며 교육은 그룹 종합연수원의 주관하에 이루어진다.

신입사원 연수교육의 목표는 한화인으로서의 일체감을 고취하고 조직구성원으로서의 바람직한 자세를 습득하게 하며 기업경영 전반에 대해 이해하게 하는 데 있다. 그 교육내용을 구체적으로 살펴보면 다음과 같다.

① 그룹이해
- 한화공동체: 한화ISM을 체화시키고 한화color, 기업문화를 전파시킴으로써 한화인의 정체성을 공유할 수 있도록 함
- 한화그룹 이야기 Ⅰ: 그룹 창립에서부터 현재까지의 발전과정을 소개
- 한화그룹 이야기 Ⅱ: 그룹의 가족사를 VTR방영과 선배사원의 강의를 통해 소개함
- 환경경영: ECO-2000 운동의 태동 배경을 알고 향후 환경운동의 전개방향을 이해함 (ECO-2000 운동은 환경보존운동이다. 자사가 석유화학업종으로 오염물질을 배출할 가능성이 크므로 환경보존의 중요성과 그 효과에 대해 소개하는 과목이 필요하다)
- 국제화전략: 국제화시대에서 부응하는 그룹의 국제화현황 및 향후계획 소개
- 인사제도: 그룹의 인사 및 복무규정과 경력관리제도 등을 설명
- 정보화현황 및 경영정보시스템: 그룹 내 경영정보시스템 현황과 활용방안 소개

② 한화인의 자세
- 신입사원에게 바란다: 사회의 첫발을 한화그룹에서 내딛는 신입사원들에게 사회 초년생으로서의 자세촉구
- 예절: 직장인으로서 갖추어야 할 기본예절에 대하여 자율적 토론, brain storming 등을 통해 체험
- 경영규범 Ⅰ, Ⅱ: 한화그룹의 경영규범을 스스로 이해하고 실천하도록 유도
- 장인정신: 직접 도자기를 제작함으로써 업무에 있어서의 장인정신의 의미를 깨달음
- 회장님과 함께: 사원들에게 회장이 직접 당부함으로써 주인의식을 고취시킴

③ 인화력 배양
- 한화올림픽: 체육활동을 통해 신세대에 팽배한 이기적 사고를 배제하고 협동과 신뢰속의 긍정적인 사고를 함양시킴
- 한화인의 도전: 산악훈련을 통해서 역경을 해쳐나가는 도전정신과 성취감을 함양하고,

'나'가 아닌 '우리'라는 협동심 고취

- 한화인의 밤: 신입사원 교육과정을 정리하면서 그룹에 대한 주인의식, 연대감, 책임감을 공유토록 함

④ 경영에 대한 이해

- 고객 그들은 누구인가?: 기업 흥망의 열쇠가 고객만족에 달려있음을 인식하고, 고객지향적 마인드를 인식시킴
- 모의기업경영: 모의기업경영 통해 자신이 직접기업경영을 해봄으로써, 기업의 흐름과 회계처리요령을 이해하고 어려움을 체험함

⑤ 한화인으로서의 자기인식

- 회사 · 조직 · 일의 의미: 분임토의를 통해서 회사, 조직에 대한 의미를 재인식하고 업무를 대하는 바른 마음가짐을 함양토록 함
- Team creativity: 그룹을 통해 그룹창작광고제 등의 자유로운 창작활동 경험

⑥ 자기계발

- 의사결정게임: 직장생활에서 요구되는 효과적인 의사소통의 방법과 종류 등을 게임을 통해 체험함
- 테마토론 Ⅰ, Ⅱ: 사례에 대한 토론과 선배사원의 피드백을 통해 자기논리의 전개능력과 자기표현력을 키우며 동시에 적극적인 경청능력을 기름
- 직장인의 자기표현: 직장생활을 시작하는 신입사원에게 의사소통의 중요성과 방법을 습득하게 함

⑦ 21세기 경영환경의 변화: 변화하는 국제정세 속에 21세기 한국경제의 진로와 위상을 점검하고 환경변화 대응 마인드를 함양시킴

⑧ 한화, 모기업을 찾아서: 인천공장을 직접 보고 한화인으로서의 자긍심을 가짐

⑨ 기타: 개강식, 수료식, 아침행사, 신변정리, 생활안내, 한화인으로서의 새출발 등

3. OJT

입사 전 교육과 입문교육과정이 끝나고 나면 신입사원들도 각 부서로 배치되어 실무를 익히게 되는데, 이 과정에서 선임자의 책임지도하에 OJT가 이루어지게 된다. OJT는 계획적이고 계속적이어야 하며 교육적인 배려가 있어야 한다. 그리고 교육담당부서에서 작성하는 OJT Manual이 있어야 하고, 입문교육과의 관련성이 있어야 하며, 자기계발 욕구를 충족시킬 수 있어야 한다. OJT의 기법측면에서 본다면 기초적 작업에서 응용적 작업으로, 용이한 작업에서 곤란한 작업으로 발전시켜 나가야 하며 능력으로 약간 상회하는 일을 부과하는 것도 중요하다. 그리고 서서히 권한을 이양시키며 Plan-Do-See의 일련의 일을 맡김으로써 자신감과 의욕을 고취시키고, 작업의 습득성 정도에 따라 지도방법을 바꿔 나가야 한다. 한화에서는 OJT를 활

성화하기 위해 다음과 같은 몇 가지 Program을 도입했다.

(1) 지도사원 양성교육

각 부서의 지도사원 전원을 대상으로 하여 OJT 기본지식을 습득하게 하고 지도사원 이외에 교육 Facilitator(촉진자)를 양성한다. 교육내용으로는 OJT의 중요성, 후배지도 육성법, OJT Manual 작성법, 교육의 중요성과 Facilitator의 역할 이해 등이 있으며 연간 2회에 걸쳐 2박 3일의 합숙교육을 실시한다.

(2) 대졸준사원 교환근무

입사 5~7개월 차 대졸신입사원을 대상으로 업무관련 현장경험을 체득하게 하고, 상호업무에 대한 이해를 돕기 위해 도입된 Program이다. 지도사원의 협의와 부서장의 결재를 거쳐 업무관련 공장이나 부서를 선정하고, 선정부서와 교육에 관한 사전협의 후 계획서를 작성한다. 이를 인사부에서 취합하고 일정을 조정한 뒤 교환근무일을 확정하여 1주일간 교환업무를 실시하는데 이 과정은 6월 중의 1주일을 골라 실시한다.

(3) 준사원 간담회

입사 5개월, 11개월 차를 대상으로 애로사항을 파악하고 신선한 의견청취로 체계적인 인력관리를 위해 고안된 제도이다. 본사 및 지점에서는 인사부 주관 하에 간담회를 실시하고 공장에서는 공장장, 총무부장, 인사과장 참석 하에 간담회를 실시한다.

(4) 사내강사에 의한 직무별 전문교육

1년차 신입사원을 대상으로 기본적인 지식을 함양하게 한다. 그 내용을 구체적으로 살펴보면 석유화학개론, 기획개론, 영업개론, 인사노무개론, 구매자관리개론, 공장관리개론, 해외영업개론 등이 있으며 영남/호남지역과 서울/중부지역으로 나누어 연 2회에 걸쳐 실시한다.

4. Follow up 교육

Follow up 교육이란 지금까지 실시해온 집합교육이나 현장에서의 OJT 등에 덧붙여 행하는 교육, 즉 추가 지도함을 말한다. 신입사원 Follow up 교육의 방법으로는 직장배속 및 개월 후 직장생활을 재검토하고 동기부여를 위한 집합교육의 실시나 통신교육을 이용해 필요한 지식을 보완해가는 방법, 외부기관에서 개최하는 세미나 강습회에 파견하는 방법 등이 있다. 우선 전 신입사원에게 1년간 의무적으로 회계 통신교육을 받도록 하여 한 달에 한 번씩 교재를 받고 과제물을 제출하도록 하고 있다. 또한 최소한의 어학능력배양을 위해 회사지원 50%로 어학통신교육도 실시하고 있으며 각 사업장으로 확대 실시를 계획하고 있다.

5. 교육훈련 평가

지금까지 실시한 교육훈련의 평가는 입문교육이나 OJT를 통해 신입사원들에게 Input(투입)한 것이 실제 업무에 얼마나 Output(산출)될 것인가를 측정하는 것이다. 앞서 언급했던 Follow up 교육도 평가의 수단이 될 수 있으며 설문지방식이나 관찰방식으로 평가할 수도 있다. 한화에서는 연수원교육 후 신입사원 및 강사들에게 5점 척도의 설문지를 돌려 교육효과를 평가하고 있으며 그 외에 시험 등과 같은 구체적인 평가는 실시하지 않고 있다.

생각해 볼 문제

1 한화그룹의 신입사원 교육의 문제점을 분석하시오.
2 효과적인 신입사원 교육을 위한 대안을 제시하시오.

참고문헌

김종복, 우리나라 금융기관의 직능자격제도 도입 방안, 서강대 석사논문, 1990.

김 중, 다른 업무기회를 찾을 수 있는 'Job Information System,' 월간 인사관리, 2002. 7. pp. 56~57.

김흥국, 경력개발제도의 성공 조건, in: 노사관계연구, 1994, 제5권, pp. 67~106.

이진규, 기업인력 양성과 경력개발, 대한 상의, 1992.

이진규, 미국기업의 인적자원 개발전략, in: 경영혁신을 위한 전략적 인적자원개발, 대한 상의, 1993.

Allred, B. B./ Snow. C. C./ Miles, R. E., Characteristics of Managerial Careers in the 21st century, in: Academy of Management Executive, 1996, Vol. 10, pp. 17~27.

Bardwick, J. M., The Plateauing Trap−How to Avoid Today's Career Dilemma, Bantam Books, 1986.

Berthel, J., Laufbahn−und Nachfolgeplanung, in: Gaugler, E./ Weber, W.(Hrsg.), Handwörtbuch des Personalwesens, 2. Auflage. 1992, pp. 1203~1213.

Burack, E. H./ Mathys, N., Career Leaders Pathing and Planning: Some Neglected Basics, Human Resource Management, Vol. 18(2), 1979, pp. 1~10.

Delong, T. J., Reexamining the Carrier Anchor Model, in: Personnel, 1982, May−June, pp. 50~61.

DeLuca, J. R., Strategic Career Management in Non−Growing Volatile Business Environments, in: Human Resource Planning, 1988, Vol. 11, pp. 49~65.

De Vries, M., The Midcareer Conundrum, Organizational Dynamics, Vol. 7(2), 1975, pp. 48~55.

Flippo, E., Personnel Management, McGraw−Hill, 6th ed., 1984.

Hall, D./ Moss, J. E., The New Protean Career contract: Helping Organizations and Employees Adapt, in: Organizational Dynamics, Winter, 1998, pp. 22~37.

Leach, J., The Notion and Nature of Careers, in: The Personnel Administrator, 1997. Vol. 22, pp. 49~55.

Mathis, R. L./ Jackson, J. H., Human Resource Management, 9th ed., Thomson Learning, 2000.

Schein, E. H., How Career Anchors Hold Executive to Their Career Paths, in: Personnel, 1975, May–June, pp. 11~24.

Weitbrecht, H. J., Individuelle Karriereplanung, in: Gaugler, E./ Wever, W. (Hrsg.), Handwörtbuch des Personalwesens, 2. Auflage. 1992, pp. 1114~1126.

Whitely, W./ Dougherty, T. W./ Dreher, G. F., Relationship of Career Mentoring and Socioeconomic Origin to Managers' and Professionals' Early Career Progress, in: Academy of Management Journal, 1991, Vol. 34, pp. 331~351.

Wolf, J. F./ Bacher, R. N., Career Negotiation: Trading Off Employee and Organizational Needs, in: Personnel, 1981, Mar–April, pp. 53~59.

제 5 부

인력보상

종업원이 기업에 노동력을 제공하고 얻은 소득을 임금이라고 하는 반면, 보상(compensation)은 임금 외에도 종업원이 기업으로부터 받게 되는 일체의 금전적 및 비금전적인 것을 포함하는 개념이다. 보상은 또한 경제적인 것(economic reward)과 비경제적인 것(non-economic reward)으로도 구분된다. 경제적 보상은 기업이 종업원에게 금적적인 보상을 해주는 것으로서 임금, 의료지원, 연금보조, 체육시설 제공 등을 말하며 비경제적인 보상에는 탄력적 근무시간 제도, 직무확대화를 통한 자율성 및 기능다양성 제고 및 조직에서의 인정감 부여 등이 있다. 〈그림 V-1〉에서는 인사관리에 있어서 인력보상의 학문적 위치가 제시된다. 인력보상은 자본의 논리를 추구하는 기업에게 아래와 같은 경제적 효율성을 가져다준다.

i) 인력확보 및 유지

기업은 목표달성을 위해 생산성을 유지·제고시켜야 하는데 생산성의 주체가 바로 인적자원이다. 인력보상은 노동시장에서 인적자원을 확보하는 데 결정적인 역할을 하며, 확보된 인력이 기업에서 계속 남아있도록 하는 데 중요한 역할을 한다.

ii) 동기부여

확보된 인력이 기업의 목표달성을 위해 보다 높은 의욕을 가지고 일을 하는 데 있어 인력보상은 주요한 동기가 된다. 즉 기업에서 임금 및 복리후생을 종업원에게 제공함으로써 종업원의 생계유지에 도움을 주고 이러한 보상이 종업원의 능력을 반영하고 나아가 인정감의 표시가 될 때 종업원은 기업에 만족하고 더 열심히 일하게 된다.

그림 V-1 인사관리와 인력보상 활동

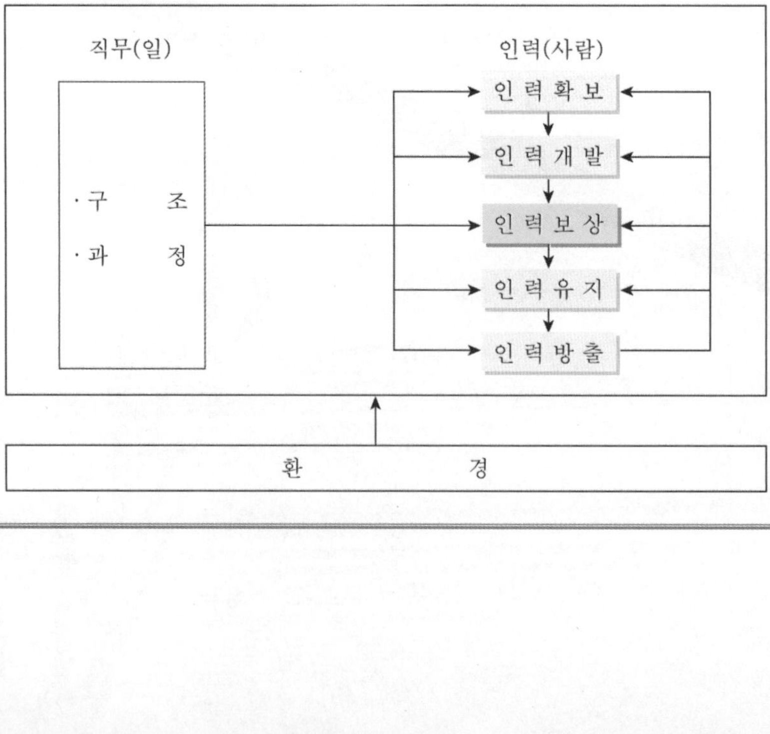

따라서 보상은 양질(良質)의 종업원을 조직에 들어오게 하고 또한 그 조직에 남도록 하여 성과를 달성하도록 동기부여 하는 것이다.

인력보상은 노동의 논리를 추구하는 종업원에게 아래와 같은 사회적 효율성을 가져다준다.

i) 생활의 질 향상

보상은 종업원으로 하여금 생계에 필요한 재화나 용역을 구입하게 하며 나아가 생활의 질(質)을 향상시킬 수 있게 해준다.

ii) 사회적 신분상승

임금은 종업원에게 인정감을 부여하고 지위(status)를 확보해 준다. 임금은 본질적으로 종업원의 조직성과에 대한 공헌도를 반영하기 때문에 보다 높은 공헌에 대한 보다 높은 임금은 바로 종업원 개인의 능력에 대한 인정감을 부여하게 되고 이를 통해 개인은 조직 내 자신의 사회적 신분의 상승을 지각하게 되는 것이다.

임금에 대한 경제적 효율성과 사회적 효율성은 〈그림 V-2〉에서 정리된다.

이상에서 제시한 보상의 주요 목표인 경제적 효율성과 사회적 효율성을 달성하는 데에는 피할 수 없는 갈등문제가 도사리고 있다. 대부분의 기업에서는 보상을 제품원가의 구성요소인 비용으로 보기 때문이다.[1] 따라서 기업에 있어서 보상은 원가증가 요인인 동시에 원가절감 요소가 되는 중요한 의미를 갖는다. 기업은 결국 원가 최소화를 통한 수익 극대화를 위해 보상을 최소화시키며, 나아가 최소의 보상으로 최고의 인적자원을 획득하고자 노력한다. 반면에 종업원에게 있어서 보상은 소득의 원천이 되며

그림 V-2 인력보상의 경제적 및 사회적 효율성

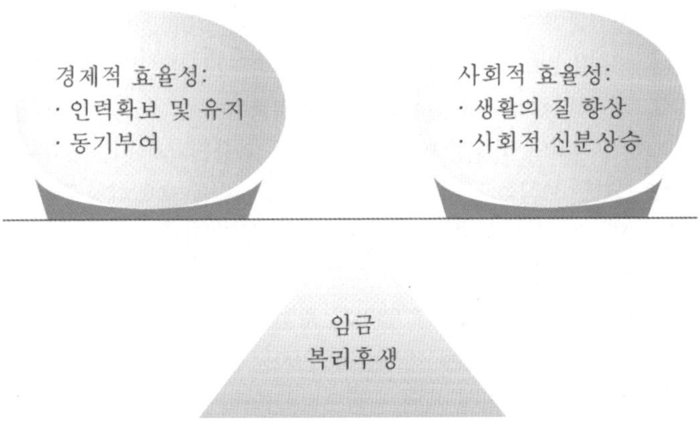

1) Lawler(1971)는 이에 대한 다른 견해를 제시한 바 있음. 즉 보상으로 지출되는 화폐는 노동력을 구입하는데 소비한 비용이 아니라 노동력에 대한 투자로 보아야 하며 이를 통해 기업은 수익을 획득할 수 있다고 주장했음.

그림 V-3 인력보상에 대한 관리적 접근

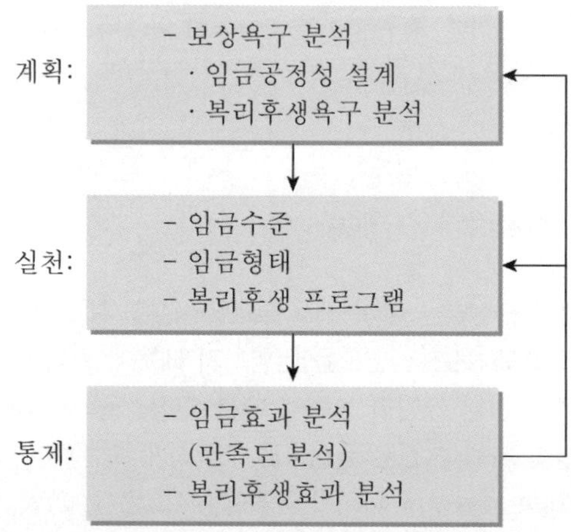

이 되며 생활의 질(質)을 결정하는 매우 중요한 요소가 되기 때문에 보다 높은 보상을 획득하려고 노력한다.

뿐만 아니라 보상은 종업원의 자기존경욕구(인정감, 지위상승 등)를 충족시키는 주요한 도구가 되기 때문에 종업원에 대한 보상결정방법이 공정하지 못할 경우 이러한 욕구충족에는 문제가 발생하게 된다(Marr/Stitzel, 1979).

이와 같은 보상관련 갈등문제를 해결하는 데 아래의 세 가지 대안을 구상할 수 있다.

첫째, 낮은 인건비와 높은 보상을 동시에 추구하는 것이다. 테일러(Taylor)의 과학적 관리법에서 추구한 관리철학인 낮은 인건비와 높은 보상은 바로 생산성 향상을 통해 가능해진다. 즉 종업원이 장비를 효율적으로 활용하여 높은 생산성을 달성하게 되면 제품원가에서 고정비의 비율이 낮아지므로 낮은 제품원가가 가능해지며 동시에 종업원에 대해서는 높은 보상을 지급할 수 있는 것이다. 이를 위해서 기업은 작업공정개선, 원재료의 개선, 생산도구에 대한 보다 높은 투자를 해야 하며, 종업원은 보다 높은 근무의욕을 통해 생산성을 높여야 한다.

둘째, 종업원에게 보상을 하는 데 있어서 공정성을 확보해야 하겠다. 높은 업적을 가져다준 종업원을 식별할 수 있는 시스템(예: 인사평가)이 구축되어 있어 높은 업적에 대한 보상이 인정감 내지 사회적 지위 향상으로 이어질 수 있도록 해야 한다.

셋째, 기업이 경제적 보상을 확대하는 데에는 기업의 지불능력 등 많은 제약이 있기 때문에 비경제적 보상을 최대한 개발하여 종업원의 욕구를 충족시키도록 노력해야 한다.

이상에서 논의한 보상관련 갈등을 최소화시키고 보상관리가 추구하는 경제적 효율성과 사회적 효율성을 극대화시키기 위해서 〈그림 V-3〉과 같이 관리적 접근

(managerial approach)을 시도할 수 있다.

인력보상에 대한 관리적 접근에서 계획활동은 보상에 대한 욕구분석이다. 이것은 임금의 공정성에 대해 정확한 인식을 함으로써 보상만족도를 극대화시키는 데 있으며, 또한 종업원이 어떤 종류의 복리후생을 원하는지를 분석하여 주어진 예산으로 이에 대한 만족을 극대화시킬 수 있는 정보를 획득하는 것이다. 인력보상에 대한 실천활동은 바로 기업이 종업원에게 돌아갈 보상의 크기를 결정하는 임금 및 복리후생의 수준 및 복리후생 내용을 결정하여 집행하는 것이다. 또한 보상의 배분에 있어서의 공정성을 확보하기 위한 임금수준 및 체계를 결정하여 집행한다. 인력보상에 있어서의 통제활동은 임금 및 복리후생의 효과를 생산성, 종업원의 만족도 측면에서 분석하는 것이다.

다음에서 인력보상 문제를 제10장 임금, 제11장 복리후생이라는 제목으로 살펴본다.

임 금

chapter 10

[1] 임금의 중요성

임금은 근로자가 조직에 대해 제공한 노동에 대한 대가로 받는 금품 일체를 말한다. 임금은 이를 받는 근로자의 종류에 따라 구분되기도 하는데 정신노동에 종사하는 근로자에게 지급되는 임금을 봉급(salary)이라고 하고 육체노동에 종사하는 근로자에게 지급되는 경우 이를 임금(wage)이라고 한다. 그러나 아래에서는 근로자의 유형과 관계없이 노동의 대가로 받는 것을 임금이라고 통일하여 사용한다. 임금은 근로자 개인에게 뿐만 아니라 조직(기업)에 매우 중요한 의미를 가지고 있다. 기업에서 임금이 갖는 중요성은 바로 경제적 효율성을 극대화시키는 것과 관련하여 아래의 몇 가지로 제시할 수 있다.

기업에서 임금이 갖는 중요성은 바로 경제적 효율성을 극대화시키는 것

첫째, 임금은 조직의 목표달성에 핵심적 요소가 되는 생산성에 영향을 미친다. 로크(Locke)는 생산성을 향상시키는 몇 가지 방법을 비교한 바 있는데, 그 결과 임금이 30%의 생산성 증가를 가져다주었고 목표설정방법(goal setting)은 18%, 직무확대화 모델인 직무충실화(job enrichment)는 17% 그리고 의사결정에의 참가방법(participation)은 0.5%의 증가에 그쳤다(Lawler, 1983). 이상의 연구결과에 부응하여 대부분의 기업은 생산성 향상을 위해 가장 먼저 임금에 대해 합리적인 설계를 구상하게 된다.

둘째, 임금은 기업이 생산하는 제품의 제조원가의 상당한 부분을 차지하고 있어 기업의 이윤획득은 물론 시장에서의 해당 상품의 경쟁력을 결정하는 데 매우 중요한 요소가 되고 있다. 예를 들면 제조기업의 경우 총비용의 40%가 임금이며 서비스기업의 경우 70%에 이르고 있다(Lawler, 1983). 기업은 경쟁력 제고를 위해 원가절감 전략을 종종 도입하는데 이때 임금은 원가절감의 첫 번째 대상으로 부각되고 있다.

셋째, 임금은 기업이 노동시장에서 인력을 확보하는 데 중요한 역할을 한다. 유능한 인재를 획득하기 위해서는 경쟁기업보다 더 높은 임금을 제공해야

되는 경우가 자주 발생한다. 뿐만 아니라 인력을 유지하는 데도 임금의 역할은 매우 크다. 이직 및 결근에 대한 임금의 역할은 거의 결정적이다.

임금은 기업뿐만 아니라 종업원 측면에서 사회적 효율성을 극대화시킨다는 관점에서 아래와 같은 매우 중요한 의미를 갖고 있다.

임금은 기업뿐만 아니라 종업원 측면에서 사회적 효율성을 극대화시키는 것

첫째, 임금은 종업원 소득의 주 원천으로서 생리적 욕구(physiological needs)를 충족시키는 데 결정적인 역할을 한다. 즉 종업원은 임금을 가지고 의식주생활을 해결할 수 있다.

둘째, 임금은 종업원의 생활의 질(quality of life)을 향상시키는 데 중요한 역할을 한다. 자녀교육, 문화생활 등에 금전으로서의 임금은 필요불가결한 도구가 된다.

셋째, 임금은 종업원의 존경욕구(esteem needs)를 충족시켜 줄 수 있다. 존경욕구는 인간이 자신 및 타인으로부터 존경 내지 인정감을 받고 싶은 욕구를 말하는데 임금이 개인의 능력 내지 업적을 반영할 때 임금인상은 바로 조직에서의 인정감의 표시요, 사회적 지위의 상징이 되는 것이다.

이상에서 살펴보았듯이 임금은 기업뿐만 아니라 종업원 모두에게 경제적 및 사회적 효율성 관점에서 매우 중요한 의미를 갖고 있다. 그러나 임금이란 본질적으로 분배적(distributive) 특성을 지니고 있어 기업과 종업원 간의 갈등의 주요인이 되고 있다. 소득수준이 높은 나라이건 낮은 나라이건 기업의 노사 간 단체교섭의 핵심 이슈가 거의 임금으로 나타나고 있는 실정이다. 임금과 관련되는 노사 간 이슈의 내용은 노사가 공동으로 창출한 부가가치를 자본과 노동 간에 어떻게 배분할 것인가, 그리고 허용되는 임금총액을 종업원 개인별로 어떻게 배분할 것인가에 대한 것으로 집약되고 있다. 임금관리를 통해 경제적 효율성과 사회적 효율성을 극대화시키고 노사 간의 갈등을 최소화시키기 위해서는 임금에 대한 공정성을 추구함으로써 가능하다.

[2] 임금공정성

임금에 대한 공정성(equity) 추구는 자본과 노동 간의 가치배분과 관련되는 갈등 및 기업 내 종업원 간의 임금배분과 관련되는 갈등을 줄이는 데 결정적인 역할을 하여 임금관리의 목표시스템인 경제적 효율성과 사회적 효율성을 달성할 수 있게 한다. 임금의 공정성 문제는 임금의 상위개념인 보상(compensation)을 어떤 거래차원으로 보느냐에 따라 달라질 수 있다. 다음에서는 벨쳐(Belcher)가 제시한 보상에 대한 거래차원과 임금의 공정성 유형을 살펴본다(Belcher, 1974).

2.1 보상에 대한 거래차원

2.1.1 경제적 거래

임금이란 종업원을 생산의 한 요소로 보고 이를 사용하는 데 대해 지불하는 가격(price)

보상을 노사 간에 존재하는 경제적 거래현상(economic transaction)으로 볼 때 임금이란 종업원을 생산의 한 요소로 보고 이를 사용하는 데 대해 지불하는 가격(price)을 의미한다. 이 경우, 기업은 노동에 대해 적정 가격수준에서 최고의 품질과 최대의 양(量)을 구매하려고 할 것이며, 종업원은 자신의 노동을 가장 비싼 가격에 팔려고 할 것이다. 이러한 거래(transaction)는 결국 수요와 공급의 원칙에 따라 노동시장에서 가격이 형성되고 거래가 완성된다. 이러한 관점이 갖는 문제점은 아래와 같다.

첫째, 노동은 일반상품과는 달리 자연적 소진성(消盡性)이 있고 그 단위가 불명확하며, 시장정보가 불완전하기 때문에 공정한 가격을 정하는 데 어려움이 따른다.

둘째, 보상에는 경제적 보상뿐만 아니라 비경제적 보상이 있으며 이것이 노동의 주체인 종업원의 욕구를 충족시키는 데 중요한 역할을 할 수 있음에도 불구하고 이의 존재를 무시하고 있다.

셋째, 노동의 주체인 인간을 상품으로 간주하면서 기업이 노동력을 구매하려는 것으로 보아, 개인을 생산을 위한 수동적인 도구(instruments)로 본다.

2.1.2 심리적 거래

보상을 심리적 거래(psychological transaction)로 보는 관점은 고용에 대해 개인이 특정한 형태의 노동을 임금과 기타 직무만족을 위해 조직과 교환하는 심리적 계약으로 보는 것이다. 따라서 임금은 개인에게 있어서 다양한 욕구를 충족시켜 주는 수단으로 인식된다. 이러한 관점에서는 직무만족의 원천이 되는 흥미로운 직무, 원만한 동료 및 상사와의 관계, 직장안전(job security) 등도 보상의 한 종류로 인식된다. 임금은 개인으로 하여금 조직이 원하는 특정행동을 할 수 있도록 하는 동기부여 수단이 되는데, 임금이 동기부여로 이어지는 데에는 개인의 지각 및 태도가 매개역할을 하는 것으로 볼 수 있다. 즉 같은 수준의 임금일지라도 이를 받아들이는 개인의 지각 및 태도에 따라 효과가 달라질 수 있다. 이러한 보상에 대한 견해는 보상에 있어서 임금 이외의 비경제적 보상의 존재를 인정하고 있으며 보상에 대한 거래를 조직의 입장이 아닌 개인의 입장에서 보았다는 점이 앞의 경제적 거래 시각보다 진일보한 것이라고 볼 수 있다.

보상은 고용에 대해 개인이 특정한 형태의 노동을 임금과 기타 직무만족을 위해 조직과 교환하는 심리적 계약

그러나 보상이 조직과 개인 간의 객관적 거래 현상임에도 불구하고 조직입장인 생산성 향상을 통한 조직목표달성 관점을 무시하고 개인의 욕구충족 수단으로만 보는 점에서는 비판을 받고 있다.

2.1.3 사회적 거래

조직이란 개인들의 집합체이고 고용은 개인과 조직 모두에게 중요한 관계를 갖도록 해주기 때문에 보상은 사회적 거래(sociological transaction) 현상으로 이해할 수 있다. 이러한 관점에서 개인이 받는 보상은 조직과 사회에 있어서 지위(status)의 상징으로 보는 것이다. 소규모 사회에서는 개인의 지위가 그의 가족, 친구, 직업, 교육 정도, 가입하고 있는 정치단체 등에 의해 평가되지만, 대규모 사회에서는 보상이 사실상 개인의 지위를 상징적으로 나타내준다. 조직은 직무의 지위구조를 만들고, 지위의 차이는 보상의 차이에 의해 측정된다.

개인이 받는 보상은 조직과 사회에 있어서 지위의 상징

앞에서 언급한 보상에 대한 심리적 거래관점이 개인의 욕구만을 지나치게 강조하는 데 비해, 사회적 거래 관점은 개인과 조직 그리고 개인이 속한 지역사회의 관계에 초점을 맞추는 것이 특징이다.

2.1.4 정치적 거래

임금을 당사자들의 권력과 영향력 작용의 결과로 간주

정치적 거래(political transaction) 관점에서는 임금을 당사자들의 권력과 영향력 작용의 결과로 간주하고 있다. 즉 기업, 노조, 기업 내 소집단 그리고 종업원 개인은 모두 임금결정 과정에 영향을 주고 그 결과 임금이 결정된다는 것이다.

예를 들면, 노조는 계약이 이루어질 때 단체교섭을 통하여 영향력을 행사하고 계약기간 중에는 고충처리절차를 통해 영향력을 발휘하여 보상의 내용을 유리하게 하고자 노력한다. 기업 역시 같은 상황에서 경영권을 바탕으로 계약을 유리하게 전개하고자 한다.

임금을 이러한 관점에서 보면 임금수준이 결국 임금당사자(기업－종업원) 간의 파워게임에 의해 결정되는 것으로 파악되기 때문에 기업의 파워가 크면 종업원의 욕구가 무시되고 종업원(노조)의 파워가 크면 경제논리를 약화시킬 수 있다는 문제점을 갖고 있다.

2.1.5 윤리적 거래

노동과 자본 간의 경제원리 하에서의 교환관계로 보기보다 사회적이고 규범적인 시각에서 접근

보상에 대한 윤리적 거래(ethical transaction)에서는 보상관련 교환관계가 당사자 간의 윤리의식을 토대로 공정(fairness)하게 이루어져야 한다는 것이다. 이 관점은 보상을 노동과 자본 간의 경제원리 하에서의 교환관계로 보기보다 사회적이고 규범적인 시각에서 접근한 것이다. 사실 임금에 대한 정당성(justice)이나 공정성(fairness, equity)을 측정하는 객관적인 도구를 찾기는 매우 어렵다. 정당성 내지 공정성은 사실판단에서라기보다 가치판단으로부터 나온 것이기 때문이다. 임금에는 기업과 종업원이라는 당사자가 있는데 각자의 가치판단에 따라 임금의 정당성 내지 공정성이 달라질 수 있다. 그러나 이러한 것이 쌍방의 협상에 의해 결정되는 것은 분명히 아니다. 여기에는 인간의 존엄성을 훼손하지 않는 어떤 윤리적 잣대가 있어야 한다고 주장하는 견해이다. 어쨌든 윤리적 거래관점은 임금에 대해 기업 측과 종업원 측 모두를 포괄하고 있다. 보상에 대한 '윤리적 거래' 시각은 종교단체에서 오래 전부터 지지해 왔던 것이기도 하다. 그러나 이러한 관점은 보상(임금)에 대한 공정성을 객관적으로 측정하기가 어렵다는 데 실행의 한계가 있다.

지금까지 보상에 대한 여러 시각을 '거래차원'에서 살펴보았다. 임금과 관련하여 나타나는 노동과 자본, 즉 노사 간에 야기되는 갈등문제를 해결하는 데 있

고전탐방 **포도원 일꾼의 품삯**

어떤 포도원 주인이 포도원에서 일할 일꾼을 얻으려고 이른 아침에 나갔다. 그는 일꾼들의 하루 품삯을 돈 1데나리온[1]으로 정하고 그들을 포도원으로 보냈다.

아홉시쯤에 다시 나가서 장터에 할일 없이 서 있는 사람들을 보고 "당신들도 내 포도원에 가서 일하시오. 그러면 일한 만큼 품삯을 주겠소" 하고 말하니 그들도 일하러 갔다. 주인은 열두시와 오후 세시쯤에도 나가서 그와 같이 하였다.

오후 다섯시쯤에 다시 나가 보니 할일 없이 서 있는 사람들이 또 있어서 "왜 당신들은 하루 종일 이렇게 빈둥거리며 서있기만 하오?" 하고 물었다. 그들은 "아무도 우리에게 일을 시키지 않아서 이러고 있습니다" 하고 대답하였다. 그래서 주인은 "당신들도 내 포도원으로 가서 일하시오" 하고 말하였다.

날이 저물자 포도원 주인은 자기 관리인에게 "일꾼들을 불러 맨 나중에 온 사람들로부터 시작하여 맨 먼저 온 사람들에게까지 차례로 품삯을 치르시오" 하고 일렀다. 오후 다섯시쯤부터 일한 일꾼들이 와서 1데나리온씩을 받았다. 그런데 맨 처음부터 일한 사람들은 품삯을 더 많이 받으려니 했지만 그들도 1데나리온씩밖에 받지 못하였다.

그들은 돈을 받아들고 주인에게 투덜거리며 "막판에 와서 한 시간밖에 일하지 않은 저 사람들을 온종일 뙤약볕 밑에서 수고한 우리들과 똑같이 대우하십니까?" 하고 따졌다. 그러자 주인은 그들 가운데 한 사람을 보고 "내가 당신에게 잘못한 것이 무엇이오? 당신은 나와 품삯을 1데나리온으로 정하지 않았소? 당신의 품삯이나 가지고 가시오. 내 것을 내 마음대로 처리하는 것이 잘못이란 말이오? 내 후한 처사가 비위에 거슬린단 말이오?" 하고 말하였다.

〈자료: 마태복음, 20장(1-16).〉

어서, 임금을 어떤 거래현상으로 보느냐에 따라 접근방법은 크게 달라진다. 예를 들면, 임금을 경제적 거래로 보면 공정한 임금이란 노동시장에서 형성되는 노동의 가격이 될 것이며, 심리적 거래로 보면 임금이란 종업원이 가지고 있는 욕구의 충족 정도가 공정성의 크기가 될 것이다. 임금을 사회적 거래로 보면 임금이 종업원 간의 지위(status)를 정확하게 반영해야 공정한 것이 되며, 정치적 거래에서는 노사 간의 협상력, 즉 파워 크기에 따라 공정한 임금수준이 달라지는 것이다. 임금을 윤리적 거래로 보게 될 경우 임금이 종업원의 인간 존엄성을 훼손하지 않을 정도의 수준이 되어 시민사회에서 다른 사람과 더불어 문화생활을 할 수 있게 해주는 도구가 될 때 임금의 공정성이 확보되는 것이다. 결국 임

1) 1데나리온은 4명의 식구가 하루 식생활을 해결할 수 있는 금액임.

금과 관련되는 갈등문제를 극복하고 노사 간 추구하는 목표를 달성하기 위해서는 임금의 공정성 확보가 핵심 이슈가 되기 때문에 아래에서는 임금의 공정성 유형을 살펴보기로 한다.

2.2 임금의 공정성 유형

임금관리의 목표인 경제적 효율성과 사회적 효율성을 달성하기 위하여 임금에 대한 공정성 문제가 핵심적 이슈로 거론된다. 임금의 공정성과 관련하여 아래의 질문을 할 수 있다.

- 기업이 창출한 가치를 자본과 노동 간에 어떻게 배분할 것인가?
- 기업이 어느 정도의 임금수준을 유지해야 노동시장에서 필요한 인력을 용이하게 확보할 수 있으며, 기존 종업원이 회사를 떠나는 것을 막을 수 있겠는가?
- 허용된 임금총액을 가지고 기업은 종업원 개인에게 어떻게 배분할 것인가?
- 종업원은 임금이 결정되는 근거 및 과정에 대해 알기를 원하는가?

배분공정성
절차공정성

이상에서 제기한 질문들은 종업원들이 지급받는 임금규모와 관련되는 배분공정성(distributive justice)과 임금규모가 결정되는 근거 및 과정에 대한 절차공정성(procedural justice)과 관련된다. 임금관리의 효율성을 극대화시키기 위한 핵심적 전략으로서의 공정성 확보가 어떻게 이루어질 수 있는지에 대한 이론을 아래에서 살펴본다.

2.2.1 배분공정성

보상과 관련한 배분공정성에 대한 논의는 경영학이 하나의 학문으로 정립될 때부터 핵심적 연구대상이 되어 왔다(Nicklisch, 1932, 박경규, 1991). 교환의 내용으로서 개인은 조직에 대해 조직목표달성을 위해 공헌(contribution)을 제공하고 조직은 개인에게 이에 대한 대가로 유인(inducement)을 주는데, 여기서 공헌과 유인의 크기가 같거나 유인이 공헌보다 약간 클 때 개인은 조직을 떠나지 않고 공헌을 계속한다는 것이다(Barnard, 1938).[2] 이러한 개인과 조직 간의 교환관계는 사회심리학에서 보다 정교한 이론적 모델을 정립하기에 이르렀다. 호만스

그림 10-1 아담스의 공정성 모델

$$\frac{\text{Output(P)}}{\text{Input(P)}} \begin{matrix} < \\ = \\ > \end{matrix} \frac{\text{Output(O)}}{\text{Input(O)}}$$

P=자신
O=타인

(Homans)는 조직에서 보상이 주어질 경우 보상을 받는 사람들은 그들 각각이 조직에 희생하는 정도에 적합한 보상이 배분되기를 기대하는데, 이러한 적정배분(適正配分)의 지각을 배분공정성이라고 하였다(Homans, 1961). 아담스(Adams)는 조직 내 개인과 조직 간의 교환관계에 있어서 공정성문제와 공정성이 훼손되었을 때 나타나는 개인의 행동유형을 제시한 바 있다(Adams, 1963). 그의 이론은 아래의 세 가지 가정에서 출발한다. 첫째 종업원들은 그들이 직무에 대해 공헌한 바에 따라 조직으로부터 보상을 받는데, 이들을 비교함으로써 공정성을 지각한다. 둘째 종업원들은 그들의 보상을 동료의 그것과 비교하여 공정성을 판단한다. 셋째 불공정성을 지각하게 되면 종업원은 이것을 감소시키기 위해 노력한다.

보상이 주어질 경우 보상을 받는 사람들은 그들 각각이 조직에 희생하는 정도에 적합한 보상이 배분되기를 기대

아담스(Adams)가 제시한 개인과 조직 간의 교환관계에서 나타나는 공정성 지각과정은 <그림 10-1>에서 제시된다.

여기서 제시하는 Input은 개인이 조직에 투입하는 것을 말하는데, 바나드가 말한 '공헌'과 유사한 개념이다(Barnard, 1938). 예를 들면, 개인이 조직의 목표달성을 위해 투입하는 직무수행관련 노력, 업적, 기술, 연령, 교육, 경험, 조직에 대한 커미트먼트(愛社心), 신입사원에 대한 지도활동 등이 여기에 포함된다. 반면에 Output은 조직이 개인에게 주는 모든 것이 포함되는데, 예를 들면 임금, 복리후생, 승진, 직장안전(job security), 흥미 있는 직무, 호의적인 감독, 지원적인 인간관계, 지위(status), 권력(power) 등이 있다. 개인은 자기가 조직에 주는 것인 Input과 받는 것인 Output을 지각(perception)을 통해 인식하고 비교한다. 즉 지각을 통한다는 것은 바로 개인의 주관적인 판단을 의미하는 것이다. 바나드는 조직균형론에서 개인이 조직에 주는 것(공헌)과 받는 것(유인)을 단순 비교함으로써 '공정성'을 설명했던 반면, 아담스는 이것에다 타인의 그것을 비교함으로써

2) Barnard, 1938.; 여기서 공헌은 물질적 및 비물질적인 것을 모두 말하는데, 예를 들면 업적, 노력, 조직에 대한 커미트먼트 등이 포함된다. 또한 유인은 조직이 개인에게 주는 경제적 및 비경제적 보상을 모두 포함하고 있다.

공정성을 판단하는 모델을 제시하였다. 즉 개인은 그가 조직에 대한 Input과 조직으로부터 받는 Output의 비율과 타인의 Output/Input의 비율을 비교함으로써 공정성을 지각한다고 본 것이다. 여기서 나온 두 개의 비율이 같으면 공정성(equity)이 지각되고 그 비율이 서로 다를 경우 불공정성(inequity)이 지각되는 것이다. 이러한 불공정성에 대해 개인은 심리적으로 긴장을 느끼게 되고 개인은 이러한 긴장을 해소하는, 즉 불공정성을 줄이기 위한 적응행동을 하게 된다.

이상에서 제시한 아담스의 공정성이론의 핵심은 첫째, 개인이 보상에 대한 공정성을 인식할 때 자기가 조직에 투입한 것과 받은 것을 주관적인 지각을 통해 인지한다는 것과 둘째, 공정성 지각에 타인을 끌어들인다는 것이다. 이러한 이론은 임금에 있어서 개인의 공정성 지각에 다음과 같은 사실을 제시하고 있다.

첫째, 종업원 개인은 자기가 받는 임금이 공정한지 아닌지를 임금 자체로만 보지 않고 비경제적 보상까지 포함시켜 판단한다. 즉 복리후생의 정도가 임금의 공정성 지각에 영향을 미치고 있다.

둘째, 개인이 기업에 제공하는 Input이 그의 지각세계를 통해 인지되고 Input이 크다고 판단되면 될수록 Output에 대한 기대가 커진다. 즉 임금공정성에 있어서 개인의 기대임금(expected pay)의 중요성을 말해 준다.

셋째, 개인이 자기가 받는 임금의 공정성을 지각할 때 반드시 타인 혹은 비교집단을 동원한다는 것이다. 비교집단은 해당기업 내에 있을 수도 있고 기업 밖에 존재할 수도 있다.

임금공정성 지각에 있어서 개인의 비교대상의 위치에 따라 외부공정성(external equity)과 내부공정성(internal equity)으로 나눌 수 있다. 외부공정성은 결국 해당기업 종업원이 받는 임금수준이 타 기업의 그것과 비교하여 공정한가에 대한 것이며, 내부공정성은 해당기업 내 종업원들 간의 임금수준에 있어서의 격차(difference)가 과연 공정한가에 관한 것이다.

임금총액이 커지게 되면 자본에 배분할 몫인 배당금이 줄어들고, 반대로 자본인 주주가 많이 가져가면 종업원에게 돌아갈 임금 몫은 전체적으로 줄어드는 것

임금의 외부공정성을 결정하는 해당기업의 임금수준은 결국 기업이 창출한 부가가치에서 종업원에게 배분할 임금의 크기가 얼마나 되느냐에 관한 것이며 여기에 바로 자본－노동 간의 갈등이 도사리고 있다. 임금총액이 커지게 되면 자본에 배분할 몫인 배당금이 줄어들고, 반대로 자본인 주주가 많이 가져가면 종업원에게 돌아갈 임금 몫은 전체적으로 줄어드는 것이다. 이외에도 임금수준을 결정하는 다른 변수들이 많이 있으며, 이들에 대해서는 후에 자세히 설명하기로 한다.

임금의 내부공정성은 허용되는 임금총액을 종업원 개인에게 어떻게 나누어 주어야 종업원 개인이 공정하다고 지각할 수 있느냐에 관한 것이다. 즉 임금배분에 적용시킨 기준이 공정한가가 핵심적 내용이 된다. 기업은 역사적으로 이러한 배분기준을 많은 시행착오를 거치면서 개발해 왔는데, 예를 들면 종업원이 현재 수행하고 있는 직무의 가치(수준), 연공, 종업원이 보유하고 있는 직무수행 능력(직능) 그리고 업적의 크기 등이 있다. 이러한 임금배분의 기준을 선택하는 데 기업과 종업원 간에 심각한 갈등이 야기될 수 있다. 즉 기업은 '업적'을 임금배분의 기준으로 공정하다고 주장하는 반면, 종업원은 '직능' 내지 '연공'이 공정한 배분기준이라고 주장할 수 있는 것이다.

2.2.2 절차공정성

임금에 대한 공정성을 결정하는 또다른 중요한 분야가 바로 절차공정성(procedural justice)이다. 절차공정성에 대한 이론은 임금결정이 이루어지는 절차가 임금결정의 결과인 임금액수 만큼이나 종업원에게 중요하다는 논리에서 출발했다. 예를 들면, 성과급을 도입하고 있는 기업에서 부하의 성과를 대개 상사가 측정하는데, 이 측정과정에 대한 부하의 신뢰도가 낮을 경우, 가령 임금액수가 호의적으로 책정되었다 하더라도 임금에 대한 공정성 지각은 감소되는 것이다(Lind/Lissak, 1985). 절차공정성은 결국 종업원의 임금제도에 대한 수용성(acceptance)을 높이는 데 기여하게 된다.

레벤탈(Leventhal)은 절차공정성이 배분공정성의 확립과 유지의 전제조건이라고 말하면서 절차공정성이 존재하지 않는다면 배분공정성은 사라질 것이라는 극단적인 주장을 하기도 했다(Leventhal, 1980). 그는 절차공정성이 확보되기 위해서는 아래의 몇 가지 규칙이 지켜져야 한다고 했다.

레벤탈(Leventhal)이 제시한 절차공정성 확보를 위한 규칙

① 정보의 정확성(accuracy of information): 임금결정과정에 활용되는 정보는 정확하여야만 공정성 획득이 가능하다.

② 수정가능성(correctability): 임금결정의 절차 속에 잘못된 의사결정을 바로잡기 위한 조항들이 포함되었을 때 공정성이 확보된다. 예를 들면 고충처리절차나 항의절차 등이 그것이다.

③ 대표성(representativeness): 임금배분에 있어서 모든 단계들은 종업원의 관심, 가치관이 반영되어야 공정성 확보가 가능하다.

④ 도덕성(ethicality): 임금배분절차가 윤리와 도덕에 관한 종업원이 가지고

그림 10-2 임금공정성 구조

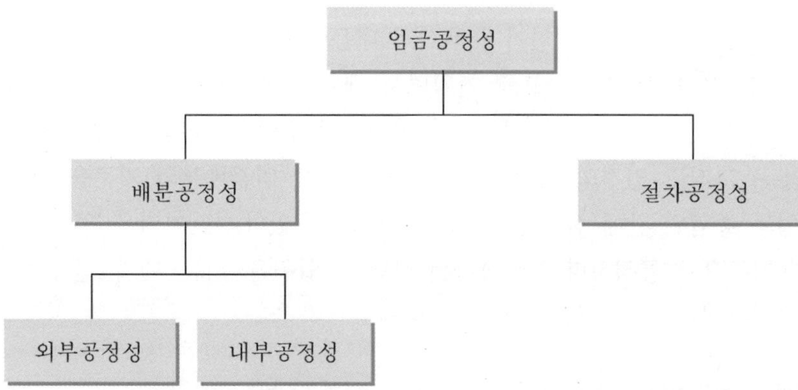

있는 기준과 일치할 때 절차공정성은 극대화된다.

위에서 제시한 절차공정성을 위한 제 규칙이 실현되기 위해서는 아래와 같은 대책이 요청된다. 첫째, 임금결정과정에 종업원 대표를 참여시킨다. 이렇게 되면 임금결정과정에서 편견이 최소화되고, 정보의 정확도가 높아질 것이며 대표성 및 도덕성 확보가 용이해진다. 뿐만 아니라 임금배분기준도 공개된다. 둘째, 임금배분의 기준(예: 업적)을 정확히 측정할 수 있는 평가시스템(인사평가)의 개발이 필요하다. 셋째, 임금액수를 공개한다. 종업원 개인이 받는 임금액수가 비밀로 유지될 경우 개인은 다른 종업원의 임금수준을 실제보다 높게 지각하는 경향이 생기기 때문에 이것이 임금공정성을 저해하는 원인이 되기도 한다.

이상에서 논의한 임금공정성 구조를 <그림 10-2>에서 정리할 수 있다.

아래에서는 임금공정성 중 배분공정성을 확보하기 위한 임금관리 방안에 초점을 맞추어 논의를 전개한다. 임금의 외부공정성은 기업이 종업원에게 배분할 임금총액의 크기와 관련되기 때문에 '임금수준' 측면에서 살펴보고, 내부공정성은 허용되는 임금총액을 종업원 개인에게 어떻게 배분할 것인가와 관련되기 때문에 '임금체계' 측면에서 분석한다.

[3] 임금의 외부공정성-임금수준

3.1 개 념

임금의 외부공정성(external equity)은 기업이 종업원에게 나누어 줄 임금총액의 크기와 관련되는 것으로서 이것은 해당 기업의 임금수준으로 반영된다. 임금수준의 의미는 기업의 임금총액을 종업원수로 나누어 얻는 값으로 평균임금률을 지칭한다(Milkovich/Newman, 2005). 임금의 외부공정성은 일반적으로 해당 기업의 임금수준이 타기업과 비교할 때 공정성을 확보하고 있느냐에 관한 것으로서 여기서 타기업은 본질적으로 동종경쟁기업을 말한다. 그러나 여기에는 해당 기업이 위치하고 있는 지역이 어디냐에 따라 임금수준의 공정성은 달라질 수도 있다. 동종경쟁기업인 A기업이 서울에 위치하고 B기업이 시골에 위치할 경우, A기업의 임금수준을 B기업과 같게 하였을 때 A기업은 이것이 공정하다고 할지 몰라도 현실적으로 노동시장에서 인력을 확보하기가 어렵다. 왜냐하면 서울의 경우 생계비가 높을 뿐 아니라 근로자들이 다른 동종의 기업의 임금이 더 높을 경우 A기업을 택하지 않기 때문이다.

그러면 임금의 외부공정성이란 해당 기업이 같은 지역의 동종경쟁기업과 임금수준을 똑같게 해야만 확보되는 것인가? 그렇지 않다. 정확하게 말하면 외부공정성은 해당 기업의 임금수준과 타 기업의 임금수준의 갭(gap)이 어느 정도 되어야 공정한가에 관한 이슈이다. 동종경쟁기업이라 할지라도 개별기업이 처한 상황은 천차만별이다. 어떤 기업은 대기업이고 어떤 기업은 중소기업이기 때문에 중소기업의 임금수준이 동종경쟁의 대기업의 임금수준보다 낮다고 하여 이 기업의 임금수준이 불공정하다고 판단하는 데에는 많은 무리가 따른다. 즉 중소기업이 대기업의 임금수준에 똑같이 맞출 경우 해당기업의 임금지불능력 측면에서 도저히 감당하기가 어렵다. 뿐만 아니라 대기업과 중소기업 인력 간 능력 내지 기능수준이 똑같으란 법도 없는 것이다.

외부공정성이란 해당 기업의 임금수준과 타 기업의 임금수준의 갭(gap)이 어느 정도 되어야 공정한가에 관한 이슈

임금수준은 기업의 노동시장에서의 경쟁력과 직접 관련되며 일반적으로 임금수준과 노동시장에서의 경쟁력은 정비례관계가 있다고 할 수 있다. 그러면 기업은 임금수준을 높여 경쟁력을 높이면 되지 않느냐는 반문을 할 수 있겠지만 임금이란 '비용'이기 때문에 이 비용을 조달하는 곳은 바로 제품시장이 된다. 즉 제품시장에서 상품이 더 많이 팔리면 부가가치도 더 많이 나와 임금수준을 높

일 수 있지만 그렇지 못할 경우 임금의 재원(財源)을 확보하기가 어렵다. 어떤 사람은 노동시장에서의 경쟁력 제고는 제품시장의 경쟁력 제고로 바로 연결되기 때문에 임금수준을 높이는 데에는 아무런 문제가 없다고 주장하기도 한다. 즉 해당 기업이 높은 수준의 임금을 제시하면 보다 우수한 지원자를 노동시장에서 확보할 수 있고 우수한 인재가 입사하게 되면 기업의 생산 및 판매활동의 질(質)이 높아지며 이것은 높은 매출액, 높은 이윤으로 연결되어 결국 임금은 높아지나 인건비는 낮아진다는 논리를 펴고 있다. 그러나 이상의 제 관계를 증명하는 데에는 많은 어려움이 있다. 과거보다 더 높은 임금지급이 반드시 그만큼 더 많은 부가가치를 가져다준다면 몰라도 기업 실무에서는 이 관계에 또 다른 많은 영향변수들이 개입될 수 있기 때문에 '임금인상분－부가가치 증가분' 간의 관계가 명확하게 밝혀지지 않고 있는 실정이다.

임금의 외부공정성 확보란 간단한 이슈가 아니다. 다만 해당 기업은 주어진 제 상황에서 임금수준결정 기준의 타당성을 종업원에게 설득시킴으로써 종업원으로부터의 공정성 지각을 유도하는 것이다. 아래에서는 기업이 임금수준을 결정할 때 원용하고 있는 제 기준을 살펴보고 그 타당성을 검토한다.

3.2 임금수준의 결정기준

지불능력
생계비 수준
노동시장 임금수준

임금수준의 결정기준으로서 기업의 지불능력, 생계비 수준 그리고 노동시장 임금수준 등을 들 수 있다. 기업의 지불능력은 임금수준에 대한 결정에 있어서 주로 기업의 입장에서 관심을 갖는 기준으로서 기업이 특정 시점에서 종업원에게 지불할 수 있는 허용인건비가 얼마나 되느냐, 즉 기업의 경제적 목표달성도와 직접 관련을 갖고 있다. 생계비는 주로 종업원의 입장에서 제시하는 기준으로서 종업원이 더불어 사는 시민으로서 문화적인 생활을 하는 데 필요한 소득이 그 기준이 된다. 끝으로 노동시장 임금기준은 노동시장에서의 노동력의 수요와 공급관계를 중시하는 접근이다. 아래에서는 이러한 임금수준의 결정기준의 내용을 자세히 살펴본다.

그림 10-3 기업의 지불능력 측정방법

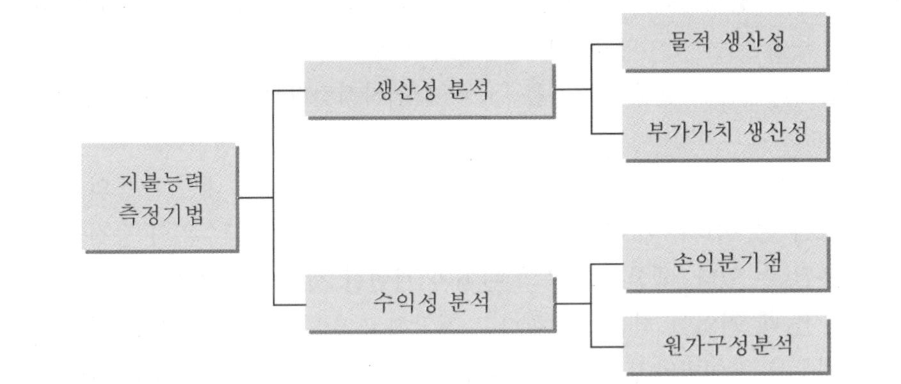

3.2.1 기업의 지불능력

기업의 지불능력을 측정하는 기법으로서 생산성 분석과 수익성 분석이 있는데 생산성 분석에는 물적 생산성과 부가가치 생산성 지표가 있으며 수익성 분석에는 손익분기점과 원가구성 지표가 있다(<그림 10-3> 참조).

1) 생산성 분석

(1) 물적 생산성

물적 생산성은 단위노동생산요소의 투입량에 대한 생산량의 비율을 말한다. 예를 들어, 10,000명을 고용하고 있는 자동차 생산기업에서 2021년 연간 100,000대의 자동차를 생산했고 2022년 120,000대의 자동차를 생산하였을 때 이 기업의 2022년 물적 생산성은 20% 증가되었다고 보는 것이다. 물적 생산성을 기준으로 임금수준을 결정하려고 할 때 이 기업의 2022년 지불능력은 2021년보다 20% 증가되었으며, 따라서 임금수준도 20% 인상되어야 공정성을 확보할 수 있다고 보는 것이다.

물적 생산성은 단위노동생산요소의 투입량에 대한 생산량의 비율

임금수준의 공정성 지표로서의 물적 생산성은 아래와 같은 두 가지 문제를 갖고 있다. 첫째, 증가된 자동차 생산이 시장가치(市場價値)를 반영하고 있느냐 하는 것이다. 이 기업이 생산한 자동차가 시장에서 다 팔리지 않을 수도 있으며 또한 자동차 가격이 하락할 수도 있기 때문이다. 둘째, 20%의 물적 생산성 향상에 노동력이 기여한 부분이 어느 정도 되느냐를 밝히는 것이 사실상 매우 어렵다. 20% 생산성 향상의 원인으로서 노동의 능률향상, 새로운 경영기법의 도입,

작업공정의 개선, 신기계의 도입 및 원재료의 질적 향상 등을 들 수 있다. 여기서 노동의 능률향상은 노동의 몫이 되겠지만 그 외의 생산성 향상 원인요소는 자본의 몫이 되는 것이다. 이런 경우 생산성의 요소별 기여도를 정확히 분석할 수 없는 한 생산성 향상의 전부를 '노동'에 귀착시킨다는 데에는 문제가 있다(김수곤, 1978).

그럼에도 불구하고 물적 생산성지표는 생산성 향상에 대한 노동의 기여분을 비교적 큰 어려움 없이 밝힐 수 있는 기업의 경우, 임금수준의 공정성 지표로 활용될 수 있다. 생산된 제품의 판매와 관련한 시장가치 문제는 종업원의 입장에서 볼 때 기업이 책임져야 한다고 지각하고 있다. 즉 종업원은 제품을 생산하는 임무를 부여받았지 판매예측이 잘못된 부분까지 책임을 질 수 없다는 입장이다.

(2) 부가가치 생산성

기업의 지불능력을 측정하기 위해 물적 생산성은 기업이 생산한 상품의 시장가격을 반영하지 못하는 데 비해 부가가치 생산성은 시장가치가 반영된 기준이다. 기업의 부가가치는 매출액에서 제조원가를 뺀 액수가 된다. <그림 10-4>에서는 부가가치의 산출방법이 제시된다.

기업의 부가가치는 매출액에서 제조원가를 뺀 액수

이 그림에서 제시된 바와 같이 부가가치는 총매출액에서 제조원가를 뺀 값을 말한다. 공정한 임금수준이라 함은 바로 이 부가가치에 노동분배율을 곱하여 얻은 금액이 그 기준이 된다. 여기서 노동분배율이란 바로 기업의 부가가치의

그림 10-4 부가가치 산출방법

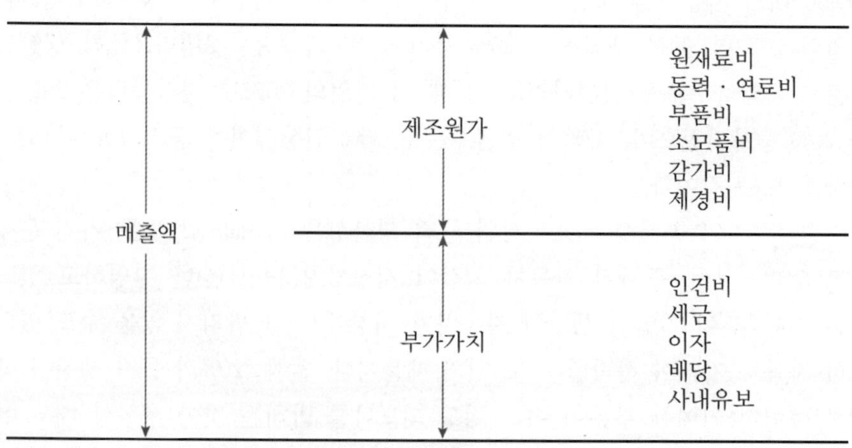

표 10-1 산업별 부가가치 노동분배율(한국)

(단위: %)

연도 \ 산업	어업	광업	제조업	전기 · 가스 증기업	건설업	도 · 소 매업	숙박업 · 음식점업	운수업 · 창고
2018	–	66.07	36.92	26.43	60.09	54.63	72.92	51.26
2019	55.11	53.33	45.05	29.29	61.77	50.19	70.72	46.78
2020	50.07	64.26	45.43	23.07	61.99	54.21	84.10	60.19
2021	50.06	70.87	37.83	35.60	61.83	50.79	73.50	39.88

자료: 한국은행, 기업경영분석, 2022.

자본(배당, 사내유보 등)과 노동(임금, 복리후생 등) 간의 배분율을 말하는데 부가가치 중 인건비로 지출되는 금액의 비율을 말한다. <표 10-1>에서는 우리나라 산업별 부가가치 노동분배율이 제시된다.

<표 10-1>에 나타난 바와 같이 우리나라 기업에서의 부가가치 노동분배율은 산업별로 차이가 있다. 분배율이 가장 높은 산업은 2021년도의 경우 광업 및 숙박업/음식점업이며, 가장 낮은 산업은 전기, 가스업이다. 부가가치 노동분배율이 높은 산업을 노동집약산업이라고 하며, 낮은 산업을 자본집약산업이라고 한다.

부가가치 노동분배율에 의한 임금수준결정

부가가치 노동분배율에 의한 임금수준결정은 생산된 상품의 시장가치가 반영된 것이기 때문에 매우 합리적이라고 할 수 있다. 해당기업이 부가가치 노동분배율을 적용할 경우, 해당산업의 부가가치 노동분배율과 해당기업에서 최근 10년 정도에 걸쳐 실제로 나타났던 노동분배율을 고려하여 해당년도의 임금수준을 결정하는 데 활용해야 한다.

부가가치 노동분배율에 대해 종업원(노조)은 종종 이의를 제기하기도 한다. 부가가치 노동분배율이란 결국 부가가치를 자본과 노동 간에 나누는 배분율이기 때문에 어떤 비율이 공정한가에 대해서는 정답이 있을 수 없다. 일반적으로 자본집약산업에 속하는 기업(정유업, 전기 · 가스업 등)의 경우 그 분배율은 매우 낮으며, 노동집약산업(광업, 어업, 건설업 등)의 경우 그 분배율은 매우 높다. 임금을 '정치적 거래' 현상으로 보면 부가가치 노동분배율은 결국 자본(기업)과 노동(노조) 간의 협상력에 의해 결정된다고 인식하고 있다. 따라서 부가가치 노동분배율을 임금수준결정의 공정성 기준으로 보는 데에는 이론적으로는 상당히 합리적이지만, 기업실무에서 적정한 노동분배율에 대한 노사 간의 합의를 도출하는 데에는 복잡한 협상과정을 피하기가 어렵다.

2) 수익성 분석

수익성(profitability)이란 지출에 대한 수익의 비율이다. 기업의 수익성을 분석하는 방법으로서 손익분기점 방법과 원가구성방법이 있다.

(1) 손익분기점

손익분기점이란 총수익과 총비용이 일치하는 수준에서의 매출량 또는 매출액 수준

손익분기점(BEP: break even point)이란 총수익과 총비용이 일치하는 수준에서의 매출량 또는 매출액 수준을 말한다. 그러므로 매출액이 손익분기점을 넘어서면 이익이 발생하고 이에 미치지 못하면 손실이 발생한다. 손익분기점 분석은 원래 변동비 및 고정비 수준과 이익의 관계를 검토하기 위한 분석기법이다. <그림 10-5>에서는 매출량과 비용의 관계를 보여준다.

<그림 10-5>에서 X축은 매출량(조업도)을, Y축은 비용을 나타낸다. 또한 원점에서 대각으로 그은 선은 매출량에 따른 판매액을 나타내고 있다. 임금수준 결정에 있어서 손익분기점 방법은 기업의 매출액 변화에 따라 기업이 부담해야 하는 인건비 추세를 보여주고 있다. 매출액이 일단 손익분기점을 넘게 되면 기업은 이익을 확보할 수 있으며 인건비 지불능력을 획득하게 된다. 손익분기점 방법은 총수익과 총비용의 관계를 명확하게 밝혀주므로, 이를 이용하여 일정한 조업도 하에서 기업의 인건비 지불능력이 어느 정도인가 또는 지불한도는 어느 수준인가를 파악할 수 있으며 종업원의 추가충원계획 등도 세울 수가 있다.

그림 10-5 손익분기점

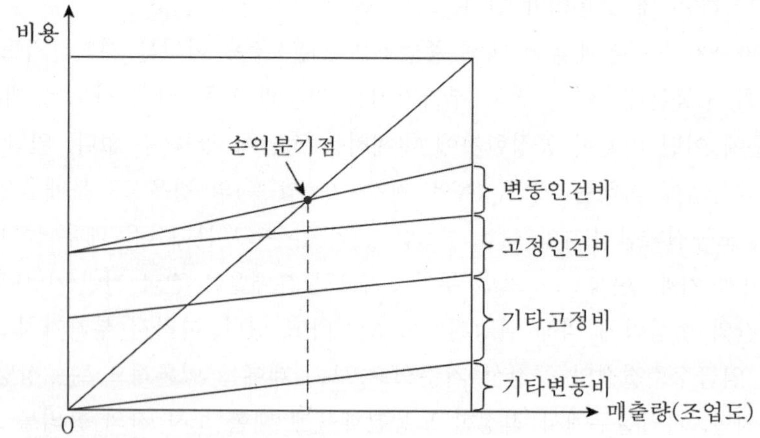

(2) 원가구성 분석

이 방법은 전체 원가구성요소 중 인건비 비율을 과거의 자료를 근거로 계산하여 임금수준결정에 활용하는 것이다. 해당 기업에서 생산하는 제품의 제조원가가 높으면 자연히 임금예산이 높게 책정되어 높은 수준의 임금이 형성되겠지만 반면에 동일한 매출액에서의 이익은 낮아지게 된다. 이 방법은 보다 정교하고 정확한 원가계산 기법이 뒤따라야만 기업의 지불능력 지표로 활용될 수 있다.

이상에서 제시한 임금수준의 공정성 확보차원에서 기업의 지불능력을 측정하는 방법들은 나름대로 상당한 합리성을 가지고 있지만, 기업실무에서는 아래와 같은 한계를 보여주고 있다.

첫째, 기업의 지불능력을 판단할 수 있는 자료로서 기업의 대차대조표, 손익계산서 등 각종 재무관리자료가 제시되어야 함에도 불구하고 우리나라 기업의 실정은 기업이 종업원에게 충분한 자료를 제공하지 않고 있다.

둘째, 기업의 경영실적은 해마다 변화의 정도가 상당히 크다. 만일 경영실적이 좋았던 연도를 기준으로 임금수준이 결정되었다면, 경영실적이 떨어진 연도에는 임금수준이 이에 맞게 낮아져야 하는데, 임금이 하락하는 데에는 상당한 어려움이 존재한다.

3.2.2 생 계 비

임금수준의 공정성과 관련된 주요한 또 하나의 판단기준은 바로 종업원의 생계비이다. 보상을 '윤리적 거래'로 보았을 때 노동을 제공하는 근로자가 시민으로서 더불어 같이 생활할 수 있는 수준의 보상을 할 것이 요구된다는 것이다. 생계비는 근로자의 생활을 보장해 줌과 동시에 노동의 재생산이라는 측면에서 근로자가 양보할 수 있는 마지노선이라 할 수 있다. 그럼에도 불구하고 근로자의 생계비는 기업의 사정에서든 노동시장의 수요·공급관계에서 연유되었든 간에 그동안 많은 국가에서 임금에 제대로 반영되지 못하고 있는 실정이다. 이와 관련하여 정부가 개입하여 법적으로 최소한의 생계를 유지할 수 있는 임금을 기업으로 하여금 강제적으로 도입하게 한 것이 바로 최저임금제이다. 아래에서는 생계비의 산정방식과 최저임금제도를 살펴본다.

생계비는 근로자의 생활을 보장해 줌과 동시에 노동의 재생산이라는 측면에서 근로자가 양보할 수 있는 마지노선

1) 생계비 산정방식

생계비 산정방식은 실태생계비와 이론생계비로 구분된다. 실태생계비는 도시근로자들의 가계부를 분석하여 실제로 생계를 꾸려가기 위해 지출된 비용을 산출하는 것이다. 생계비 항목으로서 식료품비, 피복비, 주거비, 광열비, 의료비, 문화비 및 잡비 등이 있다. 이 방식은 현실성은 있으나 객관적으로 적정한 생계비 수준을 파악하는 데 한계가 있다. 또한 가계부에서 발견된 지출규모는 현재 그들이 수령하고 있는 임금수준에 의해 결정되기 때문에, 이 임금수준이 잘못되었을 경우 실태생계비 산출방식 자체도 정확할 수가 없다.

이론생계비 산정방식은 근로자의 실생활에서 지출되는 생계비가 얼마인가를 분석하는 것이 아니고 근로자가 생계를 꾸려가는 데 필요한 것을 이론적으로 파악하는 것이다. 예를 들면 식품영양학 등에서 정립된 이론에 입각하여 성인 1인당 하루 필요로 하는 칼로리를 섭취할 때 필요한 식품을 조사하여 이를 가격으로 환산하는 것이다. 이러한 산정방식도 과학적이라고 할 수 있지만 근로자의 생활실태를 반영하는 데 한계가 있다.

이론생계비는 생활모형에 따라 최저생계비와 표준생계비로 나뉘어지는데 산정방법에는 전물량방식과 반물량방식이 있다. 전물량방식(全物量方式: market basket)은 인간생활에 필요한 필수품에 그 수량을 곱한 후 합산하는 방식이며 반물량방식(半物量方式: Engel方式)은 엥겔지수의 역수를 전물량방식으로 구한 식료품비에 곱함으로써 생계비를 구하는 방식이다.

이상에서 살펴보았듯이 생계비를 산정하는 데에는 현실을 반영하는 객관적인 방법을 찾기가 매우 어렵기 때문에 생계비 수준에 대해 노사 간에 의견일치를 보지 못해 공정한 임금수준 지각에 갈등을 빚고 있다.

2) 최저임금제

저임금 근로자를 보호하는 제도

최저임금제(minimum wage system)란 국가가 노사 간의 임금결정 과정에 개입하여 임금의 최하 수준을 정하고, 사용자에게 이 수준 이상의 임금을 지급하도록 법으로 강제함으로써 저임금 근로자를 보호하는 제도이다.

이러한 제도를 도입한 목적은 아래와 같다.

① 생계비 이하의 저임금으로 인한 빈곤을 퇴치한다.

② 자유시장 경제체제 하에서 기업들은 경쟁에 이기는 하나의 방법으로써 임금 삭감에 의한 생산비 절감을 꾀한다. 따라서 최저임금제는 임금의 부당한 하락을 방지하는 동시에 기업 간의 경쟁조건을 동일하게 하여

표 10-2 최저임금제의 주요지표 추이

	시간급 (원)	일급 (8시간 기준, 원)	월 환산액 (원)	인상률 (%)
2009.1~2009.12	4,000	32,000	836,000(209시간 기준) 904,000(226시간 기준)	6.1
2010.1~2010.12	4,110	32,880	–	2.8
2011.1~2011.12	4,320	34,560	–	5.1
2012.1~2012.12	4,580	36,640	–	6.0
2013.1~2013.12	4,860	38,880	–	6.1
2014.1~2014.12	5,210	41,680	–	7.2
2015.1~2015.12	5,580	44,640	–	7.1
2016.1~2016.12	6,030	48,240	1,260,270(209시간 기준) * 주당 유급주휴 8시간 포함	8.1
2017.1~2017.12	6,470	51,760	1,352,230(209시간 기준) * 주당 유급주휴 8시간 포함	7.3
2018.1~2018.12	7,630	60,240	1,573,770(209시간 기준) * 주당 유급주휴 8시간 포함	16.4
2019.1~2019.12	8,350	66,800	1,745,150(209시간 기준) * 주당 유급주휴 8시간 포함	10.9
2020.1~2020.12	8,590	68,720	1,795,310(209시간 기준) * 주당 유급주휴 8시간 포함	2.9
2021.1~2021.12	8,720	69,760	1,822,480(209시간 기준) * 주당 유급주휴 8시간 포함	1.5
2022.1~2022.12	9,160	73,280	1,914,440(209시간 기준) * 주당 유급주휴 8시간 포함	5.1

자료: 최저임금위원회, 「최저임금 심의 · 의결경위」, 각 연도.

공정한 경쟁을 유도한다.

③ 불황기에 임금수준의 하락을 방지하는 결과가 되어 구매력을 증대시켜 유효수요를 창출한다.

최저임금제는 1894년 뉴질랜드에서 시작으로 현재 많은 선진국가에서 도입하고 있다. 우리나라는 1953년에 근로기준법을 제정하면서 제34조와 제35조에 최저임금제의 실시근거를 두었으나, 제반 여건을 감안하여 실시를 유보하고 있다가 1988년에 도입하였다. <표 10-2>에서는 그 도입실태를 보여주고 있다.

최저임금제는 앞에서 제시한 바와 같이 국가전체 차원에서 최저생계비를 보장함으로써 빈곤퇴치, 기업 간 공정한 경쟁유도 그리고 제품시장에서의 유효수요 창출에 기여하고 있다. 뿐만 아니라 노동조건의 개선에 따른 근로의욕을 제고시키고 노사 간에 존재하는 임금관련 갈등을 줄일 수 있는 제도라고 평가된다.

그러나 이 제도는 다음과 같은 문제점을 갖고 있다. 첫째, 노동시장에서 공급이 과잉일 때 기업은 최저임금 이하의 성과를 창출하는 근로자의 고용을 회피할 가능성이 높으며 이것은 바로 실업률 증가로 연결될 수 있다. 둘째, 최저임금은 인건비 인상을 가져오고 기업은 최저임금으로 인해 상승된 비용을 제품의 가격에 반영시켜 그 부담은 결국 소비자에게 돌아가게 될 가능성이 있다.

3.2.3 노동시장

노동시장에서의 수요란 기업이 고용하고자 하는 근로자 수가 되며, 공급이란 노동력을 기업에 제공하고자 하는 근로자 수

임금수준의 공정성 기준으로서 노동시장의 상황을 제시하는 것은 보상을 '경제적 거래'로 보는 시각을 바탕으로 하고 있다. 즉 임금수준이란 노동시장에서 노동의 수요와 공급의 원칙에 따라 가격이 형성되며 이 가격이 공정한 것이라는 논리이다.

노동시장에서의 수요란 기업이 고용하고자 하는 근로자 수가 되며, 공급이란 노동력을 기업에 제공하고자 하는 근로자 수가 된다. 수요와 관련하여 아래와 같은 기본가정이 존재한다(Milkovich/Newman, 2005).

① 기업은 이윤을 극대화하려 한다.

② 기업은 제품 및 서비스 생산을 위해 동질(同質)의 원재료를 사용하기를 원한다. 즉 인적자원은 동질적이며 상호호환성이 있다.

③ 임률은 인적자원의 고용에 따르는 모든 비용을 포함한다(예: 임금, 복리후생비, 휴가비, 교육훈련비 등).

④ 기업에 있어서 노동시장은 경쟁적이다. 복수의 근로자와 복수의 기업이 자유경쟁을 한다.

노동시장에서의 공급은 기업에 노동력을 제공하려는 근로자 수가 되며 공급의사결정에는 임금 외에도 아래의 요소들이 영향을 미친다.

① 승진기회

② 교육훈련의 기회

③ 비경제적 보상

④ 동료 및 상사와의 인간관계
⑤ 직무의 대체가능성 정도
⑥ 작업조건
⑦ 직장안전(job security)
⑧ 해당지역의 생계비 수준 등

이상에서 살펴본 노동시장에서의 수요 및 공급의 특성에 따라 노동시장에서의 가격인 임금수준은 임금 이외의 변수가 동일하다는 가정 하에 임금수준이 높으면 높을수록 공급이 증가할 것이며 반면에 수요는 감소할 것이다. 이와 같이 노동시장에서의 수요곡선과 공급곡선이 만나는 곳이 바로 노동의 가격인 임금수준이 되며 이때 비로소 공정하다고 보는 것이다. 노동시장에서 형성된 노동의 가격은 결국 타 기업의 임금수준에 반영되어 나타난다. 즉 해당기업이 노동시장에서 형성된 노동의 가격보다 낮은 가격으로 노동력을 구입하려고 할 때, 근로자들은 해당기업에 오지 않고 다른 기업을 택할 것이다.

노동시장에서의 공급결정에 중요한 역할을 하는 것이 바로 노조이다. 우리나라와 같이 기업이 이미 고용하고 있는 종업원에 대한 해고가 자유롭지 못할 경우 내부 노동시장에서의 노동력 공급에 대한 노조의 영향은 임금교섭을 통해 나타난다. <표 10-3>에서는 우리나라 산업별 임금수준이 제시된다.

이상에서는 임금의 외부공정성 확보와 관련되는 제 이론을 임금수준 결정이란 차원에서 살펴보았다. 임금수준을 결정하는 기준에는 크게 기업의 지불능력, 종업원의 생계비 그리고 노동시장에서의 수요와 공급에 의한 노동력 가격 등이 있다. 여기서 임금수준으로서의 종업원의 생계비는 엄격히 말하면 자본주의 경제체제 하에서 기업이 반드시 보장해야 하는 것은 아니다. 종업원은 국민이고 국민의 생계를 책임져야 하는 주체는 바로 국가이기 때문이다. 그러나 기업은 윤리적인 측면에서 그리고 노동력 재생산이란 장기적인 관점에서 종업원의 생계비를 보장하는 방향으로 노력해야 할 것이다. 임금수준 결정기준으로서의 기업의 지불능력은 임금의 상한선을 말해주는 지표가 된다. 임금교섭에서 기업의 교섭력이 약하여 임금수준을 지불능력 이상으로 양보했을 때 그 기업은 중장기적으로 도저히 살아남을 수가 없다. 노동시장에서의 노동력 가격은 기업의 임금수준에 있어서 하한선을 제공해 준다. 기업은 노동시장에서 형성된 임금수준(시장임금) 이하로 종업원에게 임금을 지불할 경우 노동력을 구할 수가 없게 된다.

여기서 문제가 되는 것이 생계비와 지불능력 및 시장임금과의 관계이다. 기

표 10-3 산업대분류별 상용근로자 임금총액 추이: 2011~19년 9차 산업분류, 2020년 이후 10차 산업분류

(단위: 천원/월)

		비농 전산업	광업	제조업	전기 · 가스 · 증기 및 수도사업	수도 · 하수 · 폐기물처리 · 원료재생업	건설업	도매 및 소매업	운수업	숙박 및 음식점업
10인 이상	2011	3,176	3,461	3,210	5,594	2,660	2,962	3,338	2,421	2,079
	2015	3,693	3,958	3,819	5,923	3,145	3,583	3,730	3,001	2,430
	2016	3,839	4,073	3,975	6,403	3,361	3,734	3,889	3,154	2,523
	2017	3,902	4,085	4,056	6,380	3,429	3,884	4,005	3,297	2,690
	2018	4,098	4,170	4,330	6,531	3,626	4,103	4,177	3,496	2,830
	2019	4,213	4,332	4,431	6,654	3,852	4,385	4,349	3,613	2,894
	2020	4,215	4,650	4,397	6,923	4,309	4,553	4,360	3,626	2,712
	2021	4,438	4,753	4,707	6,987	4,519	4,756	4,571	3,956	2,862

주: 제9차 표준산업분류를 따름.
자료: 고용노동부, 「사업체노동력조사보고서」, 각 호.

업의 지불능력이 생계비를 밑돌 경우 그 기업은 한계기업(marginal organization)으로서 노동력 재생산을 할 수 없게 된다. 생계비가 시장임금 이하일 경우 임금결정에 있어서 노사 간 갈등은 증폭되지 않겠지만 시장임금이 생계비를 밑돌 경우 기업은 생계비 이하의 임금수준으로 종업원을 고용할 수 있다. 이 경우에도 역시 기업은 '노동력 재생산'이란 문제를 안게 된다.

[4] 임금의 내부공정성-임금체계

임금의 내부공정성은 기업이 허용임금 총액을 종업원들에게 어떻게 배분하느냐에 관한 것

임금의 내부공정성(internal equity)은 기업이 허용임금 총액을 종업원들에게 어떻게 배분하느냐에 관한 것이다. 여기서 어떤 배분기준을 택하느냐에 따라 임금의 공정성 정도가 달라질 수 있다. 배분기준을 선택할 때 기업이 보는 공정한 기준과 종업원이 생각하는 공정한 기준이 다를 수 있으며 또한 종업원 중에서도 집단별(관리직, 일반사무직, 생산직, 연구개발직 등)로 서로 다르게 생각할 수 있다. 임금배분기준을 종업원들이 공정하다고 생각하는 정도에 따라 임금제도에

그림 10-6 임금배분의 기준

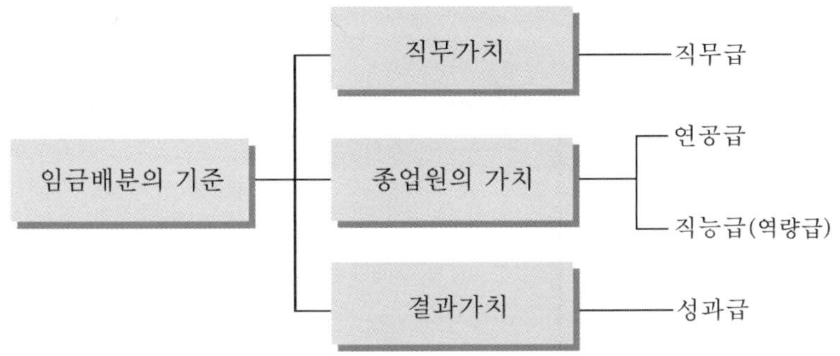

대한 공정성과 임금만족이 결정된다.

기업에서 역사적으로 발전되어온 임금배분의 기준은 직무가치, 종업원 가치 그리고 결과가치 등을 들 수 있다.

임금배분의 기준

이러한 임금배분의 기준은 <그림 10-6>에서 정리된다. 직무가치를 임금배분의 공정성 기준으로 삼는 것은 주로 서양 선진국에서 널리 도입하고 있는 기준이다. 여기서 직무가치란 기업 내 존재하고 있는 직무들 간의 상대적인 가치를 말하며 측정방법은 다음과 같다. 기업의 목표달성을 위해서는 여러 직무들이 수행되는데 보통의 능력을 갖춘 종업원이 보통의 노력을 기울였을 때 달성한 개별 직무에서의 성과가 기업의 목표달성에 얼마나 더 공헌을 하느냐에 따라 가치가 차별화된다. 따라서 보다 높은 가치를 수행하는 종업원에게 더 높은 임금을 지급해야 공정하다는 논리가 성립되는 것이다.

임금배분의 기준을 종업원 가치로 하는 경우는 종업원의 연공을 기준으로 하느냐 직능 내지 역량을 기준으로 하느냐로 구분된다. 임금배분의 기준으로서 결과가치인 성과(업적)를 기준으로 하는 경우는 동일한 직무가치를 수행하는 여러 종업원 중 더 많은 노력을 투입하여 업적을 높인 경우 이를 반영하는 것이 공정하다는 논리에서 설정된 것이다.

많은 기업에서는 위에서 제시한 몇 가지 임금배분 기준 중 어느 하나 혹은 두 개를 선택하게 되는데, 이것만 가지고 공정성을 완벽하게 확보하는 데 한계가 있음을 인식하고 추가적인 기준을 개발하고 있다. 예를 들면 위의 기준을 벗어난 것으로서 수당, 인센티브(incentives) 등으로 보완하고 있다.

<그림 10-7>에서는 이상의 임금배분 기준이 임금체계 차원에서 제시된다.

그림 10-7 내부공정성 구조로서의 임금체계

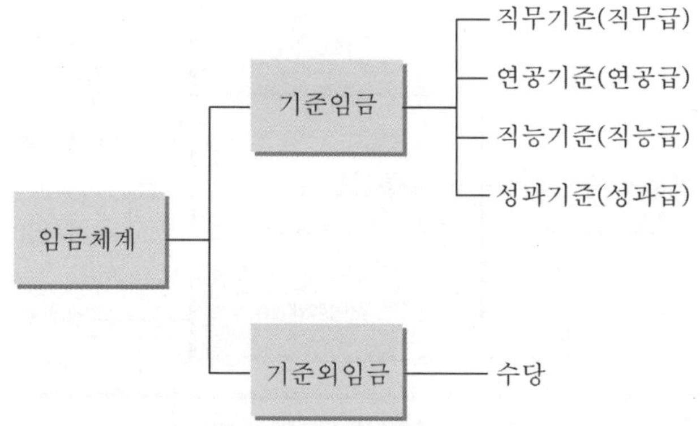

이상에서 제시한 임금배분의 기준 중에서 공정성 확보측면에서 어느 것이 가장 합리적인 기준인가는 말하기가 어렵다. 왜냐하면 '공정성'의 인식 당사자인 기업과 종업원이 서로 다를 수가 있으며, 특히 종업원에게 있어서 '공정성'이란 심리적으로 지각하는 현상이기 때문에 종업원이 속한 문화권, 기업의 역사, 관습, 경험 등에 따라 다르게 지각될 수 있기 때문이다. 임금에 있어서 공정성이란 기업이 어떤 기준을 제시하면서 아무리 공정하다고 주장하더라도 종업원이 이를 수용하지 않으면 성립되기 어려운 속성을 가지고 있다. 아래에서는 위에서 제시한 임금배분에 대한 제 기준의 근거 및 구체적 내용을 살펴본다.

4.1 직 무 급

직무급은 해당기업에 존재하는 직무들을 평가하여 상대적인 가치에 따라 임금을 결정하는 임금제도

직무급은 해당기업에 존재하는 직무들을 평가하여 상대적인 가치에 따라 임금을 결정하는 임금제도이다. 직무평가에서는 개별 직무의 기업목표달성 관련 중요성, 수행상의 난이도, 작업환경 등이 조사되어 직무들 간의 상대적인 가치가 측정된다. 따라서 직무가치가 높은 직무를 수행하는 종업원에게 직무가치가 낮은 직무를 수행하는 종업원보다 더 높은 임금을 주는 것이 공정하다는 논리이다. 직무급은 해당 직무의 가치를 기준으로 임금이 결정되기 때문에 '동일한 가치의 직무'를 수행하는 종업원들은 그들의 능력, 연공, 학력 등에 관계없이 '동일한 임금'이 지급되는 것이다. 여기서 특정 직무를 수행하는 데에는 당연히

그림 10-8 직무급 설계 유형

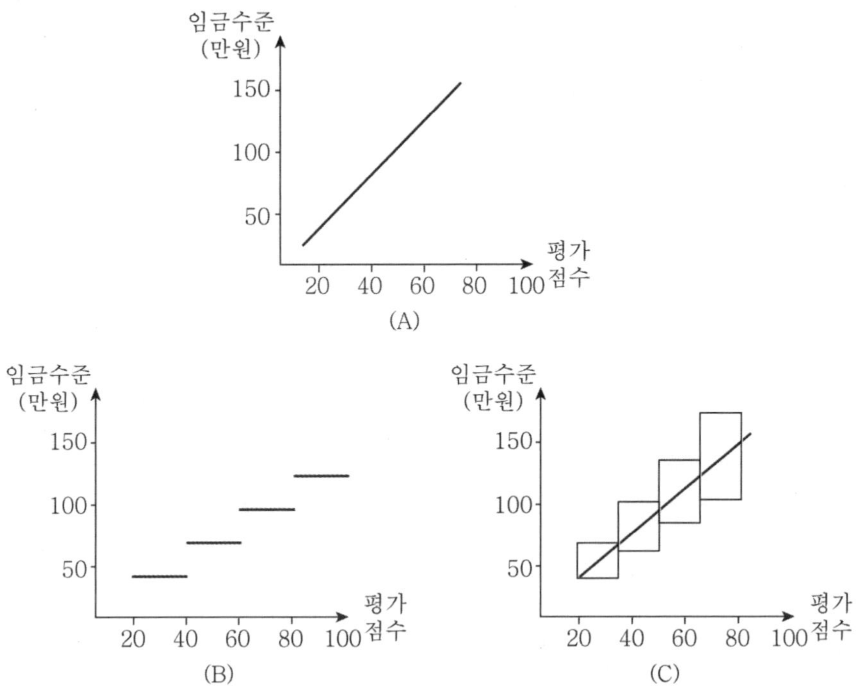

종업원의 현재 능력수준, 즉 자격수준이 고려된다. 만일 해당 직무가 요구하는 자격수준보다 직무수행자가 가지고 있는 자격수준이 더 높다 하더라도 임금은 그가 수행하는 직무가치를 반영하며 초과된 그의 능력을 반영하지 않는다. 직무급은 산업화를 먼저 시작한 서양 선진국 기업에서 널리 실시되고 있는 제도이며, 우리나라 기업에서는 극히 일부분의 기업에서 도입하고 있다.

직무의 상대가치를 측정하는 방법으로서 서열법, 분류법, 점수법 그리고 요소비교법 등이 있는데, 점수법[3]에 의거 직무평가를 실시하였을 때 그 결과를 임금에 반영시키는 데에는 <그림 10-8>에서 제시되듯이 세 가지 방법이 있다.

<그림 10-8> A형의 경우는 직무평가에서 나온 개별 직무들의 임금을 그 점수에 정비례시키는 방법이다. 예를 들면 직무가치의 점수가 40이면 40만 원, 56이면 56만 원을 임금으로 지급하는 것이다. 이러한 방법은 해당기업의 직무수가 많을 경우 관리하는 데 매우 번거로워 실무에서는 거의 사용하지 않는다. B

직무의 상대가치를 측정하는 방법

3) 본서 제4장 2절 참조.

형의 경우는 직무평가 점수를 구간을 만들어 구간별 임금을 동일하게 지급하는 방법이다. 예를 들면 평가점수가 20~40점 사이에 들면 임금 45만 원, 60~80점 사이에 속하면 90만 원 등이다. 이 방법은 관리하는 데 간편하지만 특정구간의 최하점수와 최고점수를 받은 직무들에 대해 동일한 임금을 부여하기 때문에 정확도 측면에서 문제가 발생한다. 기업 실무에서는 적용상의 편의성 때문에 많이 도입하고 있다.

C형은 B형에 업적 내지 연공을 고려하는 방법이다. 예를 들면 평가점수 40~60점 안에 속하는 직무들을 수행하는 종업원에게는 기본적으로 50만 원을 주고 그들의 업적이나 연공 등 기타 다른 요소를 고려하여 최대 85만 원까지 줄 수 있는 것이다. 이러한 유형은 순수한 직무급이라고 할 수가 없다. 서양 기업의 경우도 순수한 직무급만으로 임금의 공정성을 확보하는 데 한계가 있다고 보고 이러한 변형된 직무급을 도입하는 기업이 많다.

직무급을 통해 임금의 공정성을 확보하는 데에는 아래의 몇 가지 전제조건이 충족되어야 한다.

직무급 도입의 전제조건

첫째, 기업 내 직무들의 상대적인 가치를 정확히 평가할 수 있는 직무평가 시스템이 구축되어 있어야 한다.

둘째, 직무와 종업원 개인 간의 대응을 위해 종업원의 능력을 정확히 평가할 수 있는 인사평가 시스템이 구축되어 있어야 한다.

셋째, 배치의 공정성이 유지되어야 한다. 왜냐하면 능력이 높은 종업원을 자기의 능력보다 낮은 자격을 요구하는 직무에 배치하였을 경우 종업원은 직무기준의 임금을 공정하다고 수용하지 않을 것이기 때문이다.

넷째, 기업 간 자유로운 노동이동이 사회적으로 수용되어야 한다. 예를 들면 甲이라는 종업원이 능력이 신장되어 현재 수행하고 있는 직무가 요구하는 자격수준을 능가할 때 그는 보다 높은 직무가치를 가진 상위직의 '직무 A'를 찾

표 10-4 직무급의 장 · 단점

장점	단점
1. 능력주의 인사풍토 조성 2. 인건비의 효율성 증대 3. 개인별 임금차 불만의 해소 4. 동일노동에 대한 동일임금 실현	1. 절차가 복잡함 2. 학력, 연공주의 풍토에서 오는 저항 3. 종신고용풍토의 혼란 4. 노동의 자유이동이 수용되지 않는 사회에서의 적용이 제한적임

자료: 최종태, 1992, p. 166을 보완함.

게 되고 그 직무가 다행히 해당 기업에 공석으로 있을 경우 그 직무로 이동하겠지만, 그 직무가 공석이 아닌 경우 타 기업에 있는 '직무 A'를 찾아 이동하고자 할 때, 이러한 기업 간 자유로운 노동이동, 즉 횡단적 노동시장이 활성화되어 있어야 한다. 우리나라 대기업의 경우 기업 간 노동이동은 아직도 활성화되어 있지 못한 실정이다.

이상에서 살펴본 직무급의 장단점은 위 <표 10-4>에 제시되어 있다.

4.2 연 공 급

연공급은 종업원의 근속년수를 기준으로 임금을 차별화하는 제도를 말한다. 즉 근속년수가 많은 종업원에게 근속년수가 적은 종업원보다 더 많은 임금을 주는 것이 공정하다는 논리에서 도입되는 것이다. 여기서 근속년수는 학력수준과 타 직장에서의 근무연수도 고려하는 것이 일반적이다. 예를 들면 대졸 입사자의 경우 고졸 입사자보다 4년 더 근속한 것으로 보고 규모가 유사한 타 기업에서 근무한 경력도 근속년수로 인정해 주는 것이다. 연공급제도 하에서는 종업원의 근속년수가 많아짐에 따라 임금수준이 높아진다.

연공급은 종업원의 근속년수를 기준으로 임금을 차별화하는 제도

연공급 임금체계는 일본에서 생성되어 우리나라의 많은 기업이 도입하고 있는 실정이다. 서양기업에서는 찾아볼 수 없는 연공급이 왜 일본에서 생성되었는가에 대해서는 아래의 두 가지 가설이 있다(박덕제, 1985).

첫째, 연공에 따른 숙련상승설이다. 산업화를 처음 시작한 영국에서는 기업의 직무에 대한 연구가 많이 되어 있어서 직무설계가 과학적이고 합리적으로 되어 직무간의 경계가 명확하고 해당 직무가 요구하는 자격요건 그리고 권한 및 책임이 상당히 명확하게 정립되어 있었다. 근로자의 경우도 직업교육기관에서 획득한 자격수준에 따라 정확하게 맞는 직무를 부여받는다. 영국에서는 근로자의 자격수준, 즉 미숙련공, 반숙련공, 숙련공들이 일종의 사회적 신분을 나타내어 계층화되어 있었다. 해당 기업 내 근로자의 이러한 사회적 신분은 좀처럼 변화될 수 없었고 따라서 입사할 때 본인이 속한 집단(미숙련공, 반숙련공, 숙련공)에 일생 동안 머무르는 경향이 있었다.[4] 이러한 기업조직에서는 숙련이란 연령이나 근속에 따라 상승하는 체계가 아니라고 보았던 것이다. 즉 영국에서 숙련

연공급의 가설

4) 만일 근로자가 반숙련공에서 숙련공의 기능수준을 갖추게 되면 대개 타 기업에서 이에 상응하는 직무를 찾게 된다. 따라서 횡단적 노동시장이 활성화되는 것이다.

은 작업공학적 측면에서 자연과학적으로 취급된 것이 아니라 사회계층적 의미를 강하게 갖고 있었다.

그러나 후발 산업국인 일본에서는 서양국가에 비해 공업기술의 낙후로 직무기능을 객관화하여 교육시킬 수가 없었으며, 또한 숙련에 비전적(秘傳的) 요소가 강하고 근로자는 숙련을 주로 기업 내 직무경험을 통해 상사 및 동료로부터 전수받는 것으로 생각했던 것이다. 즉 근로자의 숙련은 미숙련공 → 반숙련공 → 숙련공으로 발전하는 것으로 보았다.

근로자들은 기업에서 근속년수가 많아짐에 따라 숙련수준이 상승하는 경향을 보였던 것이다. 이러한 관점에서 일본에서는 연공에 따른 숙련상승설을 가정하였으며, 당시 기업 상황에서는 연공급이 근로자의 능력과 업적을 반영하는 극히 합리적인 제도로 받아들여졌던 것이다.

둘째, 생계비 보장설이다. 이러한 가설은 당시 일본의 저임금 상황 하에서 성립된 것으로서 기업은 낮은 저임금으로 노동력의 재생산이 불가능하다고 판단하여 가구주(家口主)의 연령에 따라 증가하는 근로자 가구의 가계지출에 대응하는 임금제도를 도입하지 않을 수 없게 되었다.

이상에서 살펴본 연공임금이 일본에서 발생하게 된 이유는 당시의 기업상황에서는 상당히 설득력이 있을지 몰라도 오늘날에도 합리적이고 공정한 임금제도라고 하기에는 상당한 무리가 따른다. 오늘날 일본이나 우리나라 기업에서는 기계화 내지 자동화가 급진전되고 있는데 이에 따라 변화된 직무들은 연공에 따른 숙련상승설을 일축하고 있는 실정이다. 즉 고도의 숙련을 필요로 하는 노동의 수요는 감소하고 미숙련 근로자가 수행할 수 있는 직무들이 다수를 이루고 있다. 뿐만 아니라 임금수준 전체가 향상되어 연공임금의 생계비 보전을 통해서 노동력을 재생산한다는 기능에 대해 설득력이 약화된 실정이다. 또한 연공임금은 근속년수에 따라 계속 증가하는 제도인데 근로자의 생계비는 일정한 연령이 지나면－자녀가 결혼한 후－오히려 감소하는데 이를 반영하지 못하고 있다.

이상에서 연공급의 발생배경과 그 논리성을 살펴보았는데, 연공임금은 산업화 초기 일본에서는 상당히 설득력이 있었으나 오늘날 기업 상황에서는 비합리적인 것으로 인식되고 있다. 그러나 우리나라 기업이 연공임금제도를 폐지하고 능력 내지 업적을 기준으로 하는 임금제도(예: 연봉제)를 도입하여 임금배분에 있어서 공정성을 확보하는 데에는 아래와 같은 어려운 문제가 앞을 가로막고 있다. 첫째, 근로자의 능력 내지 업적을 객관적으로 측정할 수 있는 평가

그림 10-9 연령에 따른 능력변화 및 가계비 지출 추세

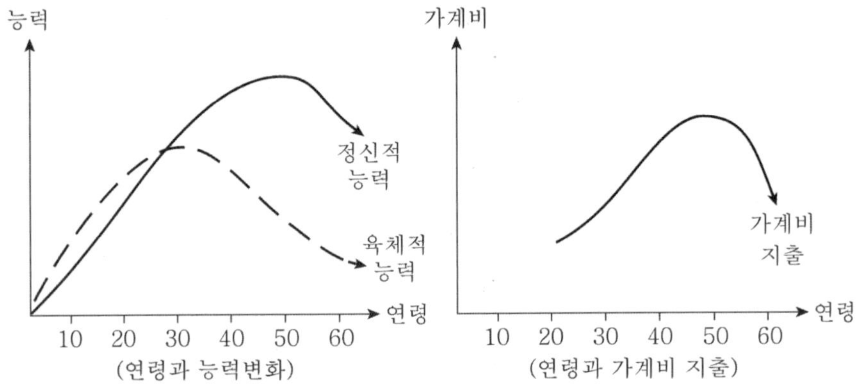

자료: 최종태, 1992.

시스템을 아직 개발하지 못하고 있다. 둘째, 노조의 강력한 저항이다. 노조는 목적달성을 위해서 조합원의 단결력이 필요한데, 객관적인 기준인 '연공'에 의한 조합원의 임금차별은 조합원의 단결을 훼손하지 않지만 능력 내지 업적 측정을 관리자에게 맡길 경우 조합원들은 관리자에 종속될 것이라고 판단하기 때문이다.

우리나라 기업에서는 연공임금제도를 그대로 두면서 근로자의 능력 내지 업적을 조금이라도 반영하기 위해 근속년수에 따른 임금상승의 패턴을 수정하려고 시도하고 있다. <그림 10-9>에서는 연령에 따른 능력변화 및 가계비 지출 추세를 살펴본다.

<그림 10-9>에 나타나 있듯이 일반적으로 인간의 육체적 능력은 20대 후반에서 30대 초반까지 최고점에 도달한 후 연령이 많아짐에 따라 점차 감소된다. 정신적 능력은 대개 40대 후반 내지 50대 초반에 최고점에 도달한 후 점차 완만한 감소 추세를 보여준다. 근로자의 생계비를 살펴보면 20대 중반 결혼 후 분가를 한 후 점차 증가하다가 50대 중반 자녀들이 결혼 후 분가한 후에는 급격히 감소한다.

<표 10-5>에서는 현재 우리나라 기업이 도입하고 있는 연공임금테이블의 예가 제시된다. 이 표에서 제시되는 임금테이블은 직급별 연공급에서의 임금수준을 제시하고 있다. 예를 들면, 대졸 군복무 필한 자가 기업에 들어왔을 때 대졸 4호봉, 군복무 2호봉을 인정하여 7호봉인 月 2,540,000원을 임금으로

표 10-5 연공급체계의 임금테이블(例)

호봉 \ 직급	사원	대리	과장	차장	부장
1	2,200,000	2,900,000	3,400,000	4,100,000	5,000,000
2	2,240,000	2,980,000	3,500,000	4,220,000	5,140,000
3	2,300,000	3,060,000	3,600,000	4,340,000	5,280,000
4	2,360,000	3,140,000	3,700,000	4,460,000	5,420,000
5	2,420,000	3,200,000	3,800,000	4,580,000	5,560,000
6	2,480,000	3,280,000	3,890,000	4,700,000	5,700,000
7	2,540,000	3,350,000	3,980,000	4,810,000	5,830,000
8	2,600,000	3,420,000	4,070,000	4,910,000	5,960,000
9	2,670,000	3,490,000	4,160,000	5,020,000	6,090,000
10	2,740,000	3,560,000	4,250,000	5,130,000	6,220,000
11	2,810,000	3,630,000	4,320,000		
12	2,880,000	3,700,000	4,390,000		
13	2,940,000				
14	3,000,000				
15	3,060,000				

받게 되며 그의 호봉은 업적이나 능력평가 없이도 매년 1호봉씩 올라가게 된다. 위의 임금테이블은 직무가치를 '직급' 차원에서 임금에 반영하기 위해 직급별 단일 호봉제를 채택하고 있다. 호봉 간 임금격차를 승호액이라고 하는데 기업은 연공급을 설계할 때 이 승호액을 조정함으로써 종업원의 능력 내지 업적

표 10-6 연공급의 장 · 단점

장점	단점
1. 생활보장으로 기업에 대한 귀속의식의 확대	1. 동일노동에 대한 동일임금 실시가 곤란함
2. 연공존중의 유교문화적 풍토에서 질서 확립과 사기 유지	2. 전문기술인력의 확보가 곤란함
3. 폐쇄적 노동시장 하에서 인력관리의 용이함	3. 능력 있는 젊은 종업원의 사기 저하
4. 실시가 용이함	4. 인건비 부담의 가중
5. 성과평가가 어려운 직무에의 적용이 용이함	5. 소극적인 근무태도의 야기

자료: 최종태, 1992, p. 119를 보완함.

그리고 생계비를 반영할 수 있다. 연공급이 갖고 있는 장단점은 <표 10-6>에 정리되어 있다.

4.3 직 능 급

직능급(혹은 역량급)은 종업원이 보유하고 있는 직무수행능력(직능)을 기준으로 임금액을 결정하는 제도를 말한다. 종업원들이 연공은 같지만 직능(역량)이 다른 경우 상이한 임금을 받으며 역시 동일한 직무를 수행하더라도 보유하고 있는 직능이 상이할 경우 임금액은 달라진다.

직능급은 종업원이 보유하고 있는 직무수행능력(직능)을 기준으로 임금액을 결정하는 제도

이러한 임금제도는 일본에서 1970년대 생성되었으며 배경은 다음과 같다. 첫째, 2차에 걸친 석유파동으로 일본경제는 고성장에서 저성장으로 전환되어 조직의 확장이 완만해져 기업 내 승진정체현상이 나타났다. 둘째, 1980년대에는 노동력이 고령화·고학력화되었고 또한 정년연장에 따른 인력관리의 어려움이 나타났다. 셋째, 경쟁에 대처하기 위한 인적자원의 중요성이 더욱 부각되었고 직군관리를 중시함으로써 인재의 집중적인 육성이 주요 과제로 등장하였던 것이다. 이상의 몇 가지 이유로 인해 기업은 종업원의 능력신장, 승진정체에 대한 대처를 위해 직능자격제도를 개발하였으며 이를 바탕으로 직능급이 도입되었다. 우리나라에서는 1980년대 말 기업이 저성장기에 접어들자 직능자격제도를 통한 직능급의 도입에 대한 논의가 본격화되어 1990년대에는 국내 몇몇 기업에서 도입하고 있는 실정이다.

서양기업에서도 1980년대에 들어와 경기변동으로 인한 기업의 생산라인의 재조정 등으로 직능급과 유사한 임금제도가 개발되기도 했다. 서양기업에서는 이를 지식 내지 기능에 기초한 임금(knowledge or skill-based pay)으로 명명하였다.[5] 일본기업에서 개발한 직능급은 사실상 종업원의 보유직능을 평가하는 과정에 종업원의 현재의 등급에서의 체류기간을 고려하지만 서양기업의 경우 체류기간과 관계없이 보유직능을 기준으로 임금을 책정하는 점이 다르다.

1990년대에 들어와 과거 종업원의 직무수행능력에 초점을 맞춘 직능급이라는 명칭이 역량급(competency-based pay)으로 바뀌고 있다. 이는 직능이라는 용어

직능급 → 역량급

5) 예를 들어, 가전제품을 생산하는 공장에서 냉장고 매출이 급격히 증가하고 TV 매출이 줄어들 경우 TV 생산라인에 종사하는 종업원을 냉장고 생산라인에 배치할 때 개별 종업원은 과거보다 낮은 가치의 직무를 수행해야만 하는 경우가 발생하는데 이때 임금을 삭감하지 않고 그의 직능수준으로 유지해 준다는 취지이다.

그림 10-10 직능의 인식범위

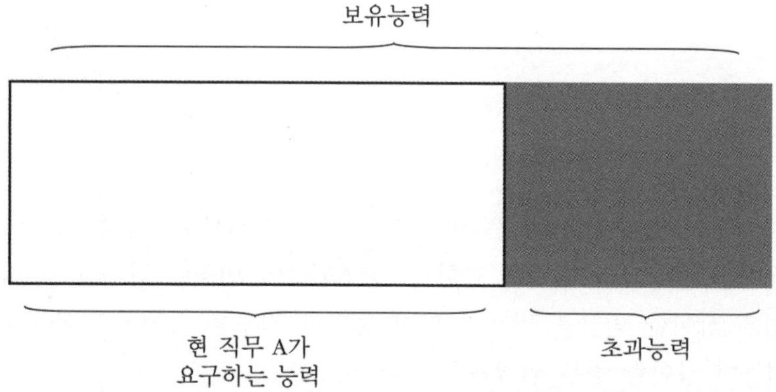

가 종업원이 수행하는 해당 직무와 관련되는 것인 반면 역량은 종업원이 보유하고 있는 기능, 지식 등 기업경쟁력의 원천과 관련되는 것에 초점을 맞춘 개념이다. 따라서 역량급 하에서는 과거 직능급에서의 측정대상보다 그 범위가 확장된다. 특히 역량급 하에서의 역량측정은 종업원 개인이 보유하고 있는 역량뿐만 아니라 그가 속해 있는 조직(팀)의 역량도 측정하여 개인의 임금을 결정하는 데 고려해야 하겠다.

직능급에서 기준이 되는 종업원의 직능은 <그림 10-10>과 같이 인식된다. 개인이 보유하고 있는 능력이 현재 수행하고 있는 직무가 요구하고 있는 능력 보다 더 많을 때 직능급 도입의 필요성이 요청된다. 이 경우 직무급에서는 현 직무의 직무가치, 즉 요구하는 능력을 기준으로 임금액을 책정하지만 직능급에서는 초과하는 능력까지 포함시켜 개인의 임금액을 결정한다.

기업 실무에서 종업원 개인이 현 직무에 비해 초과능력을 보유하고 있을 때 당연히 보다 수준 높은 직무로 전환배치 되기를 희망하며 이것이 바로 승진이 된다. 그러나 기업이 개인에게 이에 합당한 직무를 제공해 주지 못할 경우 종업원은 초과능력에 따른 보상을 받을 길이 막혀 있으므로 다른 기업에서보다 수준 높은 직무를 찾게 된다. 이와 같이 직능급은 우수한 인재의 이직을 방지할 뿐만 아니라 종업원으로 하여금 보다 적극적인 능력개발 노력을 유발시킨다. 즉 개인이 노력하여 능력신장이 되면 이것이 바로 보상으로 연결되기 때문이다. 직능급은 바로 이러한 논리 때문에 종업원의 임금에 대한 공정성 도구로서 그 수용도가 매우 높다.

직능급은 임금에 대한 공정성 도구

표 10-7 직능급의 장 · 단점

장점	단점
1. 능력주의 임금관리를 실현할 수 있다.	1. 초과능력이 바로 성과를 가져다주지 않기 때문에 임금부담이 가중된다.
2. 유능한 인재를 계속 보유할 수 있다.	2. 직능평가에 어려움이 있다.
3. 종업원의 성장욕구 충족기회를 제공한다.	3. 적용할 수 있는 직종이 제한적이다. (직능이 신장될 수 있는 직종에만 적용가능)
4. 승진정체를 완화시킬 수 있다.	4. 직무가 표준화되어 있어야 적용이 가능하다.

직능급을 도입하기 위해서는 직능자격제도의 구축이 그 전제가 된다. 제9장 승진 부분에서 살펴보았듯이 직능자격제도는 해당직종(예: 관리직종) 내에서 여러 등급으로 자격수준을 나누어 관리하는 제도이다. 즉 종업원 개인을 평가하여 능력을 갖출 경우 현재의 등급보다 높은 등급으로 승격(昇格)시키면서 이에 따른 임금도 인상시켜 주는 것이다. 여기서 제도의 성공에 관건이 되는 것은 합리적인 등급구분 및 종업원의 능력평가이다. 따라서 직종별 직능등급을 과학적으로 할 수 없는 직종이나 능력평가의 정확성을 확보하기가 어려운 기업에서 도입하는 데에는 상당한 무리가 따른다. 직능급의 장단점은 위 <표 10-7>에 제시되어 있다.

4.4 성 과 급

성과급은 종업원이 달성한 성과의 크기를 기준으로 임금액을 결정하는 제도

성과급은 종업원이 달성한 성과의 크기를 기준으로 임금액을 결정하는 제도이다. 성과급을 공정성 확보의 중요한 임금체계로 간주하는 이유는 다음과 같다. 임금이란 결국 기업이 창출한 '부가가치'에서 나오는 것이고 부가가치는 제품의 판매로 인해 발생한다. 이러한 제품을 개인이 얼마나 만들었느냐가 바로 기업의 부가가치 창출에 대한 개인의 기여분이 되며, 개인은 이 기여분에 해당되는 만큼 보상을 받는 것이 공정하다는 논리이다. 이러한 제도 하에서는 동일한 가치를 가진 직무(동일 직무)를 수행한다고 해도 종업원들의 임금은 그들이 달성한 성과에 따라 달라진다.

앞에서 살펴본 직무급, 연공급 그리고 직능급은 고정급인 데 비해, 성과급은 변동급이다. 즉 성과급은 개인의 성과에 따라 임금액이 매달 달라질 수 있다.

성과급은 산업화 초기에 이미 널리 확산되어 있었던 전통적 임금제도이다.

당시 기업은 인건비에 관한 한 위험부담을 지지 않으려고 했다. 예를 들면 직무급의 경우 특정 수준의 직무를 수행하는 종업원에게 일정한 임금액을 책정했는데 그들의 성과가 낮을 경우 기업의 입장에서 보면 인건비 낭비가 초래되는 것이다. 성과급은 변동임금이기 때문에 종업원이 열심히 일을 하면 더 많은 임금을 받을 수 있는 반면 여러 가지 사정으로 성과가 낮으면 임금이 줄어든다. 일반적으로 종업원은 임금이 깎일 수 있는 '위험부담'이 있는 성과급보다 임금이 높지는 않지만 꾸준히 받을 수 있는 안정적인 임금을 선호하게 되었고, 이러한 종업원의 욕구를 반영하여 점차 기업들은 성과급에서 고정급으로 전환하기에 이르렀다. 그럼에도 불구하고 오늘날 많은 기업에서는 성과급에 대한 애착을 가지고 있으며 아래와 같은 상황에 처한 기업들에서는 확산되고 있는 실정이다(Milkovich/Newman, 2005).

① 제조원가에서 인건비 비율이 높은 기업－노동집약산업
② 제품시장에서 원가경쟁이 치열한 기업
③ 제품 생산공정상 병목현상이 존재하는 기업

성과급제도를 통해 임금의 공정성을 성공적으로 확보하기 위해서는 성과급 설계시 아래의 몇 가지가 해결되어야 한다(최종태, 1992).

① 표준성과를 어떻게 설계할 것인가? 즉 보통의 종업원이 특정 제품을 하루에 몇 개 정도 생산할 수 있으며 이에 대한 적정한 임률(wage rate)은 어느 수준인가?
② 개인의 성과를 어떻게 측정할 것인가? 생산라인이나 판매직의 경우 성과측정은 비교적 객관성을 유지할 수 있겠지만 다른 부문의 경우 객관적인 성과측정에 많은 어려움이 있다.
③ 어떤 성과급제도를 도입할 것인가? 성과내용 및 성과측정 특성과 관련하여 해당 기업, 해당 부문에 가장 합리적인 성과급제도를 선택해야 할 것이다.

아래에서는 성과급제도의 형태에 대해 살펴본다. 성과급은 성과의 범위를 어떻게 할 것인가에 따라 개인성과급제도와 집단성과급제도로 구분할 수 있겠다.

4.4.1 개인성과급제도

개인성과급제도는 종업원이 달성한 성과를 개인별로 계산하여 이를 임금결정의 기준으로 삼는 제도

개인성과급제도는 종업원이 달성한 성과를 개인별로 계산하여 이를 임금결정의 기준으로 삼는 제도이다. 개인성과급제도는 성과측정기준을 일정 시간당

표 10-8 개인성과급의 형태

임률 결정방법 / 임률	일정시간당 생산단위	제품단위당 소요시간
임률 고정	– 단순성과급	– 표준시간급
임률 변동	– 테일러式 복률성과급 – 메릭式 복률성과급	– 할시式 할증급 – 비도式 할증급 – 로완式 할증급 – 간트式 할증급

자료: Milkovich/Newman, 2005, p. 206을 보완함.

생산량으로 할 것인가 혹은 제품단위당 소요시간으로 할 것인가에 따라 여러 형태로 구분된다. <표 10−8>에서는 위의 기준에 따른 성과급 형태가 제시된다.

아래에서는 임률결정방법에 따른 개별성과급제도에 대해 살펴본다.

1) 생산량 기준 성과급제도

(1) 단순성과급

단순성과급(straight piecework plan)은 개인이 생산하는 제품의 수량에 고정된 임률인 개당 임금을 곱하여 임금액을 결정하는 제도이다. <그림 10−11>에서는 생산량과 임금의 관계가 제시된다.

단순성과급은 개인이 생산하는 제품의 수량에 고정된 임률인 개당 임금을 곱하여 임금액을 결정하는 제도

단순성과급은 계산이 용이하여 종업원의 수용도가 높으며 능률향상에 커다란 사극을 준다. 그러나 생산단위당 임률을 결정하는 기준이 되는 표준생산량 산출에 어려움이 따른다. 예를 들어, 종업원 개인이 특정제품을 하루에 10개 정

그림 10-11 단순성과급

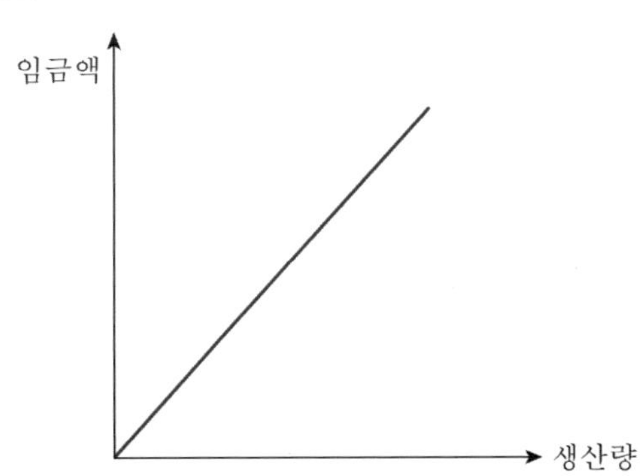

도 만드는 것이 보통 수준일 때 개당 임금을 얼마로 책정할 것인가에 대해서 노사 간에 갈등이 생길 수 있다. 뿐만 아니라 미숙련공 및 노령자에게는 임금수입이 낮으며 또한 일정치 않기 때문에 생활의 안정을 기하기가 어렵다. 반숙련공 및 숙련공에게도 작업량에만 관심이 집중되어 제품의 품질이 저하될 우려가 있다.

(2) 테일러式 복률성과급

테일러式 복률성과급은 과학적으로 결정된 표준과업량을 기준으로 하여 2종류의 임률을 제시하고 표준과업량을 달성한 종업원에게 훨씬 유리한 임률을 적용시키는 제도

테일러式 복률성과급(Taylor differential piece rate system)은 테일러가 고안한 제도로서 과학적으로 결정된 표준과업량을 기준으로 하여 2종류의 임률을 제시하고 표준과업량을 달성한 종업원에게 훨씬 유리한 임률을 적용시키는 제도이다.

<그림 10−12>에서 나타난 바와 같이, 예를 들면 하루의 표준과업량을 제품 10개 생산으로 정했을 때 10개 이하 달성한 종업원에게는 개당 4,000원이라는 낮은 임률을, 10개 이상 달성한 종업원에게는 개당 4,200원이라는 높은 임률을 적용하는 제도이다. 이러한 제도 하에서는 목표미달성인 9개 생산인 경우는 하루 임금을 36,000원 수령하지만 목표달성인 10개 생산인 경우는 임금이 40,000원이 된다. 이와 같이 테일러는 표준과업량이라는 목표를 달성한 자에게는 훨씬 유리한 임금을 제공함으로써 종업원의 작업의욕 나아가 생산성 향상을 추구하였다.

테일러의 이러한 복률성과급제도는 본질적으로 생산성 향상에 기여할 수는 있지만 숙련수준이 떨어지는 종업원에게는 불리한 제도로서 숙련공우대 임금제도라는 비판을 받기도 했다.

그림 10-12 테일러式 복률성과급

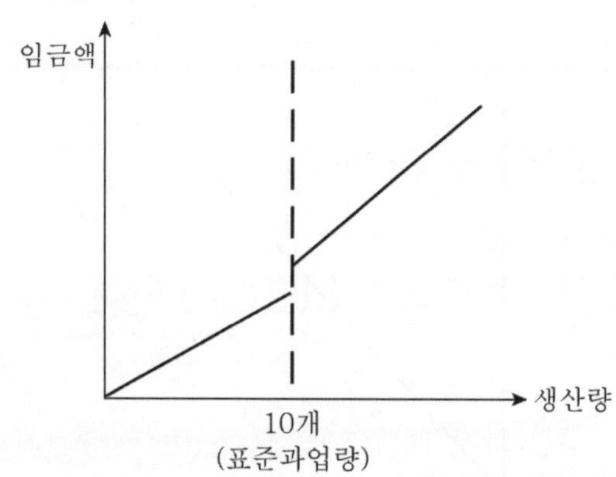

그림 10-13 메릭式 복률성과급

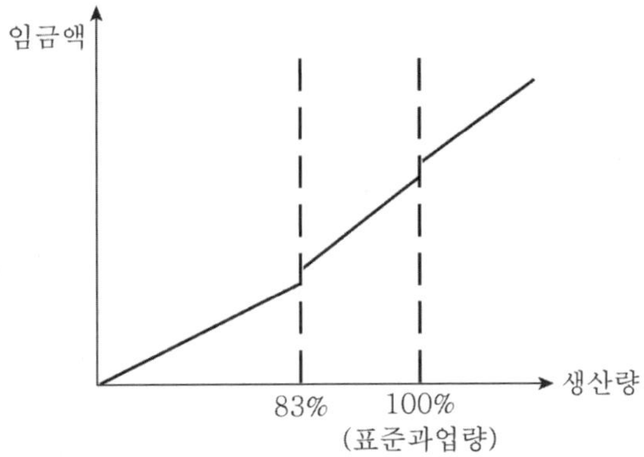

(3) 메릭式 복률성과급

메릭式 복률성과급은 테일러式 제도의 결함을 보완할 목적으로 개발

메릭式 복률성과급(Merrick multiple piece rate system)은 테일러式 제도의 결함을 보완할 목적으로 개발된 것으로서 임률의 종류를 세 가지로 정하고 있다. 즉 표준과업량의 달성도를 83% 이하, 83~100% 그리고 100% 이상 3단계로 나누어 상이한 임률을 적용하는 제도이다.

<그림 10−13>에서 나타난 바와 같이 메릭式은 테일러式과 달리 목표달성관련 중간수준의 종업원에 대한 배려를 하고 있다. 예를 들면, 표준과업량의 83% 이하인 경우는 임률을 테일러式의 경우와 같이 개당 4,000원 주고, 83% 이상 100% 이하 달성자에 대해서는 개당 4,200원 그리고 100% 이상 달싱자에게는 개당 4,400원을 주는 것이다.

복률성과급제도의 유형은 이상에서 살펴본 것 외에도 상이한 임률을 몇 개 적용하느냐에 따라 여러 가지 유형을 구상할 수 있겠다. 예를 들면, 표준과업량의 60% 달성, 120% 달성 혹은 150% 달성의 경우에도 차등적인 임률을 구상할 수 있다.

2) 시간기준 성과급제도

(1) 표준시간급

표준시간급은 과업단위당 표준시간기준을 설정하고 종업원이 이 작업을 완성하면 이미 설정된 표준시간에 임률을 적용하여 임금액을 지급하는 제도

표준시간급은 과업단위당 표준시간기준을 설정하고 종업원이 이 작업을 완성하면 이미 설정된 표준시간에 임률을 적용하여 임금액을 지급하는 제도이다. 예를 들면, 자동차 정비공의 경우, 자동차 변속기를 수리하는 데 표준시간이 4

시간이고 시간당 임률이 10,000원일 때 그가 변속기의 수리를 완료하면 40,000원의 임금을 지급하는 것이다. 이 정비공이 변속기를 수리하는 데 2시간이 걸리든 혹은 6시간이 걸리든 '변속기 수리'에 대한 임금은 40,000원이 된다. 이러한 성과급제도는 단위당 작업시간이 비교적 긴 직무에 적합하며 특히 비반복적이고 많은 기술을 요구하는 직무에 적합하다.

(2) 할 증 급

할증급은 종업원에게 작업한 시간에 대해 성과가 낮다 하더라도 일정한 임금을 보장해 주고, 반면에 노동능률 내지 성과가 높은 종업원에 대해서는 일정한 비율의 할증임금을 지급하는 제도

할증급(the premium plan)은 종업원에게 작업한 시간에 대해 성과가 낮다 하더라도 일정한 임금을 보장해 주고, 반면에 노동능률 내지 성과가 높은 종업원에 대해서는 일정한 비율의 할증임금을 지급하는 제도이다. 할증급의 도입목적은 생산능률 향상으로 기업에 이익이 발생했을 때 그 이익을 기업과 종업원에게 배분함으로써 종업원의 능률을 자극함과 동시에 임금의 과도한 증가를 억제하려는 것이다. 할증급의 형태는 노동능률 향상으로 인해 절약한 임금을 종업원 개인에게 어떤 비율로 배분하느냐에 따라 할시式, 비도式, 로완式 그리고 간트式으로 구분된다.[6] <표 10-9>에서는 표준과업량에 대한 여러 종업원들의 성과와 임금액 산정방법이 제시된다.

<표 10-9>에 나타나 있듯이 甲의 경우 표준과업량은 달성하지 못했지만 하루 8시간 작업에 대한 시간급인 80,000원의 임금을 수령하고 乙은 표준과업량을 8시간 만에 달성했기 때문에 역시 80,000원의 임금을 받게 된다. 丙의 경우 할증급의 대상이 된다. 丙은 8시간 동안 표준과업량을 2개 초과하여 10개를 만들었으며 이것은 다른 정상적인 작업자가 했을 때 10시간 걸리는 작업량이다. 따라서 丙은 시간당 임금이 10,000원일 때 20,000원의 임금을 절약한 것이다. 이 절약한 임금의 일정액을 종업원에게 추가로 배분하는 것이 할증급이다.

표 10-9 할증급

	생산량	임금
甲	6개	8시간 10,000원=80,000원
乙	8개	8시간 10,000원=80,000원
丙	10개	8시간 10,000원=80,000원 80,000원에 추가하여 할증급 지급

* 하루 8시간 작업에 표준과업은 8개 생산임.
시간당 임금=10,000원

6) 할증급의 종류는 주어진 과업시간에 초과달성량을 기준으로 하는 것 외에도 품질, 기계사용률 등 다른 기준을 가지고도 할증급을 설계할 수 있다.

할시式 할증급

할시式 할증급(the Halsey premium plan)은 절약임금의 1/2 혹은 1/3을 종업원에게 배분하는 것이 공정하다고 하여 고안된 임금제도이다. 비도式 할증급(the Bedaux premium plan)은 절약임금의 3/4을 종업원 개인에게 배분하는 제도이며, 로완式 할증급(the Rowan premium plan)은 절약임금의 규모에 따라 배분율을 다르게 하는 제도이다. 임금산출공식은 아래와 같다.

로완式 할증급

$$W = Ha \times Rh + \frac{Ha}{Hs} Rh(Hs - Ha)$$

W = 임금액

Ha = 실제작업시간

Hs = 표준작업시간

Rh = 시간당 임금

로완式에 따라 앞의 <표 10-9>에서 예를 든 丙의 임금을 계산하면 다음과 같다.

$$\text{丙의 임금} = 8\text{시간} \times 10{,}000\text{원} + \frac{8\text{시간}}{10\text{시간}} \times 20{,}000\text{원}(10\text{시간} - 8\text{시간})$$

위의 공식에 의하면 丙의 임금은 기본시간급인 80,000원에 추가하여 절약임금의 8/10을 받게 된다. 로완式에 의하면 절약임금의 규모가 작으면 배분율이 높아지고 그 규모가 크면 배분율은 작아진다.

간트式 할증급

간트式 할증급(the Gantt premium plan)은 할증급 중에서 개인에게 가장 높은 임금을 보장하는 제도로서, 노동능률에 의해 절약한 임금을 개인에게 모두 주고 추가로 보너스 10%(예)를 지급하는 것이다. 간트式에 의거한 앞의 丙의 하루 임금은 110,000원이 된다.

이상에서 살펴본 할증급들 간의 임금증가 추세가 위 <그림 10-14>에 제시되어 있다.

이상에서 살펴본 개인성과급의 장점은 아래와 같다.

첫째, 개인성과급은 본질적으로 생산성 향상, 낮은 인건비 그리고 종업원에게 높은 소득을 가져다준다.

둘째, 성과급에서는 시간급에서보다 적절한 생산량을 유지하기 위한 감독의 필요성이 줄어든다.

셋째, 양질의 성과측정 기법이 주어진다면 시간급에서보다 인건비 측정을

그림 10-14 할증급의 형태별 임금변화 추이

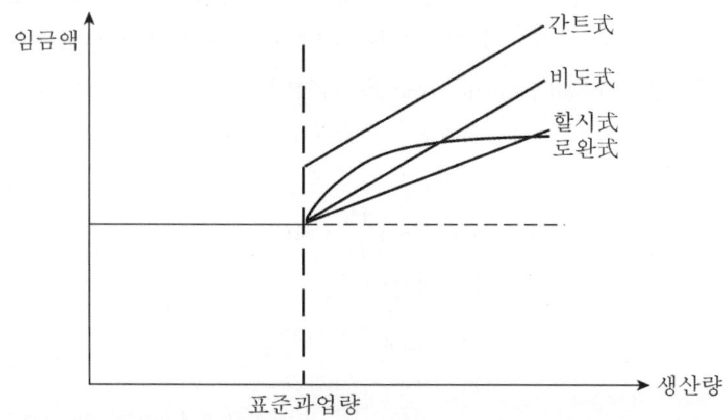

보다 용이하게 할 수 있다.

반면에 개인성과급은 다음과 같은 단점을 가지고 있다.

첫째, 종업원은 생산량을 추구하고 관리자는 생산량과 품질수준을 동시에 고려하기를 원하기 때문에 품질관련 문제가 발생할 수 있다.

둘째, 표준과업량의 변경에 대한 불안감으로 인해 종업원은 기업의 신기술 도입에 저항할 가능성이 높다.

셋째, 생산기계에 문제(고장, 정비불량 등)가 생겼을 때 이에 대한 종업원의 불만이 고조된다.

넷째, 작업장 내 인간관계에 문제가 생길 수 있다. 예를 들면 특별히 성과가 높은 종업원(ratebuster)은 작업집단 내에서 소외된다(Wilson, 1992).

(3) 연 봉 제

연봉제란 기업이 종업원의 임금을 1년 단위로 사전에 결정하고 종업원에게 1년치에 대한 임금을 보장해 주는 제도

'연봉제'란 엄격히 말하면 임금의 지급형태를 말한다. 임금의 지급형태는 일급(日給), 주급(週給) 그리고 연봉(年俸)으로 구분된다.

연봉제란 기업이 종업원의 임금을 1년 단위로 사전에 결정하고 종업원에게 1년치에 대한 임금을 보장해 주는 제도를 말한다. 여기서 연봉을 결정하는 기준이 무엇이 되느냐는 기업마다 다를 수 있겠지만 연공(근속년수), 종업원이 수행하는 직무가치, 직능 및 업적 등이 될 수 있다.

그러나 오늘날 우리나라 기업에서 사용하고 있는 연봉제란 위에서 설명한 원래의 의미를 벗어난 것이다. 즉 연봉제란 종업원의 근속년수를 기준으로 임금

을 책정하는 연공임금제도에 대한 비판에서 출발하여 임금결정 기준을 '연공'이 아닌 '업적' 내지 '능력' 등을 기준으로 하자는 것이다.

업적을 기준으로 하는 연봉제는 서양기업에서 흔히 발견되지만 일본이나 우리나라 기업의 경우 개인이 가지고 있는 직무수행능력을 고려하고 있는 실정이다. 그러나 엄격한 의미에서의 연봉제는 개별 종업원이 기업의 부가가치 창출에 얼마나 기여하였느냐가 그 기준이 된다.

이러한 연봉제가 성공하기 위해서는 평가의 공정성, 직무배치의 공정성 그리고 직무 수행상의 재량권 확보가 전제가 되어야 한다.

연봉결정에 있어서 개인이 창출한 업적이 제대로 측정 · 반영되지 않았다면 연봉을 받는 종업원은 이를 공정하다고 믿지 않을 것이다. 직무배치의 공정성은 종업원 개인이 보유하고 있는 능력을 현재의 직무에 얼마나 많이 발휘할 수 있느냐에 따라 결정된다. 현재 수행하고 있는 직무가 자기의 능력 중 50%밖에 발휘할 필요가 없는 직무였을 때 연봉을 이 발휘된 능력인 업적을 기준으로 결정한다면 종업원은 이러한 연봉제를 받아들이기가 어렵다.

이런 경우 개인은 자기의 능력을 보다 많이 발휘할 수 있는 직무를 찾아 다른 기업으로 이직하려고 하게 된다. 그러나 우리나라 노동시장의 여건은 수평적 노동이동이 그렇게 용이하지 않기 때문에 개인은 기업에 대해 연봉 측면에서 설사 불만이 있다 하더라도 이직을 시도하기보다 임금에 대한 불만족을 보여주게 되고 이것이 조직에 부정적인 영향을 미치게 된다.

또한 개인이 직무를 수행하는 데 있어서 재량권을 갖는다는 것은 직무수행의 결과에 대해 책임을 져야 함을 의미한다. 즉 자기가 판단한 대로 일을 했을 때 성공을 했다면 보상을 받을 것이고 실패했다면 불이익을 당하는 것이다.

연봉제란 한마디로 직무수행과 능력발휘의 결과인 업적을 기준으로 임금액을 결정하는 제도이기 때문에 이러한 제도가 종업원에게 수용되려면 반드시 직무수행에 있어서 재량권이 부여되어야 한다.

4.4.2 집단성과급제도

집단성과급제도는 개인성과급이 갖고 있는 단점을 극복하기 위해 설계된 것으로서 개인의 임금에 추가로 지급하는 임금제도인데 이를 성과배분제도라고도 한다. 성과배분은 기업이 개인성과급이 아닌 연공급 · 직무급 · 직능급을 도입하고 있는 경우에도 적용할 수 있는 제도이다. 집단성과급제도는 종업원의 경영참가의 한 유형으로도 이해된다. 왜냐하면 집단성과급은 종업원에 대해 체결한 기본 임금계약 외에 추가로 지급하는 임금이고 이에 대한 결정은 경영권에 해당된다고 보기 때문에 집단성과급은 종업원에게 경영권의 일부분을 할애한다고 보기 때문이다.

집단성과급을 도입하는 목적은 다음과 같다.

집단성과급 도입 목적

첫째, 개인성과급 하에서 나타나는 종업원들 간 인간관계의 훼손으로 인해 협동심이 떨어질 가능성이 있기 때문에 집단을 대상으로 보상함으로써 공동체 의식을 제고시키는 데 있다.

둘째, 표준과업량 내지 표준시간 책정에 있어서 노사 간의 갈등을 줄이는 데 있다.

셋째, 개인의 성과가 독립적이지 못하고 여러 명이 공동으로 수행하거나 직무들 간 상호연관성이 높을 때, 현실적으로 개인의 성과를 측정하기가 어렵기 때문에 집단의 성과를 기준으로 하는 집단성과급은 성과측정의 객관성을 높일 수 있다.

집단성과급제도의 유형은 성과배분의 기준을 무엇으로 하느냐에 따라 <그림 10-15>와 같이 구분된다.

<그림 10-15>에 나타난 바와 같이 집단성과급을 설계하는 기준은 업적, 수익 그리고 이익으로 구분된다. 업적을 기준으로 할 때 '물적 생산성'은 종업원이 생산한 제품이 표준시간에 비해 증가했을 때 이를 반영하여 작업집단에게 추가임금으로 배분하는 것이며, '원가절감'은 제조원가가 기준보다 줄었을 때 이를 집단성과급에 반영하는 것이다.

그림 10-15 집단성과급(성과배분)의 유형

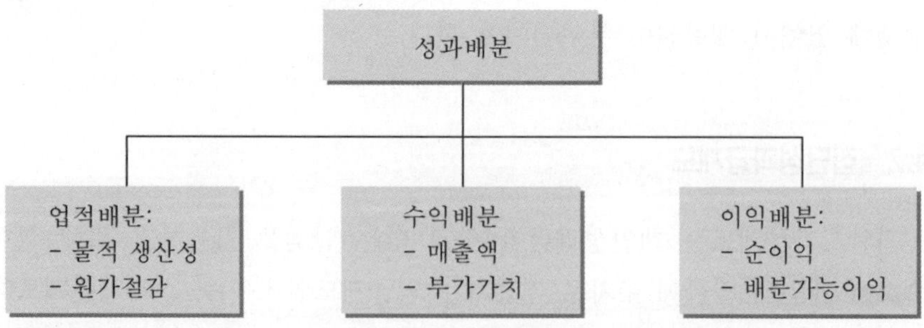

자료: Henze, 1995.

수익배분의 경우 '매출액' 기준은 투입된 인건비에 비해 매출액이 기준보다 증가되었을 때 이를 성과배분에 반영하는 것이며, '부가가치'는 매출이익을 기준으로 이를 투입된 인건비 내지 과거의 '부가가치 노동분배율'과 비교하여 추가로 창출된 부가가치에 대해 성과배분을 하는 것이다.

이익배분에는 '순이익' 기준과 '배분가능이익' 기준이 있는데 '순이익' 기준은 납세 후 총이익을 가지고 성과분배를 하는 것이며, '배분가능이익'은 순이익에서 일정한 금액[7]을 주주에게 배당한 후 남은 이익을 성과배분하는 것이다. 아래에서는 개별 집단성과급 유형에 대해 살펴본다.

1) 업적배분

업적배분의 기준에는 물적 노동생산성과 원가절감이 있다. 업적배분의 기준

'물적 생산성'을 기준으로 하는 경우는 아래와 같다. 甲, 乙, 丙 3명의 기계조립공이 공동으로 기계를 조립하는 작업장에서 甲은 시간당 임금을 10,000원, 乙은 8,000원, 丙은 6,000원 받고 있는데 이 3명이 시간당 기계를 3개, 하루 8시간에 24개 조립하는 것이 표준과업량이다. 이들 3명이 열심히 하여 하루 8시간 작업시간에 30개의 기계를 조립했을 경우 6개의 기계조립에 필요한 임금이 절약된다. 즉 甲, 乙, 丙이 2시간분의 임금인 24,000원(10,000원+8,000원+6,000원)×2=48,000원의 임금이 절약된 것이다. 이런 경우 기업은 甲, 乙, 丙에게 절약임금인 48,000원을 보너스로서 모두 배분하는데 이를 물적 노동생산성 성과배분이라고 한다.[8] 보너스에 대한 배분의 기준은 甲, 乙, 丙 상호 간의 협동심을 강조할 경우 48,000원을 똑같이 3등분하여 배분할 것이며, 개인의 능력수준을 강조할 경우 48,000원을 甲, 乙, 丙의 임률에 맞게 배분할 수 있다.

성과배분의 기준을 '원가절감'에 두는 것으로서 프렌치 시스템(the French system)이 있다. 이 시스템은 총투입에 대한 총산출의 비율을 기초로 계산하여 절약분을 계산한다. 예를 들면, 해당기업이 과거에 평균적으로 100억 원의 제조원가를 투입하여 140억 원의 상품가치를 산출했을 때 표준비율은 1.4가 된다. 구체적인 계산의 예가 <표 10-10>에서 제시된다.

<표 10-10>에서 보는 바와 같이 기업은 원가절감액 중 50%를 종업원에게 보너스로 배분하는데 지급스케줄이 좀 복잡하다. 당해년도에 전체 보너스 중 50%를 배분하고 나머지는 추후 배분하는 것으로, 즉 1년 후에는 25%, 2년 후에

7) 순이익에서 자기자본에 대한 최저이자율을 곱한 금액을 뺀 값이 배분가능이익이 된다.
8) 이 경우 기업에 딸 절약 임금의 일부분만 작업자에게 배분할 수도 있다.

표 10-10 프렌치 시스템에서의 성과계산

(단위: $)

총산출액		
투입액		1,214,000
노무비	330,000	
원재료비	140,000	
전기사용료	11,000	
소모품비 등	24,000	
감가상각비 및 기타	235,000	740,000
기대 총산출액(총투입액×1.4)		1,036,000
실제 산출액		1,214,000
비용절약액(1,214,000－1,036,000)		178,000
분배액(178,000×50%)		89,000

는 15%, 3년 후에는 나머지 10%를 배분한다.

2) 수익배분

수익배분의 기준

수익배분의 기준으로서 매출액과 부가가치가 활용되고 있다. 매출액을 기준으로 하는 집단성과급제도의 모델로서 스캔론 플랜(the Scanlon Plan)이 있으며, 부가가치를 기준으로 하는 모델로서 럭커 플랜(the Rucker Plan)이 있다. 아래에서 이 모델들의 내용을 살펴본다.

스캔론 플랜

스캔론 플랜은 생산제품의 판매가치인 매출액과 인건비와의 관계에서 배분액(보너스)을 계산한다. 기업의 과거 통계에 기초하여 매출액에서 차지하는 인건비 비율을 가지고 특정 시점에서의 매출액에 이 인건비 비율을 곱하여 표준인건비를 산출하고, 실제 지출한 인건비가 이보다 적을 때 그 차이를 배분액으로 보는 것이다. 스캔론 플랜에서는 보너스액의 계산을 보통 매월 1회 정도 실시한다. <표 10－11>에서는 스캔론 플랜에서의 보너스계산의 예가 제시된다.

<표 10－11>에서 보는 바와 같이 산출된 전체 보너스액 중 25%는 사내유보를 하고[9] 75%를 즉시 배분하는데, 배분율은 종업원 75%, 기업 25%가 된다. 스캔론 플랜은 노사협력에 본질적으로 공헌하지만, 보너스액 산출에 적용하는 표준인건비 비율이 사실상 과거를 반영하는 것이기 때문에 제품시장에서의 환

9) 사내유보분 25%를 기업이 갖는 것이 아니고 미래에 성과 배분이 없을 경우, 이 중 종업원 75% 그리고 기업에 25%를 배분한다.

표 10-11 스캔론 플랜 하에서의 보너스 계산방법

(단위: $)

I. 1957년 1월 보너스 계산		
총매출		898,780
(−)운임	12,268	
(+)운임	3,465	15,733
순매출		883,047
(+)재고품		67,076
생산의 판매가치		950,123
허용임금(950,123의 38.2%)		362,947
실제임금		
공장임금	206,674	
사무직봉급	88,574	
휴가자봉급	12,402	307,650
보너스 풀		55,297
결손월을 위한 적립금(25%)		13,824
보너스잔액		41,473
회사분(25%)		10,368
종업원분(75%)		31,105
휴가자봉급을 제외한 실제임금에 대한 보너스비율(%)		
(31,105÷295,248)		10.5%

자료: Lesieur, 1958.

표 10-12 럭커 플랜의 예

(단위: $)

지급임금액	110,179
표준생산성[1]	3,278
표준부가가치	361,166
실제부가가치	408,227
초과된 부가가치(보너스 풀)	47,061
종업원 측 분배[2]	14,358
기업 측 분배	32,703

주: 1) 표준생산성은 부가가치를 임금으로 나눈 값임.
2) 종업원 측 분배액은 부가가치노동분배율(지급임금액÷표준부가가치)에 따름.
자료: 김영배 외, 1988.

경변화로 인해 이 비율의 변화가 요구되었을 때 노사 간의 문제가 될 수 있다.

럭커 플랜

럭커 플랜은 기업이 창출한 부가가치에서 인건비가 차지하는 비율을 기준으로 배분액을 결정하는 제도이다. 이 제도를 고안한 럭커(Rucker)는 1899년부터 1929년까지의 30년간 발표된 미국 제조업 센서스를 분석한 결과 기업의 부가가치에 차지하는 인건비의 비율이 거의 일정함을 발견하였다. 즉 기업이 주어진 인건비로 평시보다 더 많은 부가가치를 창출하였을 경우 이 초과된 부가가치를 노사협동의 산물로 보고 기업과 종업원 간에 배분하는 것이다. 위 <표 10−12>에서는 럭커플랜에서의 배분액(보너스) 산정예가 제시된다.

럭커 플랜은 기업이 달성한 부가가치를 기준으로 임금배분액을 계산함으로써 생산제품의 시장상황을 반영하기 때문에 매우 합리적인 제도라고 할 수 있다. 다만 배분액의 계산시 표준생산성 내지 부가가치 노동분배율에 대한 과학적인 근거를 찾는 데 한계가 있기 때문에 기업이 속한 해당산업의 부가가치 노동분배율의 변동에 따라 배분비율에 대한 계속적인 수정이 요구된다.

3) 이익배분

기업이 경영활동의 결과 획득한 이익은 원칙적으로 자본의 몫이다. 자본가는 해당 기업에 자본을 투자하여 손해를 볼 수도 있고 이익을 볼 수도 있다. 기업의 경영활동이 부실하여 이익을 내지 못했을 경우 배당금을 받을 수 없으며 기업이 망하게 되면 자본가는 자기가 투자한 금액을 모두 포기해야 한다. 이러한 이유로 자본가에게 주는 배당금은 투자액에 대한 위험부담 보상금이고 또한 기회비용을 반영하는 것이다. 그러나 종업원이 주어진 임금으로 더 열심히 노력하여 기업에 더 많은 이익을 가져다주게 하였다면 그 이익의 일부를 종업원에게 성과창출에 대한 인정 내지 보상으로 배분하는 것이 바람직하다. 성과배분제도로서의 '이익배분'은 바로 이러한 논리를 반영하여 설계된 것이다.

이익배분의 방식은 기업의 '순이익'을 기준으로 하는 경우와 '배분가능이익'을 기준으로 하는 경우로 구분된다. 순이익을 기준으로 하는 경우는 기업이 창출한 순이익을 가지고 이 이익을 창출하는 데 공헌을 한 주체인 주주, 경영자 그리고 근로자 모두에게 배분하는 제도이다.

순이익에 대한 배분기준을 정하는 데에는 여러 가지 근거를 마련할 수 있겠지만 그 논리성 · 합리성 측면에서 아직까지 모두가 공감할 수 있는 기준이 제시되지 못하고 있는 실정이다. 그러나 '배분가능이익'에 대한 배분문제는 자본과 노동 간에 상당한 의견접근이 되고 있다. 여기서 '배분가능이익'이란 순이익에서 자본가에게 자기자본의 최저 은행이자율에 해당되는 금액을 일단 먼저 배분하고 난 금액을 말한다. 이렇게 함으로써 자본가의 투자액에 대한 최소한의 기회비용을 반영할 수 있다. 독일의 멜순겐社에서는 배분가능이익을 기업과 종업원 간 똑같이 50%씩 배분하고 있다(강용탁, 1994).

집단성과급 제도의 장단점

이상에 살펴본 집단성과급제도의 장단점은 아래와 같다. 장점으로는 첫째, 집단성과급제도 하에서는 성과의 평가가 용이하다. 개인이 수행하는 직무가 다른 직무와 상호관련성이 높은 경우 성과에 대한 개인별 공헌도를 밝히는 데 어려움이 크지만 집단성과급제도에서는 이러한 문제가 쉽게 극복된다. 둘째, 집단성과급제도는 집단 내 구성원들 간의 협동심을 제고시켜 준다.

반면에 단점으로는 첫째, 개인이 받은 성과배분(보너스)과 그의 성과 간 정확한 관련성을 밝히기가 어렵기 때문에 집단성과급제도는 개인의 모티베이션 관리상 한계가 있다. 둘째, 우수한 종업원들의 업적이 집단성과급제도 하에서는 그들 개인에게 정확하게 반영되지 못하기 때문에 이들의 불만이 이직으로 연결될 수 있다. 셋째, 집단성과급제도에서 부여되는 보너스가 개인의 기본급이 아니기 때문에 기업이 외부노동시장에서 우수한 인재를 구하려고 할 때 임금의 경쟁력에 문제가 생길 수 있다. 즉 지원자는 대개 해당 기업에서 자기가 받을 기본급에 대한 정보를 가지고 기업을 선택하기 때문이다. 따라서 노동시장에서의 해당 기업의 임금경쟁력을 높이기 위해서는 보너스를 줄여 이를 기본급에 산입하는 것이 유리하다는 논리도 있다.

4.5 수 당

연공급, 직무급, 직능급 그리고 성과급이 추구하는 임금공정성을 보완하는 데 본질적인 목적

수당(手當)은 기준 외 임금으로서 앞에서 살펴본 연공급, 직무급, 직능급 그리고 성과급이 추구하는 임금공정성을 보완하는 데 본질적인 목적이 있다. 특히 연공급이 확산되어 있는 우리나라 기업에서는 연공급에서 문제가 되고 있는 직무가치, 종업원의 능력 등을 수당을 통해 임금에 반영하려 하고 있다. 뿐만 아니라 기업이 인건비를 절약하기 위해 수당제도를 도입하기도 한다. 우리나라 기업에서는 종업원의 업적과 관계없이 기본급과 같은 의미인 보너스제도가 있다. 예를 들어, A기업에서는 연간 보너스가 600%라고 하면 종업원은 기업의 업적과 관계없이 연간 월 임금의 600%를 받게 된다. 이러한 보너스제도는 노사 간 협약을 체결하기 때문에 기업은 지불의무를 지게 된다. 기업은 기본급을 인상하게

표 10-13 공정성 기준에 따른 수당의 종류

공정성 기준	수당의 종류
직무가치 반영	직책수당
능력 반영	자격수당
작업조건 반영	지역수당, 위험수당, 해외근무수당
근무시간 반영	시간 외 근무수당, 휴일근무수당, 야간근무수당
성과 반영	초과업적수당, 품질향상수당, 비용절감수당
연공 반영	정근수당, 가족수당

되면 그 인상분이 바로 보너스에 반영되기 때문에 임금인상 부담을 줄이기 위해 기본급을 억제하면서 보너스에 영향을 주지 않는 수당을 신설하거나 기존의 수당 수준을 높이는 것이다.

기업에서 도입하고 있는 수당의 종류는 우선 법적 강제성에 따라 법률로 정해져 있는 법정 수당과 기업이 임의로 지급하는 법정 외 수당이 있다. 법정 수당은 근로기준법에서 규정한 수당으로서 초과근무수당, 야간근로수당, 연차유급휴가수당 등이 있다(근로기준법 제50-62조). 법정 외 수당은 직책수당, 자격수당, 가족수당, 통근수당, 지역수당, 주택수당 등이 있다. <표 10-13>에서는 우리나라 기업에서 도입하고 있는 제 수당들이 임금의 내부공정성을 보완하는 기능을 갖고 있다는 관점에서 개별수당의 공정성 보완 내용을 기준으로 분류하여 제시한다.

기업에서 도입하고 있는 수당이 공정성 확보를 위해 기존의 임금체계를 보완한다는 목적에서 도입하고 있지만 많은 경우 보너스 지급이 기준임금을 기준으로 산정되기 때문에 인건비를 절약하기 위한 편법으로 전락하고 있는 실정이다. 따라서 임금의 내부공정성을 확보하기 위한 정식코스인 기준 내 임금설계를 보다 합리적으로 하는 것이 바람직하다.

[5] 임금평가

임금평가는 기업이 임금공정성을 확보하기 위해 취한 제 조치가 얼마나 효과적이었는가를 측정하는 활동이다. 임금에 대한 공정성은 배분공정성과 절차공정성으로 구분할 수 있으며 배분공정성은 다시 외부공정성과 내부공정성으로 구분된다. 이러한 공정성 문제는 기업의 입장에서 보면 해당기업이 도입한 임금제도가 노동시장에서 유능한 인력을 확보하는 데 어느 정도 경쟁력을 갖추었는지 그리고 기업 내 종업원의 생산성 향상을 위해 얼마나 동기부여하였는지가 그 기준이 된다. 반면에 종업원의 입장에서 보면 기업의 임금제도가 종업원의 기업에 대한 공헌을 충분히 인정하였는지 나아가 임금이 종업원의 생활의 질을 높였는지가 평가대상이 된다.

임금에 대한 평가는 크게 객관적인 숫자를 분석하는 것과 종업원의 심리적 측면을 분석하는 것으로 구분할 수 있다. 임금의 외부공정성과 관련하여 첫째, 해당기업 및 동종 · 동지역 · 동규모의 경쟁회사의 임금수준을 조사하여 그 차이를 밝혀야 한다. 이 차이가 임금 불공정성을 야기시킨다면 이를 극복할 수 있는 대책이 강구되어야 할 것이다. 뿐만 아니라 해당 기업이 수립한 임금의 예산과 지출의 비교를 통해서도 차이를 조정해야 한다. 그 외에도 이직률, 부가가치 노동분배율의 변화추이 등이 분석되어야 할 것이다. 임금에 대한 종업원의 심리적 측면은 바로 임금만족(pay satisfaction)에 압축되어 나타난다. 임금에 대한 절차공정성, 임금수준 및 배분에 대한 공정성에 대한 지각은 바로 임금만족으로 연결된다.

임금만족에 대한 대표적인 이론으로서 성과차이 모델(discrepancy theory)이 있는데 그 공식은 아래와 같다(Katzell, 1964). 성과차이 모델

$$S=1-\frac{(|X-V|)}{V}$$

S: 만족수준

X: 실제 수령한 임금

V: 기대임금

위에서 제시한 임금만족공식은 개인의 임금만족이 그가 수령하는 임금수준으로만 결정되는 것이 아니라 그가 어느 정도의 임금수준을 기대했느냐에 따라 달라진다는 것이다. 즉 개인이 받아야 한다고 지각하는 기대임금과 현재 받고 있다고 지각하는 임금이 똑같으면 개인은 임금에 대해 만족하며, 기대임금이 실제임금보다 더 크면 개인은 불만족한다. 또한 실제임금이 기대임금보다 클 경우에 개인은 임금불만족을 느끼기보다 심리적 불편함을 느낀다는 것이다(Lawler, 1971). 여기서 기대임금의 수준과 실제임금에 대한 지각은 앞에서 살펴본 아담스(Adams)의 공정성 모델에 그 기초를 두고 있다. 이와 같이 기업 내 개인은 자기가 수령하는 임금수준에 대해 여러 과정을 거쳐 평가하게 된다. 여기서 중요한 것은 종업원의 임금에 대한 만족은 임금 그 자체만 가지고 나타나는 것은 아니라는 사실이다. 임금만족을 결정하는 요인으로는 개인이 수령하는 임금액 외에도 기업이 그에게 제공하고 있는 비화폐적 보상, 간접임금과 복리후생 그리고 임금제도의 절차에 대한 공정성 지각 등이 존재한다. 따라서 기업은 지불능력에 한계가 있을 수밖에 없는 화폐적 보상(임금) 외에도 지불능력 면에서 자유로울 수 있는 비화폐적 보상에 대한 설계 그리고 임금제도에 대한 절차공정성을 극대화시킬 수 있는 방안을 강구할 때 임금효율성은 극대화될 것이다.

요약

임금은 여러 측면에서 인사관리의 한 도구로서 매우 중요하다. 임금은 생산성 향상의 중요한 도구가 될 뿐만 아니라 종업원의 소득의 원천이기 때문에 효율적인 관리가 요청된다. 임금은 사실상 노동과 자본 사이에 심각한 갈등을 유발하는 요인이 되기도 한다. 왜냐하면 기업의 입장에서 보면 임금은 비용이 되고 종업원의 입장에서 보면 여러 욕구를 충족시켜 주는 도구가 되기 때문이다. 이러한 측면에서 임금에 대한 갈등을 줄이고 기능을 극대화시키기 위해서는 임금공정성 관리가 필수적이다. 임금의 공정성은 배분공정성과 절차공정성으로 구분된다. 배분공정성은 기업이 종업원과 함께 창출한 부가가치를 자본과 노동에 어떤 비율로 나누느냐 그리고 허용총임금을 종업원 개인에게 어떻게 배분하느냐에 관한 것이다. 절차공정성은 임금이 결정되는 과정에 대해 종업원이 얼마나 수용하느냐에 관한 것이다.

임금의 배분공정성을 확보하기 위해 기업은 임금수준과 관련되는 외부공정성과 임금체계와 관련되는 내부공정성을 추구해야 한다. 기업은 외부공정성을 결정하는 임금수준을 결정하기 위해 기업의 지불능력, 생계비, 노동시장의 제 상황을 분석하여 가장 합리적인 의사결정을 해야 할 것이다. 또한 임금의 내부공정성을 결정하는 임금체계의 합리적인 설계가 요청된다. 임금체계 설계차원에서 종업원 개인에 대한 임금배분의 기준은 직무가치, 연공, 직능, 성과 등으로 구분할 수 있는데, 해당 기업은 기업이 처한 상황과 종업원의 가치관을 잘 고려하여 가장 효율적인 기준을 선택하여야 한다. 기준에 따라 임금체계는 직무급, 연공급, 직능급 그리고 성과급 등으로 구분된다. 직무급은 서양기업에서 널리 확산되어 있는 임금체계이며 연공급은 우리나라 및 일본기업에서 발견되는 일반적인 형태이다. 최근에 직능급이 개발되어 연공급을 대체할 수 있는 하나의 임금체계로 관심을 끌고 있다. 성과급은 산업화 초기부터 기업이 도입하고 있는 전형적인 임금형태이며, 이 제도는 종업원에게는 강력한 자극적인 성격을 띠고 있으며, 기업에게는 인건비에 대한 위험부담을 줄일 수 있다는데 그 의미가 있다. 성과급은 개인성과급과 집단성과급으로 구분되는데, 특히 집단성과급은 개인성과급이 갖고 있는 문제점을 극복하기 위해 도입된 것이다. 이는 성과배분제도 혹은 경영참가의 한 형태로 간주된다.

끝으로 임금에 대한 통제활동을 위해 임금효과에 대한 평가를 실시해야 한다. 임금평가는 기업이 도입한 임금제도가 노동시장에서 경쟁력을 얼마나 확보하였으며 임금공정성을 획득하였는가를 분석하는 활동이다.

참고문헌

강용탁, 독일기업의 성과참여제, in: 박영범, 주요선진국의 성과배분제도, 한국노동연구원, 1994, pp. 172~214.

김수곤, 임금과 노사관계, 한국개발연구원, 1978.

김영배, 김재원, 김태룡, 임금과 성과배분, 한국 경총, 1988.

박덕제, 한국의 연공임금에 관한 연구, 서울대 박사학위 논문, 1985.

박경규, 경영학에 대한 규범주의적 접근, 경영논총, 서강대, 1991.

박경규, 한국기업의 연봉제 설계방안, 대한상의, 1999.

최종태, 현대임금관리론, 박영사, 1992.

한국은행, 기업경영분석, 2022.

Adams, J. S., Inequity in Social Exchange, Berkowitz, L.(ed.), in: Advances in Experimental Social Psychology, Vol. 2, New York: Academic Press, 1965, pp. 422~436.

Barnard, C., The Functions of the Executive, Harvard University Press, 1938.

Belcher, D. W., Compensation Administration, Prentice-Hall, Inc., 1974.

Hentze, J., Personalwirtschaftslehre 2, 6, Auflage, Haupt, 1995.

Homans, G. C., Social Behavior: Its Elementary Forms, New York: Harcourt Brace

Jovanovich, 1961.

Katzell, R. A., Personal Values, Job Satisfaction and Job Behavior, in: Borow, H.(ed.), Man in a World of Work, Houghton Mifflin, 1964, pp. 341~363.

Lawler III, E. E., Pay and Organizational Effectiveness: A Psychological View, McGraw-Hill, 1971.

Lawler III, E. E., Pay and Organization Development, Addison-Wesley Pub. Co., 1983.

Lesieur, F. G.(ed.), The Scanlon Plan, Cambridge: M, I. T. Press, 1958.

Lind, E. A./ Lissak, R. I., Apparent Impropriety and Procedural Fairness Judgement, in: Journal of Experimental Social Psychology, Vol. 21, 1985, pp. 19~29.

Locke, E. A., How to Motivate Employees, Paper presented at NATO conference on changes in nature and quality of working life, Greece, 1979.

Marr, R./ Stitzel, M., Personalwirtschaft – ein Konfliktorientierter Ansatz, Verlag Moderne Industrie, 1979.

Milkovich, G. T./ Newman, J. M., Compensation, 8th ed., McGraw-Hill, 2005.

Murray, B./ Gehart, B., An Empirical Analysis of a Skill-based Pay Program and Plant Performance Outcomes, in: Academy of Management Journal, 1998, Vol. 41, pp. 68~78.

Nicklisch, H., Die Betriebswirtschaft, 7, Auflage, Stuttgart, 1932.

Schultz, R., Erfolgsbeteiligung der Arbeitnehmer, in: Gaugler, E./Weber, W. (Hrsg.), Handwörterbuch des Personalwesens, 2, Auflage, C. E. Poeschel, 1992.

Shwinger, P., Wage Incentive Systems, John Wiley & Sons, 1975.

Wilson, T., Is It Time to Eliminate the Piece Rate Incentive System?, in: Compensation and Benefits Review, 1992, Vol. 24, pp. 43~49.

Zander, E., Handbuch der Gehaltsfestsetzung, 5, Auflage, C. H. Bech'sche Verlagsbuchhandlung, 1990.

복리후생

chapter 11

종업원에 대한 보상의 공정성 확보의 주요 도구는 물론 앞에서 살펴본 임금이다. 그러나 기업을 둘러싸고 있는 경영환경의 주체인 정부, 노조 그리고 종업원의 욕구 내지 태도가 변화되고 있으며 기업은 이러한 변화에 적응하기 위해 임금 외에 복리후생이라는 보상 프로그램을 도입하게 된다. 아래에서는 복리후생의 생성배경 및 목적, 기업이 도입하는 복리후생 프로그램의 설계 및 유형, 복리후생 프로그램의 효과적인 운영방안 그리고 복리후생 프로그램에 대한 평가 등을 살펴본다.

[1] 복리후생의 생성배경 및 목적

1.1 생성배경

임금과 기본근로조건 이외에 추가적으로 기업 부담 하에 제공되는 편익

기업의 복리후생(fringe benefits)은 여러 학문영역에서 연구되고 있으며 그 용어도 다양하다. 기업 복리후생을 국가 사회보장의 한 보조수단으로 인식하는 경우 기업의 '사회적 지출 혹은·사회적 임금(betriebliche Sozialleistung)'이라고 하며 사회학 내지 경제학에서는 복리후생의 주체자에 초점을 맞추어 '기업복지'라고 하기도 한다. 또한 노동의 대가인 임금을 보완해 주는 기능을 강조하여 '부가급부'라고 사용하기도 한다. 이와 관련하여 우리나라 고용노동부는 기업 내 복리후생을 "임금과 기본근로조건 이외에 추가적으로 기업 부담 하에 제공되는 편익"이라고 규정하고 있다(노동부, 1988).

경영학에서 보는 기업의 복리후생은 이상의 개념보다 훨씬 넓게 이해되고 있다. 즉 기업이 노동에 대해 제공하는 직접적 보상을 임금이라고 한다면 복리후생은 임금을 제외한 기업이 종업원에게 제공하는 모든 보상을 말한다. 복리후

그림 11-1 기업 복리후생의 개념적 구성

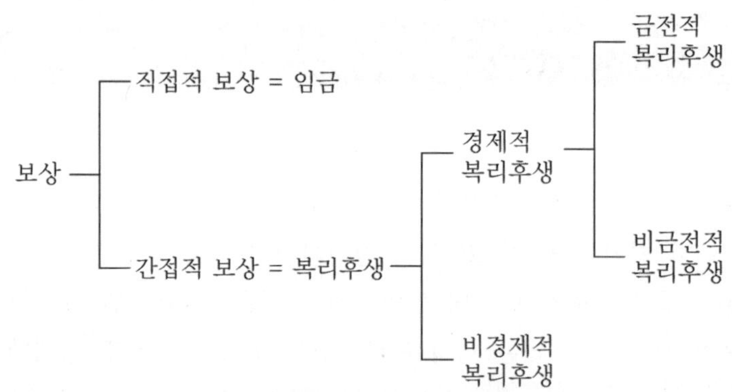

생은 따라서 노동에 대한 간접적 보상이며 이것은 경제적인 것과 비경제적인 것으로 구분된다. 경제적인 복리후생이란 기업이 이를 도입함으로써 경제적 부담(지출)을 지게 되는 것인데, 예를 들면 각종 보험료 지원, 퇴직금 지급과 같은 금전적인 것과 오락시설, 휴양시설 제공 등 비금전적인 것이 있다. 비경제적인 것은 종업원 개인에게 직무수행에 있어서 보다 많은 의사결정권한을 부여한다든가 근무시간에 대해 자율성을 부여하는 것 등을 말한다(Armstrong/Murlis, 1994, Belcher, 1974). 이상에서 살펴본 복리후생 개념은 <그림 11−1>과 같이 구성된다.

기업의 복리후생은 본서의 제1장에서 이미 살펴보았던 인사관리의 발전단계인 가부장적 인사관리 시대에 이미 도입되기 시작했다. 서양 선진국 기업에서는 산업혁명 이전의 가내공업 시대에서 기업주가 종업원에 대해 행사했던 가부장적 리더십의 한 구성요소인 '종업원 보호' 측면에서 복리후생제도를 도입하였던 것이다. 당시 공장근로자들의 기능수준은 매우 낮았으며, 따라서 임금수준도 낮아 이것으로 가족구성원의 생활을 꾸려 나가기가 매우 어려웠다. 이에 기업주는 종업원에 대해 마치 자식에 대한 아버지의 관계처럼 가부장으로서 종업원의 생계 및 생활보호를 위해 지원을 하게 되었다. 이 당시의 복리후생을 기업주의 종업원에 대한 부권적(父權的) 은혜 혹은 온정적 자혜로 특징짓게 되었으며 기업주는 복리후생을 통해 노동력을 안정적으로 확보하는 데 그 일차적인 목적을 두었던 것이다. 기업주는 노동의 대가인 임금 지급 외에 종업원의 건강보조, 주택지원 그리고 퇴직종업원의 생활유지 등에 관심을 가지게 되었던 것이다. 산업화가 진행됨에 따라 가부장적 인사관리가 점차 사라지게 되고 전제적·착취적 인사관리가 등장하게 되자 종업원에 대한 보호·유지에 대해 국가가 관심을 가지게 되었고 이를 위해 사회보장관련 법률을 제정하기에 이른다. 예를 들면 19세기 중엽 독일에서는 9세 이하 어린이의 근로금지, 16세 이하 청소년의 하루 근무시간 10시간 초과금지 또한 이들의 야간근무 및 일요일 근무금지 등에 대한 법률을 제정하였다(Gaugler, 1992). 이렇게 시작되었던 기업의 복리후생은 그 후 국가, 기업, 노조의 관심과 노력의 결과 오늘날 매우 확대되었으며 현재 세계에서 가장 높은 수준의 기업복리후생제도를 도입하고 있는 독일기업에서는 대기업의 경우 기업이 부담하는 복리후생비가 임금과 거의 같은 수준으로까지 높아졌다.

우리나라 기업에서의 복리후생제도는 1919년 경성방직주식회사에서 도입한 기숙사, 사택 그리고 식사제공 등이 효시인 것으로 기록되고 있다. 당시 복리후생제도는 노동력 확보를 위한 수단에 불과했다(송준호, 1996). 전반적으로 열악했던 우리나라 기업에서의 복리후생제도는 1961년 근로기준법이 제정되면서 퇴직금제도가 신설되었으며, 1963년에는 사회보장에관한법률및산업재해보상보험법의 제정으로 기업 내 종업원에 대한 복리후생문제에 대해 국가가 적극적으로 개입하기 시작하였으며, 1970년대 이후 기업의 규모가 신장됨에 따라 자발적인 복리후생제도의 도입이 더욱 확대되기에 이르렀다.

1.2 목 적

기업이 추구하는 복리후생의 목적

기업의 복리후생이 추구하는 목적은 매우 광범위하다. 이것은 경제적인 목적, 사회적 목적, 정치적 목적 그리고 윤리적 목적으로 분류할 수 있다(Hentze, 1995).

첫째, 경제적 목적은 기업이 복리후생을 도입함으로써 여러 가지 경제적인 이점을 얻을 수 있는 것을 말한다. 복리후생은 임금 외에 추가적으로 얻는 보상이기 때문에 이로 인해 종업원의 사기가 높아져 성과향상으로 연결될 수 있다. 또한 복리후생은 현직 종업원의 신체적·정신적 성과창출능력을 유지하는 데 도움을 주며 노동시장에서 보다 유리한 입장에 서서 신규인력을 확보할 수 있게 해준다. 뿐만 아니라 현직 종업원에게 기업에 대한 커미트먼트(commitment)를 높여주기 때문에 결근율을 줄이고 이직을 방지하는 데 매우 효과적이다.

둘째, 복리후생의 사회적 목적은 기업 내 종업원에 대한 사회적 통합(social integration)과 국가가 주체가 되는 사회복지에 기여하는 것이다. 기업은 복리후생을 통해 기업 내 청소년, 여성근로자, 노령자 등 상대적으로 불리한 지위에 있는 종업원을 보호할 수 있다. 기업의 복리후생은 그 속성상 개인의 능력 및 지위를 차별하지 않고 개인에게 균등하게 혜택을 주는 것이기 때문에 지위가 낮은 기업 내 집단은 복리후생을 통해 높은 지위에 있는 종업원 집단과의 보상차이를 좁힐 수 있기 때문이다. 뿐만 아니라 기업은 종업원들이 자연스럽게 인간관계를 형성하여 사회적 욕구(social needs)를 충족할 수 있도록 스포츠, 체육 및 오락시설 등의 복리후생시설을 제공한다. 또한 기업은 의료시설, 문화시설 등을 통해 국가가 추구하는 사회복지시설에 대한 보완장치로서의 역할을 수행하게 된다.

셋째, 정치적 목적은 기업이 복리후생을 통해 기업을 둘러싼 환경주체자의 영향을 줄이는 데 있다. 역사적으로 볼 때 정부는 기업종업원을 국민으로서 보호하기 위해 복리후생관련 법률을 제정해 왔는데 이에 따른 기업의 복리후생을 법정(法定) 복리후생이라 한다. 이러한 법률은 기업으로 하여금 강제적으로 특정 복리후생 프로그램을 도입하도록 한다. 국가에 의해 강제적으로 도입된 기업의 복리후생 프로그램의 효과는 기업의 입장에서 볼 때 많이 퇴색될 수밖에 없다. 왜냐하면 복리후생 혜택을 받는 종업원은 이에 대해 기업에 감사하기보다 국가에 감사하는 경향이 많기 때문이다. 즉 국가는 기업의 비용으로 종업원에게 복리후생이라는 '인심'을 쓰는 격이 되는 것이다. 따라서 기업은 국가가 복리후생 프로그램에 대한 추가적인 법률을 제정하기 전에 스스로 복리후생을 도입함으로써 종업원에게 그 주체가 기업임을 인식시켜 복리후생에 대한 소기의 목적을 추구하려는 것이다. 복리후생에 대한 정부의 입장과 유사한 단체가 바로 노동조합이다. 노조는 기업에 더 많은 복리후생을 요구하고 이것이 관철되면 바로 노조의 활동업적이 되는 것이다. 기업은 지출되는 복리후생비가 노조에 의해 결정된 것이 아니고 기업의 종업원에 대한 배려차원임을 인식시키기 위해서는 노조가 복리후생을 요구하기 전에 스스로 복리후생 프로그램을 도입함으로써 복리후생에 대한 기업의 제 목적을 추구할 수 있는 것이다. 따라서 기업의 복리후생에 대한 정치적 목적은 이를 통해 정부 및 노조의 기업에 대한 영향력을 줄이려는 데 있다.

넷째, 기업은 복리후생을 통해 윤리적 목적을 추구한다. 산업화 초기에 나타났던 일반적 현상은 공장근로자의 기능수준이 낮았고 이것은 낮은 임금밖에

표 11-1 기업 복리후생의 목적

경제적 목적	– 성과향상 – 신체적 · 정신적 성과창출 능력 유지 – 조직커미트먼트 증가 – 결근율, 이직률 감소 – 노동시장에서의 경쟁력 제고
사회적 목적	– 기업 내 주변인력 보호(청소년, 노령자 등) – 인간관계 형성 지원 – 국가 사회복지 보완
정치적 목적	– 정부의 기업에 대한 영향력 감소 – 노조의 영향력 감소
윤리적 목적	– 종업원 생계 지원

보장받지 못하였으며 전체적으로 볼 때 공장근로자의 생활수준은 아주 낮았다. 기업은 종업원이 더불어 사는 시민으로서 최소한의 문화생활을 할 수 있도록 복리후생 프로그램을 도입하였던 것이다. 따라서 기업의 복리후생은 종업원의 최저생활 확보라는 윤리적 목적을 추구하게 되었다. 이상에서 살펴본 기업 복리후생의 목적은 <표 11–1>에서와 같이 정리할 수 있다.

[2] 복리후생 프로그램의 설계

기업이 복리후생 프로그램을 설계한다는 것은 다음과 같은 세 가지 사항에 대한 의사결정을 하는 것을 의미한다.

① 복리후생 혜택대상자 선정

② 복리후생 프로그램 형태의 결정

③ 복리후생에 소요되는 재원조달방법에 대한 결정

이상에서 제시한 사항에 대한 의사결정에 여러 요인이 영향을 미치는데 이들은 기업 측 요인과 종업원 측 요인으로 구분된다(<그림 11–2>).

아래에서는 <그림 11–2>에서 제시한 복리후생 프로그램의 설계내용과 이에 대한 영향요인에 대해 구체적으로 살펴본다.

복리후생 프로그램을 설계하는 데 영향을 미치는 기업 측 요인은 다음과 복리후생 프로그램의 기업 측 요인

그림 11-2 복리후생 프로그램의 설계내용과 영향요인

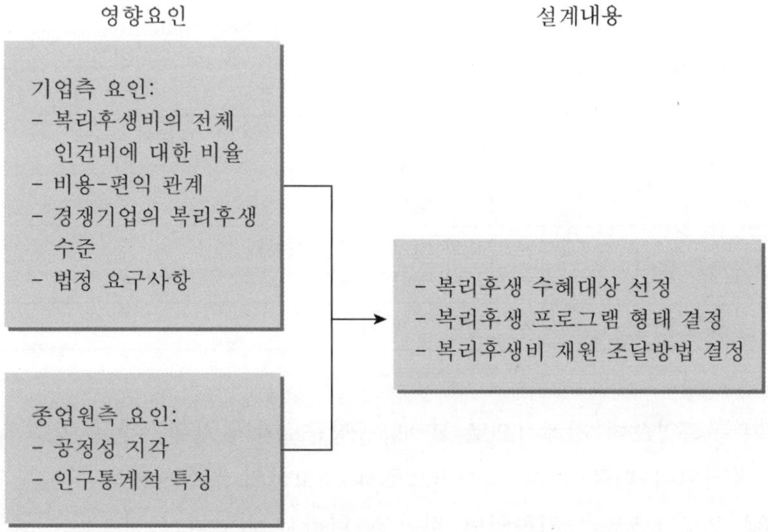

자료: Milkovich/Newman, 2005, p. 409를 보완함.

같다.

첫째, 복리후생 프로그램을 도입함으로써 기업이 부담하게 되는 복리후생비가 전체인건비 범위 내에서 어느 정도 허용될 수 있느냐이다. 이것은 기업이 종업원에 대해 지불하는 임금과의 관계에서 검토된다. 즉 기업이 복리후생비를 늘릴 경우 아무래도 이것은 임금상승에 부정적인 영향을 미치지 않을 수 없다.

둘째, 투입된 복리후생비와 이로 인해 창출된 편익(benefits)과의 관계가 고려되어야 한다. 여기서 편익은 바로 기업이 복리후생 프로그램을 도입하는 목적이 어느 정도 달성되느냐에 관한 것이다. 복리후생에 대한 목적은 앞에서 살펴보았듯이 경제적 목적인 동기부여를 통한 성과향상, 결근율, 이직률 감소, 우수한 인력을 노동시장에서 용이하게 확보하는 것 등 외에 사회적 · 정치적 및 윤리적 목적을 들 수 있겠다.

셋째, 경쟁기업의 복리후생 수준이다. 이것은 복리후생비에 대한 외부공정성(external equity)과 관련되는 것으로서 경쟁기업의 복리후생 수준과 해당기업의 그것 간에 어느 정도 갭(gap)을 유지하느냐에 대한 정책결정이다. 이에 대해서는 3가지 전략이 있는데 해당기업의 복리후생 수준을 경쟁기업의 그것보다 높이는 선도전략(market lead), 경쟁기업의 수준과 비슷하게 하는 경쟁전략(competitive)

그리고 경쟁기업 수준보다 낮게 하는 추종전략(market lag)이 있다.

넷째, 법정 요구사항이다. 기업이 도입하는 복리후생 프로그램에 대해 국가는 법률제정을 통해 개입한다. 예를 들면 의료보험, 산업재해보상보험, 연금보험, 고용보험 및 퇴직금 지급 등에 대해서 기업이 그 일부 혹은 전부를 지급하도록 하고 있다. 이외에도 복리후생비와 관련되는 세금부과에 대해서도 정부는 법적으로 규제하고 있다.

복리후생 프로그램의 종업원 측 요인

복리후생 프로그램의 설계에 영향을 미치는 종업원 측 요인은 다음과 같다.

첫째, 복리후생의 수준에 대해 종업원이 어느 정도 공정한 것(equity)으로 지각하고 있느냐이다. 공정성 지각의 기준은 해당기업에서 도입되었던 과거의 복리후생 수준, 현재 타 기업에서 도입하고 있는 복리후생 수준 그리고 현재 해당기업 내 종업원 개인에게 배분되고 있는 복리후생 혜택의 크기가 되겠다. 특히 복리후생에 대한 편승효과(bandwagon effect)가 복리후생 프로그램을 설계하는 데 종종 나타나고 있다.[1)]

둘째, 종업원의 인구통계적 특성이다. 해당기업 종업원의 연령구조, 성별, 결혼 여부 그리고 부양가족 수에 따라 선호하는 복리후생 프로그램이 다르기 때문이다. 예를 들면, 연령이 높은 종업원은 연금이나 퇴직금 또는 자녀학비 지원 등의 복리후생을 선호하는 반면 연령이 낮은 종업원은 유급휴가, 교육훈련기회를 더 선호할 것이다. 또한 부양가족 수가 많은 종업원은 그렇지 않은 종업원보다 의료비지원 프로그램을 더 선호한다.

이상에서 제시한 제반 요인을 고려하여 기업은 복리후생 프로그램을 설계하는데 그 내용은 바로 복리후생 혜택대상자 선정, 복리후생 프로그램 형태의 결정 그리고 복리후생에 소요되는 재원조달방법에 대한 결정이다.

복리후생의 대상자 선전

복리후생의 혜택을 받을 대상자를 선정할 때 아래의 몇 가지가 고려되어야 한다.

첫째, 복리후생 프로그램을 전체 종업원을 대상으로 균등하게 할 것인가, 종업원 집단별로 차별화할 것인가 혹은 종업원 개인별로 차별화할 것인가를 결정해야 한다. 물론 어떤 종류의 복리후생 프로그램을 도입하느냐에 따라 그 수혜대상은 다를 수 있겠지만 일반적인 관점에서 볼 때 종업원 전체를 균등하게 수혜대상으로 하는 경우 종업원의 복리후생에 대한 상이한 욕구를 충족시키는

1) 여기서 편승효과란 어떤 기업이 특정 복리후생 프로그램을 도입하면 여타 다른 경쟁기업도 이에 대한 자세한 분석 없이 연쇄적으로 도입하는 현상을 말한다. 편승효과의 원인은 바로 복리후생에 대한 외부 공정성 확보 노력에서 나타난다.

그림 11-3 종업원집단의 분류

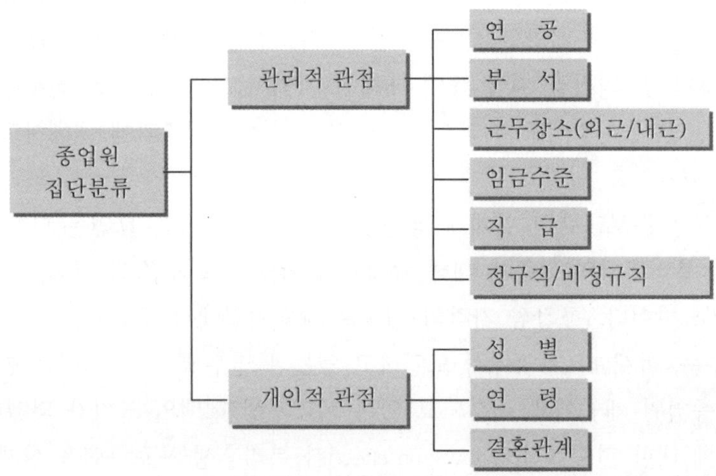

데 한계가 있다. 반면에 종업원 개인별 차별화하는 경우에는 복리후생 프로그램 운영상의 번거로움과 과다한 비용이 발생할 수 있다. 따라서 복리후생 프로그램을 종업원 집단별로 설계하여 그들의 욕구를 최대한 반영하는 것이 보다 현실적이다. 기업 종업원을 집단별 분류하는 기준의 예가 <그림 11-3>에서 제시된다.

둘째, 복리후생 프로그램의 유형을 결정하는 데에는 매우 다양한 기준이 있다. 예를 들면 경제적-비경제적 시각에서의 분류, 금전-비금전적 시각에서의 분류, 법정(法定)-법정 외(法定外) 분류 등이 있다. 복리후생 프로그램의 개별형태에 대한 자세한 검토는 다음 절에서 실시한다.

셋째, 복리후생비에 대한 재원조달방법에는 크게 세 가지가 있다. 즉 복리후생비 전체를 사용자인 기업 측이 부담하는 방식, 사용자-수혜자 공동 부담방식 그리고 수혜자 부담방식(예: 단체생명보험 가입 등)으로 구분된다. 종업원의 입장에서 보면 복리후생비를 기업 측이 모두 부담하기를 원하겠지만 기업의 입장은 그렇지 않다. 기업의 복리후생비 부담에 대한 한계가 존재하기 때문에 수혜자인 종업원이 복리후생비의 일부를 부담함으로써 복리후생 프로그램의 다양성과 그 효과를 보다 높일 수 있다고 보는 것이다.

[3] 복리후생 프로그램의 유형

복리후생 프로그램의 유형은 앞에서 언급하였듯이 여러 가지 기준으로 분류할 수 있으나 아래에서는 법정(法定) 요구사항을 기준으로 하는 법정 복리후생과 법정 외 복리후생으로 구분하여 살펴본다. 또한 종업원의 욕구를 반영하기 위해 최근에 개발 · 도입되고 있는 선택적 복리후생 프로그램(flexible fringe benefits)인 캐피테리아式 프로그램에 대해 논의하고 끝으로 비경제적 복리후생을 제시한다.

3.1 법정 복리후생

법정 복리후생은 국가가 기업 종업원을 보호하고 국가사회복지의 한 보조수단으로 법률을 제정하여 기업으로 하여금 강제적으로 도입하도록 한 것을 말한다. 법정 복리후생의 범위 내지 종류는 개별 국가의 사회복지정책에 따라 상이할 수 있겠지만 근로자에게 문화생활을 할 수 있는 최소한의 수준을 유지할 수 있도록 하자는 데 그 목적이 있다. 우리나라에서의 법정 복리후생은 대체로 각종 보험료 지원, 퇴직금제도 및 유급휴가제도의 도입 등으로 구분된다.

3.1.1 보험료 지원

기업의 근로자에 대한 보험료 지원은 이미 선진국가에서 정착한 사회복지의 틀에서 원용된 것으로 근로자가 가지고 있는 기본적인 안전욕구(safety needs)를 충족시키는 데 그 목적이 있다. 근로자는 일반적으로 질병, 노령, 산업재해 그리고 실업으로부터 보호받기를 원하며 이를 국가차원에서 우선적으로 해결해야 된다는 취지에서 법정 복리후생으로서의 보험료 지원이 우리나라에서도 정착된 것이다(<그림 11-4> 참조).

근로자가 가지고 있는 기본적인 안전욕구를 충족시키는 데 목적

1) 의료보험료 지원

의료보험의 기능은 근로자가 질병에 걸렸을 때 적은 부담으로 이를 치료할 수 있게 해줄 뿐만 아니라 질병을 조기(早期)에 발견하여 예방하는 데 있다. 선

그림 11-4 근로자의 안전욕구와 보험

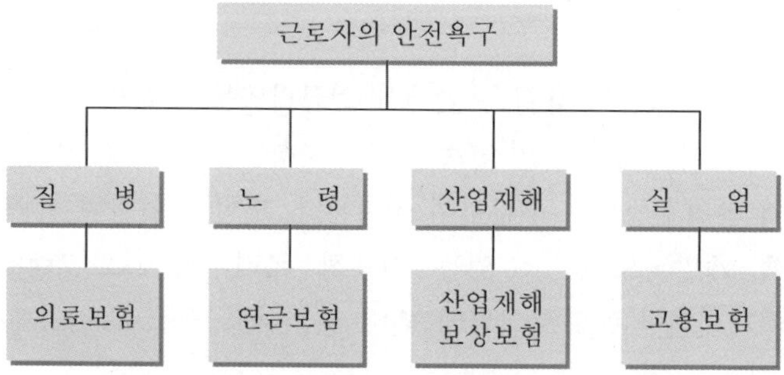

진국에서 도입하고 있는 근로자의 질병과 관련한 지원내용은 매우 다양하다. 근로자가 질병에 걸렸을 때 이를 치료하는 것뿐만 아니라 질병으로 인한 가계의 경제적인 영향까지 고려하여 지원하고 있다.

우리나라는 1979년도 의료보험법을 제정하면서 종업원 500명 이상 고용하고 있는 기업들은 강제적으로 가입토록 하였다. 그 후 1988년 10인 이상 고용하고 있는 기업에까지 그 범위가 확대되었다. 이들 기업에 근무하는 근로자는 반드시 의료보험에 가입하도록 되어 있으며 의료보험료의 50%를 기업이 지원하도록 하고 있다.

2) 연금보험료 지원

연금보험은 근로자가 노령 혹은 폐질로 인해 소득이 없는 경우와 생계를 책임지고 있는 사람이 사망했을 때 남은 유족의 생계를 지원해 주는 제도이다. 우리나라에서는 1986년 국민연금법이 제정되어 1988년부터 시행되고 있으며 도입 당시에는 10인 이상 고용하고 있는 기업을 대상으로 하였으나 1992년부터는 5인 이상 고용하고 있는 기업까지 확대되었다. 이에 따라 기업은 근로자의 연금보험료의 1/2을 법적으로 부담해야 한다.

3) 산업재해보상보험료 지원

산업재해는 예고 없이 나타나고 있기 때문에 근로자가 직장에서 가장 불안하게 느끼는 것 중의 하나이다. 산업재해보상보험(산재보험)은 근로자의 산업재해 및 직업병으로부터 보호하고자 하는 것이 그 목적이다. 산재보험은 산재(産災)가 발생하였을 경우 피해자인 근로자의 회복과 직업원조를 행하며 피해자의 가족 및 유족에 대해서는 현금급부를 통한 보상을 해준다. 뿐만 아니라 산재보험은 산업재해 및 직업병을 예방하기 위한 조치도 취한다. 예를 들면, 산재보험기관에서는 산업재해와 관련하여 기술적 감시를 강화하고 사고발생 후의 의료를 촉진시키며 또한 사고원인 규명 및 제거를 위한 연구를 실시하기도 한다. 산업재해보상보험은 우리나라 사회보장제도의 출발로서 1963년에 제정된 산업재해보상보험법에 근거하고 있으며 현재 금융 · 보험 등 일부 업종을 제외한 5인 이상 고용하고 있는 기업은 반드시 이 보험에 가입해야 하며 보험료는 기업이 전액 부담한다.

4) 고용보험료 지원

근로자가 실직(失職)이 되었을 때를 대비하여 고용보험제도가 있는데 이 보험은 실직된 근로자 및 그 가족의 생계를 지원하는 것을 목적으로 하고 있다. 선진국에서는 실업률을 낮추기 위해 실업자들이 가능한 한 빨리 재취업할 수 있도록 직업상담, 직업소개, 직업훈련제도를 도입하고 있다. 고용보험에서는 위의 실업방지책 외에도 실직이 된 근로자에게 실업수당을 지급한다.

우리나라에서의 고용보험은 1995년부터 시행되었으며 이 제도는 고용안정, 직업능력개발, 실업수당 지급 등의 사업을 하고 있다. 근로자 30인 이상 고용하고 있는 기업에서는 실업수당관련 보험에 강제적으로 가입하도록 규정하고 있다. 강제 적용대상이 아닌 기업에서도 근로자의 과반수 이상 동의가 있으면 가입할 수 있다. 이외의 고용안정사업과 직업능력개발사업은 70인 이상 고용하고 있는 기업에 강제적으로 적용되고 있다. 고용보험료에 대한 지원은 고용안정사업과 직업능력개발사업에 대해서는 기업이 전액 부담해야 하고 실업수당 관련 보험료는 기업이 보험료의 50%를 부담해야 한다.

3.1.2 퇴직금제도

퇴직금제도란 근로자가 일정기간 동안 해당기업에 근무한 후 퇴직할 때 기업이 근로자에게 일정액을 지급하는 제도를 말한다. 이 제도는 세계 다른 나라에서는 볼 수 없는 것으로서 우리나라에서는 1963년 근로기준법 개정시 마련되었다. 근로자퇴직급여보장법 제8조 1항에서는 "계속근무 1년에 대하여 30일분 이상의 평균임금을 퇴직하는 근로자에게 지급"하도록 규정하고 있다.

근로자가 일정기간 동안 해당기업에 근무한 후 퇴직할 때 기업이 근로자에게 일정액을 지급하는 제도

퇴직금의 성격에 대하여 아래의 3가지 학설이 있다. 첫째, 공로보상설로서

퇴직금이 근로자가 재직할 때의 공헌에 대한 은혜적인 보상을 말한다. 이러한 견해는 기업 측이 주장하는 것으로서 퇴직금 지급은 본질적으로 기업의 의무적 사항이 아니라는 것이다. 둘째, 임금후불설은 퇴직금이 임금의 일부로서 나중에 지급될 뿐이라는 주장인데 이는 노동조합의 견해이다. 임금후불설은 근로자가 재직할 때 지급된 임금이 제공된 노동의 가치보다 낮게 지급되었기 때문에 퇴직할 때 그 차이를 지급해야 한다는 논리이다. 이러한 주장에는 노사 간의 임금교섭결과 체결되는 임금협약과 관련시켜 볼 때 많은 무리가 따른다. 즉 노사 간의 임금결정이 합리적으로 이루어졌다면, 기업은 후불(後拂)할 재원을 축적할 수도 없으므로 근대적인 근로계약과 임금교섭이라는 임금결정원칙을 부정하는 결과가 되는 것이다. 뿐만 아니라 임금후불설은 현재의 임금을 인상할 필요가 없거나, 현재 임금을 대폭 인상할 경우 퇴직금을 낮추어야 한다는 논리가 성립되기도 한다(최종태, 1992). 셋째, 퇴직금을 생활보장설로 보는 견해이다. 생활보장설은 퇴직금제도를 근로자가 퇴직하였을 때 닥칠 수 있는 생활의 어려움을 지원하는 제도로 보는 것이다. 이러한 견해는 사회보장제도가 확립되어 있지 않은 우리나라와 같은 상황 하에서 설득력을 갖고 있다. 즉 근로자의 임금수준이 낮아 이들이 퇴직 후를 대비하여 저축할 만한 여유가 없으므로 노후생활을 보장해주는 것이 기업의 의무로 인식하는 것이다. 그러나 이 생활보장설은 소득수준이 높은 젊은 근로자가 퇴직할 때도 퇴직금을 지급해야 하는 경우 그 설득력은 반감된다. 우리나라에서 퇴직금제도를 근로기준법에 규정하여 기업의 의무사항으로 만든 이유는 근로자의 노후생활보장에 대해 국가가 부담할 사회보장제도를 구축하는 데 있어서 재원조달의 어려움 때문에 개별 기업에 그 의무를 부과한 것으로 판단된다. 그러나 우리나라 정부는 1988년 연금보험제도를 시행하게 되었고 근로자는 연금보험 및 기업 내 퇴직금제도 두 곳에서 노후생활의 지원을 받게 되었다.

3.1.3 유급휴가제도

유급휴가는 근로자가 일을 하지 않고도 임금을 받을 수 있는 경우

유급휴가는 근로자가 일을 하지 않고도 임금을 받을 수 있는 경우를 말한다. 우리나라에서는 연차유급휴가 그리고 산전 · 후 휴가를 법으로 정하고 있다. 근로기준법 제60조 1항에서는 "사용자는 1년간 8할 이상 출근한 자에 대해서는 15일의 유급휴가를 주어야 한다"고 규정하고 있다.[2] 또한 근로기준법 제74조에는 "사용자는 임신 중의 여자에 대하여는 산전 · 후를 통하여 90일의 보호휴가

를 주어야 한다. 이중 최초 60일은 유급으로 한다"라고 규정하고 있다.

이상에서 제시한 유급휴가제도는 국가가 국민복지 차원에서 도입한 것이며 기업으로서는 노동력의 재생산이라는 관점에서 볼 때 매우 합당한 제도라고 판단된다.

법정 복리후생 프로그램은 이상에서 제시한 것 외에도 육아시간허용(근로기준법 제75조), 휴게시간(근로기준법 제54조) 등을 법으로 규정하고 있다.

3.2 법정 외 복리후생

법정 외 복리후생 프로그램은 국가에서 법률로 정한 복리후생 프로그램 이외에 기업이 도입하고 있는 것을 말한다. 법정 외 복리후생은 강제성 측면에서 단체협약상의 복리후생과 순수 기업 자발적인 복리후생으로 구분된다. 단체협약상의 복리후생은 기업이 노조와의 교섭결과 근로자에게 협약을 통해 그 도입을 약속한 것이기 때문에 강제성을 띠고 있다. 따라서 이러한 복리후생 프로그램의 일부 혹은 전부를 줄이려고 할 때는 노조의 동의가 있어야 한다. 반면에 기업의 순수 자발적 복리후생은 기업이 임의로 도입하는 것으로 사정에 따라 이를 줄일 수도 있다. 노조는 가능한 한 많은 복리후생 프로그램을 단체협약에 포함시켜 그 계속성을 확보하려고 노력하고 있으며 기업은 임의적인 복리후생의 범위를 넓히려는 추세이다.[3)]

법정 외 복리후생 프로그램의 내용은 매우 다양하다. 우선 기업이 앞에서 살펴본 법정 복리후생 프로그램에 대해 법률로 정하는 수준 이상의 것을 지원할 때 이것이 법정 외 복리후생이 된다. 예를 들면 근로자의 의료보험료에 대해 기업이 법률로 정한 50%가 아니고 60%를 지원했을 경우, 추가 10%가 바로 법정 외 복리후생이 된다. 또한 퇴직금 제도의 경우 근로자가 1년 근무했을 때 30일(1개월)에 해당하는 퇴직금을 주게 되어 있지만 근로자의 근속년수가 많을 때 누진율을 적용하여 10년 근무에 15개월치 급여를 퇴직금으로 주는 경우 추가 5

2) 동법 제60조 4항에서는 "사용자는 3년 이상 계속 근로한 근로자에 대하여는 최초 1년을 초과하는 계속 근로연수 매 2년에 1일을 가산한 유급휴가를 주어야 한다. 이 경우 가산휴가를 포함한 총 휴가일수는 25일을 한도로 한다"라고 규정한다.

3) 독일기업의 경우 법정 외 복리후생비 중 단체협약에 의해 강제성을 띠는 것이 약 50% 정도 된다. 또한 전체 복리후생비 중 50%가 법정 외 복리후생비이기 때문에 기업의 임의적 복리후생비 혹은 전체 복리후생비의 25% 정도에 불과하다(Gaugler, 1992).

표 11-2 법정 외 복리후생 프로그램

생활시설	(1) 주택시설-사택, 기숙사, 전셋집 또는 전세방의 알선 등 (2) 급식시설-식당, 식료품의 배급 등 (3) 기타-생활상담소, 피복대여, 침구대여 등
경제시설 및 제도	(1) 구매시설-매점, 배급소, 소비조합, 쿠폰제도, 각종 수리시설 등 (2) 금융제도-주택대금, 경조관계대금, 자제육영대금, 불행구제대금 등의 대금제도 및 예 · 저금제도 등 (3) 공제제도-경조관계급부금, 재해위무금 등 (4) 기타-결혼식장 등의 설비 등
보건위생시설	(1) 진료시설-의무실, 진료소, 병원, 요양소 등 (2) 휴양시설-휴양소, 해변휴양소, 산간휴양소 등 (3) 보건시설-욕탕, 이발소, 미용실, 방역, 냉난방, 환기, 환경위생 등
문화 · 체육 오락시설	(1) 문화시설-학교, 도서관, 강연회, 강습회 등 (2) 체육시설-체육관, 운동장, 풀장 등 (3) 위안오락시설-오락실, 클럽 · 하우스, 영화 · 연극, 야유회 등

자료: 최종태, 1992.

개월 급여에 해당하는 퇴직금은 법정 외 복리후생이 되는 것이다.

법정 복리후생 프로그램과 관련되는 것 외의 법정 외 복리후생 프로그램은 <표 11-2>에서 그 대표적인 예들이 제시된다.

1) 생활시설

기업이 근로자에게 제공하는 생활시설과 관련되는 복리후생 프로그램은 주택시설, 급식시설 등이 있다. 특히 주택시설은 우리나라의 상황에서는 복리후생으로서의 그 비중이 매우 높다. 주택시설에는 기업이 가지고 있는 주택을 대여하는 형태와 사유주택의 취득 및 그 차용을 위한 자금지원 형태가 있다.

기업의 주택시설 지원은 종업원에게 생활의 안정, 통근시간의 단축, 실질소득의 상승효과를 가져다준다는 장점이 있지만 주택시설을 건축하는 데 막대한 비용이 발생하며, 주택시설이 충분하지 못할 경우, 종업원에 대한 혜택의 배분 관련 갈등이 유발될 수 있다.

급식시설은 종업원의 건강유지와 밀접한 관계가 있으며 이를 위한 지출비용 또한 크기 때문에 중요한 복리후생 프로그램에 해당한다.

2) 경제시설 및 제도

매점으로 불리는 구내시설은 종업원에게 양질의 일용품을 염가로 공급함으로써 실질임금을 높여주는 역할을 한다. 금융제도로서는 대여제도와 저축제도가 있다. 대여제도는 종업원들이 생활에 자금이 필요할 때 낮은 이자로 자금을 빌려주는 제도이다. 저축제도는 기업이 종업원으로부터 예금을 받아들여 저축관리를 행하는 제도이다. 이 제도는 종업원에게 저축심을 길러주고 소비를 억제시키는 효과가 있으며 기업으로서는 자금을 운용할 수 있다는 이점이 있다.[4] 공제제도란 종업원이 경조사(慶弔事)에 금품을 모아주는 제도이다. 이 제도는 사회보장제도가 발전되지 못한 우리나라에서는 사회보장을 보충하는 역할을 하고 있다.

3) 보건위생시설

보건위생시설은 종업원 및 그 가족의 보건위생을 위한 제 시설로서 진료시설, 휴양시설, 보건시설 등이 있다. 진료시설을 통한 서비스는 기업이 직접 진료소나 병원을 운영할 수 있으며 혹은 지정병원을 통한 건강진단 및 진료서비스의 제공 그리고 건강상담을 할 수 있게 해준다. 휴양시설은 기업이 휴양소를 직영하거나 외부기관과 계약을 체결하여 종업원을 이용하게 할 수 있다. 또는 기업이 종업원에게 휴양비의 전부 혹은 일부를 부담하는 경우도 있다. 보건시설에는 목욕탕, 이발관, 미용실 등이 있다.

4) 교육 · 체육 · 오락시설

기업은 교육시설을 통해 종업원들의 교양을 높이거나 특정분야의 교육기회를 제공한다. 또한 이와 관련하여 기업 내 도서실을 운영하기도 한다. 체육 및 오락시설은 종업원의 건전한 심신발달, 여가의 이용, 오락 등을 목적으로 한다. 예를 들면 체육관, 운동장, 테니스장, 배구장, 수영장 등이 있다.

기업이 도입하고 있는 법정 외 복리후생 프로그램은 위에서 열거한 것 외에도 통근차량의 운행, 주차공간의 제공, 종업원 자녀 학자금 지원 등 여러 가지가 있다.

<표 11-3>에서는 우리나라 기업이 지출하고 있는 복리후생비 규모의 추세가 제시된다. 이 표에서는 우리나라 근로자 1인당 노동비용 총액과 임금 그리고 현금급여 이외의 노동비용이 제시되어 있다. 노동부에서 집계하는 통계에서는 퇴직금을 법정 복리후생비와 별도로 취급하고 있지만 우리나라 기업의 경우

4) 저축제도를 통해 기업이 종업원을 악용하는 것을 막기 위해 근로기준법 제22조에서 '강제 저금의 금지' 조항을 두고 있다.

표 11-3 근로자 1인당 노동비용 추이

(단위: 천원/월, %)

		노동비용 총액	직접 노동비용	간접노동비용				
				전체	퇴직급여 등 비용	법정 노동비용	법정 외 복지비용	기타 노동비용
상용 근로자 30인 이상	2010	4,256(100.0)	3,332(78.3)	925(21.7)	424(10.0)	278(6.5)	180(4.2)	43(1.0)
	2011	4,592(100.0)	3,507(76.4)	1,084(23.6)	536(11.7)	293(6.4)	208(4.5)	48(1.0)
	2012	4,754(100.0)	3,655(76.9)	1,099(23.1)	526(11.1)	311(6.5)	212(4.5)	49(1.0)
	2013	4,800(100.0)	3,757(78.3)	1,043(21.7)	458(9.5)	323(6.7)	226(4.7)	36(0.8)
	2014	4,938(100.0)	3,839(77.7)	1,099(22.3)	510(10.3)	329(6.7)	225(4.6)	35(0.7)
	2015	5,054(100.0)	3,977(78.7)	1,077(21.3)	479(9.5)	335(6.6)	229(4.5)	34(0.7)
	2016	5,169(100.0)	4,085(79.0)	1,085(21.0)	490(9.5)	345(6.7)	219(4.2)	31(0.6)
	2017	5,254(100.0)	4,136(78.7)	1,119(21.3)	498(9.5)	357(6.8)	231(4.4)	33(0.6)
	2018	5,429(100.0)	4,299(79.2)	1,131(20.8)	481(8.9)	376(6.9)	241(4.4)	33(0.6)
	2019	5,604(100.0)	4,420(78.9)	1,184(21.1)	503(9.0)	403(7.2)	246(4.4)	33(0.6)
	2020	5,662(100.0)	4,445(78.5)	1,217(21.5)	514()9.1	421(7.4)	258(4.6)	25(0.4)

주: 1) ( )안은 노동비용 총액에 대한 구성비임.
2) 기타노동비용은 현물지급, 작업복, 전근, 사보 발행, 표창 비용, 채용관련비용(모집비), 교육훈련비용 등의 합계임.
자료: 고용노동부, 「기업체노동비용조사보고서」, 각 연도.

이를 복리후생비에 포함시키는 것이 일반적이다.

<표 11-4>에서는 우리나라 기업이 도입하고 있는 법정 외 복리후생 프로그램의 실태가 제시된다.

3.3 캐피테리아式 복리후생

복리후생 프로그램의 선택과 관련하여 표준적 복리후생 프로그램(standard benefits package)과 선택적 복리후생 프로그램(flexible benefit plans)이 있다. 전자는 복리후생 프로그램에 대해 종업원에게 선택의 기회를 주지 않고 기업이 일방적으로 설계하고 이를 적용시키는 것을 말한다. 이 경우 종업원은 기업이 제공하는 복리후생이 자기들의 욕구구조와 일치하든 그렇지 않든 수용하지 않을 수 없다. 법정 외 복리후생의 경우 기업이 많은 복지비를 지출하였음에도 불구하고 이를 받아들이는 종업원이 별로 고맙게 생각하지 않는다면 문제이다. 바로 이러한 문제점을 극복하여 기업이 제공하는 복리후생에 대한 종업원의 만족도를 극대화시키기 위해 기업은 종업원의 욕구에 맞는 복리후생 프로그램의 개발

표 11-4 우리나라 기업의 법정 외 복리후생 도입현황(n=528)

비시설관련 복리후생 프로그램		시설관련 복리후생 프로그램	
프로그램	도입현황(%)	프로그램	도입현황(%)
(1) 경조금	96.1	(1) 식당: 구내식당/지정식당	78.9
(2) 건강검진	95.2	(2) 의료시설: 사내/지정병원	64.4
(3) 중식대	90.4	(3) 오락 · 휴게실	63.0
(4) 피복비	78.8	(4) 목욕탕 · 샤워장	59.8
(5) 유류대	76.0	(5) 체육시설	49.1
(6) 포상	69.0	(6) 운동장	39.7
(7) 당직비	67.6	(7) 도서실	37.7
(8) 사내서클지원	65.5	(8) 휴양시설(콘도 등)	34.4
(9) 학자금융자	63.3	(9) 소비조합	32.6
(10) 기념품비	62.6	(10) 탁아시설	10.5
(11) 통근버스	56.0		
(12) 재형저축장려금	55.1		
(13) 휴가포상	53.4		
(14) 전임여비	50.0		
(15) 주택자금대여	49.7		
(16) 주차비공여	48.3		
(17) 기숙사	48.1		
(18) 주택구입자금지원	40.9		
(19) 전월세자금지원	37.5		
(20) 사택(임대주택)	35.4		
(21) 사보발간비용	31.0		
(22) 지급임차료	28.9		
(23) 자사제품할인	28.7		
(24) 생활자금대여	27.9		
(25) 생명보험금지원	27.8		
(26) 금융공제제도	24.4		
(27) 공제회기여금	19.6		
(28) 사보험지원금	16.1		

자료: 송호근, 1998.

필요성을 인식하고 있다. 선택적 복리후생 프로그램은 기업이 다양한 복리후생 프로그램을 제시하고 이 중 종업원이 원하는 것을 그들 스스로 선택할 수 있게 하는 것이다. 선택적 복리후생 프로그램을 보통 캐피테리아式(cafeteria style)이라고 한다. 이러한 이름은 캐피테리아式 식당에서 사람들이 자기가 원하는 음식을 자유로이 선택하는 데에서 비롯된 것이다.

캐피테리아式 복리후생 프로그램은 종업원 개인에게 부여되는 선택의 폭과 관련하여 아래의 세 가지 유형으로 구분된다(박호환, 1996).

캐피테리아式 복리후생 프로그램의 유형

첫째, 선택항목 추가형(core-plus options plans)으로서 기업이 종업원 전체에게 꼭 필요하다고 판단되는 복리후생 항목을 제공한 후, 추가적으로 여러 항목을 제공하여 종업원이 이들 항목 중 자기가 원하는 것을 선택하게 하는 것이다. 즉 복리후생 핵심항목들을 기업이 정하고 추가항목들에 대해 종업원에게 선택권을 부여하는 제도이다. 물론 종업원에게 부여되는 선택권은 추가로 제시된 복리후생 항목 중 몇 개에 국한된다.

둘째, 모듈형(modular plans)이 있는데 이것은 몇 개의 복리후생 항목들을 집단화시켜서 종업원에게 제시하는 것이다. 종업원들은 여러 개의 집단화된 복리후생 프로그램 중 어느 한 집단을 선택할 수 있다. 모듈형에서는 종업원이 복리후생 집단 A에 있는 몇 개의 복지항목과 집단 B에 있는 것 일부를 선택할 수는 없다. 따라서 모듈형은 앞의 선택항목 추가형과 같이 종업원이 자기가 받고자 하는 복리후생 항목을 모두 선택할 수는 없다. 즉 선택의 폭에 제한이 따른다.

셋째, 선택적 지출계좌형(flexible spending accounts)이 있는데 이것은 종업원 개인에게 주어진 복리후생 예산범위 내에서 종업원 개인이 자유로이 복리후생 항목을 선택할 수 있는 제도이다. 여기서 개인에게 주어진 복리후생 예산을 기업이 모두 부담할 수 있으며 혹은 기업과 종업원 개인이 분담할 수도 있다. 선택적 지출계좌형은 앞에서 소개한 두 유형에 비해서 복리후생 항목에 대한 선택권을 완전히 종업원이 갖도록 하는 제도인데, 다만 지출비용(예산) 면에서만 제한을 두고 있을 뿐이다.

일반적으로 기업에서 도입하고 있는 캐피테리아式 복리후생 프로그램은 주로 법정 외 복리후생을 중심으로 하여 경제적 및 비경제적 복리후생이 그 대상이 되며 아래의 몇 가지가 있다.

- 휴가관련 복리후생 프로그램(추가적 휴가를 택할 것인가 혹은 휴가반납 수당을 택할 것인가)
- 근무시간 관련 복리후생 프로그램(탄력적 근무시간제)

– 보험관련 복리후생 프로그램(추가로 지원할 수 있는 보험료예산 중 어떤 보험을 택할 것인가–생명보험, 교육보험 등)
– 상담관련 복리후생 프로그램(세무상담, 기타 법률상담료 지원)
– 재산형성 관련 복리후생 프로그램(예산 범위 내에서 저축, 증권투자, 회사채 등에 대한 선택)

이상에서 살펴본 캐피테리아式 복리후생 프로그램은 아래와 같은 장단점을 갖고 있다(Kolb, 1995).

■ 장 점

① 종업원의 욕구를 반영하기 때문에 동기부여에 효과적이다.
② 종업원에게 선택권을 부여함으로써 타율적(他律的)인 조직분위기를 줄일 수 있다.
③ 복리후생항목에 대한 예산의 합리적인 배분이 가능하다. 즉 종업원이 선택하지 않은 복리후생 항목은 줄여 나갈 수 있다.
④ 기업이 도입하고 있는 복리후생 프로그램들에 대한 효과인식이 용이하다.

■ 단 점

① 종업원들이 선택을 잘못했을 경우 기업이 추구하는 복리후생의 효과가 반감된다.
② 프로그램의 관리가 복잡하고 운영비용이 많이 발생한다.
③ 선택의 역기능이 나타날 수 있다. 종업원들이 특정 복리후생 프로그램만을 선호할 경우 그리고 프로그램의 혜택수준을 아주 높일 경우 기업의 비용부담이 증가한다.

3.4 비경제적 복리후생

비경제적 복리후생은 기업이 별도의 추가비용을 투입하지 않거나 현재 보유하고 있는 물적 · 정신적 자원을 활용하여 종업원의 욕구를 충족시켜 주는 것이다. 이것을 질적 복리후생(qualitative Sozialleistung) 혹은 비경제적 보상(non-financial rewards)이라고 한다. 비경제적 복리후생이 대두된 배경은 다음과 같다. 첫째, 기업은 경제적 보상만으로 종업원의 욕구를 충족시키는 데 한계가 있음을 인식하였다. 경제적 보상(임금, 경제적 복리후생)은 기업의 입장에서 볼 때 본질적 비경제적 복리후생은 기업이 별도의 추가비용을 투입하지 않거나 현재 보유하고 있는 물적·정신적 자원을 활용하여 종업원의 욕구를 충족시켜 주는 것

으로 그 지불능력에 한계가 있기 마련이다. 둘째, 비경제적 보상은 경제적 보상만으로 충족시키기 어려운 종업원 욕구를 충족시킬 수 있기 때문이다. 심지어 어떤 종업원집단은 경제적 보상을 비경제적 보상으로 대체하기를 원하기도 한다. 예를 들면 연구개발 부서에 근무하는 연구원들은 약간의 임금인상보다 오히려 기업이 그들에게 출퇴근시간에 자유를 부여하기를 더 원하고 있다.

비경제적 복리후생(혹은 보상)의 형태는 직무관련 복리후생, 성과관련 복리후생 그리고 조직구성원 관련 복리후생 등 세 가지로 분류할 수 있다. 첫째, 직무관련 비경제적 복리후생은 직무를 잘 설계하여 종업원의 욕구를 충족시키는 것을 말한다. 예를 들면 종업원이 추구하는 안전욕구(safety needs)와 관련하여 기업은 작업공정의 재설계 등을 통해 직무수행 중 일어날 수 있는 안전사고를 최소화할 수 있다. 종업원의 사회적 욕구(social needs)를 충족시키기 위해서는 직무수행과정에 인간관계를 형성할 수 있도록 여러 직무들을 상호보완적 관계가 있도록 설계하고 준자율적인 작업집단을 만들어 줄 수 있겠다. 또한 종업원의 존경욕구(esteem needs)를 충족시키기 위해서는 직무중요성(task importance)을 높이며 자율근무시간제도(flexible worktime)를 도입하는 등 해당 직무를 수행하는데 보다 많은 권력(power)을 부여할 수 있다. 이외에도 종업원에게 직무수행관련 정보를 충분히 제공한다든지 보다 도전적인 직무(challenging job)를 부여할 수 있겠다.

둘째, 성과관련 비경제적 복리후생은 기업이 종업원에게 창출한 성과를 근거로 제공하는 것을 말한다. 예를 들면, 종업원에게 보다 많은 승진기회를 제공한다든지, 성과가 높은 종업원에게 인정감을 부여하고 책임을 증가시키며 직무수행과 관련되는 재량권을 확대시키며 보다 넓은 작업공간을 제공하는 것 등이다.

셋째, 조직구성원 관련 비경제적 보상은 종업원이 해당기업에 소속되어 있음으로 인해 받을 수 있는 혜택을 말한다. 예를 들면 해고통보기간을 법률에서 정한 것보다 연장하며 해고의 불안을 없애 주는 직장안전규정을 새로 만든다든지, 기업의 대외적 이미지를 제고시킴으로써 종업원들로 하여금 해당기업에 대해 자긍심을 갖게 한다든지, 보다 참여적인 리더십을 발휘함으로써 개인의 의견을 존중하는 것 등이 있다. 뿐만 아니라 관리직과 일반사원직 간의 간격을 줄이기 위해 기업 내 식당에서의 좌석을 구분하지 않는 것 등도 이에 해당된다.

이상에서 제시한 비경제적 복리후생은 기업이 안고 있는 경제적 보상에 대한 지불능력의 한계를 극복할 수 있는 보완적 도구가 될 뿐만 아니라 종업원이 갖고

있는 보상에 대한 다양한 욕구를 충족시켜 '보상만족(compensation satisfaction)'의 크기를 극대화시키는 데 기여할 수 있다.

[4] 복리후생 프로그램의 운영

앞에서 이미 살펴보았듯이 최근 들어 기업이 부담하는 복리후생비는 날로 증가하고 있다. 우리나라에서는 아직까지 그 수준이 그렇게 높지 않지만 선진국 기업에서는 복리후생비가 임금과 거의 비슷한 수준으로까지 증가하고 있는 실정이다. 기업이 많은 예산을 투입하여 도입한 복리후생 프로그램이 추구하려는 목적을 달성하기 위해서는 보다 합리적인 운영방안이 모색되어야 하겠다. 아래에서는 이를 위한 세 가지 방안을 살펴본다.

복리후생 프로그램의 합리적인 운영방안

첫째, 기업은 도입한 복리후생 프로그램을 종업원에게 자세히 알려주어야 한다. 복리후생에 대한 효과적인 커뮤니케이션은 종업원의 만족을 획득하는 매우 중요한 도구가 된다. 대개 기업은 복리후생에 대한 핸드북(혹은 소책자)을 만들어 종업원에게 나누어준다. 복리후생에 대한 효과적인 커뮤니케이션을 위해서는 핸드북에 아래의 내용이 담겨 있어야 한다.

① 복리후생비의 변화추세

② 해당년도의 총 복리후생비

③ 임금 총액 중 복리후생비가 차지하는 비율

④ 종업원 1인당 연간 복리후생 비용

⑤ 개별 복리후생 프로그램별 재원조달방식－기업과 종업원의 비용분담률 등

이상의 내용 외에도 기업은 개별복리후생 프로그램의 목적 및 내용을 구체적으로 기술해야 한다.

둘째, 복리후생 프로그램의 적용이 공정해야 한다. 우선 개별복리후생 프로그램을 이용하는 방법과 그 처리과정이 명확히 제시되어야 한다. 이를 위해서는 아래의 사항이 제시되어야 한다.

① 복리후생 혜택을 받을 수 있는 적절한 사건

② 어떤 종업원이 복리후생 혜택을 받을 권리가 있는가

③ 지출할 복리후생비의 산출근거 등

기업이 많은 돈을 들여 도입한 복리후생 프로그램이 규정을 벗어나 종업원에게 차별적으로 혜택을 부여할 경우 종업원의 불만이 고조되어 이미 부여받은 혜택에 대해서도 고마워하지 않게 된다. 예를 들면, 기업이 전체종업원을 위해 여름 휴가시설을 해변가에 마련해 놓고 이를 특정 종업원 집단(예: 관리자)에게만 이용기회를 줄 경우 종업원의 반발이 야기될 것이다.

셋째, 복리후생 비용에 대한 철저한 관리가 필요하다. 이를 위해서는 복리후생비 지출에 대한 감사제도를 도입함이 바람직하다. 보다 효율적인 복리후생 비용관리를 위해서는 연간 복리후생비의 지출상한액 책정, 현금지급상한액 책정, 특정 복리프로그램에 대한 지출상한액 책정 등 기업이 수립한 복리후생비 예산이 적법하게 집행되고 있는가에 대한 통제활동이 필요하다(Milkovich/Newman, 2005).

넷째, 복리후생 프로그램의 운영에 종업원 대표를 참여하게 한다. 이렇게 함으로써 기업은 복리후생에 대한 종업원의 변화되는 욕구를 피드백(feedback) 받을 수 있으며 복리후생 프로그램의 운영에 대해 공동 협의함으로써 종업원의 복리후생 프로그램에 대한 수용성(acceptance)을 극대화시킬 수 있다.

[5] 복리후생 프로그램의 평가

기업이 도입하고 있는 복리후생 프로그램이 성공적이었느냐는 개별 프로그램이 추구하는 목적을 얼마나 달성하였는가를 평가함으로써 판단할 수 있다.

복리후생 프로그램에 대한 평가는 비용비교분석, 직무행동분석 그리고 공정성지각 분석 등 세 가지 방법을 생각할 수 있다.

복리후생 프로그램의 평가방법

첫째, 비용비교분석은 복리후생 프로그램별 비용의 변화추세를 분석하여 복리후생비가 합리적으로 배분되었는가를 판단한다. 복리후생비 지출패턴은 종업원의 욕구변화, 관련기관(예: 보험회사)의 정책변화 등으로 인해 그 구조가 항상 변화되는 것이 일반적 추세이다. 이러한 복리후생비의 구조를 연도별, 프로그램별, 종업원집단별 그리고 개인별로 분석해야 한다. 예를 들면 종업원 1인당 연도별 복리후생비 변화추세, 법정/법정 외 복리후생비의 구조변화 추세, 기업과 종업원이 공동으로 분담하는 복리후생 프로그램의 배분액 및 배분율 변화추세

등을 분석한다.

둘째, 직무행동분석은 복리후생 프로그램이 종업원의 행동을 얼마나 변화시켰는가를 파악하는 것이다. 여기서 종업원의 행동변화는 직무수행노력, 결근율, 이직률 그리고 생산성의 변화 등이 그 내용이 된다. 이러한 행동변화의 원인으로서 복리후생 프로그램을 분석하는 데에는 현실적으로 여러 가지 어려움이 따른다. 즉 조직유효성과 관련되는 위의 직무행동들은 사실상 복리후생 프로그램의 영향뿐만 아니라 다른 보상관련 요인에 의해서도 변화되기 때문에 그 변화에 복리후생 프로그램이 기여한 부분을 밝히기가 매우 어렵다. 뿐만 아니라 복리후생 프로그램은 그 도입 즉시 효과가 발생하는 것이 아니라 일정한 기간이 지난 후에 나타나는 시간지체(time lags) 현상이 있기 때문이다. 이러한 측정상의 어려움이 있음에도 불구하고 몇몇 기업에서는 복리후생 프로그램과 직무행동 변화 간의 관계를 규명한 바 있다. GM社에서는 의료보험 및 연금보험과 결근율과의 관계를 조사한 바 있는데 보다 유리한 보험혜택 상황 하에서의 종업원은 과거 약 20%라는 높은 결근율에서 9%까지 감소되는 결과를 보여준 바 있다(Ruben, 1983).

셋째, 공정성 지각분석은 종업원이 복리후생 프로그램에 대해 얼마나 공정하다고 지각하고 있으며, 만족하고 있는가를 분석한다. 공정성 내지 만족도 분석은 앞에서 제시한 두 가지 효과분석 기법에 비해 그 측정이 비교적 용이하다. 기업은 정기적으로 복리후생 혜택을 받는 종업원 집단에게 해당 복리후생 프로그램에 대한 공성성과 만족도를 설문조사 및 인터뷰 등의 방법을 통하여 조사할 수 있다. 여기서 공정성 지각은 기업이 제공한 복지혜택이 타 기업의 그것과 비교하여 적정한가 그리고 해당기업 내 다른 종업원집단의 그것과 비교하여 공정한가 등이 측정될 수 있다. 복리후생 프로그램이 종업원의 욕구구조를 얼마나 반영하고 있으며 복리후생 프로그램이 합리적으로 운영되고 있는지 등에 대한 것이 그 내용이 된다.

기업은 이러한 복리후생 프로그램의 효과를 분석한 후 그 결과에 따라 아래의 4가지 의사결정 중 하나를 선택할 수 있다.

① 현행 복리후생 프로그램의 계속유지: 복리후생 프로그램이 비용 면에서 직무행동의 변화 그리고 종업원이 지각하는 공정성 및 만족도 측면에서 양호할 경우 현행대로 유지 · 존속시킨다.

② 복리후생 프로그램의 수정: 해당 복리후생 프로그램에 대한 효과측정에서 문제점이 발견되었을 때 프로그램을 개선한다.

③ 복리후생 프로그램의 철회: 특정 복리후생 프로그램이 비용만 많이 유발시키고 생산성이나 종업원의 만족도 측면에서 상당한 문제가 있을 때 이 프로그램을 철회한다.

④ 새로운 혁신적 복리후생 프로그램의 도입: 현재 기업이 도입하고 있는 복리후생 프로그램들이 어느 정도 효과를 가져다주지만, 기업이 이에 대해 만족하지 못할 경우 보다 혁신적인 새로운 복리후생 프로그램을 설계 · 도입할 수 있다.

요약

기업이 종업원에게 제공하는 보상은 노동에 대한 직접적 보상인 임금과 간접적 보상인 복리후생이 있다. 복리후생은 기업이 재원을 필요로 하는 경제적 복리후생과 비용을 수반하지 않는 비경제적 복리후생이 있다. 경제적 복리후생은 종업원에게 돌아가는 혜택의 유형에 따라 금전적 복리후생과 비금전적 복리후생으로 나눌 수 있으며 또한 강제성 측면에서 보면 법정(法定) 복리후생과 법정 외(法定外) 복리후생으로 구분된다.

기업의 복리후생은 과거 가부장적 인사관리 시대에 기업이 종업원의 생계를 배려한다는 차원에서 제공되었던 각종 혜택에서 시작되었으며 오늘날 이에 대해 추구하는 목적은 경제적 목적(생산성 향상 등), 사회적 목적(인간관계형성지원 등), 정치적 목적(정부-노조의 영향력 배제) 그리고 윤리적 목적(생계지원) 등 다양하다.

이러한 목적을 달성하기 위해 기업복리후생은 보다 합리적으로 설계되어야 하는데 특히 종업원의 욕구구조를 반영하는 것이 목적달성에 매우 중요하다. 복리후생 프로그램은 여러 가지 유형으로 분류할 수 있으며 본장에서는 이 중 법정 복리후생, 법정 외 복리후생, 캐피테리아式 복리후생 그리고 비경제적 복리후생을 중심적으로 살펴보았다. 법정 복리후생은 국가가 제정한 법률에 의해 기업이 강제적으로 도입해야 하는 것으로 각종 보험료 지원(의료, 연금, 산업재해보상, 고용보험), 퇴직금제도 그리고 유급휴가제도 등이 있다. 법정 외 복리후생은 기업이 종업원을 위해 마련하는 생활시설, 경제시설 및 제도, 보건위생시설 그리고 교육·체육·오락시설 등이 있다.

캐피테리아式 복리후생은 기업이 여러 종류의 복리후생 프로그램을 종업원에게 제공하고 이 중 몇 개를 종업원이 선택할 수 있게 하는 제도이다. 이러한 제도는 종업원의 욕구를 복리후생 프로그램에 최대한 반영하자는 데 그 목적이 있으며, 그 효과 또한 매우 높아 선진국기업에서 널리 도입하고 있다. 캐피테리아式 복리후생은 그 적용방법에 따라 선택항목 추가형, 모듈형 그리고 선택적 지출 계좌형으로 구분된다.

비경제적 복리후생은 질적 복리후생이라고도 하는데 기업이 종업원에게 직무재설계를 통한 종업원의 성장욕구 충족 등 직무관련 복리후생 프로그램이 많이 원용되고 있으며 그 외에도 승진기회 제공 등 성과관련 프로그램 그리고 해고통보기간의 연장, 관리직과 일반사원직 간의 간격을 줄이는 등 종업원 관련 프로그램 등이 있다.

이상에서 제시한 각종 복리후생 프로그램의 효과를 극대화시키기 위해서는 이에 대한 보다 합리적인 운영이 요청된다. 예를 들면 충분한 커뮤니케이션, 그 적용에 있어서 공정성 유지, 비용에 대한 철저한 관리 그리고 복리후생 프로그램의 설계 및 운영과정에 종업원 대표의 참여 등의 방안이 있다. 끝으로 기업이 도입한 복리후생 프로그램의 효과를 측정하는 활동이 필요하다. 이를 위해서는 비용비교분석, 직무행동분석(생산성, 결근율, 이직률 등) 그리고 프로그램에 대한 종업원의 공정성 지각 분석 등을 도입할 수 있겠다.

사례연구 B사의 연봉제

1. 회사개요

1945년 화학공업사로부터 출발한 주식회사 B사는 화장품, 생활용품, 생화학품 및 건강식품 등을 제조, 판매하는 기업으로서 2006년 말 현재 3,600여 명의 직원을 고용하고 있는 대기업이다. B사는 서울에 본사를 두고, 전국적으로 5개 공장과 52개 지점을 보유하고 있다. 또한 해외시장 진출을 위한 지속적인 노력을 기울이고 있는데, 1978년에는 미국 뉴욕에 해외지사를 개설하고, 1990년에는 프랑스에 현지공장을 건설하기도 하였다. B사의 2006년 매출액은 7,200억 원이며, 당기순이익은 111억 원에 달하고 있다.

2. 연봉제 도입배경 및 과정

B사의 기존 임금체계는 직종, 직급별 각각의 호봉테이블에 의해 임금을 지급하며, 임금인상은 노동조합과의 단체협약에 의해서 결정되었다. 연봉제를 도입하기 전의 B사의 임금체계상의 문제점으로는 다음과 같다.

첫째, 연공에 의한 자동 승급체계로서 능력자가 대우받는 분위기가 형성되지 못하였다. 둘째, 급여테이블에 의한 일률적 임금 결정으로 개인의 업적과 능력에 따른 차등적인 임금관리가 불가능하였다. 셋째, 객관적이고 공정한 평가에 의해 보상이 지급되는 문화가 확립되지 못하였다.

표 1 임금관리의 현상문제와 개선방향

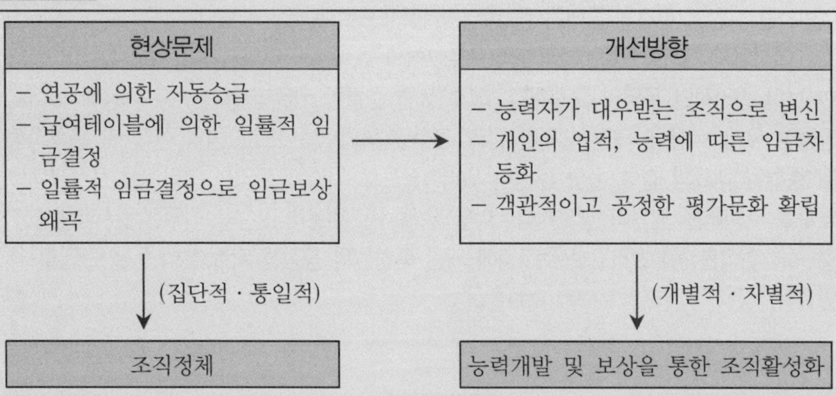

B기업의 임금관리에 있어서 드러난 문제현상과 연봉제 도입으로 인한 현상전환의 필요성을 정리하면 〈표 1〉과 같다.

B사는 연봉제를 도입하기 위한 준비단계로서 2002년 인사체계를 재정비하였다. 즉 직군과 직종별로 분리하여 직군과 직종별 특성에 맞는 인사고과체계를 수립하였다. 2004년 1급 사원(부 · 차장)을 대상으로 연봉제를 도입하였으며, 2005년 2급 사원(과장급)에 대해 연봉제를 도입하였고, 2006년에는 기술연구원 전 직원으로 확대하였다.

연봉제 도입을 통해서 B기업이 기대하고 있는 효과는 다음과 같다. 첫째, 무한경쟁시대의 경쟁력 제고, 둘째, 동기부여에 의한 생산성 향상, 셋째, 우수인력 선발 및 처우를 위한 유연성 있는 보상체계 필요, 넷째, 전문직 등 특수인력에 대한 현재의 경직된 임금제도 한계의 극복, 다섯째, 근로보상 가치관의 변화 등의 효과를 기대하고 있다.

3. 연봉제 임금체계

(1) 연봉의 구성

B사는 기존 임금구성항목인 기본급과 고정수당, 그리고 공통 제 수당을 연봉으로 변환시켰으며, 기존의 법정 및 기타수당을 연봉 외 수당으로, 성과상여를 특별 및 성과상여의 항목으로 변환시켰다. 이러한 임금체계의 변화를 정리하면 다음 〈그림 1〉과 같다.

〈그림 1〉에서 보는 바와 같이 연봉제 임금체제 하에서 임금항목은 네 가지로 구성된다.

첫째, 표준연봉은 (직급별 기준호봉×18.5개월+월 공통 제 수당×12개월)로 계산되며, 이는 임금인상(base-up)과 업적급 산정의 기준이 된다. 표준연봉은 기존의 호봉자동승급, 승진가급 등 연공적 요소를 배제하며, 동일 직급일 경우 동일 금액 〈그림 1〉 B사의 연봉구성을 적용하고, 승진시 변동된다.

그림 1 B사의 연봉구성

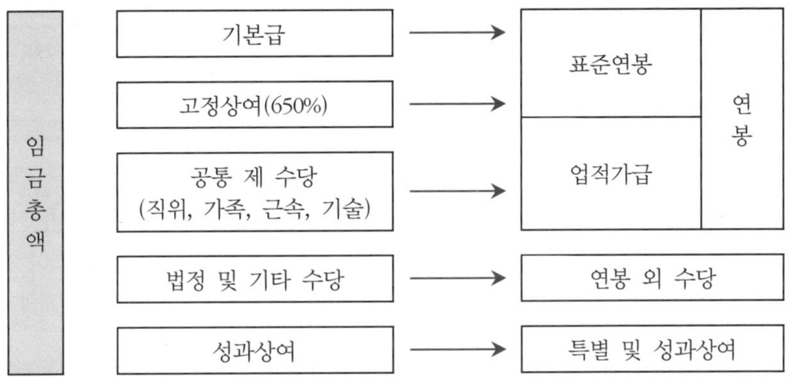

둘째, 업적가급은 (호봉자동 승급분+승진가급 호봉분+α)로 계산되며, 업적고과 등급별로 개인별 지급률은 5단계로 차등 적용한다. 업적가급은 1년간 적용 후 소멸되기 때문에 매년 신규 책정하고, 직전년도 업적고과를 당해 연도 연봉에 반영한다.

셋째, 연봉 외 수당은 법정수당, 기타 수당, 기타 부가급여로 구성된다. 법정수당은 연·월차 수당과 시간 외 근로수당으로 구성되며, 기타수당에는 자격면허수당, 연구수당, 디자이너수당, 특별수당 등이 있으며, 기타 부가급여에는 설날 귀향여비, 김장보조비 등이 있다.

넷째, 특별 및 성과급여는 노조와 임금협상시 발생하는 집단성과상여(현행 성과급)와 개인별, 팀별 특별 상여로 구성된다.

(2) 연봉의 조정

연봉의 조정은 Base-up과 수시조정으로 구분되어 있다. 기존의 임금인상방식은 월 기본급에 인상률을 곱해서 결정되었는데, 연봉제 하에의 Base-up 역시 먼저 표준연봉에 인상률을 곱하여 인상된 표준연봉을 정한 뒤, 인상된 표준연봉에 업적고과 개인지급률을 곱하여 인상된 업적가급을 정하게 되며 직전년도 업적고과 결과를 당해 연도 연봉에 반영한다. 이때 인상된 표준연봉은 물가상승률 등 대내외 인상요인을 반영하여 연봉수준을 결정하는 것인데, 기존의 임금인상 성격을 띤다. 다음으로 수시조정은 승진시 또는 기타 조정사유 발생시 이루어지는데, 승진시에는 승진된 직급의 표준연봉을 적용한다.

연봉계약은 3월 1일부터 익년 2월말까지 1년 단위로 하며, 계약서 작성시 별도계약은 하지 않고, 연봉급 제 규정에 의거하여 개별통보로 갈음한다. 또한 중간입사자가 있을 경우는 입사시점부터 최초로 도래하는 2월 말까지를 기간으로 하여 계약한다. 연봉결정시 적용되는 업적가급 지급률은 매년 평가결과에 따라 적용되며, 표준연봉기준 가급률을 적용하는데 지급률은 〈표 2〉와 같다.

표 2 지급률 기준

등급	S	A	B	C	D
인원비율	5%	15%	60%	15%	5%
지급률	12%	8%	4%	2%	0

이상과 같은 연봉제 설계가 효과적으로 수행되기 위해서 B사는 관련 규정을 재정비하고 취업규칙 등 관련 법률과 대응용어개념을 명확히 하였다. 연봉 이외의 연·월차수당은 통상임금(=표준연봉+조정수당)을 기준으로 계산, 지급하며, 퇴직금은 현행 방법에 의거하여 지급하였다. 중도 승진시에는 연봉을 조정하며 의료보험료, 상조회비 등에 관한 공제 및 지급기준을 마련하였다.

4. 전략적 인사평가제도

B사는 연봉제의 효과적 도입 및 운영을 위하여 새로운 전략적 인사평가제도를 마련하였다. B사의 인사평가체계에 포함되는 평가항목과 평가방식 그리고 평가결과의 활용방향을 정리하면 〈표 3〉과 같다.

표 3 인사평가의 내용 및 방법

<table>
<tr><th colspan="2" rowspan="2">구분</th><th rowspan="2">평가내역</th><th colspan="2">평가</th><th rowspan="2">반영</th></tr>
<tr><th>평가자</th><th>평가방식</th></tr>
<tr><td>업적</td><td>목표업무</td><td>당해연도 수행해야 할 일반 또는 과제업무</td><td>본인, 상사</td><td>상호면담 및 확인서명</td><td rowspan="4">승진, 연봉, 상여, 호봉 등</td></tr>
<tr><td rowspan="2">능력</td><td>직무능력 개발</td><td>목표업무 수행을 위해 필요한 지식, 기능</td><td>본인, 상사</td><td>상호면담 및 확인서명</td></tr>
<tr><td>기여도</td><td>업무수행과정, 결과 및 능력개발 전반의 질적인 조직기여도</td><td>상사</td><td>–</td></tr>
<tr><td>태도</td><td>B기업 현장</td><td>B기업인으로서 추구하는 인재상</td><td>본인, 상사</td><td>–</td></tr>
<tr><td>적성</td><td>자기신고 및 지도관찰</td><td>직무에 대한 본인의 의견 및 상사의 관찰</td><td>본인, 상사</td><td>–</td><td>배치 전환</td></tr>
</table>

인사평가시 모든 평가는 임원을 제외한 전 직원을 대상으로 이루어지며, 단 1급은 자기신고 및 지도관찰을 제외한다.

연봉결정에 직접적인 영향을 주는 업적평가에 대해 B사는 조직 업적평가와 개인 업적평가를 구분하여 평가·활용하고 있다. 우선 조직 업적평가의 경우, 조직별 목표업무의 업적을 평가하고, 상위조직과 하위조직, 조직과 개인의 업적결과를 연계하며, 단기 업적결과에 대한 인센티브를 부여한다. 다음으로 개인 업적평가의 경우, 당해조직 업적평가와 본인 업적평가의 합에 의해 평가하며, 조직책임자의 개인 업적평가는 당해 조직의 업적평가에 상위조직의 업적평가 일부를 반영한다.

표 4 업적평가 예시

구분	업적평가점수	평점계산	평가적용 개인 업적평가점수
시판담당 상무	90		90.0
강북사업부	85	90×0.2+85×0.8=86.0	86.0
A지점	90	85×0.2+90×0.8=89.0	89.0
B지점	80	85×0.2+80×0.8=81.0	81.0
A지점ⓐ	93	85×0.2+93×0.8=91.4	91.4
B지점ⓑ	85	90×0.2+85×0.8=86.0	86.0

조직 업적평가와 개인 업적평가의 평가반영 비중은 상위조직의 업적평가 결과를 20%, 자신의 업적평가 결과를 80% 반영하며, 상위조직이 없는 조직 책임자의 업적평가에 대해서는 당해 조직의 업적평가만으로 평가한다. 한편 영업담당의 개인 업적평가 역시 당해 소속조직의 업적평가 비중을 20%, 본인의 업적평가 결과를 80% 반영하여 평가한다.

그림 2 B사의 종합평가체계도

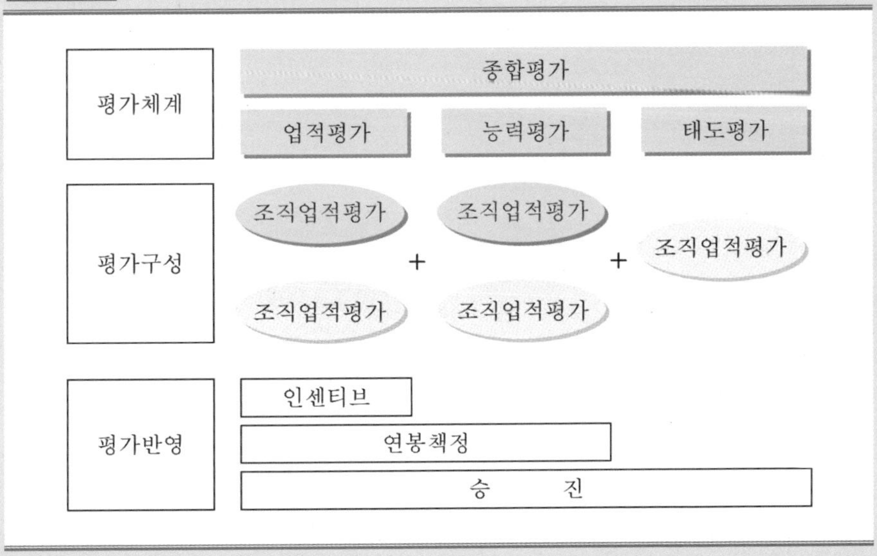

〈표 4〉는 B사에서 이루어진 업적평가의 예를 보여주고 있다.

B사는 임원과 일반직 그리고 전임직으로 구분하여 각각 평가의 단계를 세분화 하였다.

첫째, 임원을 대상으로는 1차 평가를 실시하며, 1차 평가자는 사장이 된다.

둘째, 일반직 사원 중 사업부(연구소)장과 팀(부 · 실, 지점)장 등 조직장에 대해서는 직속 상사에 의한 1차 평가와 차상위자에 의한 2차 평가를 실시한다. 특히 사업부(연구소)장의 경우 2차 평가자는 사장이 된다.

셋째, 담당사원 중 1급, 2급, 3급(영업) 사원들의 경우, 직속상사에 의한 1차 평가와 차상위자에 의한 2차 평가를 실시하며, 3급(영업 제외), 4급 사원들의 경우, 1차 평가로 종결하는데, 단 영업담당 및 3급 과(팀)장은 2차 평가를 실시한다.

이상과 같은 B사의 종합평가체계를 정리하면 〈그림 2〉와 같다.

생각해 볼 문제

1 B기업의 연봉제를 순수연봉제가 아닌 한국형 연봉제로 특징지을 수 있는 근거에 대해 생각해 보시오.

2 B기업의 연봉제 설계 및 운영에 대해 보완 혹은 수정이 필요하다고 생각되는 사항에 대해 토론하시오.

3 연봉제 도입이 기업에게 가져다주는 효익 및 비용과 종업원에게 가져다주는 효익 및 비용에 대해 토론하시오.

참고문헌

노동부, 사내노조복지기금제도의 법제화 방향, 1988, 12.

박호환, "외국기업의 복지후생제도," 임금연구, 1996, 겨울, pp. 56~71.

송준호, "한국 기업복지의 특성과 과제," 임금연구, 1996, 겨울, pp. 4~23.

송호근, 한국의 기업복지연구, 한국노동연구원, 1995.

윤종록, "비금전 보상으로서의 직무설계에 관한 탐색적 연구," 경영경제연구, 조선대, 1993, 제16집, pp. 23~50.

최종태, 현대임금관리론, 박영사, 1992.

Armstrong, M./ Murlis, H., Reward Management, Kogan Page, 3rd ed., 1994.

Barringer, M. W./ Milkovich, G. T., A Theoretical Exploration of the Adoption and Design of Flexible Benefits Plans: A Case of Human Resource Innovation, in: Academy of Management Review, 1998, Vol. 23, pp. 305~324.

Belcher, D. W., Compensation Administration, Prentice-Hall, Inc., 1974.

Gaugler, E., Betriebliche Sozialpolitik, in: E. Gaugler/ W. Weber,(Hrsg.). Handwörterbuch des Personalwesens, 2 Auflage, Schäffer-Poeschel, 1992.

Gaugler, E., Betriebswirtschaftlich-soziologische Grundprobleme bei der Gewährung Betrieblicher Sozialleistungen, in: Tomandl, von Th.(Hrsg.), Betriebliche Sozialleistungen, 1983, September, pp. 36~37.

Institut der Deutschen Wirtschaft, 1995.

Kolb, M., Personalmanagement, Berlin Verlag, 1995.

Milkovich, G. T./ Newman, J. M., Compensation, McGraw-Hill, 8th. ed., 2005.

Moderegger, H. A., Betriebliche Sozialleistungen, Wirtschaftsverlag Bachem, 1995.

Ruben, G., GM's Plan to Combat Absenteeism Successfully, in: Monthly Labor Review, 1983, September, pp. 36~37.

Wagner, P./ Grawert, A., Ozialleistungs Management, C. H. Beck'sche Verlagsbuchhandlung, 1993.

제 6 부

인력유지

기업의 인력유지 활동이란 종업원의 성과창출 의지 및 능력을 계속 유지하는 과정이다. 인사관리에 있어서 인력유지 활동의 학문적 위치는 〈그림 VI-1〉에서 보는 바와 같다.

〈그림 VI-1〉에서 나타난 바와 같이 인력유지 활동은 인사관리의 다른 기능인 인력확보, 인력개발, 인력보상 그리고 인력방출과 밀접한 관계를 갖고 있다. 예를 들면 기업이 종업원의 성과창출 의지 및 능력을 유지하는 데 문제가 생기면 이를 개선하기 위해 교육훈련을 실시한다든지, 새로운 보상제도를 도입하여 종업원의 사기를 진작시킨다든지 혹은 이러한 노력이 성공하지 못하여 종업원이 기업을 떠나게 되면 새로운 인력을 확보해야 한다.

종업원의 성과창출 의지는 바로 이들이 기업의 목표와 자신의 목표가 일치된다고 믿을 때 극대화된다. 또한 일부나마 자신의 욕구가 기업에서 충족될 수 있다고 판단될 때 종업원의 성과창출 의지가 유지 · 증가된다. 종업원의 욕구충족을 위한 것으로서 기업이 도입하는 각종 모티베이션 프로그램이 있다. 뿐만 아니라 종업원의 성과창출 의지는 원만한 노사관계가 구축될 때 유지된다. 노사관계의 핵심은 바로 기업과 종업원의 욕구(목표)를 조정하는 데 있다. 종업원을 대표하는 집단인 노동조합은 기업과 협상을 통해 임금, 작업조건 등에 있어서 보다 개선된 근로조건을 확보하는 데 목적을 두고 있다.

종업원의 성과창출 능력은 기업이 제공하는 인력개발 프로그램(본서 제4편)뿐만 아니라 산업안전을 통해 유지된다. 즉 종업원이 직업생활에서 산업재해로부터 해방될

그림 VI-1 인사관리와 인력유지 활동

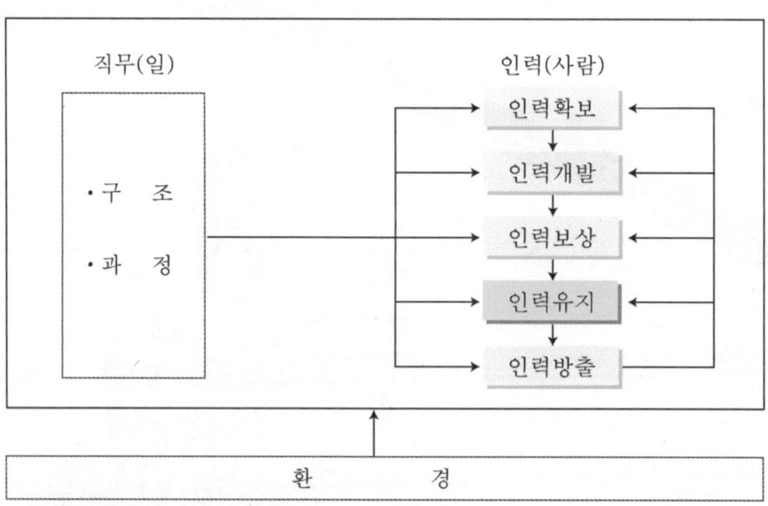

때 신체적으로 성과창출 능력을 유지하는 것이다.

인력유지 활동이 인사관리의 목표시스템 속에서 노동(종업원)과 자본(기업)이 추구하는 목표를 어떻게 통합할 수 있는지를 아래에서 살펴본다.

인력유지 활동은 자본의 논리를 추구하는 기업에게 아래와 같은 경제적 효율성을 가져다준다.

i) 확보한 노동력의 정신적 및 신체적 유지

기업은 인력유지 활동인 종업원에 대한 모티베이션 프로그램의 도입 및 원만한 노사관계를 구축함으로써 종업원이 기업의 목표달성을 위해 노력할 마음의 자세를 갖추게 할 수 있다. 뿐만 아니라 인력을 산업재해로부터 보호함으로써 인력 손상 내지 유실을 막을 수 있다. 이러한 인력유지 활동은 인력방출(이직) 및 인력확보(모집, 선발) 비용을 줄여준다.

ii) 생산성 향상

기업이 도입하는 모티베이션 프로그램 및 산업재해로부터의 해방은 본질적으로 생산성 향상으로 이어진다.

인력유지 활동은 노동(종업원)이 추구하는 목표인 사회적 효율성을 높이는 데 아래와 같은 측면에서 기여한다.

i) 욕구충족

기업이 제공하는 각종 모티베이션 프로그램을 통해 종업원은 자신이 추구하는 욕구(needs)를 충족함으로써 만족을 극대화시킬 수 있다.

ii) 신체의 안전 유지

종업원은 기업이 제공하는 산업안전 대책을 통해 신체의 손상이나 직업병으로부터 벗어날 수 있어 직업생활을 계속할 수 있다. 이러한 것은 바로 종업원 자신 및 가

그림 VI-2 인력유지의 노동-자본 통합모델

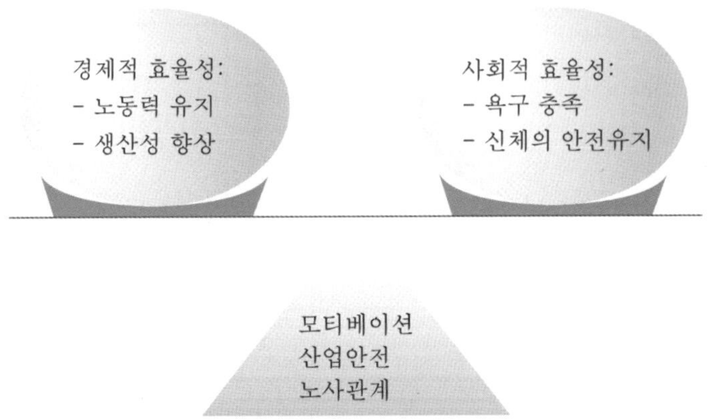

그림 VI-3 인력유지 관리과정적 접근

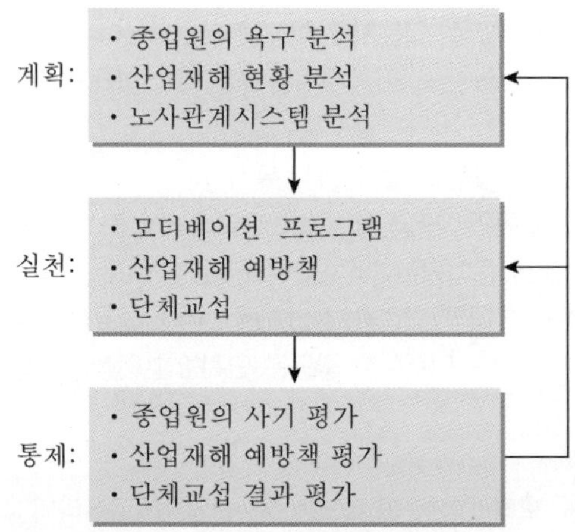

족의 생활의 질을 유지하는 데 본질적으로 기여한다.

이상에서 살펴본 인력유지 활동의 효율성은 노동과 자본이 추구하는 목표를 동시에 달성할 수 있는 방향으로 설계되어 운영될 때 노동과 자본 간에 존재할 수 있는 갈등을 최소화시키며 나아가 통합이 가능하게 된다. 〈그림 VI-2〉에서는 이러한 관계가 시각적으로 요약 · 제시된다.

인력유지 활동을 보다 효율적으로 수행하기 위해서는 관리과정적 접근을 시도할 수 있다. 〈그림 VI-3〉에서 제시된 바와 같이 인력유지는 계획활동, 실천활동 그리고 통제활동으로 구분하여 접근할 수 있다. 다음의 제12장에서는 종업원의 모티베이션과 산업안전을 그리고 제13장에서는 노사관계를 살펴본다.

모티베이션과 산업안전

chapter 12

[1] 모티베이션

기업은 우수한 능력을 갖춘 사람들을 고용하여 이들의 능력을 향상시킬 수 있지만 이러한 노력이 항상 만족할 만한 성과로 이어지지는 않는다. 종업원의 성과는 종업원이 직무를 얼마나 잘 수행할 수 있느냐 하는 종업원의 직무수행 능력과 직무를 기꺼이 수행하고자 하는 자발적인 의욕에 달려 있다. 성과와 능력 및 모티베이션과의 관계를 함수관계로 나타내면 다음과 같다.

성과와 능력 및 모티베이션과의 관계

성과 $= f$ (능력, 모티베이션)

앞부분에서 설명된 인력의 모집, 선발 그리고 교육훈련 등은 주로 능력측면에 초점을 맞춘 것이라고 할 수 있다. 종업원들이 만족할 만한 성과를 보이기 위해서는 능력 이외에도 종업원들 스스로 기업이 추구하는 목표에 동조하고 목표달성을 위해 공헌하도록 하는 노력이 필요하다. 종업원들이 어떤 수준의 모티베이션을 갖고 업무를 수행하느냐에 따라 성과는 상당한 차이를 가져올 수 있다. 심리학자들은 같은 능력을 갖춘 종업원들이 일을 하였을 때 그들이 갖고 있는 모티베이션에 따라 성과가 ±30% 정도 차이가 있다고 주장하고 있다.

다음에서는 종업원들이 갖고 있는 욕구의 성격을 살펴보고, 욕구가 행동으로 옮겨지는 과정과 기업에서 종업원들의 모티베이션을 제고시키기 위해 활용하는 제도 등을 살펴보기로 한다.

1.1 인간행동의 본질

인간의 욕구

종업원들은 자신들 나름대로의 욕구를 가지고 있으며, 이 욕구와 기업이 추구하는 목표가 일치하지 않을 때 갈등이 일어나게 된다. 이에 대해 바나드

그림 12-1 종업원과 조직의 이해관계의 통합

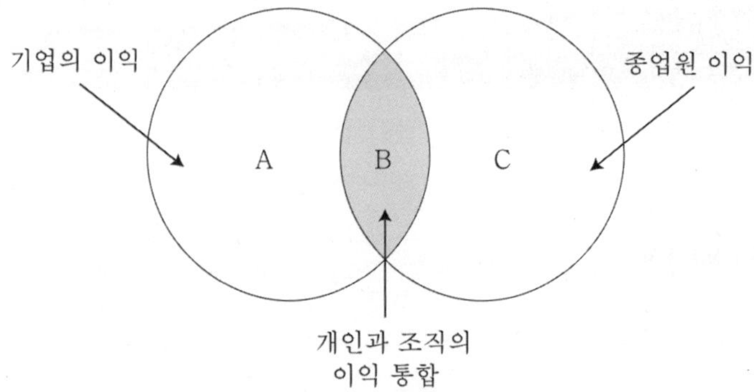

(Barnard)는 조직과 개인 사이에는 유인(inducement)과 공헌(contribution) 간에 균형이 이루어져야 한다고 주장하였다. 조직이 존속하기 위해서는 조직에 참여한 사람들에게 배분되는 유인이 참여자들이 조직에 기여하는 공헌과 같거나 커야 한다. 즉 조직에 기여한 사람들에게 필요한 유인을 제공함으로써 참여자들이 계속해서 조직에 머무르게 된다는 것이다(Barnard, 1938). 그러므로 이를 위해서는 종업원들이 만족스러워 할 수 있는 보상체계가 필요하다.

기업과 종업원의 이해관계

기업과 종업원의 이해관계는 <그림 12-1>과 같이 나타낼 수 있다. 이 그림에서 보는 바와 같이 기업과 종업원의 이익을 기준으로 살펴볼 때 기업에게만 이익이 되는 A영역, 기업과 종업원 모두에게 이익이 되는 B영역 그리고 종업원의 이익에만 도움이 되는 C영역 등으로 구분된다. 이때 기업과 종업원의 관심은 공통적으로 도움이 되는 B영역으로 모아질 수밖에 없을 것이다. 기업의 이익만을 추구하게 될 때에는 종업원들이 궁극적으로 그 기업에 계속적으로 머문다고 예상하기 어려우며, 또한 종업원의 이익만을 추구할 경우에 기업은 존립이 어려워지게 되며, 이로 인해 종업원도 그 기업의 종업원이란 신분을 유지하지 못하게 될 것이기 때문이다. 기업과 종업원 모두에게 도움이 되는 B영역을 확대시키기 위한 많은 노력들이 있었다. 예를 들면 직무확대나 직무충실과 같은 직무설계, 다양한 보상프로그램, 참여적인 의사결정 등이 영향을 미치는 것으로 나타났다. 이러한 프로그램이 성공적일 경우 결근율 및 이직률의 감소, 사기 및 업무의 질 향상, 생산성 증가 등의 성과를 얻을 수 있다.

1.2 모티베이션 이론

관리자는 종업원 개인의 욕구충족과 기업의 성과향상을 위해서 종업원들의 행동이 어떻게 변화되는지를 이해할 필요가 있다. 이를 위해서는 우선 종업원들이 어떤 동기를 가지고 있으며 어떤 과정을 거쳐 동기가 유발되어 행동으로 나타나는지를 파악해야 한다.

1.2.1 욕구단계설

매슬로우의 욕구 5단계

매슬로우(Maslow)는 인간의 욕구를 5단계로 구분하였다. 욕구들은 계층을 이루고 있으며 충족되지 못한 욕구에 의해 모티베이션이 이루어지며 충족된 욕구는 더 이상 모티베이션시키지 못한다. 즉 하위계층의 욕구가 충족되면 상위계층의 욕구가 모티베이션으로 작용하며 충족된 하위계층의 욕구는 더 이상 모티베이션으로 작용하지 못한다(Maslow, 1943).

가장 기본적인 생리적 욕구(physiological and survival needs)는 의식주, 수면, 갈증 등에 대한 욕구로 모든 욕구 가운데 가장 기본적인 것으로서 가장 강력하다. 기업에서 생리적 욕구를 충족시키기 위한 조치로서는 급여, 복리후생 등이 해당된다.

생리적 욕구가 충족된 이후 나타나는 것이 안전의 욕구(safety and security needs)이다. 안전의 욕구는 위험, 사고, 전쟁, 질병, 폭행, 범죄, 매우 춥거나 더운 기온 등으로부터 벗어나 안전해지고 싶은 욕구이다. 기업에서 안전의 욕구를 충족시킬 수 있는 조치로서는 고용의 안정성, 연금제도(또는 퇴직금) 등이 있다.

생리적 욕구와 안전의 욕구가 충족되면 사회적 욕구(social needs)가 중요하게 나타나는데, 이는 다른 사람이나 집단과의 우정, 애정, 소속감 등에 대한 욕구이다. 이에 대해 기업에서는 동료와의 관계를 돈독히 할 수 있는 기회를 마련하고 소속감을 고취시키는 노력이 필요하다.

자기존중의 욕구(esteem needs)는 사람들이 사회생활을 통해 자신의 능력을 높게 평가받고 자신을 존중하고 자존심을 지니며 다른 사람으로부터 존경받기를 원하는 욕구이다. 즉 위신이나 지위욕, 자긍심 등이 이 욕구와 관련된다. 이에 대해 기업에서는 적절한 경력개발을 통해 종업원의 나이나 지위에 걸맞은 직급을 보유하도록 노력해야 한다.

마지막으로 인간의 욕구 가운데 최상층에 위치한 것이 자아실현의 욕구

그림 12-2 매슬로우의 욕구 5단계

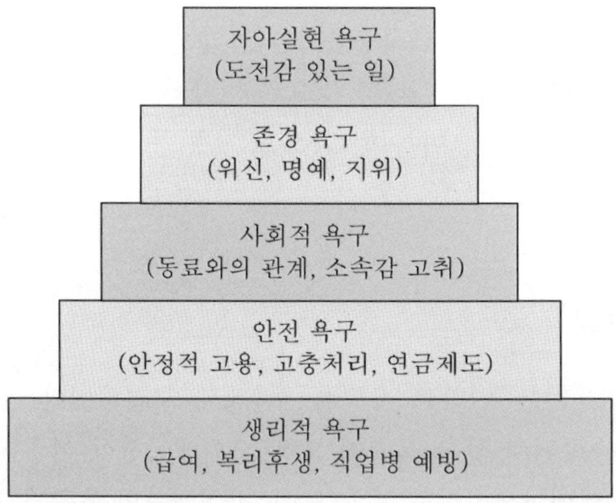

(self-actualization needs)이다. 이는 자기충족 및 성취에 대한 욕구로서 사람은 자기가 가지고 있는 능력을 실현시키고자 하는 욕구이다. 음악가는 음악을, 시인은 시를 써야만 최상의 행복을 느낄 수 있듯이 기업에서는 종업원들이 자아를 실현할 수 있도록 직무를 설계하고 직무를 구성하는 노력이 요구된다.

매슬로우의 욕구 5단계설을 정리하면 <그림 12−2>와 같다.

1.2.2 기대이론

브룸의 기대이론

브룸(Vroom)은 개인은 자신의 행동결정과정에서 여러 가지의 가능한 행동대안 또는 행동전략을 평가하여 자기 자신이 가장 중요시하는 결과를 가져오리라고 믿는 행동전략을 선택한다고 주장하였다. 모티베이션은 3가지 요소에 의해 영향받는다. 기대감(expectancy)은 어떤 활동이 특정 결과를 가져오리라고 믿는 가능성을 말한다. 수단성(instrumentality)은 어떤 특정한 수준의 성과를 달성하면 바람직한 보상이 주어지리라고 믿는 정도이다. 유의성(valence)은 특정 보상에 대해 갖는 선호의 강도이다(Vroom, 1964). 예를 들어, 학생들이 시험준비를 할 때 이렇게 생각할 수 있다: "시험준비를 많이 하면 시험성적을 잘 받을 수 있는가", "시험성적이 좋으면 장학금을 받을 수 있는가", "장학금이 나에게 얼마나 중요한가". 시험준비를 열심히 하면 좋은 성적을 받을 수 있다고 판단될 때(기대감이 높을 때), 높은 시험성적을 받으면 장학금을 받는다고 믿을 때(수단성이 높을 때) 그리고 시험성적과 장학금이 학생에게 있어 중요할 때(유의성이 긍정적일 때) 학생은 열심히 공부할 의욕을 갖게 될 것이다.

1.2.3 강화이론

강화(强化, reinforcement)이론은 학습(learning)을 설명하는 근거로서, 강화가 이루어지지 않으면 새로운 행동은 지속되지 못하고 사라지게 된다. 즉 보상받는 행동은 반복되는 경향을 보이지만 보상받지 못한 행동은 반복되지 않는 경향을 보인다. 그러므로 종업원들이 작업을 훌륭하게 수행했거나 생산성을 획기적으로 높였다든지, 창의적인 제안을 했을 경우, 이에 대해 보상을 함으로써 이러한 행동은 계속해서 일어날 수 있지만, 반대로 보상받지 못했을 경우에는 이러한 행동이 계속적으로 일어나기를 기대할 수 없다. 즉 종업원의 성과나 공헌이 지속적으로 인정되지 않는다면 종업원들이 높은 성과를 보이리라는 기대를 할 수 없다(Cascio, 1992).

또한 어떤 행동이 계속적으로 일어나도록 강화하고자 할 경우에는 일어난 행동에 뒤따라서 바로 보상을 함으로써 종업원들이 관련 행동과 보상과의 연계성을 분명하게 인식할 수 있도록 하여야 한다. 반면에 종업원들이 수행한 업무에 대한 피드백 없이 관리자가 바라는 행동만을 전달하면서 보상하는 것은 비효과적이다.

1.3 모티베이션 프로그램

앞에서 모티베이션 이론에 대해서 살펴보았다. 이하에서는 모티베이션 이론에 근거하여 구체적으로 종업원을 모티베이션시키는 프로그램에 대해 살펴본다. 종업원의 근로의욕을 북돋우기 위해 경제적인 보상과 비경제적인 보상 그리고 인간관계를 형성 · 유지시킬 수 있는 방법들을 설명하고자 한다.

1.3.1 경제적 보상

종업원의 근로의욕을 높일 수 있는 강력한 도구는 바로 경제적 보상이다.

종업원의 근로의욕을 높일 수 있는 강력한 도구

경제적 보상은 임금과 복리후생으로 구성되어 있다. 경제적 보상은 종업원의 생계와 직접 관련되기 때문에 생리적 욕구가 강한 종업원에게는 그 효과가 크다. 뿐만 아니라 임금이 종업원의 능력 내지 업적을 정확하게 반영할 경우 종업원의 자기 존경욕구를 충족시킬 수 있는 중요한 도구가 된다. 왜냐하면 종업원은 임금을 통해 자신의 능력을 인정받을 수 있기 때문이다.

경제적 보상이 모티베이션 프로그램으로서 힘을 발휘하기 위해서는 보상공정성이 확보되어야 하겠다. 공정성을 유지하지 못한 상태에서 기업이 경제적 보상을 위해 많은 투자를 한다고 해도 효과는 반감된다. 경제적 보상은 기업의 입장에서 보면 지불능력 면에서 한계가 있다. 따라서 기업은 지불능력 면에서 자유로운 비경제적 보상을 최대한 활용하여야 한다.

1.3.2 비경제적 보상

종업원들은 금전적인 측면 외에도 다른 여러 가지 요소에 의해서도 모티베이션될 수 있다.

첫째, 직무설계에 따라 종업원의 모티베이션은 달라진다. 직무설계는 제3장에서 자세히 설명되었다. 종업원들이 지나친 직무전문화로 인해서 단조로움, 권태, 지루함 등으로 의욕상실이 나타나게 되는데 이를 극복하기 위한 방법으로 직무순환, 직무확대, 직무충실, 직무교차, 준자율적 작업집단, 근로시간의 조정 등이 있다. 허즈버그(Herzberg)는 종업원들을 열심히 일하도록 하는 요인으로서 동기부여요인(motivators)을 제시하였다. 동기부여요인은 도전감, 성취감, 안정감, 책임감, 성장, 발전, 직무내용 등으로서 주로 일 자체와 관련된다(Herzberg, 1968). 그러므로 기업에서는 종업원들에게 동기부여요인을 제공할 수 있도록 직무를 설계함으로써 종업원들이 신바람나게 열심히 일할 수 있도록 해야 할 것이다.

둘째, 직무의 안정성이다. 이는 매슬로우가 제시한 욕구 가운데 안전욕구에서 언급되는 사항이다. 오늘날처럼 기술변화가 빠르게 이루어지는 현실에서는 많은 종업원들이 직무의 안정성에 대해 불안해하기 쉽다. 종업원들이 현재 자신이 담당하고 있는 직무에서 방출되는 것을 두려워하여 새로운 직장을 찾는 상황에서는 종업원들로부터 자발적인 근로의욕을 기대하기가 어려울 것이다.

셋째, 편안하고 안전한 근로조건이다. 근로자들이 편안하고 안전한 근로조건을 원하는 것은 안전에 대한 욕구에서 나오는 것이다. 불편하고 열악한 환경하에서 종업원들의 근로의욕이 솟아나기를 기대하기는 어렵다.

넷째, 공정한 리더십이다. 관리자의 훌륭한 리더십은 종업원이 효과적으로 업무를 수행하는 것을 도와줄 뿐만 아니라 기업의 성과향상으로도 이어지게 된다. 그러나 리더가 무능하며 불공정한 사람일 경우 이러한 리더로부터 명령을 받아야 하는 종업원은 좌절감을 느낄 수 있으며 자신의 업무수행에 몰두할 수 없을 것이다.

다섯째, 종업원들은 관리자들로부터 합리적인 명령과 지시를 받기 원한다. 명령은 기업 내의 공식적인 커뮤니케이션이다. 일반적으로 지시와 명령은 실행할 수 있어야 하며, 지나치게 자세할 필요는 없지만 충분히 설명되어져야 하며, 분명하고 간결하게 그리고 종업원이 잘 수용할 수 있는 방식으로 내려져야 한다. 불합리하며 실행되기 어려운 명령은 종업원에게 불안과 좌절감을 가져다주게 되어 기업의 성과와는 반대되는 악의적인 불복종을 초래할 수도 있다.

여섯째, 기업문화이다. 종업원이 속해 있는 기업이 어떤 가치를 중시하며 자율권과 재량권을 어느 정도 부여하느냐가 종업원의 동기부여에 많은 영향을 미친다. 우수한 기업들에서는 창의성, 적극적인 참여 등이 강조되는 경향이 있는데 이런 기업에 속해 있는 종업원들은 그렇지 못한 기업에 있을 때보다 열심히 일할 것으로 기대할 수 있다. 의사결정의 권한이 주로 상층부에 집중되어 있으며 공식화된 규정이나 절차에 의해서 주로 업무가 진행되며 종업원의 의사나 참여는 허용되지 않는 기업의 경우를 가정한다면 그런 기업에 종사하는 종업원들에게서 업무에 대한 의욕과 자발성을 기대한다는 것은 무리일 것이다.

1.3.3 인간관계제도

기업이 도입하고 있는 인간관계제도는 종업원들의 인간관계를 개선하거나 갈등의 소지를 줄일 수 있는 모티베이션 프로그램으로서 큰 의미가 있다. 아래에서는 몇 가지 인간관계제도를 살펴본다.

1) 카운슬링

카운슬링(counseling)은 직무성과에 초점을 맞추기보다 문제의 원인에 초점을 맞춘다. 직무성과가 향상되었다고 해서 반드시 문제가 해결되었다는 것을 의미하지 않으며 또한 문제가 심각해질 때까지 직무성과가 영향을 받지 않을 수도 있다. 카운슬링에 전문적 지식을 갖춘 심리치료사들이 관여하게 되는데 종업원이 다룰 수 없는 수준의 문제일 때 상당한 도움이 될 수 있다. 카운슬링은 종

카운슬링은 직무성과에 초점을 맞추기보다 문제의 원인에 초점

업원이 갖고 있는 갈등을 줄이고 긍정적인 태도를 계속 지속하도록 만들며, 이해관계를 통합시키는 가장 효과적인 방법 중의 하나이다.

2) 소시오메트리

소시오메트리(sociometry)는 집단 구성원들 간에 좋아하고 싫어하는 양상을 나타낸 것으로서 기업에서 많이 사용되는 방법은 아니지만 작업집단이나 기업에 대한 애착의 정도를 나타내는 수단으로서 상당한 잠재력을 지니고 있는 방법이다. 소시오메트리를 이용하면 어떤 사람이 집단에서 선호되고 선호되지 않는가를 알 수 있다. 대체로 소시오그램(sociogram)은 비교적 소규모 집단의 비공식적 관계를 파악하는 데 사용되며, 소시오메트리 매트릭스(sociometry matrix)는 대규모 집단의 소시오메트리 구조를 파악하는 데 이용된다.

3) 참여제도 도입

많은 기업에서 종업원들이 자신이 속한 기업에 자신들의 의견을 전달하고 반영시킬 수 있도록 허용하고 있다. 종업원들이 경영에 참여할 수 있는 길을 열어 놓음으로써 종업원들의 근로의욕을 북돋우기 위함이다. 예를 들면 제안제도와 문호개방정책 등이 있다.

제안제도는 종업원에게 기업에 도움이 되는 창조적인 제안을 내놓도록 자극하는 제도로서 폭넓게 사용되고 있다. 효율적인 직무수행 방법이나 낭비의 절약, 장비개선, 설비 및 절차의 개선 등이 예가 될 수 있다. 이러한 제도를 통해 한편으로는 종업원들의 충성심, 응집력, 몰입 등이 증진될 수 있으며 다른 한편으로는 창조적인 노력의 결과로서 금전적인 보상을 받는 기회로 작용하기도 한다.

문호개방정책

문호개방정책(open-door policy)은 직속상사를 통해서 만족스런 해결책을 구할 수 없을 경우에 보다 높은 직위의 상사에게 고충을 가지고 가도록 허락하는 제도이다. 그러나 많은 기업에서 채택하고 있는 것으로 알려지고 있으나 실제적인 성과는 크지 않은 것으로 알려졌다.

4) 불만처리제도

성숙한 조직일수록 잠재된 갈등을 표면화시켜 토론을 통해 갈등해결을 도모하려는 의지와 능력을 갖추고 있다. 물론 모든 갈등이 몇몇 수단에 의해 완전히 제거될 수는 없다고 하더라도 갈등을 표면화시키고 감소시키는 데 크게 기여할 수 있을 것이다. 이를 위해서는 종업원들이 갖고 있는 불만이나 고충(grievance)을 공정하게 처리할 수 있는 절차를 구비하는 것이 필요하며 이를 통해 종업원들의 근로의욕을 계속 유지해야 할 것이다.

고충처리절차

고충처리절차(grievance procedure)는 경영층에 대한 불만족을 커뮤니케이션할 수 있는 방법으로 종업원들이 자신과 자신들의 작업에 영향을 미치는 사항에 대해 불만을 토로할 수 있도록 허락한 공식적인 과정이다. 이것은 보통 노동조합을 갖고 있는 회사와 관련하여 생각하기 쉽지만 노동조합의 조직 여부에 관계없이 모든 기업은 확립된 고충처리 절차를 갖추어야 한다. 고충이 공정한 절차에 의해 처리되었다고 믿을 때에만 종업원들의 갈등이 해결되거나 축소될 수 있을 것이다.

옴부즈맨제도

또한 불만처리를 위해 옴부즈맨(ombudsman)제도가 있다. 옴부즈맨은 종업원들의 고충을 들어주기 위해 사무실을 운영하면서 종업원들이 제기한 불만사항을 들은 후 채택 여부를 판단하며, 채택한 경우에는 책임 있는 조직의 관리자를 조사하거나 관리자에게 권고할 수 있는 권한을 가지고 있다. 이렇게 해서도 갈등이 해결되지 않은 경우에는 기업의 사장에게 직접 권고사항을 전달할 수도 있다.

1.4 모티베이션의 평가

종업원들이 근로의욕이 충만한 상태에서 열심히 일을 하여 기업과 자신의 이익에 도움이 되도록 유지시키는 것은 결코 쉬운 일이 아니다. 종업원들이 모티베이션될 수 있기 위해 임금제도나 인간관계유지에 관련된 제도의 마련, 직무설계 그리고 관리자들의 리더십과 관리방식 등을 언급하였다. 그러나 이러한 것만으로는 모든 것이 충족되지 못한다. 종업원의 모티베이션 형성과 유지를 위해서는 2가지 사항을 고려해야 할 것이다.

모티베이션 형성과 유지를 위한 고려사항

첫째, 종업원 개개인에 대한 개인적인 특성파악이 필요하다. 종업원마다 욕구구조에 개인차가 있기 때문이다. 예를 들어, 어떤 종업원이 훌륭한 성과를 보였을 때 경제적인 보상을 이용하는 것이 항상 효과적으로 작용하지 않을 수 있다. 종업원마다 성과에 대한 보상의 선호도가 다를 수 있기 때문이다. 그러므로 종업원의 모티베이션을 높이기 위한 제도를 마련하고자 하는 경우에는 종업원 대표를 참여시킬 필요가 있다.

둘째, 종업원을 모티베이션 시키고 이를 통해 직무수행의 효율성을 향상시키기 위해서는 관리자의 능동적인 노력이 요구된다. 종업원을 이해하고 때로는 설득하고 갈등을 해결하는 데에는 관리자의 노력이 필요하다. 예를 들어, 기업에서 제도적으로는 종업원의 참여가 허용되어 있지만 실제적으로 종업원들의 적극적인 참여가 이루어지지 않는다면 많은 경우에 관리자의 실천의지가 뒷받침되지 못하기 때문이다.

[2] 산업안전

2.1 중 요 성

우리나라는 1960년대 이래 놀라울 만한 경제성장을 이루었다. 그러나 급격한 경제성장이 이루어지면서 제조업을 중심으로 산업재해의 증가현상이 나타났다.

새삼 지적할 필요 없이 산업재해는 불행한 현상이다. 종업원의 입장에서 산업재해는 하나밖에 없는 귀중한 생명을 앗아가거나 평생 불구로 또는 불행 속에서 살아가게 한다. 더구나 이 같은 불행은 재해당사자 본인뿐만 아니라 그 가족과 전체 사회로까지 이어지고, 따라서 이로 인한 손실은 당사자만이 아닌 전체 국민경제에 크나큰 부정적 영향을 준다. 이 같은 시각에서 볼 때 재해예방의 필요성은 모두에게 절실한 과제가 아닐 수 없다.

산업안전을 통한 생산성 제고

오늘날 기업 내 종업원의 산업안전문제는 근로자의 입장에서뿐만 아니라 기업 입장에서도 매우 중요한 이슈이다. 왜냐하면 기업은 종업원에게 안전하고 쾌적한 작업환경을 제공하여 그들이 평안한 마음으로 일에 전념할 수 있게 함으로써 사기 및 애사심을 높이고 나아가 생산성을 제고시킬 수 있기 때문이다.

고용 중에 발생한 재해로 인해 사망, 상해 및 질병 등이 발생했을 때 이를 가리켜 산업재해라고 한다. 우리나라의 산업재해보상보험법 제5조에서는 업무상의 사유에 따른 근로자의 부상, 질병, 장해 또는 사망을 '업무상의 재해'로 정의하고 있다(한국산업보건연구원, 1991).

우리나라에서는 질병을 두 가지로 분류한다. 예를 들어, 화학물질에 노출됨으로써 근로자의 건강이 나빠지는 경우가 있는데, 이처럼 즉시 건강장해가 나타나는 급성중독의 경우를 '재해성 질병'이라 하고 비교적 장시간이 경과한 후에 여러 건강장해가 나타나는 경우를 '직업병'이라고 부른다. 이 두 경우를 합해서 '직업성 질병'이라고 부른다. 그리고 작업장에 일하러 가거나 또는 일을 마치고 집으로 귀가하는 도중에 발생하는 사고는 통근재해라고 한다.

산업안전이란 근로자가 일을 하기에 안전한 작업조건과 상황을 의미한다. 특히 산업보건에서는 작업장에 내재한 위험으로 인하여 발생하게 될 질병을 방지하는 것을 목표로 삼고 있다. 산업보건 분야에서는 비단 직업성 질병뿐만 아니라 인간의 기능의 한계와 노동조건에의 적응을 과학적으로 연구하여 산업기술이 요구하는 노동조건을 인간에 적합하도록 그 방책을 강구하여 근로자의 건강을 보호, 증진시키며 나아가서는 노동생산성을 향상시키는 데 목적이 있다.

2.2 산업재해 발생현황

2.2.1 주요지표

산업재해와 직업병의 발생추이

우리나라의 산업재해와 직업병의 발생추이는 경제활동의 증가와 산업발전과 궤도를 같이한다. 경제성장의 태동기인 1960년대 초기에 산업재해건수는 매우 낮았다. 그러다가 중화학공업의 성장이 경제성장의 견인차가 되어 경제발전이 본격적인 궤도에 진입한 1970년대부터는 산업재해와 직업병은 심각한 사회적 문제로 등장하기 시작하였으며, 1980년대에 들어서 새로운 산업과 기술혁신으로 인하여 작업환경에 더욱 급속한 변화를 가져오기 시작하였다. 이 시기부터 산업재해로 인한 사회적 · 경제적 문제에 대한 관심이 고조되면서 산재예방의 중요성이 인식되기에 이르렀다. 또한 1990년대에 들어와 근로자의 근로생활의 질(quality of work life)에 대한 관심이 고조되면서 산업재해 예방에 대한 실천적 · 제도적 노력들이 지속적으로 이루어지고 있다.

일반적으로 재해발생의 상황을 나타내는 데에 사용되는 지표는 다음과 같은 것들이 있다.

① 재해율 = (재해자 수 100)/근로자 수

② 도수율 = (재해 건수 1,000,000)/총근로시간 수

③ 강도율 = (총손실근로일 수(年) 1,000)/총근로시간

④ 천인율 = (재해자 수 1,000)/근로자 수

표 12-1 산업재해 발생 추이

	적용 사업장수[1] (천개소)	대상 근로자 수 (천명)	재해자수(명)					재해율 (%)	경제적 손실액(억 원)			근로손실일수[5] (천일)
			전체	사망자수[2]	부상	신체장애자	업무상 질병 요양자		전체	산재 보상금	간접 손실액[4]	
1990	130	7,543	132,893	2,236	129,019	27,813	1,638	1.8	26,968	5,394	21,574	43,588
1995	186	7,894	78,034	2,662	74,252	29,803	1,120	1.0	56,679	11,336	45,343	55,332
2000	706	9,486	68,976	2,528	63,511	19,784	2,937	0.7	72,813	14,563	58,251	44,090
2005	1,130	12,070	85,411	2,493	76,518	36,973	6,400	0.8	151,289	30,258	121,031	69,188
2010	1,608	14,199	98,645	2,200	89,459	37,440	6,986	0.7	176,187	35,237	140,949	56,708
2011	1,738	14,362	93,292	2,114	84,662	36,968	6,516	0.7	181,270	36,254	145,016	54,777
2012	1,825	15,548	92,256	1,864	83,349	37,323	6,742	0.6	192,564	38,513	154,051	54,521
2013	1,977	15,449	91,824	1,929	82,803	35,490	6,788	0.6	189,772	37,954	151,817	52,757
2014	2,187	17,062	90,909	1,850	81,955	34,403	6,820	0.5	196,328	39,266	157,062	48,398
2015	2,367	17,968	90,129	1,810	80,999	34,158	7,064	0.5	203,955	40,791	163,164	47,539
2016	2,457	18,431	90,656	1,777	81,548	32,914	7,068	0.5	214,002	42,800	171,202	47,035
2017	2,507	18,560	89,848	1,957	79,449	32,083	8,190	0.5	221,802	44,360	177,442	47,355
2018	2,654	19,073	102,305	2,142	89,588	33,368	10,302	0.5	251,695	50,339	201,356	52,758
2019	2,681	18,725	109,242	2,020	92,932	37,450	14,030	0.6	276,468	55,294	221,174	54,545
2020	2,719	18,975	108,379	2,062	91,237	37,426	14,816	0.6	299,841	59,968	239,873	55,344

주: 1) 적용사업장 수는 산업재해보상보험법의 적용을 받는 사업장임.
2) 사망자 수는 재해 당시의 사망자 수에 요양 중 사망자 수를 포함한 것임.
3) 2012년 이후의 사망자 수는 2011.5.25 산업재해통계업무처리규정(고용노동부 예규 제15호)이 개정됨에 따라 사망재해 기준 변경 후의 자료를 작성한 것임. 이는 재해 당시의 사망자 수에 요양 중 사망자 수 및 업무상 질병에 의한 사망자 수를 포함함.
* 사망자 수에는 사업장 외 교통사고, 체육행사, 폭력행위, 사고발생일로부터 1년 경과 사고사망자는 제외됨(다만, 운수업, 음식·숙박업의 사업장 외 교통사고 사망자는 포함).
4) 간접손실액은 하인리히 방식에 의해 직접손실액(산재보상금 지급액)의 4배로 계상됨.
5) 근로손실일 수는 신체장애자의 등급별 손실일수+사망자 손실일수+부상자, 직업병자의 요양일 수.
자료: 고용노동부, 「산업재해현황분석」, 각 연도.

⑤ 보상액률=재해 건수/지급임금총액

산업재해의 건수와 재해율은 1990년대 초반 이래 꾸준히 감소하는 추세를 보이고 있는데, <표 12-1>은 재해자 수와 재해율 그리고 재해에 따른 경제적 손실을 보여주고 있다. 재해자 수를 살펴보면 2010년 98,645명, 그 후 2011년 93,292명, 2012년 92,256명, 그리고 2016년 90,656명으로 점차 줄어들다가 2020년 108,379명으로 증가했다.

산업재해가 발생했을 때, 그것이 가져오는 경제적 부담은 여러 측면에서 나타난다. 재해로 인한 작업 중단이 그만큼의 생산 감소를 가져오고, 재해보상과 시설복구를 위한 비용투입을 필요로 하며, 궁극적으로 사회보험에 의한 경비의 증대로 보험료 부담을 증가시킨다. 산업재해로 인한 경제적 손실액은 2018년 현

표 12-2 산업별 산업재해 발생현황: 2018년

	전 산업	광업	제조업	건설업	전기 · 가스 · 수도업	운수 · 창고 · 통신업	기타의 산업
적용사업장 수(개소)	2,654,107	1,078	379,387	441,758	2,493	77,160	1,678,961
적용근로자 수(명)	19,073,438	11,697	4,152,058	2,943,742	76,967	873,232	10,058,930
재해자 수(명)	102,305	2,225	27,377	27,686	108	5,291	37,505
사망	2,142	478	472	570	5	157	416
부상	89,588	175	22,689	25,907	93	4,686	34,092
업무상 질병	10,302	1,565	4,164	1,115	8	437	2,904
재해건수(건)	101,574	2,136	27,141	27,470	103	5,268	37,360
근로손실일 수(천일)	52,758	8,399	15,201	14,145	78	2,650	11,155
도수율	2.56	81.07	2.89	5.33	0.63	2.90	1.84
강도율	1.33	318.80	1.62	2.75	0.48	1.46	0.55
천인율(0/00)	5.36	190.22	6.59	9.41	1.40	6.06	3.73
산재보상금지급액(억원)	50,339	5,922	15,545	16,449	131	2,475	8,845

주: 1) 도수율＝(재해건수/총근로시간 수)×1,000,000.
2) 강도율＝(총근로손실일수/총근로시간 수)×1,000.
3) 천인율(0/00)＝(재해자 수/근로사 수)×1,000.
자료: 고용노동부(2020.01), 「산업재해현황분석」 및 「산재보험사업연보」.

재 2조 5천억 원을 웃도는 천문학적인 금액으로 나타났다(<표 12-1> 참조). 따라서 산업재해 예방이 단지 사회적 · 인도적 차원에서 마땅히 이루어져야 하는 규범적 의미를 갖는 것 이상으로 경제적 의미에서도 그 중요성을 인식할 필요가 있다.

산업재해의 2018년 발생현황을 산업별로 구분하여 살펴보면 <표 12-2>와 같다. 2018년 현재 가장 많은 재해 건수를 보이는 산업은 건설업으로서 27,141건으로 나타났다. 또한 산업재해 건수를 고려한 도수율을 살펴보면 건설업의 도수율이 2.56이고 제조업이 2.86인 데 비해 광업에서의 도수율은 81.07로 매우 높아 광업의 근로조건 및 작업환경의 열악함을 통계적으로 파악할 수 있다. 특히 탄광에서의 작업장 사고가 유달리 높은 이유로는 광업이 사양산업화되

표 12-3 산업재해의 경제적 비용항목(例)

구분	항목	내용
직접 손실 비용	산재보상보험에 의한 보상금	요양보상비 – 의료비 – 약물치료비 – 진료 및 왕진 등 기타 치료비 – 입원비 – 간호비 – 후송 교통비
		휴업보상비
		유족보상비
		장례비
	회사보상	요양비
		휴업보상비
		기타 합의내용
간접 손실 비용	인건비	본인 – 당일 손실시간임금 – 휴일 중 손실시간임금 – 기타 손실시간임금
		타인 – 작업을 못한 시간손실임금 – 조사, 대책수립 등에 의한 시간손실임금 – 정리, 복구 등을 위한 시간손실임금 – 기타 시간손실임금
	물적 손실	건물 및 그 부속설비의 손실
		기계 및 기구의 손실
		재료, 원료, 반제품, 제품의 손실
		보호구류의 손실
		소모품의 손실
		기타 물적 손실
	기타 손실	추가휴업보상비
		간병비
		여비 및 교통비
		장례제비용
		기타 비용
	생산손실	생산이 저하되거나 작업이 중지되어 발생된 생산손실을 보충하기 위해 작업시간을 연장함으로써 생긴 손실

고 있는 까닭에 기업주가 사업장의 안전 및 보건을 유지하는데 충분히 투자할 만한 여력이 없다는 것을 꼽을 수 있다. 광부 또한 근로자로서 기피하는 직종이 되어서 양질의 숙달된 근로자는 빠져나가거나 취업하지 않으려 하고, 기업주 또한 미숙련 노동자들에게 충분한 훈련과 교육을 시킬 수 있는 관리여력이 부족하다. 광업 다음으로는 운수업에서의 재해발생률이 높은데, 이는 우리나라의 교통사고 발생률이 높은 것과 같은 이유에서 비롯한 것임을 알 수 있다.

2.2.2 손실측정

산업재해로 인한 손실을 조사하기 위한 방식은 이론적으로 볼 때, 작업중에 발생한 사고와 관련된 모든 항목의 비용을 하나도 빠뜨림 없이 파악하여 산업재해로 인한 비용을 직접 계산할 수 있게 만든 방식이 가장 좋을 것이다. 실제로 많은 학자들이 산업재해의 손실을 계산하는 구체적인 방식을 제시한 바 있다(Heinrich, 1931; Simons/Grimaldi, 1956; Bird, 1974; Wallach, 1962; Compes, 1965 등). 그러나 재해가 발생하였을 때 재해와 관련되는 양적 · 질적 손실과 직접적 · 간접적 손실들을 모두 고려하여 손실비용을 밝히고, 더 나아가 연이어 취해지는 재해처리 절차를 계속적으로 기록하여 정확히 파악한다는 것은 거의 불가능하다. 결국 일반적으로 널리 통용되는 방식은 모든 항목을 포괄하지는 못하지만 비용이 많이 드는 요소, 손쉽게 계산 가능한 요소 등만을 포함시킬 수밖에 없다.

따라서 재해로 인한 비용의 추정치 통계에는 겉으로 확연히 드러난 요소들만이 고려되어 있다. 즉 재해손실에 관한 자료가 부족하기 때문에 명확하게 드러난 손실만을 감안하려는 경향이 있다. 따라서 수치로 발표된 대부분의 재해손실의 통계는 재해발생으로 인한 최소손실규모의 현황만을 나타내 보여주는 것이라는 점을 알아야 한다.

재해손실의 통계는 재해발생으로 인한 최소손실규모의 현황만을 나타내 보여주는 것

<표 12-3>은 기업 측이 경제적 손실로 인식하는 비용의 구체적인 내역으로서 국내의 한 대기업에서 취하고 있는 방식을 예로서 제시한 것이다. 이 회사의 경우 인적 재해가 발생하였을 때 직접손실비용과 간접손실비용을 구분하여 측정하고 있는데, 직접손실비용에는 산업재해보상보험에 의한 비용과 재해발생시 지출되는 회사비용이 포함되고, 간접손실비용에는 인건비, 물적 손실, 기타손실과 생산손실이 포함된다.

2.3 산업재해의 원인

사고원인 파악을 통한 예방대책 강구

안전사고를 방지하기 위해서는 먼저 사고원인에 관해서 알고 있어야 한다. 어떤 면에서 보면 사고가 피할 수 없는 불가항력적 요인에서 유래하는 것 같이 보이기도 하지만 사고가 일어난 과정을 면밀하게 분석하게 되면 예방대책이 강구될 수 있다는 결론에 도달하게 된다. 사고의 원인은 크게 물적 요인, 인적 요인, 환경적 요인으로 구분할 수 있다.

1) 물적 요인

물적 요인이란 기업 내의 각종 시설과 설비 면에서 비롯되는 재해의 원인들로서 다음과 같은 사항들이 있다.

① 시설과 설비 자체의 결함: 건물 · 기계장치의 불량 또는 노후화 ② 부적절한 보호장치: 안전장치 보호구의 결여

③ 공구, 기구의 불량

④ 표식의 불비, 불완전

2) 인적 요인

이것은 개인적인 소질 및 부주의한 행동에서 비롯되는 요인들로 다음과 같은 원인들이 있다.

① 개인적 소질 부족: 과격한 기질, 시력 및 청력의 결함, 지식 및 기능의 부족, 각종 질환, 근력 부족 등

② 안전수칙의 불이행: 안전지식의 불충분, 안전수칙의 오해, 작업방법 교육 불충분, 유해작업 교육 불충분, 불안전한 자세 및 동작, 감독 및 연락 불충분 등

3) 환경적 요인

이것은 작업환경에 따르는 각종의 물리적, 화학적인 위험요소를 말한다.

① 물리적 요인: 작업장 또는 작업대의 협소, 기계류의 배치 부적절, 통로 협소, 채광 · 조명 · 환경시설의 부적당, 불안전한 복장 등

② 화학적 요인: 고열, 분진, 소음, 진동, 가스, 유해방사선 등

2.4 산업재해 예방대책

산업재해의 빈도와 강도를 낮추기 위해서는 관리적 노력과 작업환경 개선의 노력이 동시에 이루어져야 한다. 보수 · 수리로 대표되는 작업환경개선은 위험한 작업조건을 안전한 상태로 변경시키는 것이다. 그러나 작업시설 혹은 설비 등에 대한 작업환경의 개선이 이루어졌다고 하더라도 산업재해의 발생가능성은 여전히 남아 있다. 왜냐하면 안전한 작업조건 하에서도 작업자의 부주의 등으로 인해 재해가 발생할 수 있기 때문이다. 따라서 다음과 같은 관리적 차원의 재해감축노력이 요청된다(Casio, 1992).

1) 재해방지 프로그램

관리층은 산업재해를 사전에 예방할 수 있는 정책을 마련하여야 하는데, 정책을 수립하고 실행하기 위해서는 재해방지 프로그램이 갖추어져 있어야 한다. 이러한 프로그램에는 다음과 같은 3가지 요소가 고려되어야 한다.

- 적절한 예산편성
- 안전사고 기록에 대한 철저한 분석
- 관리층의 안전에 대한 의지 표명과 솔선수범

2) 산업안전보건위원회

종업원, 관리자, 산업안전전문가로 구성된 안전대책위원회의 구성으로 다른 사안보다 안전문제를 우선시하는 기업분위기를 유도할 수 있다. 위원회가 하는 역할은 다음과 같다.

- 안전정책을 제안하거나 최고경영층에서 제시한 안전정책에 대한 비판
- 기업 나름대로의 안전기준 설정
- 종업원과 감독자에 대한 안전교육 실시
- 안전감시활동 수행
- 위험한 작업환경과 위험한 작업행동의 감소를 위한 지속적인 예방활동

3) 안전규정

산업안전 규정은 최고경영층에 의해 제시되는 일반적인 산업안전정책의 중요한 산물이다. 안전규정이 효과적이기 위해서는 규정을 따르지 않았을 때 분명한 처벌을 해야 한다. 많은 경우에 규정이 지켜지지 않는다. 예컨대 작업장에서

안전모를 쓰도록 되어 있으나 흔히 이러한 규정을 가볍게 보고 넘겨 착용하지 않아서 호미로 막을 일을 가래로 막는 경우가 자주 발생하고 있다.

4) 종업원 선발

인사관리의 기본원칙 중 하나는 인력의 적재적소 배치이다. 산업안전에 대한 예방 혹은 대책 역시 이러한 원칙을 준수할 때 효과적으로 이루어질 수 있다. 적절한 작업자의 선정은 흔히 두 가지의 요소를 고려해서 이루어지게 되는데 하나는 연령이고 다른 하나는 근속기간이다(Root, 1981).

부주의한 작업행동으로 인해 산업재해를 일으키게 되며, 동일한 연령의 작업자의 경우 작업수행의 기간이 짧을수록 재해를 일으킬 확률이 높다. 그러나 근속기간이 긴 작업자의 경우 많은 인건비가 부담스럽기 때문에 미숙련공에 대한 교육훈련을 통한 관리가 필요하다.

5) 종업원 및 관리자에 대한 훈련

안전사고로부터 자신을 방어할 수 있는 다양한 정보를 얻지 못함으로써 재해가 발생할 수 있다. 따라서 재해예방과 관련된 교육훈련이 필요하다. 기업 측은 위험한 상황 및 위험한 행동에 대해 사전적인 훈련을 통해서 재해를 미연에 예방하기 위해 노력해야 한다.

6) 피드백/인센티브

종업원의 생산성을 높이기 위해서는 결과물에 대한 피드백과 성과에 상응하는 보상을 지불하는 것이 마땅하다. 이러한 동기유발의 방법은 산업재해예방에도 그대로 적용된다. 보다 구체적이고 어렵긴 하지만 달성 가능한 안전목표를 설정하고, 이들 목표달성에 필요한 정보를 제공하고 목표달성시 보상을 지급하게 된다면 이때의 인센티브는 미래의 더 큰 손실을 줄이게 될 것이다.

이상에서 살펴본 바와 같이 산업안전을 위한 대책에는 다양한 기업 측의 노력이 요구된다. 물론 산업재해의 예방은 근로자와 기업 그리고 정부가 함께 노력하여 풀어나갈 문제이지만 그 중에서도 기업의 역할이 매우 크다. 그 이유는 사업장마다 나름대로의 생산설비를 보유하고 있으며 그에 따라 생산과정도 다르기 때문이다. 따라서 그에 합당한 안전교육과 훈련을 실시하는 것은 기업의 몫이다. 이와 같은 기업 측의 올바른 역할수행과 더불어 요구되는 것은 근로자의 안전에 대한 올바른 인식과 적극적 참여이다. 산업재해로 인한 손실은 기업에게 엄청난 경제적 부담을 가져오지만 이는 개인에 대한 손실과는 비교할 수 없다. 산업재해로 인해 근로자는 직접적 · 간접적으로 경제적 손실을 경험할 뿐만 아니라 심신상의 건강을 해침으로써 불행에 빠지게 된다. 따라서 산업안전에 대한 보다 적극적인 인식을 가지고 재해를 예방하여야 하겠다. 기업과 개인 이외에 산업안전의 간접적 당사자는 정부이다. 정부는 산업재해와 관련한 제반 법률과 정책을 지속적으로 개선함으로써 보다 효과적인 산업안전관리에 기여해야 할 것이다. 결국 기업과 근로자 그리고 정부가 각자의 몫을 제대로 해 나갈 때 비로소 산업안전은 달성될 수 있을 것이다.

2.5 예방대책의 효과

산업재해 예방대책을 효과적인 실행을 위한 고려사항

산업재해에 대한 대책은 사후적(ex-post) 재해처리와 사전적(ex-ante) 재해예방으로 구분될 수 있다. 산업재해에 대한 사후적 처리는 엄청난 비용을 수반하게 된다. 많은 기업들이 사전적인 산업재해예방에 관심과 노력을 기울이는 가장 큰 이유는 이와 같은 비용손실 때문이다. 산업재해예방대책을 효과적으로 수립하고 실행하기 위해서는 두 가지 측면을 고려해야 한다. 하나는 제도의 타당성 측면으로 채택한 재해예방프로그램이 재해를 실제로 얼마나 줄일 수 있겠는가와 관련되는 기대효과 측면이며, 다른 하나는 제도도입의 실용성 측면으로 대책수립에 적절한 비용이 투입되었는가이다.

그러나 비용과 기대효과의 비교라는 비용-편익(cost-benefit)적인 접근은 예방효과가 미래에 발생하기 때문에 올바르게 측정되기 어렵다는 문제가 있다. 특히 기대효과가 과소평가될 우려가 있다. 따라서 지속적인 산업재해 현황분석이 필요하며, 이를 토대로 최고경영층뿐만 아니라 종업원들 모두가 재해예방의 중요성을 전사적으로 인식할 수 있도록 분위기를 조성하는 노력이 요구된다.

흔히 재해예방을 재해발생 감시 혹은 통제로만 파악하는 경향이 있는데, 이러한 소극적 재해예방 노력만으로는 소기의 재해예방 성과를 기대할 수 없으며, 보다 적극적인 의미에서의 재해예방 노력이 이루어져야 할 것이다. 앞서 제시된 다양한 재해예방대책을 살펴보면, 재해방지 프로그램과 안전규정 그리고 피드백/인센티브 등의 재해예방 대책들은 재해감시 및 통제위주의 프로그램으로 분류할 수 있으며, 이러한 정책대안들은 소극적 산업재해 예방 혹은 재해예방의 필요조건으로 파악될 수 있다. 반면, 안전전담위원회, 종업원 및 관리자에 대한 재해예방 교육, 종업원 선발 등의 재해예방대책들은 전사적 재해예방 분위기를 고취시키는 적극적 산업재해예방 혹은 재해예방의 충분조건으로 파악될 수 있다. 향후 산업재해 예방대책은 통제위주의 프로그램과 보다 적극적이고 전사적 재해예방 노력이 함께 이루어지는 방향으로 나아갈 때 효과적인 재해예방이 이루어질 수 있을 것이다.

요약

종업원들이 만족할 만한 성과를 보이기 위해서는 종업원의 능력뿐만 아니라 일할 의욕을 갖게 하는 모티베이션도 필요하다. 이를 위해서는 종업원들이 추구하는 바와 기업이 추구하는 바가 일치되도록 하는 노력이 필요하다.

동기부여 이론으로는 욕구단계설, 기대이론 그리고 강화이론 등이 제시되었다. 매슬로우에 따르면 인간의 욕구는 생리적, 안전, 사회적, 자아존중 그리고 자아실현의 욕구 등 5단계로 계층을 이루고 있으며 충족되지 못한 욕구에 대해 모티베이션이 이루어진다고 하였다. 한편 브룸은 개인의 행동결정과정에서 여러 가능한 행동대안을 평가하여 자신이 가장 중요시하는 결과를 가져오리라고 믿는 대안을 선택한다고 주장하였다. 브룸에 따르면 모티베이션은 기대감, 수단성 그리고 유의성 등의 3요소에 의해 이루어진다고 주장하였다. 한편 강화이론은 보상받는 행동은 반복되는 경향을 보이며 보상받지 못하는 행동은 반복되지 않는 경향을 보인다는 것이다.

모티베이션 프로그램으로는 경제적인 보상, 비경제적인 보상 그리고 인간관계 제도로 나누어 볼 수 있다. 경제적인 보상으로는 임금과 복리후생이 있는데 보상의 공정성이 중요하다. 비경제적인 보상으로는 직무설계, 직무의 안정성, 근로조건, 리더십, 합리적인 명령과 지시, 기업문화 등이 있고, 인간관계제도로는 카운슬링, 제안제도, 문호개방정책, 고충처리절차, 옴부즈맨제도 등과 같은 것이 있다. 이외에도 보다 효과적인 모티베이션을 위해서는 종업원 개개인에 대한 특성파악과 종업원의 모티베이션을 위한 관리자의 능동적인 노력이 요구된다.

산업재해는 기업과 개인에게 모두 불행한 현상이다. 기업 측의 입장에서 보면 산업재해로 인한 생산손실과 노동손실 그리고 다른 종업원들에 대한 사기저하의 영향 등 그 피해는 이루 말할 수 없다. 종업원의 입장에서 보면 산업재해는 한 개인에게 경제적 · 심리적 · 사회적 손실을 입힌다. 산업재해의 건수와 재해율은 1980년대 초반 이래 꾸준히 감소하는 추세를 보이고 있어서 그 동안의 산업재해 예방의 노력을 엿볼 수 있다. 그러나 최근 들어 산업재해자수는 크게 감소하고 있으나, 사망자수, 신체장해자수는 오히려 증가하고 있어서 향후 재해감소를 위한 지속적인 노력이 요구된다.

재해로 인하여 손실이 발생하며, 이를 측정하는 많은 방식이 존재하지만, 일반적으로 재해손실에 관한 자료가 부족하기 때문에 명확하게 드러난 손실만을 감안하려는 경향이 있다. 대부분의 재해손실의 통계는 재해발생으로 인한 최소손실규모의 현황만을 나타내 보여주는 것이라는 점을 명심해야 한다. 재해손실 측정은 직접손실비용과 간접손실비용을 구분하여 이루어지는데, 직접손실비용에는 산업재해보상보험에 의한 비용과 재해발생시 지출되는 회사비용이 포함되고, 간접손실비용에는 인건비, 물적 손실, 기타 손실과 생산손실이 포함된다.

산업재해의 원인은 물리적인 요인과 인적 요인 그리고 상황적 요인으로 구분할 수 있다. 재해를 예방하기 위해서는 다양한 대책이 강구될 수 있는데, 재해방지 프로그램, 안전전담위원회 설치 · 운영, 안전규정, 종업원 선발, 종업원 및 관리자에 대한 훈련, 피드백/인센티브 등이 여기에 포함된다. 이들 예방대책들은 타당성과 실용성 측면에서 평가되어야 하며, 흔히 통제위주의 소극적인 재해예방대책만을 강구하는 것으로는 충분한 재해예방효과를 거둘 수 없으며, 재해예방교육이나 전사적인 재해예방분위기의 확산 등 보다 적극적인 재해예방대책이 실행될 필요가 있다.

참고문헌

고용노동부, 산업재해분석, 각년도.

고용노동부, 산재보험사업연보, 각년도.

박명수, 산업재해의 경제적 손실 및 산재예방투자효과에 대한 분석, 한국노동연구원, 1993.

한국노동연구원, KLI 노동통계, 2022.

Barnard, C. I., The Functions of Executive, Cambridge, Mass.: Harvard University Press, 1938.

Bird, F. E., Management Guide to Loss Control, Institute Press, Atlanta, Georgia, 1974.

Cascio, W. F., Managing Human Resources, 3nd ed., McGraw−Hill, 1992.

Compes, P. C., Betribsunfälle Wirtschatlich Gesehen, Cologne, Anlis Verlag Enbaer & Co., 1965.

Flippo, E. B., Personnel Management, 6th, International, 1984.

Heinrich, H. W., Industrial Accident Prevention, McGraw−Hill, New York, 1931.

Herzberg, F., One More Time: How Do You Motivate Your Employees? in: Harvard Business Review, No. 1, 1968, pp. 53~62.

Maslow, A. H., A Theory of Human Motivation, in: Psychological Review, 1943, July, pp. 370~396.

Root, N., Injuries at Work Are Fewer Among Older Employees, in: Monthly Labor Review, 1981. Vol. 104, pp. 30~34.

Simonds, R. H./ Grimaldi, J. V., Safety Management, Accident Cost and Control, Richard D. Irwin, Homewood, Illinois, 1956.

Vroom, V. H., Work and Motivation, New York: John Wiley & Sons, 1964.

Wallach, M. B., Accident Cost; A New Concept, in: Journal of the American Society of Safety Engineers, No. 7, 1962.

노사관계

chapter 13

[1] 노사관계의 개념 및 발전과정

1.1 노사관계의 개념

노사관계(industrial relations, labor relations, labor−management relations)란 자본주의사회로 발전하면서 형성된 사회적인 관계(social relation)로서 이에 대한 이론적 연구가 본격화된 것은 제2차 세계대전 이후라 할 수 있다. 그러나 현재까지도 노사관계라는 용어의 개념에 대하여 보편적인 합의가 이루지지 않고 있는 실정이며, 다만 구성범위나 구성단위에 따라 매우 다양하게 규정되어 사용되고 있다(이원우 外, 1989). 노사관계라는 용어가 사용되기 이전에는 노자관계(labor−capital relations)라는 용어의 사용이 일반적이었는데 그것은 주로 마르크스 사상의 지배적인 영향 때문이라고 보여진다. 마르크스경제학은 생산수단의 소유와 미소유라는 관점에서 자본가계급과 노동자계급의 관계를 노자관계로 보고, 노동조직을 사회혁명의 주체로 본다. 따라서 노자관계는 대립과 투쟁의 관계로 표현되며, 혁명에 의해 자본주의 사회를 붕괴시키고 사회주의 체제로의 변혁을 주장한다. 그러나 노사관계는 자본주의체제 내에서의 계약관계이므로 이러한 주장은 현실과 괴리가 있어 오늘날은 노사관계 혹은 노동관계라는 용어를 사용하는 것이 일반적이다.

노사관계는 노동을 공급하는 자와 노동을 공급받는 자의 관계로 이루어진다. 이와 같이 노사관계란 기업경영에 필요한 노동력의 수요 및 공급관련 상호관계를 나타내는 개념으로 이해할 수 있는데, 이는 다시 노동력의 수요 측인 사용자 및 사용자단체와 공급 측인 근로자 및 근로자의 집단조직체인 노동조합과의 상호관계로서 종업원−사용자관계(employee−employer relations)와 노동조합−사용자관계(union−employer relations)로 구분되는 이원적 관계의 개념을 포함하는 관점에서 인식되고 있다.

노사관계는 노동을 공급하는 자와 노동을 공급받는 자의 관계

먼저 종업원과 사용자 사이의 관계는 사용자와 노동자 개개인과의 개별적 고용계약에 바탕을 둔 관계로서 개별적 노사관계인 반면, 노동조합과 사용자 사이의 관계는 집단적인 계약에 바탕을 둔 집단적 노사관계를 말한다. 여기에서 개별적 노사관계 또는 경영-종업원관계를 규정하는 것은 취업규칙 내지 근로계약이며, 이 관계를 우호적으로 유지 · 발전시키고자 하는 것이 '인사관리'이다.

넓은 의미에서의 노사관계는 개별적 노사관계와 집단적 노사관계를 모두 포함하지만 좁은 의미의 노사관계는 집단적 노사관계만을 뜻하는 것이다. 그런데 집단적 노사관계에 있어서 노동조합은 주로 노동조합의 간부들에 의해 움직여지고 기업은 경영자들에 의해 움직여지므로 노사관계는 실질적으로 노동조합과 기업의 관계인 동시에 노동조합 간부와 기업 경영자와의 관계라고 할 수 있는 것이다. 그러나 최근 노사관계의 의미는 노사 당사자 이외에 정부를 포함한 제3자적 제 요소와의 관계를 포함하는 관점에서 지칭되기도 하여 노동문제를 둘러싼 사용자 · 근로자 및 정부와의 상호작용의 복합체라고 볼 수 있다(Dunlop, 1993).

한편 노사관계의 당사자는 사용자와 근로자 및 노동조합, 정부의 3자관계이지만 중심적인 것은 사용자와 근로자 및 노동조합 간의 관계에서 이루어진다. 그러나 이들 양자의 관계에도 서로 상충되고 이율배반적인 현상이 나타난다. 이것을 노사관계의 이중성이라 하며 내용을 살펴보면 다음과 같다.

노사관계의 이중성

첫째, 노사관계는 협조적 관계와 대립적 관계를 동시에 갖는다. 즉 생산이란 측면에서 보면 서로 협조적 관계를 갖고 있지만 생산의 성과배분이란 측면에서 보면 대립적인 관계에 있다.

둘째, 노사관계는 개별적 관계와 집단적 관계라는 두 가지 차원을 갖는다. 전자는 개별적인 고용계약에 바탕을 두는 종업원 개인과 경영자와의 관계이고, 후자는 집단적인 고용계약, 즉 단체협약에 바탕을 둔 노동조합과 경영자와의 조직적인 관계를 말한다. 흔히 노사관계라 하면 노동조합과 사용자와의 집단적 관계를 지칭하지만, 기본적으로 집단적 노사관계는 개별적 노사관계를 전제로 출발한다는 점이다(박영기, 1993). 왜냐하면 많은 근로자가 미조직근로자이고, 중소기업에서 볼 수 있는 것처럼 고용근로조건의 대부분이 개별적 노사관계의 틀 안에서 결정되며, 노동조합이 있는 기업에서도 개인직무의 분담이나 구체적인 개별임금 결정, 승진, 교육훈련 등의 문제는 집단적 노사관계에서 취급할 수 없는 분야이기 때문이다.

셋째, 노사관계는 경제적 관계와 사회적 관계를 동시에 갖는다. 즉 노사관계는 기본적으로 기업의 사용자와 근로자 그리고 노동조합의 경제적 목적을 달성하고자 하며 양 당사자 간의 경제적 이해관계를 나타내므로 경제적 관계이지만, 한편으로는 구성원들의 집단생활을 토대로 관계가 이루어지는 인간관계로서 사회에 미치는 영향이 크므로 사회적 관계의 성격을 갖는다고 볼 수 있다.

넷째, 노사관계는 종속관계와 대등관계의 양면성을 갖고 있다. 생산이란 측면에서 보면 근로자는 종업원으로서 경영자의 지휘 · 명령에 복종해야 하므로 종속관계인 반면, 노동력의 공급자로서의 근로자는 노동조합을 통하여 집단적인 근로조건의 결정과 운영에 사용자 측과 대등한 입장에서 교섭하므로 대등관계에 있다고 볼 수 있다.

이와 같이 노사 간에 존재하는 이중적 관계의 합리적인 조정은 현대 노사관계의 안정 및 발전을 위한 중심적인 요건이 된다고 하겠다.

1.2 노사관계의 발전과정

노사관계는 18세기 중엽에 시작된 영국의 산업혁명 이후 오늘날까지 각국에서 추진되어 온 공업화 과정을 배경으로 하여 성립된 것이다. 따라서 노사관계는 그 시대와 사회에 따라 독특한 형태를 보이게 되는데 고용조건을 결정하는 기구의 성질에 따라 분류하면 다음과 같다(강석인, 1982).

1.2.1 전제적 노사관계

소유자에 의한 경영

자본주의 초기에는 비록 자유로운 자본시장은 성립되었으나 근대적 노동시장은 성립되지 못하였고, 그 결과 기업은 소유자에 의한 경영(owner management)의 단계에 있었던 까닭에 일반적으로 전제적 성격이 매우 강하였다.

이러한 단계에서는 사용자와 노동자의 관계가 절대명령－절대복종이라는 예속적인 관계가 유지됨에 따라 인간적인 측면은 거의 무시되었다. 이러한 노사관계를 가리켜 전제적 노사관계라고도 하며 흔히 공산주의국가에서 볼 수 있는 형태라고 할 수 있다.

1.2.2 온정적 노사관계

생산방식의 발달과 함께 정착노동이 증대되어 감에 따라 전제적 노사관계로는 노동자의 협조를 얻을 수 없고, 생산성이 떨어지는 단계에 이르면 사용자도 이에 대응해서 노동자에게 주택, 의료 등 가부장적 온정주의에 입각한 복리후생시설을 제공하게 된다. 이것은 19세기 초 영국의 사회주의자이며 산업자본가였던 오웬(Owen)에 의해 비롯되어 거의 1세기에 걸쳐 일반화됐던 노사관계의 한 형태이다. 이를 친권적 노사관계라고도 하며 독일이나 일본에서 볼 수 있었다.

1.2.3 완화적 노사관계

산업혁명이 진전됨에 따라 근대적인 주식회사가 보편적으로 등장하는 단계에 이르게 되면 기업규모의 확대 및 관리 합리화의 추진으로 자본집중에 의한 경영과 자본의 분리현상이 나타난다.

한편 노동에 있어서도 횡단적인 직업별 노동조합(craft union)의 출현과 같은 근대적 노동시장의 형성을 보게 되는바, 이러한 자본과 노동과의 관계는 필연적으로 어느 정도의 변화를 가져오게 된다. 그러나 근로자의 종업원적인 성격은 계속해서 강하게 남아 있게 되고, 단체교섭에서도 노동조합의 힘이 부족하여 자본가들의 전제적인 속성을 어느 정도 완화시키는 데 그쳤을 뿐이다. 따라서 한편으로는 다소의 합리주의와 또 다른 한편으로는 종래의 온정적 가족주의관계의 성격을 띤 노사관계라고 볼 수 있다.

1.2.4 민주적 노사관계

1930년 초 세계 대공황을 겪은 이후 자본의 집중과 독점화가 고도로 진전되어 기업규모가 확대된 결과 소유와 경영의 분리가 촉진되었고, 이에 따라 전문경영자가 핵심적 역할을 담당하게 됨으로써 경영자단체의 조직화가 일반화되었다. 이처럼 기업규모가 확대되면서 노동자의 고용형태도 달라지고 기계화와 표준화의 발달로 인해 미숙련 노동자, 여성노동자가 대량으로 진출함으로써 노동조합의 조직도 직업별 조직에서 산업별 조직형태로 바뀌게 되었다. 이와 같이 새로운 단계의 노동과 자본의 관계는 각국의 경제적 · 사회적 여건변화에 따라 다소간의 차이는 있지만 언제나 노동관계법을 전제로 하게 되며 노동조건을 결정하는 단체교섭과정에서 노사는 대등한 사회적 지위를 인정받게 된다. 즉 본질적으로는 자본의 주도 하에 있지만 산업사회에 있어서 대등한 지위를 당연한 것으로 보는 산업민주주의의 이념이 형성되기에 이른다. 오늘날 가장 바람직한 노사관계는 민주적 노사관계라고 볼 수 있다.

[2] 노동조합

노동조합은 노사관계의 핵심적 양 당사자의 하나이며 노동운동의 주체이다. 정부의 노동정책은 대개 노동조직의 법적 지위와 역할을 어떻게 부여하는가의 문제에 국한되어 있다고 할 수 있다. 따라서 본 절에서는 노동조합의 이해를 위하여 노동조합의 기능 및 조직형태를 중심으로 살펴보고자 한다.

2.1 노동조합의 기능

노동조합은 산업화과정에서 임금노동자들의 출현을 통해 그들이 당면한 문제들을 조직적 활동을 통해 해결하려는 동기에서 비롯되었다. 그러나 그 운동의 방향과 본질은 각 국가가 처한 역사적 상황과 지배적인 이념에 따라 차이가 있있다. 시회혁명을 목표로 하는 혁명적 노조주의(revolutionary unionism)에서는 노동조합이 정부와 자본주의체제를 전복시키는 하나의 도구에 지나지 않았다. 한편 계급의식적인 성격을 강하게 갖고 있는 유럽의 일부 노동조합은 공산주의 또는 사회주의 정당을 설립하고 선거 등의 정치적 수단을 통하여 사회체제의 변혁을 기도하는 사회조합주의(social unionism)를 신봉하였다.

혁명적 노조주의

사회조합주의

그러나 오늘날 미국을 비롯한 많은 국가의 노동조합은 노동자의 임금 및 노동조건의 개선을 가장 우선으로 하며 정치적 · 사회적 변화에 대한 관심은 노동자의 노동조건의 향상을 위해 필요한 경우에 고려해야 할 부수적인 것으로 보고 있다. 이러한 노동조합관을 기업조합주의(business unionism)라 한다. 이러한 조합주의 하에서의 정부는 노동자의 노동3권을 보장하고 노사가 대등한 입장에서 근로조건에 대해 자주적으로 협상하게 할 뿐 적극적으로 개입하지 않는다. 이를 노사자치주의(voluntarism)라 하는데 자유롭고 대등한 단체교섭, 자유로운 단결 및 쟁의행위가 주요한 원칙들이다.

노동조합의 활동은 경제 · 사회의 변동에 따라 점차 다양화되어 가고 있는데, 그것은 대체로 경제적 기능, 공제적 기능, 정치적 기능의 세 가지로 대별해 볼 수 있다.

역사적으로는 공제적 기능을 중심으로 노동조합이 태동하였으므로 초기에는 공제적 기능이 가장 중요하였다. 그러나 이러한 기능 중에서 노동조합 고유의 가장 기본적인 기능은 경제적 기능이다. 공제적 기능이나 정치적 기능은 노동조합의 경제적 기능을 보강하고 보완하는 것이다.

2.1.1 경제적 기능

노조의 경제적 기능은 사용자에 대해 직접적으로 발휘되는 노동력의 판매자로서의 교섭기능

노동조합의 여러 가지 기능 중에서도 경제적 기능은 가장 기본적인 기능이라고 할 수 있다. 노조의 경제적 기능은 사용자에 대해 직접적으로 발휘되는 노동력의 판매자로서의 교섭기능이다. 던롭(Dunlop)은 노동조합이 정치적 성격도 있지만 임금수준의 인상, 근로조건 개선의 극대화를 추구하는 경제적 주체라고 말한다(Dunlop, 1993). 이처럼 노동조합의 주된 기능이라고도 할 수 있는 경제적 기능은 주로 조합원의 경제적 이익과 권리를 유지 · 개선하는 기능을 말한다. 예를 들면 근로시간의 단축, 임금인상, 작업환경의 개선과 복리후생 등을 들 수 있다. 노동조합은 자주적으로 조직근로자들의 경제적인 권익신장을 위하여 노동3권(단결권, 단체교섭권, 단체행동권)을 이용하여 노사가 자율적이며 대등한 입장에서 단체교섭에 임한다. 만약 협상이 결렬될 경우에는 쟁의행위인 파업, 태업 등을 행하게 되는데 이러한 쟁의행위는 비용이 수반되기는 하지만, 교섭력을 높이고 단체교섭기능을 강화시켜 주는 역할을 하게 되는 것이다.

2.1.2 공제적 기능

조합원의 노동능력이 일시적 또는 영구적으로 상실되는 경우에 대비하여 조합이 기금을 설치하여 상호 공제하는 활동

노동조합의 공제적 기능은 조합원 상호 간에 수행되는 일종의 대내적 기능이다. 조합원의 노동능력이 질병, 재해, 고령, 사망, 실업 등으로 일시적 또는 영구적으로 상실되는 경우에 대비하여 조합이 기금을 설치하여 상호 공제하는 활동을 말한다. 공제적 기능과 활동은 노동조합의 역사와 함께 시작된 가장 오래된 기능으로 다른 기능에 비해 상대적으로 그 비중이 크게 저하되었으나 아직까지 선진구미의 노동조합에서는 과소평가할 수 없는 기능이다.

초기에는 주로 조합원의 경조사 때에 부조를 하는 경우가 주된 공제적 기

능이었으나, 오늘날에는 노동조합이 조합원을 위하여 병원이나 진료소를 건립·운영하는 것을 비롯하여 주택공급사업, 요양소, 오락시설, 소비조합, 숙박 또는 급식시설, 장학제도, 퇴직 위로금이나 연금의 지급, 노동금고, 조합원의 실업, 사업, 기타 사고에 대한 위로금과 생활원조 등의 여러 가지 공제적·복리후생적 활동을 광범위하게 전개하고 있다.

2.1.3 정치적 기능

국가의 노사관계에 대한 간섭과 개입이 시작되어 임금이나 근로조건의 결정이 국가에 의해 좌우됨

마지막으로 노동조합이 가지는 중요한 기능의 하나가 정치적 기능이다. 임금과 근로조건의 개선을 둘러싼 노사 간의 교섭과 분쟁을 조정하고 해결하는 측면뿐만 아니라, 노동관계법을 비롯한 모든 법령의 제정 및 개정, 세제, 물가정책, 사회보험제도, 기타 사회복지정책 등 정부의 경제·사회정책에 관한 노동조합의 정치적 발언과 주장은 근로자의 생활향상을 위한 불가결의 활동분야이다.

경제적 기능이 사용자와의 교섭을 통해 발휘되는 데 비해 정치적 기능은 그 상대가 사용자가 아니라 주로 국가나 사회단체이며 더욱이 교섭이라는 형식을 취하지 않는다. 정치적 기능은 오늘날 국가의 노사관계에 대한 간섭과 개입이 시작되어 임금이나 근로조건의 결정이 국가에 의해 좌우됨에 따라 더욱 중요시되었다.

최저임금제의 입법화 운동이라든가, 근로시간의 단축 또는 사회보험이나 사회보장의 요구 등은 노동조합의 정치적 기능을 통해 국가에 대한 요구로 나타나고 있다. 뿐만 아니라 노동조합의 단결권, 단체교섭권, 쟁의권을 금지하거나 제한하고자 하는 등의 입법 때문에 노동조합은 정치적 기능을 강화하지 않을 수 없게 되었다.

오늘날에는 위의 3가지 기능만으로는 노동조합의 활동을 다 설명할 수 없으며 그 밖의 여러 가지 기능을 수행하고 있는 것이 현실이다. 즉 노동조합을 조직하고, 유지·확장하는 기능, 조합의 목적인 조합원의 근로조건의 유지향상을 위한 단체교섭, 경제활동, 정치활동 등의 기능 이외에도 이러한 기능들을 보조하는 교육활동, 선전활동, 조사연구활동, 사회사업활동 등을 수행하고 있다.

2.2 노동조합의 조직형태

노동조합의 조직형태를 규정하는 데는 각국의 경제, 경영여건, 근로자의 환경 등이 복합적으로 작용하며 일반적으로는 조합가입방법, 가입범위, 가입자격 등이 가장 큰 역할을 수행한다.

2.2.1 직종별 노동조합

직종 또는 직업을 같이하는 근로자들로 조직된 노동조합

직종별 노동조합(craft union)은 가장 먼저 발달한 노동조합의 조직형태로서 특정기업이나 산업에 고용되는 것과는 관계없이 직종 또는 직업을 같이하는 근로자들로 조직된 노동조합을 말한다. 이는 직업별 조합이라고도 불리며 주로 숙련공들의 기술이 필수적으로 요구되던 종래의 생산방식 하에서 숙련근로자가 조직을 통해 노동시장을 배타적으로 독점하여 교섭력을 높이는 것을 주목적으로 하였다. 대표적인 예로 19세기 말, 20세기 초 미국과 영국 등에서 인쇄공, 봉제공, 제화공이 자신들의 기술과 노동을 보다 유리한 위치에서 공급하기 위하여 집단적 세력을 형성하여 임금협상에 영향력을 행사하기 시작한 것이 노동조합의 설립배경이라고 할 수 있다. 우리나라의 경우 비록 노동조합이라고는 할 수 없지만 이와 비슷한 기능을 하고 있는 직능별 단체로서 의사회와 변호사회 등을 들 수 있다.

직종별 노동조합의 장점으로는 동종근로자 집단이기 때문에 단결이 강화되고 단체교섭과 임금협상이 용이한 것을 들 수 있으며, 단점으로는 조직의 배타성으로 근로자 간의 형평성을 깨기 쉽고 기업현실을 고려함 없이 무리한 요구가 나타날 수 있다(김영종, 1992). 직종별 조합은 기계에 의한 대량생산체제의 도입과 분업화에 따르는 새로운 생산시설의 등장 등으로 숙련공에 대한 의존도가 낮아지는 것과 때를 같이하여 중요성이 점점 사라졌다.

2.2.2 산업별 노동조합

직종이나 계층에 관계없이 동일산업에 종사하는 근로자가 조직하는 노동조합

산업별 조합(industrial union)은 직종이나 계층에 관계없이 동일산업에 종사하는 근로자가 조직하는 노동조합을 말한다. 이것은 20세기에 철강, 전기, 화학, 자동차 등의 대량생산공업이 발달하고 그와 같은 산업에서 미숙련공, 반숙련공, 숙련공 등이 복합적으로 존재함에 따라 과거 직종별 조합의 노동공급 제한방법

과는 다른 방법이 필요한 데서 발생하였다. 즉 산업별 조합에서는 하나의 산업 또는 하나의 기업 전체의 근로자가 일시에 파업을 통하여 노동을 중지시키는 것이 교섭상 유리한 방법으로 됨에 따라 노동조합도 그와 같은 산업 또는 기업 내의 전 근로자를 단위로 조직하게 된 것이다(배무기, 1994).

산업별 조합의 장점으로는 기업과 직종을 초월한 거대한 조직으로서 정책 활동 등에 의해 압력단체로서의 지위를 가지며, 산업구조의 변화와 그에 따른 자본의 집중화에 대응하여 해당산업에 있어서 교섭력의 통일화를 유지할 수 있다는 점을 들 수 있다. 반면 직종 간이나 단위기업 간의 이해차이로 조직의 응집력이 약해질 가능성도 있다.

2.2.3 기업별 노동조합

동일한 기업에 종사하는 근로자들로 조직되는 노동조합

기업별 조합(company union)은 동일한 기업에 종사하는 근로자들로 조직되는 노동조합을 말한다. 앞서 설명한 직종별 조합이나 산업별 조합이 기업을 초월하는 횡단조직인 데 비하여 기업별 조합은 기업 테두리를 경계로 하는 종단조직인 것이 특색이다.

기업별 조합은 조합원이 서로 충분한 연대의식을 가지지 못하며 노동시장에 대한 지배력도 거의 행사할 수 없기 때문에 노동조합 본연의 역할을 다하지 못하고 사용자의 지배로 오히려 어용노조로 전락해 버릴 위험성이 많다. 이러한 경향은 조합원의 수가 적은 중소기업의 경우 더욱 현저하다(김영종, 1992).

일본은 대부분의 단위노조가 기업별 조직형태를 띠고 있으며, 우리나라도 지금까지의 정책적 영향으로 기업별 노조가 주류를 이루고 있다. 이에 비하여 구미에서는 직종별 노조나 산업별 노조가 지배적인 반면 기업별 노조는 거의 찾아보기 어렵다.

기업별 조합은 같은 기업체에 근무하는 근로자들만으로 조직되므로 조직의 범위가 명확하며 조직활동이 비교적 용이하다. 또한 조합원들이 동일기업에 종사하고 있으므로 근로조건을 획일적으로 적용하기가 용이하며 사용자와의 밀접한 관계로 무리한 요구보다는 공동체의식을 형성하여 노사화합이 용이하게 이루어질 수 있는 장점을 갖고 있다. 반면 기업 내 직종 간의 반목과 대립이 유발될 가능성과 사용자와 종업원 간의 상하관계로 인하여 노조의 기능이 약화될 수 있을 뿐만 아니라 근로자들 사이에 조합원이라기보다는 종업원이라는 의식이 우선하여 조합운영상의 애로점이 나타날 수도 있다.

2.2.4 일반노동조합

숙련이나 직종 또는 산업에 관계없이 일반근로자를 폭넓게 규합하는 조합의 형태

일반조합(general union)은 숙련이나 직종 또는 산업에 관계없이 일반근로자를 폭넓게 규합하는 조합의 형태이다. 이것은 작업의 분업화 · 단순화 · 표준화 과정의 발달과 더불어 등장한 대량의 미숙련근로자들이 노동생활을 영위하기 위한 최저생활의 필요조건을 확보하기 위해 생성되었다. 주된 요구조건으로는 고용의 안정과 임금 및 근로조건의 최저한도 설정 등을 들 수 있다. 이러한 요구조건들은 산업이나 직종을 초월하여 균일적인 성질을 가지는 것으로 그것의 실현을 위하여 입법규제를 중시하게 된다. 일반조합은 조합원구성의 이질성으로 인해 단결력이 약하고, 양적으로만 팽창했기 때문에 유동적이며, 의견종합의 곤란 등으로 인해 단체교섭기능이 약화될 가능성이 있다.

이상에서 살펴본 네 가지 유형의 조합을 정리하면 <표 13-1>과 같다.

표 13-1 노동조합의 형태별 특징

조합특성	직종별 조합	산업별 조합	기업별 조합	일반조합
환경	– 초기공업시대 – 산업자본시대 – 숙련공의 직업 독점시대 – 도제제도의 전성시대	– 기계생산시대 – 직종의 분화시대 – 작업분업화시대 – 반숙련공, 미숙련공의 다수 등장시대	– 사용자 주도적인 – 노사관계의 조직 – 가족주의적 노사 – 패턴에서 갈등을 전제로 한 노사패턴으로의 전환기 조직	– 미숙련공 다수 등장시대 – 직업별 조합에서 제외되었던 산업조직 – 직업별과 산업별의 중간산물
조직원리	– 1직업 1조합 – 횡단적	– 1산업 1조합 – 횡단적	– 1기업 1조직 – 종단적	– 전 산업 1조합 – 횡단적
조직기반	– 숙련공	– 반숙련공 – 미숙련공	– 기업	– 미숙련공
조직성격	– 완전 폐쇄적	– 개방적	– 폐쇄적	– 완전 개방적
조직관리	– 공제활동 – 중앙집권화	– 조합민주주의	– 복지활동 – 조합민주주의	– 중앙집권적 관료주의
노동시장 통제방법	– 직업독점 – 도제제도	– 단체교섭 – 파업 – 경영참가	– 노사협의 – 단체교섭	– 입법규제 – 단체교섭 – 파업

2.2.5 단일조직과 연합체조직

앞에서 설명한 네 가지 유형의 조합은 단위조직으로서 각 조직에 참가하는 구성원들의 자격을 중심으로 구분한 것이다. 즉 직종별 조합은 동일직종, 산업별 조합은 동일산업, 기업별 조합은 동일기업에 종사하는 노동자들만이 단위조직에의 가입자격을 가지고 있으나, 일반조합은 모든 노동자에게 문호를 개방하는 형태이다.

그러나 전국적 조직으로 결합할 경우 노동자 개개인이 개인 자격으로서 전국적 조직에 가입하느냐, 또는 단위조직이 전국적 조직의 구성원으로 가입하느냐에 따라 전자를 단위조직, 후자를 연합체조직으로 분류하기도 한다. 일반적으로 산업별 조합과 일반조합은 단일조직의 형태를 가지고 있으며, 직종별 조합과 기업별 조합은 전국적으로 결합할 경우 연합체 조직을 이룬다.

개개의 노동자가 개인가입의 형식을 취하는 조합으로서 지부 · 분회 등 하부기구를 갖는 것을 단일조직이라고 한다. 이때의 지부나 분회 등은 하부조직에 그치고 중앙조직의 구성원이 되는 것은 아니다. 구성원은 지부나 분회에 있어서의 개인으로서의 근로자이다. 이와 같이 단일조직은 근로자의 개인가입 방식을 취한다는 점에서 연합체조직과 구별된다.

한편 각 지역이나 기업 또는 직종별 단위조합이 단체의 자격으로 지역적 내지 전국적 조직의 구성원이 되는 형태를 연합체조직이라고 한다. 이때 구성원인 각 조합을 단위조합이라고 하며, 지역적 또는 전국적 조직을 연합조합이라고 한다. 우리나라의 경우 단위조합은 각 기업별 조합이며, 이들이 산업별로 전국연맹의 구성원으로 가입되어 있다. 이때 산업별 전국연맹이 연합조직이다.

2.3 숍 제 도

숍제도란 기업이 신규인력을 채용할 때 지원자의 신분과 관련한 노동조합과의 제 관계의 형태를 말한다. 여기에는 오픈숍(open shop), 유니언숍(union shop), 클로즈드숍(closed shop)의 기본적인 세 가지 제도가 있다. 이상의 세 가지 기본적인 숍제도에서 변형된 에이전시숍(agency shop), 프레퍼렌셜숍(preferential shop), 메인트넌스숍(maintenance shop) 등의 제도가 있는데 이는 <표 13-2>에 제시되어 있다.

기업이 신규인력을 채용할 때 지원자의 신분과 관련한 노동조합과의 제 관계의 형태

표 13-2 숍제도의 유형

기본적 숍제도	오픈숍 (open shop)	조합원이나 비조합원이나 모두 고용할 수 있으며 조합가입이 고용조건이 아닌 제도이다.
	유니언숍 (union shop)	사용자의 자유로운 채용이 허락되나, 일단 채용된 후 일정한 견습기간이 지나 정식 종업원이 되면 조합에 가입하지 않으면 안 된다.
	클로즈드숍 (closed shop)	결원보충이나 신규채용에 있어서 사용자는 조합원 중에서 고용하지 않으면 안 되는 것을 말한다. 즉, 조합가입이 고용의 전제조건이 되는 가장 강력한 제도이다.
변형적 숍제도	에이전시숍 (agency shop)	대리기관 숍제도라고도 하며, 이는 조합원이 아니더라도 모든 종업원에게 단체교섭의 당사자인 노동조합이 조합회비를 징수하는 제도이다.
	프레퍼렌셜숍 (preferential shop)	우선 숍제도라고 하며, 이는 채용에 있어서 노동조합원에게 우선순위를 주는 제도이다.
	메인트넌스숍 (maintenance of membership shop)	조합원유지 숍제도라고 하며, 이는 조합원이 되면 일정기간 동안 조합원으로서 머물러 있어야 한다는 제도이다.

일반적으로 노동조합은 고용조건으로서 조합원이 되어야 하는 클로즈드숍이나 유니언숍제도를 확립하려고 노력하는 데 비하여, 사용자는 오픈숍(open shop)제도를 원하고 있다.

[3] 단체교섭

3.1 단체교섭의 기능

노사대등의 입장에서 행하는 노동조건의 집단적 거래관계 내지 집단적 타협의 절차

단체교섭(collective bargaining)이란 노사대등의 입장에서 행하는 노동조건의 집단적 거래관계 내지 집단적 타협의 절차를 말한다.

우리나라 노동조합 및 노동관계조정법 제29조 1항에서는 "노동조합의 대표자는 그 노동조합 또는 조합원을 위하여 사용자나 사용자단체와 교섭하고 단체협약을 체결할 권한을 가진다"고 정하여 노동조합이 사용자와 대등한 지위에서

단체교섭을 할 수 있도록 규정하고 있다. 이것은 이른바 단체교섭권을 의미하는 것으로 단체교섭은 노동조합과 사용자 또는 그 단체 간의 근로조건, 기타 사항에 관한 교섭을 말한다.

단체교섭은 노사 간 이해가 상반된 데서 비롯되므로 교섭을 하다 보면 합의가 이루어지거나 아니면 교섭이 결렬되는 사태를 가져올 수 있다. 교섭이 결렬됐을 경우 노동쟁의로 연결되기 때문에 단체교섭과 노동쟁의는 끊을래야 끊을 수 없는 관계에 놓여 있다. 따라서 이러한 단체교섭을 효과적으로 행사하기 위해서는 무엇보다도 단체교섭의 올바른 이해가 선행되어야 한다(한국노사교육본부, 1990).

첫째, 단체교섭은 노사 간 교섭력(bargaining power)을 중심으로 진행되지만, 이 경우 교섭력은 정당성의 한계를 벗어나지 않는 것이어야 한다. 단체교섭 당사자인 노사 양측은 각각 자기에게 주어진 힘을 최대한 이용, 상대방에 비해 유리한 입장을 확보하려고 노력하고, 이를 위한 쟁의전략을 세우기 마련이다. 교섭원리의 특징은 양보 또는 타협을 할 것인지의 여부를 결정하는 데 있어서 쌍방이 각각 부담해야 하는 쟁의손실에 비해 쌍방이 각각 버틸 수 있는 여력이 얼마나 있느냐가 판단기준이 된다.

둘째, 단체교섭은 힘의 논리가 지배하는 것은 사실이나 어디까지나 협정을 이루려는 목적에서 행해져야 된다. 설사 교섭에 실패하여 파업이나 직장폐쇄를 초래할지라도 노사쌍방은 이성과 애정을 갖고 끝까지 협정을 모색하려는 진지한 자세를 견지해야 한다.

셋째, 단체교섭은 노사 간에 이루어지는 대화통로라는 점에서 노사협의와 같으나 그 성격은 다르다. 즉 단체교섭은 노사 간 이해가 상반되는 임금과 근로조건, 기타 근로자의 대우에 관한 협상과정이라고 한다면, 노사협의는 생산성 향상, 복지증진, 고충처리 등 노사공동의 이해사항에 관한 협의과정이라는 점에서 개념상 구분된다.

넷째, 단체교섭은 노사 당사자 간의 문제이므로 교섭형태가 어떻든 간에 최종적으로 책임과 의무를 다하는 노력이 선행되어야 한다.

단체교섭은 노사 간 갈등을 해결하는 민주적인 절차로서 산업민주주의를 정착시키는 데 기여한다. 따라서 단체교섭이 근로자의 권익만 보호하는 기능으로 이해되어서는 안 되며, 사용자에게도 유익한 기능임을 잊어서는 안 된다. 즉 개별근로자와의 분쟁을 피하고 노동조합과 일괄적으로 문제를 해결할 수 있고, 교섭을 통해서 임금이 인상된 만큼 기업들에게 효율적인 경영을 촉구하게 되는 동시에 구매력이 증대되어 내수시장의 확대를 가져올 뿐만 아니라 무엇보다도 노사갈등에 따른 손실을 절감하는 등 긍정적인 효과가 크다.

3.2 단체교섭의 방식

노동조합의 조직형태와 노동운동의 성격에 따라 여러 가지 양상을 띰

단체교섭의 방식은 노동조합의 조직형태와 노동운동의 성격에 따라 여러 가지 양상을 띤다. 즉 노동조합이 산업별 또는 직업별로 조직되어 전국적 또는 지역적 규모인 경우와 기업별로 조직되어 있는 경우는 단체교섭의 방식도 다르기 마련이다. 단체교섭이 행하여지는 방향과 당사자의 수에 따라 일반적으로 다음과 같은 방식으로 분류한다.

1) 기업별 교섭

이는 기업 내 조합원을 협약의 적용대상인 교섭단위로 하여 기업단위 노조와 사용자 간에 단체교섭이 행하여지는 방식이다. 노동조합의 조직형태가 기업별 조합으로 결집되어 있는 우리나라는 여기에 해당되며 또한 일본에서도 많이 볼 수 있는 현상이다.

기업별 단체교섭 하에서는 임금교섭이나 근로조건의 결정에 있어서 개별기업의 특수한 실정이 잘 반영될 수 있는 장점을 가지고 있는 반면 노조의 교섭력이 취약하다는 단점이 있다.

2) 집단교섭

여러 개의 단위노조와 사용자가 집단으로 연합전선을 형성하여 교섭하는 방식이며, 노동조합 측이나 사용자 측이 산업별로 연합전선을 형성하여 교섭하므로 연합교섭이라고도 한다. 주로 업종 · 기업규모 · 지역 등을 기준으로 집단을 구성하며, 유럽각국에서 많이 볼 수 있다.

일반적으로 노동조합이 상부단체에 소속되어 있지 않거나 상부단체가 없는 경우 또는 기업별 교섭의 약점을 보완하기 위하여 이와 같은 교섭방식을 취하게 되지만, 상부단체가 있고 또 이에 소속되는 경우에도 상부단체의 통제 혹은 지도 하에 단위노동조합이 결합하여 상부단위노조에 위임하지 않고 교섭할 경우도 있다.

그림 13-1 단체교섭의 방식

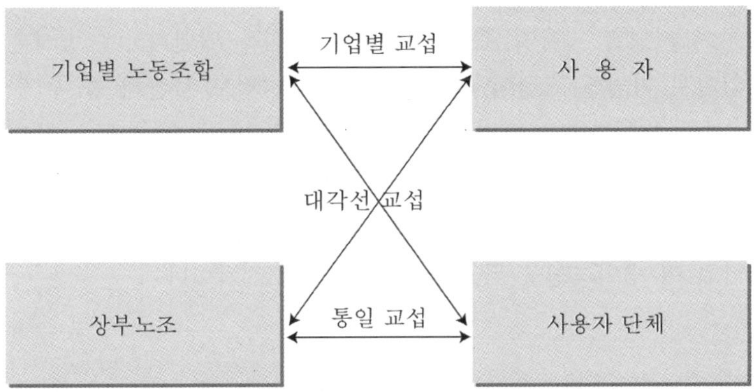

3) 통일교섭

전국에 걸친 산업별 노조나 또는 하부단위 노조로부터 교섭권을 위임받은 연합체노조와 이에 대응하는 산업별 혹은 지역별 사용자단체 간의 단체교섭을 일컫는다. 이 교섭방식은 산업별 교섭 또는 복수사용자교섭(multi-employer bargaining)이라고도 하며 영 · 미를 비롯한 유럽각국에서 채택되고 있다. 이는 노조 측의 교섭력이 강화되는 장점이 있으나 협상이 결렬될 경우 파업이 발생하면 관련 산업의 전체조합원이 파업에 가담케 되기 때문에 분규가 대형화됨으로써 국민경제 전반에 끼치는 손실이 매우 클 수 있다는 단점이 있다.

4) 대각선교섭

이는 통일교섭과 기업별 교섭의 절충방식으로 단위노조가 소속된 상부단체와 각 단위노조에 대응하는 개별기업의 사용자 간에 이루어지는 교섭형태를 말한다. 노동조합과 사용자 또는 사용자단체로부터 교섭 또는 단체협약의 체결에 관한 권한을 위임받은 자는 그 노동조합과 사용자 또는 사용자단체를 위하여 위임받은 범위 안에서 권한을 행사할 수 있다. 특정 상부단체(연합단체)가 교섭권을 위임받아 개별기업의 사용자와 단체교섭을 하게 되면 대각선교섭이 된다.

사용자 측에서 사용자단체가 조직되어 있지 않다든지 또는 조직되어 있는 경우라도 각 기업에 특수한 사정이 있는 경우에는 이와 같은 교섭방식을 취하기도 한다.

5) 공동교섭

기업별 노동조합 또는 지역－기업단위 지부가 상부단위의 노조와 공동으로 참가하여 기업별 사용자 측과 교섭하는 방식을 말한다. 이 방식은 기업별 노조에 있어서 기업별 교섭이 갖는 약점을 어느 정도 보완해 줄 수 있는 장점이 있다. 보통 노동조합은 대각선교섭 또는 공동교섭에 있어서 유형교섭(pattern bargaining)이라는 교섭전략을 활용하려고 하는 경향이 있다. 이는 일종의 각개격파의 작전으로서 노동조합에 가장 좋다고 생각되는 특정기업과 우선 단체협약을 체결하고 이 협약모형을 타 기업에 강요하는 전략이다.

3.3 단체교섭의 절차

단체교섭은 교섭준비, 예비교섭, 본 교섭, 마무리교섭 및 타결, 교섭의 평가 등 5단계로 나눌 수 있다(김태기, 1993).

1) 교섭준비

노동조합은 단체교섭이 조직 강화, 조합원 관심사의 결집과 동원 등 노동조합 발전의 계기가 될 수 있는 좋은 수단으로 인식하고 교섭준비에 임할 필요가 있다. 이를 위해 노동조합은 일차적으로 교섭준비과정에서 노동조합이 단체교섭에 임하는 입장을 정리하고 동시에 노동조합이 해결하여야 할 문제점과 향후 과제를 점검할 필요가 있다. 그러므로 노동조합 집행부는 평상시의 일상활동을 통해 조합원들의 요구나 불만사항을 파악하는 것이 필요하다. 그리고 노사 간의 관계, 기업의 경영실적, 노조의 능력 및 조직력, 사용자의 대노조관 등을 종합적으로 고려하여 구체적으로 교섭항목을 선정한 후, 단체협약(안)을 작성함으로써 시작된다. 다음에는 교섭위원을 선정하고, 교섭전략을 수립하여야 한다. 부적절한 교섭대표자의 선정, 철회명분을 찾기 어려운 교섭안의 제시, 교섭전략의 미흡 등 교섭준비의 미비는 교섭을 장기화할 뿐 아니라 교섭의 유효성을 저하하여 노사 모두에게 손실을 안겨주기 때문에 바람직한 단체협약(안)을 작성하기 위해서는 교섭준비를 철저히 하는 것이 필요하다.

2) 예비교섭

예비교섭은 교섭위원의 상견례로 시작된다. 노동조합 측은 교섭요구안을 사용자 측에 제시하고 입장을 설명한다. 사용자 측은 기업의 경영여건, 노사관계에 대한 평가와 향후 진로 등을 밝히게 된다. 노동조합 측의 교섭요구안이 교섭이 시작된 다음에 공개되는 경우에는 사용자 측도 교섭안을 시차를 두고 제시하는 것이 일반적이다.

예비교섭에서는 본 교섭의 일정, 교섭 장소, 본 교섭에서 다룰 안건들의 우선순위, 쟁의조정제도의 활용 등에 대한 합의가 필요하다. 특히 쌍방이 교섭에서 지켜야 할 기본적인 자세나 의사진행과정 등 교섭규칙을 사전에 정하는 것이 바람직하다.

3) 본 교섭

본 교섭은 사용자 측이 노동조합의 교섭요구안에 대응해서 처음으로 제안하면서 시작된다고 볼 수 있다. 본 교섭은 예비교섭보다 공식적인 성격이 훨씬 강하다. 본 교섭은 예비교섭의 진행과정을 통해서 쌍방의 입장이 어느 정도 파악된 상태에서 진행되며, 따라서 본 교섭에 임하기 전에 노사 쌍방은 교섭목표, 전략, 전술을 재정리할 필요가 있다. 노동조합 측의 교섭요구안과 사용자 측의 제1차 제안은 향후 교섭진행에 매우 중요한 의미를 가지기 때문에 가능한 한 현실적인 내용을 담고 있어야 한다. 만약 노동조합 측의 교섭요구안이 사용자 측이 받아들이기 어려운 비현실적인 내용의 수준이라면 사용자의 제1차 제안도 자연히 비현실적이기 쉽고 이때 교섭은 처음부터 교착상태에 빠져 파국을 가져올 가능성이 커지기 때문이다.

본 교섭에서 노사의 요구안과 대안 제시는 수정요구안에 대한 수정대안이 새롭게 제시되고 수정대안에 대해서 또 다시 수정요구안을 제시하는 형태로 진행되는 경우가 대부분이다. 그러나 노사는 이러한 요구안과 대안 제시에 있어서 신중한 자세가 필요하다. 지나치게 빈번한 요구안과 대안 제시 과정은 오히려 교섭의 진지한 분위기를 저하시키는 결과를 초래한다. 따라서 요구안과 대안 제시에 앞서 교섭위원들이 내부적으로 충분히 검토할 시간을 가져야 한다.

4) 마무리교섭 및 타결

마무리교섭은 본 교섭에서 상당한 진전은 있었으나 핵심적인 쟁점사항에 대한 교섭이 공전상태에 들어가는 시점부터 시작된다. 노사는 미 합의된 사항들을 하나씩 합의해 나가려고 하지만 대체로 교섭에 부여된 시간의 제약 때문에 일괄 타결하는 경우가 많다. 따라서 마무리교섭단계에서 교섭위원들에게는 고도의 판단력이 요구된다.

마무리교섭은 대체로 협약 만료기간 직전에 진행되는 경우가 많은데 이 단계에서는 노사의 쟁점사항에 대해서 마지막으로 노사 양측의 입장을 정리하고, 교섭타결을 위해 교섭목표를 낮추거나 전략을 수정하게 된다. 동시에 상대방에 대해서 새로운 제안을 수락하도록 압력을 가하게 된다. 만약 이 단계에서 교착상태에 빠지는 경우 노사교섭대표가 단독 또는 1~2명의 교섭위원과 함께 비공식적으로 만나 막후교섭을 할 필요성도 생기게 된다. 막후교섭은 매우 민감한 사안이거나 공개적으로 논의되기 어려운 사안을 다루는 데 이용된다. 이렇게 해서 노사가 사안들에 대해 최종적으로 합의에 이르게 되면 단체협약(contract agreement)이 작성된다.

5) 교섭의 평가

단체교섭이 끝난 다음 노사 모두 교섭과정에 나타난 문제점들을 정리하고 교섭평가서를 만들어 다음번 단체교섭에 자료로 이용하여야 할 것이다. 또한 협약내용을 분석하여 기업경영과 노동조합운영에 미칠 영향을 평가할 필요가 있다. 교섭위원 전원이 평가회에 참석하여 교섭준비, 교섭방향, 교섭전략 등이 적절했는지 의견을 교환해야 한다. 그리고 교섭과정에 대한 평가회와 별도로 교섭결과에 대한 평가회도 필요하다. 교섭결과가 조합원 각 계층에 미칠 영향과 노동조합에 가입하지 않은 근로자들에게 미칠 영향을 점검하고 향후 노사관계의 대책과 방향을 검토해야 할 것이다.

3.4 노동쟁의

3.4.1 노동쟁의의 개념

단체교섭에 의하여 문제점이 해결되지 않을 때 노사 간에는 분쟁산태가 일어나게 되고, 또한 양 당사자는 자기의 주장을 관철하기 위하여 실력행사에 들어가게 되는데 이것이 바로 노동쟁의

근로자들은 노동조합을 결성하여 그 단결력을 배경으로 사용자와 대등한 지위에서 근로조건의 유지 및 향상을 위하여 단체교섭을 행한다. 그리고 노사 간 이해관계가 대립되는 문제는 이와 같은 단체교섭을 통하여 해결되는 것이 가장 이상적이라 할 수 있다. 그러나 노사 간의 대립적인 사항이 반드시 단체교섭에 의하여 해결된다고는 할 수 없다. 이와 같이 단체교섭에 의하여 문제점이 해결되지 않을 때 노사 간에는 분쟁상태가 일어나게 되고, 또한 양 당사자는 자

기의 주장을 관철하기 위하여 실력행사에 들어가게 되는데 이것이 바로 노동쟁의(labor disputes)인 것이다(이준범, 1996). 노동쟁의는 노동조합과 사용자 또는 사용자단체간에 임금, 근로시간, 복지, 해고, 기타 대우 등 근로조건의 결정에 관한 주장의 불일치로 인하여 발생한 분쟁상태를 말한다.

노동쟁의의 원인은 임금, 근로시간, 후생, 해고 기타 대우 등 근로조건에 관한 주장이 일치하지 않는 데 있다. 노사 간의 분쟁은 원인에 따라 크게 두 가지로 구분된다. 법적으로 보장되었거나 이미 권리로 확정된 근로자의 권리를 침해한 경우 나타난 분쟁을 권리분쟁(disputes over rights)이라 하고, 새로운 권리를 설정하거나 이익을 분배하는 데 따른 분쟁을 이익분쟁이라 하는데 노동쟁의는 바로 이러한 이익분쟁(disputes over interests)에 관한 사항이다. 이러한 분쟁상태가 실력행사로 이어지면 쟁의행위라고 하는데, 쟁의행위란 파업 · 태업 · 직장폐쇄 기타 노동관계 당사자가 그 주장을 관철할 목적으로 행하는 행위와 이에 대항하는 행위로서 업무의 정상적 운영을 저해하는 행위를 말한다(노동조합 및 노동관계조정법, 제2조 6항).

즉 노동쟁의란 집단적 노동관계의 당사자 간에 임금, 근로시간 기타 근로조건에 관한 단체교섭을 계속하였지만 노사 양측의 주장이 일치되지 아니함으로 인하여 발생한 분쟁상태를 말한다. 노동쟁의와 쟁의행위와의 차이점은 분쟁상태이냐 아니면 실제행위이냐에 있다. 사실적인 상태를 노동쟁의라 한다면 이러한 상태를 전제로 한 실제행동은 쟁의행위라 할 수 있다.

3.4.2 쟁의행위의 유형

1) 근로자 측의 쟁의행위

(1) 파 업

파업(strike)은 가장 널리 행해지고 있으며 또한 역사가 깊은 기본적인 쟁의 형태로서, 근로자가 단결하여 근로조건의 유지 또는 개선이라는 목적을 쟁취하기 위하여 집단적으로 노동의 제공을 거부하는 행위이다. 이러한 파업의 종류에는 다음과 같은 것들이 있다.

근로자가 단결하여 근로조건의 유지 또는 개선이라는 목적을 쟁취하기 위하여 집단적으로 노동의 제공을 거부하는 행위

- 경제적 스트라이크(economic strike): 노동조합원이 임금상승 및 부가급부를 비롯한 경제적 보수의 요구를 관철키 위한 투쟁
- 부당노동행위스트라이크(unfair labor practice strike): 사용자의 부당한 노동행위에 대항하기 위한 파업

- 동정스트라이크(sympathetic strike): 다른 노조의 쟁의를 지지하는 파업
- 총파업(general strike): 전 지역의 노조가 가담하여 파업
- 무차별 스트라이크(out-law or wildcat strike): 노동조합원이 노조당국의 승인을 받지 않고 불법으로 파업
- 돌발스트라이크(flash strike): 노동조합원이 갑자기 경고도 없이 일을 중단하고 파업
- 연좌스트라이크(sit down strike): 노동조합원이 작업장을 떠나지 않고 연좌파업
- 태업스트라이크(slow down strike): 노동조합원이 작업생산량을 제한하는 파업

(2) 태 업

근로자들이 집단적이고 의도적으로 작업능률을 저하시키는 쟁의행위

태업(sabotage)이란 근로자들이 집단적이고 의도적으로 작업능률을 저하시키는 쟁의행위를 말한다. 즉 노동조합의 통제 하에 취업은 계속하면서 작업능률을 저하시켜 사용자에게 경제적 손실을 초래함으로써 압력을 가하는 방법이다.

(3) 불매운동(boycott)

근로계약의 체결을 거절할 것을 호소하는 투쟁행위

이는 사용자 또는 그와 거래관계에 있는 제3자의 제품구입이나 시설이용을 거절한다든가, 사용자 또는 그와 거래관계에 있는 제3자와 근로계약의 체결을 거절할 것을 호소하는 투쟁행위이다. 이 경우 노동조합원들이 회사의 제품을 불매하도록 동맹하는 것을 1차적 보이콧(primary boycott)이라 하며, 노동조합원 이외의 사람들에게 회사의 제품을 불매하도록 동맹하는 것을 2차적 보이콧(secondary boycott)이라고 한다.

(4) 피케팅(picketing)

사업장 또는 공장의 출입을 저지하고 파업참여에 협력할 것을 호소하는 행위

이는 파업을 효과적으로 수행하기 위하여 근로희망자들의 사업장 또는 공장의 출입을 저지하고 파업참여에 협력할 것을 호소하는 행위이다. 흔히 사업장의 출입구 또는 작업현장에서 피켓을 들고 시위하거나 확성기를 사용해 설득하는 것을 볼 수 있는데 이것이 바로 피케팅이다. 이러한 피케팅에는 두 가지 형태가 있는데 노조대표들이 피켓을 들고 동조를 구하는 일반적인 피케팅과 다른 하나는 노조 조합원들이 출근통로를 막아 작업장에 들어가지 못하게 하는 집단피케팅이 있다.

(5) 준법투쟁

이는 근로자가 법 규정대로의 권리를 행사함으로써 그들의 주장을 관철시키고자 하는 쟁의행위로써 집단휴가의 실시, 시간 외 초과근무의 거부, 정시출

근 · 정시퇴근 등의 행위가 여기에 해당된다.

2) 사용자 측의 쟁의행위

가장 대표적인 것이 직장폐쇄

한편 노동조합이 파업에 돌입했을 때 사용자가 취할 수 있는 행위도 있는데 가장 대표적인 것이 직장폐쇄(lock-out)이다. 이는 노사 간 의견불일치가 있는 경우 사용자가 자기의 주장을 관철하기 위하여 근로자 집단에 대하여 생산수단에의 접근을 차단하고, 근로자의 노동력 발휘를 조직적 · 집단적 · 일시적으로 거부하는 행위이다. 그러나 경영상의 사정으로 휴업이나 사업장을 폐쇄하는 행위, 또는 다수의 근로자에 대하여 취업규칙 위반 등을 이유로 출근정지처분을 내리는 행위는 직장폐쇄라 볼 수 없다.

3.4.3 노동쟁의의 조정

노동쟁의조정제도를 통하여 노동쟁의의 평화적 해결을 도모하는 한편 노동위원회로 하여금 그 조정을 담당

관련 당사자들의 의견 차이에서 발생되는 노동쟁의는 자주적으로 해결되는 것이 가장 바람직하지만, 당사자들의 자주적 해결에 일임할 경우 쟁의행위가 자주 발생하고, 또한 장기간에 걸쳐 계속될 가능성이 크므로 국가적인 차원에서는 바람직한 일이라 볼 수 없다. 이에 국가에서는 노동쟁의에 대하여 제한을 가하고 있으며, 노동쟁의의 조정을 위하여 관계법을 제정하는 동시에 특별기관을 설치하여 쟁의의 사전적 · 평화적 해결을 도모하고 있다. 즉, 노동쟁의조정제도를 통하여 노동쟁의의 평화적 해결을 도모하는 한편 노동위원회로 하여금 그 조정을 담당토록 하고 있다.

노동쟁의조정제도는 알선과 조정절차를 조정으로 통합하여 노사 당사자 간에 임금 · 단체협약체결을 위해 수차 교섭하여도 합의의 가능성이 없는 경우 제3자인 노동위원회 또는 사적조정 · 중재인에게 곧바로 조정 또는 중재를 신청하도록 하고 있다. 이러한 노동쟁의의 조정절차를 보다 구체적으로 예시하면 <그림 13-2>와 같다.

조정은 노사 당사자 어느 일방의 신청에 의해 개시되며, 노사 당사자는 노동쟁의가 발생한 때에는 상대방에게 서면으로 통보하고 노동위원회에 조정을 신청하여야 하며, 조정절차를 거쳐야 쟁의행위에 들어갈 수 있다(노동조합 및 노동관계조정법, 제45조 2항). 노동위원회는 조정의 신청이 있으면 즉시 조정위원 3인(근로자위원, 사용자위원, 공익위원)으로 조정위원회를 구성하여 조정을 개시하게 되며 노사 당사자는 조정절차에 성실히 임하여야 한다. 조정은 원칙적으로 일반

그림 13-2 노동쟁의 조정절차

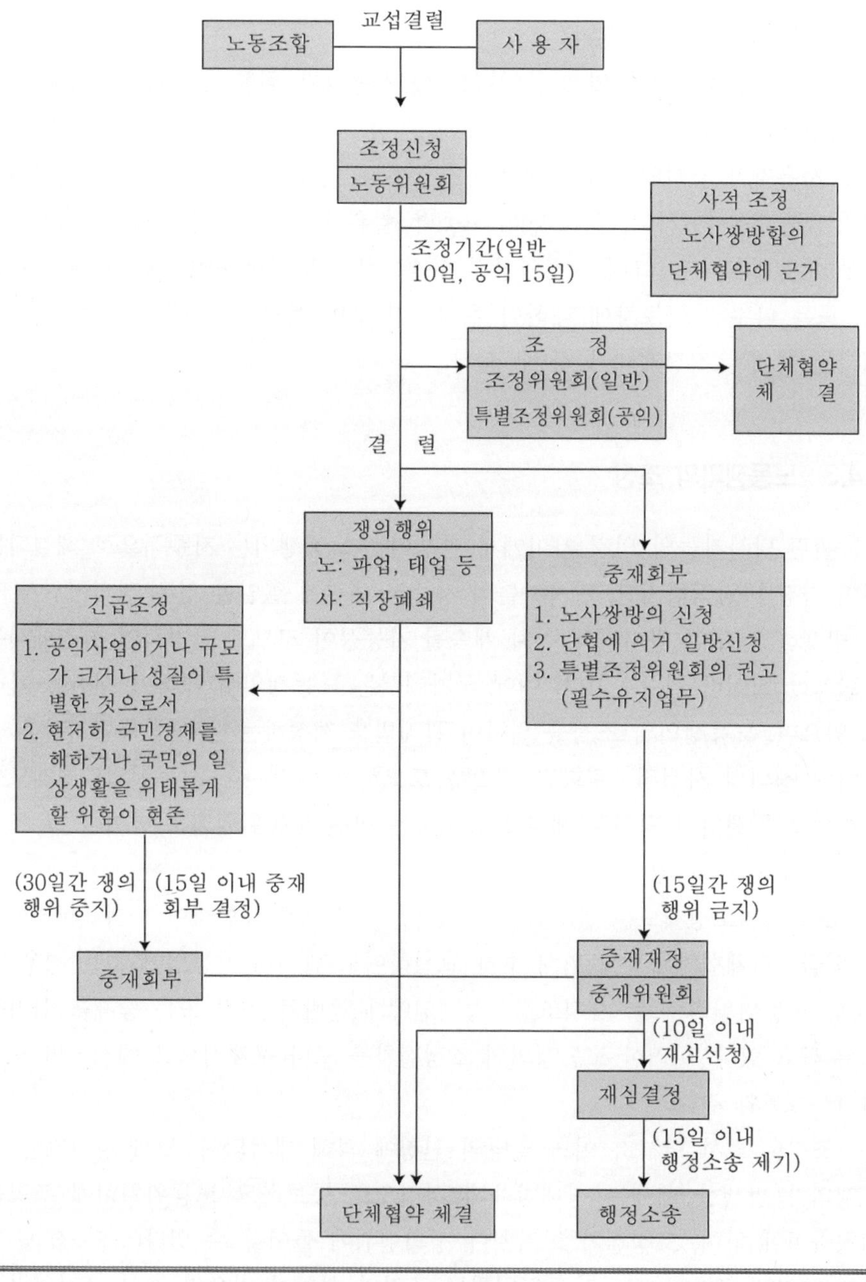

사업에 있어서는 10일, 공익사업에 있어서는 15일 이내에 종료하여야 하며, 당사자 간의 합의로 각각 10일, 15일 이내에서 연장할 수 있다. 노사 당사자는 노동위원회의 조정안을 거부할 수 있으나 조정기간에는 쟁의행위가 금지된다.

한편 조정과 달리 중재는 그 중재안의 수락 여부가 당사자의 의사에 맡겨지는 것이 아니며, 노사는 당연히 이를 수용하여야 한다. 따라서 조정과 달리 노사 당사자의 합의가 있거나 또는 단체협약에 근거하여 노사 어느 일방이 신청하는 경우에만 개시할 수 있다. 노동위원회는 당사자의 신청이 있는 경우 공익위원 3인으로 중재위원회를 구성하며 15일간 쟁의행위가 금지된다.

노동쟁의에 대한 조정절차는 일반적으로 노동위원회에 의한 공적 조정절차를 거치게 되나 반드시 이를 강제하는 것은 아니다. 따라서 노사는 당사자의 합의에 의하거나 또는 단체협약에 근거하여 노동위원회가 아닌 사인 또는 사적 단체로부터 조정 또는 중재를 받을 수 있다. 또한 노사당사자는 사적 조정 또는 중재 도중이라도 당사자 간의 합의로 노동위원회에 조정 또는 중재를 신청할 수 있다. 이 경우 조정이나 중재기간은 조정을 신청한 날, 중재에 회부된 날부터 기산된다.

[4] 경영참가제도

4.1 경영참가제도의 필요성

근로자 또는 노동조합이 기업경영과 관련하여 제기되는 제반 의사결정에 참가하여 영향력을 행사하는 과정

경영참가(management participation)란 근로자 또는 노동조합이 기업경영과 관련하여 제기되는 제반 의사결정에 참가하여 영향력을 행사하는 과정을 말한다(Jain, 1980). 또한 지금까지 경영자의 권한이라고 생각되어 온 이른바 경영권에 대하여, 근로자를 대표하여 그들의 이익을 지키고 또한 증진시킴을 목적으로 노동조합이나 기타 근로자단체가 일정한 발언권을 가지는 것이라고 할 수 있다(Sloane/Witney, 1981). 근로자의 경영참가는 대체로 제1차 세계대전 이후에 유럽을 중심으로 나타난 것으로 그 배경을 보면 자본과 노동의 대립·투쟁의 강화에 따른 경영민주주의 내지는 산업민주주의의 등장으로 인하여 노사협조의 필요성이 증대된 데 기인한다고 할 수 있다. 뿐만 아니라 서구에서 일어난 노동의

인간화운동(humanization of work)과 고도로 발전된 노동조합활동 등이 모두 이러한 근로자의 경영참가를 촉진시켰다고 할 수 있다. 이러한 근로자의 경영참가운동은 1960년대와 1970년대에 가속화되었다. 근로자의 경영참가운동은 처음에는 노사 간의 협의에 의하여 진행되었지만 점차 국가의 입법사항으로 되고 있는데, 가장 전형적인 것이 서독의 경영조직법 및 공동결정법이다.

이러한 경영참가는 자본주의적 생산방식의 발달에 따른 노동의 인간성 소외(alienation)를 극복하고, 또한 산업민주주의(industrial democracy) 즉 기업 내 민주주의를 실현하기 위한 생산수단의 운영에 관계되는 기업의 의사결정과정에 근로자의 참가를 통하여 경영의 효율화와 생산성 향상에의 기여를 도모하는 것을 목적으로 하고 있다.

오늘날 일반적으로 경영참가제도라고 하면 근로자의 이익을 지키기 위한 경영상의 갖가지 문제, 즉 경영계획의 입안이나 실시, 경영의 생산성이나 능률향상 등에 대하여 종업원 또는 노동조합이 그들의 입장에서 발언하고 협력함으로써 노사가 유대관계를 더욱 긴밀히 하고, 특히 근로자 측이 경영에 대하여 협력할 수 있는 방안을 제도적으로 마련해 놓은 경우를 가리키고 있다. 그리고 자본참가, 이익참가 등을 통하여 경제적 지위의 향상을 실질적으로 도모하는 것까지를 그 내용으로 하고 있다(강석인, 1982).

근로자는 왜 경영에 참가하며 경영자가 근로자에게 왜 경영에 참가토록 하는가의 문제를 살펴보도록 하자. 먼저, 기업 내의 한 구성원으로서 근로자들은 다음과 같은 이유로 다양한 형태의 경영참가를 원하고 있다(배무기, 1996).

근로자들은 기업의 경영정보에 대하여 그것을 공유할 것을 원한다. 또한 직장의 안정성, 즉 고용의 보장을 원하며, 그 때문에 직장안정성을 높이는 문제에 대하여 그들이 발언하고 요구할 것을 원한다. 그들은 인간다운 처우를 원하며 부당한 대우를 받지 않을 것을 원하며, 그 때문에 그러한 문제에 대하여 자신들이 발언할 수 있기를 바란다. 기업경영이 정상적이고 협력적인 분위기 아래서는 생산이나 판매활동을 담당하는 근로자들이 작업현장에서 각종 제안을 하고 싶어 하며, 또 개선해야 될 점이 있을 때 그것에 대하여 발언하고 그것이 개선되기를 바란다. 또 흔히 선진국에서 발견되는 준자율적 작업팀을 만들고 그 팀 내에서 각종 활동을 자율적으로 하고 싶어 한다. 나아가 근로자들은 품질향상이나 작업설비 재설계를 바라며, 생산성 향상 등을 위하여 노사가 공동으로 노력하기를 바란다. 그들은 또한 업적에 따른 보상을 원하며 공정하고 합리적인 교육훈련, 전환배치 등을 바란다. 또한 노사관계를 개선하는 문제에도 관심이 많으며 경영의 주요 결정사항에 관하여도 영향력을 행사하고 싶어 한다. 예컨대 기업의 주요 투자결정이나 공장이전, 신기술 도입, 주요장비 개체, 중요 인사관리제도의 변경 등에 대하여도 모두 관심이 있고, 일정한 경로를 통하여 영향력을 행사하고자 한다.

요컨대 근로자들이 경영에 참가하는 이유는 이러한 모든 사항이 기업의 경쟁력 강화나 부가가치 생산성의 확대뿐만 아니라 근로자 자신들의 일상적인 권익옹호나 미래에 대한 생애설계 등과 밀접히 관련되어 있기 때문이다.

그러면 경영자들은 왜 근로자들로 하여금 경영에 참가토록 하는가? 그것은 노사 간에 협력적인 조건 하에서는 경영자 측도 근로자들의 참가가 기업의 경영에 유익하다고 판단하기 때문이다. 그것은 기업이 흔히 현재의 한국 여건에서 볼 수 있듯이 노사 간 대립관계에 있을 때의 사정과 비교해 보면 쉽게 이해할 수 있다. 노사 간에 대립적인 구도 하에서 기업은 지시를 하고 통제와 관리를 통하여 일정한 성과를 거둘 수 있다. 그러나 노사 간의 대립관계 때문에 그러한 조건 하에서의 근로자들의 생산 내지 작업실적은 아주 고도로 동기가 유발된 상태 하에서 오는 성과와는 상당한 차이가 있을 수밖에 없다. 그런데 만약 기업이 과거의 권위주의적인 관리방식을 바꾸어서 종업원 존중과 인간본위의 경영으로 바꾸고 기업 내 노사관계를 협력적인 것으로 전환시켰다고 할 때, 그때에는 종업원들이 여러 가지 형태로 기업경영에 자발적으로 참가하여 적극적인 자세가 됨으로써 더 높은 생산성을 기대할 수 있다. 그 때문에 기업은 새로운 기술(technology)과 급변하는 시장 환경에 대응하기 위해 근로자를 통제하고 굴복시키기 보다는 근로자의 경영참여를 유발할 수 있는 방안을 강구할 필요가 있다(박영기, 1993).

더구나 기업이 노사 간의 대립구도를 극복하고 협력구도로 전환시키고자 할 때 그 수단이 근로자 경영참가라고 한다면 기업은 협력구도의 창조를 위하여 근로자 경영참가를 매우 적극적으로 희망하고, 각종 제도와 프로그램을 도입할 수 있을 것이다.

4.2 경영참가제도의 유형

경영참가의 유형은 지역별 · 국가별 · 기업규모별에 따라 차이가 있지만 비교적 널리 실시되고 있는 경영참가의 기본유형은 <그림 13-3>과 같이 자본참가, 이윤참가, 경영의사결정참가 등 세 가지 형태로 구분할 수 있다.

그림 13-3 경영참가 유형

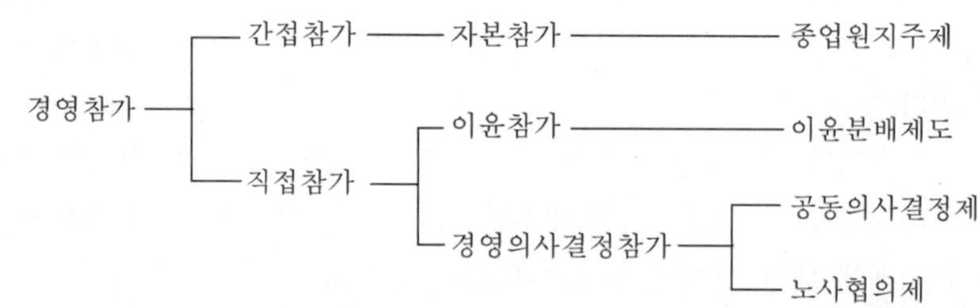

4.2.1 자본참가

근로자들로 하여금 자본의 출자자로서 기업경영에 참가시키고자 하는 것

자본참가(participation in capital)는 근로자들로 하여금 자본의 출자자로서 기업경영에 참가시키고자 하는 것으로서 주된 형태로는 종업원지주제도가 있다.

종업원지주제도는 우리나라에서도 최근 많이 장려되고 있는데 증자(增資)할 경우 근로자에 대해서 일정한 기준에 따라 신주를 인수케 함으로써 해당기업의 주식을 갖게 하는 제도로서 주식의 인수방법으로는 유상과 무상이 있다. 유상의 경우 급료나 상여금에서 불입금액을 공제하는 것이 있고, 또는 주식배당의 형식으로 실시되는 경우도 있다. 이에 의하여 종업원이 주주로서 기업에 대하여 발언권을 가지게 되는 것은 물론이다. 그러나 보유주수의 비율이 현저하게 낮을 때에는 충분한 발언권이 있다고 볼 수 없고, 주가가 크게 떨어질 경우 도리어 근로자에게 경제적 손실을 가져다주는 결과가 된다. 그러나 이 제도는 종업원이 기업과 이익을 같이하는 데서 나오는 이른바, '일체감'의 조성이라는 효과가 있다.

4.2.2 이윤참가

이윤의 일부를 임금 이외의 형태로 근로자에게 분배하는 방식

이윤참가(participation in profit)는 기업의 생산성 향상에 노동조합이 적극적으로 참가하고 협력한 대가로서 기업이 원료비, 임금, 이자, 감가상각 등을 계산한 뒤, 그 이윤의 일부를 임금 이외의 형태로 근로자에게 분배하는 방식으로서 이를 흔히 이윤분배제도라 한다. 다만 이 제도는 이윤의 확인, 분배율의 결정을 어떻게 공정하게 하느냐에 달려 있다. 따라서 이윤분배제도는 노사관계를 원활

하게 하기 위한 하나의 수단으로 경영민주화 내지 산업민주화의 일환으로 활용된다.

4.2.3 의사결정참가

노사협의제와 노사공동결정제도

의사결정참가(participation in decision-making)에는 근로자 또는 노동조합이 경영의사결정권을 갖고 있느냐의 여부에 따라 노사협의제와 노사공동결정제도의 둘로 구분된다.

노사협의제란 공동협의를 기본으로 하는 것으로서 노사 쌍방에게 관심이 깊은 사항으로서 보통 단체교섭에서는 취급되지 않는 사항에 대하여 노사가 협력하여 협의하는 제도를 뜻한다. 이것은 오늘날 경영참가방식 중 가장 기본적인 것으로 국제노동기구(ILO)는 1952년 제35회 총회에서 기업별 노사협의제를 각국에 권고한 바 있다. 이리하여 오늘날 노사협의제는 영국 · 미국 · 일본 등 세계 여러 나라에서 실시되고 있다. 이 제도의 특색은 근로자 내지 노동조합의 대표가 경영에 참가하여 정보제공, 의사교환, 적극적인 문제의 제기 등 경영에 영향을 주는 행위는 하지만 최종결정은 어디까지나 경영자들이 행하는 것이다.

노사공동결정제도는 주로 독일에서 발전되어 온 것으로 경영에 대한 의사결정권이 노사 공동으로 행해지는 것으로서 근로자 및 노동조합이 경영에 참가하여 의사교환 및 경영문제의 제기뿐만 아니라 경영에 공동결정을 하는 행위까지도 행한다. 그러나 엄밀한 의미에서는 오늘날 세계적인 추세로서 노동조합 자체가 경영참가를 지향하고 있으며 이러한 추세로 볼 때 노동조합의 단체교섭도 경영참가의 한 형태로 추가되어야 할 것이다.

요약

노사관계에 대한 이론적 연구가 본격화된 것은 세계 제2차 세계대전 이후라 할 수 있으며 최근의 노사관계의 의미는 기업 내 노동력 수급관계로서의 노사 당사자 이외에 정부를 포함한 제3자적 제요소와의 관계를 포함하는 관점에서 지칭되기도 하여 노동문제를 둘러싼 사용자 · 근로자 및 정부와의 상호작용의 복합체라고 볼 수 있다. 이러한 노사관계는 공업화과정을 배경으로 전제적 노사관계, 온정적 노사관계, 완화적 노사관계, 민주적 노사관계로 발전되어 왔다.

우리 노동조합 및 노동관계조정법에서는 노동조합이란 "근로자가 주체가 되어 자주적으로 단결하여 근로조건의 유지 · 개선과 기타 경제적 · 사회적 지위의 향상을 도모함을 목적으로 조직하는 단체 또는 그 연합체"라고 규정함으로써 노동조합주의를 뚜렷이 밝히고 있다. 노동조합의 기능으로는 경제적 기능, 공제적 기능, 정치적 기능 등 세 가지로 구분해 볼 수 있으며, 조직형태로는 조합원의 가입자격을 중심으로 직종별 노동조합, 산업별 노동조합, 기업별 노동조합, 일반노동조합, 단일조직과 연합체조직이 있다.

한편 단체교섭이란 노동조합과 사용자 또는 사용자단체가 자율적으로 근로자의 임금, 근로시간, 그 밖의 근로조건에 관한 협약의 체결 등을 위해서 노사 양측의 대표자들이 집단적 교섭을 진행시켜 일정 선에서 타협을 모색하는 절차이며 교섭결과로 나타나는 계약을 단체협약이라 부른다.

단체교섭의 구조에는 교섭방향과 당사자의 수에 따라 기업별 교섭, 집단교섭, 통일교섭, 대각선교섭, 공동교섭 등이 있으며 우리나라에서는 주로 기업별 교섭을 채택하고 있다. 그리고 단체교섭에 의해 문제점이 해결되지 않으면 노사 당사자는 자신의 주장을 관철하기 위하여 실력행사에 들어가게 되는데 이것이 쟁의행위이며 근로자 측의 쟁의행위로는 파업, 태업, 불매운동, 피케팅 등이 있고, 사용자측의 쟁의행위로는 직장폐쇄 등이 있다. 경영참가란 기업경영상 제 문제의 결정과 운영에 근로자 및 노동조합이 참여하여 그들의 의견을 반영하는 것을 말한다. 이는 제1차 세계대전 이후 유럽을 중심으로 자본과 노동의 대립, 투쟁의 강화에 따른 경영민주주의 내지는 산업민주주의의 등장으로 인하여 노사협조의 필요성이 증대된 데 기인한다고 할 수 있다. 근로자의 경영참가제도의 유형에는 자본참가, 이윤참가, 의사결정참가 방식이 있다. 또한 근로자가 기업경영상의 의사결정에 발언권을 가지는 경영참가의 한 방식으로 발전되어 온 제도로서 노사협의제라는 것이 있다. 노사협의제란 근로자의 복지증진과 기업의 발전이라는 노사 공동목표와 이해공통사항을 중심으로 하여 상호이해와 협조를 모색하는 제도라고 할 수 있다.

사례연구 삼성전자의 모티베이션 전략

1. 회사소개

삼성그룹의 주력기업인 삼성전자는 메모리 반도체 업계의 기술을 주도하는 국내 제일의 기업으로서, 세계 최초로 256메가 D램과 1기가 D램을 개발한 데 이어 4기가 D램 전체 공정 기술을 개발하는 등 세계 반도체 산업을 주도하고 있다. 이 밖에도 삼성전자는 통신단말기 생산에서부터 시스템, 네트워크 사업에 이르는 정보통신 분야의 첨단기업으로서 세계인의 정보화 시대를 앞당기는 것은 물론 첨단기술의 집약체로 일컬어지는 디지털, 멀티미디어 제품개발과 인간과 환경을 생각하는 가전제품 개발을 통해 전 세계인의 풍요로운 삶을 만들어 가고 있다.

삼성전자의 조직체계는 사업부 형식의 53개 unit제로서, 크게 정보가전 총괄, 정보통신 총괄, 반도체 총괄의 3개 사업부로 나눠진다. 이처럼 3부분으로 나뉜 것은 각각의 사업 특성별로 사업부화된 것이기 때문이다. 이 3가지 사업부는 국내 판매 사업부에서 총괄하는데, 각 부서별 제품의 대리점을 통한 일관된 유통방식으로 시너지 효과를 내고 있다.

삼성전자는 국내 7개 사업장(수원, 기흥, 구미, 천안, 온양, 광주, 본사)에서 모두 4만 1천여 명이 일하고 있다. 또한 세계 46개국에서 21개의 생산법인과 29개의 판매법인과 24개의 해외지점을 갖추고 있으며 모두 7개의 해외 지역별 총괄체계를 중심으로 글로벌 전략을 펼쳐 나가고 있다.

2. 삼성전자의 모티베이션 프로그램

(1) 경제적 보상

① 연봉제 연봉제란 근로자 개인의 능력, 실적 및 공헌도를 평가하여 연간 임금액을 책정하는 개인별 성과급제를 말한다. 연봉제에는 실적이 나쁜 부서의 급여를 줄이고 이를 실적이 좋은 부서의 직원들에게 나누어주는 '제로섬 방식'과 성과가 좋은 부서나 개인에게 임금을 더 높여주는 '플러스섬 방식'의 두 가지가 있는데 삼성전자는 전자의 방식을 도입하고 있다. 이러한 제로섬 방식은 급여산정기준이 매년 새로 결정되는 비누적식 연봉산정방법이다.

삼성전자의 경우 1996년도까지 모든 직원에게 동일한 기본급과 보너스를 지급하던 임금형태를 점차 차별적으로 적용하기 시작하여 최근 과장급에서 대졸 신입사원으로까지 연봉제 대상을 넓혔다. 성과에 따른 보상을 차별화함으로써 직원들의 능력과 창의성을 최대한 발휘하게 하자는 의도가 잘 반영되고 있는 것이다.

구체적으로 살펴보면 같은 직급에서 기본급만 동일하고 개인 혹은 개인이 속한 부서의 실적과 기여도 또는 잠재적 역량까지를 고려한 인센티브가 개별적으로 추가된다. 삼성전자는 종업원 구성을 J(junior), S(senior), M(manager), 임원으로 나누고 각각 다시 몇 단계로 세분화하여 인사고과에 적용한다. 연봉제 평가의 방식은 매년 5월 말 혹은 6월 초, 10월 말 혹은 11월초에 있는 두 차례 상 · 하반기 업적평가와 9월 능력평가에 의해 결정된다. 업적평가에 따라 A에서 D단계를 각각 +, −로 세분하여 전체 직원의 업적을 8단계로 평가한다. 그리고 두 차례의 평가와 매달 종업원 개인의 능력, 기여도 점수를 합산하여 연말에 정해진 비율로 (가)에서 (마)등급까지 상대평가에 따라 실적이 좋은 직원과 나쁜 직원으로 등급을 나누게 된다. 또한 연봉은 개인의 성과뿐만 아니라 부서 실적과도 연관되는 것으로 실제 삼성전자 반도체 부문의 경우 통상 임금의 400% 이상을 받은 반면, 삼성중공업은 50%를 받는 등 격차가 크게 벌어지는 사례도 있었다.

연봉제가 제대로 시행되지 못할 경우 평가의 공정성이 결여되고 직원의 불만이 증가하고 사기가 저하될 우려도 적지 않다. 바로 '고임금 저인건비'라는 말로 대변되듯이 인건비 절감의 수단으로 악용될 소지가 있다는 것이다. 이를 방지하기 위하여 삼성전자에서는 초기 과장급에서만 실시하던 연봉제를 최근 고졸사원과 전문대졸사원을 제외한 대졸사원으로 확대하였다. 이로써 삼성전자의 전체 4만 1천여 명의 직원 중 60% 정도가 연봉제의 대상이 되고 있다. 그리고 능력을 평가하는 인사고과 시 주관적 평가의 오류를 최소화하기 위하여 특정인을 평가할 때 상사는 물론 주변 동료나 부하에게도 평가를 하게 하는 다면 평가 제도를 시행하고 있다.

② 복리후생　사원에 관한 다양한 복지정책은 주로 인사파트, 총무파트, 노사파트에서 주관하고 있다. 1996년까지 모든 삼성그룹에 대해 동일한 복지정책을 채택하고 있었지만 IMF라는 위기상황을 겪으면서 삼성 역시 복지제도를 축소 운영하면서 그룹 전체에 대해 동일한 복지제도와 사업부별로 차별적 복지제도를 결합하여 운용하고 있다. 삼성전자에서 시행되고 있는 자녀학자금 지원, 종합정기검진, 경조사 때 축하금/위로금 지급, 부서단위 행사의 경비지원, 탁아소 운영, 다양한 휴가제도, 야근자에 대한 식비제공 등이 있다. 그 밖에도 사업부별로 그 창출 이익의 일정부분을 배정하여 자율적인 사원지원 정책을 실시하도록 하고 있다.

(2) 비경제적 보상

삼성전자에는 위에서 말한 경제적 보상 외에도 종업원의 욕구충족과 사기진작을 위한 여러 가지 비경제적 동기부여 전략이 존재하고 있다.

① 열린 인사제도의 실현　삼성은 1995년 7월 26일 채용 때 학력제한을 완전히 철폐하는 것을 포함한 열린 인사개혁조치를 발표하였다. '기회균등의 인사', '능력위주의 인사', '가능성을 열어주는 인사'라는 세 가지 내용의 인사개혁으로 인해 학력 또는 여성이라는 이유로 기회조차 주지 않던 닫힌 제도와 관행을 모두 철폐하고, 능력과 의욕만 있으면 입사 및 승진의 기회를 주도록 하였다.

우선 기존의 '대졸 신입사원 채용'이라는 명칭을 '3급 신입사원 채용'으로 바꾸고 학력에 관계없이 지원할 수 있도록 하였다. 이 같은 인사제도의 개편은 우수한 신입사원의 채용뿐만 아니라 채용된 사원들이 회사를 그들의 능력을 마음껏 펼칠 수 있는 자아실현의 장이라 인식하도록 하는 데 크게 이바지하고 있다. 또한 일정한 자격요건만 갖추면 여사원도 지역전문가와 해외주재원으로 선발하고, 외국어 생활관을 비롯한 국내외 연수프로그램의 참여폭을 확대하도록 하였다. 또한 외부고객을 상대하는 부서 근무자 외에는 복장을 자율화함으로써 여성들이 개성과 자율성을 더욱 발휘할 수 있도록 하고 있다.

② 교육제도와 진취적 인력양성 '가능성을 열어주는 인사'를 위해 고졸, 현장직 사원도 장기적 가능성과 비전을 갖고 부족한 능력을 보충할 수 있도록 교육제도와 여건을 확충했다. 국제화 인력 양성을 위한 지역전문가제도가 1991년 도입된 이후, 1993년에는 21세기 CEO과정과 21세기 리더 양성과정이 탄생했으며, 1994년에는 테크노-MBA, 1995년에는 소시오-MBA 과정이 잇따라 도입되었다. 1996년에는 삼성경영기술대학이 개교함으로써 전 계층을 망라한 삼성의 21세기 핵심인력 양성체제가 골격을 갖추게 됐다. 삼성은 그들이 주장하는 '자율과 창의의 조직문화 형성'을 위하여 일률적인 교육을 지양하고 변화하는 환경과 종업원의 needs에 맞는 다양한 교육을 실시함으로써 종업원들의 능력향상과 의욕고취를 달성하고자 하였다.

③ 파격적 승진 기존의 근속연수에 따라 급여를 지급하는 연공제를 배제하고 연봉제를 실시함과 취지를 같이하여 능력평가와 성과평가에서 탁월하게 높은 점수를 받는 사원에 대해서 파격적인 승진을 보장하고 있다. 이에 따라 승진시 직급체류 의무연한을 없애고 대신 고과점수제를 도입, 일정 점수 이상이면 승격 대상자가 될 수 있어 실적이 좋은 경우 2단계를 한번에 승진하는 대 발탁인사도 시행하고 있다. 또한 예전에는 대리 승진에 있어 4년 내지 5년, 과장 승진에 3년 내지 5년 정도 걸리는 근속연한과 호봉이 없어지고 능력만 있으면 누구나 승진할 수 있고 더 높은 임금을 받을 수 있는 길이 제도화된 것이다.

④ 직무전환 삼성전자는 직무배치에 있어서 종업원의 적성과 희망을 최대한 반영하고자 하고 있다. 그러나 그 직무전환에 대한 자유성 부여는 사업부문별 성격에 따라 크게 다르다. 개발직에 종사하는 자는 노하우 습득에 오랜 기간이 소요되므로 직무전환이 거의 이루어지지 않지만 다양한 업무경험이 필요한 경영관리직 종사자는 직무전환이 비교적 자유로운 편이라 할 수 있다. 직무재배치, 직무전환을 원하는 사원은 직무 로테이션, 사내공모와 같은 제도적 방법을 이용하거나 상사와의 개별적 면담과 같은 비공식적인 방법을 이용할 수 있다.

⑤ 기업문화 삼성전자의 기업문화는 크게 다섯 가지로 나눠 볼 수 있다. 실패를 두려워하지 않는 풍토 조성, 타인의 노력과 성공을 인정하고 격려하는 풍토 조성, 타성과 인습에서 벗어나는 풍토 조성, 변화와 혁신을 주도하는 풍토 조성, 자주 · 자율 관리하는 풍토 조성이다.

이것을 바탕으로 조직구성원들에게 인간다운 처우, 인격적인 대우를 위해 하고 싶은 말을 제대로 할 수 있고, 옳은 말은 받아들여지며, 능력과 적성에 맞는 일을 하고, 일한 만큼 정당한 평가를 받을 수 있는 '인간존중의 경영'을 실현하려고 하고 있다. 또한 상하 · 수평 간 의견이 굴절됨이 없이 파악 · 수렴되어 경영에 반영되고 전 사원들이 경영정보를 공유하게 됨으로써 자신의 역할과 목표를 명확히 인식하고 일체감과 강한 도전 의욕을 가질 수 있도록 커뮤니케이션 활성화에도 노력하고 있다. 이와 더불어 자기중심적이고 이기주의적인 사고나 행동을 버리고 회사와 더불어 함께 성장 · 발전하겠다고 하는 '더불어 함께 의식'을 확산시키고, 주인정신을 함양케하여 조직구성원 각자가 자율적으로 맡은 바 책임을 다하고 도전적인 자세로 업무에 임하게 함으로써 개인의 성취 욕구를 자극하고 충족시킬 수 있는 조직을 추구하고 있다.

(3) 인간관계제도

① 상사와의 개인 면담제도　　면담방법으로 가장 좋은 것은 공식적인 절차를 거치지 않고, 개인적으로 자연스러운 분위기 속에서 함께 대화하는 방식으로 풀어나가는 것이지만 많은 부서 내 사원들을 일일이 개인적으로 만나서 얘기하는 자리를 자연스럽게 유도하기란 쉬운 일이 아니기에 좀 더 확고한 면담의 틀을 만들어 주어 정기적으로 부서장과 부하사원과의 면담을 통하여 부서 내 의사소통을 활성화하고 회사생활과 관련된 제반 문제를 사전에 파악하여 해결하게 함으로써 명랑한 사풍을 조성함과 동시에 부하 육성 및 지도 관찰 체제를 확립함은 물론 상사는 능동적인 부하관리를 할 수 있고 부하사원은 더욱 고양된 직무의욕을 가질 수 있다.

② 사원의견 조사　　효과적인 조직관리의 시발점은 바로 사원이 조직에 대해 가지고 있는 태도, 행동의 객관적인 파악이라고 할 수 있다. 전 사원을 대상으로 인사 및 조직 관리에 관한 사항, 급여 및 복리후생, 교육 및 자기계발제도, 직무만족도, 회사이미지와 비전, 기타 회사정책 및 제도개선에 관한 사항 등에 대해 정기적으로 의견조사를 실시함으로써 관리자들의 사원에 대한 생각을 넓히게 되고 사원들의 건전하고 참신한 의견을 회사의 경영에 반영해 나갈 수 있다.

③ E-MAIL 게시판, 사랑방운영　　회사 또는 개인생활과 관련하여 사원 상호간에 도움을 줄 수 있는 사내 · 외의 정보를 E-MAIL 게시판, E-MAIL 사랑방을 통하여 사원들이 스스로 공고, 게시, 교환함으로써 경영 전반에 걸친 정보교류 및 개인생활정보에 대한 활발한 교류를 가능케 하여 보다 나은 회사생활이 될 수 있도록 하고 있다.

④ 고충처리제도　　종업원이 그 직무와 작업환경에 대한 불만을 가질 때 이를 해결하기 위한 수단으로 노사협의회를 운영하고 있다. 선거에 의해 선출된 사원대표는 2년의 임기동안 종업원의 고충해결과 의견수렴을 목적으로 활동하게 되며 사업장별로 한 사원대표가 약 100명의 종업원을 담당하고 있다. 또한 여성들을 위한 성희롱상담센터를 운영하고 있으며, mail system이나 internet 등을 통해 불만을 표시하고 이를 해결하는 경우가 많다고 한다. 그 밖에도 정기적으로 사업부 장이 조직의 소외계층과 만나 그들의 불만을 듣고 고충을 처리하기 위한 간담회를 개최하고 있다.

생각해 볼 문제

1. 삼성전자의 여러 가지 모티베이션 프로그램을 매슬로우의 욕구단계설, 브룸의 기대이론, 강화이론 등을 적용하여 설명해 보시오.
2. 삼성전자의 모티베이션 프로그램에서 나타날 수 있는 문제점이나 보완해야 할 점 등을 살펴보고, 대안을 제시해 보시오.

참고문헌

강석인, 노사관계관리론, 일조각, 1982.

김영종, 노동정책론, 형설출판사, 1992.

김태기, 단체교섭의 절차와 기법, 1993.

박영기, 노동관계의 구조변화와 대응전략, 서강경영논총, 제3집, 1992, pp. 103~123.

박영기, 노동관계와 노조기능에 관한 최근 연구동향, 서강경영논총 제4집, 1993, pp. 115~131.

박영기, 공공부문의 노동관계: 현황, 문제점 및 전망, 서강경영논총, 제7집. 서강경영연구소, 1996, pp. 155~174.

배무기, 근로자 참가의 특성과 한국에서의 과제, in: 근로자 참여, 어떻게, 어디까지?, 한국노동연구원, 1996. pp. 1~25.

배무기, 노동경제학, 경문사, 1994.

이원우 外, 한 · 미 · 일 · 대만의 중소기업 비교연구, 연구총서, 숭실대학교 산업경제연구소, 1989.

이준범, 현대노사관계론, 박영사, 1996.

한국노사교육본부, 노사문제의 올바른 이해, 1990.

Dunlop, J. T., Industrial Relations System, Revised ed. Boston, Mass.: Harvard Business School Press, 1993.

Flanders, A., Collective Bargaining: A theoretical analysis, Management and Union, Faber, 1970.

Jain, H. C., Worker's Participation, Preager Publisher, 1980.

Mills, D. Q., Labor-Management Relations, 3rd ed., McGraw-Hill, 1986.

Sloane, A. A./ Witney, F., Labor Relations, Prentice-Hall, 1981.

제 7 부

인력방출

제14장 이 직

기업의 인력방출 활동이란 기업과 종업원 간의 고용관계가 종료되는 것을 말한다. 인사관리에 있어서 인력방출 활동의 학문적 위치는 〈그림 Ⅶ-1〉에서 제시된다.

〈그림 Ⅶ-1〉에서 제시된 바와 같이 인력방출 활동은 인사관리의 제 기능 중 마지막으로 나타나며 다른 인사관리 기능인 인력확보, 인력개발, 인력보상 그리고 인력유지와 밀접한 관계를 갖고 있다. 예를 들면 인력방출 현상이 나타나면 새로운 인력을 확보해야 하고, 기업에 무능한 인력이 많아 이들을 방출하는 데 문제가 있을 경우 인력개발 프로그램을 도입하여 능력을 신장시켜야 한다. 뿐만 아니라 인력방출을 위해 임금을 동결하는 등 다른 인사관리 기능들과 직접 · 간접적으로 서로 영향을 주고받는 관계를 가지고 있다.

인력방출은 기업이 주도가 되어 이루어지는 인력감축 활동과 종업원이 주도가 되어 일어나는 자발적 이직으로 구분할 수 있다. 인력방출 활동이 인사관리의 목표시스템 속에서 노동(종업원)과 자본(기업)이 추구하는 목표를 어떻게 통합할 수 있는지를 아래에서 살펴본다.

인력방출 활동은 자본의 논리를 추구하는 기업에게 아래와 같은 경제적 효율성을 가져다준다.

ⅰ) 합리적인 비용관리를 통한 경쟁력 제고:

기업이 부담하는 인건비는 제품의 제조원가를 구성하는 핵심적 요소이다. 기업이 과잉인력을 보유하게 되면 인건비의 낭비현상이 나타나며 이것은 제품가격에 반영되고 경쟁력 약화를 초래하게 된다.

그림 VII-1 인사관리와 인력방출 활동

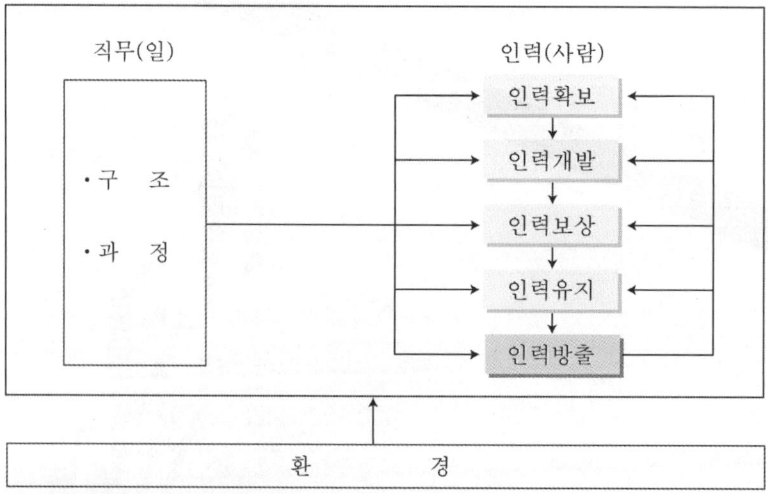

ii) 조직에 활력제공:

기업은 인력감축 활동을 통해 남아 있는 종업원에게 보다 도전적인 직무를 부여할 수 있어 이를 수행하는 종업원은 과거에 비해 보다 높은 직무에의 관심과 노력을 투입하게 된다. 뿐만 아니라 자발적 이직의 결과 새로 영입된 신규인력은 새로운 기술, 새로운 아이디어를 조직에 제공해 줌으로써 조직을 활성화시키는 계기가 될 수 있다.

인력방출 활동은 노동(종업원)이 추구하는 목표인 사회적 효율성을 높이는 데 아래와 같은 측면에서 기여한다.

i) 종업원의 성장욕구 충족:

기업의 인력감축 활동 결과 기업에 남아 있는 종업원에게는 보다 도전적인 직무가 부여되며, 이것은 종업원의 성장욕구를 충족시키는 데 본질적으로 기여하게 된다.

ii) 승진기회의 증가:

자발적 이직 및 인력감축 활동의 결과 기업 내 종업원들의 승진관련 경쟁자의 수는 줄어들게 되는데, 이것은 기업에 남아 있는 종업원들에게 보다 많은 승진기회를 제공한다.

이상에서 살펴본 인력방출 활동의 효율성은 기업을 떠난 사람이 아닌 기업에 남아 있는 사람에 초점을 맞춘 것이다. 그러나 기업의 인력감축 대책으로 인해 기업을 부득이 떠나야 하는 종업원은 많은 고통을 감수해야 한다. 따라서 기업은 인사관리의 사회적 효율성을 위해 이러한 종업원에 대한 고통을 최소화할 수 있는 방안을 강구해야 할 것이다. 이상에서 살펴본 인력방출 활동의 목표시스템은 〈그림 Ⅶ-2〉에서 요약된다.

그림 Ⅶ-2 인력방출의 노동-자본 통합모델

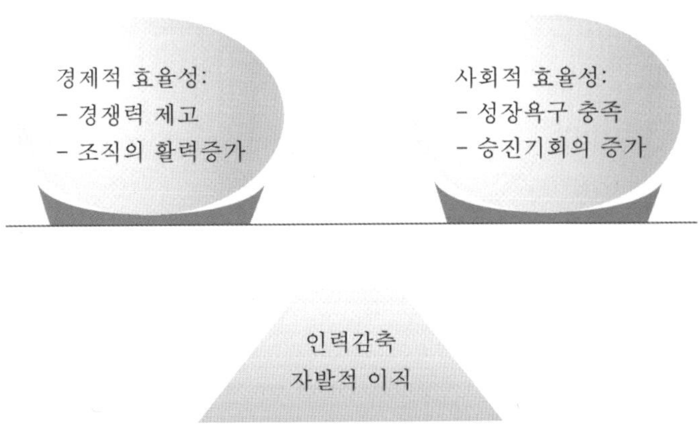

그림 VII-3 인력유지 관리과정적 접근

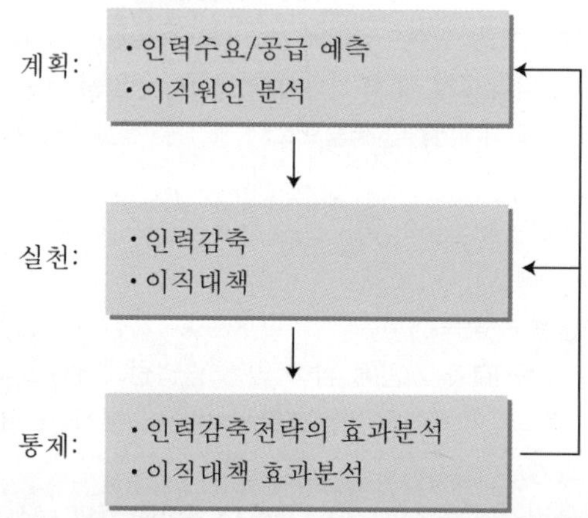

인력방출 활동을 보다 효율적으로 수행하기 위해서는 관리과정적 접근을 시도할 수 있다. 〈그림 VII-3〉에서 제시된 바와 같이 인력방출은 계획활동, 실천활동 그리고 통제활동으로 구분하여 접근할 수 있다. 다음 제14장에서는 기업이 주도하는 인력감축과 종업원이 주도하는 자발적 이직을 살펴본다.

이 직

chapter 14

본 장에서는 종업원이 기업을 떠나는 현상을 살펴본다. 여러 가지 사정으로 기업이 종업원을 더 이상 보유할 처지가 되지 못할 때 나타나는 기업의 조치가 인력감축이며, 종업원이 기업을 자발적으로 떠나는 현상을 자발적 이직이라고 한다. 아래에서는 이직에 대한 몇 가지 개념을 먼저 언급한 후 인력감축과 자발적 이직을 살펴본다.

[1] 이직의 개념

광의－노동이동

이직(turnover)의 개념은 광의와 협의로 구분할 수 있다(Bluedorn, 1978). 광의의 이직은 종업원의 입직(accession)과 이직(separation)을 모두 포함하는 개념으로서 노동이동이라고도 한다. 노동이동은 구체적으로 노동력의 지역 간, 산업 간, 직종 간 및 동일 직종 내에서의 계층 간 이동을 말하며, 넓게는 국가 간의 이동까지 포함한다(한국노동경제학회. 1987).

협의의 이직은 조직으로부터 금전적 보상을 받는 개인이 조직에서 구성원 자격을 종결짓고 조직을 떠나는 것

반면에 협의의 이직은 조직으로부터 금전적 보상을 받는 개인이 조직에서 구성원 자격을 종결짓고 조직을 떠나는 것을 말한다(Mobley, 1982). 여기에는 조직내부의 이동이나 유입이 포함되지 않는다. 따라서 이직은 사회 전체로서는 노동력 이동의 시작이며, 해당 조직으로서는 인적자원의 감소와 새로운 인적자원의 유입을 가능하게 해주는 원천이 된다.

이직은 이직의사결정의 주체에 따라 자발적 이직(voluntary turnover)과 비자발적 이직(involuntary turnover)으로 구분할 수 있다. 자발적 이직은 종업원에 의해 주도되는 것으로서 회사에 대한 불만 혹은 보다 나은 직무를 찾아 다른 기업으로 가는 전직(轉職)과 학업의 계속, 결혼, 임신, 출산, 지병, 가족의 이주 등으로 인한 사직이 이에 포함된다. 비자발적 이직은 종업원 의사에 반(反)하여 이루

그림 14-1 이직의 유형

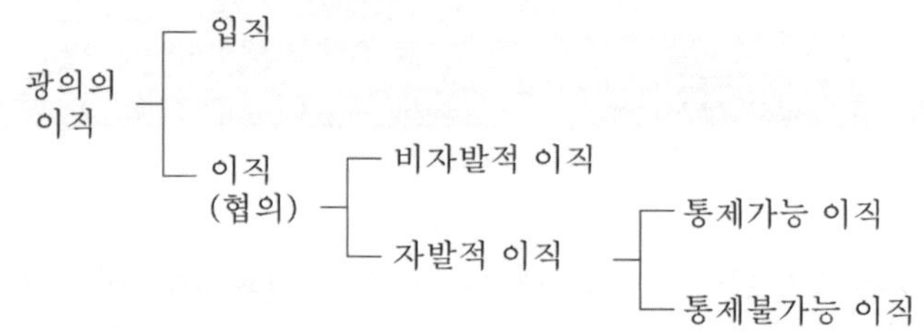

어지는 것으로서 기업이 주도하는 해고, 정년퇴직 그리고 사망 등이 이에 포함된다.

이직은 또한 조직에 의한 통제가능성 여부에 따라 통제가능 이직(controllable turnover)과 통제불가능 이직(uncontrollable turnover)으로 구분할 수 있다. 통제가능 이직은 조직이 통제할 수 있는 임금, 복리후생, 근무시간, 작업조건, 인간관계 등에 대한 불만으로 이직하는 것을 말한다. 이러한 이직은 조직이 노력을 한다면 통제가능한 것이다. 반면에 통제불가능 이직은 조직구성원의 질병, 사망, 학업계속 및 가정문제 등이 원인이 되는 것으로서 조직이 노력을 한다고 해서 통제가능한 것이 아닌 경우를 말한다. 이상에서 분류한 이직의 유형은 <그림 14-1>에서 제시된다.

[2] 인력감축

기업의 주도에 의한 인력감축

기업의 주도로 나타나는 이직현상이 바로 인력감축이다. 인력감축은 인력공급이 과잉상태일 때 취하는 기업의 행동이다. 아래에서는 인력의 공급과잉의 원인, 인력감축전략 그리고 전략에 대한 효과 등을 살펴본다.

2.1 인력공급과잉의 원인

기업은 인력수요 및 공급에 대한 예측활동 결과, 인력공급이 인력수요를 초과할 때 인력감축의 필요성을 발견한다. 인력공급의 과잉현상은 양적 측면, 질적 측면, 시간적 측면 그리고 지역 측면에서 나타날 수 있다. 양적 측면에서의 인력공급과잉은 현재 혹은 미래의 특정 시점에서 종업원 수가 필요한 인력보다 초과되는 것을 말하며, 질적 공급과잉은 기업이 필요로 하는 자격수준보다 특정 시점에서 종업원이 갖추게 되는 자격수준이 높은 경우(overqualified)를 말한다. 또한 시간적 측면에서의 인력공급과잉은 미래의 여러 시점 중 특정 시점에서만 종업원이 남아도는 것을 말하며, 지역적 인력공급과잉은 기업이 여러 지역에 공장을 갖고 있을 때 특정지역 공장에서의 인력이 공급과잉을 보일 때를 말한다.

기업이 필요 이상의 인력을 보유하게 되면 인건비의 추가지출로 인한 제품원가 상승, 나아가 시장에서의 경쟁력 약화를 가져다줄 뿐만 아니라 기업 내부에도 많은 역기능을 가져다준다. 사람이란 도전적인 직무를 바쁘게 수행할 때 일에 대한 기쁨과 성장욕구가 충족되는데, 일거리가 별로 없거나 별로 도전감을 주지 않는 직무를 수행하게 되면 정신이 해이해지고 불만족이 증가되어 조직전체가 침체될 가능성이 높다. 따라서 기업은 경쟁력 제고라는 이유뿐만 아니라 조직활성화 측면에서라도 적정인력을 보유해야 한다.

인력공급과잉 현상의 원인

기업에 인력공급과잉 현상이 나타나는 원인은 아래와 같은 몇 가지가 있다.

첫째, 경기후퇴 내지 해당기업의 제품의 노후화로 인한 매출액 및 생산량의 감소이다.

둘째, 기계화 내지 자동화로 연결되는 기술변화가 인력공급 과잉을 유발한다. 기업의 생산현장에 로봇이 도입되면 해당 작업장에서는 80% 이상의 인력감소를 가져다주며 사무직종에서의 사무자동화(office automation) 또한 대폭적인 인력감소 원인이 된다.

셋째, 시장에서의 경쟁이 치열해짐에 따라 기업은 인건비를 줄임으로써 제품생산원가를 낮추려고 시도하게 된다.

이상에서 제시한 원인 외에도 기업의 인력공급과잉은 공장의 폐쇄 내지 이전시에도 나타난다. 예를 들면 해당기업이 공장의 생산라인의 일부를 여러 가지 이유로 해외로 이전할 경우 해당 공장에서는 인력공급과잉현상이 나타나게 된다. 또한 일시적인 인력공급과잉현상은 해당기업이 계절적 사업을 수행할 경우에도 나타난다. 예를 들면, 리조트 호텔의 경우 성수기를 위해 확보했던 인력은 비수기가 되면 공급과잉 현상이 나타나게 되는 것이다.

2.2 인력감축전략 및 효과

기업이 주도하는 인력감축은 종업원에게 커다란 정신적 부담과 경제적 부담을 야기할 수밖에 없다. 왜냐하면 종업원은 자신이 원하지 않음에도 불구하고 기업을 떠나야 하기 때문에 우선 기업으로부터 받아왔던 보상(임금, 복리후생)이 중단되어 생계에 커다란 타격을 받기 때문이다. 인력감축은 종업원에게 뿐만 아니라 기업 측에도 많은 코스트가 야기된다. 예를 들면, 기업 전체로부터 인적자원의 규모가 줄어들고 감축된 인력을 경기가 회복되었을 때 다시 확보한다는 보장이 없기 때문에 경쟁력이 저하될 수 있다. 또한 인력감축이 발생하는 경제적 제 비용도 무시할 수 없다. 따라서 기업의 인력감축전략은 기업뿐만 아니라 종업원이 부담하게 될 코스트를 최소화시키는 방향으로 수립되어야 한다. 다음 <표 14-1>에서는 기업이 선택할 수 있는 주요 인력감축전략과 개별전략에 대한 코스트 측면에서의 평가가 제시된다.

기업이 선택할 수 있는 인력감축전략

<표 14-1>에 나타난 바와 같이 인력감축전략은 '초과근무시간 단축'부터 '해고'에 이르기까지 매우 다양하다. 아래에서는 개별전략에 대해 자세히 살펴본다.

표 1-1 사용자 - 종업원 관계의 발전

	기업		종업원	
	경쟁력	경제적 비용	정신적 부담	경제적 부담
1. 초과근무시간 단축	•	•	•	+
2. 신규채용억제 – 자발적 이직 활용	+	•	+	•
3. 조기퇴직제도 도입	+	+	+	•
4. 보상의 동결 (임금, 후생복지)	++	•	+	+
5. 보상의 삭감 (임금, 후생복지)	+++	•	++	++
6. 해고	++	•	++	•

범례: •: 코스트가 거의 발생하지 않음.
+: 코스트가 약간 발생함.
++: 코스트가 많이 발생함.
+++: 코스트가 아주 많이 발생함.

1) 초과근무시간 단축

코스트가 가장 적게 발생하며 도입이 용이

인력감축전략으로서 코스트가 가장 적게 발생하며 도입이 용이한 것이 바로 초과근무시간의 단축이다. 이 전략은 시장에서의 제품수요가 줄어들어 기업으로서 생산량을 줄여야 하는 경우에 가장 먼저 생각할 수 있는 대안이다. 초과근무시간의 단축은 기업에게 경쟁력 저하나 경제적 비용을 발생시키지 않는다. 왜냐하면 해당기업은 종업원 수를 줄이지 않고 보유하고 있는 인적자원의 양이 그대로 유지되기 때문이다. 초과근무를 포기함으로써 생산하지 못한 제품에 대해서는 인건비도 발생하지 않는다. 다만 생산시설의 활용도가 약간 낮아지지만 이것이 커다란 코스트를 가져다주지는 않는다.

종업원의 입장에서 보면 초과근무시간의 단축은 근무시간이 줄어들어 피로도가 낮아진다는 측면이 있으나 임금이 줄어드는 결과를 가져다준다. 과거 종업원은 하루 8시간 임금에 추가로 초과근무수당을 받았으나 이제는 이것을 포기해야 한다. 하루 8시간 기준으로 임금수준이 결정되고 이 수준이 종업원의 생계비를 대부분 반영하도록 되어 있다고 가정한다면, 초과근무수당의 포기가 종업원의 생계유지에 커다란 타격은 주지 않을 것이다.

인력감축전략으로서 초과근무시간의 단축은 기업의 입장에서 볼 때 감축효과가 크지 않기 때문에 인력감축 압력이 계속될 때에는 다음 단계인 신규인력의 채용을 억제하는 전략을 구사하게 된다.

2) 신규채용억제

기업이 정년퇴직 및 자연발생적인 이직을 이용하여 인력을 중·장기적으로 감축하자는 것

인력감축전략으로서의 신규채용억제는 기업이 정년퇴직 및 자연발생적인 이직을 이용하여 인력을 중·장기적으로 감축하자는 것이 그 목적이다. 예를 들면 해당기업에서 자발적 이직자가 50명 발생하였을 경우 이 중 20명만 신규로 채용하고 30명의 일은 기존 종업원이 나누어서 수행하는 방식이다. 혹은 기업이 이직자와 관계없이 매년 채용해 오던 신규인력 숫자를 줄이는 것도 이에 해당된다.

신규인력의 채용을 억제하는 전략은 기업의 경쟁력 저하에 상당한 영향을 미칠 수 있다. 대개 앞서가는 기업은 매년 전체 종업원의 5% 정도를 신규로 채용함으로써 기술변화에 대해 대처하고 있는데, 해당기업이 신규채용을 억제한다면 신기술 도입에 있어서 소극적이 되는 것이다. 뿐만 아니라 신규로 채용된 인력은 대개 새로운 아이디어를 조직에 제공할 뿐만 아니라 조직분위기를 새롭게 하여 조직 활성화의 계기를 마련해 주기도 한다. 신규채용억제는 기업의 경쟁력 저하의 원인이 될 수 있으나 기업이 부담하게 되는 인건비 측면에서는 코

스트를 발생시키지 않는다.

인력감축전략으로서의 신규채용억제는 종업원에게 업무부담을 증가시키게 된다. 왜냐하면 퇴직자의 일부만 충원되기 때문에 충원되지 않은 퇴직자의 업무를 기존 종업원이 나누어서 수행해야 하기 때문이다.[1] 반면에 종업원이 받는 보상수준에는 특별한 변동이 나타나지 않기 때문에 종업원의 경제적 부담은 발생하지 않는다.

인력감축전략으로서의 신규채용억제는 정년퇴직자, 자발적 이직자 그리고 매년 채용하는 신규인력의 숫자가 많은 기업에서는 효과적이지만 그렇지 않은 기업에서는 그 효과가 상당히 제한적이다. 따라서 신규채용억제전략만으로 필요한 인력이 줄어들지 않을 경우 보다 적극적인 전략의 도입이 요청된다.

3) 조기퇴직제도의 도입

명예퇴직제도는 정년에 도달하지 않은 종업원을 자발적인 의사에 따라 퇴직시키는 제도

조기퇴직제도는 정년에 도달하지 않은 종업원을 자발적인 의사에 따라 퇴직시키는 제도인데 이를 명예퇴직제도라고도 한다. 이 제도는 퇴직에 대한 종업원의 자발성 측면에서는 자발적 이직과 같지만 제도에 대한 주도권(이니셔티브)을 기업 측이 갖는다는 데 그 차이가 있다. 즉 인력감축을 위해 특별한 이직의사가 없는 종업원에게 기업이 퇴직에 대한 수당 내지 다른 좋은 조건을 제시하고 종업원이 이를 받아들이는 경우이다. 조기퇴직제도는 주로 정년퇴직이 얼마 남지 않은 종업원을 대상으로 도입되는데, 예를 들면, 정년이 60세일 경우 55세 이상의 종업원에게 자발적인 퇴직의 기회를 주고 퇴직수당으로 정년까지 남은 기간에 수령할 총급여를 전부 혹은 일부(대개 50%)를 일시불로 지급하는 것이다. 기업은 인력감축에 대한 압력이 매우 클 경우 조기퇴직의 기회를 입사 후 5년 혹은 10년 이상이 되는 젊은 종업원에게도 일정한 퇴직수당을 전제로 제시할 수 있다.

조기퇴직제도는 기업에게는 상당한 경제적 비용을 요구한다. 왜냐하면 종업원이 퇴직할 경우, 정년까지의 남은 기간을 보상할 수 있는 퇴직수당을 지급해야 하기 때문이다. 또한 퇴직하는 종업원이 유능한 인재일 경우 기업의 경쟁력이 훼손될 수 있다. 종업원의 입장에서 볼 때 조기퇴직제도는 업무량 증가 측면에서 부담을 가져다준다. 왜냐하면 이 제도에 의해 퇴직한 종업원에 대해서는 대개 후속 충원이 없기 때문에 기업에 남아 있는 종업원은 퇴직자의 업무를 분

---

1) 기업이 전체 업무량의 변동 없이 절감을 위해 신규채용억제책을 도입하는 경우임.

담해야 하기 때문이다. 퇴직하는 종업원은 퇴직수당이라는 목돈을 마련할 수 있기 때문에 경제적인 불이익은 별로 발생하지 않는다. 그러나 조기퇴직제도가 종업원의 자발적인 퇴직을 보장하지 못하고 '권고사직'이라는 반강제성을 띨 경우에 퇴직자는 정신적인 부담을 갖지 않을 수 없다.

조기퇴직제도는 앞에서 제시한 신규채용억제전략에 비해 보다 적극적인 인력감축전략이다.

4) 보상의 동결 및 삭감

기업이 종업원에게 제공하는 경제적 보상인 임금 내지 복리후생을 동결시킴으로써 종업원의 자발적 이직을 유도하는 것

조기퇴직제도의 도입으로도 인력감축 문제가 해결되지 않을 경우 기업은 보다 강력한 전략을 도입할 필요가 있다. 보상의 동결전략은 기업이 종업원에게 제공하는 경제적 보상인 임금 내지 복리후생을 동결시킴으로써 종업원의 자발적 이직을 유도하는 것이다. 제1단계로 기업은 임금을 예년과 같이 인상시키면서 복리후생 수준을 동결시키고 제2단계에서는 임금수준도 동결시키는 것이다. 이러한 보상의 동결은 해당기업의 종업원에게 보상에 대한 불만족을 발생시키고 이것은 자연스럽게 이직으로 연결된다.

보상동결전략은 기업의 입장에서 볼 때 현재 기업에 남아 있는 종업원에게도 불만족을 가져다주기 때문에 생산성 향상을 위한 모티베이션이 상당히 훼손된다. 반면에 직접적인 경제적 비용은 발생하지 않는다. 또한 보상동결전략은 종업원에게 정신적 부담을 증가시킨다. 보상동결에 대한 불만족으로 기업을 떠난 종업원의 직무를 남아 있는 종업원들이 분담하여 수행해야 하기 때문에 업무량이 증가된다.[2) 뿐만 아니라 보상동결전략은 종업원에게 경제적 부담을 가져다준다. 명목임금수준이 그대로 유지된다 하더라도 물가가 상승할 경우 실질임금은 감소되기 때문이다.

보상동결전략이 요구되는 인력감축의 양을 충족시키지 못할 경우, 기업은 보상삭감전략을 도입할 수 있다. 보상삭감은 제1단계로 복리후생비의 삭감, 제2단계로 임금의 삭감을 시도할 수 있다. 사실상 우리나라와 같이 연공임금제도를 도입하고 있는 기업에서는 정기승급을 통해 임금이 매년 상승하기 때문에 이 정기승급 외에 인센티브나 보너스를 삭감하는 방법을 도입할 수 있다.

보상삭감전략은 본질적으로 종업원에게 불만족을 야기해 해당기업을 떠나게 유도하는 전략이기 때문에 기업의 경쟁력 측면에서 매우 커다란 부담을 가

2) 물론 인력감축 이유가 생산량의 감소가 될 때 남아 있는 종업원의 업무량의 증가는 미미하다.

져다준다. 왜냐하면 이러한 전략으로 인해 해당 기업을 떠나는 종업원은 다른 기업에서 일자리를 구할 수 있는 능력 있는 사람들이기 때문이다. 능력이 부족한 종업원은 사실상 기업에 대해 보상삭감에 대한 불만이 크지만 그 기업에서 퇴직하게 되면 실업자가 되기 때문에 보상삭감에 대한 분노를 삭이면서 기업에 남아 있지 않을 수 없게 된다. 이러한 종업원들에게 기업은 더 이상 생산성 향상을 위한 모티베이션을 기대할 수 없는 것이다. 반면에 보상삭감은 기업에게 인건비 추가 부담과 같은 경제적 비용을 발생시키지 않는다.

보상삭감전략은 기업에 남아 있는 종업원에게는 상당한 정신적 및 경제적 부담을 가져다준다. 보상삭감에 대한 반발로 기업을 떠난 종업원의 직무를 현직 종업원들이 분담하여 수행해야 하기 때문에 업무량이 증가된다. 또한 보상삭감으로 인한 소득수준 저하는 종업원에게 상당한 경제적 부담을 가지게 한다.

5) 해 고

기업의 의지에 의해 종업원이 강제적으로 기업을 떠나는 것

해고는 기업의 의지에 의해 종업원이 강제적으로 기업을 떠나는 것을 말하는데 이것은 통상해고와 정리해고로 구분된다(안희탁/김강식, 1996). 통상해고는 종업원의 개인적 사유에 의하여 해고되는 것으로서 예를 들면 해당 개인이 절도를 하였거나 취업규칙을 위반하였거나 혹은 무능력으로 그 개선이 불가능한 경우이다. 반면에 정리해고는 기업의 경제적 · 기능적 변화로 인해 종업원이 해고되는 것을 말한다.

해고는 종업원에게는 사형선고나 다름없기 때문에 종업원이 불공정하게 해고되는 것을 방지하기 위해 국가는 법률을 통해 보호하고 있다. 우리나라의 경우 근로기준법 제24조에서는 정리해고에 대한 정당한 요건을 아래와 같이 제시하고 있다.

정리해고의 요건

① 긴박한 경영상의 필요가 있어야 한다.
② 사용자는 해고를 피하기 위한 노력을 다하여야 한다.
③ 공정한 해고의 기준을 정하고 이에 따라 그 대상을 선정하여야 한다.
④ 사용자는 해고를 피하기 위한 방법 및 해고의 기준 등에 관하여 노동조합 내지 근로자 대표와 성실하게 협의하여야 한다.

해고를 통한 인력감축전략은 다른 어떤 전략보다도 강력하고, 무엇보다도 종업원이 강제에 의해 퇴직된다는 점에서 노사 간에 갈등이 증폭될 가능성이 높다. 해고는 기업에 경쟁력 훼손이라는 부담을 가져다준다. 해고는 결국 현재 기업이 보유하고 있는 인적자원의 수를 줄이는 것이기 때문에 기업의 경쟁력은

약화될 수밖에 없다.[3] 특히 비해고자인 현직 종업원의 기업에 대한 커미트먼트는 급격히 감소된다. 그들은 우선 추가해고에 대한 불안감, 직무 불만족 등으로 직무에 대한 모티베이션이 저하되어 생산성 향상을 기대하기가 사실상 어렵다. 그러나 해고로 인한 경쟁력 저하는 보상의 삭감전략에 비해서는 덜 심각하다. 왜냐하면 해고의 경우 기업은 유능한 종업원을 그 대상에서 제외시키지만 보상삭감의 경우 기업을 떠나는 사람은 주로 유능한 종업원이기 때문이다. 반면에 해고전략은 기업에 별다른 경제적 비용은 가져다주지 않는다. 오히려 인건비 절감의 효과가 있다.

해고는 퇴직종업원에게 뿐만 아니라 남아 있는 종업원에게 매우 커다란 부담을 가져다준다. 해고자에게는 실직(失職)의 고통을 주고 남아 있는 종업원에게는 퇴직자의 직무분담을 통한 업무량 증가 그리고 추가해고에 대한 불안감 등을 유발시킨다. 해고가 가져다주는 경제적 부담은 특히 해고자에게 치명적이다. 그들에게는 임금지급이 중단되기 때문에 생계유지에 결정적인 문제를 야기시킨다.

기업은 인력감축을 위해 위에서 제시한 전략들 외에도 여러 가지 전략을 도입할 수 있다. 예를 들면 파트타임 근로자에 대한 신규채용억제 및 삭감, 해당기업 계열 회사 혹은 거래기업으로 종업원 전직 그리고 직업전환교육 실시 등이 있다.

이상에서 살펴본 인력감축을 위한 여러 가지 전략에 대해 기업은 경제적 효율성과 사회적 효율성을 동시에 추구하기 위해 전략도입에 있어서 기업 및 종업원에게 코스트가 최소가 될 수 있도록 하여야 하겠다. 이를 위해서는 기업이 인력수요 및 공급예측 활동을 보다 강화하여 인력공급과잉의 시점을 가능한 한 미리 발견하여 충분한 기간을 가지고 충격이 가장 적은 '초과근무시간 단축' 전략 및 '신규채용억제'전략만으로 문제해결을 시도해야 할 것이다.

인력감축을 위한 해고전략은 기업이 도입할 수 있는 최악의 전략으로서 이를 피하기 위해 기업은 최선의 노력을 해야 하겠다.

2.3 전직지원제도

사업구조조정 등 기업이 피치 못할 이유로 종업원을 퇴직시켜야 하는 경우

사업구조조정 등 기업이 피치 못할 이유로 종업원을 퇴직시켜야 하는 경우 퇴직자에 대한 전직지원 활동(outplacement)이 있다. 이러한 활동은 타의에 의해

3) 물론 해고를 통한 인건비 절감이 제품원가의 감소 등 경쟁력을 제고시키는 측면도 있다.

기업을 떠나는 종업원의 심리적 저항을 줄여줄 뿐만 아니라 남아 있는 종업원(잔류구성원)의 심리적 안정을 위해서도 필요하다(태원유/이정일, 2001).

전직지원 활동은 공식적으로는 제2차 세계대전 후 미국에서 제대군인의 취업을 지원하기 위한 상담서비스제도의 도입으로 시작되었으며 오늘날 미국 50대 기업의 약 90%에서 이러한 제도를 도입하고 있다(Redstrom-Plourd, 1998). 우리나라에서는 1990년 말 금융위기 때 대대적인 인력감축이 단행되면서 몇몇 기업에서 도입되기 시작했다(구관모, 2003). 우리나라 고용노동부는 전직지원제도를 "사업자의 지원 하에 경영상의 이유로 퇴직하는 근로자가 신속하게 재취업할 수 있도록 서비스를 제공하는 프로그램"으로 규정하고 있다(노동부, 2001). 전직지원 프로그램의 내용은 크게 4단계로 구성된다(Aquilanti/Leroux, 1999).

전직지원 프로그램의 내용

첫 번째 단계는 심리적 지원단계이다. 이 단계에서는 기업이 상담자를 통해 퇴직자의 퇴직으로 인한 심리적 충격을 극복할 수 있도록 해준다. 즉 퇴직자의 불만, 불안 등을 경험하고 이해한다.

두 번째 단계는 개인개발 단계이다. 퇴직자의 강점과 약점, 적성 그리고 과거의 업적 등을 분석하여 퇴직자의 향후 경력개발 방향을 공동으로 세우고 필요한 경우 기업이 재정적 문제를 해결할 수 있는 방안을 수립하는 데 지원한다.

세 번째 단계는 구직활동(job search) 단계이다. 기업은 퇴직자를 위해 구직 관련 정보를 수집하고 다른 기업에서의 입사면접 등 구직을 보다 용이하게 할 수 있도록 지원한다.

마지막 단계는 지속적 상담과 지원단계로서 퇴직자가 재취업한 후에도 성공적인 적응을 할 수 있도록 지속적으로 지원하는 단계이다.

이상에서 제시한 퇴직자를 위한 전직지원 활동은 퇴직자에게 뿐만 아니라 퇴직자를 보면서 불안해하는 잔류구성원에게 아래와 같은 효과를 가져다준다(구관모, 2003).

- 퇴직자에 대한 효과
  ① 심리적 안정제고
  ② 효율적 경력전환 – 고용가능성 제고
  ③ 전 직장에 대한 이미지 제고
- 잔류구성원에 대한 효과
  ① 조직몰입의 증가
  ② 조직에 대한 신뢰회복
  ③ 생산성 향상 – 작업노력 제고

사례 14-1 **태광산업(주)의 전직지원 활동**

태광산업(주)은 2001년 9월 퇴직자의 전직을 지원하기 위해 미래고용지원센터를 설립하였다. 미래고용지원센터는 설립 당시 자체 인력과 직업상담사를 채용, 사내에 사무실을 갖추어 시행하면서 노동부의 고용안정센터, 울산인력은행과 연계하여 재취업을 위한 구인구직자의 만남의 날 행사와 성취프로그램을 실시하였고 중소기업청 소상공인지원센터에서 창업스쿨과 창업진단을 실시하고 있다.

미래고용지원센터가 제공하는 서비스와 실적은 아래와 같다.

1. 서비스 내용

i) 상담업무: 퇴직자의 방문 또는 전화로 심리적 안정 및 전직관련 정보제공을 위한 상담 실시

ii) 퇴직안내: 퇴직보험금 신청과 노동부 고용보험에 의한 실업급여 수급 안내, 건강보험, 국민연금 등 각종 퇴직 관련 자료를 제공

iii) 재취업 도움방: 협력업체 대표가 직업 선택의 애로사항을 상담하고 구직활동에 도움을 제공

iv) 창업지원 및 생활안정자금 대출: 2002년 2월 4일-9일 희망퇴직자를 대상으로 인당 최고 2천만 원 연리 2%로 2년 거치 3년 상환으로 지원

v) 사무공간 제공: 센터 내에 행정실과 상담실, 교육장 그리고 인터넷 PC, Fax 복사기 등 항상 개방

vi) 창업지원

- 90여권의 창업관련 서적을 비치하여 열람 및 대여
- 업종선정 및 사업성평가 등 전문 창업컨설팅과 연계하여 상담지원
- 창업 시 사업계획서, 자금 추천신청서 자료 제공
- 근로복지공단의 소상공인 지원자금 신청 안내
- 창업행사 지원서 작성시 개업일 Event, 홍보를 지원
- 월 2회 창업스쿨 및 창업박람회 등 참가유도로 창업정보를 제공
- 창업대표자 동아리를 결성하여 창업정보교류 및 컨설팅

vii) 재취업지원

- 적성에 맞는 직업을 선정하기 위한 적성검사 및 상담실시
- 울산지역 13개 공단지역 기업체 매일 3개 업체 방문 재취업 알선
- 상담사가 재취업자에게 희망직종, 지역, 급여 등 채용정보를 제공

viii) 교육훈련

- 교육기관을 방문하여 현상을 파악하고 적성에 맞는 직업교육을 상담

- 매월 20개 업종의 재취업 교육프로그램을 제공

2. 전직지원 실적

i) 전직대상(2002년 희망퇴직 475명 포함)

인원	미래프로그램 등록	
961명	702명	73%

ii) 상담실적(2001년 9월 24일 ~ 2002년 5월 16일)

구분	창업	재취업	교육훈련	실업급여	기타	합계
인원	747명	797명	371명	1,012명	242명	3,169명

iii) 전직실적(2002년 5월 16일 현재)

구분	창업	재취업	교육훈련	합계
인원	75명	42명	147명	264명(38%)

〈자료: 태광산업(주) 내부자료〉

[3] 자발적 이직

종업원의 순수 자유의사에 의해 기업을 떠나는 것

종업원의 순수 자유의사에 의해 기업을 떠나는 것을 자발적 이직이라고 하는데, 이것은 다시 전직(轉職)과 비전직(非轉職)으로 구분할 수 있다. 전직이라 함은 종업원이 해당기업을 떠나 다른 기업으로 가는 것을 말하며 비전직은 종업원이 결근, 지병, 학업의 계속 및 가족이주 등의 이유로 기업을 떠나는 것을 말한다. 자발적 이직에 대한 관리대상은 바로 종업원의 전직(轉職)이다. 유능한 인재가 해당기업을 떠나 경쟁기업으로 가는 경우 해당기업의 경쟁력은 이중으로 타격을 받게 된다. 아래에서는 자발적 이직의 기능, 비용 및 원인을 살펴보고 역기능적인 이직을 줄이기 위한 대책을 강구한다.

3.1 이직의 기능

자발적 이직의 기능은 순기능적인 것과 역기능적인 것으로 나눌 수 있다. 순기능적인 이직이란 종업원의 자발적 이직이 기업의 경쟁력에 오히려 도움을 주는 경우를 말하며, 역기능적인 이직이란 기업에 비효율성을 가져다주어 궁극적으로 기업의 경쟁력을 훼손시키는 경우이다. 자발적 이직은 기업을 떠나는 이직자, 기업에 남아 있는 잔류자 그리고 기업에 미치는 영향이 각각 다를 수 있다.

순기능 – 자발적 이직이 기업의 경쟁력에 오히려 도움

역기능 – 기업에 비효율성을 가져다주어 기업의 경쟁력을 훼손

이직은 기업을 떠나는 개인에게는 타 기업에서 직무를 찾아야 한다는 부담과 타 조직에 새로 적응해야 한다는 부담을 가져다준다. 현재 근무하고 있는 기업에 대한 불만으로 다른 기업을 선택하였을 경우, 그 기업에서 불만요인이 반드시 해소된다는 보장이 없다. 결국 기업을 옮긴다는 것은 개인에게 직장생활에서의 불확실성을 증가시킨다. 반면에 타 기업에서 보다 나은 직무제의를 받고 떠나는 이직자는 타 기업에서 보다 나은 직무(승진) 및 보다 높은 임금을 받을 가능성이 높으며 자신이 선호하는 직무에 능력을 보다 많이 발휘할 수 있는 기회를 가질 수 있다.

기업에 남아 있는 잔류자에게 이직이 미치는 효과는 다음과 같다. 부정적인 것으로서 조직 내 형성되었던 제 인간관계가 이직자가 발생함으로써 변화되어 기업에 남아 있는 종업원이 부담을 가지게 된다는 점이다. 이것은 작업집단에 집단응집력(group cohesiveness)의 약화, 나아가 협동관계의 훼손으로 연결될 수 있다. 뿐만 아니라 이직자에 대한 후임이 즉시 대체되지 않을 경우 그들이 수행했던 업무를 분담해야 하는 부담이 발생한다. 그러나 이직은 조직 잔류자에게 긍정적인 효과도 가져다준다. 즉 이직자가 발생하면 아무래도 상위직급의 직무가 공석이 되는 경우가 많기 때문에 잔류자에게 보다 나은 직무로의 이동의 가능성을 높여준다. 뿐만 아니라 새로 영입되는 신규인력이 새로운 긍정적인 작업집단 분위기를 가져다줄 수 있다.

이직이 잔류자에게 미치는 영향

자발적 이직이 기업에 미치는 영향 역시 부정적인 것과 긍정적인 것으로 구분할 수 있다. 부정적인 것으로서 첫째, 자발적 이직은 높은 이직비용을 발생시킨다. 이직이 발생하기 전까지 이직자의 저 생산성뿐만 아니라 신규인력을 확보하는 데 드는 모집 · 선발비용 그리고 교육훈련비용 등이 발생한다. 둘째, 유능한 인재의 이직은 인적자원 측면에서 경쟁력 약화를 가져다준다. 셋째, 이직이 빈번하고 그 수가 많을 경우 조직을 불안정하게 하여 업무진행에 많은 차질

이직이 기업에 미치는 영향

표 14-2 자발적 이직의 효과

효과 / 주체자	부정적 효과	긍정적 효과
이직자	– 직장생활에서의 불확실성 증가	– 경력개발 – 소득증가 – 능력발휘기회
잔류자	– 조직 내 기존 사회적 관계의 훼손 – 신규인력이 확보되는 기간 동안의 업무량 증가	– 이동 및 승진기회의 증가 – 새로운 동료로부터의 자극 및 상호 보완
기업	– 이직비용의 발생(생산성 감소, 모집선발비용, 교육훈련비용 등) – 유능한 인재의 상실로 인한 경쟁력 약화 – 조직의 불안정	– 무능한 인재의 퇴직으로 조직능력 제고 – 신규인력의 조직에 새로운 아이디어 제공 – 조직활성화 계기

과 조직 분위기도 훼손된다. 그러나 이직은 기업에 다음과 같은 긍정적 효과를 가져다준다. 첫째, 무능한 인재가 조직을 떠날 경우 능력 있는 새로운 인재를 영입함으로써 조직 전체의 능력이 제고된다. 둘째, 특히 기술변화가 많은 기업에서는 새로 영입되는 인력은 새로운 기술, 새로운 아이디어를 가져다주기 때문에 성과의 질과 양이 증가될 수 있다. 셋째, 새로운 인력의 영입은 조직의 분위기를 쇄신하여 조직활성화의 계기가 마련될 수 있다.

위에서 살펴 본 자발적 이직의 기능은 부정적 효과와 긍정적 효과로 구분하여 <표 14-2>에서 요약된다.

3.2 이직 비용

이직 비용에 대한 기업의 자세

이직 비용은 자발적 이직이 발생함으로써 기업이 부담하는 비용을 말한다. 대개 기업에서는 이러한 비용을 측정하는데 다음과 같은 이유로 매우 소극적이다. 첫째, 전직의 경우 이직자가 해당기업에 대해 불만을 갖고 있는 것이 일반적이며, 비전직일 경우 '이직할 사람'을 기업이 채용한 것이 되기 때문에 인사담당자로서는 부담스러운 사건이기 때문이다. 즉 인사부서로서는 이직에 대한 이슈를 이직비용을 통해 부각시키고 싶지 않은 것이다. 둘째, 이직비용 측정 자체의 어려움이다. 엄격히 말하면 이직비용이란 <표 14-2>에서 이직이 주는 편

그림 14-2 이직과정과 발생비용

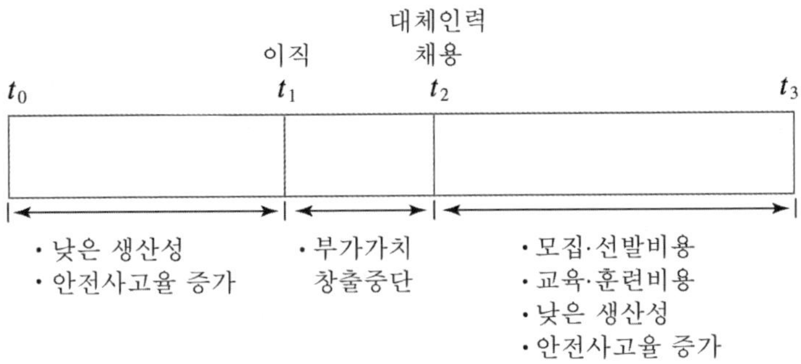

익(benefit)에서 부정적 효과를 뺀 값이 되기 때문에 이를 구성하는 제반 요소를 금전적으로 환산하는 것이 매우 어렵기 때문이다.

기업이 보다 효율적인 이직 관리를 하기 위해서는 이직비용에 대한 인식이 그 전제가 되어야 한다. 이직비용은 이직자가 기업을 떠남으로써 발생하는 비용까지도 포함된다. <그림 14−2>에서는 이직자가 기업을 떠나고 신규인력에 의해 대체되는 과정과 발생하는 비용을 보여준다.

<그림 14−2>에서 t_0~t_1은 이직자가 기업에 대해 불만을 갖기 시작하여(t_0) 기업을 떠나는 시점(t_1)까지의 기간을 나타낸다. 이 기간 동안 이직자는 직무에 대해 흥미를 잃게 되고 생산성 향상에 대한 의욕도 없게 된다. 뿐만 아니라 해당기업을 떠나겠다는 결정을 한 후부터 일이 손에 잘 잡히지 않게 되고 작업장에서 자연히 안전사고의 발생률도 높아지게 된다. 이 기간 동안에 발생하는 이직비용은 바로 낮은 생산성과 안전사고율의 증가이다.

t_1~t_2는 이직자가 해당기업을 떠난 후 대체인력이 채용되기 직전까지의 기간이다. 이 기간 동안에 이직자가 과거 수행했던 직무는 공석(空席)이 되거나 다른 종업원들에 의해 업무분담형식으로 수행된다. 직무가 공석으로 남아 있을 때 기업으로서는 과거 이직자가 직무를 수행하여 부가가치를 창출했던 것을 포기하게 된다. 해당직무의 공석기간(空席期間) 동안 발생하는 이직비용은 아래와 같이 WVU法으로 계산할 수 있다.[4]

4) WVU法은 the Worker Unit法을 말한다(Gaudet, 1960을 최종태, 1983, p. 798에서 재인용).

$$\text{WVU} = \frac{\text{간접비} + \text{이익}}{\text{임금수령 종업원 수} \times \text{작업일수}}$$

WVU法에서는 작업자가 일을 하지 않을 경우의 손실은 직접인건비(임금)로 지급되지 않으므로 간접비(예: 스탭인력비용 및 고정비)를 충당하고 이익을 창출하는데 필요한 1인 작업자의 1일 평균생산 기여분이 된다. 즉 해당기간의 간접비와 이익을 작업자의 수와 작업일수를 곱한 값으로 나눈 값이 바로 WVU인데 이것은 공석이 된 직무에 대해 1일 발생하는 비용이 된다.

t_2~t_3은 기업이 이직자에 대한 대체인력을 채용한 후 이 인력이 과거 퇴직한 종업원이 달성했던 성과수준을 달성할 때까지의 기간이다. 이 기간 동안 발생하는 비용은 대체인력을 모집하고 선발하는 데 드는 비용, 이들을 교육 · 훈련시키는 데 드는 비용 그리고 대체인력이 조직에 적응하는 기간 동안의 낮은 생산성 등이 되겠다. 뿐만 아니라 입사 초기에 빈번하게 발생하는 안전사고로 인한 비용도 이에 포함된다.

이상에서는 이직자가 기업에 대해 불만을 갖기 시작하여 이직하고 대체인력이 채용되어 퇴직한 종업원과 비슷한 수준의 생산성을 올릴 때까지 발생하는 비용을 살펴보았는데, 실제로 기업현실에서 이러한 비용이 예상했던 것보다도 훨씬 높다는 데 문제의 심각성이 있다. 따라서 아래에서는 자발적 이직에 대한 비용을 줄이기 위해 기업이 수립해야 할 이직대책에 대해 살펴본다.

3.3 이직에 대한 대책

앞에서 살펴보았듯이 이직은 기업에 긍정적인 측면과 부정적인 측면을 동시에 갖고 있다. 기업이 이직관리를 효율적으로 하기 위해서는 우선 적정 이직률에 대한 검토가 있어야 하고 이어서 해당 기업의 이직률이 적정수준을 벗어나 기업에 비효율성을 가져다 줄 경우 이직의 원인을 분석하여 이직률을 줄일 수 있는 대책을 강구해야 한다.

3.3.1 적정이직률

이직과 관련하여 기업은 무능한 종업원이 이직하고 유능한 신규인력이 영

그림 14-3 이직비용과 이직률과의 관계

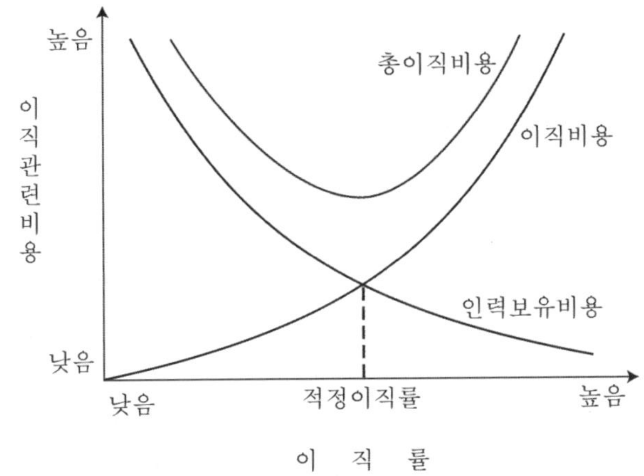

자료: Abelson/Baysinger, 1984.

입되기를 원하겠지만 기업현실은 그렇지 않은 경우가 대부분이다. 사실상 이직률이 너무 낮으면 유능한 인재의 유실(流失)은 적겠지만 조직은 침체되고, 이직률이 너무 높으면 조직은 보다 높은 이직비용을 감수하지 않으면 안 된다. 기업의 입장에서 이직관리를 할 때 어느 정도의 이직률이 적당한가는 종업원이 기업을 떠남으로써 발생하는 이직비용과 기업이 종업원을 계속 보유하기 위해 투입해야 하는 비용, 즉 종업원의 이직을 막기 위한 매력적인 직무제공, 높은 임금 및 복리후생 제공 등 비용의 측면에서 검토되어야 한다. <그림 14-3>에서는 이직관련 비용과 이직률과의 관계가 제시된다.

적정이직률은 기업이 부담해야 하는 이직비용과 인력보유비용의 합이 최소가 되는 곳에 존재

<그림 14-3>에서 보는 바와 같이 기업의 적정이직률은 기업이 부담해야 하는 이직비용과 인력보유비용의 합이 최소가 되는 곳에 존재한다. 따라서 해당 기업의 이직률이 적정이직률을 초과하게 되면 이직관련 총비용이 증가하여 결국 조직유효성이 저하된다. 이런 경우 이직감소를 위한 대책을 강구해야 한다.

3.3.2 이직원인

과도한 이직률이 조직유효성을 저하시킬 때 기업은 우선 이직원인을 규명하여 이를 개선함으로써 이직률을 낮출 수 있다. 아래에서는 이직의 원인을 외부환경요인, 조직전체요인, 작업환경요인, 직무내용요인 그리고 개인특성요인

등으로 구분하여 살펴본다.

1) 외부환경요인

종업원 개인이 어떤 이유에서든 기업에 대해 불만을 갖고 있을 때 이 불만이 이직으로 연결되는 데에는 당시의 노동시장의 환경이 결정적 역할을 한다. 즉 이직의도를 가진 종업원이 이직을 결정하는 데에는 '그가 선택할 수 있는 조직의 수'가 영향을 미치는 것이다(March/Simon, 1958, Casten/Spector, 1987). 실업률이 매우 높은 노동시장의 상황에서는 종업원이 설사 기업에 불만을 갖고 있다 하더라도 이직을 선택하는 데는 상당한 위험부담이 따르게 된다.

2) 조직전체요인

이직에 대한 조직전체요인으로서 기업의 임금 및 복리후생, 승진정책 등을 들 수 있다. 종업원들은 임금 및 복리후생, 승진의 공정성이 결여되었거나 기대감이 충족되지 않은 경우에 실망하여 이직을 결정하게 된다. 임금인상액이나 승진기회는 그 자체로서 중요한 의미를 가지지만, 이것이 종업원의 기대수준, 종업원 자신이 지각하는 공헌수준(contribution)과 함께 고려되지 않으면 별 의미가 없어지게 된다.

3) 작업환경요인

작업환경요인으로서 감독자의 리더십스타일, 동료집단과의 상호작용 내지 인간관계 그리고 작업조건 등을 들 수 있다. 감독자가 부하를 보다 많이 배려하고 원만한 인간관계를 촉진시키는 작업집단에서는 이직률이 낮게 나타나며(Skinner, 1969), 또한 동료집단 간의 인간관계가 원만하고 집단응집력이 높은 곳에서의 이직률 역시 낮다. 먼지, 소음, 열, 작업장의 위험도 등 작업조건 역시 이직에 영향을 미친다. 즉 작업조건이 나쁘면 나쁠수록 종업원의 불만족은 증가하며 이것이 이직으로 연결된다.

4) 직무내용요인

종업원이 현재 수행하고 있는 직무가 어떻게 설계되어 있느냐는 이직과 매우 중요한 관련을 갖게 된다. 특히 지나친 직무전문화로 인한 일상 작업생활에서의 단조로움, 권태감, 작업에 대한 의미상실 등은 작업자에게 직무스트레스 내지 소외감을 가져다주어 이것이 이직으로 연결되는 것이다. 뿐만 아니라 작업량이 많아 정신적 · 육체적으로 견디기 어렵다든지, 직무수행에 있어서 자율성(autonomy)이 매우 낮거나 역할 모호성(role ambiguity)이 높을 경우 이직률이 높아지게 된다.

5) 개인특성요인

이직과 관련되는 개인특성요인은 종업원의 연령, 근속년수, 가족부양 책임, 교육 정도 등이 있다. 이직과 연령은 매우 높은 부정적 관계가 있는데 이것은 젊은 종업원의 이직률이 나이 많은 종업원의 이직률보다 훨씬 높다는 것을 의미한다. 종업원의 근속년수 역시 이직에 대해 연령과 유사한 경향을 보여주고 있다. 또한 종업원의 부양가족 수가 적을수록 그리고 교육수준이 높을수록 이직률이 높게 나타난다(Federico, et al., 1976).

<표 14-3>에서는 우리나라 직장인이 회사를 떠나는 이유를 제시해 주고 있다. 그 원인을 살펴보면 조직 전체요인으로 낮은 연봉(34.1%), 회사 미래에 대한 불안(27.7%)으로 상당히 높게 나타났으며. 작업환경요인은 상사, 동료와의 불화(19.5%) 그리고 직무내용요인이 재미없는 직무(10.2%)로 나타났다.

3.3.3 이직감소대책

이직률을 줄이기 위해서는 앞에서 살펴본 이직원인을 제거하면 된다. 그러나 개인특성과 관련되는 원인은 기업으로서는 통제불가능한 변수이다. 이외에 노동시장 여건도 마찬가지이다. 기업이 통제가능한 이직요인은 바로 조직전체요인, 작업환경요인 그리고 직무내용요인이다.

표 14-3 직장인 첫 이직을 시도한 이유(n=502, 다항목 응답방식)

(단위: %)

이직사유	비율
업무과다로 개인생활 어려움	40.2
낮은 연봉	34.1
회사 미래에 대한 불안	27.7
상사, 동료와의 불화	19.5
재미없는 업무	10.2

자료: 잡코리아, 2020.

조직전체요인

첫째, 조직전체요인은 임금 및 복리후생과 승진으로 구분된다. 우리나라 기업에서 생산직 근로자가 이직하는 이유 중 임금수준이 원인인 경우가 34.1%로 제일 높은데 임금수준은 바로 기업의 지불능력과 관련되기 때문에 기업이 이를 개선하는 데에는 상당한 한계가 있다. 제한된 지불능력의 경우 기업은 임금에 대한 내부공정성을 극대화시킴으로써 종업원의 임금수준에 대한 불만을 조금이라도 해소시킬 수 있도록 노력해야 한다. 복리후생의 경우 앞에서 이미 살펴보았듯이 경제적 복리후생과 비경제적 복리후생이 있기 때문에 기업의 지불능력에 구애를 받지 않는 비경제적 복리후생을 확대하는 방안을 강구해야 한다. '승진기회 및 장래성'이 부족하여 기업을 떠나는 종업원의 경우 기업은 경력개발 프로그램을 도입함으로써 이를 극복할 수 있다.

직무환경요인

둘째, 이직에 대한 직무환경 원인은 기업의 통제가 가능한 요인이다. 즉, 기업은 관리자에 대한 교육훈련, 상사와 부하들의 관계를 고려한 인력배치, 각종 인간관계를 지원하는 제도를 도입함으로써 어느 정도 극복이 가능하다. 또한 작업조건인 먼지, 소음, 열 그리고 작업장의 위험도 등 열악한 환경을 줄이기 위한 기업의 투자도 필요하다. 직무환경요인의 개선은 임금과 같이 직접적인 막대한 비용이 발생하지 않기 때문에 기업이 특히 관심을 기울일 수 있는 전략적인 이직요인 제거분야이다.

직무내용요인

셋째, 이직에 대한 직무내용 원인도 기업의 통제가 가능한 요인이다. 직무내용은 바로 직무설계의 문제이기 때문에 기업이 추가적인 경제적 비용을 지불하지 않고서도 개선이 가능하다. 지나친 직무전문화는 이직을 유발할 뿐만 아니라 작업자의 모티베이션을 저하시켜 생산성 저하를 가져다주기 때문에 직무확대화를 통한 이직감소 노력이 요청된다.

앞에서 논의한 이직요인에 대한 극복방안은 기업이 추가적인 비용투입을 하는 것과 비용과 직접 관계가 없는 것으로 구분할 수 있는데, 기업은 비용이 발생하지 않는 이직감소대책만으로도 이직률을 상당히 줄일 수 있다.

우리나라 직장인의 이직원인 중 기업의 추가적인 비용투입 없이도 해결할 수 있는 이직원인은 앞의 <표 14-3>에서 보여주듯이 회사 미래에 대한 불안(27.7%), 상사, 동료와의 불화(19.5%), 재미없는 업무(10.2%) 등 전체 이직자의 57.4%가 이에 해당된다.

보다 합리적인 이직감소대책을 수립하기 위해서는 해당기업의 이직자가 과연 어떤 이유로 기업을 떠나는지를 정확히 파악해야 한다. 선진국 기업에서는 이직자에 대한 인터뷰를 통해 정확한 이직원인을 파악하기 위한 노력을 하고 있으며 이직자가 해당기업에 대해 적개심이나 나쁜 감정을 갖지 않도록 많은 서비스를 제공하고 있다.

사실 종업원의 이직문제는 이직 그 자체에만 국한되는 것이 아니라 인사관리 전반에 걸쳐 축적된 문제가 나타나는 현상이기 때문에 기업은 이직문제를 근원적으로 해결하기 위해 인사관리의 각 기능 분야인 인력확보, 인력개발, 인력보상, 인력유지에 대한 보다 합리적인 관리를 위한 노력을 해야 할 것이다.

3.4 이직대책에 대한 평가

기업이 도입한 이직감소대책이 어느 정도 효과를 가져다주었는가에 대한 측정은 이직에 미치는 영향요인이 다양하기 때문에 사실상 매우 어렵다. 특히 노동시장의 상황이 단순하고 안정적일 경우 기업으로서는 이직감소대책의 효과 측정이 어느 정도 가능하겠지만 노동시장이 복잡하고 변화가 많을 경우 그 측정이 쉽지 않다. 예를 들면 경기가 호황이고 전반적으로 타기업의 조직이 확장되고 있는 추세일 경우, 해당기업은 이직감소를 위한 많은 투자를 한다 하더라도 그 효과는 뚜렷하지 않을 것이다.

이직감소대책의 효과는 직접적인 이직률을 통한 측정보다 종업원의 직무만족, 이직의도(intentions to quit)의 정도를 가지고 측정할 수 있다. 예를 들면, 기업이 이직감소를 목표로 임금을 대폭 인상하였을 때 그 효과를 종업원을 대상으로 하는 설문조사를 통해 기업에 대한 만족도 내지 이직의도를 조사하여 과거의 그것과 비교하는 것이다.

요약

종업원이 기업을 떠나는 이직은 그 주도자에 따라 두 가지로 구분된다. 즉 기업이 종업원의 퇴직을 주도하는 인력감축과 종업원이 스스로 기업을 떠나는 자발적 이직이 있다.

인력감축의 원인은 바로 인력공급의 과잉현상이다. 이러한 현상은 질적 측면, 양적 측면, 시간적 측면 그리고 장소적 측면에서 발생할 수 있다. 기업이 인력을 감축하고자 하는 이유는 바로 경기후퇴로 인한 매출액의 감소, 신기술 도입을 통한 필요인력 감소 그리고 제품시장에서의 원가절감 압력으로 기업이 경영합리화 프로그램을 도입해야 할 때 등 궁극적으로 기업의 경쟁력을 유지 내지 제고시키는 데 있다.

인력감축을 하기 위해 기업은 여러 종류의 전략을 도입할 수 있겠는데 전략의 유형에 따라 기업 및 종업원에게 가져다주는 코스트가 각각 다르다. 전략의 유형으로서 초과근무시간의 단축, 신규채용의 억제(자발적 이직의 활용), 조기퇴직제도의 도입, 보상의 동결, 보상의 감소 그리고 해고 등이 있다. 기업이 인력감축을 하는 데에는 기업이 추구하는 경제적 효율성뿐만 아니라 종업원의 입장을 배려하는 사회적 효율성을 동시에 추구할 수 있도록 전략의 선택에 신중을 기하여야 하겠다.

기업의 구조조정 등 피치 못할 이유로 조직을 떠나는 퇴직자를 대상으로 전직지원제도의 운영이 요청된다. 이러한 활동은 퇴직자에게는 심리적 안정감, 전 직장에 대한 이미지 제고, 잔류구성원에게는 조직몰입 및 조직에 대한 신뢰 증가, 나아가 생산성 향상 등을 가져다준다.

종업원의 자발적 이직은 이직자 자신, 기업에 남아 있는 잔류자 그리고 기업에 부정적 효과뿐만 아니라 긍정적 효과를 가져다준다. 특히 기업의 입장에서 보면 이직비용의 발생, 유능한 인재의 상실 및 조직의 불안정이라는 부정적 측면뿐만 아니라 신규인력의 유입으로 인한 조직에의 활기 부여, 무능한 인재의 퇴직 등 긍정적인 측면도 있다. 자발적 이직은 그 수준이 적정이직률을 넘어가게 되면 기업에 긍정적 효과보다 부정적 효과가 크기 때문에 이직률의 감소를 위해 기업은 대책을 강구해야 한다. 이러한 대책을 강구하기 위해 기업은 자발적 이직의 정확한 원인을 규명하고 그 비용을 측정해야 하겠다. 이직원인으로서 기업이 통제가능한 것은 임금, 복리후생, 승진기회와 관련되는 조직 전체요인, 리더십, 작업조건과 같은 직무환경요인 그리고 직무의 전문화 정도와 관련되는 직무내용요인 등이 있다. 이러한 이직원인은 그 개선에 있어서 금전적인 비용을 요구하는 것(임금, 복리후생 등)과 특별히 추가비용을 요구하지 않는 것(직무설계, 리더십개선 등)이 있다. 이직원인 제거를 위해 비용을 요구하는 것은 기업의 지불능력의 한계로 인해 그 개선에 어려움이 있겠지만 반드시 금전적 비용을 요구하지 않는 이직원인에 대해서 기업은 우선적으로 관심을 가지고 즉각적인 조치를 취해야 할 것이다.

사례연구 SK증권의 인력구조조정

IMF 시대를 맞이하여 급격한 고용환경 변화가 진행되고 있는 가운데 국내기업들은 경영위기 극복과 경쟁력 강화를 위한 불가피한 선택수단으로 구조조정을 단행하고 있다. 이 사례에서는 SK증권의 인력구조조정 내용을 살펴보고자 한다.

SK증권은 1955년 설립되어 고객과 함께 번영하는 회사, 고객이 다시 찾고 싶은 회사를 만든다는 모토 아래, 고객만족을 최우선으로 하는 고객 지향적 영업을 추구하고 있다. 본사 이외에도 1987년 SK경제연구소의 설립, 1996년 SK투자신탁운용사를 설립하면서 투자자들의 자산운용에 대한 자문과 함께 자산의 직접운용도 담당하고 있다.

SK증권은 국내영업보다 해외영업에서 두각을 나타내 왔으며, 런던 현지법인을 비롯해 뉴욕, 동경, 홍콩 등에 해외사무소를 운영하고 있고, 2000년 현재 종업원 수 895명, 순이익 190.5억 원의 금융회사이다.

1. SK증권의 인력구조조정의 배경

한국정부와 IMF는 구제금융 양해각서 제38조에서 "노동시장의 유연성 확대를 위한 추가조치와 함께 노동력의 재배치를 용이하게 하기 위해 새로운 고용보험제도의 역량을 강화한다"고 합의하였다. 이에 따라 정부는 제1기 노사정 합의를 바탕으로 정리해고 법안을 국회에서 통과시켰다. 이러한 제반 상황과 최근 금융업 전반의 어려움으로 인해 인력구조조정의 필요성이 대두되었다.

SK증권이 구조조정을 시행하게 된 결정적인 계기는 JP모건과의 파생상품거래로 천문학적인 손실을 입은 것이 알려지면서 부터이다. SK증권이 200억, LG금속과 한남투신이 합작하여 100억을 출자한 다이아몬드펀드가 JP모건과 맺은 TRS(채권연계파생금융상품) 매매계약으로 인한 손실로 1억 2,400만 달러, 어드벤스트 인베스트먼트펀드에서 1억 2,800만 달러 등 현재 SK증권은 파생상품거래로 2억 5,200만 달러(한화 약 4,000억 원) 4억 8,900만 달러(한화 약 6,000억 원)에 이르는 소송에 걸려있는 상태인데, 대부분의 전문가들의 견해로는 패소할 가능성이 높아 회사의 계속성 유지를 위해서는 강도 높은 구조조정이 불가피한 것으로 보인다고 한다.

2. SK증권의 인력구조조정 현황

재무 분야의 구조조정과 함께 회사 측은 인력관리 분야에 있어서 강도 높은 구조조정을 단행하였다.

(1) 조직구조의 슬림화

1997년 12월 SK증권은 본사조직의 전면적인 개편을 단행하여 중간조직인 6개의 본부를 없애고 분야에 따라 여러 개로 나뉘어 있던 국제영업, 특수영업, 기업금융 관련부서를 각각 1

개의 팀으로 통합하고, 업무 내용상 큰 차이가 없는 인력관리팀과 총무팀을 인력관리팀으로, 파생상품팀을 상품운용팀으로 흡수하는 등의 내용이었다. 이를 통해 3실 6본부 17팀 1부였던 기존의 조직을 1실 14팀 1부로 개편하였다. 여기에는 회사의 위기극복을 위한 목적도 있었지만 1996년부터의 지속적인 영업실적 저조와 그에 따른 자연적인 인력감소에 따른 결과라고도 볼 수 있다.

(2) 대규모 희망퇴직의 실시

전술한 대로 IMF 구제금융 지원을 전후해서 벌어진 전 금융기관의 위기와 함께 파생금융상품으로 인한 막대한 손실로 SK증권은 회사 존립 자체가 위협받게 되었다. 본사 사옥을 매각하고 그룹회장이 액면보다 훨씬 낮은 가격으로 대량의 신주를 매입하는 상황에서 효율이 떨어지는 종업원들의 감축은 어쩌면 자연스러운 현상이었다. 실제로 회사의 종업원 1인당 부가가치 증가율은 1997회계연도의 경우 −99.7%에 달했다. SK증권의 희망퇴직은 3월 말에 실시되었다. 당시 희망퇴직을 신청한 271명 전원에게는 회사에서 규정한 퇴직금 이외에 별도의 위로금이 지급되었다. 희망퇴직 후 정규사원은 573명으로 인력감축의 비율은 32%에 달하였다. 한편 희망퇴직자들의 다수는 다시 SK증권의 영업 및 상담직 계약사원으로 채용되었다. 계약직 사원들은 각 지점 소속으로 고객유치 실적에 따른 성과급제를 적용받았는데(기본급 30~50만 원+성과급), 인력관리팀의 담당자에 의하면 기존의 고정급 영업사원들보다 실적이 대단히 우수해서 회사 측으로는 성공적이라는 평가를 하고 있었다. 또한 희망퇴직은 고비용의 인건비를 줄일 수 있고, 능력 있는 사원들의 경우 계약직 전환을 통해 많은 성과급을 받을 수 있다는 것이다. 이처럼 어려운 회사 사정을 감안할 때 계약직으로라도 다시 채용한 것은 사원을 위한 회사의 배려라는 것이다.

(3) 우수인력의 적극활용

인력관리팀에서는 올해 안으로 연봉제를 전환하는 것 이외에는 더 이상 인사 분야의 구조조정은 없을 것이라고 했지만 사원들은 지난 4월 초 SK증권의 대표이사인 홍주관 사장의 경영전략회의 내용을 언급하면서 엄청난 스트레스를 호소하고 있었다.

"… 금융상품판매가 이토록 중요한 만큼 판매실적이 우수한 직원에게는 그에 맞는 대우를 해드리겠습니다. 반면에 실적이 부진한 직원들에게도 그에 맞는 적정한 조치를 내릴 것입니다. (중략) 영업전문인력에 관해 말씀드리자면 앞으로 인력의 outsourcing 폭은 계속 확대될 것입니다. 당사의 성과급 시스템은 비교적 우수한 것으로 평가되는데 지점장님들은 외부의 유능한 인재들을 적극 유치하여 지점의 수익성을 높일 수 있어야 합니다. 그것이 지점장의 능력입니다. 또한 회사에 더 큰 수익을 가져다준다면 지점장도 outsourcing할 것입니다. 이는 비단 지점에만 국한되는 것은 아닙니다. 생존 차원에서 영업전문직을 적극 활용한다는 자세로 본사영업도 전문가를 outsourcing할 것입니다."

아직 가시화된 것은 아니지만 기존처럼 그룹에서 신입사원을 배정받거나 공채하는 것이 아니라 전문인력의 영입에 치중하고 지점장의 인사권에 힘을 실어줄 것임을 시사하고 있다.

3. SK증권의 인력구조조정에서 나타난 몇 가지 사실

구조조정을 바라보는 회사 측의 시각은 대단히 긍정적이었다. 사원들의 반발도 없었고, 말 그대로 '희망퇴직'이지 당사자 모두가 만족하고 있다는 것이다. 이에 사원들의 입장을 살펴보기 위해 노조간부들과 희망퇴직 후 지점 계약직 영업사원으로 일하고 있는 사원들을 대상으로 개별면담을 통해 그들의 의견을 들어보았다.

(1) 무계획적인 희망퇴직제도의 실시

퇴직당사자들의 공통된 이야기는 절대 '희망퇴직'이 아니었다는 것이다. 물론 영업실적이 우수해서 회사 측에서 계속 남아주기를 바랬던 10여명의 사원들은 스카우트되어 '희망퇴직'을 했지만, 나머지 대다수는 퇴직 전에 무언의 압력을 받았다고 하였다. 부서장들은 퇴직 대상자들에게 지나는 말로 "이번이 위로금을 지급하는 마지막 퇴직이다", "지금 신청하지 않는 사람들은 희망퇴직 후 대기발령을 시킨다고 누가 그러더라"라고 하면서 전체 분위기를 이끌어 갔다는 것이다. 본인들에게는 이것이 큰 압력으로 느껴졌고 나중에 불이익을 받을 바에야 차라리 위로금 한푼이라도 더 받고 계약직으로 전환하는 것이 낫겠다는 공감대가 형성되었다는 것이다.

희망퇴직 과정에서도 문제점이 노출되었다. 희망퇴직자 모집공고는 희망퇴직 실시까지 불과 2주에 걸쳐 이루어졌기 때문에 무계획적인 구조조정에 따른 노사 간의 시각차도 현저하였다. 아직은 전사적인 위기 때문에 노사 간 대립이 표면화되고 있지 않지만 잠재적인 위험이 존재하고 있는 상태이다.

(2) 노사 간 불신의 초래

노조 측은 회사가 사원들을 바라보는 시각에 문제가 있다고 하였다. 금융업은 제조업과는 달리 불량률이나 생산성과 같은 몇 가지의 숫자로 당사자들을 평가해서는 안 된다는 것이었다. 그런데 회사 측에서는 '영업맨 = 기계', 즉 수익의 원초적인 토대라는 생각을 하고 고정급 자체를 불필요한 비용으로 간주한다는 것이다. 실제로 이번 희망퇴직자의 내부선정기준은 인사고과와 함께 최근 6개월간의 약정내역과 부서장의 당사자 활용도라는 다소 애매한 내용이었다고 하였다. 여기에서 cut-line이 정해졌고, 그 이하자에 대한 무언의 분위기가 조성되었다고 하였다. 실제로는 정리해고이면서 SK그룹의 대외 이미지 때문에 구조조정에 있어 변칙적인 방법을 사용했을 뿐이라는 것이다. 사원들은 이번 희망퇴직을 계기로 회사와의 시각차가 명확해졌다고 하였다.

(3) 구성원의 사기저하

퇴직 당사자들은 개인의 인격을 회사가 마음대로 결정할 권한을 갖고 있다는 사실에 크게 실망했다고 하였다. 과거에 즐거운 마음으로 일하던 분위기는 사라졌고 애사심이라는 것 자체가 유명무실해졌다는 공통된 의견이었다. 대부분이 회사에 기여하겠다는 생각은 없고, 오히려 회사에 대한 반감의 골이 더욱 깊어졌다고 하였다. 다시 예전처럼 상사의 눈치를 살피는데 온 신경을 집중하고, 어쩌다가 잔무가 없더라도 눈치 때문에 정시퇴근을 할 수 없다는 것이었다.

실제로 인사고과의 객관성이 결여되었기 때문에 이번 구조조정 과정에서도 아부나 줄타기가 효과를 발휘했다는 것이다. 또한 SK구룹의 지식경영(knowledge management) 모토인 SKMS('SK 매스')를 비판하는 사원도 있었다. 그 자체가 한 개인이 조직에 기여할 수 없을 때에는 알아서 조직에서 나가야 하고, 주어진 일을 할 수 없는 사람은 능력부족이니 떠나야 하며, 할 수 있는 사람들이 남아서 해내면 그것이 조직의 발전이라는 내용을 담고 있다는 것이다. 분위기가 이런 상황이기 때문에 말 많은 사람으로 보여서는 안 되고 조직에서 방출되지 않으려면 회사의 요구를 수용할 수밖에 없는 입장이라는 것이다.

(4) 과중한 업무부담

지점의 경우 해당지점에 다시 계약직으로 채용되어 정규직과 계약직의 비율만 달라졌을 뿐 인원에는 별 차이가 없었지만, 평균 26%가 빠져나간 본사의 경우 급격한 인원감축에 따른 후유증을 보이고 있었다. 퇴직자들이 업무 인수인계를 하지 않고 떠나버렸기 때문에 남은 인원들이 퇴직자들의 업무를 파악하고 처리하는 데 많은 어려움이 있으며, 1인당 업무의 절대량 증가로 휴가나 정시퇴근은 물론 점심시간까지도 쪼개 쓸 정도로 과중한 업무 부담을 느끼고 있었다.

(5) 복리후생의 감소

대부분의 기업들처럼 IMF 금융지원이 시작된 뒤로 SK증권 역시 복리후생 제도가 많이 축소되었다고 하였다. 금융권에 관행처럼 굳어진 저금리 주택자금대출뿐만 아니라 의료비, 관리업무수당, 가족수당, 체력단련비, 정근수당, 업무추진비 등 기본급 외의 각종 인센티브제 대부분이 유명무실해졌다는 것이다. 이로 인해 사원들은 생계에 위협을 느끼고 회사에 대한 귀속감이 상실되고 있지만 불만을 표출하지는 못하고, 능력 있는 사원들은 희망퇴직 실시 이후에도 대우가 좋은 곳으로 이탈하고 있는 상황이다. 증권사는 본질적으로 조직에 대한 소속감이 적다고는 하지만 현 상황은 상당히 우려할 정도로 보였다.

생각해 볼 문제

1 노사관계 측면에서 인력구조조정의 수용 및 효과를 증대시킬 수 있는 win-win전략을 제시해 보시오.

2 조직의 변화관리 관점에서 인력구조조정에 대한 구성원의 저항 및 극복방안을 제시해 보시오.

참고문헌

구관모, 전직지원활동 특성이 퇴직자 및 잔류구성원에게 미치는 영향에 관한 연구, 서강대 박사학위논문, 2003.

노동부, 전직지원 장려금 제도화방안, 고용정책실 자료, 2001.

박호환, 미 · 일 철강기업의 인력감축에 관한 비교연구, 한국인사조직학회 노사분과위원회 발표논문, 1992, pp. 65~87.

안희탁/김강식, 명예퇴직제도의 설계와 운영, 한국경총, 1996.

정인수, 중소제조업 인력현황과 정착과제, 한국노동연구원, 1995.

최종태, 현대 인사관리론, 박영사, 1983.

태원유/이정일, 효과적 퇴직관의 실천방안, CEO Information, 삼성경제연구소, 제298호, 2001.

Abelsen, M. A./ Baysinger, B. D., Optimal and Dysfunctional Turnover: Toward an Organizational Level Model, in: Academy of Management Review, 1984, Vol. 9, pp. 331~341.

Aquilanti, T. M./ Leroux, J., An Integrated Model of Outplacement Counseling, Journal of Employment Counseling, Vol. 36, 1999, pp. 177~192.

Bluedorn, A. C., A Taxonomy of Turnover, in: Academy of Management Review, 1987, Vol. 3, pp. 647~651.

Carsten, J. M./ Spector P. E., Management, Job Satisfaction, and Employee Turnover, A Meta-Analysis Test of the Muchinsky Model, in: Journal of Applied Psychology, 1987, Vol. 72, pp. 374~381.

Federico, S. M./ Federico, P./ Lundquist, G. W., Predicting Women's Turnover as a Function of Extent of Net Salary and Biodemographic Data. in: Personnel Psychology, 1976, Vol. 29, pp. 559~566.

Fisher, C. D./ Schoenfeldt, L. F./ Shaw, J. B., Human Resource Management, 2nd ed., Houghton Mifflin Co., 1993.

Gaudet, F. J., Labor Turnover: Calculation and Cost, AMA, New York, 1960.

Hentze, J., Personalwirtschaftslehre 2, 6. Auflage, Haupt, 1995.

March, J. G./ Simon, H. A., Organizations, John Wiley & Sons, Inc., 1958.

Mobley, W. N., Employee Turnover: Causes, Consequence, and Control, AddisonWexley, 1984.

Redstrom-Plourd, M. A., A History of the Outplacement Industry 1960~1997 from Job Search Counseling to Career Management: A New Curriculum of Adult Learning, Unpublished Doctoral Thesis, Virginia Polytechnic Institute and State University,

1998.

Skinner, E., Relationships between Leadership Behavior Patterns and Organi-zational Situational Variables, in: Personnel Psychology, 1969, Vol. 22, pp. 489~494.

찾아보기

저자약력

[학력 및 경력]

서강대 문학사, 서울대 대학원 경영학 석사
독일 만하임대 대학원 경영학 박사
동국대 경영학과 교수
한독경상학회 회장
한국인사조직학회 회장
한국윤리경영학회 회장
한국 인사관리학회 편집위원장
독일 만하임대 객원교수
중앙노동위원회 심판위원
(사)한국기업윤리경영연구원 원장
(사)한국기업조직역량연구원 원장
서강대 총무처장
서강대 경영연구소 소장
서강대 경영대 학장

서강대 경영학과 명예교수(현)

신인사관리(제9판)

1997년 7월 30일 제1판 발행
2001년 3월 10일 제2판 발행
2008년 2월 20일 제3판 발행
2010년 8월 30일 제4판 발행
2013년 2월 10일 제5판 발행
2016년 2월 25일 제6판 발행
2019년 8월 20일 제7판 발행
2021년 8월 20일 제8판 발행
2023년 8월 30일 제9판 발행

저 자 박 경 규
발행인 임 권 규
발행처 弘 文 社

05855 서울시 송파구 송파대로 167 테라타워 B동 802호
등록 1993. 6. 24. 제1-1543호
TEL. 712-5311(代) FAX. 716-5311

값 42,000원

* 이 책의 무단전재 또는 복제행위를 금합니다.
ISBN 978-89-7770-747-4 93320